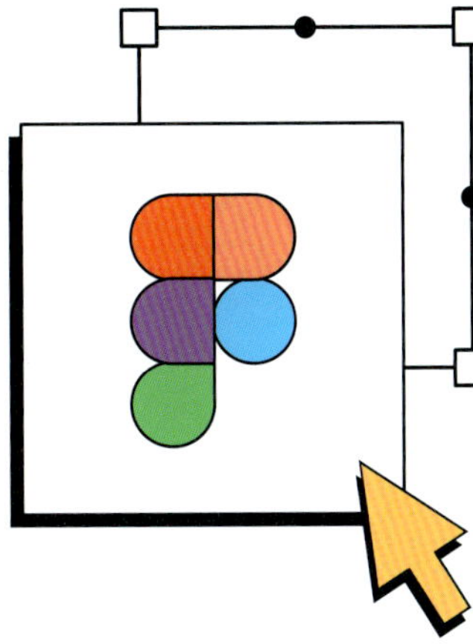

UI/UX 디자인이 쉬워지는

디자인 시스템 실무 with 피그마

이영주 지음

한빛아카데미
Hanbit Academy, Inc.

지은이 **이영주** yjlee@chungwoon.ac.kr

Western Sydney University에서 Digital Media를 전공했으며 홍익대학교 영상학과에서 박사과정을 수료했습니다. 현재는 청운대학교 멀티미디어학과 교수로 재직 중입니다. 주요 저서로 한빛아카데미㈜에서 출간한 『UI/UX 디자인 이론과 실무 with 어도비 XD』(2022), 『UI/UX 디자인 이론과 실습 with Adobe XD』(2020), 『design school 포토샵 & 일러스트레이터 CC 2019』(2019), 『design school 포토샵 CC 2019』(2019), 『design school 일러스트레이터 CC』(2018), 『모바일 UI/UX 디자인 실무』(2018), 『UI/UX 디자인 이론과 실습』(2015) 등 다수가 있습니다.

UI/UX 디자인이 쉬워지는 **디자인 시스템 실무 with 피그마**

초판발행 2024년 2월 9일
2쇄발행 2025년 1월 31일

지은이 이영주 / **펴낸이** 전태호
펴낸곳 한빛아카데미㈜ / **주소** 서울시 서대문구 연희로2길 62 한빛아카데미㈜ 2층
전화 02-336-7112 / **팩스** 02-336-7199
등록 2013년 1월 14일 제2017-000063호 / **ISBN** 979-11-5664-019-6 93000

총괄 박현진 / **책임편집** 김성무 / **기획·편집·진행** 박하나
디자인 이아란 / **전산편집** 이소연 / **제작** 박성우, 김정우
영업 김태진, 김성삼, 이정훈, 임현기, 이성훈, 김주성 / **마케팅** 김호철, 심지연

이 책에 대한 의견이나 오탈자 및 잘못된 내용은 출판사 홈페이지나 아래 이메일로 알려주십시오.
파본은 구매처에서 교환하실 수 있습니다. 책값은 뒤표지에 표시되어 있습니다.

홈페이지 www.hanbit.co.kr / 이메일 question@hanbit.co.kr

피그마로 구축하는 디자인 시스템 실무 지침서!

웹이나 모바일에서 UI/UX 디자인을 구현하고자 하는 디자이너, 크리에이티브 팀은 효율적이고 편리한 공동 작업을 위해 디자인 시스템을 반드시 활용해야 합니다. 무엇보다 디자인 시스템을 구축하면 일관성 있는 디자인을 만들 수 있어 브랜딩을 목표로 하는 팀에게 피그마는 더욱 유용한 툴일 것입니다.

『UI/UX 디자인이 쉬워지는 디자인 시스템 실무 with 피그마』는 디자인 시스템 구축 이론을 설명하고 피그마를 활용해 직접 디자인 시스템을 제작할 수 있도록 안내합니다. 피그마는 웹과 모바일에서 UI/UX 디자인을 구현하고자 하는 디자이너와 개발자를 위한 협업툴입니다. 웹을 기반으로 하기 때문에 인터넷이 연결되는 곳이라면 어디든 피그마를 사용하여 작업을 할 수 있어 효율적인 개인 작업과 편리한 공동 작업이 가능합니다. 이 책은 이러한 피그마를 이용해 디자인 시스템을 구축할 수 있도록 다음과 같이 이론, 실습, 프로젝트로 구성하였습니다.

1부 디자인 시스템 입문에서는 디자인 시스템 이론과 구축 방법론, 실제 구축 사례를 알아봅니다. 각 기업의 디자인 시스템 구축 사례를 살펴보며, 디자인 시스템을 만들기 위한 필수 요소를 알아봅니다.

2부 피그마 기초에서는 디자인 시스템을 구축할 때 필요한 피그마의 필수 기능을 배워봅니다. 스타일과 레이아웃, 컴포넌트, 베리언트와 프로토타입까지. 피그마의 핵심적이고 기본적인 기능을 익힙니다.

3부 디자인 시스템 제작에서는 1부에서 배웠던 디자인 시스템 구축 이론과 2부에서 익힌 피그마 기능을 활용하여 직접 디자인 시스템을 제작해 봅니다. '테이블링 앱 서비스'의 키 스크린을 구성하는 프로젝트를 진행하며 디자인 시스템의 구조를 이해하고 마지막으로 공유하는 방법까지 알아봅니다.

UI/UX 디자인을 배우려는 예비 디자이너와 디자인 시스템을 구축하려는 현직 디자이너와 개발자에게 이 책이 도움이 되기를 바랍니다. 또한 UI/UX 디자인에 관심이 있는 일반 독자에게도 유용한 실무 지침서가 되기를 바랍니다. 책 한 권을 만들기 위해 항상 애쓰고 노력하는 한빛아카데미㈜에 깊은 애정과 감사를 드립니다. 또한 수많은 책 중에서 이 책을 접하게 된 독자 여러분과의 인연에도 감사드립니다.

지은이 **이영주**

강의 보조 자료

한빛아카데미 홈페이지에서 '교수회원'으로 가입하신 분은 인증 후 교수용 강의 보조 자료를 제공받을 수 있습니다. 한빛아카데미 홈페이지 상단의 [교수전용공간] 메뉴를 클릭하세요.

http://www.hanbit.co.kr/academy

실습 자료

실습에 필요한 자료는 아래 주소에서 내려받을 수 있습니다.

http://www.hanbit.co.kr/src/40019

실습 자료 커뮤니티

실습에 사용하는 피그마 파일과 피그잼 파일을 아래 주소에 업로드해 두었습니다.
파일을 복사하여 실습에 활용하세요.

https://www.figma.com/@hanbitacademy

학습 로드맵

이 책은 디자인 시스템 구축 이론을 배우고 피그마를 활용해 디자인 시스템을 구축하는 실습을 진행합니다. 다음의 학습 로드맵을 참고하여 피그마의 기본 기능을 이해하고, 자신만의 디자인 시스템을 구축해 보세요.

[프로젝트 설계]

1부 디자인 시스템 입문

디자인 시스템이 무엇인지 이해하고, 디자인 시스템을 구축하는 방법론을 알아봅니다. 2장 '서비스 디자인 설계'를 통해 3부에서 진행할 프로젝트를 기획합니다.

1장 디자인 시스템
2장 서비스 디자인 설계

▶

[피그마 기능 학습]

2부 피그마 기초

피그마의 필수적인 기초 기능을 학습합니다. 2부에서 배운 피그마의 기능을 활용하여 3부에서 디자인 시스템을 구축하는 실습과 프로젝트를 진행합니다.

3장 스타일과 레이아웃
4장 컴포넌트의 활용
5장 베리언트의 활용
6장 프로토타입의 활용

▶

[프로젝트 진행]

3부 디자인 시스템 제작

피그마를 활용하여 디자인 시스템을 구축해 봅니다. '테이블링 앱 서비스'의 컴포넌트를 제작하는 프로젝트를 진행해 보며 디자인 시스템의 구조를 이해할 수 있습니다.

7장 파운데이션 구성
8장 컴포넌트의 구성 I
9장 컴포넌트의 구성 II
10장 컴포넌트의 구성 III
11장 공유와 협업

핵심 내용과 본문

이번 장에서 배울 핵심 내용을 소개하고 디자인 시스템 이론과 피그마의 기능을 간단히 설명합니다.

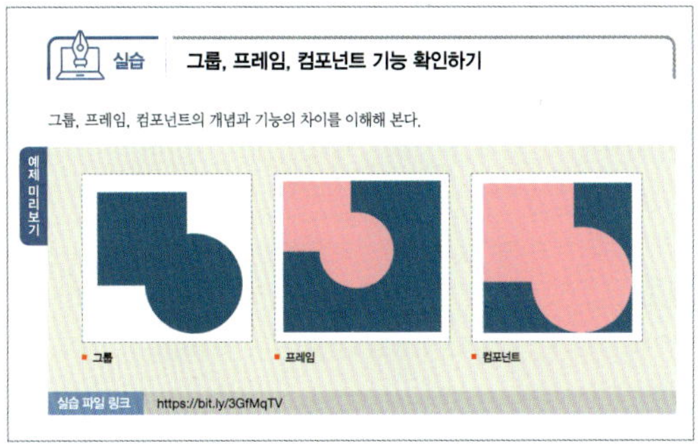

실습 소개

본문에서 설명한 기능을 활용하는 실습을 소개합니다. '예제 미리보기'를 통해 어떤 작업을 하는지 미리 알 수 있으며, 실습 파일 링크를 제공합니다.

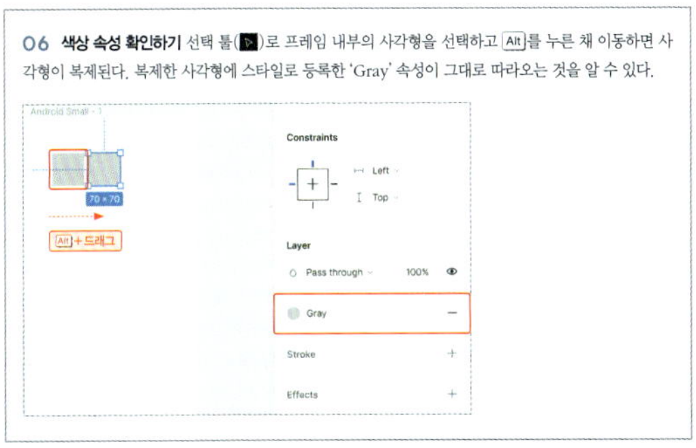

실습 진행

실습 번호를 순서대로 따라 해보며 피그마 기능을 학습합니다.

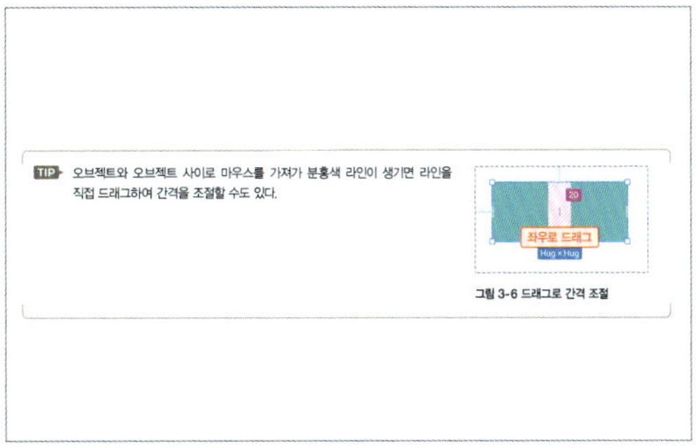

TIP

지나치기 쉬운 내용이나 꼭 기억해 두어야 할 내용을 짚어 줍니다.

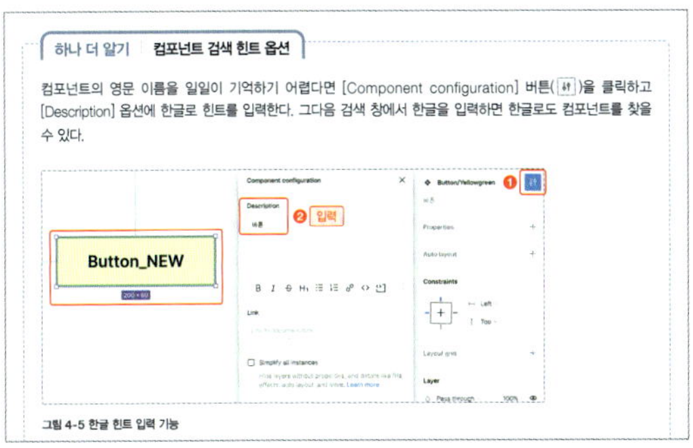

하나 더 알기

참고로 알아두면 좋을 내용, 실습할 때 주의할 사항과 본문에서 다룬 기능의 세부 내용을 설명합니다.

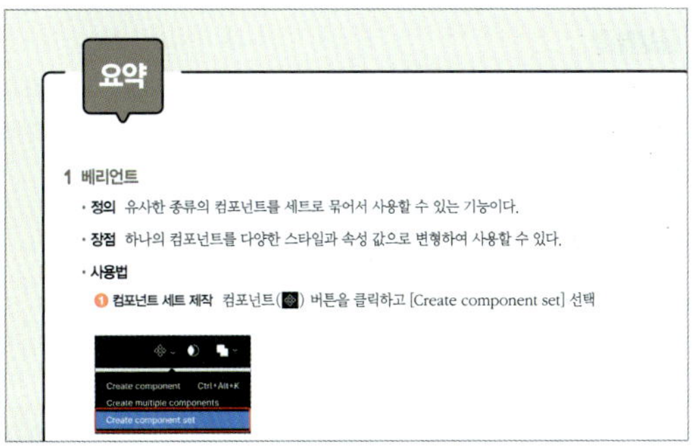

요약

각 장이 끝날 때마다 중요한 내용을 요약했습니다. 주요 개념과 기능을 다시 한 번 확인하며 학습을 마무리할 수 있습니다.

디자인 시스템

개요

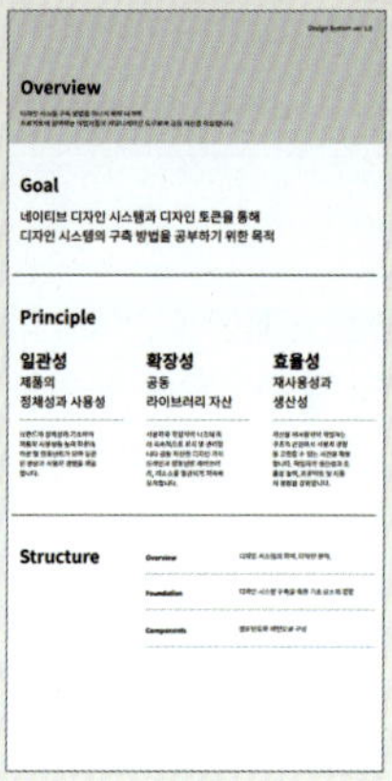

파운데이션

그리드

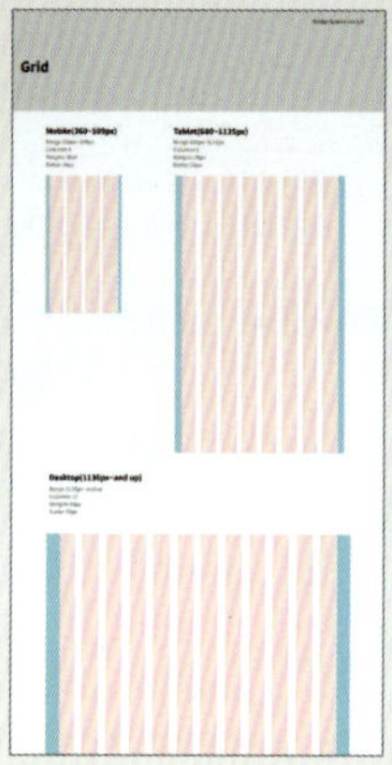

간격

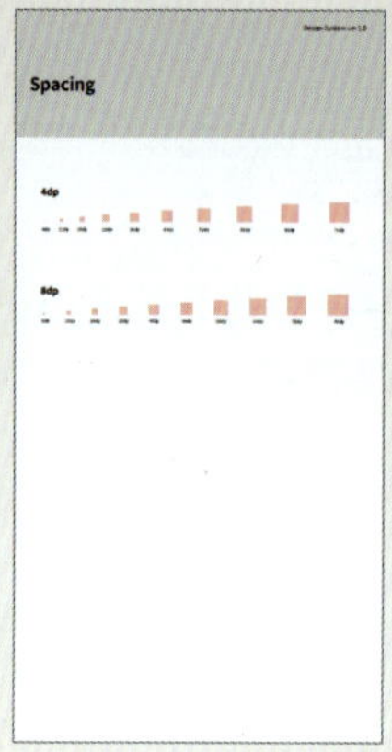

상태

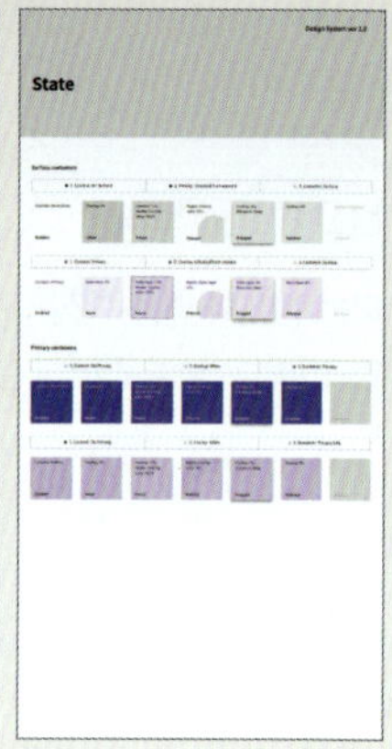

컬러 시스템

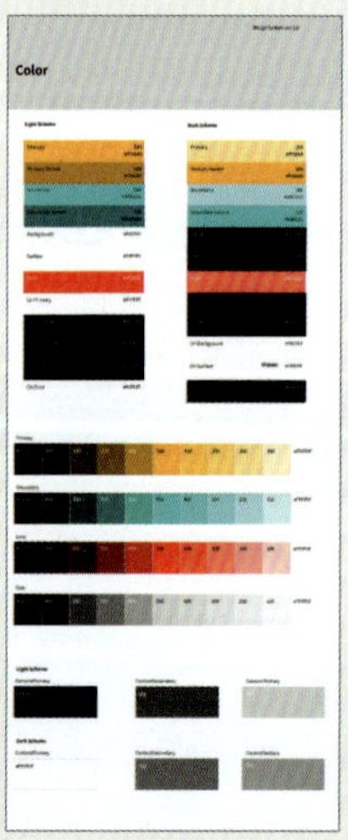

타이포그래피

아이콘

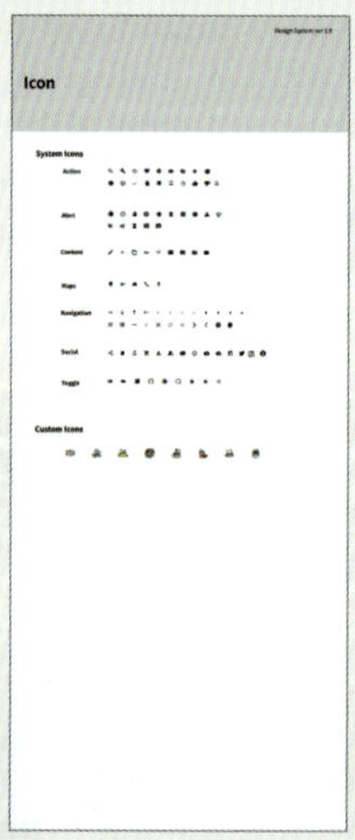

형태

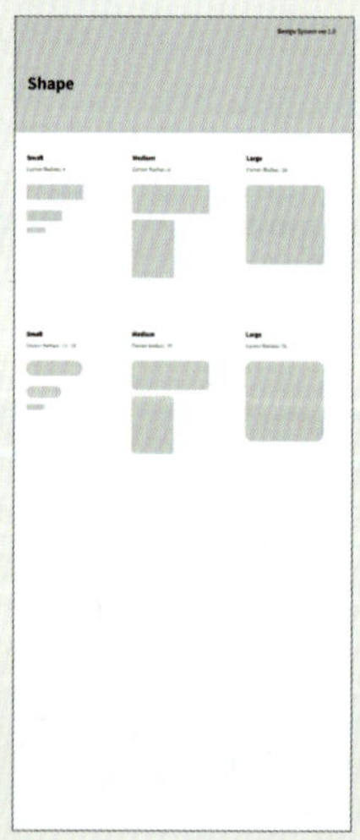

'테이블링 앱 서비스' 키 스크린 구성 프로젝트

[Light] 모드

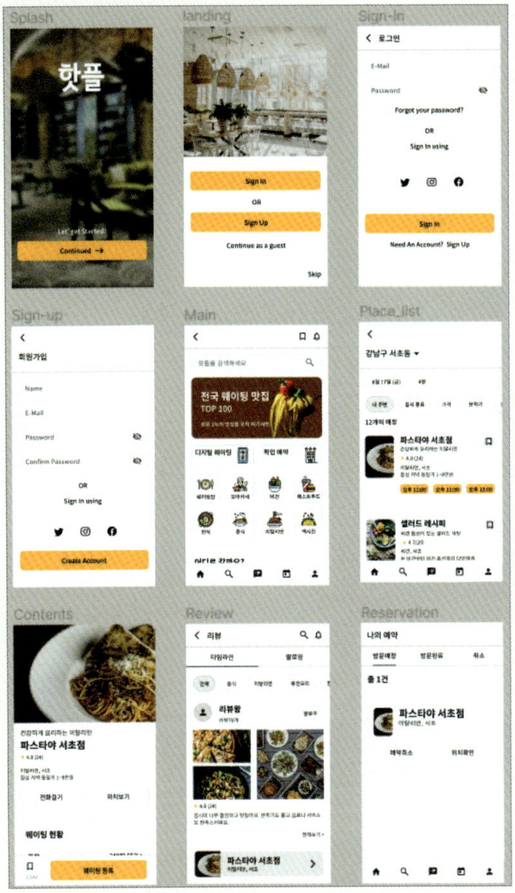

[Dark] 모드

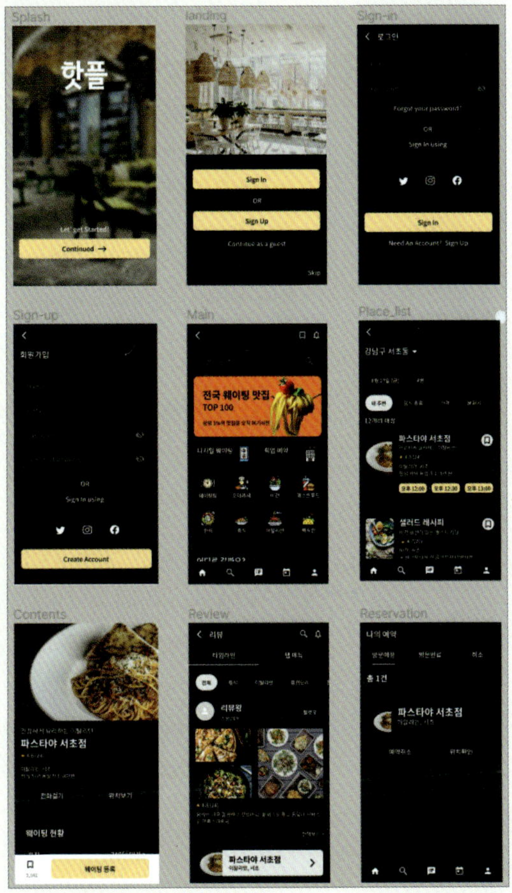

PART 01 디자인 시스템 입문

PART

01

디자인 시스템 입문

PART

01

디자인 시스템 입문

CHAPTER

01

디자인 시스템

학습목표

- 디자인 시스템이 무엇인지 알아본다.
- 디자인 시스템의 필요성을 이해하고 사례를 살펴본다.
- 디자인 시스템의 기본 구조를 배우고 스타일 가이드, 패턴 라이브러리, 시스템 가이드가 무엇인지 이해한다.
- 디자인 시스템을 구축하는 방법을 알아본다.
- 국내·외 기업의 디자인 시스템 구축 사례를 알아본다.

SECTION 01

디자인 시스템의 이해

핵심 내용 디자인 시스템의 정의와 필요성

디자인 시스템 구축 배경

구글의 머티리얼 디자인Material Design, 애플의 휴먼 인터페이스 가이드라인Human Interface Guidelines을 필두로 많은 기업들은 자신들만의 고유한 디자인 시스템을 가지고 있다. 기업은 하나의 웹 사이트와 앱뿐만 아니라 여러 개의 제품 서비스를 운영하기도 한다.

다양화된 서비스만큼 각 앱과 웹 사이트에는 수많은 페이지가 존재하기 때문에 UI 화면을 생성해야 하는 규모와 속도도 증가했다. 따라서 기업들은 제품과 서비스 품질에 일관성을 유지하고 서비스를 효율적으로 운영하기 위해 다양한 노력을 기울인다. 하지만 방대해진 서비스와 파편화된 콘텐츠 그리고 협업하는 동료들 간의 의견 충돌로 서비스 운영이 원활하게 이루어지지 않을 수 있다.

디지털 서비스를 디자인하고 소프트웨어를 개발하는 과정에서 다수의 기업은 일회성 성격을 가진 프로세스를 사용하기도 한다. 그런데 일회성 성격의 프로세스를 사용하면 디자이너와 개발자는 시간 제약에 따라 합의되지 않은 상태로 일하게 되며 제품의 규모와 협업하는 팀이 커질수록 소통에 어려움을 겪게 되어 여러 문제가 발생한다. 이러한 문제를 해결하기 위해 UI 디자인 키트를 제작하거나 구글의 머티리얼 디자인 문서를 지침으로 사용해 보지만 제대로 쓰이지 않을 때가 많다. 따라서 다양한 디지털 서비스와 제품에서 일관된 사용자 경험을 유지하는 방법으로 많은 기업이 디자인 시스템을 구축하고 있다.

디자인 시스템의 정의

디자인 시스템Design System은 재사용이 가능한 디자인 구성 요소의 모음을 말한다. 디자인 시스템은 디지털 제품의 사용 기준을 명확하게 정의하여 내부 관계자들이 제품과 디지털 서비스를 일관성 있게 구축할 수 있도록 도와준다. 모든 디자인 시스템이 동일한 것은 아니지만 기본적으로 브랜드의 공유가치와 목적, 디자인 원칙, 브랜드 정체성과 언어, 스타일 가이드, 구성 요소 및 패턴, 코딩 규칙과 같은 개발 요소, 모범 사례와 이를 관리하는 정책 등이 담겨있다.

디자인 시스템으로 구축한 패턴 라이브러리, 색상 및 글꼴은 표준화된 디자인 원칙과 결합하여 기업이 대규모로 일관된 시각적 디자인을 달성하도록 지원한다. 제품의 종류와 플랫폼의 특징에 맞게 반복적으로 사용하는 컴포넌트를 정리하여 페이지를 새로 제작할 때의 수고를 덜어주고, 디자이너마다 조금씩 다른 결과물에 일관성을 부여한다. 또한 우선순위가 낮은 페이지를 제작할 때 소모되는 시간을 줄여주어 사용자 경험에 더 집중할 수 있다. 디자인 시스템은 하나의 결과물이 아닌 결과물들의 집합으로 구성되어 있어 디자이너와 개발자 간의 원활한 협업이 가능하다. 일관성 있게 구축한 디자인 구성 요소를 업무 작업 과정에 포함하여 배포하면 협업을 하는 많은 디자이너와 제작자에게도 일관된 규칙을 제공할 수 있다. 이는 기업이 브랜드 규칙을 유지하는 방법이 되고, 협업 과정에서 생기는 비효율적인 시간을 줄인다.

디자인 시스템의 필요성

디자인 시스템은 디지털 서비스의 확장 가능성을 고민하고, 디자인 구성 요소를 반복적으로 활용하는 방법을 제공함으로써 그 중요성이 점점 커지고 있다.

기업은 매일 수백 가지가 넘는 디자인 결정을 내려야 한다. 이때 각 디자인마다 통일되지 않은 개별적인 결정을 내린다면 고객에게 일관된 사용자 경험을 제공할 수 없을 것이다. 그 대신 사용할 글꼴, 이미지 배치, 전체 서비스가 가진 접근성 등 일반적인 디자인 문제를 설정하고 반복적으로 사용할 방법론을 구축하면 브랜드 사용자에게 일관된 경험을 제공할 수 있다. 또한 운영체제Operating System, OS와 다양한 플랫폼, 디지털 화면 크기에 따른 맞춤 디자인을 제작할 수 있다. 조직의 규모가 크고, 기능과 화면 디자인의 업데이트 주기가 빠를 때 디자인 시스템을 활용하면 함께 일하는 팀원들 간의 업무 효율성을 높게 유지할 수 있다.

디자인 시스템의 장점

디자인 시스템을 구축하면 업무 과정에서 다음과 같은 장점이 있다.

■ 일관성의 향상

모든 디자인 영역에서 일관된 디자인을 사용하는 것은 사용자 경험의 핵심 원칙 중 하나다. 일관성 있는 디자인은 서비스 내용을 직관적으로 드러내 예측 가능성을 높인다. 이는 사용자의 혼란과 오류를 줄여주기 때문에 사용자는 제품을 쉽게 이해할 수 있다. 디자인 일관성은 다음과 같이 분류할 수 있다.

① 시각적 일관성

동일한 형태로 제작되고 시각적으로 유사한 모양의 구성 요소는 시각적 일관성을 높여준다. 시각적 일관성과 관련이 높은 구성 요소에는 크기, 색상, 글꼴과 같이 사용자가 볼 수 있는 모든 것을 포함한다. 시각적 일관성이 높을수록 사용자의 제품 사용 능력이 향상된다.

❷ 기능적 일관성

제품을 사용하는 사용자의 상호작용은 늘 동일해야 한다. 온라인 쇼핑몰에서 장바구니에 상품을 추가하는 상황을 예로 들어보자. 이때 사용하는 '장바구니에 추가 버튼'은 제품 서비스 내에서 가장 인기 있는 상품과 그렇지 않은 일반 상품에 관계없이 '장바구니에 추가'라는 같은 결과를 제공해야 한다. 이러한 기능적 일관성은 사용자가 응용 서비스를 이용할 때 예측 가능성을 높이고 사용자가 기대하는 결과를 제공한다. 기능적 일관성이 높을수록 사용자는 앱을 안전하고 친숙하다고 느낀다.

❸ 내부 일관성

제품에 새로운 기능이나 페이지가 추가될 때 시각적, 기능적으로 일관성 있는 디자인 규칙에 따라 제작한다면 사용자는 새로운 작업 방식을 학습할 필요가 없다. 이렇듯 내부 일관성을 유지하면 사용자는 제품 서비스 전체에서 인터페이스의 구성과 작동 방법을 익히는 시간과 노력을 들이지 않아도 되어 자신의 작업에 더 집중할 수 있다.

❹ 외부 일관성

사용자는 새로운 학습에 늘 부담을 가진다. 사용자가 제품 서비스와 상호작용하는 방법을 오래 학습해야 한다면 사용자는 쉽게 제품의 사용을 중단할 것이다. 따라서 보편적인 사용자 인터페이스의 원칙을 다른 플랫폼에서 재사용할 수 있다면 외부 일관성이 작용하여 사용자는 다른 플랫폼과 시스템, 제품 서비스 전반에 걸쳐 익숙함을 유지할 수 있다. 하나의 제품 서비스 내에서 시각적, 기능적 일관성을 부여하여 내부 일관성을 유지하는 것도 중요하지만 다른 플랫폼이나 시스템과 같은 모든 콘텍스트에서 외부 일관성을 유지하면 사용자의 접근성에 긍정적인 영향을 미칠 수 있다.

■ 시간의 절약

디자인 시스템은 개발 과정을 가속화하여 제품 서비스의 구축 시간을 줄인다. 제품 서비스를 구축할 때 모든 구성 요소를 처음부터 다시 설정하면 많은 시간이 소요된다. 특히 각 구성 요소마다 다양한 테마와 속성을 설정하고 유효성을 검증해야 한다면 더욱 많은 시간이 필요할 것이다. 하지만 디자인 시스템을 구축하면 팀의 모든 구성원은 구성 요소에 대한 디자인 원칙과 사용 방법, 프로젝트를 진행하는 동안 채택할 패턴과 사례를 쉽게 찾을 수 있다. 이렇게 구축한 구성 요소를 반복적으로 재사용하면 프로토타이핑이 훨씬 빠르게 진행되어 시장 출시와 배포 일정을 앞당길 수 있다.

■ 공통된 페이지로의 협업

제품 서비스의 프로세스가 확대되고 다양한 팀이 프로젝트에 참여하게 되면 협업을 하는 구성원은 작업할 내용과 당면한 리소스Resource를 이해해야 한다. 디자인 시스템은 프로젝트에 필요한 모든 자료와 문서를 제공하기 때문에 개인이 프로젝트와 관련된 자료를 찾는 데 들이는 노력과 수고를 덜어준다.

디자인 시스템은 프로젝트에 참여하는 이해관계자도 공통된 페이지에서 협업할 수 있도록 돕는다. 디자인 원칙, 기획, 수정까지의 모든 과정이 하나의 디자인 시스템에서 이루어지기 때문에 변화된 내용이 수록된 가장 최신의 문서를 모두가 공통적으로 확인할 수 있다. 이를 통해 동일한 언어, 지침, 리소스를 공유할 수 있어 프로젝트 전반의 협업 과정이 원활해진다. 이는 개발과 테스트의 속도를 높여주고 조직적인 작업 흐름을 만들기 때문에 팀원들 간의 공동 작업이 보다 쉬워진다. 새로운 팀원이 합류하더라도 디자인 시스템 문서에서 원하는 내용을 찾아 확인할 수 있으므로 프로젝트에 적응하는 기간을 줄여주는 역할까지 할 수 있다.

TIP 리소스는 기본적으로 자원이라는 뜻이다. 기술부터 업무 지침, 그래픽 요소, 시각적 정보를 포함하는 파일 등 프로젝트를 진행할 때 필요한 모든 자료와 정보를 리소스라고 할 수 있다.

■ 리스크 최소화

디자인과 개발에 있어 장기적인 목표 대신 단기 목표에 집중할 때 발생하는 불필요한 리소스들이 있다. 단기적인 문제를 다루기 위해 제한된 사용 사례를 적용하면 시간이 지나면서 사용하지 않는 리소스가 누적되기 쉽고 그에 따른 유지 관리가 필요하다.

디자인 시스템은 제품 서비스 작업을 하는 팀에 통합 언어를 제공한다. 특정 사례에만 사용하는 단일적인 구성 요소가 아닌 다양한 애플리케이션에서 사용할 수 있는 구성 요소를 구축할 수 있게 한다. 이미 만들어진 디자인 요소를 재사용하면 디자이너와 개발자 사이의 의견 차이를 좁힐 수 있고 문서화된 규칙으로 사용자 환경을 통합할 수 있다. 이는 새로운 디자인과 설계에 대한 리스크를 최소화한다.

■ 높은 향상성

디자인 시스템은 전체적인 디자인 일관성을 높여주지만 이미 만들어진 구성 요소를 반복적으로 재사용한다는 점에서 창의성에 제한이 있는 것처럼 보일 수 있다. 실제는 그렇지 않다. 오히려 프로젝트에 추가할 혁신적인 요소를 만들어 낼 가능성을 높인다. 새로운 아이디어를 떠올리고 프로젝트에 적용하기까지는 상당한 시간이 필요하다. 디자인 시스템은 디자인 요소를 처음부터 만드는 과정을 제거함으로써 팀 구성원이 프로젝트 자체와 비즈니스 요구사항에 자유롭게 투자할 수 있는 시간을 만든다. 이는 개인과 조직, 제품의 지속적 성장에 도움이 된다.

■ 브랜드 구축

디자인 시스템은 시각, 음성, 톤과 같이 제품 서비스를 구성하는 속성에 규칙을 마련하여 서비스 뒤에 숨겨진 브랜드의 느낌과 정체성을 전달하는 것을 목표로 한다. 디자인 시스템으로 구현한 일관성 있는 커뮤니케이션은 사람들이 브랜드가 말하는 방식을 이해하고 브랜드의 제품을 사용하는 느낌을 기억하도록 돕는다. 이는 브랜드가 자사의 특징과 이미지를 전달하는 방법이다. 디자인 시스템으로 간소화된 디자인 프로세스는 사용자와 잘 소통하는 영향력 있는 브랜드를 구축하는 기반이 된다. 제품 서비스의 일관된 디자인과 제품으로 기업이 전달하려는 가치를 읽어낼 때 사람들은 브랜드에 친숙함을 느끼고 기업과 사용자 사이에 신뢰가 형성된다.

그림 1-1 스타벅스의 브랜드 구축 사례 © https://creative.starbucks.com/

SECTION 02

디자인 시스템의 구성

핵심 내용 디자인 시스템의 구조, 스타일 가이드의 이해

디자인 시스템의 구조

디자인 시스템은 기업마다 추구하는 가치와 제품, 서비스에 따라 다양한 구조를 가진다. 일반적으로 개요, 파운데이션, 컴포넌트, 패턴, 기타 등으로 구성할 수 있다.

개요

대부분의 디자인 시스템은 개요Overview에서 일련의 디자인 원칙을 작성한다. 개요는 조직 전체가 공통 목표에 맞춰 디자인 시스템을 사용하고, 구축 방법에 상관없이 의미 있는 디자인 결정을 내릴 수 있도록 안내한다. 따라서 개요에서는 디자인 시스템의 기본적인 소개와 함께 브랜드의 정체성을 포함한 디자인 원칙을 작성한다. 그 외 업데이트한 새로운 기능을 소개할 수 있다.

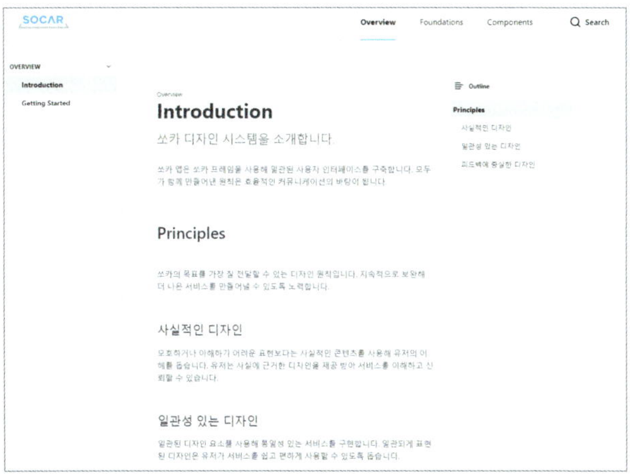

그림 1-2 쏘카의 디자인 시스템 개요 © https://socarframe.socar.kr/

파운데이션

파운데이션Foundation은 가장 기초가 되는 디자인 요소의 모음을 의미한다. 일관된 레이아웃과 사용자 경험을 만들 때 필요한 색상, 아이콘, 간격, 그래픽, 타이포그래피 등과 같은 시각적 요소와 디자인의 기본인 공통 가치와 원칙을 포함한다. 접근성이나 정보, 설계 방식도 함께 포함할 수 있다.

컴포넌트

컴포넌트Components는 디자인 시스템에서 재사용 가능한 구성 요소를 말한다. 컴포넌트를 체계적으로 재사용하면 제품 및 서비스 전체에 시각적, 기능적 일관성을 유지할 수 있다. 컴포넌트는 종류가 너무나도 많기 때문에 디자인 시스템을 구축할 때 가장 주의를 기울여야 하는 요소이다. 제품과 서비스의 규모가 작다면 키 스크린에서 가장 많이 사용하는 컴포넌트를 추출하여 구성하면 된다. 만일 그 양이 방대하다면 기능에 따라 카테고리를 구분한다.

TIP 컴포넌트에 대한 자세한 설명과 예시는 28쪽 '스타일 가이드'의 컴포넌트 항목에서 확인할 수 있다.

패턴

패턴Pattern은 사용자가 목표를 달성하려고 사용하는 방법의 모범 사례라고 할 수 있다. 직관적이고 일관된 사용자 경험을 제공하기 위해 컴포넌트를 특정 조합으로 묶어 패턴으로 구분하고 그 사용법을 작성한다. 패턴은 일반적으로 컴포넌트와는 별도의 라이브러리로 구분한다.

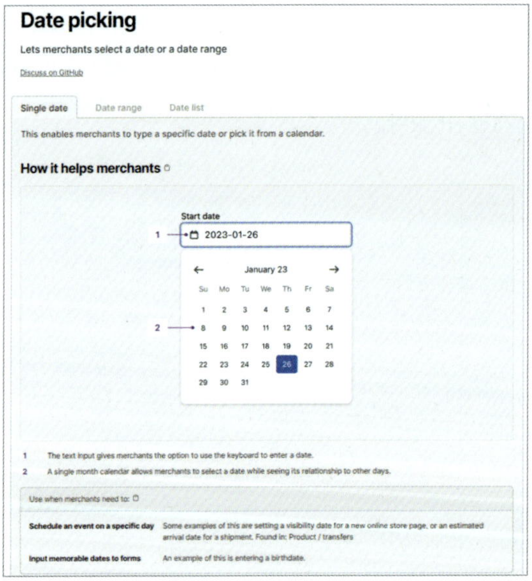

그림 1-3 쇼피파이의 달력 설정 패턴 예시 © https://polaris.shopify.com/

기타

기타Etc 영역에서는 디자인 시스템을 구축하는 기업에 따라 커뮤니티를 구성하거나 자료를 공유하는 링크를 제공한다. 또한 다양한 디자인 사례를 공개하거나 디자인 시스템 구축 과정을 소개하면서 자사의 디자인 원칙을 한 번 더 알리기도 한다. 디자인 시스템을 구축할 때 별도로 정해진 규정이 있는 것이 아니기 때문에 기업의 환경에 따라 자유롭게 추가적인 부분을 논의하여 작성할 수 있다.

스타일 가이드, 패턴 라이브러리, 시스템 가이드

디자인 시스템의 구조는 조직의 형태나 디자인 시스템의 운영 목적에 따라서 달라질 수 있다. 구성 요소를 재사용한다는 점에서 스타일 가이드나 패턴 라이브러리와 같은 개념으로 오해하기도 한다. 스타일 가이드와 패턴 라이브러리는 디자인 시스템을 구성하는 하위 클래스로 포함되어 있으므로 굳이 구분하여 사용하려고 하지 않아도 된다.

스타일 가이드

스타일 가이드Style Guide는 일련의 디자인 원칙을 정리한 문서를 말한다. 제품의 고유한 모양과 느낌 같은 시각적 요소와 제품 전반에 걸친 콘텐츠 디자인의 표준 사례 등이 포함된다. 스타일 가이드는 디자인 시스템의 일부로서 제품에 사용하는 시각적 언어의 표준을 정의한 문서이기 때문에 디자이너와 개발자에게 유용한 자료이며, 새로운 디자인 요소를 만들 때 필요한 가이드를 제공하기도 한다. 스타일 가이드에는 다음과 같은 내용이 포함될 수 있다.

하나 더 알기 | 스타일 가이드 작성법

디자인 시스템을 구축하는 일에 어려움을 느껴 스타일 가이드만 작성한다면 제품과 서비스에서 시각적 일관성을 유지하는 일시적인 방안이 될 수는 있다. 하지만 단기적인 사용에 그친 불필요한 리소스의 모음이 될 가능성이 높다. 따라서 제품의 전체적인 모양과 느낌을 정의한 일반적인 지침을 포함하여 사용자에게 전달하려는 메시지를 명확하고 동일한 방식으로 전달할 수 있도록 작성해야 한다.

■ 디자인 원칙

디자인 원칙Design Principle은 제품의 핵심 가치를 정의하는 규칙을 정리한 것으로 전반적인 방향성을 알려주는 나침반의 역할을 한다. 보통 짧은 단어나 문장 또는 대여섯 개 이내의 키워드로 제품의 원칙을 정한 후 디자인 가이드를 구성한다. 디자인 원칙을 효과적으로 작성하려면 모든 원리를 간단하고 명확하게 설명해야 하며 구체적이고 간결한 요약이 필요하다. 디자인 원칙에는 브랜드 가이드라인의 핵심인 브랜드 스토리를 포함하여 브랜드의 정체성을 알리고 사용자가 브랜드의 핵심 가치를 이해할 수 있도록 작성한다. 디자인 원칙은 프로젝트를 진행할 때 크고 작은 판단의 기준이 되기 때문에 팀원과 협업 관계자 모두가 의사결정을 할 때 큰 도움이 되며 협업 과정에서 원래의 목표나 방향성을 잃지 않도록 길잡이 역할을 한다.

■ 색상

색상Color은 모든 제품의 필수적인 부분으로 시각적 연속성과 상태 정보를 제공한다. 색상은 정보의 위계질서를 표현할 수 있어 명시적인 체계를 만드는 중요한 역할을 한다. 브랜드 색상의 핵심이 되는 기본 색상과 보조 색상을 지정한 뒤 채도와 명도를 조절하여 밝고 어두운 색상을 변형하여 단계를 구분한다. 브랜드 색상이 되는 주요색을 사용하면 브랜드 정체성을 끌어올리면서 콘텐츠 중심의 디자인을 할 수 있다. 보조 색상은 브랜드 색상의 비율을 해치지 않는 색으로 강조하거나 구성 요소를 구별할 수 있게 사용하고 서비스 상태를 전달하는 시스템 색상 목록을 함께 작성한다.

TIP 다양한 색상 단계를 만들어 면적 대비와 명도 대비에 사용하는 단계를 구분해 두는 것이 좋다.

그림 1-4 라인의 컬러 시스템 © https://designsystem.line.me/

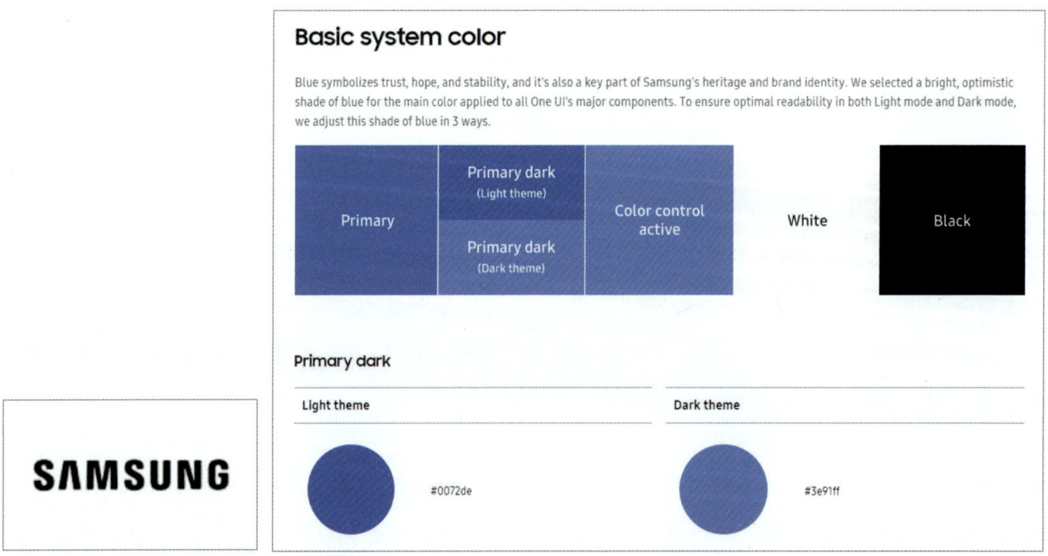

그림 1-5 삼성의 컬러 시스템 © https://developer.samsung.com/design

■ **타이포그래피**

타이포그래피Typography는 브랜드의 서체 모음, 사용하는 서체의 다양한 크기와 두께, 줄 간격, 다양한 텍스트 조건과 사용하는 색상이 포함되어야 한다. 기본적으로 텍스트를 제품에 사용하는 형식과 표시 방법을 포함한다.

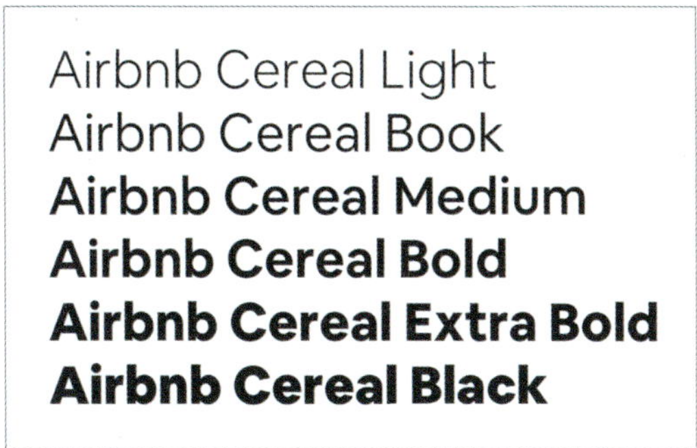

(a) 'Cereal' 서체의 크기와 두께

(b) 서체 사용 사례

그림 1-6 에어비엔비 전용 서체 'Cereal' © https://airbnb.design/cereal/

■ **아이콘**

제품 또는 서비스에서 사용하는 아이콘Icon은 처음부터 기획에 맞춰 제작한 아이콘 세트일 수도 있고 시스템 자체에서 제공하거나 기성 상품으로 제공하는 아이콘일 수도 있다. 아이콘 가이드라인은 사용자 인터페이스에서 아이콘을 사용하고 구현하는 방법과 지침을 제공하고 기존 아이콘과 일치하는 새로운 아이콘을 만드는 방법을 포함할 수 있다. 또 아이콘을 최적의 상태로 사용할 수 있도록 크기와 간격 값, 그림자, 색상과 같은 사용 조건을 표시한다.

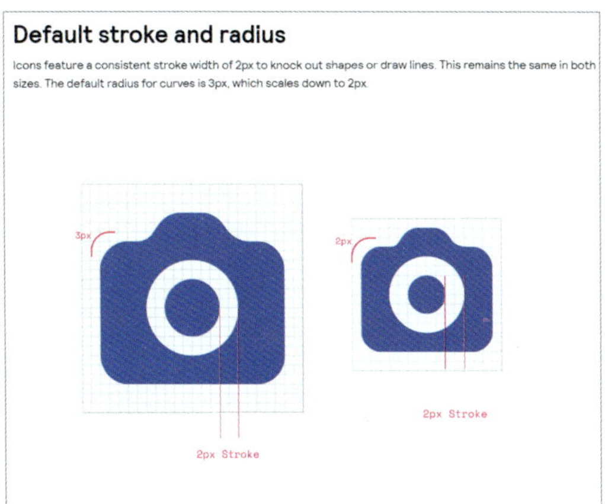

(a) 스카이스캐너의 아이콘 규격 예시

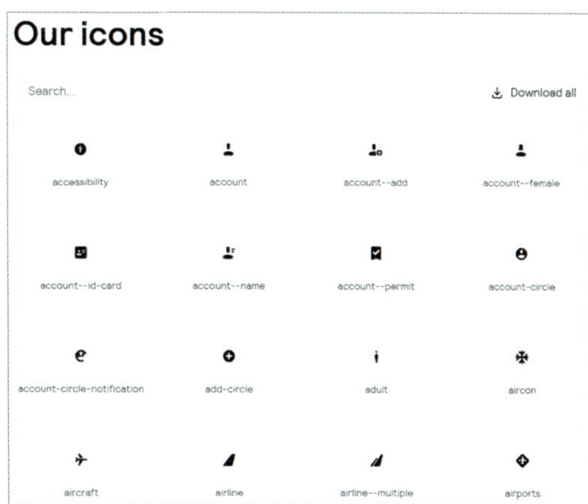

(b) 스카이스캐너의 아이콘

그림 1-7 스카이스캐너의 아이콘 사례 © https://www.skyscanner.design/

■ **컴포넌트**

화면을 이루는 컴포넌트는 앱 바, 카드, 버튼, 입력 필드와 같은 구성 요소를 말하며 그 종류가 매우 많다. 스타일 가이드에서는 이러한 컴포넌트들이 무엇인지를 정의하고 각 요소의 형태를 디자인하고 크기를 설정하는 방법과 같은 구체적인 사례를 작성한다. 컴포넌트는 여러 개가 한꺼번에 존재하거나 상태값에 따라 형태가 변경되기도 하므로 다양한 상황과 사용 형태를 상세히 알려주면 좋다.

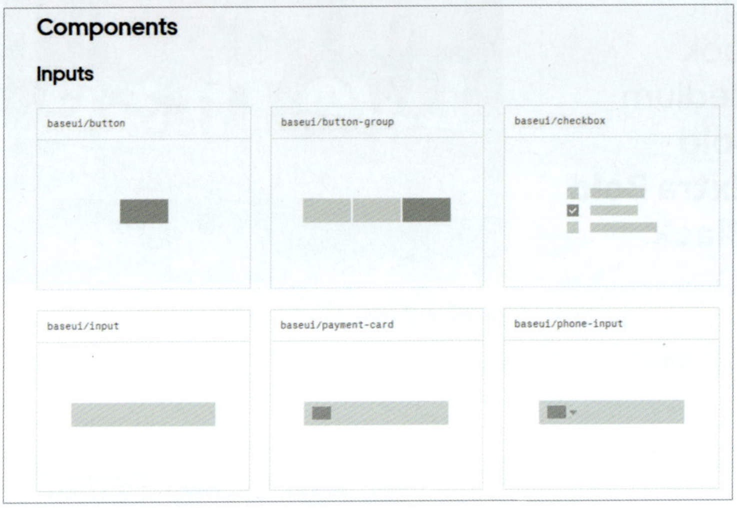

(a) 우버의 컴포넌트 종류

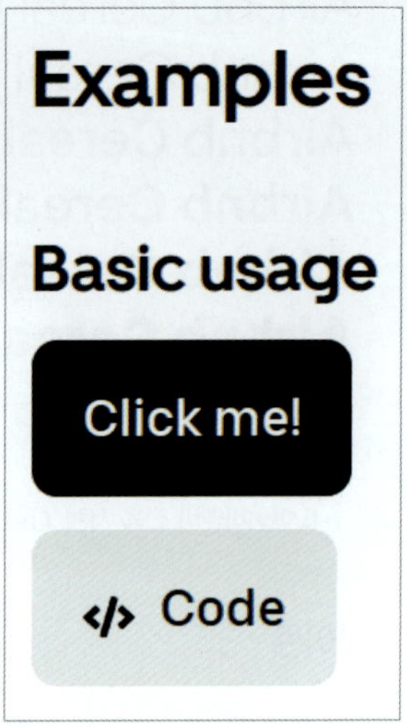

(b) '버튼' 컴포넌트의 예시

그림 1-8 우버의 컴포넌트 사례 © https://baseweb.design/

패턴 라이브러리

패턴 라이브러리는 재사용이 가능하도록 기능적으로 설계한 컴포넌트의 모음이다. 일부는 디자인 시스템의 컴포넌트와 구분 없이 사용하기도 하지만 컴포넌트는 개별적이고 여러 UI 패턴의 일부를 형성하는 가장 작은 단위의 디자인 요소라는 점에서 패턴 라이브러리와 구분된다. 스타일 가이드와 패턴 라이브러리는 디자인 시스템 구축 과정에서 수시로 업데이트가 이루어진다. 그렇기 때문에 디자인 시스템 환경 내에서 사용할 수 있는 다양한 요소를 보유한 디자인 시스템의 일부로 보아야 한다. 패턴 라이브러리는 다음과 같은 요소를 포함한다.

■ **제목**

컴포넌트와 패턴의 이름을 짧고 명확하게 작성해야 한다. 일부 하위 요소들은 '버튼'과 같은 직접적인 방식으로 쉽게 이름을 지정할 수 있다. 복잡한 패턴일수록 디자이너와 개발자 모두 쉽게 이해할 수 있는 이름으로 지정되어야 한다.

■ 사용법과 원리

각 패턴에는 해당 기능과 컴포넌트가 실제로 수행하는 작업이 무엇인지 설명이 필요하다. 언제, 어떤 상황에서 어떻게 사용해야 하는지 방법과 규칙이 명시되어 있다면 누구나 일관된 상황에서 패턴을 사용할 수 있다. 이러한 원칙은 컴포넌트 간의 제한 사항을 두거나 적절한 상호작용을 보장할 수 있다.

■ 변형

일부 컴포넌트는 다른 상태를 가질 수 있기 때문에 상태에 따른 유연성을 제공해야 한다. 이를 변형Variations이라고 한다. 특히 버튼과 같은 요소는 사용자와의 상호작용 과정에서 유효성에 따라 다양한 상태를 제공한다. 컴포넌트와 패턴 문서에는 관련 클래스의 이름과 함께 다양한 레이아웃과 기능을 포함하여 작성한다.

하나 더 알기 | 패턴 라이브러리 사례

[그림 1-9]는 카본 디자인 시스템에서 제공하는 패턴 목록 중 '대화상자' 항목이다. 대화상자의 쓰임에 맞게 변형된 모양과 용법을 설명하고 있다. 용법에 따라 버튼 컴포넌트의 수행 기능도 달라지는 것을 알 수 있다.

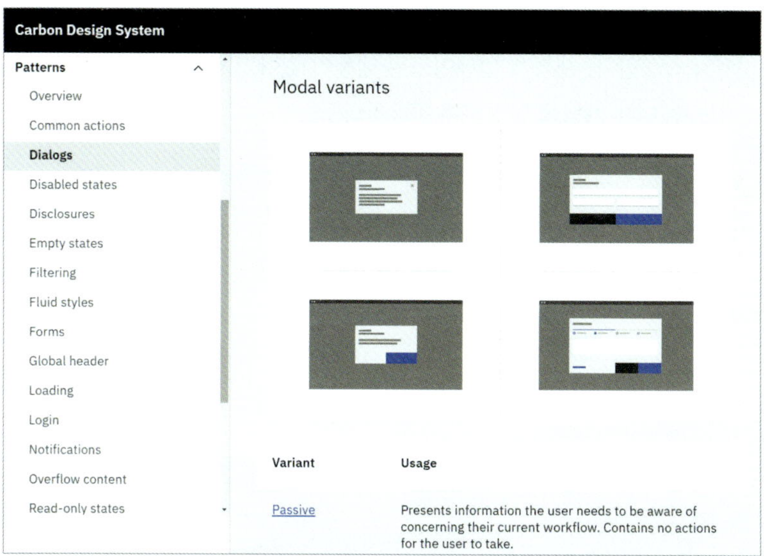

그림 1-9 카본 디자인 시스템 패턴 목록 중 '대화상자' © https://carbondesignsystem.com/

시스템 가이드

스타일 가이드와 패턴 라이브러리와 같은 시각적 요소 외에도 디자인 시스템의 목적에 따라 디자인 시스템을 운영하고 관리하는 데 사용할 가이드 문서가 필요하다. 시스템 가이드에는 다음과 같은 내용을 포함한다.

■ 목적

시스템 가이드에는 주로 디자인 시스템 운영과 디자인 시스템 구축으로 이루고자 하는 목적을 정의한다. 특히 직면해 있는 문제나 서비스의 개선 방향을 기술해 두면 디자인 시스템을 원하는 방향성에 맞도록 명확하게 구축하고 적용할 수 있다.

■ 사람

디자인 시스템을 운영하는 부서와 담당자, 수정할 수 있는 사람, 검토 권한이 있는 담당자를 작성한다. 또한 팀원들에게 디자인 시스템을 배포하고 교육하는 담당자와 접근 권한이 있는 이해관계자를 표기한다.

■ 공유

디자인 시스템과 관련된 이슈와 파일을 공유하는 프로세스를 작성한다. 공유 주기와 업데이트 시기를 명시하고, 배포 방법은 무엇인지 작성한다. 새롭게 업데이트된 내용이 있다면 해당 내용과 함께 교육할 방법과 지침을 모두가 잘 숙지할 수 있는 채널에 작성하여 공유한다.

SECTION 03

디자인 시스템 구축 방법론

핵심 내용 아토믹 디자인의 개념, 디자인 시스템 프로세스

아토믹 디자인

아토믹 디자인Atomic Design은 디자이너와 개발자 사이의 협업이 용이하도록 브래드 프로스트가 고안한 디자인 시스템으로, 화학의 원자 단위를 기반으로 한다. 가장 작은 단위인 원자가 결합해 분자가 되고 분자가 결합해 유기체가 만들어지는 화학의 원리를 이용해 컴포넌트의 구조를 원자, 분자, 유기체, 템플릿, 페이지 단위로 구성하여 전체 디자인 시스템을 구축하는 방식이다.

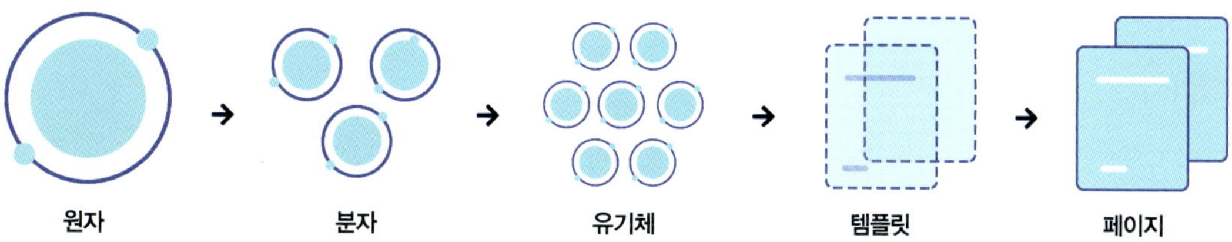

그림 1-10 브래드 프로스트의 아토믹 디자인 프로세스

원자

원자Atoms는 컴포넌트의 가장 작은 단위 요소로 레이블, 입력 창, 버튼과 같이 독립적으로 사용할 수 없는 단계를 말한다. 원자에는 색상과 폰트는 물론 애니메이션과 같은 추상적인 요소도 포함될 수 있다. 기본적으로 원자는 특정 기능을 수행하기보다는 일반적인 사용이 가능하도록 구현한다.

분자

원자를 결합해 형성된 분자Molecules는 아토믹 디자인의 핵심 역할을 한다. 분자의 형태가 되면 기능을 수행할 수 있다. 예를 들어 원자 단위인 텍스트 입력 창과 검색 버튼이 결합하면 검색 양식 분자로서, 사용자가 입력한 텍스트를 검색하는 검색 창의 기능을 할 수 있다.

유기체

기능을 수행하는 분자를 결합하면 유기체Organisms를 형성할 수 있다. 분자를 유기체로 구축하면 이동이 가능하여 독립적인 사용과 재사용이 가능한 구성 요소를 만들 수 있다. 그러므로 유기체 단계에서는 최종 인터페이스의 UI를 형성할 수 있고 하나의 블록을 형성해 UI 패턴을 만들 수 있다. 유기체가 결합하면 인터페이스의 비교적 복잡하고 뚜렷한 부분을 구현할 수 있게 되면서 인터페이스는 구체화되고 최종적인 모양을 갖추기 시작한다.

템플릿

유기체가 결합하면 최종 결과물에 가까운 페이지를 형성하는 템플릿Templates이 구성된다. 템플릿의 단계에서는 레이아웃을 구성할 수 있고 분자와 유기체에 대한 컨텍스트를 매우 구체적으로 제공할 수 있다. 이 단계에서는 디자인의 뼈대가 되는 와이어프레임을 구성하고 내부 콘텐츠를 쌓아 최종 결과물을 만들 수 있다.

페이지

페이지Pages 단계에서는 완성된 시안을 구성할 수 있다. 또한 디자인 시스템의 효율성을 테스트할 수 있기 때문에 분자, 유기체, 템플릿을 기능에 맞게 수정하면서 디자인의 실제 맥락을 점검할 수 있고 구성 요소에 따라 변화하는 템플릿의 구조도 확인할 수 있다. 예를 들어 한 개의 리스트가 있을 때와 누적된 10개의 리스트가 있을 때의 템플릿의 변화를 확인할 수 있다. 여기에 사진이나 실제 콘텐츠를 추가하여 디자인을 검토하면서 반복적인 수정과 추가가 가능하다.

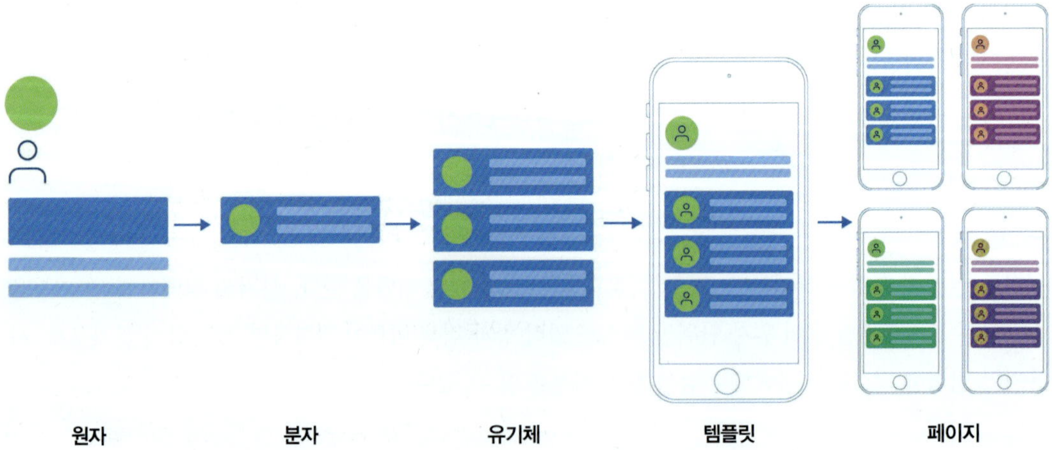

그림 1-11 아토믹 디자인의 적용 예

디자인 시스템 프로세스

디자인 시스템 프로세스란 디자인 시스템의 정의와 구축, 지속적인 유지 관리에 이르기까지 디자인 시스템을 만드는 체계적이고 반복적인 접근 방식을 말한다. 기업이 가진 목적이나 서비스의 방향에 따라 다양한 방법과 단계가 포함될 수 있지만 기본적으로 [그림 1-12]와 같은 단계로 진행한다.

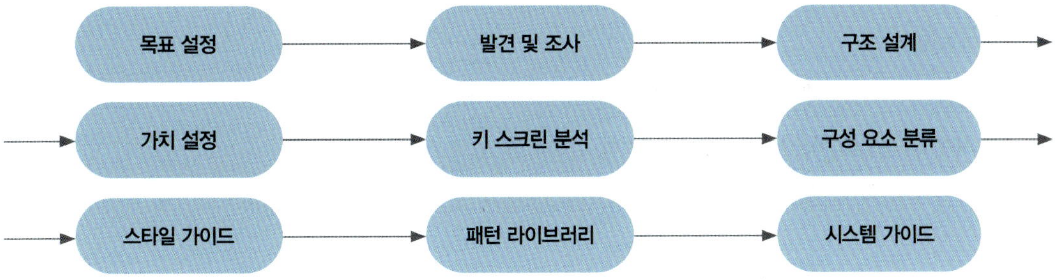

그림 1-12 디자인 시스템 구축 프로세스

목표 설정

목표 설정 단계에서는 디자인 시스템을 구축하는 목표와 목적을 명확히 할 필요가 있다. '업무 과정에서 일관성을 유지하고 효율성을 높여 협업 과정을 개선한다'는 방향성처럼 디자인 시스템으로 달성하려는 목표를 정의하여 팀원 및 이해관계자가 같은 방향으로 나아갈 수 있게 한다. 디자인 시스템을 처음 도입하는 단계에서는 많은 시간과 비용이 소요된다. 그러므로 프로세스 과정에서 디자인 의사 결정이 어려운 상황은 무엇인지, 어떤 부분에서 일관성이 필요한지 등 목적 달성에 필요한 구체적인 내용을 작성하는 것이 좋다. 특히 디자인 시스템으로 해결할 수 있는 특정 문제와 팀에 가져올 이점을 명시한다면 팀원들과 이해관계자를 쉽게 설득할 수 있다.

발견 및 조사

발견 및 조사의 단계에서는 조직과 산업 내에서 사용하는 정형화된 디자인 관행이 무엇인지 조사하고, 제품과 사용자 인터페이스를 이해하는 것을 포함한다. 디자이너, 개발자, 이해관계자, 최종 사용자로부터 피드백을 수집하여 디자인 시스템에서 활용할 수 있는 기존 디자인 패턴과 요소를 구분하는 연구를 수행한다.

구체화

다음 단계는 디자인 시스템의 구조와 범위를 구체화하는 것이다. 디자인 시스템을 사용하는 사람은 누구인지, 어떤 내용을 담을 것이며 다양한 의견을 통합하는 의사결정은 어떻게 수행할 것인지 필요한 방법론을 작성한다. 이 과정에서 공유할 채널과 배포할 시기를 함께 결정하는 것이 좋다.

가치 설정

디자인 시스템의 범위가 구체화 되었다면 사용자가 어떤 의도로 제품을 사용하고, 어떤 상황에서 필요성을 느끼는지 확인하여 브랜드의 핵심 가치를 설정한다. 브랜드의 핵심 가치에 따라 디자인 기능을 의미 있게 구분하고 논리적인 구성을 할 필요가 있다.

키 스크린 분석

키 스크린Key Screen은 제품의 주요 화면이다. 화면에 어떤 요소들을 반복적으로 사용하고 요소가 어떻게 결합하여 기능을 수행하는지 핵심 화면의 디자인을 살펴보고 분석하는 단계이다. 분석한 내용을 중심으로 특정 동작과 사용자 경험을 반영하고 이를 시각화한 실질적인 키 스크린을 구성할 수 있다.

구성 요소 분류

키 스크린에서 분석한 공통적인 디자인 요소와 다양한 패턴들을 주요 컴포넌트로 분류하여 라이브러리에 저장한다. 이때 키 스크린 분석을 바탕으로 자주 사용하는 컴포넌트의 우선순위를 고려하여 분류한다. 기능과 목적에 따라 분류할 단위를 세세하게 정의하여 카테고리에 혼란이 생기지 않도록 구성한다. 이렇게 정리한 컴포넌트들은 스타일 가이드나 패턴 라이브러리의 필수 구성 요소가 된다.

시스템 가이드 구축

디자인 시스템을 구축하는 일은 오랜 시간을 필요로 하고 분량도 방대하기 때문에 많은 인원이 투입되어 동시에 작업을 할 수밖에 없다. 따라서 내용의 수준과 어투를 통일하는 일이 어려울 수 있다. 대제목, 제목, 소제목을 구분하고 지시어나 명령어, 명사 사용 형식 등 크고 작은 부분에서 일관된 규칙이 필요하다.

시스템 가이드는 지속 가능한 디자인 시스템을 구축할 때 필요한 문서이다. 디자인 시스템을 유지하고 관리할 방법을 명시하고 안전하게 사용할 수 있도록 검수 과정과 방법을 정의한다. 또 현재 디자인 의사결정 과정은 어떻게 이루어지는지, 관여하는 부서와 변경 사항을 승인하는 주체, 업데이트 주기와 내용, 교육 방식, 배포 방법 등의 내용도 정의한다. 인력과 비용을 투자했다면 일회성의 보여주기식 결과물보다는 실제로 유용하게 사용하는 시스템을 만드는 것이 의미 있다.

SECTION 04

디자인 시스템 구축 사례

핵심 내용 다양한 기업의 디자인 구축 사례 분석

디자인 시스템의 다양한 형태

기업이 추구하는 바에 따라 디자인 시스템은 다양한 형태와 범주로 구성되어 있다. 일반적으로 개요에서 자사의 디자인 원칙과 지향하는 목적을 밝힌 후 디자인 구성 요소, 코드 등과 같은 주요 범주를 보여주는 최상위 탐색 방식으로 구성되어 있다. 각 범주에는 하위 탐색 또는 사이드 바 탐색이 있는데, 이를 색상, 타이포그래피, 컴포넌트, 양식과 지침 등의 영역으로 세분화한다. 모든 것을 새롭게 구축하는 것보다는 다른 기업의 사례를 참고하여 디자인 시스템의 구현과 사용 방법을 이해하는 것이 도움이 된다.

구글 : 머티리얼 디자인 시스템

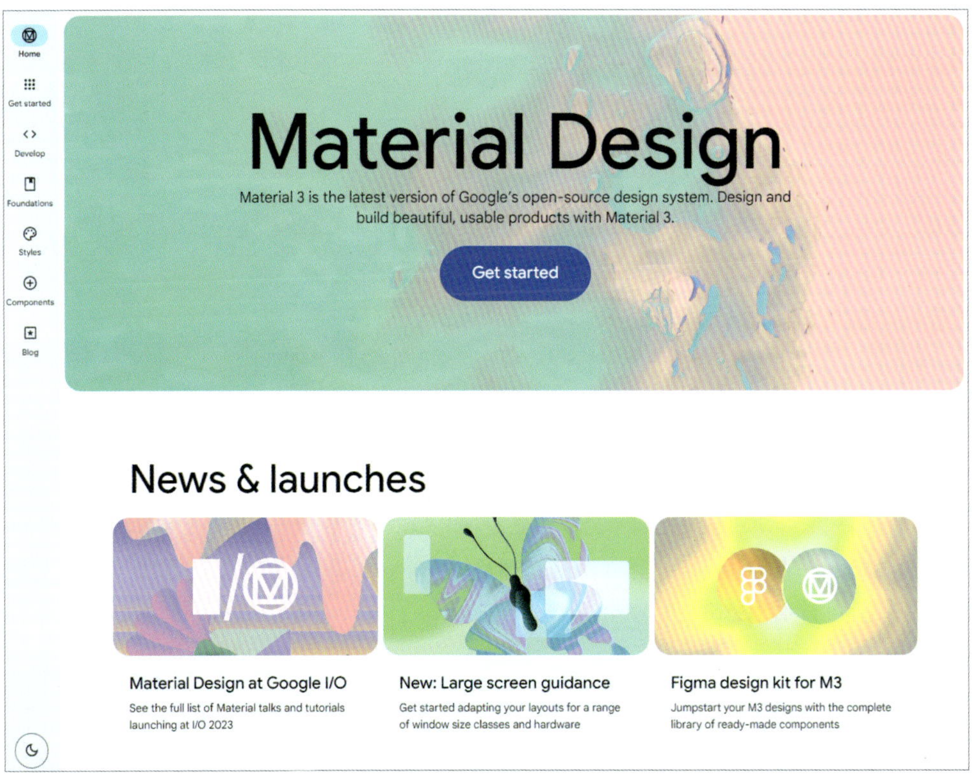

그림 1-13 구글의 머티리얼 디자인 시스템 © https://m3.material.io/

구글의 머티리얼 디자인은 구글의 디자이너와 개발자가 구축하고 지원하는 디자인 시스템으로 안드로이드, iOS, 플러터 및 웹에 대한 자세한 UX 지침과 UI 구성 요소를 구현하는 방법이 포함되어 있다. 최근 머티리얼 3으로 업데이트되면서 동적 색상과 향상된 접근성, 대형 화면의 레이아웃과 디자인에 이르기까지 개인적이고 확장된 경험을 만드는 가이드를 제공한다. 그런 머티리얼 디자인 시스템의 목표는 다음과 같다.

- 좋은 디자인의 고전 원리, 기술과 과학의 혁신, 가능성을 종합한 시각적 언어를 만든다.
- 플랫폼, 장치, 입력 방법 등 전반에 사용자 경험을 통합하는 단일 기본 시스템을 개발한다.
- 종이 재질과 그림자를 활용하여 머티리얼의 시각적 언어를 확장하고 혁신과 브랜드를 표현할 수 있도록 유연한 기반을 제공한다.

머티리얼 디자인은 빛을 반사하고 그림자를 드리우는 물질의 원리를 바탕으로 물리적 세계와 그 질감에서 영감을 받아 제작하였다. 재료의 표면은 종이와 잉크라는 매체를 재해석한 것이고, 인쇄 디자인에서 사용하는 방법인 그리드, 타이포그래피, 공간, 크기, 색상 및 이미지를 사용한다. 이 방법으로 사용자가 경험에 몰입할 수 있도록 계층 구조와 의미에 초점을 맞춰 그래픽을 대담하게 구성한다. 모션은 섬세한 피드백과 일관된 전환으로 주의를 집중시키고 연속성을 유지하는 것이 특징이다.

머티리얼 디자인의 구성 요소는 UI를 생성하기 위한 대화형 빌딩 블록의 형태이다. 내재된 시스템에서 포커스, 선택, 활성화, 오류, 호버, 탭, 드래그 및 비활성화와 같은 구성 요소의 상태를 전달한다. 구성 요소를 모은 라이브러리를 함께 제공하며 구성 요소는 다음 내용을 포함하여 다양한 인터페이스 요구사항을 충족시킨다.

- **디스플레이** 카드, 목록, 시트와 같은 구성 요소를 사용해 콘텐츠를 배치하고 구성한다.
- **탐색** 탐색을 할 수 있는 창, 탭과 같은 구성 요소를 사용해 제품을 이동한다.
- **작업** 플로팅 액션 버튼과 같은 구성 요소를 사용해 작업을 수행한다.
- **입력** 텍스트 필드, 선택 컨트롤과 같은 구성 요소를 사용해 정보를 입력하거나 선택한다.
- **커뮤니케이션** 배너와 대화상자 등을 사용해 주요 정보를 나타내거나 경고한다.

UI/UX 디자인에서 머티리얼 디자인은 교과서와 같은 존재이다. 이전에 볼 수 없었던 방식으로 구성 요소를 분류하고, 그리드, 내비게이션, 색상, 타이포그래피, 형태 등에 관한 가이드라인을 카탈로그 목록으로 제공하여 오늘날 모든 디자인 시스템의 기반이 된 아토믹 디자인 방식을 구현했다. 사이트에서 디자인 키트를 피그마 소스로 제공 받을 수 있다.

애플 : 휴먼 인터페이스 가이드라인

디자인 언어의 시초라고 할 수 있는 애플의 휴먼 인터페이스 가이드라인은 애플의 다양한 제품군에 사용할 수 있는 템플릿과 지침을 제공한다. 아이폰, 아이패드, 맥, 애플워치는 물론 비전프로에 이르기까지 애플이 제공하는 모든 기기에 적용할 수 있다. 꾸준한 업데이트로 애플페이, 증강현실, 에어플레이와 같은 새로운 기술을 제공하기도 한다. 애플의 휴먼 인터페이스 가이드라인은 애플 제품군 모두에 디자인 일관성을 부여하고 애플만의 감성을 제공함으로써 애플 고유의 사용자 경험을 유지한다. 애플의 디자인 요소와 원칙을 자세히 설명한 주요 카테고리는 다음과 같다.

- **파운데이션** 접근성, 앱 아이콘, 브랜딩, 색상, 타이포그래피와 몰입형 경험 등과 같은 디자인 요소가 어떻게 풍부한 사용자 경험을 만드는지 설명한다.
- **패턴** 사용자의 작업과 서비스 경험을 지원하는 디자인 지침을 자세하게 설명한다.
- **컴포넌트** 콘텐츠, 레이아웃과 구성, 메뉴와 액션 등의 하위 카테고리를 구성하고 시스템 경험을 정의하여 사용자들에게 친숙하고 일관된 경험을 제공한다.
- **입력** 다른 디자인 시스템과는 달리 입력이라는 카테고리를 구성하였다. 사용자가 앱이나 게임을 제어하는 방법과 데이터를 입력하는 방법을 안내한다. 액션 버튼이나 제스처, 키보드, 리모컨 및 게임 컨트롤러 등이 포함된다.
- **기술** 앱이나 게임에 적용할 수 있는 애플의 기술과 서비스를 디자인 시스템에서 제공하고 있다.

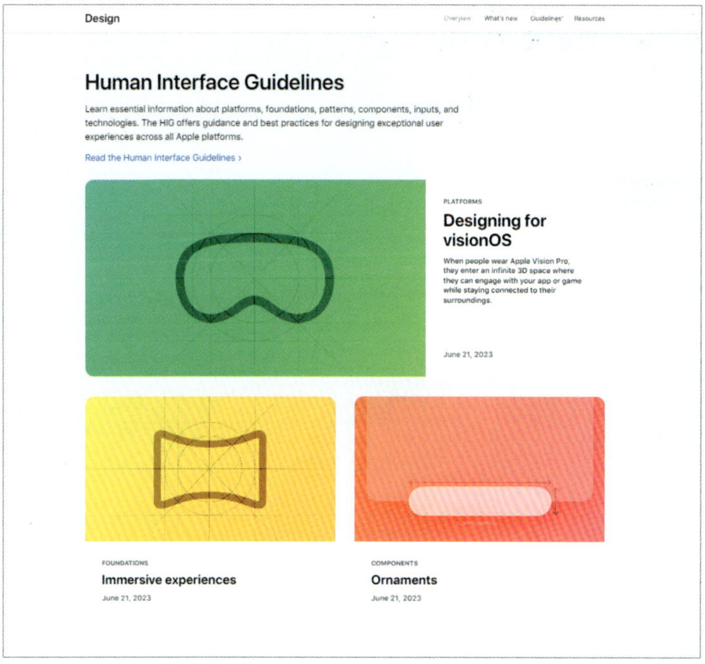

그림 1-14 애플의 휴먼 인터페이스 가이드라인 © https://developer.apple.com/design/

마이크로소프트 : 플루언트 디자인

마이크로소프트의 디자인 시스템 플루언트 2는 디자인과 개발의 유기적인 연결을 강조한다. 앱과 플랫폼 간에 유동적인 이동이 가능하고 공동 작업이 원활하도록 디자인 시스템을 혁신하였다. 응집력 있는 색상 시스템과 토큰 시스템을 사용하여 표준화된 디자인을 구축하였고, 접근성 표기와 강력한 사용 지침을 적용하였다. 이번 업데이트에서 피그마를 사용한 UI 키트를 구축하였고 마이크로소프트의 디자인 스타일로 일관되게 적용할 수 있도록 하였다. 카테고리별 내용은 다음과 같다.

- **시작** 새로운 기능 소개와 디자인 키트의 제공, 그리고 개발 플랫폼에 대한 안내를 제공한다.
- **디자인 언어** 디자인 시스템의 기초 구성인 디자인 원칙과 색상, 아이콘, 레이아웃, 타이포그래피, 형태 등에 대한 원칙을 상세히 기술하고 있다.
- **가이드라인** 접근성과 콘텐츠 디자인 그리고 디자인 토큰에 대한 지침을 안내한다.
- **컴포넌트** 웹, iOS, 안드로이드, 윈도우로 구분하여 컴포넌트 구성과 가이드라인을 제공한다.

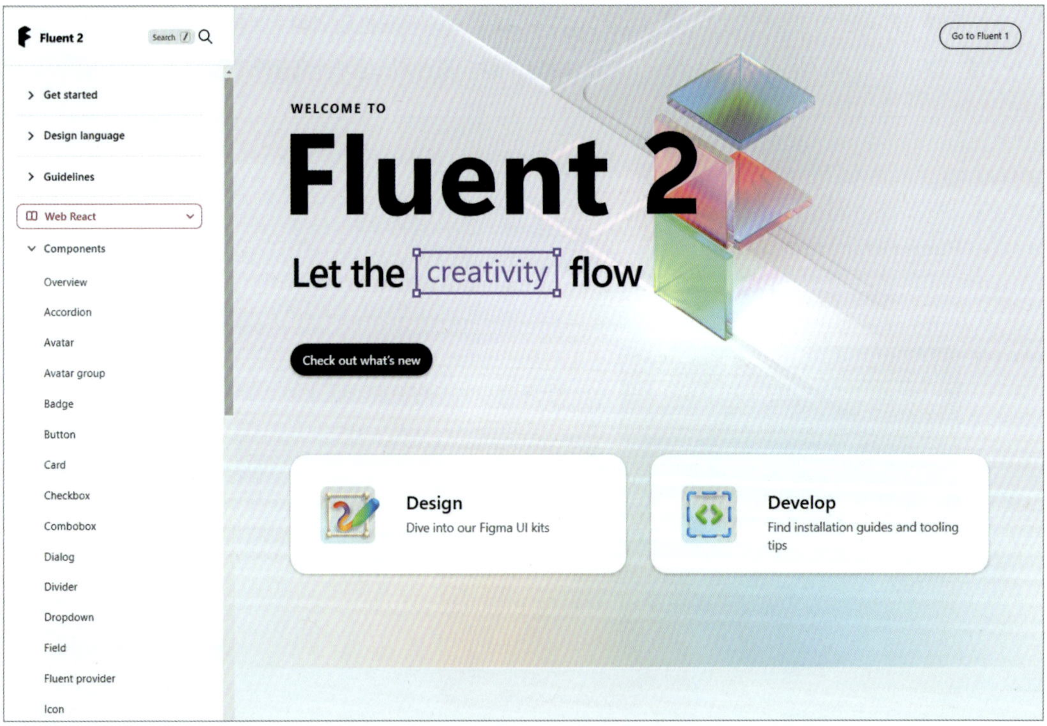

그림 1-15 마이크로 소프트의 플루언트 디자인 © https://fluent2.microsoft.design/

IBM : 카본 디자인 시스템

IBM의 카본 디자인 시스템은 제품과 디지털 서비스에서 사용자가 일관된 경험을 할 수 있도록 구성 요소, 패턴, 지침 및 코드와 같은 디자인 요소를 구축하여 오픈 소스로 제공한다. 카본 디자인 시스템은 사전에 구축한 내부의 디자인 시스템을 재사용함으로써 새롭게 디자인을 설계하고 구축할 때 소요하는 시간을 최소화한다.

카본 디자인 시스템은 이름 그대로 탄소Carbon 원소를 모티브로 한다. 단순한 원소에서 시작해 원자와 결합하여 복잡한 화합물을 만들어내는 탄소처럼, 개별 스타일과 구성 요소가 결합하여 아름답고 직관적인 디자인을 만든다는 의미를 내포하고 있다.

카본 디자인 시스템은 디자인 소스를 스케치와 피그마 파일로 제공하고 있으며 카테고리별로 디자인 가이드 라인, 패턴, 컴포넌트 등의 구성 요소별 개요와 규정, 서식을 꼼꼼하게 설명한다. 처음 디자인 시스템을 구축한다면 카본 디자인을 참고하는 것을 권장한다.

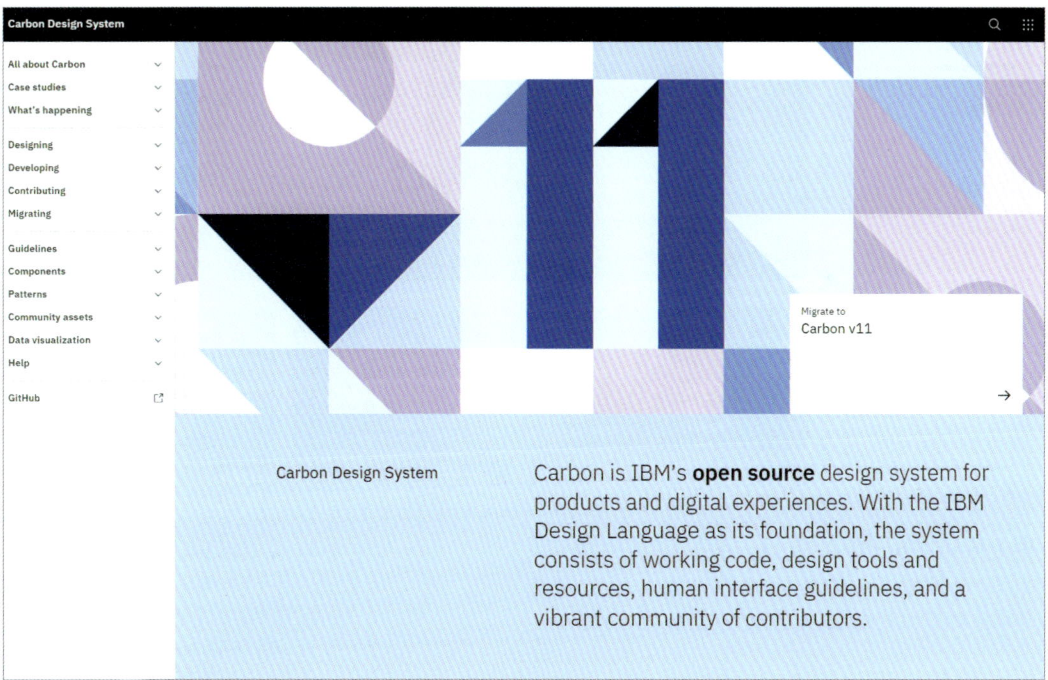

그림 1-16 IBM의 카본 디자인 시스템 © https://carbondesignsystem.com/

G마켓 : G마켓 디자인 시스템

G마켓의 디자인 시스템은 브랜드의 정체성을 드러내고 일관된 사용자 경험을 제공한다는 목표로 구축되었다. 그런 G마켓의 디자인 원칙은 다음과 같다.

- **일관성** 브랜드 정체성에 기초하여 제품의 사용성을 높인다.
- **확장성** G마켓 디자인 시스템은 공동 라이브러리 자산으로 사용자와 작업자의 필요에 따라 지속적으로 유지 및 관리한다.
- **효율성** 구축된 디자인 시스템을 재사용함으로써 제작자의 생산성과 효율성을 높이고 사용자 경험을 강화하는 시간을 확보한다.

그림 1-17 G마켓의 디자인 시스템 © https://gds.gmarket.co.kr/

요약

1 디자인 시스템

- **정의** 디지털 제품의 사용 기준을 명확하게 정의한 재사용 가능한 구성 요소의 모음이다.

2 디자인 시스템의 필요성

- **일관성의 향상** 서비스 내용을 직관적으로 드러내 예측 가능성을 높여 사용자의 혼란과 오류를 최소화하고 사용자가 제품을 이해하기 쉽게 만든다.
- **시간의 절약** 개발 과정을 가속화하여 제품 서비스를 구축하는 시간을 줄인다.
- **공통된 페이지로의 협업** 프로젝트 전반의 협업 과정이 원활해지고 동일한 언어, 지침, 리소스를 공유할 수 있다.
- **리스크 최소화** 이미 만들어진 디자인 시스템을 재사용하면 문서화된 규칙으로 사용자 환경을 통합할 수 있으며, 새로운 디자인과 설계에 대한 리스크를 최소화한다.
- **높은 향상성** 디자인 시스템은 디자인 요소를 처음부터 만드는 과정을 제거하기 때문에 팀 구성원은 프로젝트 자체와 비즈니스 요구사항에 자유롭게 투자할 수 있다.
- **브랜드 구축** 디자인 시스템으로 간소화된 디자인 프로세스는 사용자와 잘 소통하는 영향력 있는 브랜드를 구축하는 기반이 된다.

3 디자인 시스템의 구조

- **개요** 디자인 시스템의 일련의 디자인 원칙을 작성한 문서를 말한다.
- **파운데이션** 가장 기초가 되는 디자인 요소의 모음을 의미한다.
- **컴포넌트** 디자인 시스템에서 재사용 가능한 구성 요소를 말한다.
- **패턴** 일관된 사용자 경험을 제공하기 위해 컴포넌트를 특정 조합으로 묶은 것으로 사용자가 목표를 달성하는 방법의 모범 사례라고 할 수 있다.
- **기타** 기업에 따라 커뮤니티를 구성하거나 자료를 공유할 수 있는 링크를 제공한다.
- **스타일 가이드** 제품의 전반적인 시각적 요소와 일련의 디자인 원칙을 정리해 놓은 문서이다.
- **패턴 라이브러리** 재사용이 가능하도록 기능적으로 설계한 컴포넌트의 모음이다.
- **시스템 가이드** 디자인 시스템을 운영하고 관리하는데 필요한 가이드 문서이다.

4 디자인 시스템 구축 방법

- **아토믹 디자인** 화학의 원리를 이용해 컴포넌트의 구조를 원자, 분자, 유기체, 템플릿 그리고 페이지 단위로 구성하여 전체 디자인 시스템을 구축하는 방식이다.

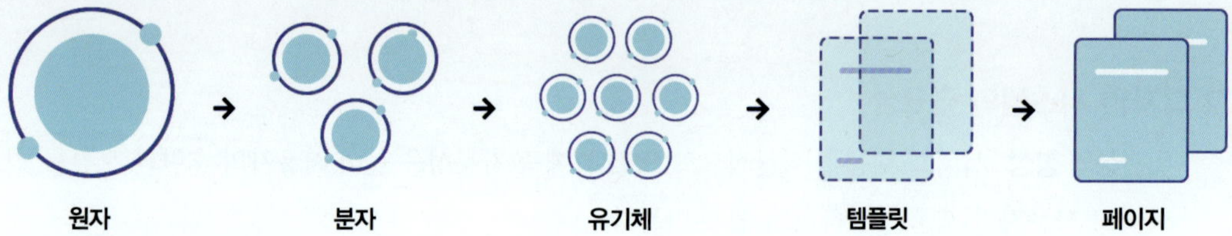

- **디자인 시스템 프로세스**

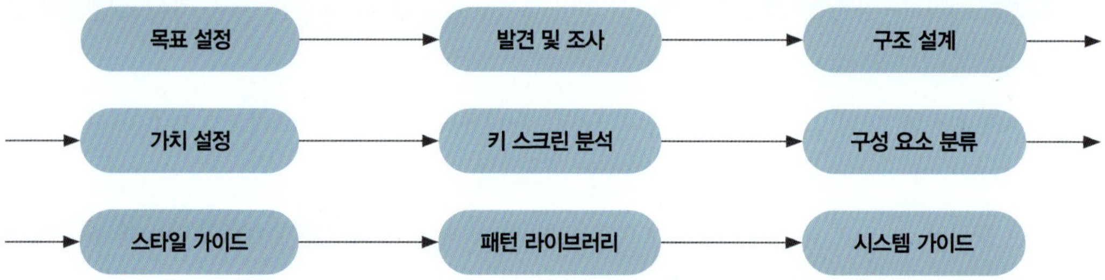

5 기업의 디자인 시스템 구축 사례

- **구글** 머티리얼 디자인 시스템
- **애플** 휴먼 인터페이스 가이드라인
- **마이크로소프트** 플루언트 디자인
- **IBM** 카본 디자인 시스템
- **G마켓** G마켓 디자인 시스템

CHAPTER 02

서비스 디자인 설계

학습목표

- 서비스 디자인이 무엇인지 이해한다.
- 다양한 서비스 디자인 프로세스와 개발 방법론에 대해 알아본다.
- 피그잼을 활용하여 서비스 디자인 기획 실습을 진행한다.
- 사용자 시나리오의 개념을 이해하고 직접 작성해 본다.
- 정보 구조 설계의 단계를 살펴보고 직접 작성해 본다.
- 와이어프레임이 무엇인지 알아본다.

SECTION 01

서비스 디자인

핵심 내용 서비스 디자인 프로세스, 서비스 디자인 개발 방법론

서비스 디자인의 이해

서비스 디자인Service Design에서 말하는 디자인은 시각적 요소들의 집합이 아닌 디자인의 어원인 '설계하다'라는 의미이다. 따라서 서비스 디자인에서의 디자인은 어떤 목표나 비전을 실현하기 위해 계획을 세우는 과정이며 그런 서비스 디자인의 궁극적인 목표는 사용자의 만족을 추구하는 것이다. 사용자의 요구를 파악하고 이를 해결하는 전반적인 과정을 설계하는 것은 서비스 디자인의 본질로 단순히 아이디어를 설계하는 것을 넘어서 실제로 실행 가능한 형태로 구체화해야 한다. 서비스 디자인 설계에는 다양한 방법이 있다. 대표적인 서비스 디자인 프로세스에는 '디자인 씽킹'과 영국 디자인 카운슬Design Council이 제시한 '더블 다이아몬드 방법론'이 있고 개발 방법론으로는 '애자일 프로세스'와 '린 프로세스'가 있다.

서비스 디자인 프로세스

디자인을 하기에 앞서 무엇부터 시작해야 하고, 어떤 준비가 필요한지 전체적인 흐름을 파악해야 한다. 디자인 프로세스는 시장 분석, 타깃 설정, 목표 수립, 현장 조사와 아이디어 구체화, 테스트까지의 단계별 과정을 정리한 문제 해결 접근 방식을 말한다.

디자인 씽킹

디자인 씽킹Design Thinking은 사용자의 행동과 이해를 바탕으로 문제를 재정의하고, 프로토타입 배포와 테스트를 거쳐 혁신적인 해결책을 도출하는 비선형적이고 반복적인 프로세스를 말한다. 특히 비즈니스 과정에서 발생하는 문제점을 해결할 때 사용하는 대표적인 서비스 디자인 프로세스 중 하나다. 문제를 해결할 때 사람들이 겪는 불편함이 무엇인지 인간 중심적인 관점으로 접근하기 때문에 '창의적 문제 해결 방법론'으로도 불린다. 디자인 씽킹은 공감, 정의, 아이디어 발굴, 프로토타입, 테스트의 5단계로 진행된다.

■ 공감

디자인 씽킹의 1단계 공감Empathize은 사용자 조사를 진행하여 해결하려는 문제에 공감적 이해를 얻는 과정이다. 사용자의 입장에서 문제점을 바라보며 공감하고 사용자의 요구가 무엇인지 진정한 통찰력을 얻을 수 있다.

■ 정의

2단계 정의Define는 수집한 정보와 축적된 관찰 내용을 분석하고 종합하여 사용자의 요구사항에서 찾은 핵심 문제를 정의하는 단계이다. 이 정의를 '문제 설명'이라고 한다.

■ 아이디어 발굴

아이디어 발굴Ideate은 고정관념에서 벗어나 문제 해결 방안을 고안하려고 다양한 가설을 제시하는 과정이다. 아이디어 발굴은 일반적인 디자인 사고 과정인 발산과 수렴이 번갈아 일어나는 것이 특징이다. 주로 브레인스토밍으로 시작하여 많은 아이디어를 수집하고 분류한 다음, 비슷한 패턴으로 통합하는 과정을 거친다.

■ 프로토타입

아이디어 발굴의 결과로 선택한 최선의 아이디어를 구체적인 방안으로 만드는 것을 구현이라고 한다. 구현 과정에서의 핵심은 프로토타이핑이다. 프로토타입Prototype은 고안한 해결 방안을 시각화하고, 구체적인 서비스를 개발하는 단계로 제안된 솔루션의 장점과 단점을 빠르게 식별하는 것을 목표로 한다.

■ 테스트

마지막 테스트Test는 프로토타입을 기반으로 테스트 계획을 수립하고 결과를 학습하는 단계다. 실제 제품이나 서비스로 개발한 프로토타입을 사용자 경험을 중심으로 평가한 뒤 이전 단계를 반복하거나 정제하는 작업을 한다.

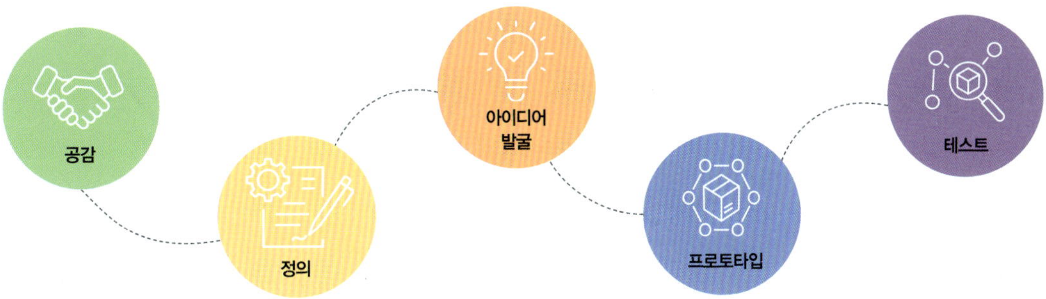

그림 2-1 디자인 씽킹의 5단계

더블 다이아몬드 방법론

더블 다이아몬드 방법론은 문제를 정의하고 해결책을 도출하는 두 가지 과정이 한 점에서 시작해 확산과 수렴이라는 과정으로 구조화한 방법이다. 각 단계에 대해 간단히 알아보면 다음과 같다.

❶ 첫 번째 다이아몬드 영역

사용자가 겪는 문제를 찾고, 디자인으로 해결할 문제를 정의하는 단계이다. 서비스 현황을 파악하고 문제를 탐색하는 발견Discover 과정과 사용자 경험을 분석하여 찾은 문제를 아이디어로 좁혀 나가는 구체화Define 과정으로 이루어진다.

❷ 두 번째 다이아몬드 영역

앞에서 찾은 문제를 해결할 수 있는 다양한 방안을 탐색하고 솔루션을 만들어나가는 단계이다. 다양한 아이디어를 제안하고, 비즈니스 모델로 발전하는 개발Develope 과정을 거친 뒤 서비스를 가장 효과적으로 전달할 하나의 방법으로 좁히면서 해결책을 도출Deliver한다.

더블 다이아몬드 방법론을 한 번 실행해서 최종 해결책이 도출되는 것은 아니다. 실행 과정에서 문제를 발견하고 해결 방안이 나왔다면 사용자 테스트를 진행하고 피드백을 분석해야 한다. 사용자 의견에서 또 다른 문제를 발견했다면 다시 문제 해결을 위한 크고 작은 확산과 수렴을 반복한다. 실제 프로젝트에서 더블 다이아몬드 과정을 필수로 진행하는 것은 아니다. 그러나 서비스 디자인을 실현하기 위해 목표와 방향성을 설정할 수 있는 큰 흐름 중 하나의 방법으로 생각하는 것이 좋다.

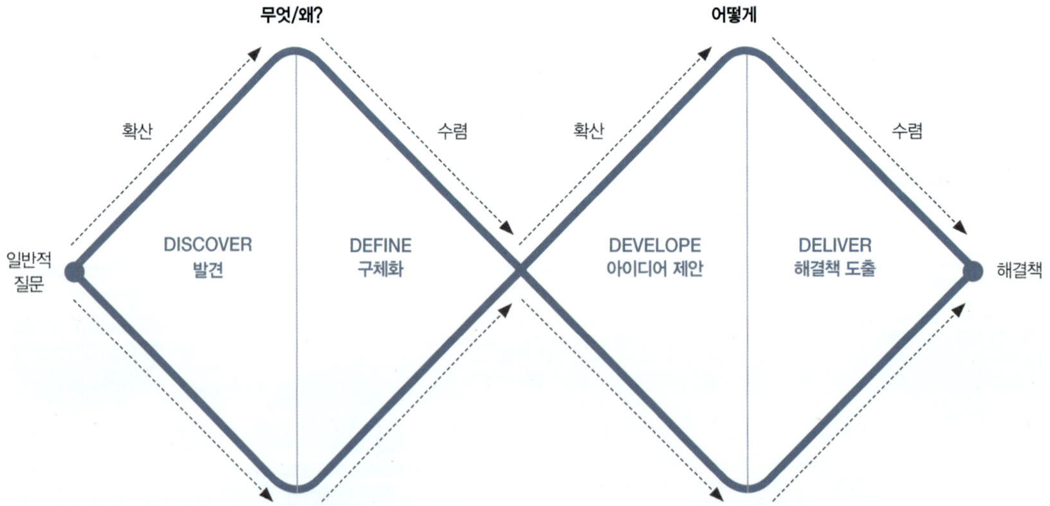

그림 2-2 영국 디자인 카운슬의 더블 다이아몬드 방법론

표 2-1 더블 다이아몬드 방법론의 단계별 목표·내용·방법론

단계	발견	구체화	아이디어 제안·개발	해결책 도출
목표	• 주제 설정 • 현황 파악 • 문제점 수집 • 욕구 발견	• 현황 정의 • 문제점 정의 • 데이터를 활용한 니즈 도출	• 아이디어의 구체화 • 콘셉트 도출 • 비즈니스 모델 개발	• 서비스 확정 • 발표 • 상호 공유
내용	• 사실 발견 • 이해관계자 욕구 이해 • 생태계 파악 • 가치사슬	• 문제점 재정의 • 요구사항 정리 • 수집된 데이터 관계 파악 • 핵심 아이디어 도출	• 아이디어 제안 • 비즈니스 모델 수립	• 시각화 • 제작 • 검증 • 평가
방법론	• 데스크 리서치 • 섀도잉 • 다이어리 • 인터뷰	• 5Whys • 퍼소나 • 어피니티 다이어그램	• 브레인스토밍 • 비즈니스 모델 • 프로토타이핑	• 스토리보드 • 서비스 블루프린트 • 롤 플레이

하나 더 알기 | UX 디자인 관점으로 바라보기

문제 발견 단계에서는 주제에 따라 제품이나 서비스 시장을 분석하고 타깃을 설정한다. 모든 제품과 서비스가 이런 단계를 거치게 되지만, UX 디자인은 제품에 집중하는 기존의 방법론과는 관점이 다르다. UX 디자인의 관점은 제품을 사용하는 사람들의 실제 상황에서 문제를 발견하고 사용자의 판단이나 심리에 영향을 주는 요인과 감정적인 부분까지 고려하기 때문이다. 목표를 설정하면 각 환경에 맞는 기법을 개발해 리서치Research를 실행하고 그 결과를 모델링Modeling한다. 여기서 모델링이란 리서치의 결과를 정리하는 것을 말하며 정리가 끝나면 제품이나 서비스의 콘셉트와 전략을 도출한다. 전략과 콘셉트가 나오면 실제 제품이나 서비스로 상용화 하기 전에 시연을 하게 되는데 이를 프로토타이핑이라고 한다. 상황과 목표에 따라 프로토타이핑은 여러 가지가 나올 수 있으며 프로토타이핑까지 진행하고 내린 결론으로 테스트를 한다.

서비스 디자인 개발 방법론

디자인을 개발하는 방법론은 매우 다양하고 설정한 목표와 방향성에 따라 사용하는 방법도 다르다. 수많은 방법론 중에서도 대표적인 서비스 디자인 개발 방법론인 '애자일 프로세스'와 '린 프로세스'는 사용자의 요구사항을 적극적으로 수용하고 제품을 빠르게 전달해 고객 가치와 만족도를 높인다는 공통점이 있다.

애자일 프로세스

소프트웨어 업계는 빠른 시장 변화에 대응하여 애자일 프로세스Agile Process를 도입했다. 애자일 프로세스는 소프트웨어가 어느 정도 사용 가능할 만큼 개발되었다면 빠르게 출시한 후 사용자의 의견을 수집

한다. 수집한 내용을 바탕으로 제품을 수정하고 다시 배포하는 과정을 반복한다. 애자일 프로세스는 사용자의 요구사항을 끊임없이 반영하고 점진적으로 제품을 업데이트하여 서비스가 추구하는 가치를 구현한다.

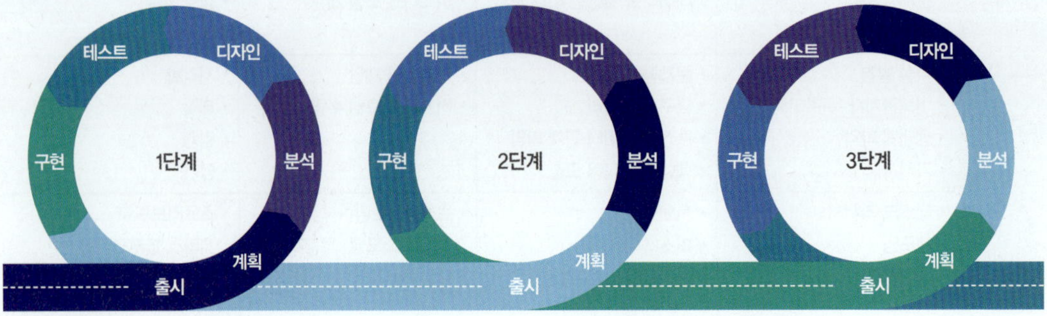

그림 2-3 애자일 프로세스

린 프로세스

린 프로세스Lean Process는 일본 기업 도요타의 프로세스를 소프트웨어 개발에 적용한 방법론이다. 낭비 요소를 미리 발견해 제거함으로써 고객에게 기업의 가치를 빠르게 제공하려는 생각에서 출발한 방식이다. 린 프로세스는 기업이 가정한 시장 상황을 테스트하기 위해 프로토타입을 만들고, 사용자의 피드백을 받아 프로토타입을 빠르게 발전시킨다. 이 과정으로 낭비를 줄이고, 최소 기능 제품Minimum Viable Product, MVP을 만드는 것을 목표로 한다. MVP를 만든 후에도 새로운 기능을 추가할 때마다 3단계 사이클을 반복하며 계속 발전시킨다.

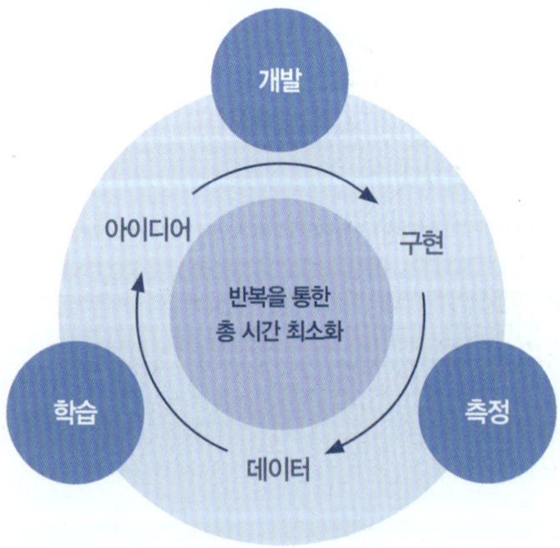

그림 2-4 린 프로세스

SECTION 02

서비스 디자인 기획

핵심 내용 서비스 디자인의 이해, 서비스 디자인 기획 실습

서비스 디자인 기획의 이해

서비스 디자인을 개발하려면 우선 어떤 서비스를 만들 것인지 정해야 한다. 보통 직장인이라면 회사에 소속되어 회사의 목표에 맞는 서비스를 기획하게 된다. 그러나 특정한 곳에 소속하지 않은 개인이라면 주제를 정하는 것부터 막연하게 느껴질 수밖에 없다. 처음부터 개발할 플랫폼의 가치를 높게 설정하고 규모가 커질 가능성을 고려한 주제를 기획하는 것도 의미 있지만 일상에서 발견한 문제에 먼저 접근해 보는 것이 더 좋다. 불편하지만 익숙하다는 이유로 지나쳤던 일 중 지금보다 나아질 수 있는 방법이 무얼까 고민하다 보면 좋은 기획 아이디어가 나오기도 한다. 그 예로 '추운 겨울, 집 앞 슈퍼도 나가기 싫다'라는 생각에서 배달의 민족 'B마트'가 시작됐고 '공인인증서 없이 돈을 송금할 수 없을까?'라는 문제의식에서 지금의 '토스'가 탄생했다.

(a) 배달의 민족 'B마트'

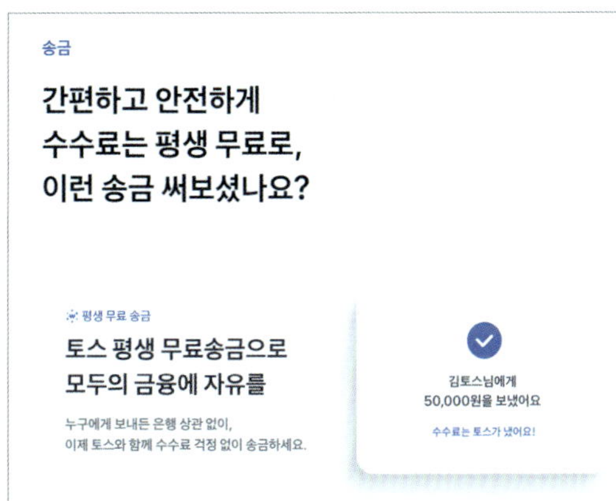

(b) 토스의 '송금' 항목

그림 2-5 일상 속 문제의식을 서비스로 구현한 기업 사례

실습 서비스 디자인 기획하기

뒤에서 이어지는 '문제 발견'과 '문제 정의' 과정에 맞춰 서비스 디자인을 기획해 본다.

예제 미리보기

실습 파일 링크 https://bit.ly/46xXgzf

하나 더 알기 | 피그잼에서 실습 파일 편집하기

본 책의 실습은 피그마 사이트에서 진행한다. 이번 장에서는 브레인스토밍에 사용하기 좋은 협업 툴인 '피그잼'을 사용한다. 실습 파일을 피그잼에서 연 뒤 파일 이름 옆의 화살표를 클릭하여 [Duplicate to your drafts]를 선택한다. 파일을 연 상태에서 권한은 보기 전용이므로 파일을 복제해서 사용해야 편집할 수 있다.

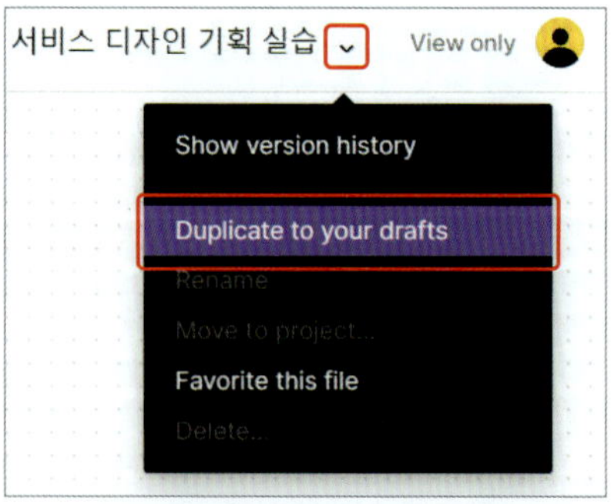

그림 2-6 실습 파일 복제하기

문제 발견

다음 단계를 진행하면서 서비스로 발전시킬 문제를 발견해 본다.

■ 문제점 수집

문제점 수집 단계에서는 서비스 이용 방식에 따라 실제 사용자에게 영향을 미치는 서비스 경험과 페인 포인트Pain Point를 파악하여 UX 디자인 관점으로 분석한다. 분석 결과로 서비스에서 발견한 사용자 경험 이슈를 정리한다. 예를 들어 '자주 사용하는 메뉴' 버튼을 찾기 어렵다는 의견이 있다면 이 문제를 어떻게 해결할지 이슈로 선정한다. 주제를 정할 땐 평소에 문제라고 여겼던 점, 익숙하단 이유로 지나친 불편했던 점, 나와 내 주변 사람들이 겪었던 문제점 등이 무엇이었는지 생각해 본다. 최소 10~30개 정도의 이슈를 정리해 보며 문제점 수집을 시작한다.

TIP 페인 포인트는 제품이나 서비스를 이용할 때 발생하는 불편 지점을 말한다.

■ 주제 선정

수집한 문제점들에서 공통적인 부분을 찾아내거나 해결할 가치가 높은 순서를 정해 주제를 선정한다. 단, 기술적으로 구현이 가능한 주제여야 한다. 예시로 온라인으로 향수를 구매할 때 스마트폰에서 향을 시향할 수 있는 서비스는 매우 좋은 아이디어이지만 현재의 기술로는 구현이 불가능하므로 상용하는 서비스로 발전할 수 없다.

■ 현황 파악

현황 파악은 선정한 주제에서 문제가 발생하는 원인을 찾아보는 과정이다. 기업들은 이 단계에서 인터뷰나 설문조사와 같은 리서치를 진행한다. 리서치를 진행하기 어렵다면 문제가 발생하는 원인을 고민하여 내용을 작성한다. 문제의 본질을 파악하기 위해서는 '왜?'가 가장 중요한 역할을 한다. 모든 문제에 접근을 할 때 'Why'로 시작하여 근본적인 목적을 설정해야 한다.

표 2-2 문제 발견 과정의 단계별 내용

문제 발견			
단계	문제점 수집	주제 선정	현황 파악
고려 사항	• 평소에 불편했던 점 • 문제라고 여겼던 점 • 나와 내 주변의 이슈	• 수집한 문제점에서 해결할 주제 정하기	• 주제와 관련된 정보 리서치 • 문제 발생 원인 찾기
예시	• 레스토랑 노쇼 • 불면증 • 수면 부족 • 데이트 코스 찾기 • 유명 맛집 줄 서기 • 일회용품 줄이기 • 스트레스 관리 • 다이어트 • 독서 습관 • 반려동물 병원비	• 유명 맛집 입장 • 유명 맛집 줄 서기	• 방송 출연으로 얻은 유명세 • 많은 고객 • 오랜 시간 줄 서기 • 날씨 변수 • 대기 시간을 알 수 없음 • 줄 설 장소가 마땅치 않음 • 대규모 인원으로 쓰레기와 소음 발생

문제 정의

문제 발생의 원인으로 파악한 문제점 중에서 서비스로 구현하여 해결할 문제를 정의한다.

▪ 가설 설정

가설 설정 단계는 해결이 필요한 핵심적인 문제를 정의하여 서비스를 제공하는 목적을 설정하는 단계이다. 즉 가장 원천적으로 해결하려는 문제가 무엇인지 정의한다.

▪ 프로젝트 정의

서비스를 통해 해결하고자 하는 문제와 제품 또는 서비스에 대한 간략한 요약과 설명을 작성한다.

표 2-3 문제 정의 과정의 단계별 내용

문제 정의		
단계	가설 설정	프로젝트 정의
고려 사항	현황 파악으로 해결하려는 핵심 문제를 정의	제품 또는 서비스 소개와 설명 요약
내용	사람들에게 인기가 많은 유명 맛집이나 장소에 예약 서비스가 없어 오랜 대기 시간이 발생	유명 맛집, 핫플레이스의 예약과 원격 줄 서기를 지원하는 테이블링 앱 서비스

SECTION 03

사용자 시나리오

핵심 내용 사용자 시나리오의 구조, 퍼소나, 사용자 시나리오 작성 실습

사용자 시나리오의 이해

사용자 시나리오는 현재 사용자들의 행동을 묘사하고 퍼소나Persona가 자신의 목적을 달성하는 방법으로 제품을 어떻게 사용할지 시나리오로 작성하는 것을 말한다. 사용자 시나리오를 작성할 때는 가상의 사용자를 설정하는데 이것이 바로 퍼소나이다. 실제 제품이나 서비스를 사용할 만한 가상의 인물을 설정하면 사용자에게 공통적으로 나타나는 이용 패턴이나 이용 심리를 이해하는 데 도움이 된다. 따라서 설정한 퍼소나를 기준으로 사용자의 감정과 상세한 니즈를 파악하며 사용자 시나리오를 작성한다.

사용자 시나리오의 구조

사용자 시나리오는 사용자가 경험할 이야기를 미리 그리면서 서비스 전체의 윤곽을 표현하는 것이다. 퍼소나를 활용해 사용자가 제품 및 서비스를 사용하는 시기와 목적을 파악하고, 사용자가 서비스를 이용할 때 하는 행동을 분석하고 예측하기 위해 작성한다. 서비스 이용 단계에서 발생할 수 있는 과정을 체계적으로 정리하면 사용자의 관점에서 서비스의 장단점을 예측할 수 있다. 사용자 시나리오의 구조는 다음과 같다.

■ 여정

사용자가 서비스를 경험하는 단계를 순서대로 작성하는 과정으로 상황은 구체적일수록 좋다. 사용자가 오븐을 구매하는 상황을 예로 들어본다면, 먼저 ① 오븐을 구매하려고 인터넷 검색을 한다. ② 원하는 브랜드와 원하는 디자인의 제품을 몇 가지 선택한 다음 ③ 가격과 성능을 비교하고 ④ 구매 전 다른 사용자의 후기를 찾아본다는 단계로 사용자의 제품 구매 여정을 작성해 볼 수 있다.

■ 목표 또는 문제점

이 단계에서는 사용자가 제품이나 서비스를 사용하여 성취하려는 목표를 작성한다. 이 단계에서 발생하는 문제점을 작성해도 된다. 예를 들어, 사용자 여정 ④에서 '오븐 사용 후기가 모두 협찬이나 대가를 받고 작성하여 제품에 신뢰가 가지 않는다'와 같은 문제점 등을 작성해도 좋다.

■ 행동 단계

사용자가 자신의 목표를 이루기 위해 어떤 행동을 할지 자세하게 입력한다.

■ 감정

사용자가 특정 단계에서 느끼는 감정이나 생각을 구체적으로 입력하고 그 감정을 그래프로 표시한다. 이 작업으로 나중에 사용자의 감정 흐름을 더 잘 파악할 수 있다.

■ 기회

사용자 시나리오의 핵심 부분으로 사용자의 경험을 개선하거나 강화할 수 있는 해결책이 무엇인지 작성한다. 사용자가 하려는 목표와 행동에 문제가 발생하지 않도록 기능을 제시하는 방향으로 작성한다.

POINTS 분석

사용자 시나리오를 작성하고 사용자의 입장에서 불편을 만드는 문제점과 이를 개선할 수 있는 기회 요소는 무엇인지를 분석한다. 사용자가 필요로 하는 서비스를 중심으로 분석하다 보면 새로운 서비스나 기능을 도출할 수도 있다. 이 과정을 앞글자를 딴 POINTS 분석이라고 한다.

- **문제**Problem 사용자 시나리오에서 드러난 문제 상황과 사용자가 당면하는 어려움, 구조적 제약 사항을 말한다.
- **기회**Opportunity 디자인으로 접근한 해결 방안 또는 사용자에게 서비스 형태로 제공될 수 있는 내용을 말한다.
- **통찰**Insight 관찰로 발견한 사용자나 디자이너가 미처 몰랐던 새로운 내용을 말한다.
- **필요**Needs 사용자들이 당면한 문제를 해결할 때 필요한 것들을 말한다.
- **테마**Theme 한 문장으로 정리한 핵심 아이디어나 핵심 주제를 말한다.
- **시스템**System 서비스나 제품 자체가 제공하는 것 외에 뒷받침 되는 서비스나 제도를 말한다.

퍼소나 설정

서비스 디자인 기획 실습으로 '유명 맛집, 핫플레이스의 예약과 원격 줄 서기를 지원하는 테이블링 앱 서비스'를 주제로 선정했다. 선정한 주제를 바탕으로 사용자 시나리오에 필요한 가상의 인물인 퍼소나를 설정해 본다. 퍼소나는 인물의 성격과 성장 배경, 환경 등의 묘사로 구성되는데 가상의 인물이 해당 프로젝트의 서비스나 제품을 사용하는 목표와 필요 그리고 서비스의 부재로 느꼈던 불편함 등의 내용을 포함하여 작성한다. 좀 더 구체적으로는 개인적이고 사회적인 동기나 의도, 습관, 직감, 기대, 희망, 흥미 등의 내용이 포함될 수 있다.

퍼소나 프로필

김소미	기본 정보
	**나이 :** 27세 **직업 :** 출판 마케터 **가족 :** 미혼 **성격 :** 성실하고 낙천적 **생활 :** 대학을 졸업하고 출판사 마케터로 직장 생활을 한다. 최근 들어 혼자 살기 시작하면서 퇴근 후 다양한 요리를 연습하고 사진을 찍어 SNS에 올리는 것을 취미로 삼고 있다. 자연스레 요리와 음식에 관심이 많아져 다양한 맛집을 방문하는 것을 즐긴다. 주말에는 친구들과 요즘 뜨는 곳(핫플레이스)에 있는 맛집을 약속 장소로 잡는다.

목표	필요	문제점
핫플레이스에서 대기 시간 없이 친구들과 자유롭게 만나고 싶다.	핫플레이스를 쉽게 발굴하고 대기 시간 없이 이용하고 싶다.	최근 유명 장소와 맛집에 예약 서비스가 없는 곳이 많아 대기 시간이 1시간 이상이다.

실습 사용자 시나리오 작성하기

설정한 퍼소나를 바탕으로 사용자 시나리오를 작성한다.

예제 미리보기

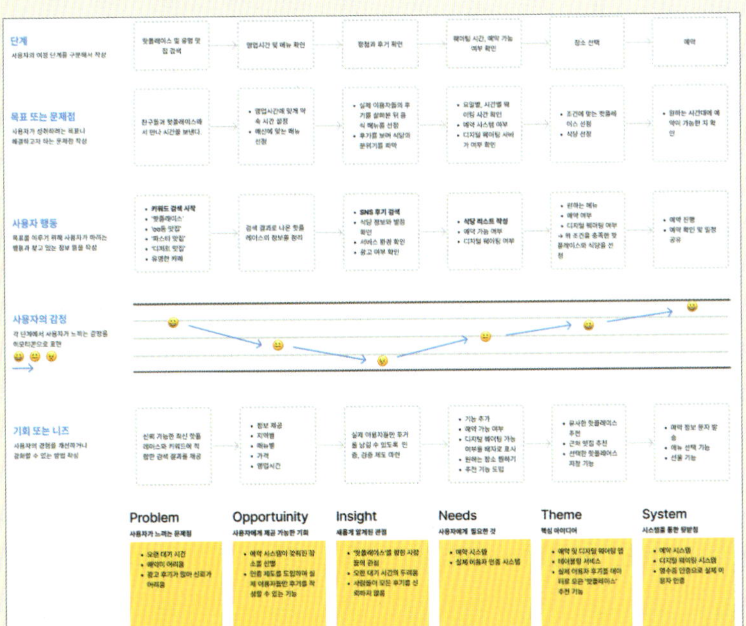

실습 파일 링크 https://bit.ly/3uwAv1p

SECTION 04

정보 구조 설계

핵심 내용 정보 구조 설계 실습, 플로우 차트의 이해

정보 구조 설계의 이해

정보 구조Information Architecture, IA는 사용자가 원하는 정보를 불편함 없이 사용할 수 있도록 만든 뼈대라고 할 수 있다. 정보 구조 설계는 서비스에서 제공하는 정보의 구성을 특정 주제별로 그룹화하고 레이블링하여 콘텐츠 흐름에 맞는 계층 구조를 만드는 것을 말한다. 정보 구조를 잘 설계하면 사용자가 목표에 쉽고 빠르게 도달할 수 있으며, 서비스를 제공하는 입장에서 서비스의 각 기능이 어떻게 레이블링 되어 콘텐츠로 그룹화되어 있는지 전체 개요를 파악하기 쉽다.

정보 구조 설계는 콘텐츠의 흐름에 관여하기 때문에 콘텐츠를 정의하는 것에서 시작한다. 일반적으로 페이지 ID, 페이지의 계층 구조, URL, 콘텐츠의 유형과 키워드, 설명이 포함된 인벤토리 스프레드시트를 만든다. 내비게이션, 애플리케이션의 기능 및 인터랙션 방법을 추가하기도 한다. 정보 구조 설계에서 가장 중요한 것은 콘텐츠를 분류하고 우선순위를 정하는 것이다. 서비스로 제공하는 콘텐츠를 결정했다면 콘텐츠를 분류하고 유사한 콘텐츠를 묶어 논리적인 그룹을 구성한다. 설정한 콘텐츠 그룹을 상위 페이지로 구성하고 상위 페이지에 포함하는 하위 페이지의 콘텐츠를 레이블링으로 구성한다. 정보 구조를 설계한 후 사용자 흐름을 설계하는 것이 가장 일반적인 형태의 정보 구조 설계 방식이다.

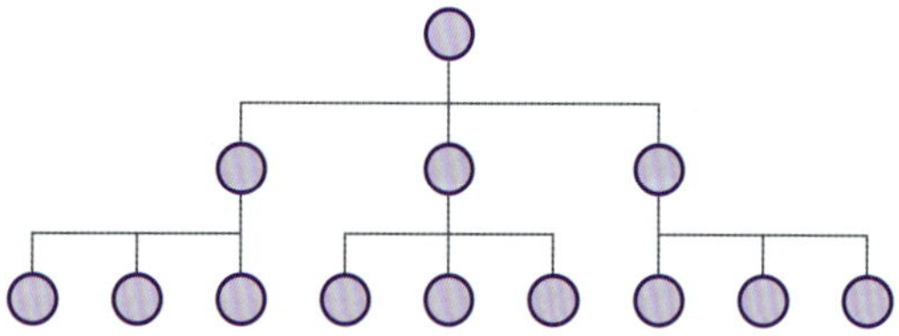

(a) 계층 구조 (메뉴 트리 구조)

(b) 순차 구조

그림 2-7 정보 구조 설계 시스템의 예시

실습 정보 구조 설계하기

'유명 맛집, 핫플레이스의 예약과 원격 줄 서기를 지원하는 테이블링 앱 서비스' 구현에 필요한 정보 구조를 설계해 본다.

예제 미리보기

실습 파일 링크 https://bit.ly/47QmtWx

테스크 플로우 작성하기

작성한 사용자 시나리오를 바탕으로 사용자들이 목표를 달성하려고 하는 행동을 순서대로 정리한다. 이를 테스크 플로우Task Flow라고 한다. 테스크 플로우는 사용자가 하나의 목표를 달성할 때 필요한 단계를 작성하는 것을 말한다. 대부분의 테스크 플로우는 선형 구조를 사용하며 단계를 상징하는 레이블과 모양을 가진다.

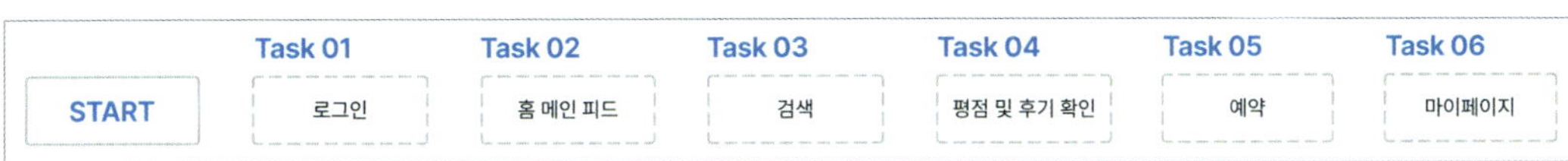

페이지 플로우 작성하기

테스크 플로우를 작성하고 난 후에는 각 테스크를 수행할 때 필요한 기능이나 화면을 작성한다. 이를 페이지 플로우라고 한다.

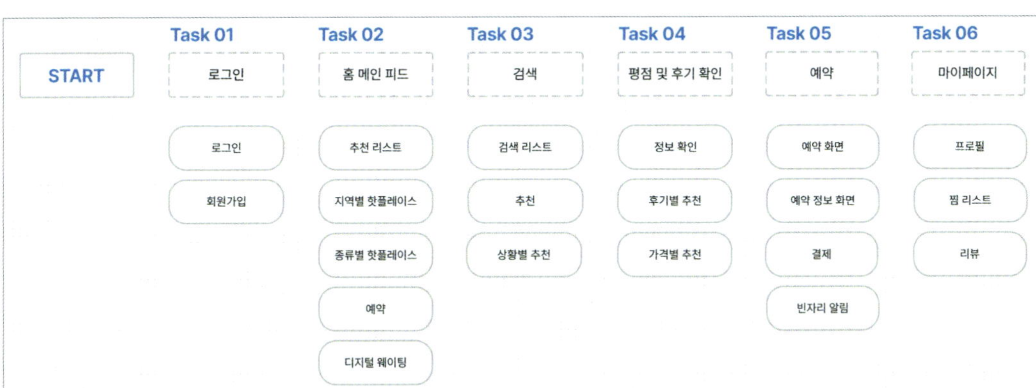

카테고리별 정보 구조 설계하기

작성된 기능이나 화면에 규칙이 있는 레이블을 작성하고 유사한 성격의 레이블을 그룹으로 묶어 상위 카테고리를 구성한다. 각 카테고리별로 하위 카테고리를 작성해 정보 체계를 설계한다.

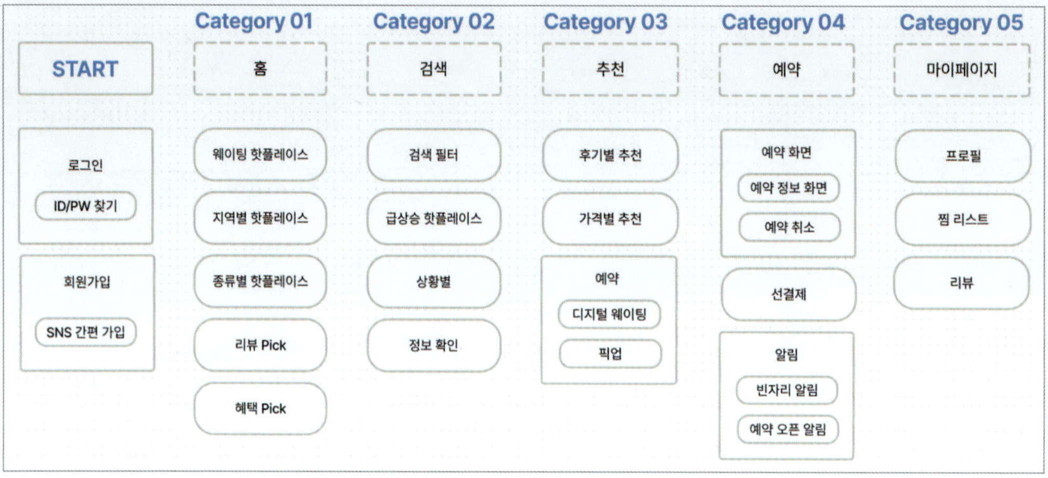

플로우 차트

플로우 차트Flow Chart는 사용자에게 제품이나 서비스를 이용하는 동선을 알려주는 순서도이다. 정보 구조 설계에서 작성한 테스크 플로우는 선형 구조이기 때문에 선택지가 두 가지일 때 사용자의 구체적인 동선을 작성하기가 어렵다. 예를 들면 특정 제품의 구매를 원할 때 어떤 사용자는 검색 창에 원하는 제품을 직접 입력하여 결과를 얻을 수도 있지만 다른 사용자는 해당 제품이 있는 상위 카테고리를 선택하여 제품을 구매할 수도 있다.

플로우 차트는 전 세계적으로 통용되는 표준 기호를 사용하여 작성한다. 앱의 각 단계 또는 페이지에서 제공하는 기능과 조건에 따라 'Yes' 또는 'No'로 결정한다. 플로우 차트를 작성하면 이동 방향을 최종 목적에 달성했는지 그 흐름을 한눈에 볼 수 있다. 플로우 차트를 표준 기호에 맞게 작성하지 못하더라도 정보 구조 설계로 구성한 메뉴 트리에서 화살표로 이동 동선을 연결하는 방법이 있다.

실습 플로우 차트 그리기

'정보 구조 설계하기' 실습에서 작성한 메뉴 트리에 화살표를 그려 플로우 차트를 완성한다.

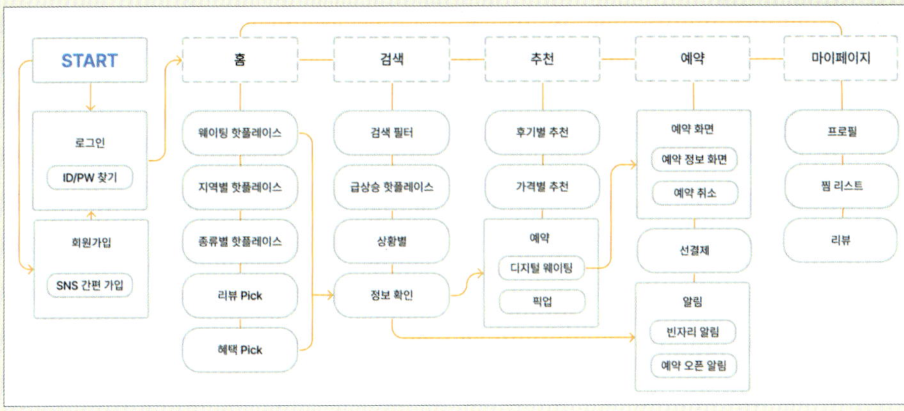

하나 더 알기 | 플로우 차트의 표준 기호

전 세계적으로 통용되는 플로우 차트의 기호는 [표 2-4]와 같다.

표 2-4 플로우 차트의 표준 기호

기호	이름	기호	이름
	진행		종이 테이프
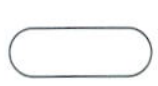	종결	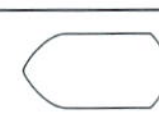	디스플레이
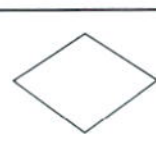	결정		수동 조작
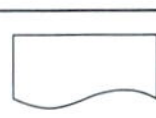	문서	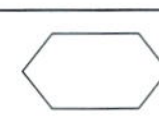	예비
	데이터	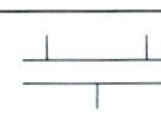	병렬 모드
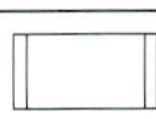	사전에 정의된 프로세스	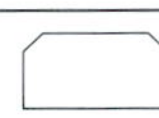	반복 제한
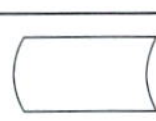	저장된 데이터		페이지상의 참조
	내부 저장소		오프 페이지상의 참조 형태
	순차적 데이터		예/아니요 결정 기호
	직접 데이터	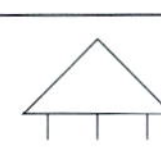	조건
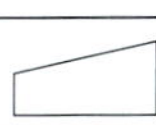	수동 입력	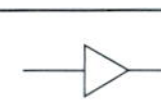	제어 전송
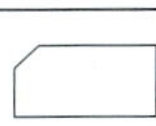	카드	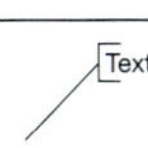	주석

SECTION
05

와이어프레임

핵심 내용 와이어프레임의 구조와 역할

와이어프레임의 이해

와이어프레임Wireframe은 각 화면 단위의 UI를 설계하는 작업으로, 화면의 설계와 화면 간의 관계와 이동 동선까지 모두 표현한다. 와이어프레임은 다양한 툴을 이용해 그릴 수 있지만, 손으로 개략적인 화면 구성 요소를 그려보는 것에서 시작한다. 손으로 직접 와이어프레임을 그리면 소프트웨어를 이용한 작업에 비해 수정이 어렵기 때문에 최근에는 피그마나 스케치와 같은 툴로 와이어프레임을 그린다. 포토샵이나 일러스트레이터 혹은 파워포인트와 같은 편집 프로그램이 익숙하다면 해당 소프트웨어를 사용해도 된다. 팀과 협업이 필요한 작업이라면 함께 공유할 수 있는 소프트웨어를 정해놓고 작성하는 것도 좋다. 과거에는 와이어프레임 작업을 낮은 충실도Low Fidelity의 핸드 드로잉으로 작업했다면, 최근에는 소프트웨어를 사용해 높은 충실도High Fidelity로 작성한 후 플로우를 추가하여 시안 작업으로 넘어가는 것이 일반적이다.

(a) 낮은 충실도의 와이어프레임(핸드 드로잉)

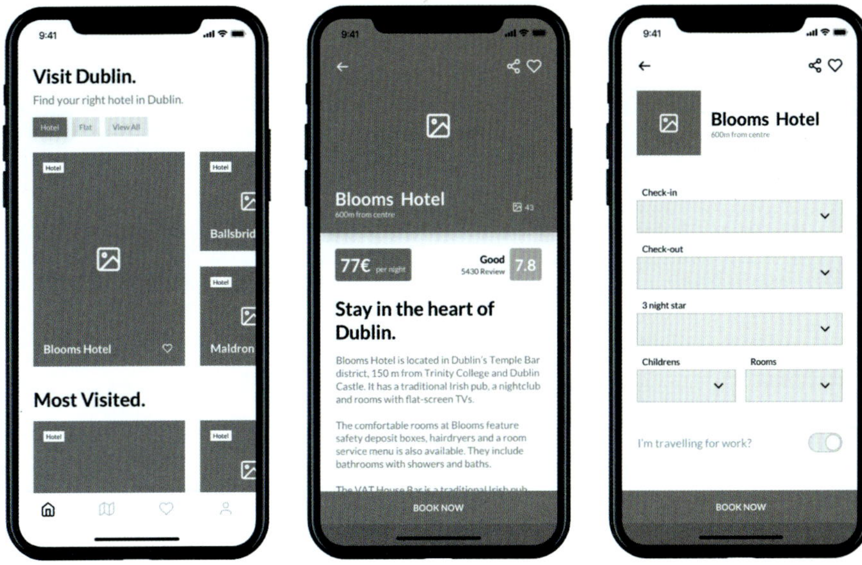

(b) 높은 충실도의 와이어프레임(소프트웨어 사용)

그림 2-8 와이어프레임 작성

자신만의 주제와 기획으로 피그마의 기본 기능을 활용해 와이어프레임을 작성하는 것을 추천한다. 다만 와이어프레임 작성이 어렵다면 8장 '컴포넌트의 구성 I'부터 진행하는 실습 예제의 와이어프레임 구성을 참고하여 작성하거나 실습 파일을 그대로 활용해도 좋다.

예제 미리보기

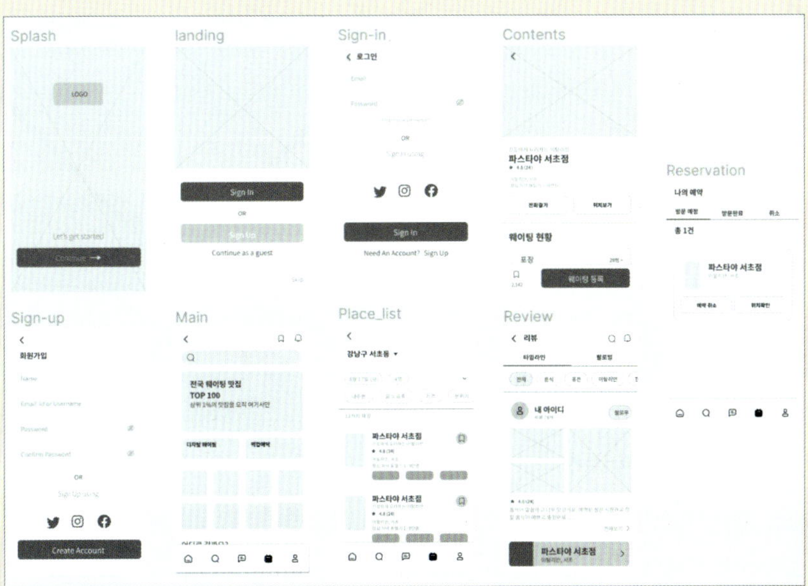

■ 와이어프레임 구성의 예

실습 파일 링크 https://bit.ly/3SEjcp1

요약

1 서비스 디자인

- **정의** 사용자의 요구를 파악하고 이를 해결하는 전반적인 과정을 설계하고 실행 가능한 서비스 또는 제품으로 구현한 것을 말한다.

2 서비스 디자인 프로세스

- **디자인 씽킹** 사용자의 행동과 이해를 바탕으로 문제를 재정의하고, 프로토타입 배포와 테스트를 거쳐 혁신적인 해결책을 도출하는 비선형적이고 반복적인 프로세스를 말한다.
- **디자인 씽킹의 5단계** 공감 ▶ 정의 ▶ 아이디어 발굴 ▶ 프로토타입 ▶ 테스트
- **더블 다이아몬드 방법론** 문제를 정의하고 해결책을 도출하는 두 가지 과정이 한 점에서 시작해 확산과 수렴이라는 과정으로 구조화한 방법이다.

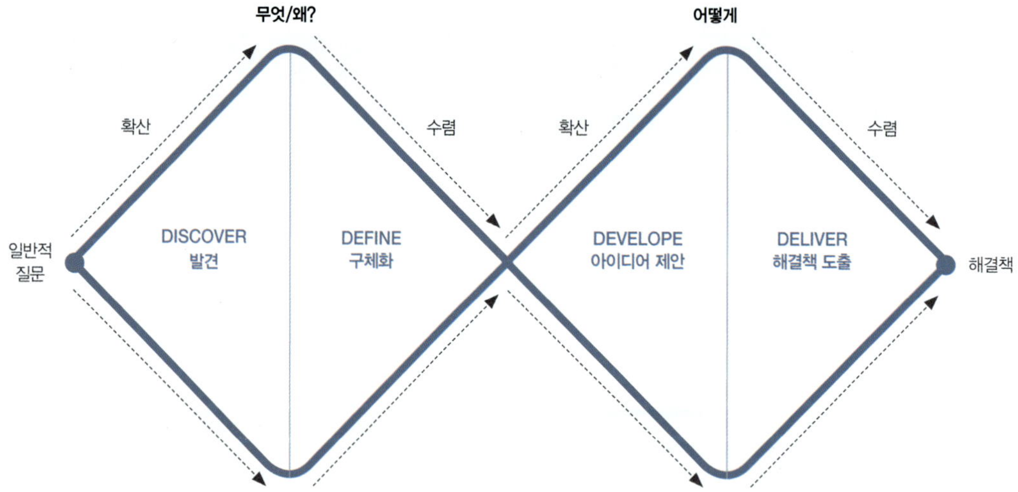

3 서비스 디자인 개발 방법론

- **애자일 프로세스** 소프트웨어가 어느 정도 사용 가능할 만큼 개발되었다면 빠르게 출시한 후 사용자의 의견을 수집하며 제품을 수정하고 다시 배포하는 과정을 반복하는 방법이다.
- **린 프로세스** 낭비 요소를 미리 발견해 제거함으로써 고객에게 기업의 가치를 빠르게 제공하려는 생각에서 출발한 방식이다

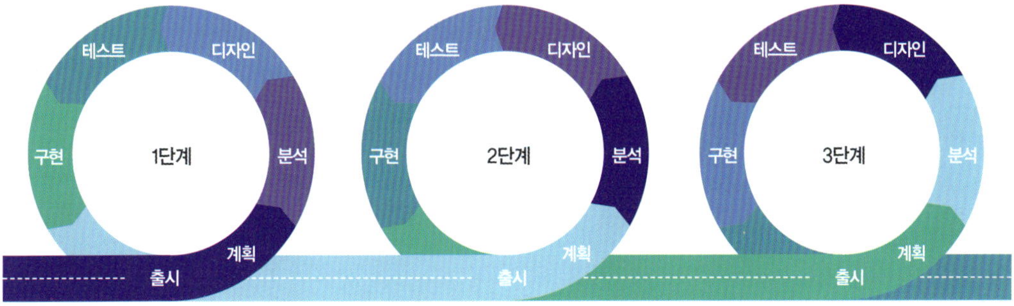

■ 애자일 프로세스

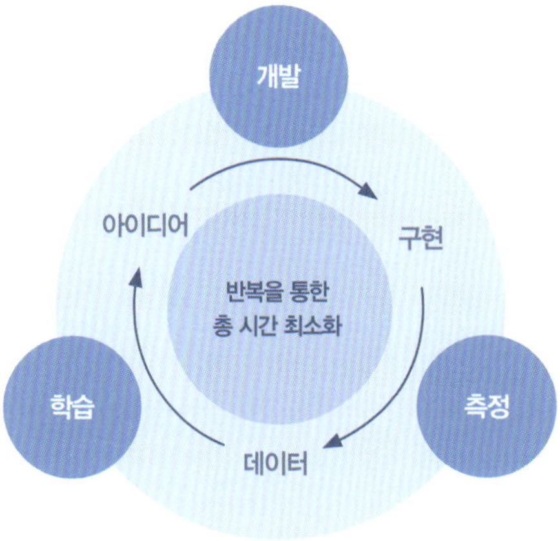

■ 린 프로세스

4 서비스 디자인 기획

- **정의** 어떤 서비스를 만들 것인지 정하는 것을 시작으로 문제점을 분석하고 사용자 경험을 바탕으로 실제 제품 및 서비스를 기획하고 정의하는 것을 말한다.

5 사용자 시나리오

- **정의** 현재 사용자들의 행동을 묘사하고 퍼소나가 자신의 목적을 달성하는 방법으로 제품을 어떻게 사용할지 시나리오로 작성하는 것이다.
- **퍼소나** 실제 제품이나 서비스를 사용할 만한 가상의 인물이다.
- **POINTS 분석** 문제, 기회, 통찰, 필요, 테마, 시스템으로 나누어 사용자의 불편을 만드는 문제점과 기회 요소를 분석하는 과정이다.

6 정보 구조

- **정의** 사용자가 원하는 정보를 불편함 없이 사용할 수 있도록 만든 뼈대이다.
- **정보 구조 설계** 서비스에서 제공하는 정보의 구성을 특정 주제별로 그룹화하고 레이블링하여 콘텐츠 흐름에 맞는 계층 구조를 만드는 것을 말한다.
- **플로우 차트** 사용자에게 제품이나 서비스를 이용하는 동선을 알려주는 순서도이다.

7 와이어프레임

- **정의** 각 화면 단위의 UI를 설계하는 작업으로, 화면의 설계와 화면 간의 관계 그리고 이동 동선까지 모두 표현한다.

PART

02

피그마 기초

PART

02

피그마 기초

CHAPTER
03

스타일과 레이아웃

학습목표

- 피그마의 기본 인터페이스를 알아본다.
- 색상 스타일과 텍스트 스타일을 만들고 편집한다.
- 디자인 토큰 시스템이 무엇인지 알아본다.
- 피그마의 컨스트레인트 기능을 활용한 실습을 진행한다.
- 오토레이아웃의 기본 기능을 사용한다.

SECTION 01

피그마 소개

핵심 내용 피그마의 이해, 클라우드 버전의 사용

피그마의 이해

피그마는 디자이너가 한 공간에서 실시간으로 협업할 수 있도록 만들어진 디자인 툴이다. 웹에서 여러 사람이 동시에 하나의 파일을 작업하고 안전하게 저장할 수 있도록 도와준다. 피그마는 다운로드 받아 설치하여 사용하는 데스크톱 앱과 웹 브라우저에서 바로 사용하는 클라우드 버전을 제공한다. 'Figma.com' 공식 사이트에서 회원가입을 한 뒤 [Starter] 버전을 무료로 사용할 수 있다. 피그마는 인터넷이 연결된 곳이라면 언제 어디서나 브라우저로 작업을 할 수 있다는 점과 웹의 자동 저장 기능 때문에 설치 버전보다는 클라우드 버전을 더 많이 사용한다.

클라우드 버전의 인터페이스

01 사이트 접속하기 'Figma.com'에 접속하여 화면의 [Get started]를 클릭한다.

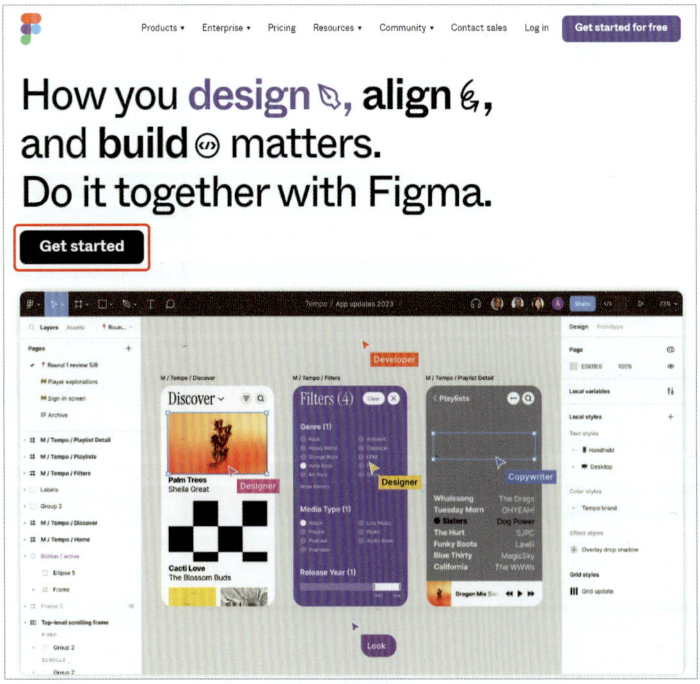

02 웹 브라우저로 시작하기 로그인 창이 뜨면 회원가입을 진행한다. 로그인이 완료되면 웹 브라우저에서 피그마가 실행된다.

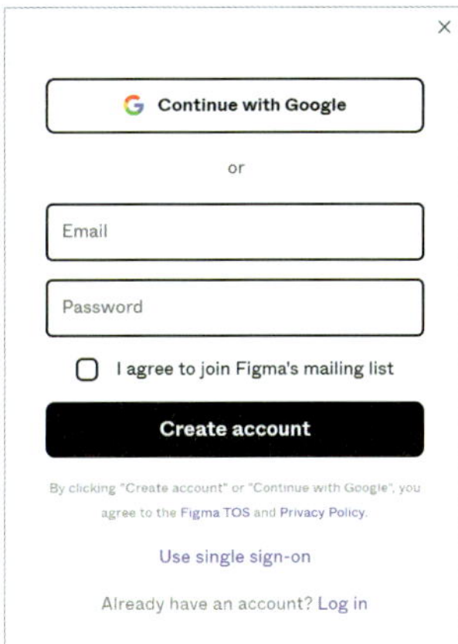

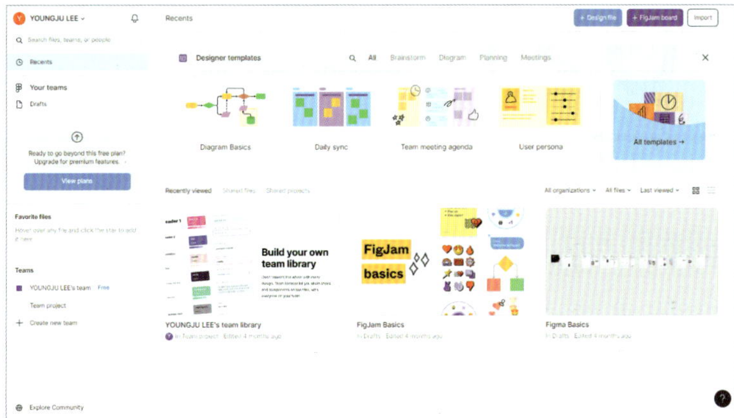

03 새 파일 생성하기 피그마는 온라인 화이트보드 기능을 제공하는 '피그잼'과 와이어프레임과 프로토타입을 제작하는 '피그마' 두 가지 파일을 생성할 수 있다. 상단의 [Design file]을 클릭하면 '피그마' 파일이 생성되고, [FigJam board]를 클릭하면 '피그잼' 파일이 생성된다.

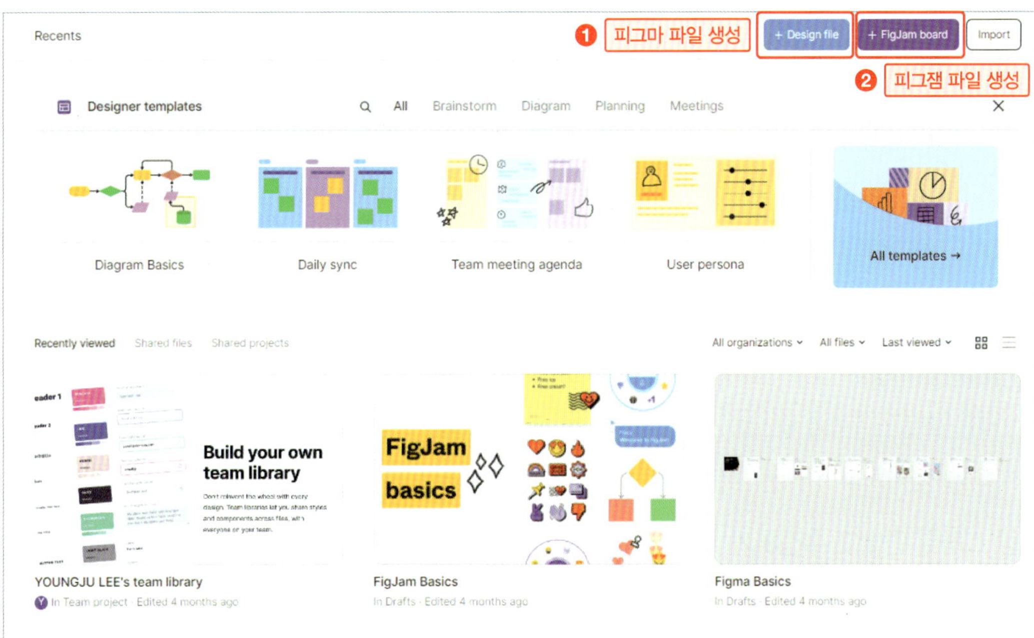

TIP 본 교재는 피그마의 클라우드 버전을 사용한다.

SECTION 02

스타일과 토큰

핵심 내용 로컬 스타일과 토큰 스타일의 적용, 검색 창 Ctrl+P, Ctrl+/

스타일의 이해

스타일은 피그마 상에서 색상, 텍스트, 이펙트, 그리드의 네 가지 스타일 요소를 지정하여 등록한 뒤 반복적으로 사용하는 요소를 말한다. 스타일로 등록하면 다른 작업에도 사용할 수 있고, 수정이 필요할 땐 지정한 스타일만 수정하면 적용된 요소들이 모두 한번에 변경되기 때문에 일관성 있는 디자인 작업을 할 때 유용하게 쓰인다.

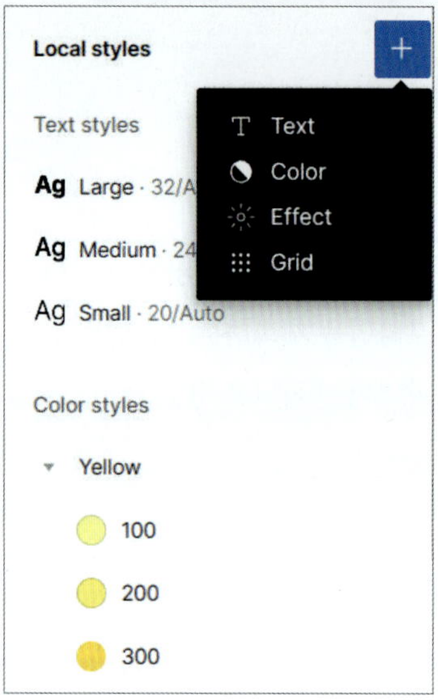

그림 3-1 피그마 로컬 스타일의 예

스타일의 사용

피그마로 색상 스타일과 텍스트 스타일을 만들어 본다.

색상 스타일 만들고 수정하기

01 에디트 모드로 전환하기 피그마 온라인에 접속한 후 우측 상단의 [Design file]을 눌러 피그마 에디트 모드로 전환한다.

02 새 프레임 만들기 프레임 툴(#)을 선택하고 우측 패널에서 원하는 사이즈를 클릭하여 새 프레임을 만든다.

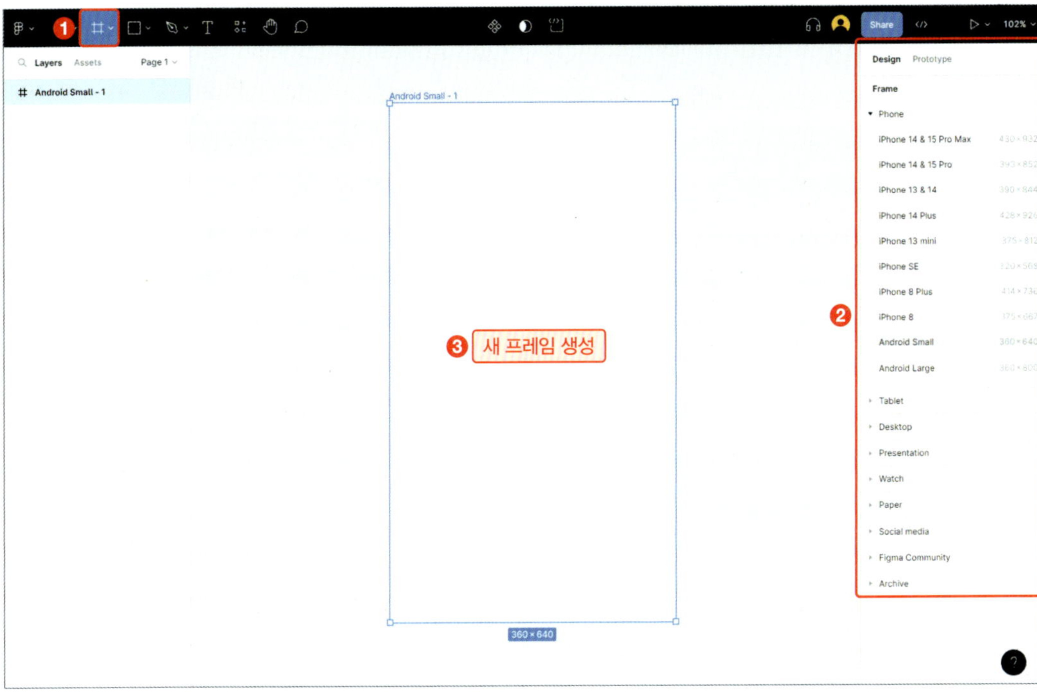

03 사각형 만들기 사각형 툴(□)을 클릭하고 화면을 드래그하여 사각형을 하나 만든다. 처음 도형을 그렸을 때 채워진 기본 색상은 '#D9D9D9'이다.

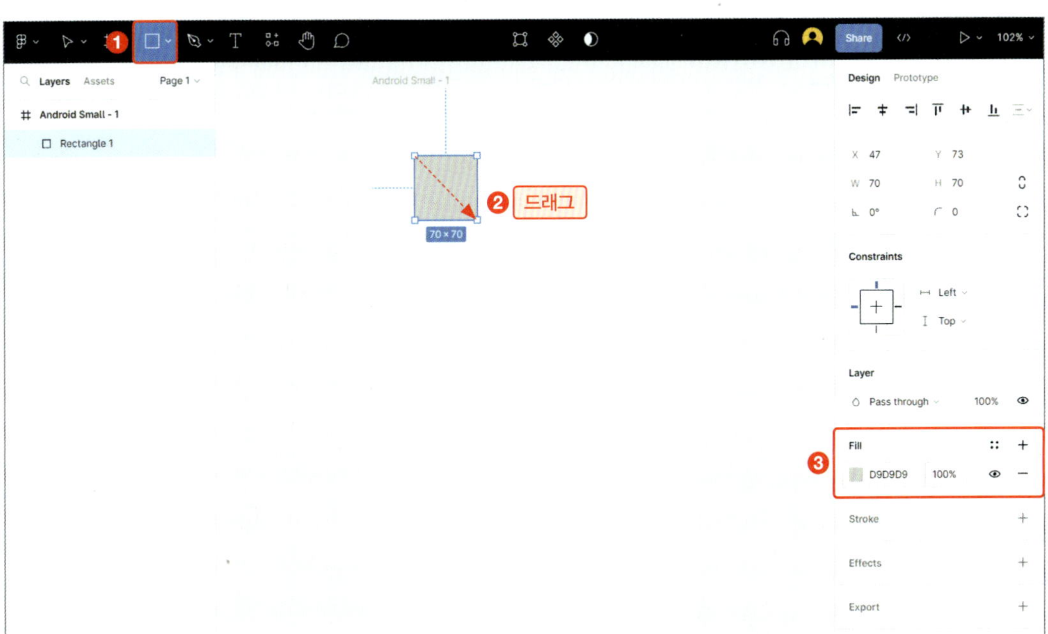

04 스타일 추가하기 우측 패널에서 [Fill] 메뉴의 [Style] 버튼(::)을 클릭하면 [Libraries] 창이 열린다. [Libraries] 창의 [+]를 클릭하면 [Style] 창이 열린다. [Name]의 기본 색상 이름을 'Gray'로 변경한 뒤 하단의 [Create style] 버튼을 클릭한다.

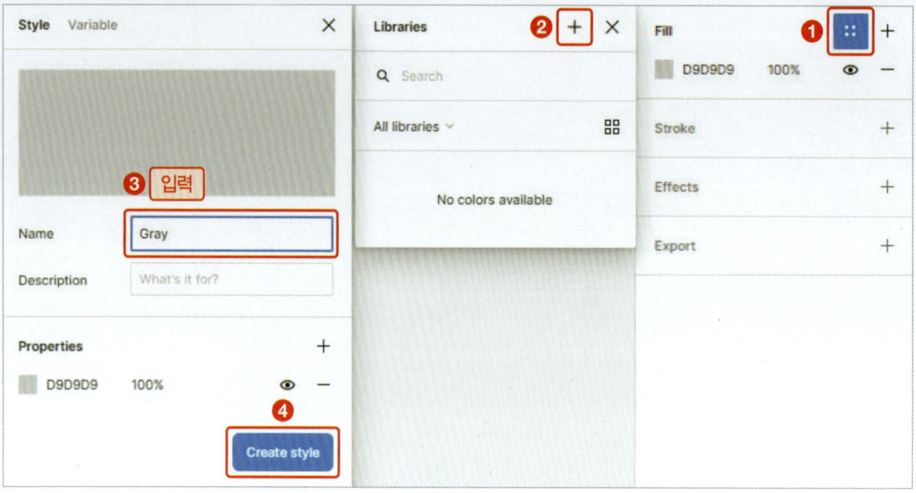

05 [Local styles] 메뉴 확인하기 그려둔 사각형이 선택되지 않도록 프레임의 빈 곳을 클릭해 보면 [Local styles] 메뉴가 생성된다. 'Color styles'에 'Gray' 색상이 등록되었다.

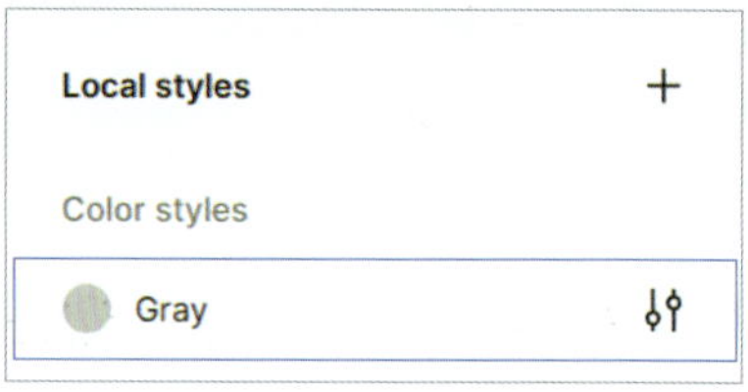

06 색상 속성 확인하기 선택 툴(▷)로 프레임 내부의 사각형을 선택하고 Alt를 누른 채 이동하면 사각형이 복제된다. 복제한 사각형에 스타일로 등록한 'Gray' 속성이 그대로 따라오는 것을 알 수 있다.

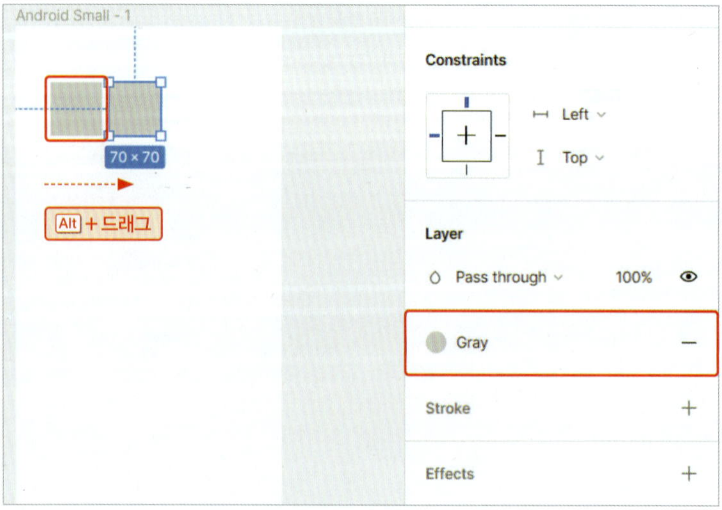

07 색상 속성 적용하기 사각형 툴(■)로 화면을 드래그하여 새 사각형을 그린다. 보이는 색은 같지만, 속성은 스타일로 등록된 'Gray'가 아닌 기본 색상인 '#D9D9D9'인 것을 알 수 있다.

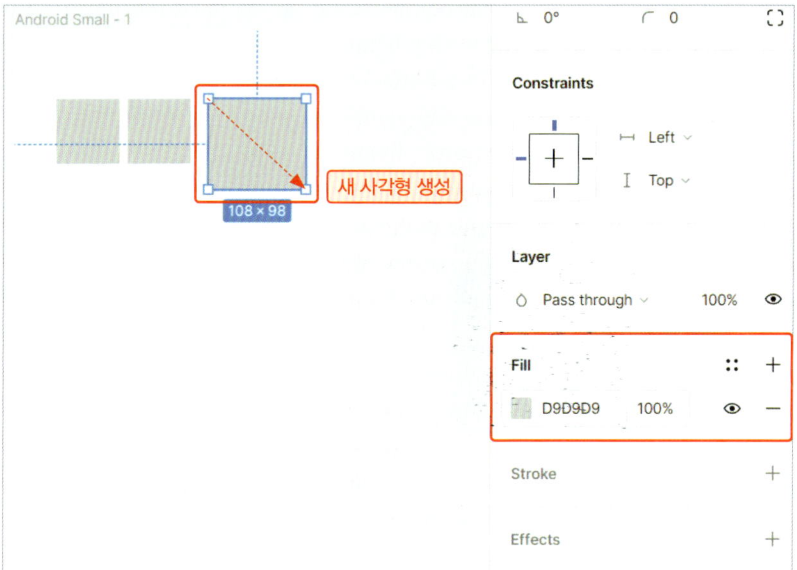

08 색상 속성 적용하기 우측 패널에서 [Fill] 메뉴의 [Style] 버튼(::)을 클릭하면 [Libraries]에 등록된 'Gray'로 색상을 변경할 수 있다. 이처럼 스타일에 색상을 등록하면 같은 색상을 반복하여 사용하고 다른 작업에 바로 적용할 수 있다.

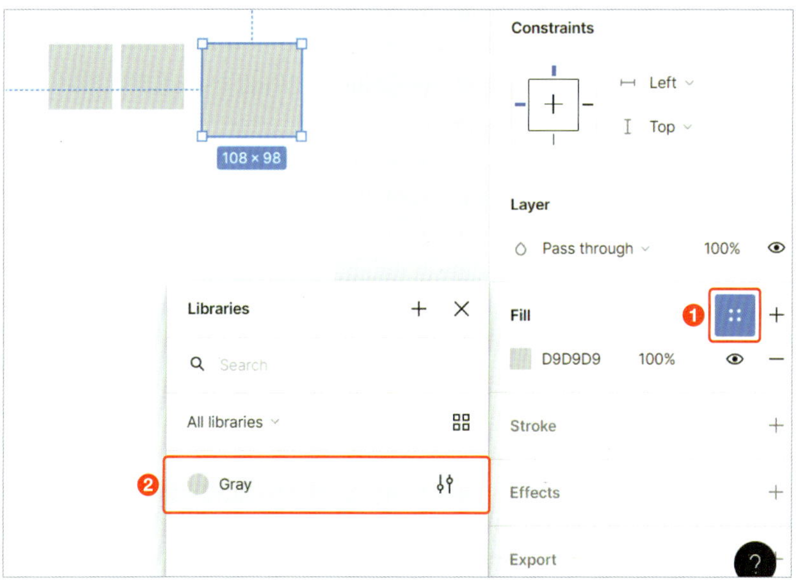

09 색상 스타일 변경하기 [Local styles] 메뉴에서 'Gray' 색상 우측의 [Edit style] 버튼( )을 클릭한다. 편집 모드에서 색상은 '#FFABCD', 이름은 'Pink'로 수정한다. 'Gray' 속성을 가진 모든 오브젝트의 색상이 한번에 변경된다.

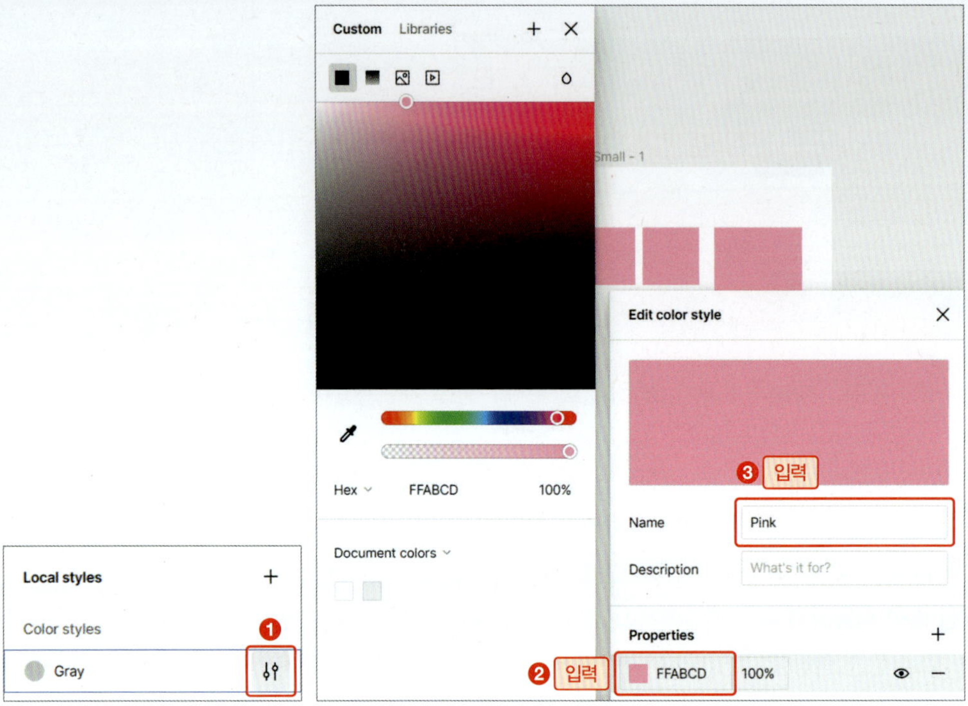

10 그룹명 지정하고 색상 추가하기 슬래시(/)를 사용하면 색상 스타일의 그룹명을 지정할 수 있다. [Edit color style] 창에서 이름을 'Pink/500'으로 설정하면 슬래시(/) 앞 'Pink'는 그룹명이 되고 슬래시(/) 뒤 '500'은 색상명이 되어 'Pink 그룹'에 속하게 된다.

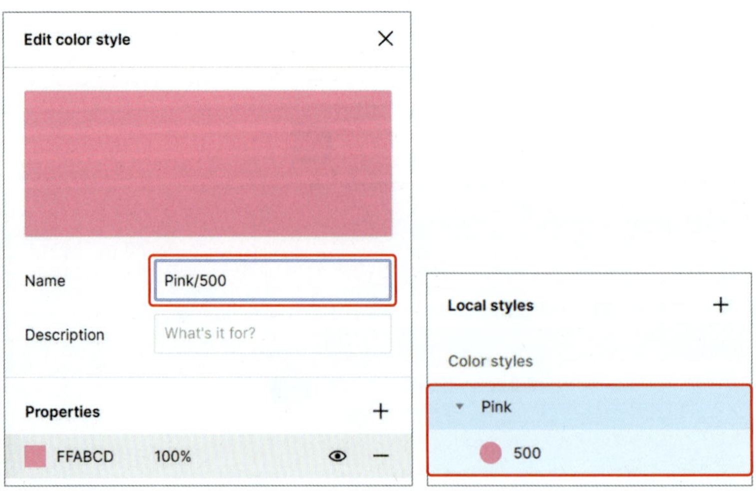

11 색상 스타일 지정하기 앞에서 했던 내용을 바탕으로 여러 가지 색상 스타일을 만들고 그룹을 지정해 본다.

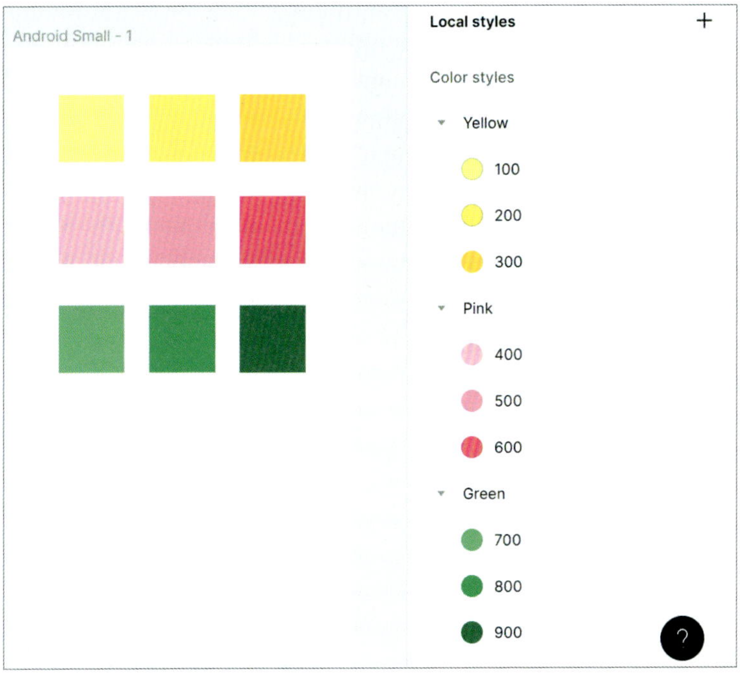

텍스트 스타일 만들고 수정하기

01 텍스트 만들기 텍스트 툴(T)로 프레임 내부를 클릭하여 문자를 입력한다. [Text] 메뉴에서 폰트의 종류와 크기를 변경한다.

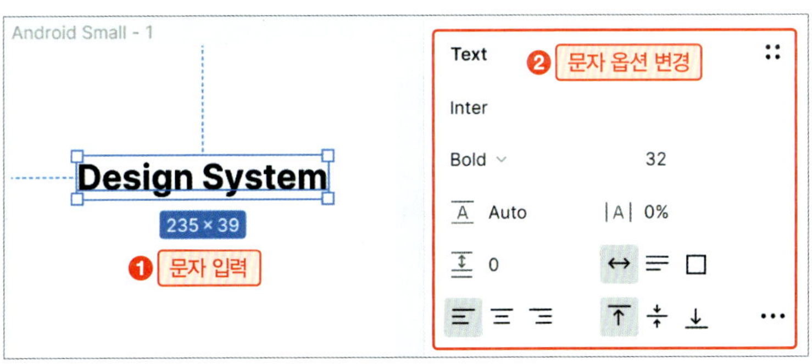

02 텍스트 스타일 추가하고 편집하기 [Text] 메뉴 우측의 [Style] 버튼(⁚⁚)을 클릭하여 [Text styles] 창이 열리면 다시 [+]를 클릭한다. 이름을 'Large'로 입력한 뒤 [Create style] 버튼을 클릭한다.

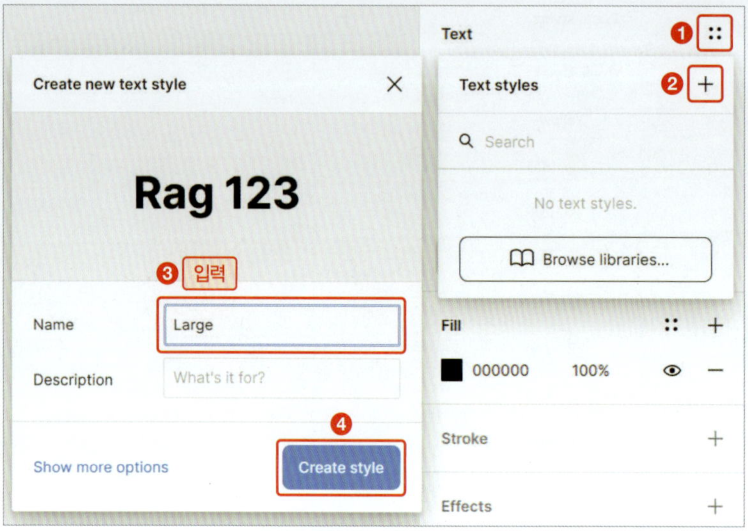

03 [Local styles] 메뉴 확인하기 다양한 텍스트 스타일을 추가하고 [Local styles] 메뉴를 확인해 보면 다음과 같이 지정된 텍스트 스타일을 확인할 수 있다.

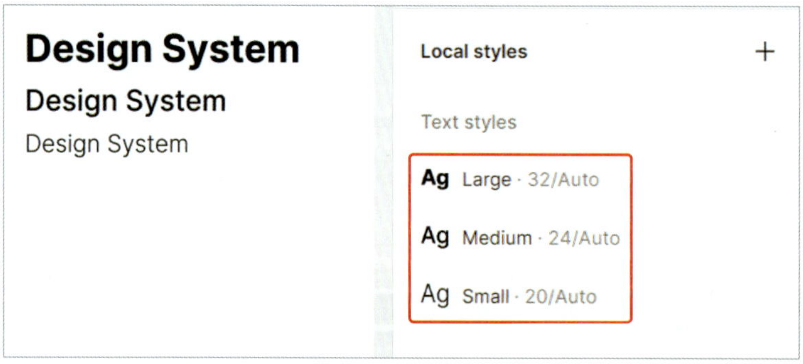

TIP 텍스트 스타일도 색상 스타일과 마찬가지로 슬래시(/)를 사용하여 그룹명과 이름을 지정할 수 있다.

디자인 토큰 시스템의 이해

피그마의 토큰Tokens은 디자인 토큰을 플러그인으로 사용하는 하나의 방법론으로, 여러 플랫폼과 디바이스에 걸쳐 디자인을 확장할 수 있는 기술이다. 이를 '디자인 토큰 시스템'이라고 한다. 피그마의 토큰 기능을 사용하면 개발자와의 핸드오프 과정이 손쉽게 이루어지고, 깃허브 동기화 기능으로 디자인과 개발을 연결하여 협업 과정이 수월해진다. 최근 디자인 시스템 구축을 위해 토큰을 많이 사용하고 있으며, 피그마의 토큰은 별도의 플러그인을 설치하여 사용한다.

디자인 토큰의 사용

01 토큰 플러그인 설치하기 툴 바에서 리소스 툴( )을 선택하고 세부 옵션에서 [Plugins]를 선택한다. 검색 창에 'Token'을 입력하고 [Run] 버튼을 클릭하여 토큰 플러그인을 설치한다.

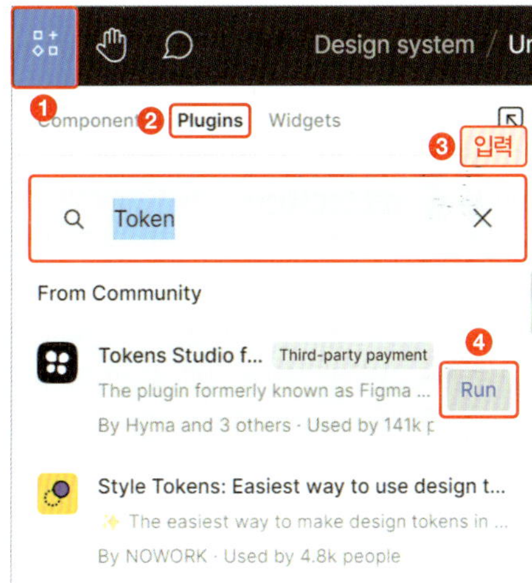

02 설치한 토큰 선택하기 피그마 메뉴( )를 선택하고 [Plugins] ▶ [Tokens Studio for Figma (Figma Tokens)]를 선택하거나 리소스 툴( )의 [Plugins]에서 설치한 토큰을 선택하면 된다.

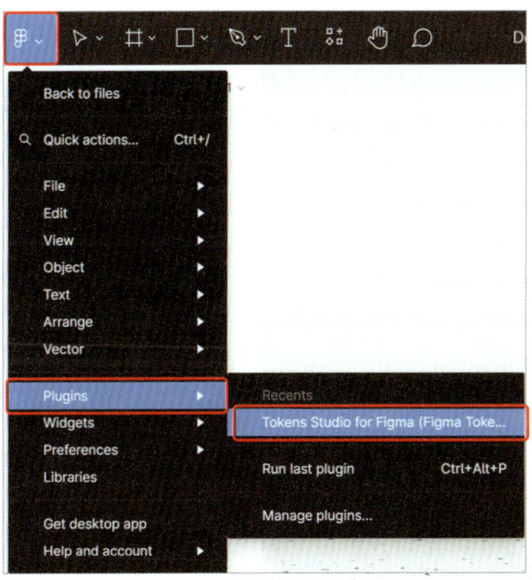

■ 메인 메뉴에서 선택하기

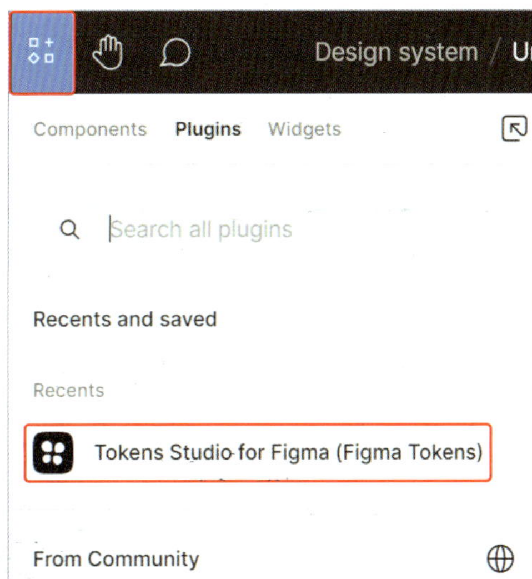

■ 리소스 툴에서 선택하기

TIP Ctrl+P 또는 Ctrl+/를 눌러 검색 창이 나타나면 'Token'을 입력하고 [Tokens Studio for Figma (Figma Tokens)]를 선택해 바로 실행할 수 있다. Ctrl+P 또는 Ctrl+/를 누르면 다양한 기능을 검색하는 작업을 할 수 있으므로 단축키를 기억해 두면 좋다.

그림 3-2 검색 창 실행 화면

03 토큰 실행하기 [Tokens Studio]가 실행되면 [New empty file] 버튼을 클릭하여 토큰을 실행시킨다.

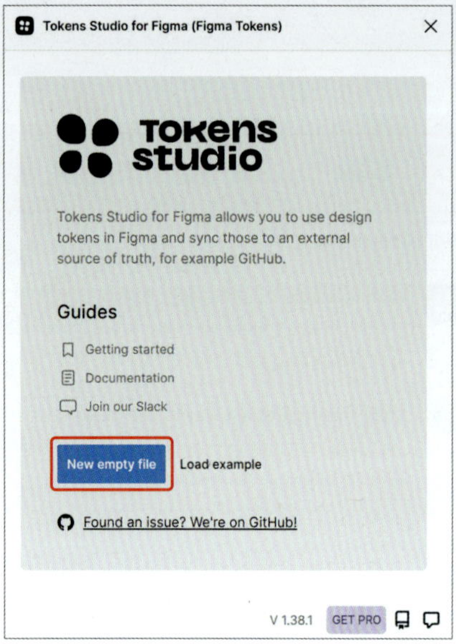

04 토큰에서 색상 지정하기 토큰 화면에서 [Color] 항목 우측의 [+]를 클릭하여 색상을 선택하고 이름을 'Blue.500'으로 지정한다. 피그마의 로컬 스타일에서는 슬래시(/)가 그룹을 만드는 역할이라면 토큰에서는 온점(.)이 그 역할을 대신한다.

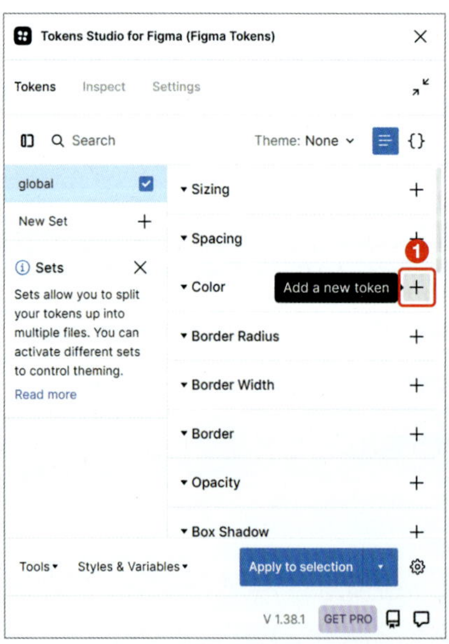

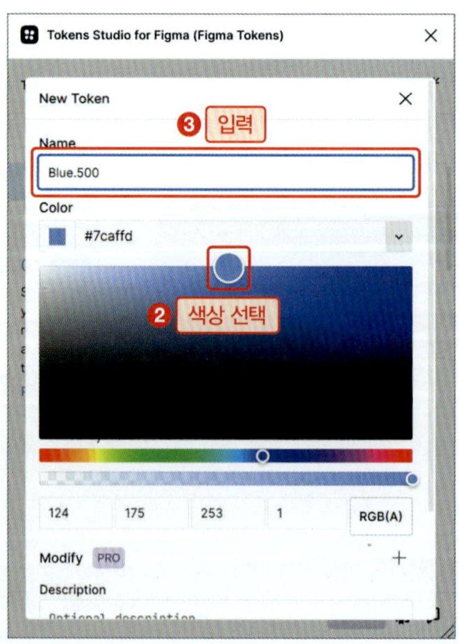

05 토큰에서 색상 스타일 확인하기 토큰에서 생성한 색상 스타일은 피그마의 로컬 스타일에는 적용되지 않는다.

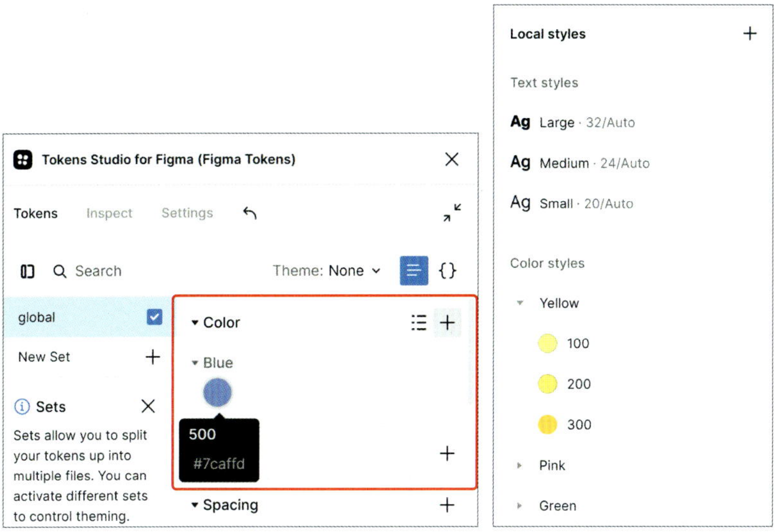

토큰 스타일과 로컬 스타일의 적용

01 토큰을 로컬 스타일에 적용하기 토큰 화면 하단의 [Styles & Variables]를 클릭하여 [Create styles]를 선택하고 [Create] 버튼을 클릭하면 토큰에서 만든 색상 스타일이 피그마의 로컬 스타일에 적용된 것을 알 수 있다.

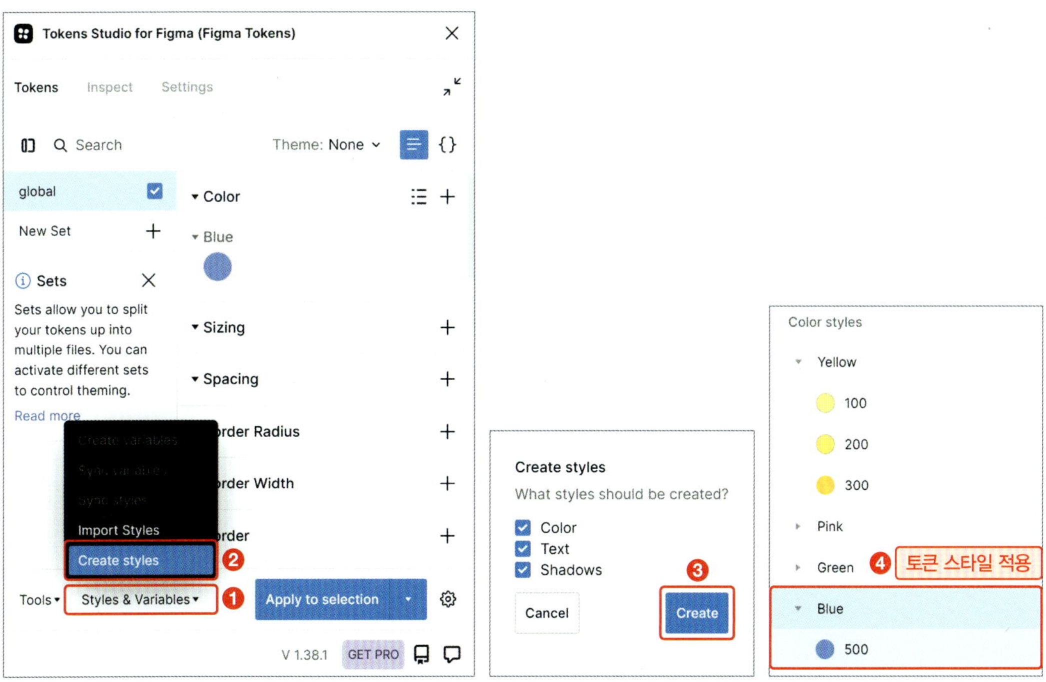

02 로컬 스타일을 토큰으로 불러오기 반대로 로컬 스타일을 토큰으로 불러오기 위해서는 토큰 화면 하단의 [Styles & Variables]를 클릭하여 [Import Styles]를 선택하고 창이 뜨면 [Import] 버튼을 클릭한다.

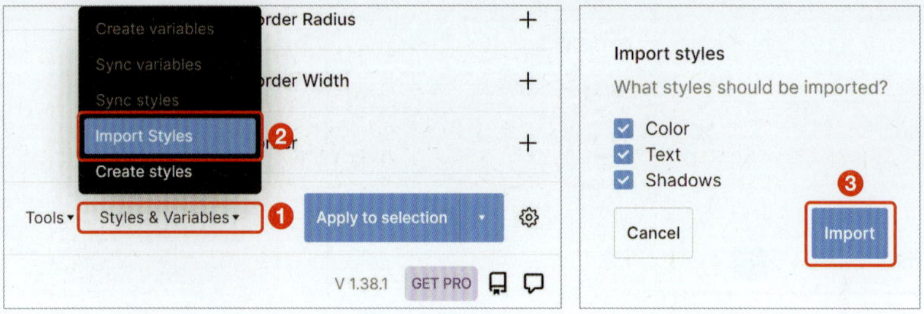

03 로컬 스타일을 토큰으로 불러오기 [Import Styles] 화면에선 [Local styles] 메뉴의 색상이 그대로 보여지는 것이 아니라 지정했던 이름과 속성을 코드로 보여준다. 이때 불러오고자 하는 스타일을 선택하여 옆의 [+]를 클릭한 뒤 우측 상단의 [X]를 클릭하여 창을 닫으면 된다.

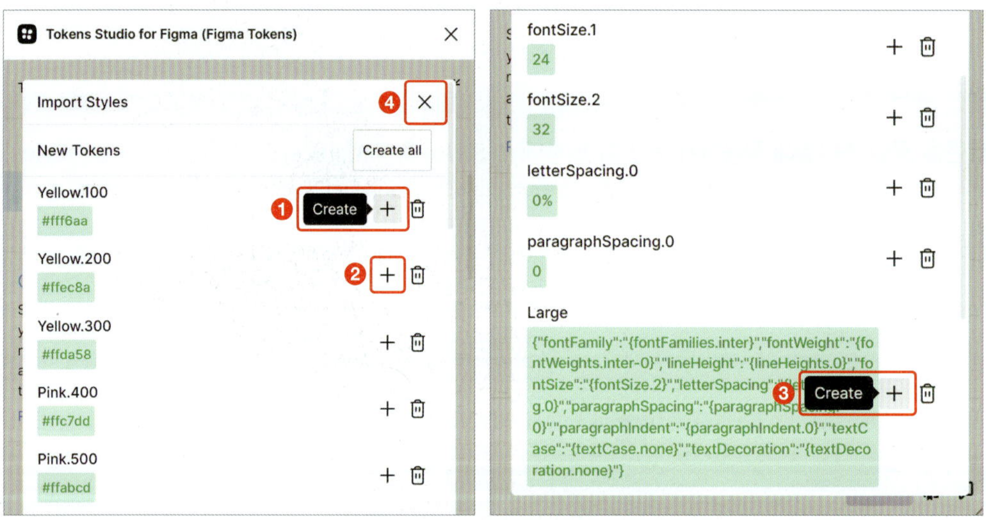

TIP 창 하단의 [Import all] 버튼을 클릭하면 필요 없는 스타일이 모두 등록된다. 그러므로 필요한 스타일만 선택하고 우측 상단의 [X]를 클릭하여 창을 닫아주어야 한다.

04 등록된 토큰과 코드 확인하기 창을 닫고 토큰을 확인하면 로컬 스타일에서 가져온 'Yellow' 그룹의 두 가지 색상과 'Large' 텍스트 스타일이 등록된 것을 알 수 있다. 상단의 JSON 아이콘({})을 클릭하면 디자인 속성의 코드를 확인할 수 있다. 이렇게 등록된 토큰을 개발자와 공유하면 개발자는 코드를 손쉽게 얻을 수 있어 협업이 용이하다.

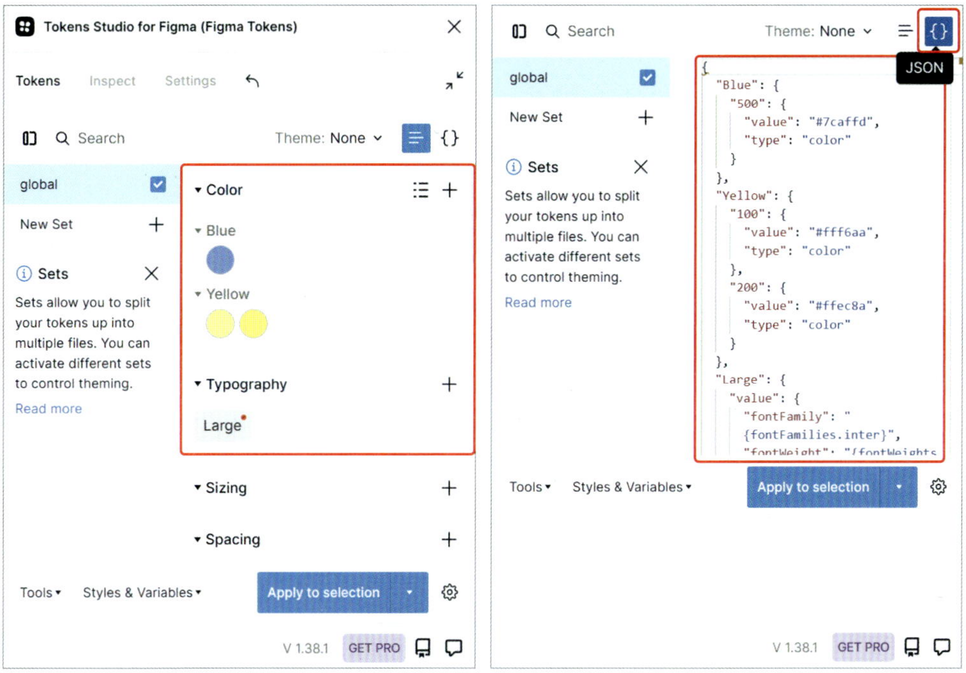

SECTION 03

컨스트레인트

핵심 내용 컨스트레인트를 활용한 반응형 예제 실습

컨스트레인트의 이해

다양한 디바이스 크기에 맞게 디자인을 변경해야 할 때 컨스트레인트Constraint 기능을 사용한다. 컨스트레인트를 사용하면 화면의 크기가 늘어나거나 줄어들어도 원래의 위치에 구성 요소가 존재하도록 할 수 있다.

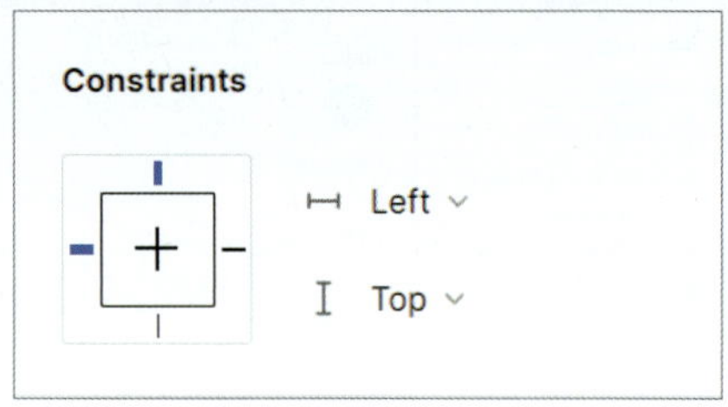

그림 3-3 컨스트레인트 메뉴

실습 컨스트레인트로 반응형 예제 만들기

컨스트레인트는 반응형 화면에서 디바이스의 크기가 변경되었을 때 각 요소들의 위치를 조절하거나 고정하는 역할을 한다. 실습으로 컨스트레인트의 기능과 반응형 화면을 이해해 본다.

예제 미리보기

- 360 × 640
- 600 × 640

실습 파일 링크 https://bit.ly/3sUofar

01 컨스트레인트 예제 파일 복제하기 컨스트레인트 예제 파일을 열고 제목 옆의 화살표를 클릭하여 [Duplicate to your drafts]를 선택한다.

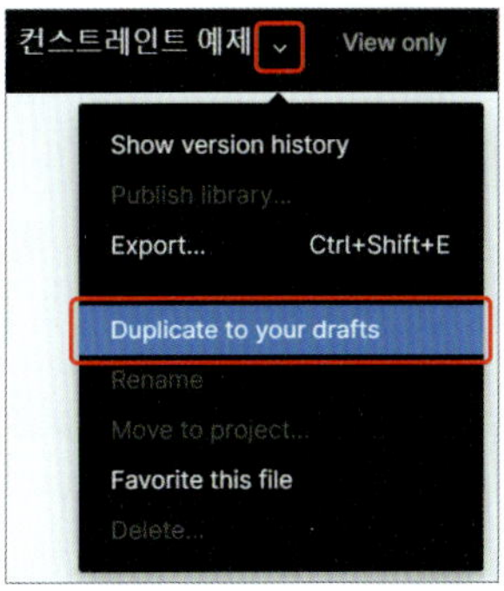

02 프레임 크기 확인하기 'Constraints' 프레임을 선택하고 상하좌우로 늘리거나 줄이면 프레임에 배치된 요소들의 위치와 크기의 변화가 없다. 크기 변화가 없음을 확인했다면 Ctrl+Z를 눌러 다시 원래의 화면으로 돌아온다.

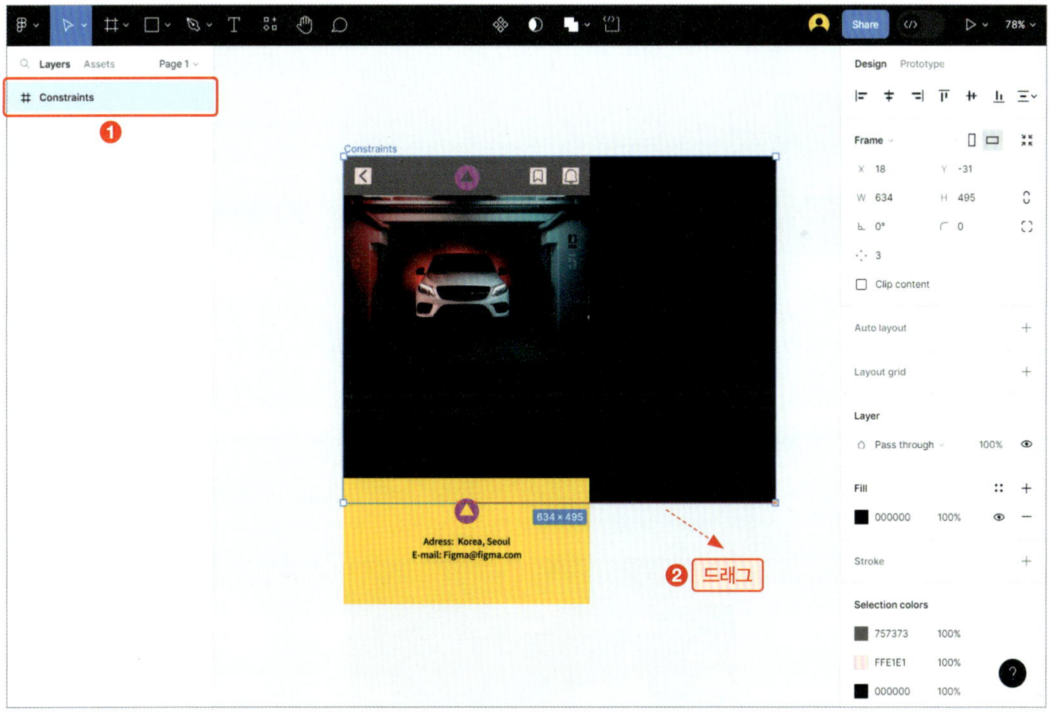

03 컨스트레인트 옵션 확인하기 탑 컨테이너를 선택하고 [Constraints] 메뉴의 옵션을 살펴보면 좌우 'Left', 상하 'Top'이 기본 값인 것을 알 수 있다.

04 좌우 옵션 변경하기 탑 컨테이너의 [Constraints] 메뉴 좌우 옵션을 'Left and right'로 선택한다. 이때 탑 컨테이너는 늘 상단에 고정되어 있어야 하므로 상하 옵션은 'Top' 그대로 둔다.

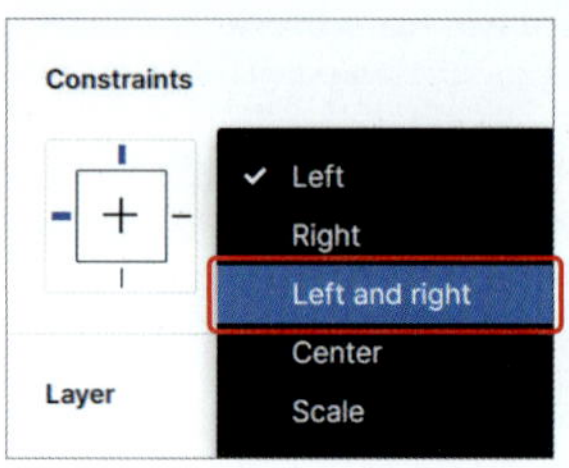

TIP [Constraints] 메뉴의 옵션 창에서 선택하지 않고 화면에 보이는 상하, 좌우 막대를 클릭하여 지정해도 된다.

05 프레임 크기 변경하기 'Constraints' 프레임을 선택하여 프레임의 크기를 변경하면 탑 컨테이너가 프레임의 크기에 맞게 좌우로 늘어나거나 줄어드는 것을 알 수 있다. 이때 프레임의 길이와 상관없이 탑 컨테이너의 높이는 변경되지 않는다.

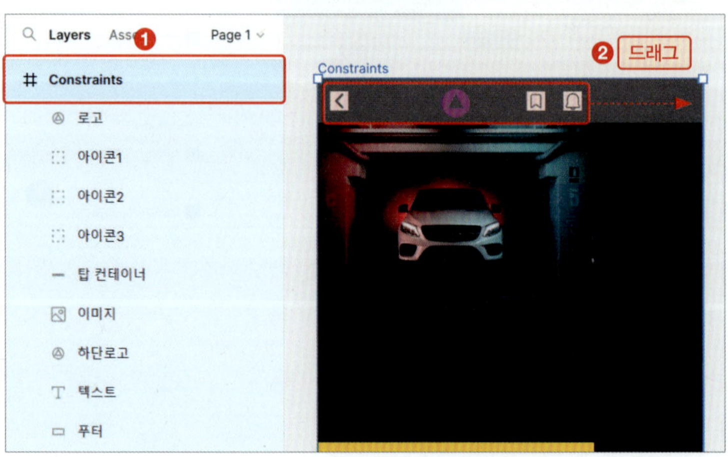

06 '아이콘 1' 옵션 설정하기 05에서 프레임의 크기를 변경해도 '아이콘 1'의 위치는 변경되지 않았기 때문에 좌측 상단의 아이콘 1의 컨스트레인트는 기본 옵션 그대로 둔다.

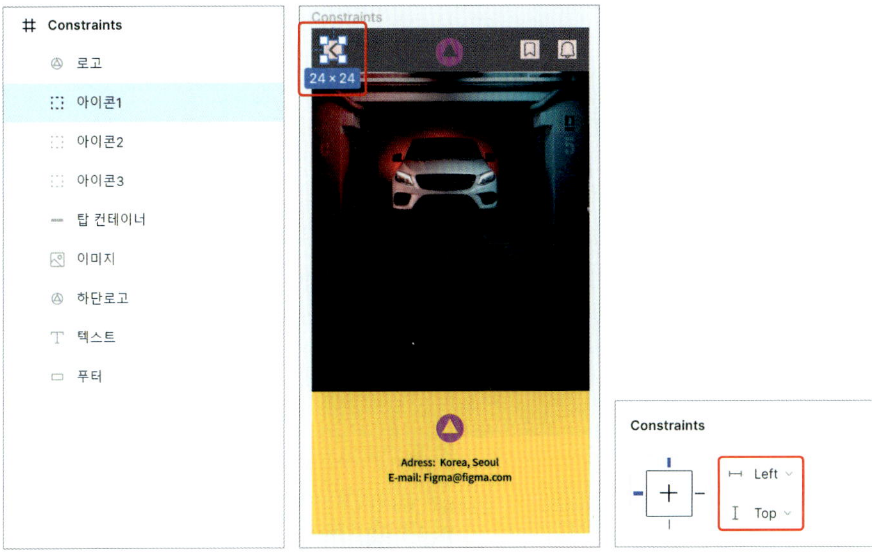

07 '아이콘 3' 옵션 설정하기 '아이콘 3'을 선택하고 아이콘의 위치를 생각해 보자. 상단 좌측에 값이 고정되어야 하므로 [Constraints] 메뉴의 옵션은 좌우 'Right', 상하 'Top'으로 지정한다.

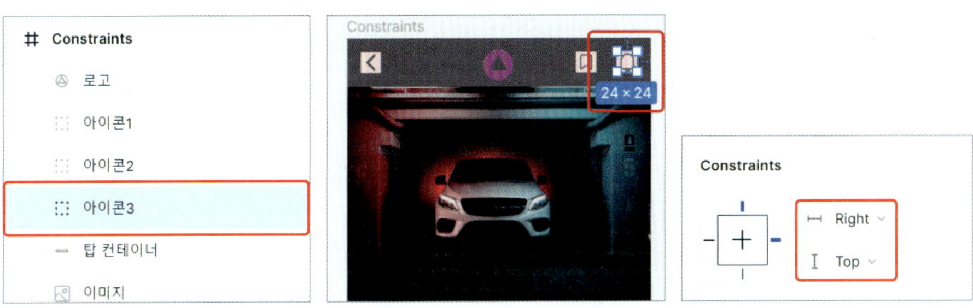

08 '아이콘 2' 옵션 설정하기 '아이콘 2'는 '아이콘 1'과의 간격을 유지한 채 우측에 배치되어야 하므로 [Constraints] 메뉴의 옵션은 좌우 'Right', 상하 'Top'으로 지정한다.

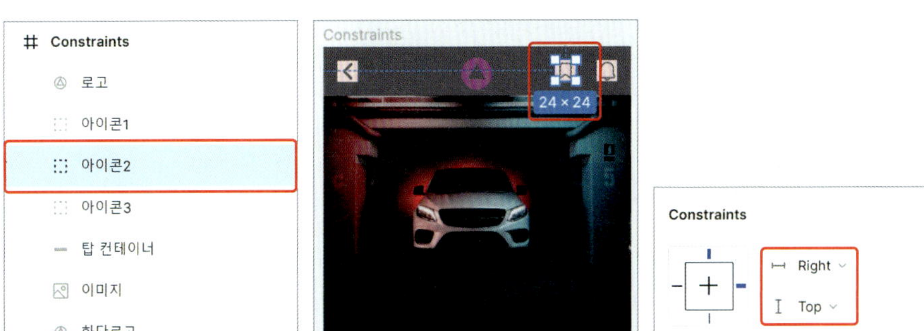

09 프레임 크기 확인하기 'Constraints' 프레임을 선택하고 프레임의 크기를 변경하면 '아이콘 2'와 '아이콘 3'이 우측에 고정된다.

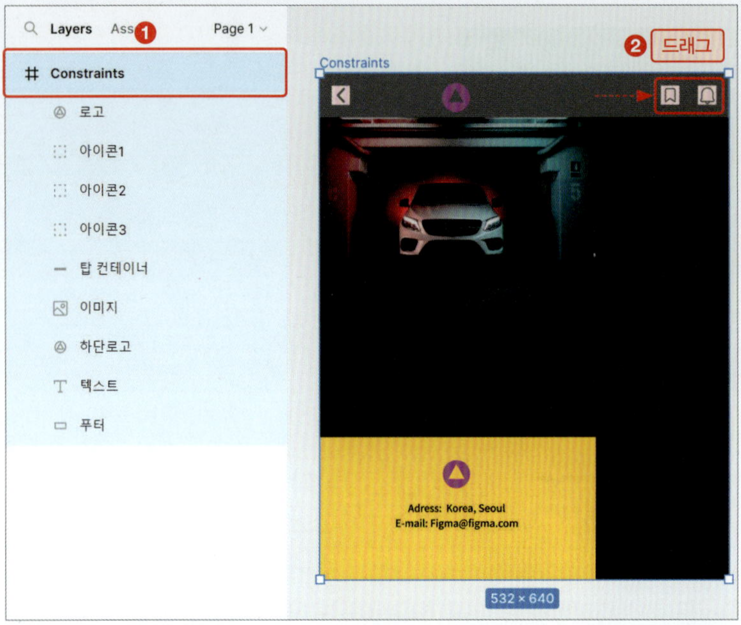

10 로고 옵션 설정하기 로고를 선택하고 [Constraints] 메뉴 옵션에서 좌우 값을 'Center'로 지정하고 상하는 'Top'으로 설정한다. 'Constraints' 프레임의 크기를 변경하면 로고는 늘 좌우 중앙에 배치된다.

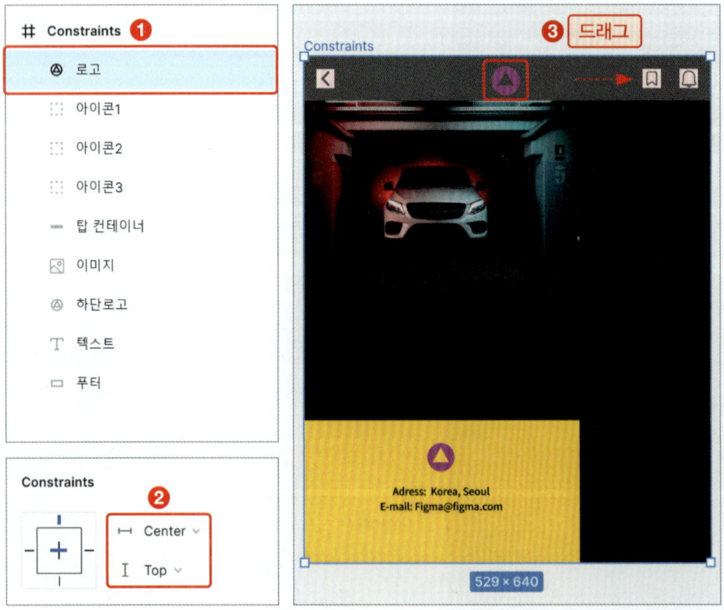

하나 더 알기 [Constraints] 메뉴의 'Center' 옵션

만약 로고의 [Constraints] 메뉴의 좌우 옵션을 'Left and right'로 설정하고 프레임의 크기를 변경하면 탑 컨테이너와 같이 로고도 좌우로 늘어나는 것을 알수 있다. 따라서 위치를 중앙에 두고자 할 때는 'Center' 옵션을 지정한다.

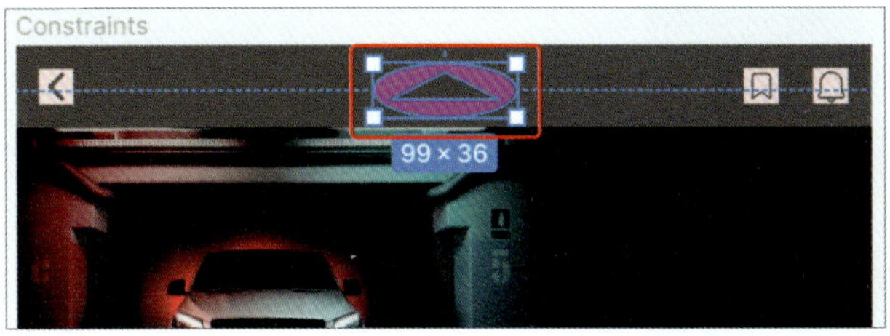

그림 3-4 로고의 좌우 옵션을 'Left and right'로 설정했을 때 모습

11 이미지 옵션 설정하기 이미지를 클릭하여 [Constraints] 메뉴의 옵션을 좌우 'Left and right'로 지정하고 상하 값을 'Top and bottom'으로 지정한다. 프레임의 크기에 맞춰 이미지 박스의 크기도 함께 변경된다.

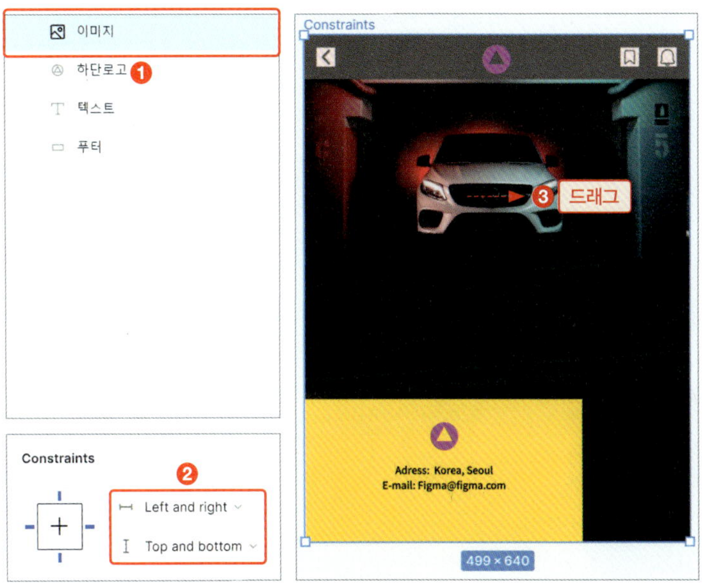

TIP 'Scale' 옵션으로 지정하면 결과는 비슷하지만 프레임의 수직 길이에 따라서 이미지의 위치가 달라지므로 [Constraints] 옵션을 지정할 때 주의해야 한다.

12 푸터 옵션 설정하기 푸터가 크기에 상관없이 고정된 상태로 하단에 배치되도록 [Constraints] 메뉴의 옵션을 좌우 'Left and right'로 두고 상하 값을 'Bottom'으로 지정한다.

13 프레임 크기 확인하기 'Constraints' 프레임을 선택하고 프레임 크기를 변경하면 푸터가 제대로 변경된다.

TIP 컨스트레인트 실습은 결과를 나중에 한번에 확인하면 어디서 잘못되었는지 파악하기가 어렵다. 또한 그룹이나 프레임으로 묶인 오브젝트라면 수정도 힘들기 때문에 [Constraints] 옵션을 적용하고 나면 결과를 바로 확인하는 것이 좋다.

14 하단 로고 옵션 설정하기 하단 로고를 선택하고 로고가 화면에 맞춰 크기 변화가 생기지 않도록 [Constraints] 메뉴 옵션의 좌우 값을 'Center'로 지정하고 상하 값은 하단 푸터의 높이에 고정될 수 있도록 'Bottom'으로 지정한다.

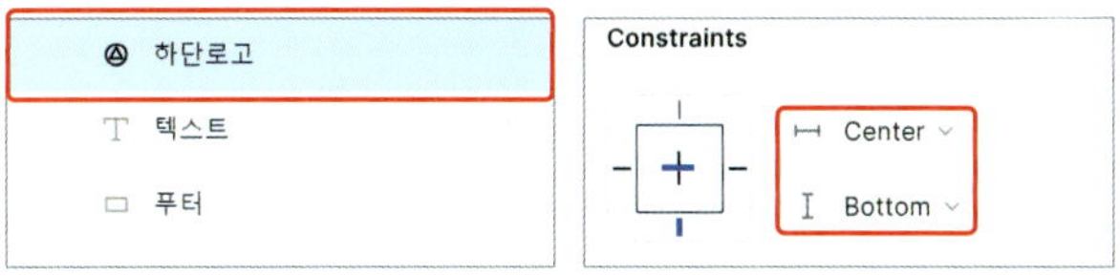

15 프레임 크기 확인하기 'Constraints' 프레임의 크기를 변경해 하단 로고가 제대로 배치되는지 확인한다.

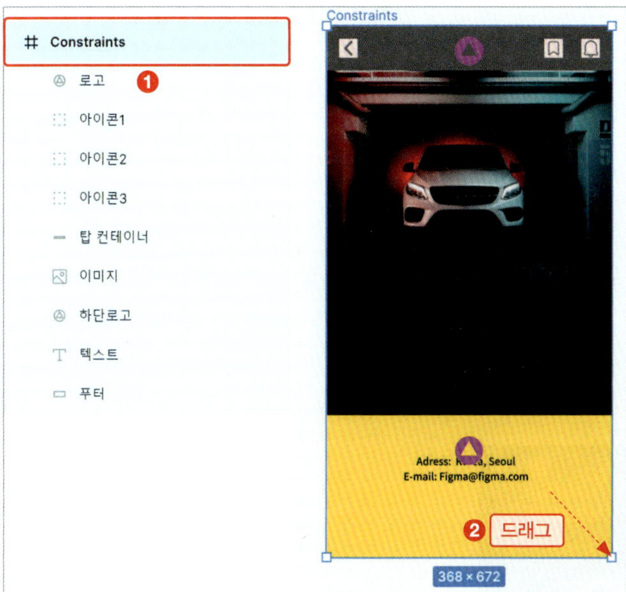

16 두 줄 텍스트 옵션 설정하기 문자를 두 줄로 계속 유지하려면 [Constraints] 메뉴의 좌우 옵션을 'Center'로 지정하고 상하 옵션은 'Bottom'으로 적용한다.

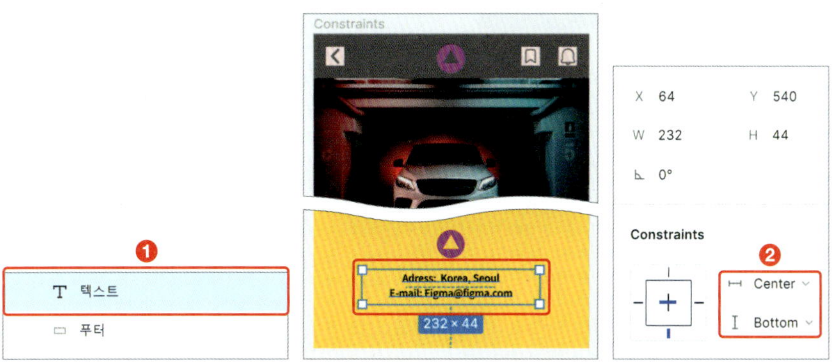

17 텍스트 위치 확인하기 'Constraints' 프레임의 크기를 변경하면 문자의 위치만 변경된다.

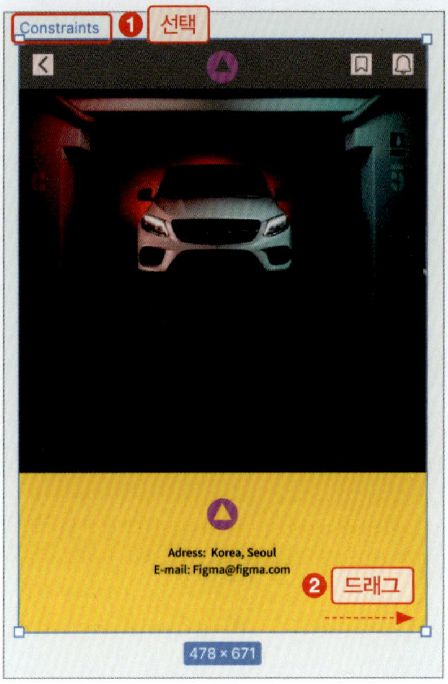

18 텍스트 옵션 설정하기 입력한 문장이 프레임의 크기와 상관없이 고정되어야 한다면 [Constraints] 메뉴의 좌우 옵션을 'Center'로 지정한다. 그러나 텍스트 상자의 크기가 프레임의 크기에 따라 변화해야 한다면 좌우 옵션을 'Left and right'로 지정한다.

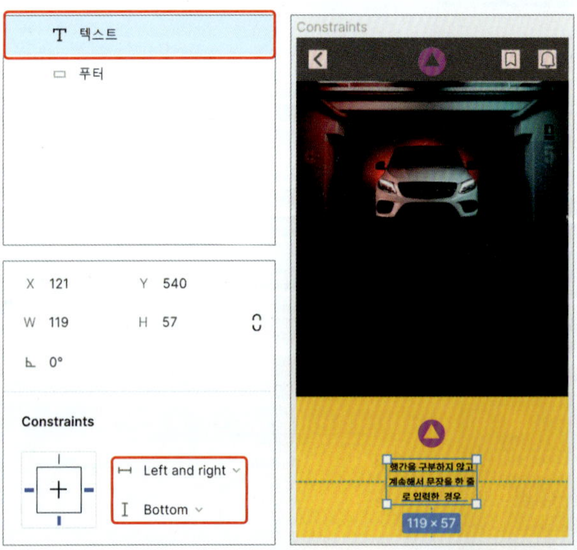

19 텍스트 상자 크기 확인하기 'Constraints' 프레임을 늘려보면 텍스트 상자도 함께 좌우 길이가 늘어나 세 줄이었던 텍스트가 한 줄로 변경된다.

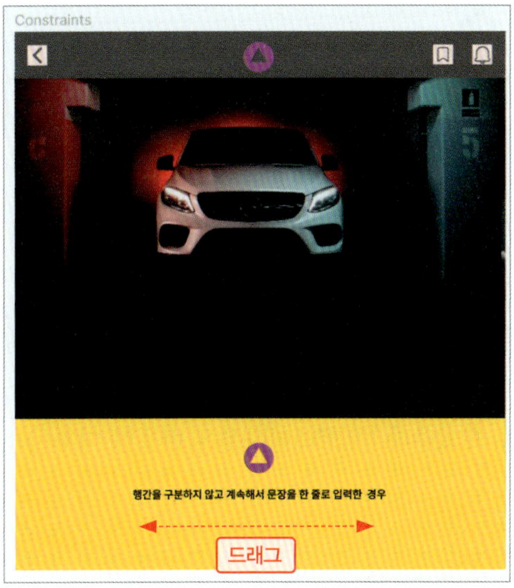

SECTION 04

오토레이아웃

핵심 내용 오토레이아웃 단축키 Shift+A, 스마트 그리드

오토레이아웃의 이해

오토레이아웃은 디자인 요소의 위치나 간격을 동적으로 관리하고 조정할 때 사용하는 옵션이다. 오토레이아웃을 활용하면 디자인 요소 간의 관계를 유지하면서 화면의 크기 또는 기기의 방향에 따라 UI 요소가 적절하게 조정되어 일관된 레이아웃을 유지할 수 있게 도와준다. 오토레이아웃은 반응형 디자인을 구현할 때 유용하게 사용한다.

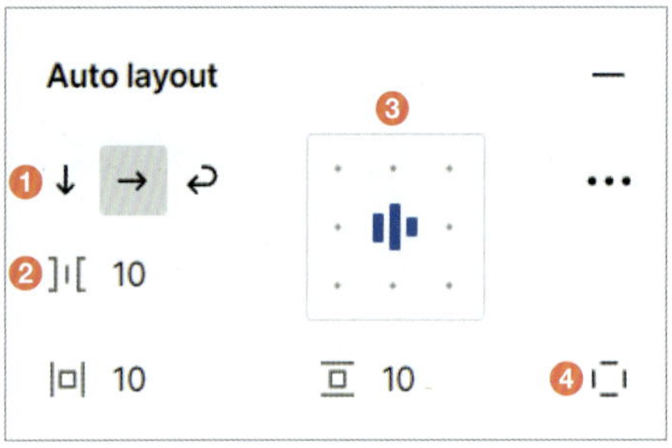

그림 3-5 오토레이아웃 메뉴

❶ **방향 설정** 오브젝트의 정렬 방향 선택한다.
❷ **간격 조정** 오브젝트 간의 간격 조정한다.
❸ **정렬** 프레임 내부 오브젝트의 위치와 방향을 정렬한다.
❹ **패딩 설정** 오브젝트 외부의 간격 조정한다.

실습 오토레이아웃 활용하기

이어지는 실습을 따라하며 오토레이아웃의 기본 기능을 학습해 본다.

실습 파일 링크 https://bit.ly/3QUOhCw

오토레이아웃 기본 기능 알아보기

01 오토레이아웃 예제 파일 복제하기 준비된 오토레이아웃 예제 파일을 열고 제목 옆의 화살표를 클릭하여 [Duplicate to your drafts]를 선택한다.

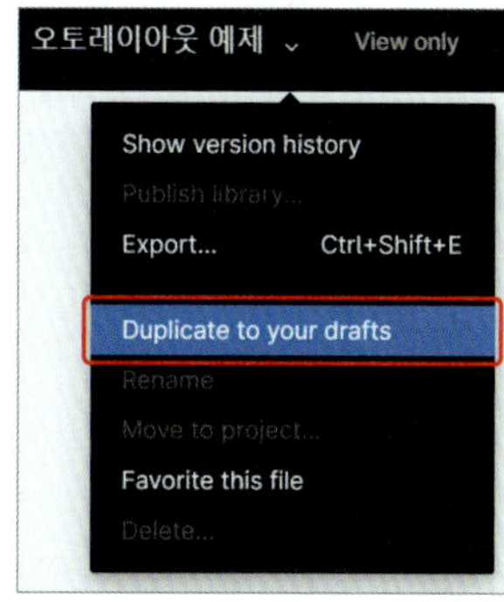

02 사각형 만들고 색상 지정하기 사각형 툴(■)로 Shift를 누른 채 화면을 드래그하여 정사각형을 만든다. 넓이와 높이를 '50'으로 입력한 후 [Fill] 메뉴에서 원하는 색상으로 지정한다.

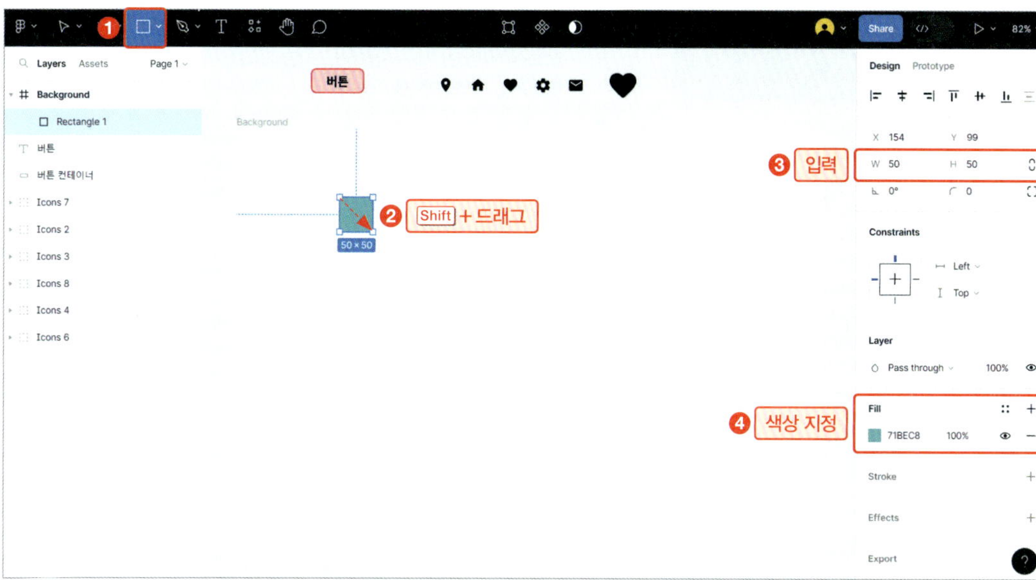

03 사각형 복제하기 Alt를 누른 채 우측으로 드래그하여 사각형을 복제한다. 이때 Shift를 함께 누르면 수평이나 수직으로 이동한다.

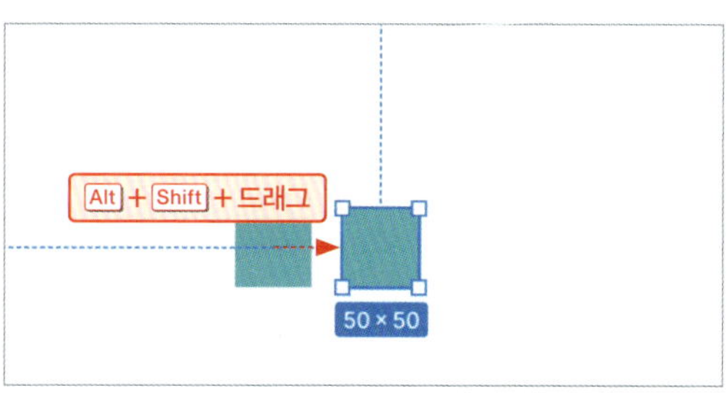

04 오토레이아웃 적용하기 두 개의 사각형을 함께 선택하고 마우스 오른쪽 클릭하여 [Add auto layout]을 선택하거나 패널에서 [Auto layout] 메뉴 옆의 [+]를 클릭하여 오토레이아웃을 추가한다.

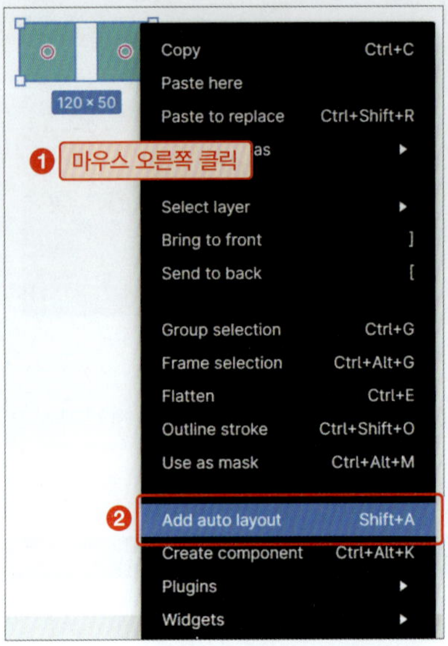

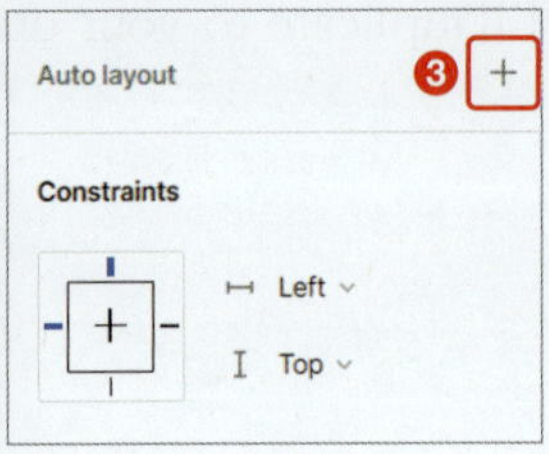

TIP 오토레이아웃 단축키 : [Alt]+[A]
오토레이아웃 해제 단축키 : [Shift]+[Alt]+[A]
오토레이아웃은 자주 사용하는 기능이므로
단축키를 기억하는 것이 좋다.

05 오토레이아웃 적용하기 오토레이아웃이 적용되면 프레임 그룹으로 묶이게 되며 [Auto layout] 메뉴 옵션이 나타난다.

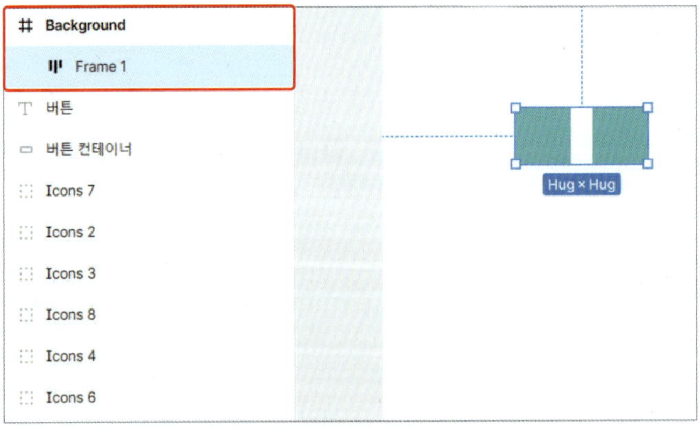

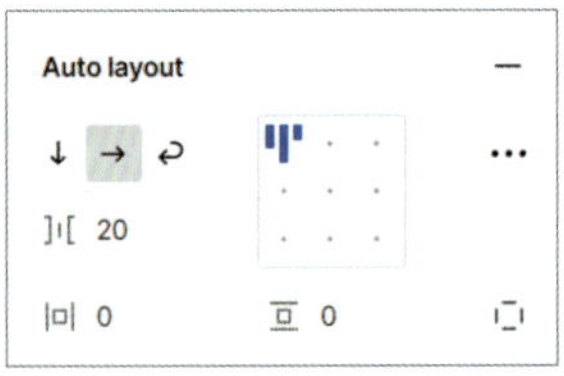

06 간격 조절하기 'Horizontal gap between items(]|[)'는 간격을 조절하는 기능으로 원하는 값을 입력하여 오브젝트 간의 간격을 조절할 수 있다.

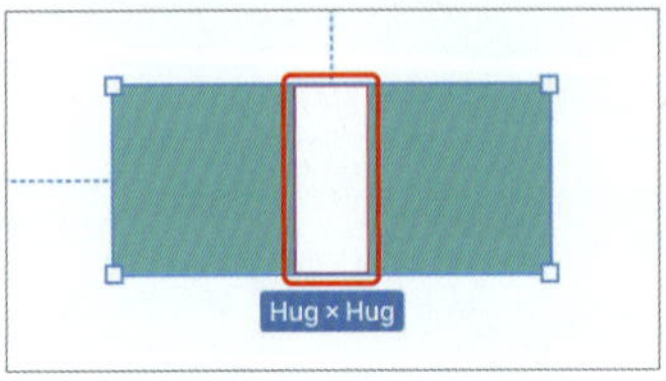

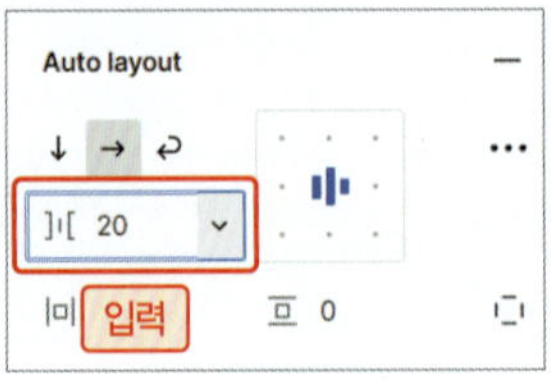

TIP 오브젝트와 오브젝트 사이로 마우스를 가져가 분홍색 라인이 생기면 라인을 직접 드래그하여 간격을 조절할 수도 있다.

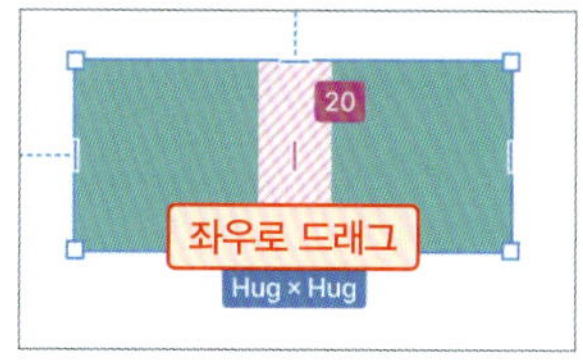

그림 3-6 드래그로 간격 조절

07 패딩 값 조절하기 'Individual padding( )'을 클릭하면 상하좌우 옵션 창이 열린다. 이 옵션으로 오브젝트 외부의 상하좌우 간격을 모두 다른 값으로 지정할 수 있다. 각 패딩 위치마다 마우스를 가져가 파란색 라인이 생기면 직접 드래그하여 간격을 조절할 수도 있다.

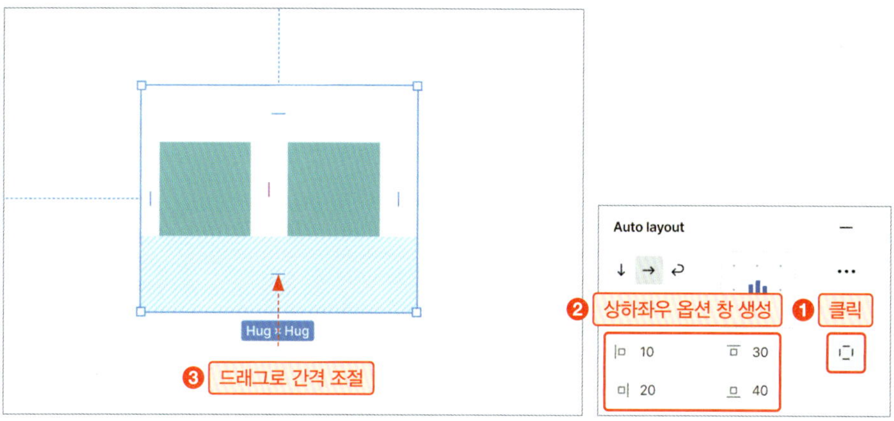

08 패딩 값 조절하기 'Individual padding( )'을 다시 클릭한다. 'Horizontal padding( )'과 'Vertical padding( )'에 같은 수치를 입력하여 상하 방향의 간격과 좌우 방향의 간격을 같은 간격으로 조절한다.

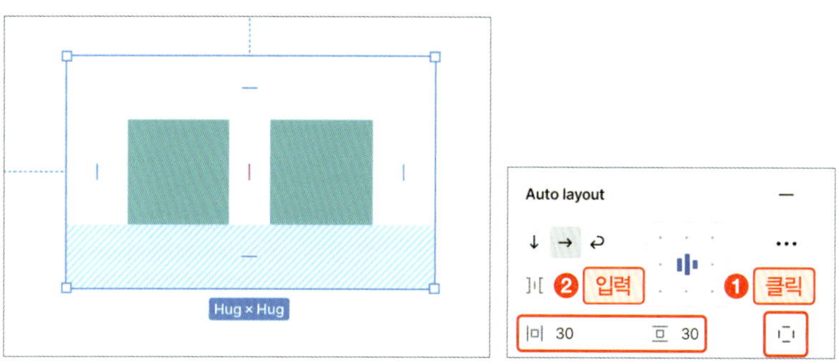

09 사각형 복제하기 [Layers]에서 'Frame 1'의 사각형을 하나 선택하거나 'Frame 1' 내부를 더블클릭하여 사각형을 선택한다.

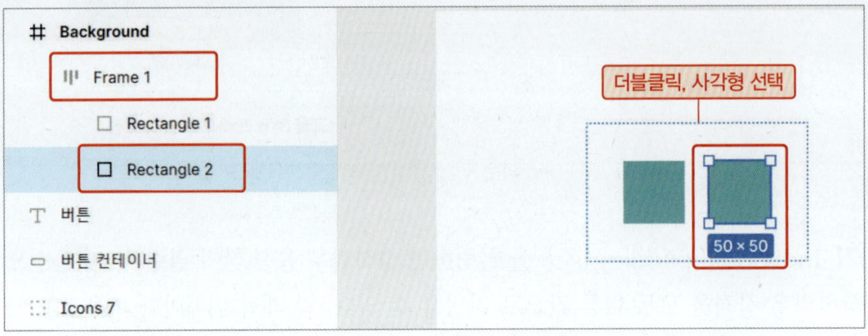

10 사각형 복제하기 Ctrl+C와 Ctrl+V를 눌러 복제 및 붙여넣기를 한다. 다른 방법으로 Ctrl+D를 누르면 선택한 사각형이 우측 방향으로 복제된다.

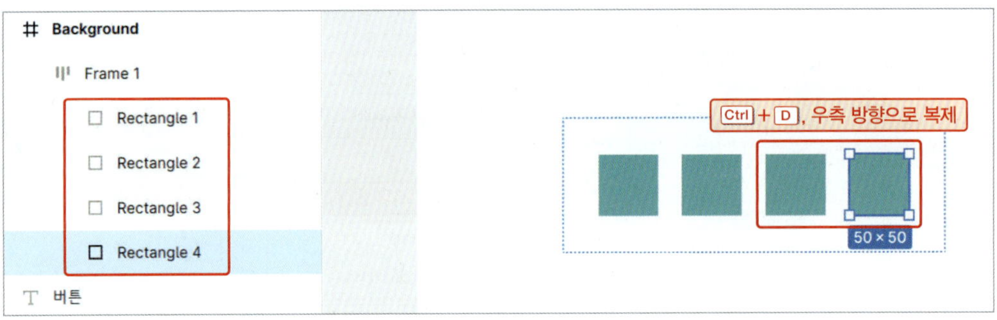

11 프레임 규격 설정하기 'Frame 1'을 선택하고 [Frame] 메뉴의 옵션 창에서 넓이나 높이를 확인하면 최소 넓이와 최대 넓이 또는 최소 높이와 최대 높이 값을 설정하는 옵션이 있음을 알 수 있다.

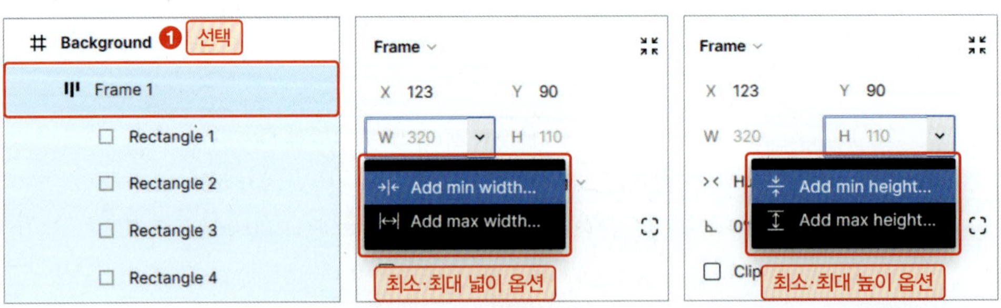

12 프레임 규격 설정하기 [Add min width]를 선택하고 최소 넓이를 '120', [Add max width]를 선택하여 최대 넓이를 '600'으로 지정한다. 지정된 값을 클릭하면 현재 넓이를 지정된 최소 또는 최대 넓이로 변경하거나 삭제하는 것이 가능하다.

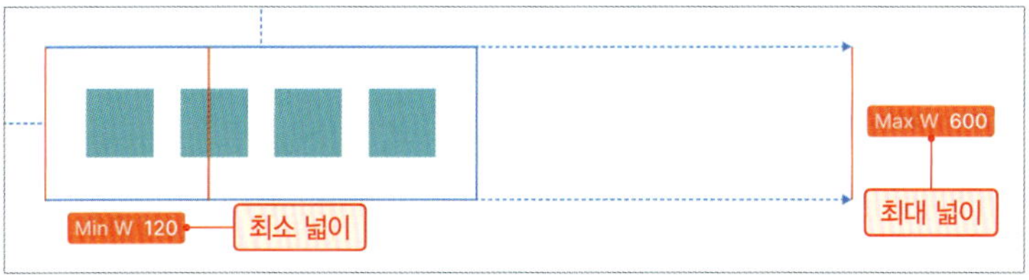

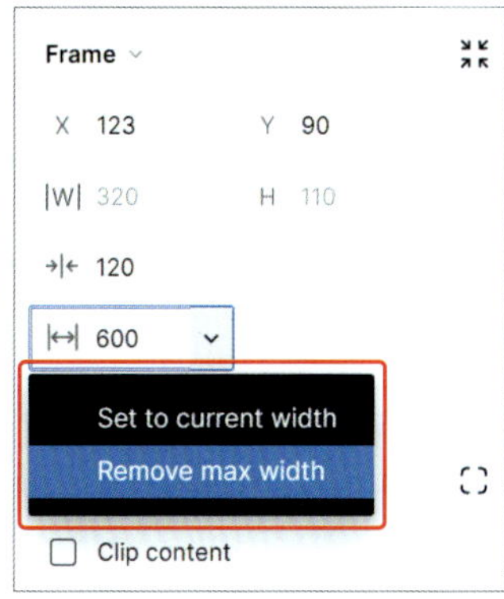

TIP 설정된 최소, 최대 넓이나 높이는 화면에 붉은색 가이드 선으로 보여준다.

13 프레임 규격 확인하기 'Frame 1'의 넓이를 줄이면 최소 넓이 값인 '120' 이하로는 줄어들지 않는다. 이때 'Frame 1' 내부의 사각형 4개는 박스를 벗어난 위치에 계속 배치되어 있다.

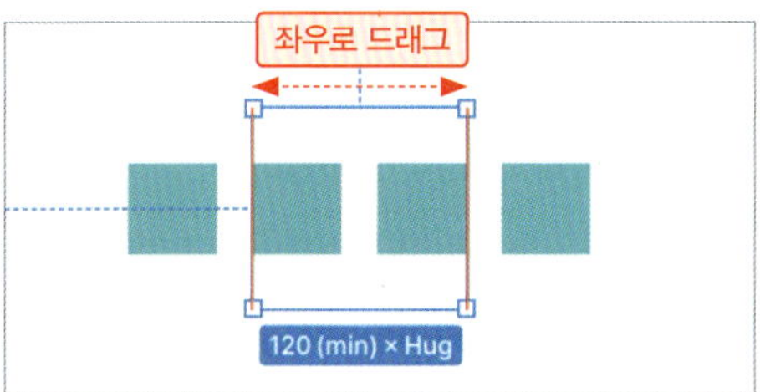

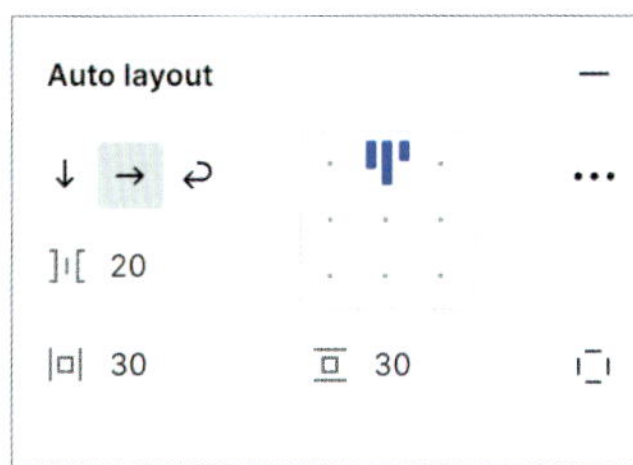

14 사각형 숨기기 [Frame] 메뉴의 옵션에서 'Clip content'를 체크하고 넓이를 줄이면 'Frame 1'의 넓이를 벗어나는 사각형들은 숨겨져서 보이지 않게 된다.

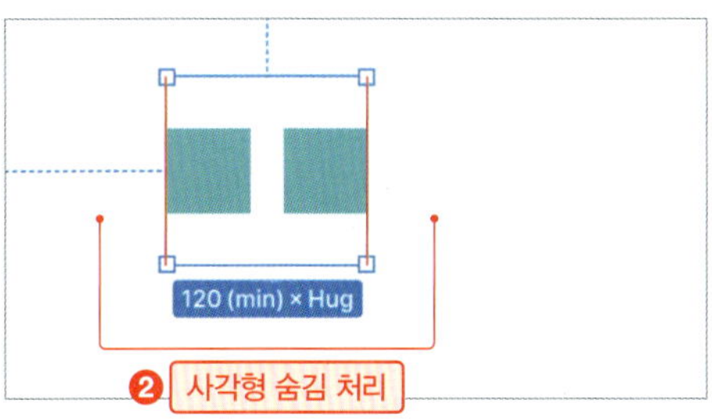

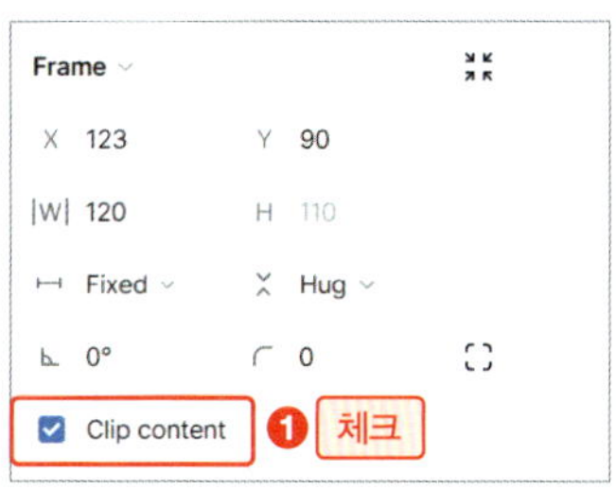

15 최대 넓이 확인하기 박스를 최대로 늘려보면 지정된 최대 넓이인 '600'보다 커지지 않는 것을 알 수 있다.

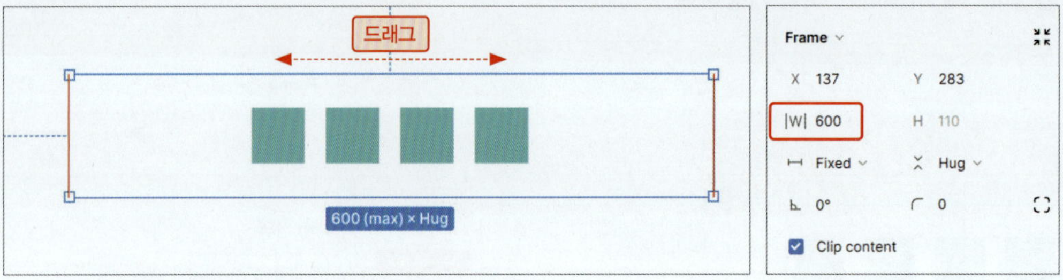

16 레이아웃 정렬하기 'Vertical layout(↓)'은 오토레이아웃의 방향을 수직 정렬로 변경한다.

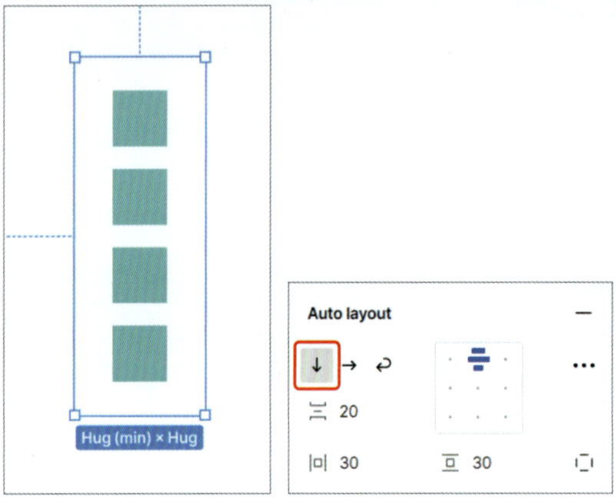

17 레이아웃 정렬하기 [Layers]에서 'Frame 1'을 선택하고 넓이 '500', 높이 '300'으로 변경하면 가로와 세로의 길이 조절 옵션이 [Fixed]로 변경된다.

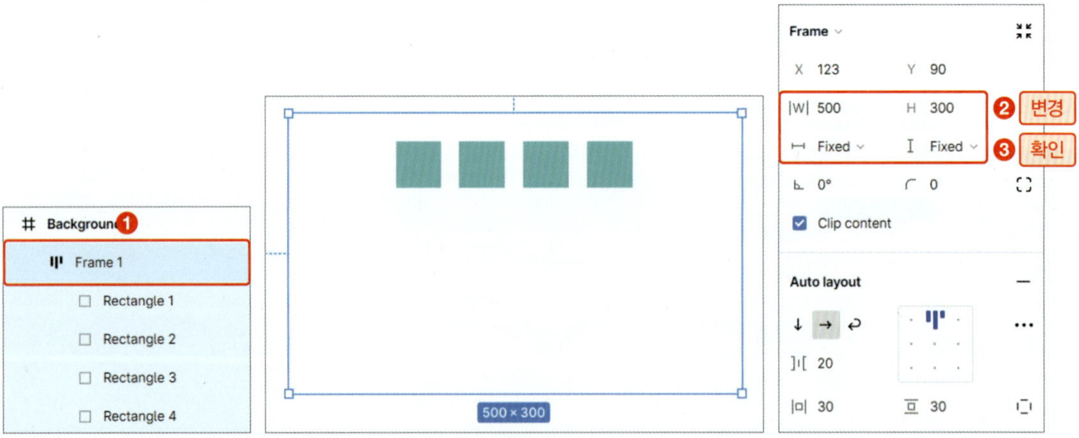

18 레이아웃 정렬하기 오토레이아웃의 정렬 옵션을 클릭하여 프레임 내부 사각형의 위치를 정중앙으로 변경한다.

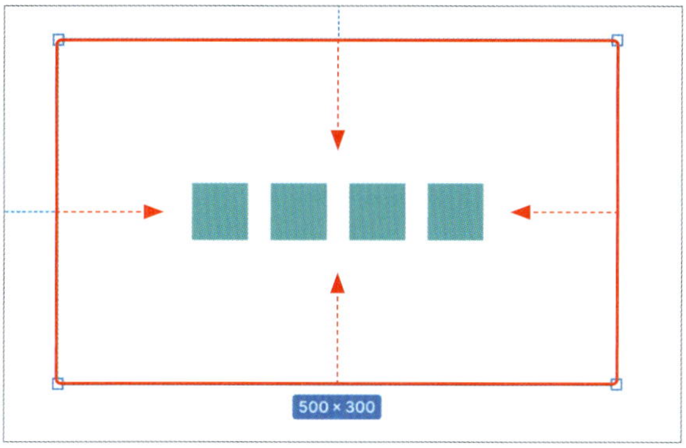

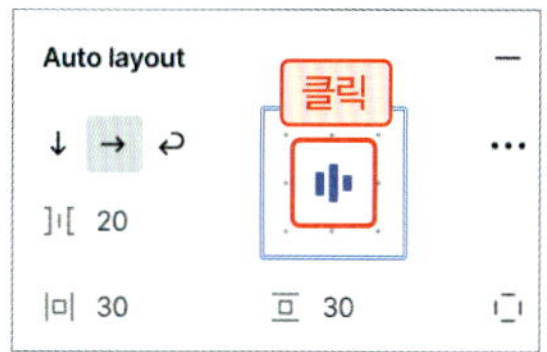

19 프레임 넓이 조절하기 'Resize to fit( )'을 클릭하면 변경되었던 넓이가 패딩 옵션은 그대로 둔 채 사각형에 딱 맞게 줄어들고, 가로와 세로의 넓이 조절 옵션은 [Hug]로 변경된다. 이때 상하좌우 패딩 값이 '0'이 되면 여백은 생기지 않는다.

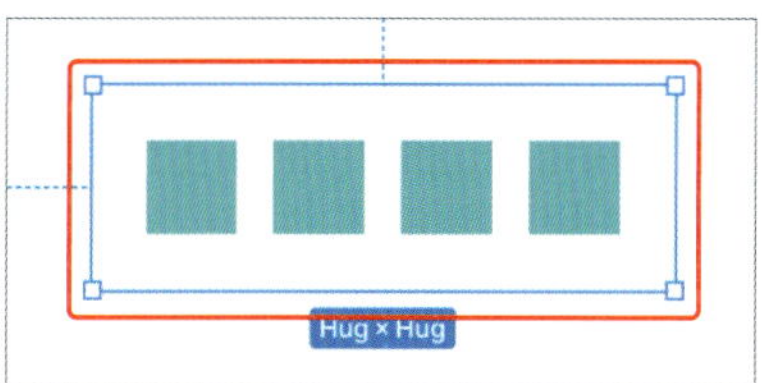

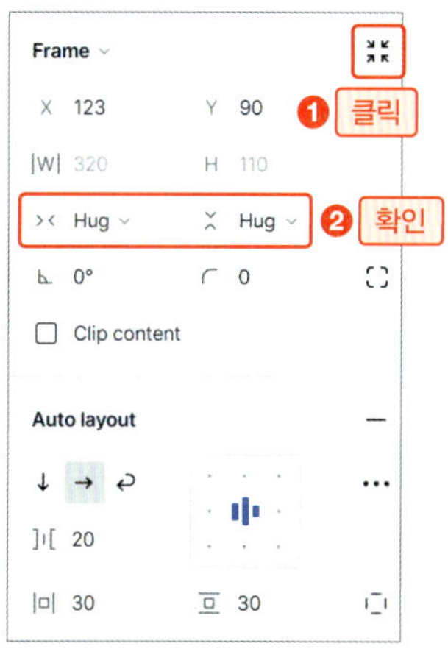

TIP 넓이, 높이 조절 옵션이 [Fixed]일 때 내부의 오브젝트가 늘어나거나 줄어들어도 오브젝트를 감싸고 있는 'Frame'의 크기는 변경되지 않는다. [Hug]인 경우 내부의 오브젝트가 늘어나거나 줄어들면 'Frame'의 크기도 같이 늘어나거나 줄어든다.

20 프레임 넓이 조절하기 'Frame 1'이 선택된 상태로 'Wrap( )'을 클릭한 뒤 'Frame 1'의 넓이를 조절하면 수평으로 배치된 사각형의 넓이가 줄어들면서 자동으로 하나씩 수직 방향으로 정렬된다.

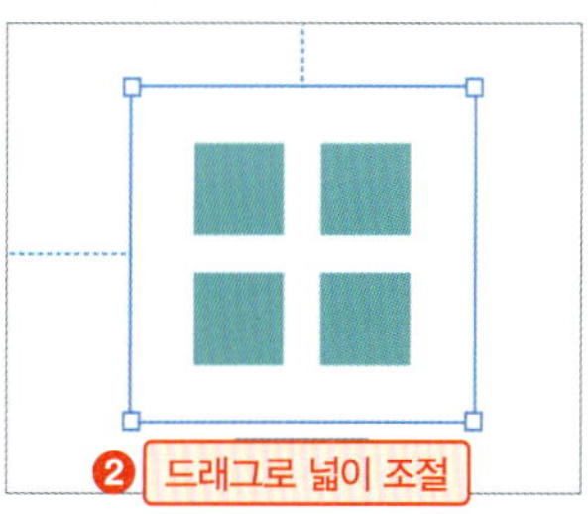

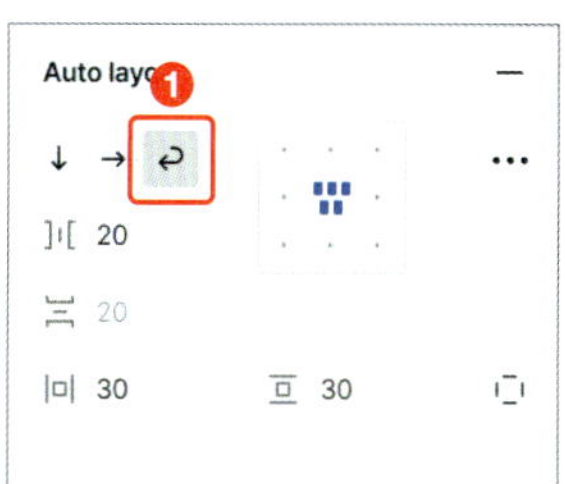

TIP 'Wrap'은 반응형 페이지를 만들기에 적합한 옵션이다.

버튼에 오토레이아웃 적용하기

01 오토레이아웃 적용하기 준비된 버튼 이미지를 Alt 를 누르고 드래그하여 복제한 후 버튼 문자와 컨테이너를 함께 선택하고 Shift + A 를 눌러 오토레이아웃을 설정한다.

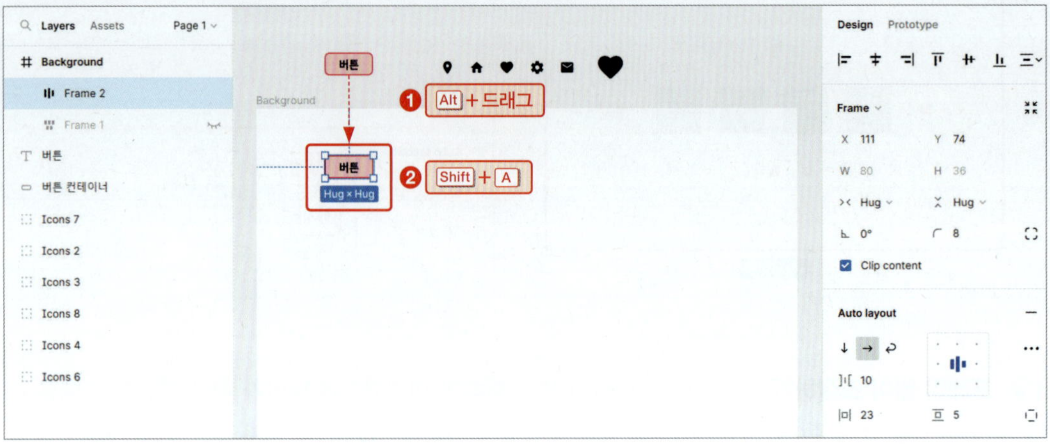

02 오토레이아웃 적용하기 버튼 내부에 문자를 길게 입력하면 컨테이너의 길이가 문자를 따라서 길어지는 것을 알 수 있다.

03 버튼에 패딩 값 적용하기 상하좌우 패딩 값을 입력하면 버튼 문자와 컨테이너 간의 간격이 조절된다.

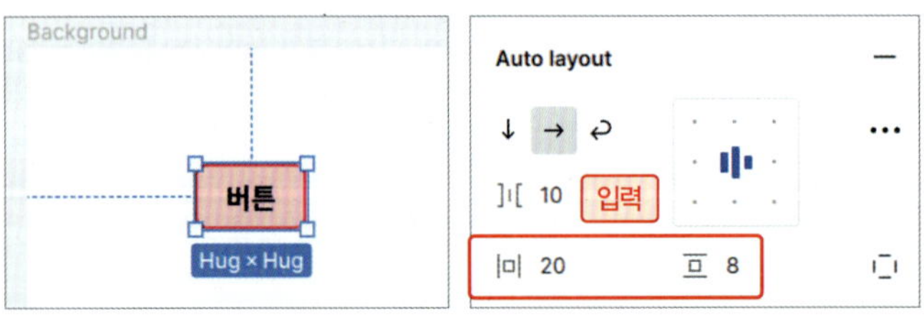

04 버튼에 아이콘 삽입하기 상단의 하트 아이콘을 Alt 를 누른 채 드래그하여 복제한 뒤 버튼 컨테이너 내부로 드래그하면 파란 막대가 생겨난다.

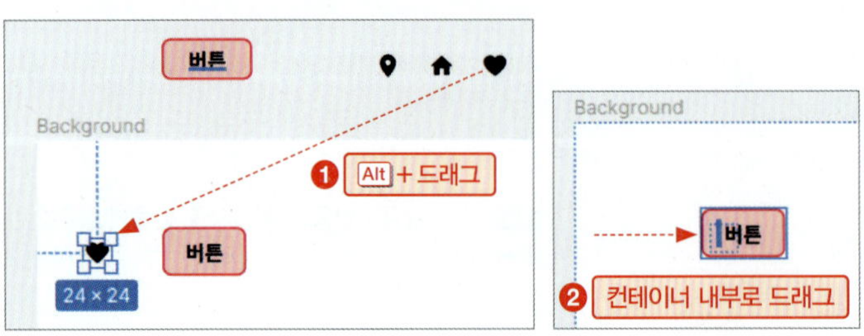

05 아이콘과 문자의 간격 조절하기 마우스에서 손을 떼면 하트 아이콘이 버튼 내부에 포함되고 상하 좌우 패딩 값은 그대로 유지된다. 'Horizontal gap between items(]|[)'에 값을 입력하면 아이콘과 문자 간의 간격이 조절된다.

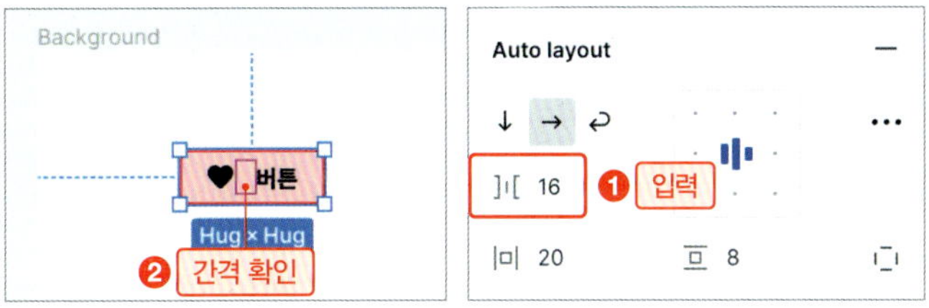

06 아이콘 제거하기 아이콘을 제거하려면 클릭하여 버튼 밖으로 드래그 하거나 Delete를 눌러주면 아이콘이 삭제되면서 버튼의 패딩 간격이 자동으로 조절된다.

07 크기가 큰 아이콘 삽입하기 이번에는 조금 큰 하트 아이콘을 Alt를 누르고 드래그하여 복제한다.

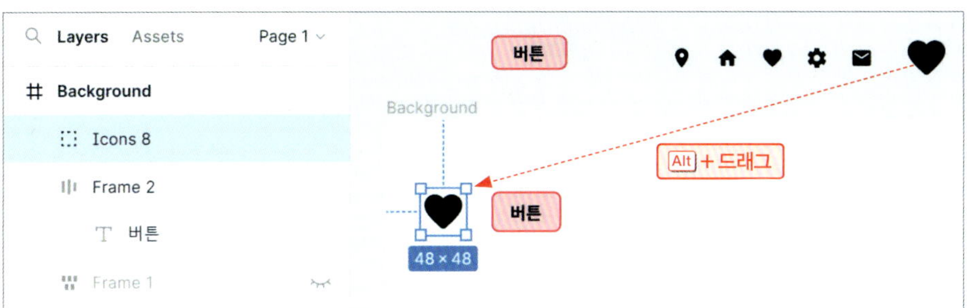

08 크기가 큰 아이콘 삽입하기 작은 하트 아이콘과는 달리 버튼 내부로 삽입하려고 하면 파란 선이 나타나지 않는다. 이때는 버튼 내부로 아이콘을 이동시키면서 Ctrl을 누르면 파란 박스가 나타난다.

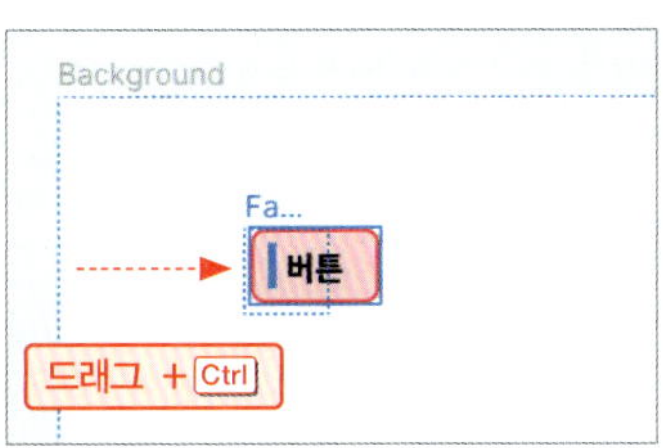

09 크기가 큰 아이콘 삽입하기 마우스에서 손을 떼면 큰 하트 아이콘이 버튼 내부에 삽입되고 아이콘의 크기에 맞춰 지정된 패딩 값이 적용된다.

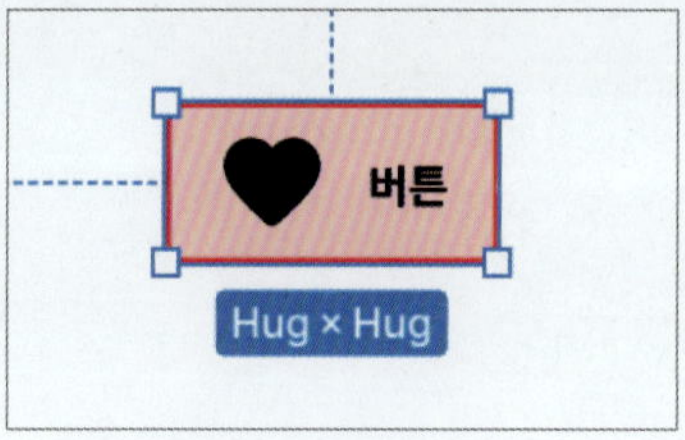

스마트 그리드 사용하기

01 컨테이너 만들기 프레임 툴(⌗)로 사각형을 하나 그린 후 넓이는 '300', 높이는 '56'으로 지정한다. [Fill] 메뉴의 색상을 배경과 구분되는 색상으로 지정한다.

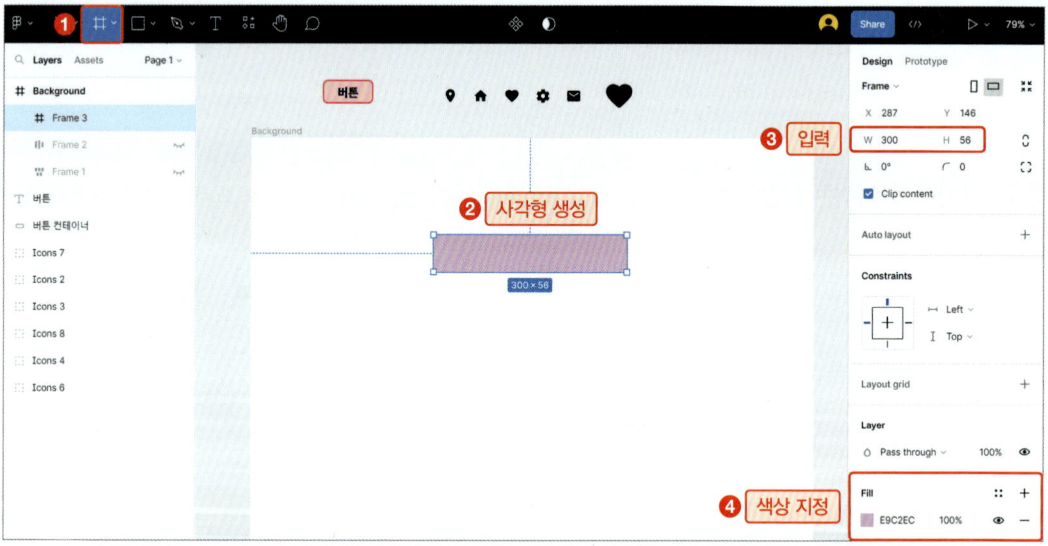

02 컨테이너 만들기 미리 준비된 작은 아이콘을 모두 선택하고 Alt를 누른 채 드래그하여 새로 만든 프레임 내부에 배치한다.

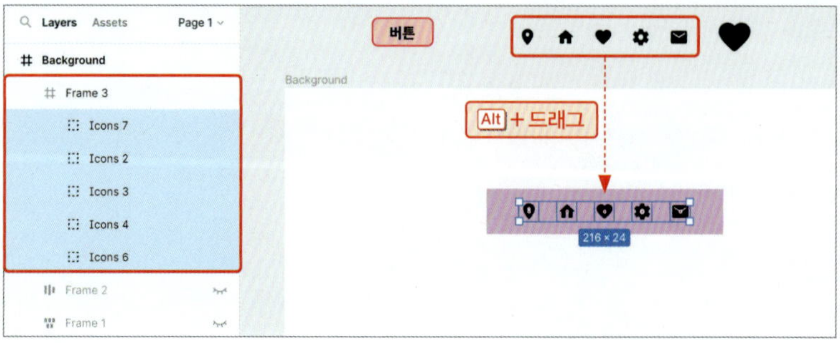

03 이름 변경하기 Ctrl+R을 눌러 [Rename] 옵션 창이 뜨면 첫 번째 칸에 한번에 변경하고자 하는 공통 이름인 'Icons'를 입력하고 그 아래 칸에는 변경될 이름인 'Icon'을 입력한다. (Number ↑) 버튼을 클릭하면 아이콘을 순서대로 배치하는 함수가 나타난다. [Rename] 버튼을 클릭한다.

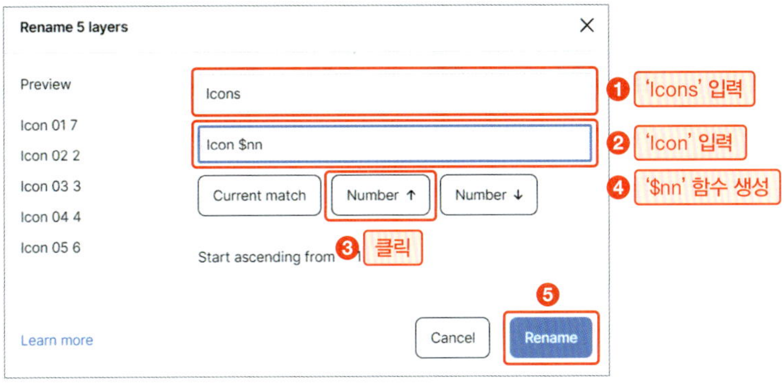

04 이름 변경하기 [Layers]에서 각 아이콘 이름을 더블클릭하거나 Ctrl+R을 눌러 변경된 이름 뒤의 의미 없는 숫자들을 모두 제거하여 아이콘들의 이름에 규칙이 있도록 정렬한다.

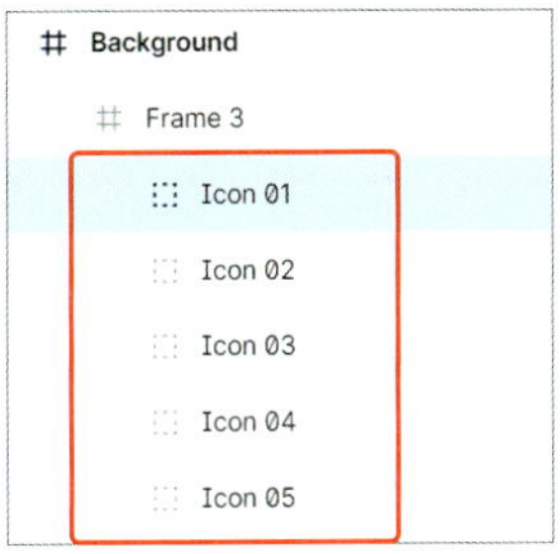

TIP 여러 개의 오브젝트 이름을 한번에 변경하고자 할 때 Ctrl+R을 누르면 [Rename] 옵션 창이 뜬다. 다만 개별 오브젝트를 선택하고 Ctrl+R을 누르면 레이어 이름 부분이 활성화된다.

05 스마트 그리드 사용하기 'Frame 3'을 선택하면 내부 아이콘에 동그란 점이 생기는 것을 볼 수 있다.

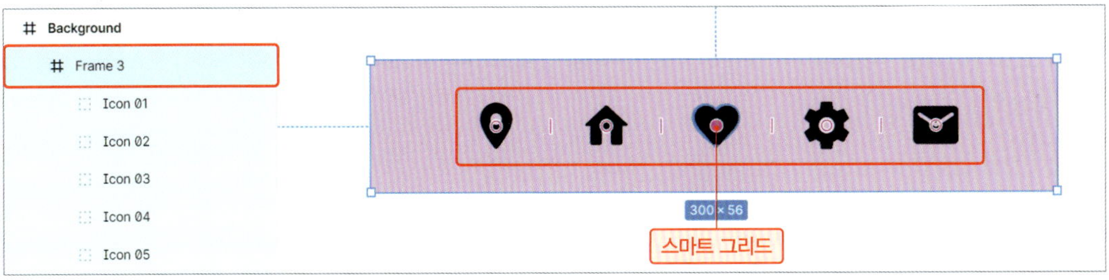

TIP 오브젝트 내부에 원이 생겨 오브젝트의 순서를 변경하거나 간격을 쉽게 조절할 수 있는 것을 '스마트 그리드'라고 한다.

06 스마트 그리드 사용하기 첫 번째 아이콘의 분홍색 점 부분을 선택한 뒤 두 번째 공간으로 드래그하면 두 번째 아이콘이 첫 번째 공간으로 밀려나면서 빈 공간이 생기는 것을 알 수 있다.

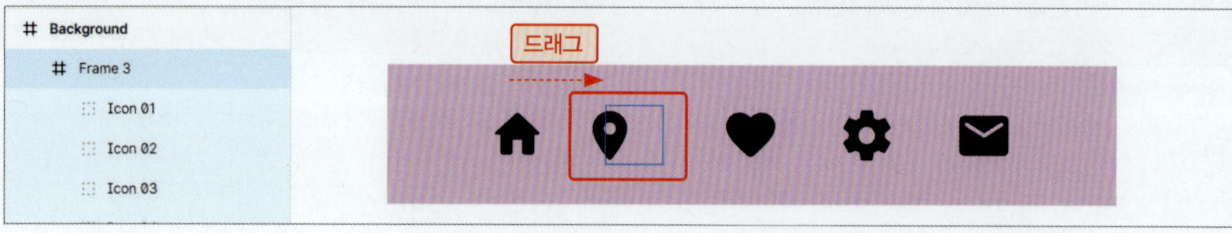

07 스마트 그리드 사용하기 마우스에서 손을 떼면 아이콘의 위치가 변경된다. 다만 이때 'Frame 3'의 레이어 순서는 변경되지 않는다.

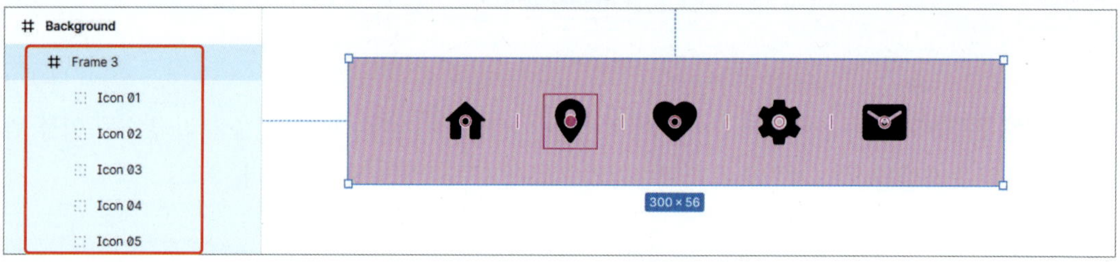

08 스마트 그리드 사용하기 아이콘과 아이콘 사이의 분홍색 바를 드래그하여 아이콘 간의 간격을 늘리거나 줄일 수 있다. 이때 배경 컨테이너의 크기는 조절되지 않는다.

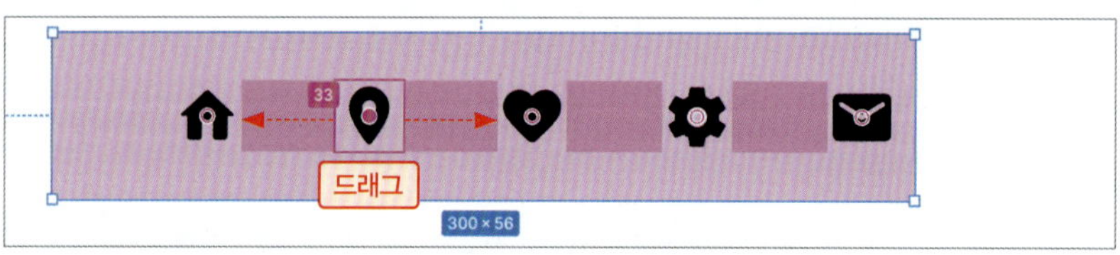

09 오토레이아웃 적용하기 'Frame 3'을 선택한 상태로 Alt를 눌러 복제한 후 Shift+A를 눌러 오토레이아웃을 적용한다.

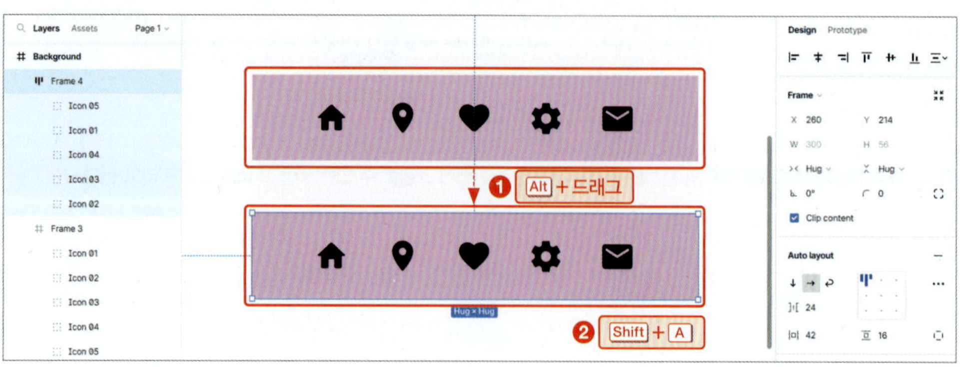

10 아이콘 간격 조절하기 아이콘 사이로 마우스를 가져가 분홍색 라인이 생겼을 때 드래그하여 간격을 조절하면 아이콘의 간격에 따라 배경의 컨테이너 넓이도 자동으로 조절된다.

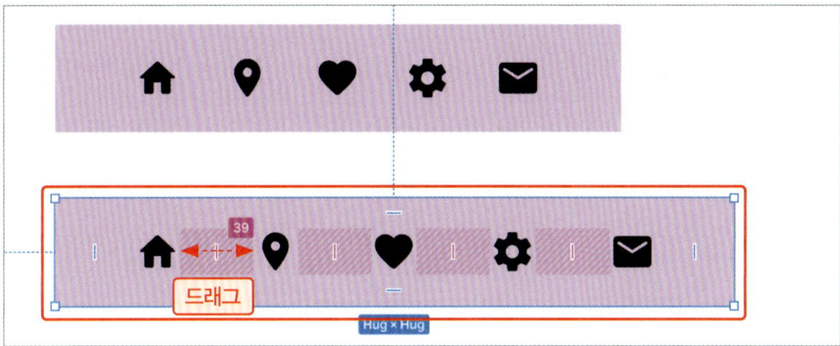

11 아이콘 간격 조절하기 'Frame 4' 내부를 더블클릭하여 아이콘을 개별적으로 선택한 후 다른 아이콘이 있는 위치로 드래그한다. 마우스에서 손을 떼면 스마트 그리드처럼 아이콘의 위치가 변경되는 것을 알 수 있다. 이때 레이어를 살펴보면 아이콘의 위치가 변하면 레이어의 순서도 변경된다.

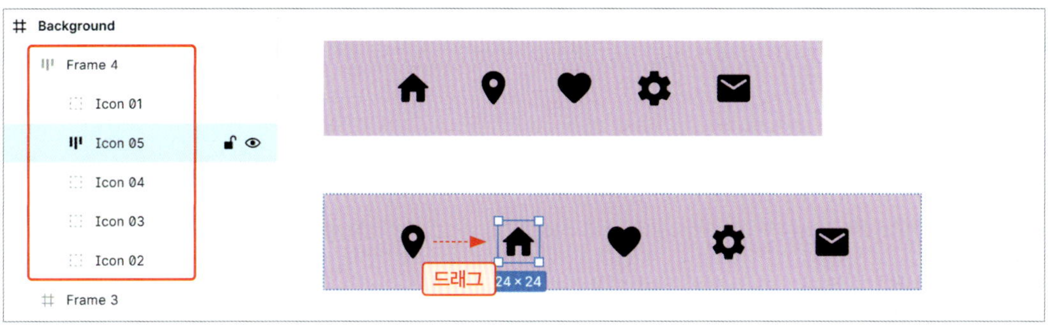

TIP 실습 번호 09번의 'Frame 4' 위치와 비교해 본다.

12 아이콘 방향 변경하기 오토레이아웃 상태에서는 스마트 그리드가 적용되지 않기 때문에 아이콘이나 오브젝트를 선택하고 키보드의 방향키를 눌러 아이콘의 위치를 쉽게 변경할 수 있다.

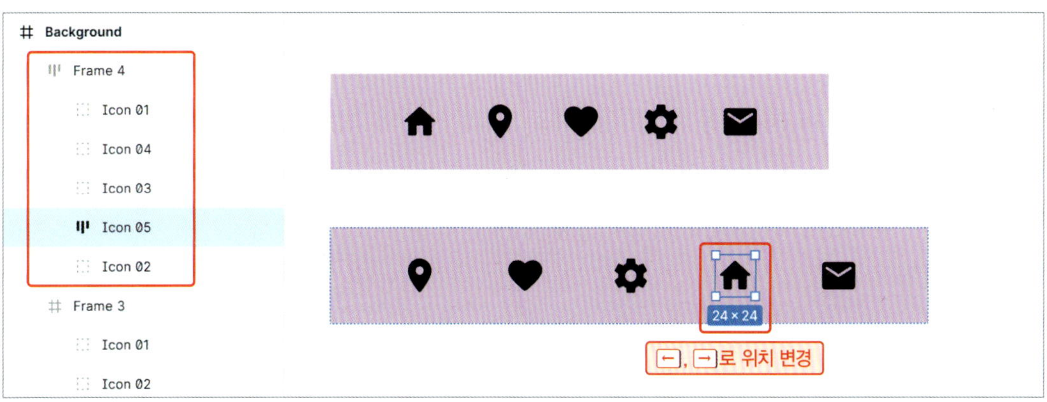

요약

1 피그마 소개와 기능

- **소개** 피그마는 디자이너가 한 공간에서 실시간으로 협업할 수 있도록 만들어진 디자인 툴로 웹에서 여러 사람이 동시에 하나의 파일을 작업하고, 저장할 수 있다.
- **버전** 설치하여 사용하는 '데스크톱 앱'과 웹 브라우저에서 바로 사용하는 '클라우드 버전'이 있다.
- **기능** 온라인 화이트 보드 기능인 '피그잼'과 와이어프레임, 프로토타입을 제작하는 '피그마' 기능을 제공한다.

2 스타일

- **정의** 피그마 상에서 색상, 텍스트, 이펙트, 그리드의 네 가지 스타일 요소를 지정하여 등록한 뒤 반복적으로 사용하는 요소를 말한다.

3 디자인 토큰 시스템

- **정의** 최근 디자인 시스템 구축을 위해 많이 사용되는 디자인 토큰을 플러그인으로 사용하는 하나의 방법론으로 여러 플랫폼과 디바이스에 걸쳐 디자인을 확장할 수 있는 기술을 말한다.
- **장점** 개발자와의 핸드오프 과정이 손쉽게 이루어지고, 디자인과 개발을 연결하는 기능을 한다.
- **사용법** 별도의 플러그인을 설치하여 사용한다.

4 컨스트레인트

- **정의** 오브젝트 또는 디자인 요소를 프레임의 크기에 맞춰 위치를 고정하는 기능이다.
- **장점** 컨스트레인트를 사용하면 화면의 크기가 변화해도 디자인 요소들이 원래의 위치에 존재하도록 할 수 있다.

5 오토레이아웃

- **정의** 요소의 위치나 간격을 동적으로 관리하고 조정할 때 사용하는 옵션이다.
- **기능** 디자인 요소 간의 관계를 유지하면서 화면의 크기 또는 기기의 방향에 따라 UI 요소가 적절하게 조정되어 일관된 레이아웃을 유지할 수 있다.
- **단축키** Shift + A

CHAPTER

04

컴포넌트의 활용

학습목표

- 그룹, 프레임, 컴포넌트 기능을 구분하고 차이점을 이해한다.
- 컴포넌트와 인스턴스의 속성이 무엇인지 알아본다.
- 컴포넌트와 인스턴스를 활용한 버튼 만들기 실습을 진행한다.

SECTION 01

그룹, 프레임, 컴포넌트

핵심 내용 그룹화 Ctrl+G, 프레임화 Ctrl+Alt+G,
컴포넌트 등록 Ctrl+Alt+K

그룹, 프레임, 컴포넌트의 이해

피그마에는 화면에 배치된 오브젝트를 그룹으로 만드는 세 가지 기능이 있다. 바로 '그룹', '프레임' 그리고 '컴포넌트'이다. 이 세 가지 기능이 무엇인지 간단한 설명은 다음과 같다.

- **그룹(⬚)** 콘텐츠를 하나의 그룹으로 묶는 개념이다. 그룹화된 콘텐츠는 크기, 색상, 속성이 모두 같이 변경된다.
- **프레임(#)** 콘텐츠를 아우르는 컨테이너의 개념이다. 내부 콘텐츠의 속성이나 크기에 영향을 주지 않는다.
- **컴포넌트(❖)** 재사용 가능한 디자인 요소를 묶은 것이다.

실습 그룹, 프레임, 컴포넌트 기능 확인하기

그룹, 프레임, 컴포넌트의 개념과 기능의 차이를 이해해 본다.

예제 미리보기

■ 그룹 ■ 프레임 ■ 컴포넌트

실습 파일 링크 https://bit.ly/3GfMqTV

그룹, 프레임, 컴포넌트 설정하기

01 예제 확인하기 그룹, 프레임, 컴포넌트 예제를 열면 같은 형태의 사각형과 원이 배치되어 있다.

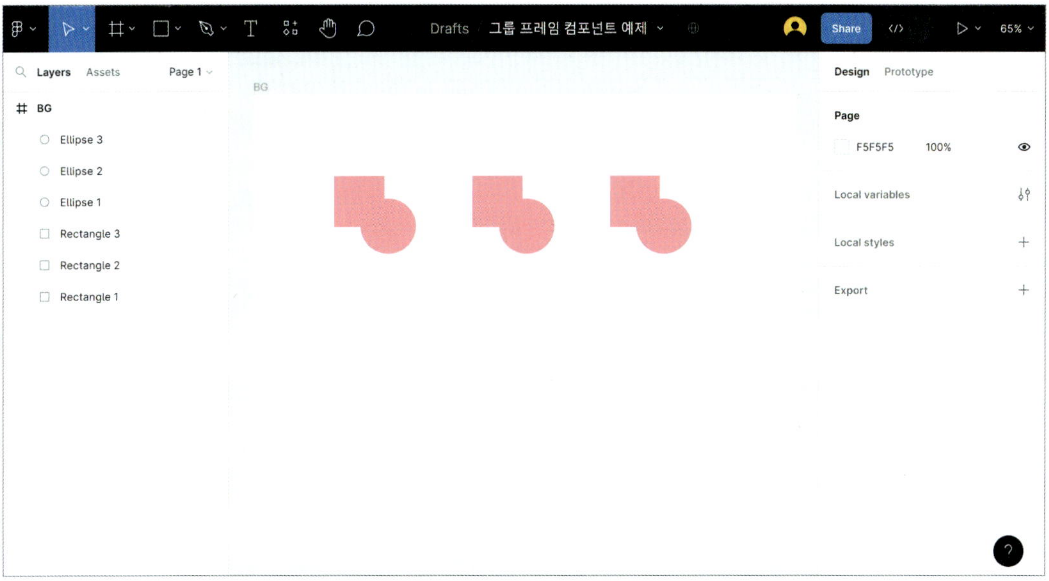

02 그룹 만들기 첫 번째 사각형과 원을 드래그하여 함께 선택하고 Ctrl+G를 눌러 그룹으로 만든다.

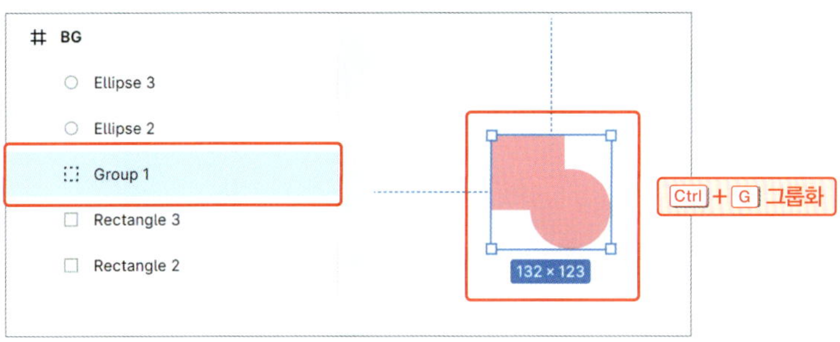

03 프레임 만들기 두 번째 사각형과 원을 함께 선택하고 Ctrl+Alt+G를 눌러 프레임으로 만든다.

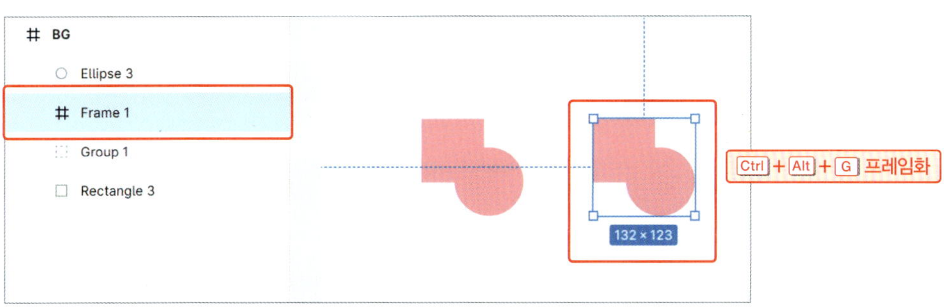

04 컴포넌트 등록하기 마지막 사각형과 원을 함께 선택하고 Ctrl+Alt+K를 눌러 컴포넌트로 등록한다.

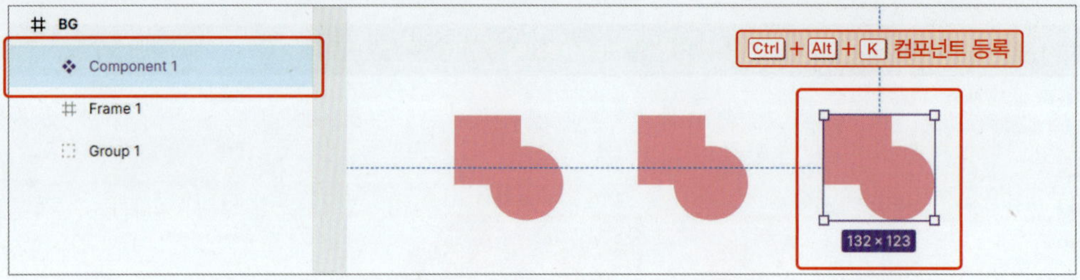

TIP 그룹은 이름 앞에 ⬚ 프레임은 이름 앞에 # 컴포넌트는 이름 앞에 ❖ 아이콘이 생긴다. 아이콘으로 속성을 구분할 수 있다.

05 하위 요소 살펴보기 [Layers]에서 각 이름 앞의 하위 요소 버튼(▶)을 클릭하면 그룹, 프레임, 컴포넌트가 똑같이 하나의 사각형과 원을 하위 요소로 가지고 있다.

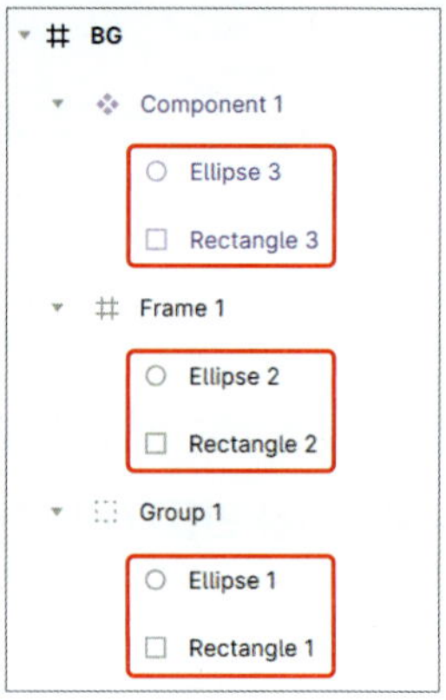

색상 변경하기

01 그룹 색상 변경하기 [Layers]에서 'Group 1'의 이름 부분을 클릭하고 [Fill] 메뉴의 색상을 변경한다. 하위 요소인 사각형과 원의 색상이 변하는 것을 알 수 있다.

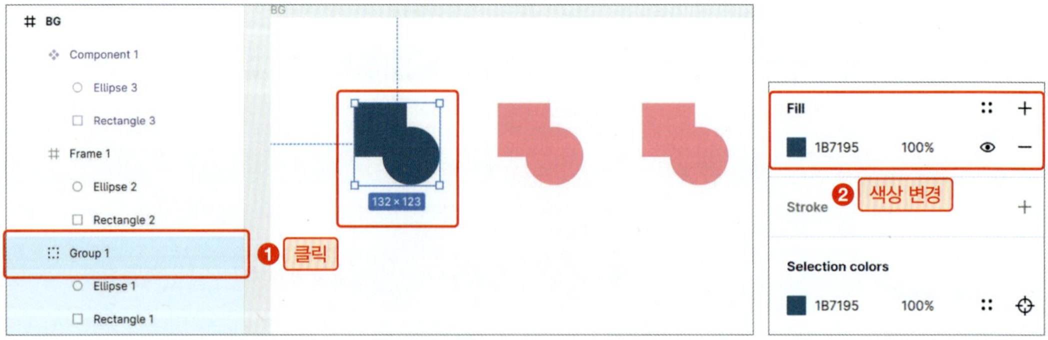

02 프레임 색상 변경하기 [Layers]에서 'Frame 1'의 이름을 클릭하고 [Fill] 메뉴의 색상을 변경하면 사각형과 원의 색상은 그대로 있고 사각형과 원을 감싸고 있는 프레임 컨테이너의 색상이 변한다.

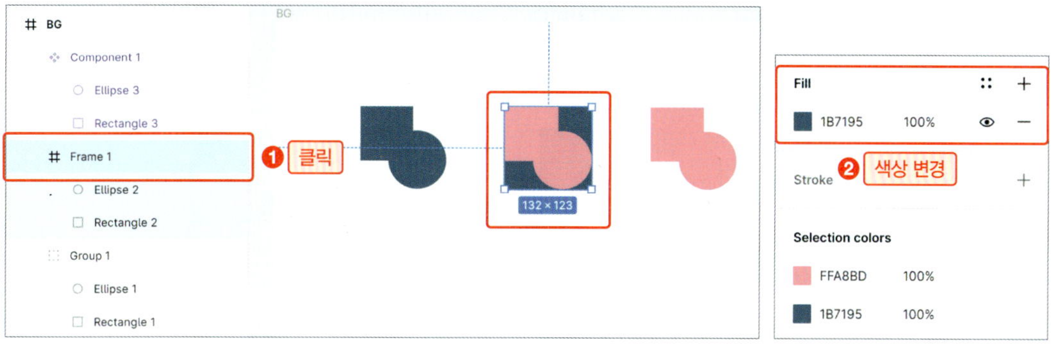

03 컴포넌트 색상 변경하기 [Layers]에서 'Component 1'의 이름을 클릭하고 [Fill] 메뉴의 색상을 변경하면 'Frame 1'과 같이 사각형과 원을 감싸고 있는 컴포넌트 컨테이너의 색상이 변한다.

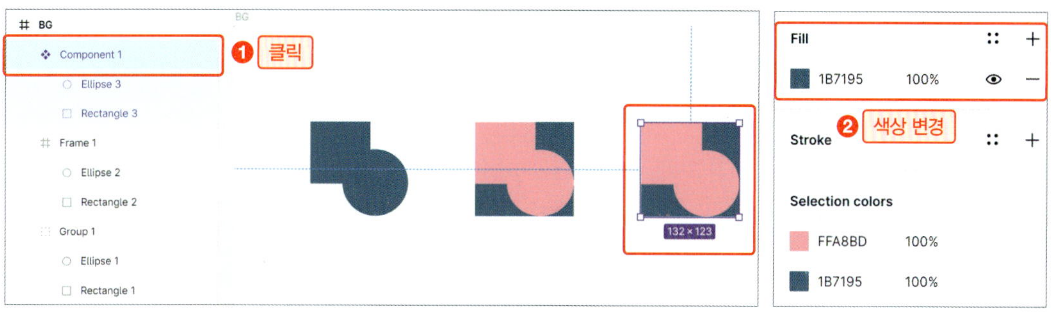

크기 변경하기

01 그룹 크기 변경하기 'Group 1'을 선택하고 크기를 키워보면 사각형과 원이 함께 커진다.

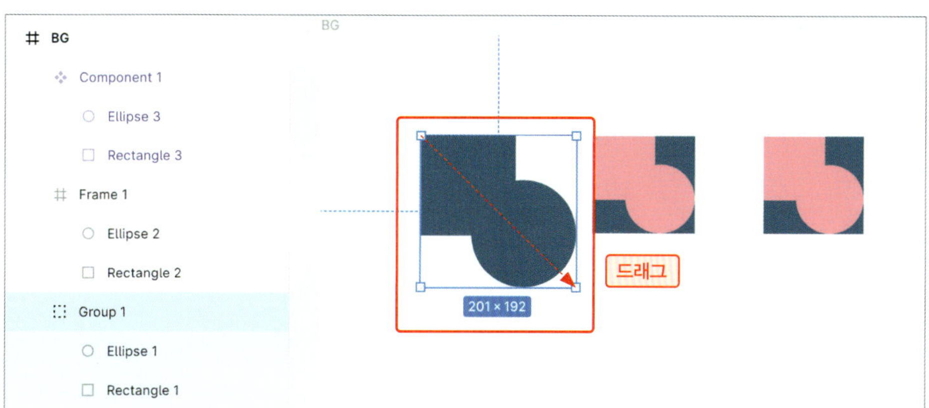

02 프레임 크기 변경하기 'Frame 1'을 선택하고 크기를 키워보면 사각형과 원의 크기는 변하지 않고 오브젝트를 감싸고 있는 컨테이너의 크기가 변경된다.

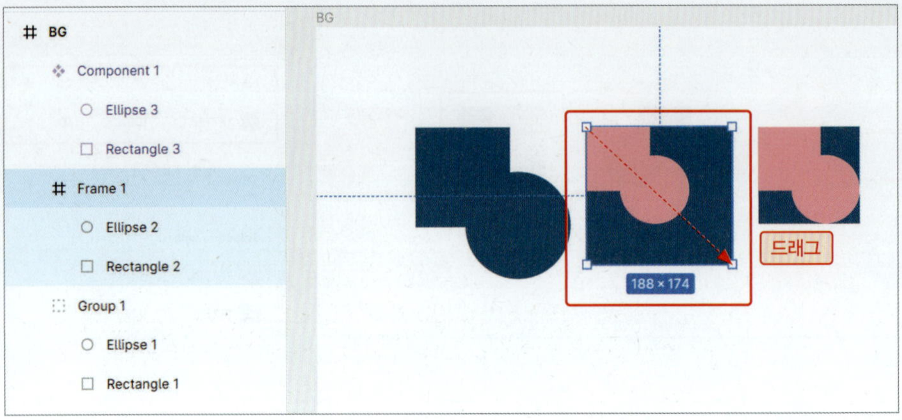

03 컴포넌트 크기 변경하기 'Component 1'의 크기를 변경하면 사각형과 원 그리고 오브젝트를 감싸고 있는 컨테이너가 모두 커지는 것을 알 수 있다.

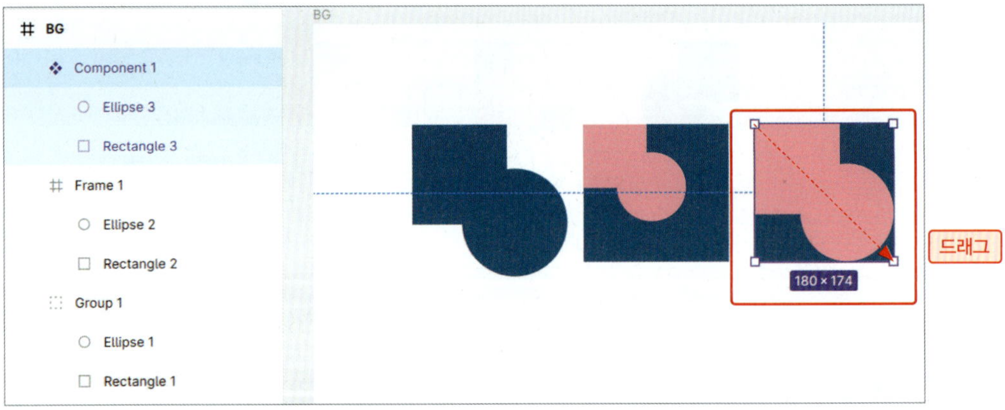

SECTION 02

컴포넌트와 인스턴스

핵심 내용 컴포넌트와 인스턴스 속성의 이해

컴포넌트의 이해

재사용 가능한 UI 요소인 컴포넌트는 디자인 시스템의 핵심이라고 할 수 있다. 컴포넌트를 사용하면 여기저기 흩어져 있는 디자인 요소를 한번에 수정하고 변경할 수 있다. 또한 효율적인 디자인 작업을 할 수 있고, 일관성 있는 디자인을 제작할 수 있다. 버튼, 캐러셀 콘텐츠, 텍스트 필드와 같은 요소들은 모두 컴포넌트로 구성할 수 있다.

피그마로 제작한 컴포넌트는 다른 페이지와 프로젝트에서 재사용할 수 있다. 컴포넌트를 만들 때는 해당 요소의 디자인이나 크기, 색상, 텍스트 속성 등을 모두 정의할 수 있고 컴포넌트를 복제한 뒤 용도에 맞게 수정하여 사용할 수 있다. 피그마는 컴포넌트 라이브러리를 제공하여 사용자가 필요한 컴포넌트를 빠르게 만들고 재사용 할 수 있도록 지원한다.

인스턴스의 이해

재사용하도록 등록한 원본이 컴포넌트라면, 원본 컴포넌트를 복제한 오브젝트를 인스턴스Instance라고 한다. 컴포넌트는 ❖ 아이콘을 사용하고 인스턴스는 ◇ 아이콘을 사용하여 두 속성을 구분한다.

실습 컴포넌트와 인스턴스 기능 활용하기

컴포넌트와 인스턴스의 속성을 활용해 기본 UI인 버튼을 제작해 본다.

예제 미리보기

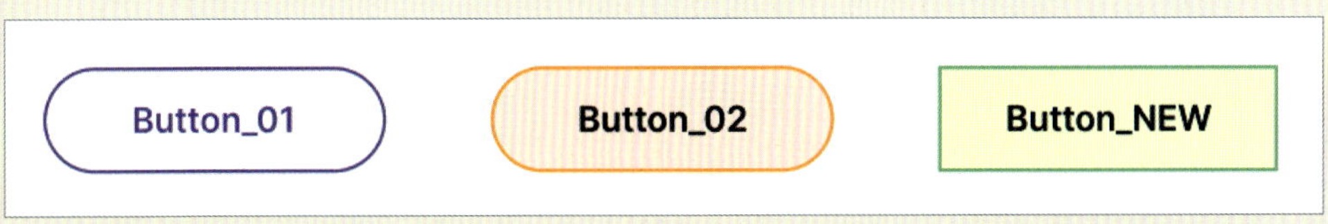

실습 파일 링크 https://bit.ly/3GiLNcc

컴포넌트와 인스턴스 속성 비교하기

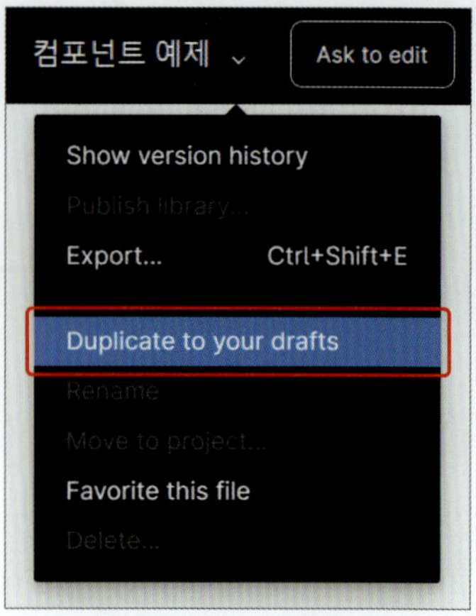

01 컴포넌트 예제 파일 복제하기 컴포넌트 예제 파일을 열고 제목 옆의 화살표를 클릭하여 [Duplicate to your drafts]를 선택한다.

02 컴포넌트 등록하기 사각형을 선택하고 Alt를 누른 채 복제한 후 상단의 컴포넌트 아이콘( )을 클릭하거나 Ctrl+Alt+K를 눌러 사각형을 컴포넌트로 등록한다.

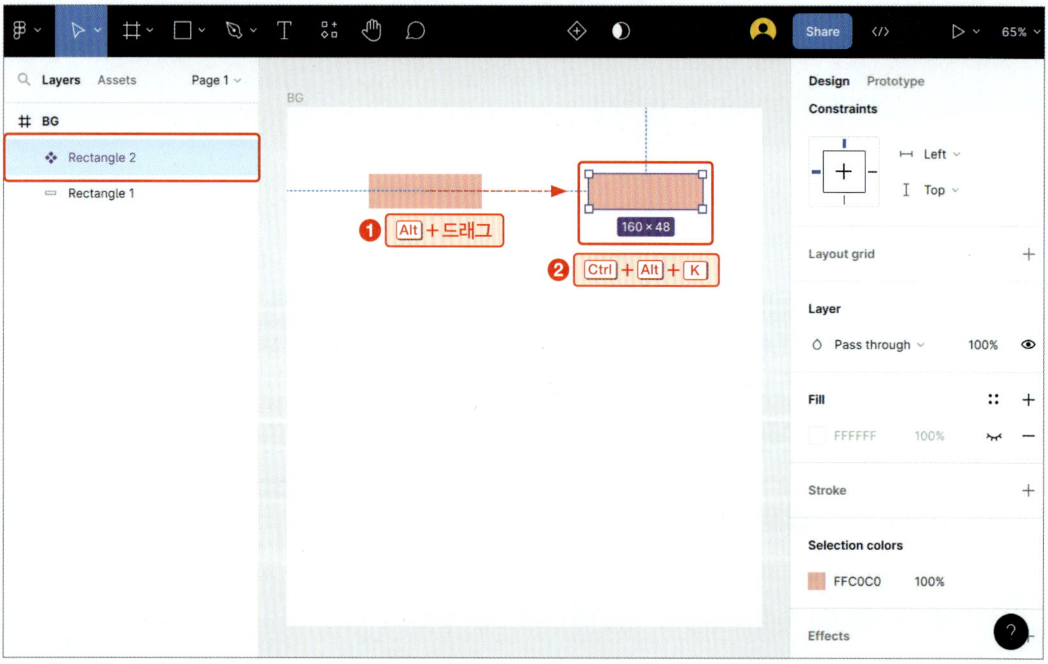

03 인스턴스 생성 후 이름 변경하기 등록된 컴포넌트를 선택하고 Alt를 누르고 드래그하여 두 개의 인스턴스를 생성한다. 레이어의 이름 부분을 더블클릭하여 ◈ 아이콘을 'Component'로 변경하고 ◇ 아이콘을 'Instance 1, 2'로 변경한다.

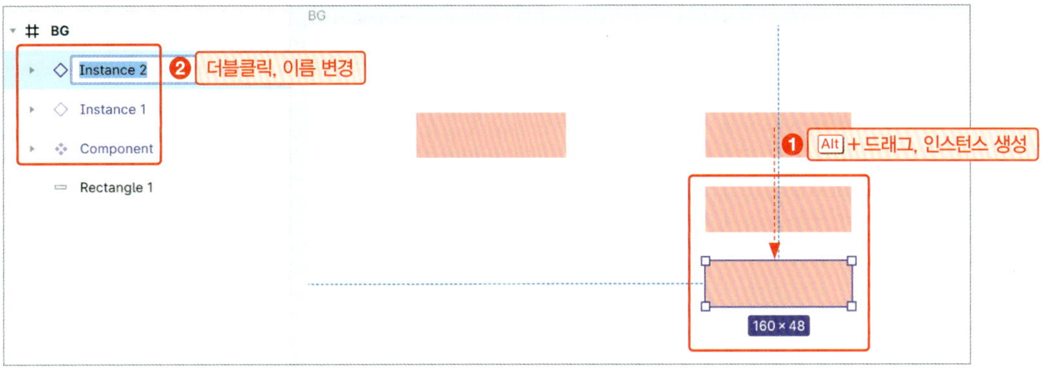

04 컴포넌트 옵션 변경하기 [Layers]에서 'Component' 이름 앞의 하위 요소 버튼(▶)을 클릭한 뒤 'Rectangle 2'를 선택하여 색상을 변경한다. 이때 컴포넌트의 면의 색상을 변경하면 복사한 인스턴스의 색상도 자동으로 변경된다.

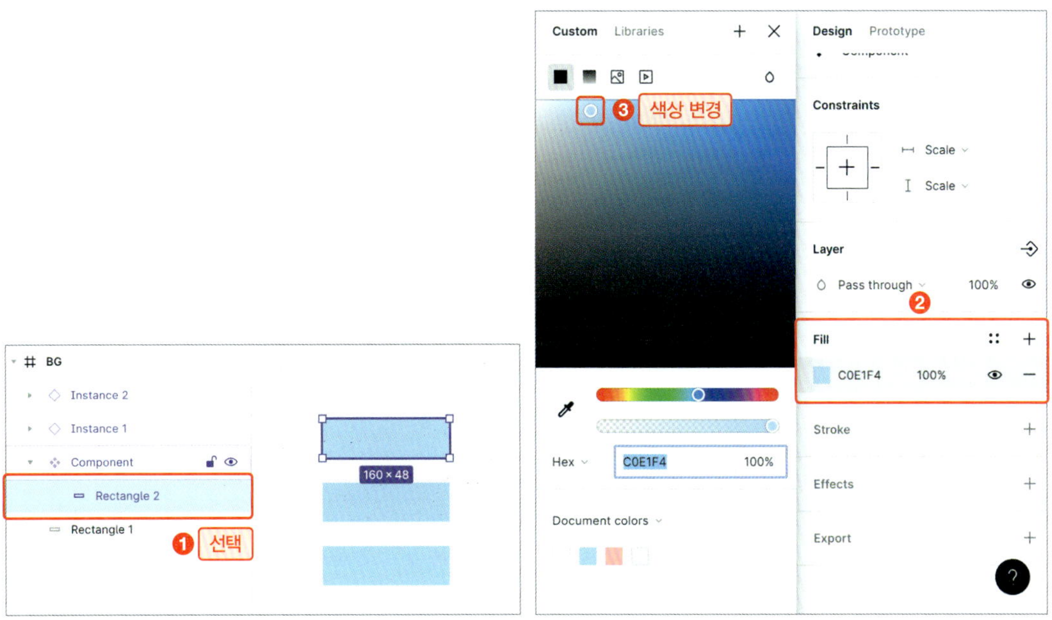

05 컴포넌트 옵션 변경하기 컴포넌트의 하위 요소인 'Rectangle 2'를 선택하고 가장자리 둥글기 값을 '24'로 입력한 다음, [Stroke] 메뉴의 색상과 두께를 설정한다. 나머지 인스턴스의 요소들도 함께 변경되는 것을 알 수 있다.

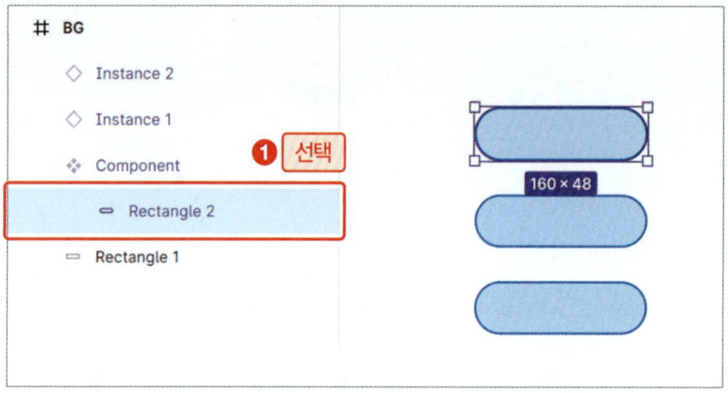

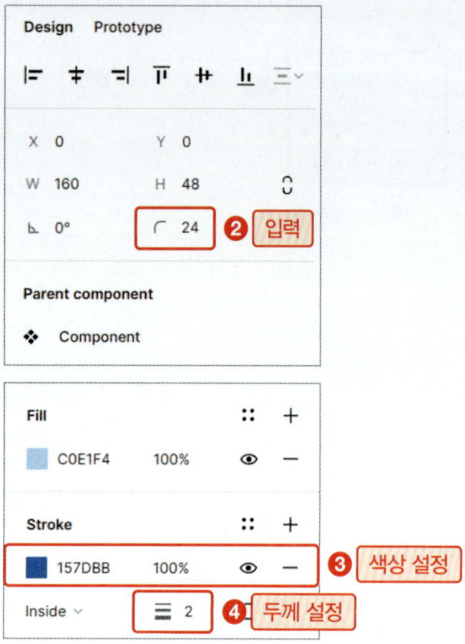

06 인스턴스 옵션 변경하기 'Instance 1'의 하위 요소인 'Rectangle 2'를 선택하고 면의 색상을 변경한다. 컴포넌트와 다른 인스턴스는 변화가 없고 선택한 'Rectangle 2'의 면 색상만 변경된다.

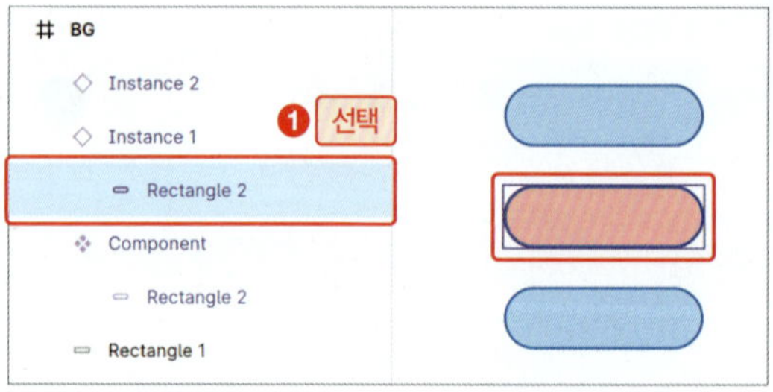

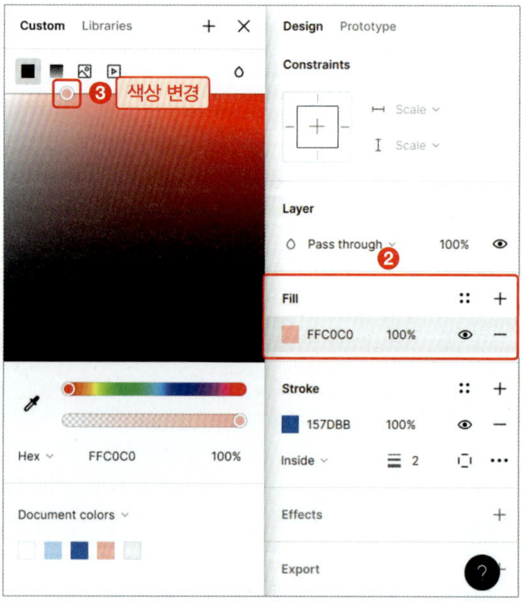

07 인스턴스 옵션 변경하기 이번에는 'Instance 2'의 하위 요소인 'Rectangle 2'를 선택하고 [Stroke] 메뉴에서 색상을 변경하고 두께를 '4'로 지정한다. 인스턴스 속성에 변화를 주어도 컴포넌트와 다른 인스턴스 속성에는 영향이 없음을 알 수 있다.

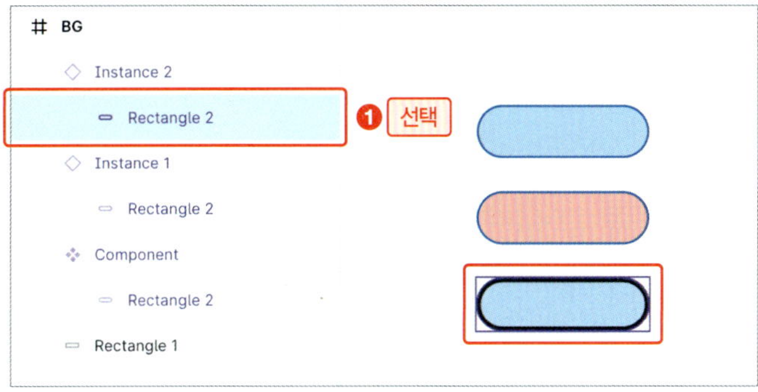

08 컴포넌트와 인스턴스 옵션 변경하기 컴포넌트를 선택하여 좌우로 크기를 변경하면 나머지 인스턴스도 크기가 함께 변경되지만, 'Instance 1'의 크기를 변경해도 다른 요소는 변화가 없다.

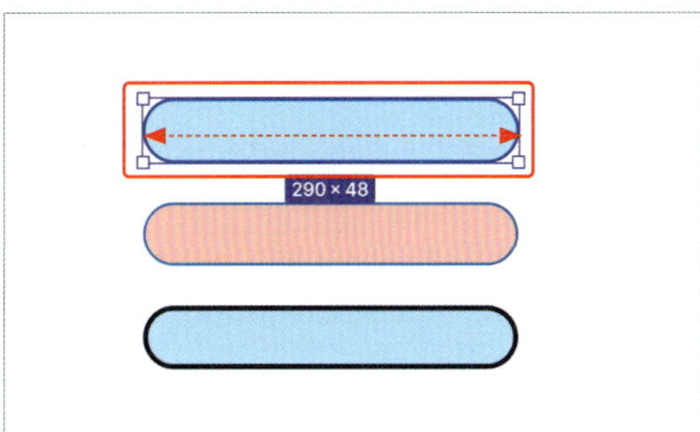

■ 컴포넌트 크기 변경

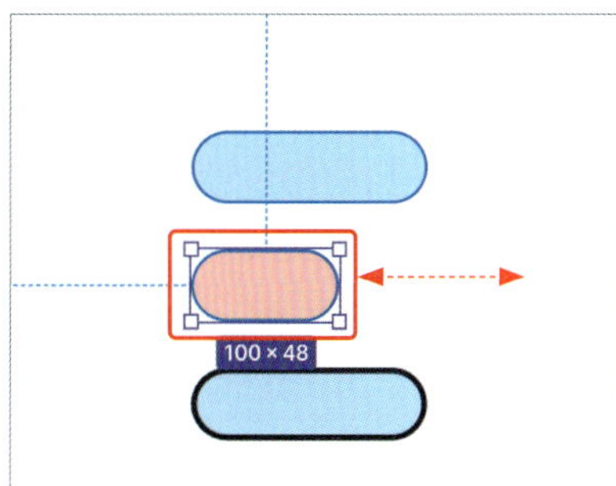

■ 인스턴스 크기 변경

하나 더 알기 | 컴포넌트와 인스턴스의 속성

실습 08에 이어 다시 컴포넌트의 크기를 변경해 보면 'Instance 1'의 크기는 변하지 않는다. 컴포넌트에서 복제한 인스턴스의 색상, 크기, 형태, 테두리 등의 속성을 변경하면 원본 컴포넌트의 속성이 변경되어도 바뀐 인스턴스의 속성은 컴포넌트에서 독립되어 영향을 받지 않는다.

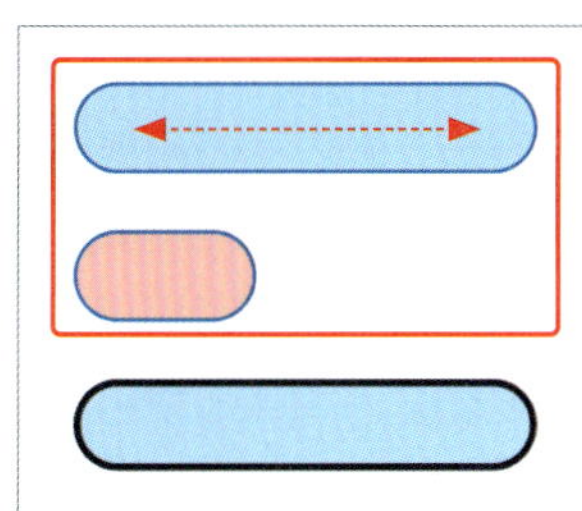

그림 4-1 실습 08에 이어 컴포넌트의 크기를 변경한 예시

09 등록한 컴포넌트 확인하기 등록한 컴포넌트는 [Assets]에서 찾을 수 있다. 컴포넌트를 작업 영역으로 드래그 앤 드롭하여 인스턴스로 복제하면 반복적으로 사용할 수 있다.

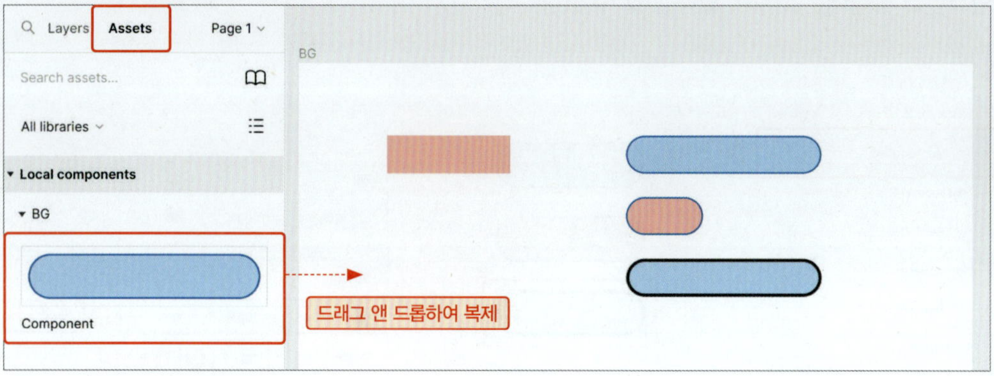

> **TIP** 화면 안의 요소를 모두 드래그하여 선택한 후 [Delete]를 눌러 삭제하면 [Assets]에 등록되었던 컴포넌트도 사라진다.
>
> 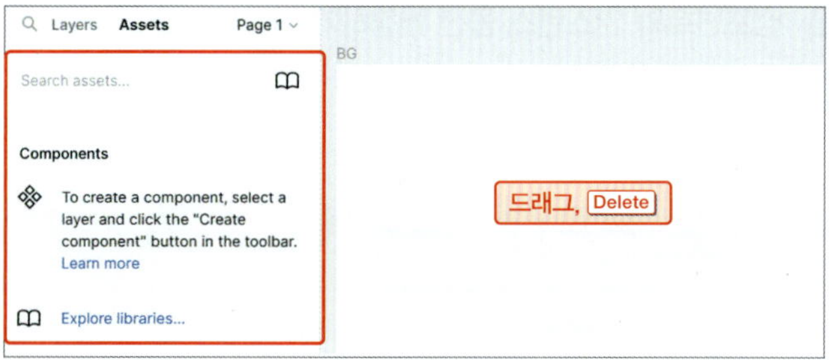
>
>
> 그림 4-2 컴포넌트 삭제 후 [Assets] 화면

컴포넌트와 인스턴스로 버튼 만들기

01 페이지 생성하고 프레임 만들기 [Page 1]을 선택하고 [+]를 클릭하면 새 페이지가 생성된다. 페이지 이름을 [Component]로 변경하고 프레임 툴(#)을 선택해 '872×712' 크기의 새 프레임을 생성한다. 프레임의 이름을 'BG'로 변경한다.

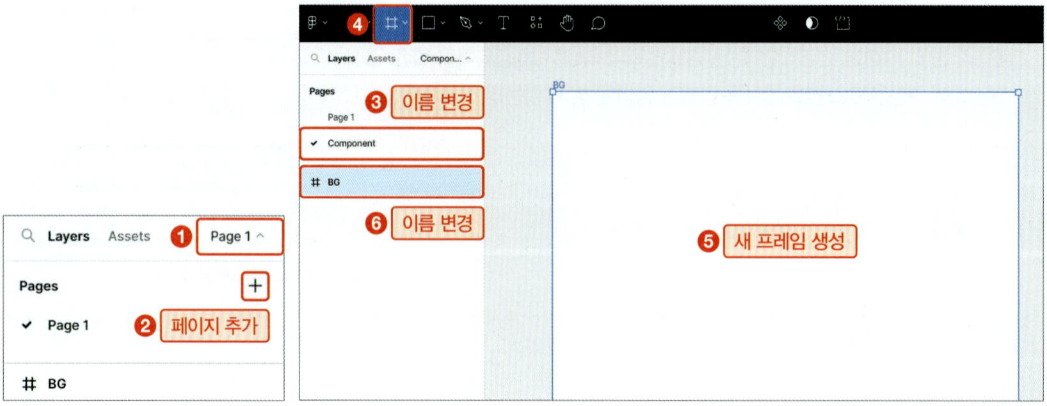

02 버튼 생성하기 사각형 툴(■)로 넓이 '200', 높이 '60'의 사각형을 만들고 [Fill] 메뉴의 색상을 '#FFFFFF로' 설정한다. [Stroke] 메뉴에서 두께를 '2'로 지정한 후 테두리를 원하는 색상으로 설정한다.

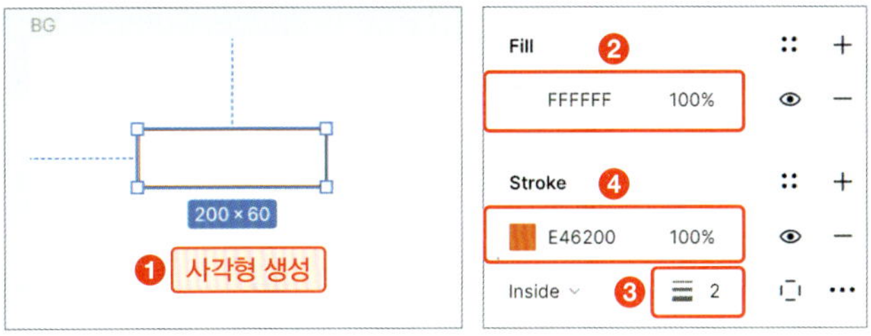

03 버튼 생성하기 생성한 박스 내부에 'Button_01' 문자를 입력하고 두 개의 오브젝트를 선택해 Ctrl + G를 눌러 그룹으로 만든다.

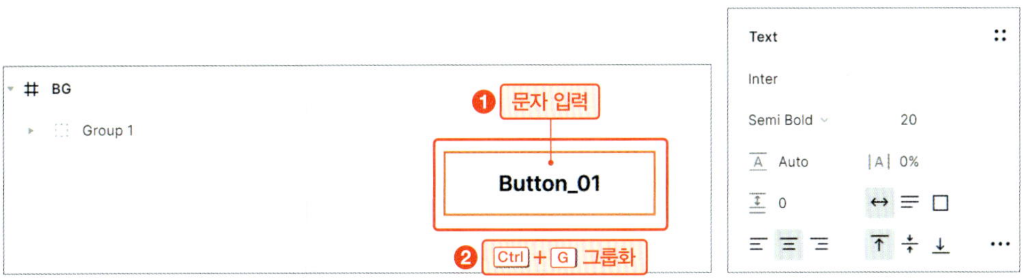

04 버튼 복제하기 방금 만든 버튼 그룹을 Alt를 누른 채 드래그하여 복제한 후 내부 문자를 'Button _02'로 변경한다. 면의 색상도 원하는 색으로 변경한다.

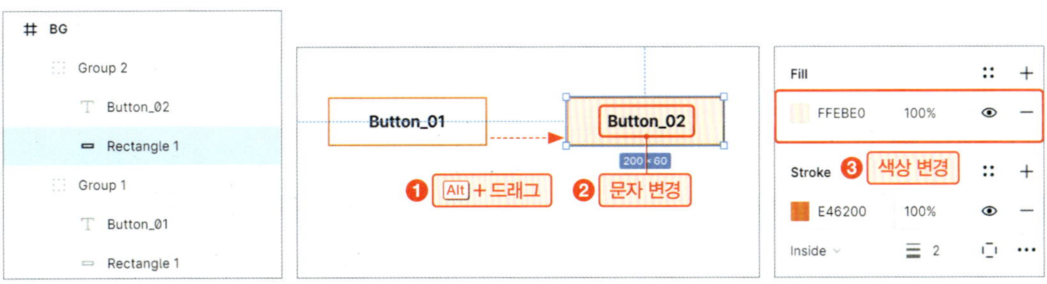

05 버튼 복제하기 버튼 그룹을 복제하여 그림과 같이 3세트를 만든다.

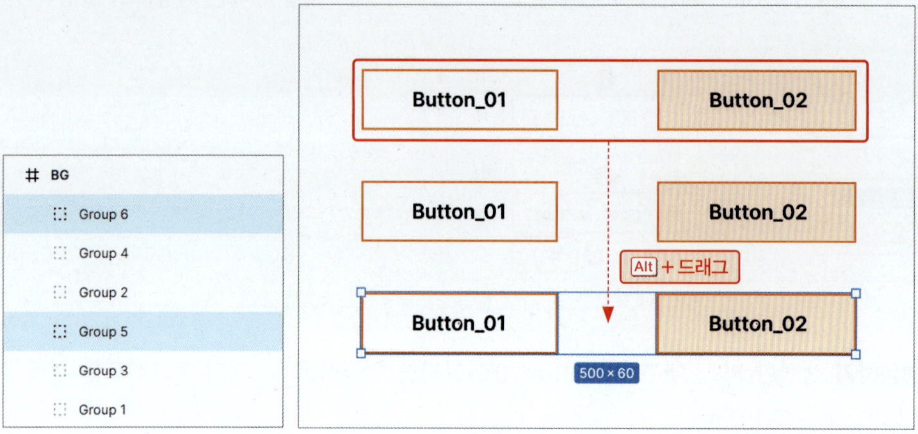

06 그룹 컴포넌트 등록하기 가운데 있는 'Button_01'과 'Button_02'를 함께 선택하고 Ctrl + Alt + K를 눌러 컴포넌트로 등록한다.

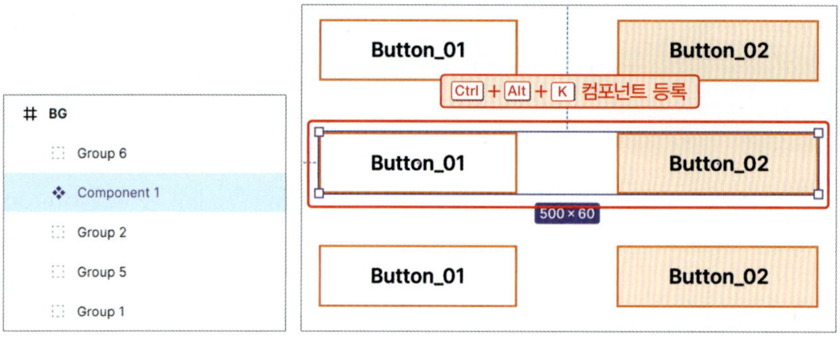

07 개별 컴포넌트 등록하기 맨 아래쪽 버튼 두 개를 선택하고 상단 컴포넌트 아이콘(❖) 옆의 화살표를 클릭하여 [Create multiple components]를 선택한다.

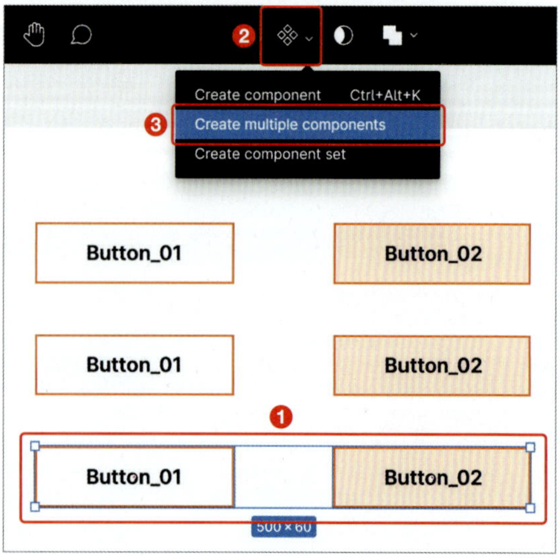

08 등록된 컴포넌트 확인하기 [Assets]에서 확인해 보면 실습 **06**에서 등록한 두 개의 버튼은 그룹으로 묶인 상태로 컴포넌트로 등록된 것을 알 수 있다. 반면에, 실습 **07**과 같이 두 개의 버튼을 [Create multiple components]로 등록하면 각각의 그룹이 개별 컴포넌트로 등록된 것을 알 수 있다. 이제 처음 등록한 버튼 두 개가 함께 있는 컴포넌트는 화면에서 Delete를 눌러 제거한다.

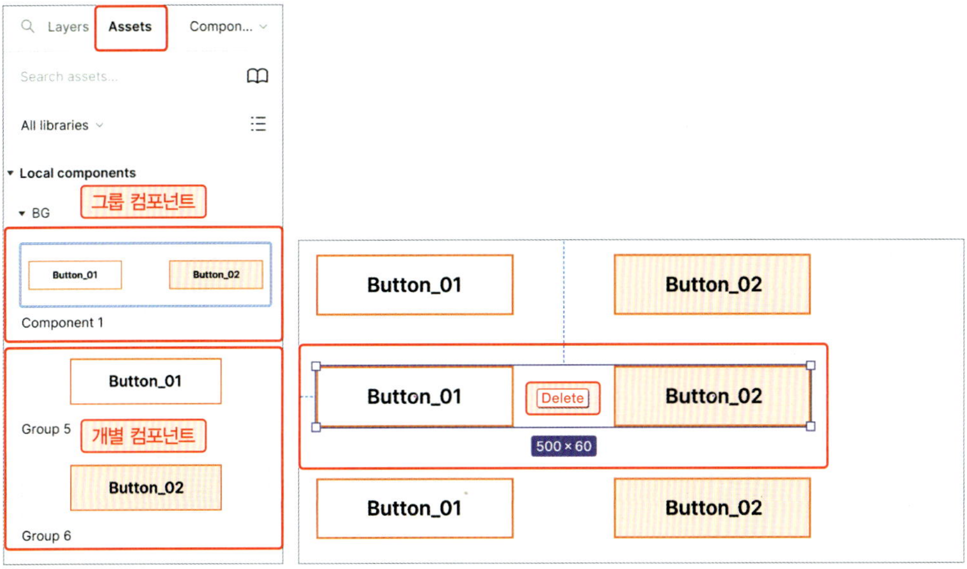

09 버튼의 '그룹/이름' 설정하기 [Layers]로 돌아와 등록한 컴포넌트의 이름을 'Button/01'과 'Button/02'로 변경한다.

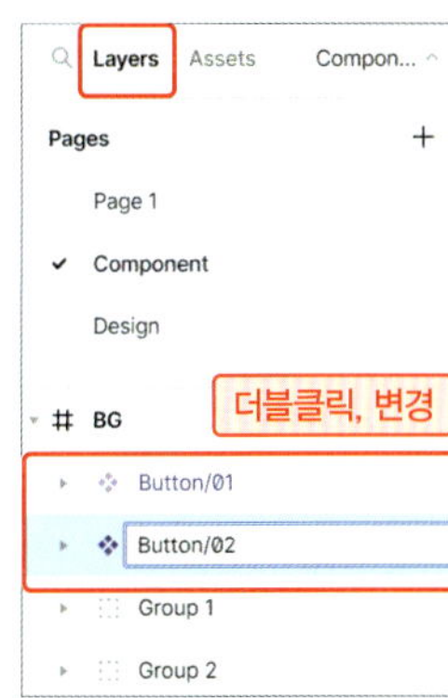

TIP 이름에 슬래시(/)를 입력하면 (/) 앞부분이 그룹명이 되고 뒷부분이 파일명으로 등록된다. 따라서 (/) 앞부분에 같은 그룹명을 사용하면 같은 파일끼리 그룹으로 묶이게 된다.

10 페이지 추가하고 프레임 만들기 [Pages] 우측의 [+]를 클릭하여 페이지를 추가하고 이름을 'Design'으로 변경한다. 프레임 툴(#)로 화면을 드래그하여 작업할 공간을 만들고 이름을 'Design_BG'로 변경한다.

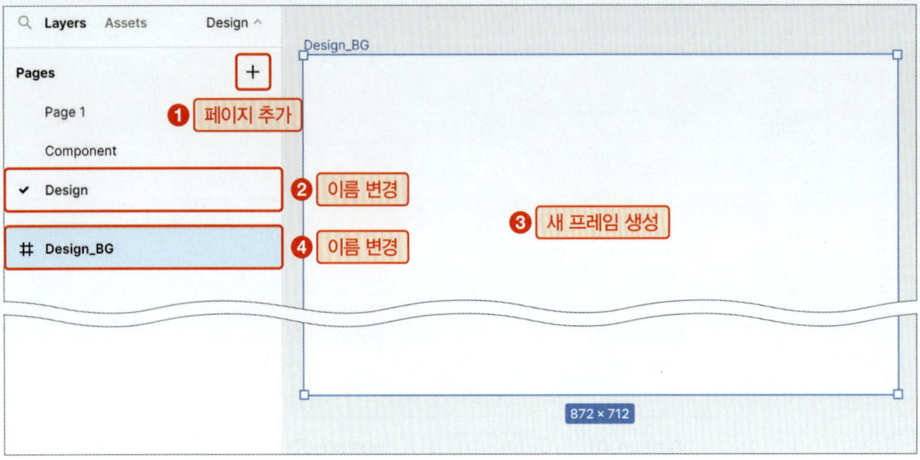

11 인스턴스 배치하기 [Assets]을 선택하고 'Button_01'을 클릭하여 옵션 창이 열리면 [Insert instance] 버튼을 클릭한다. 화면에 'Button_01' 인스턴스가 배치된다.

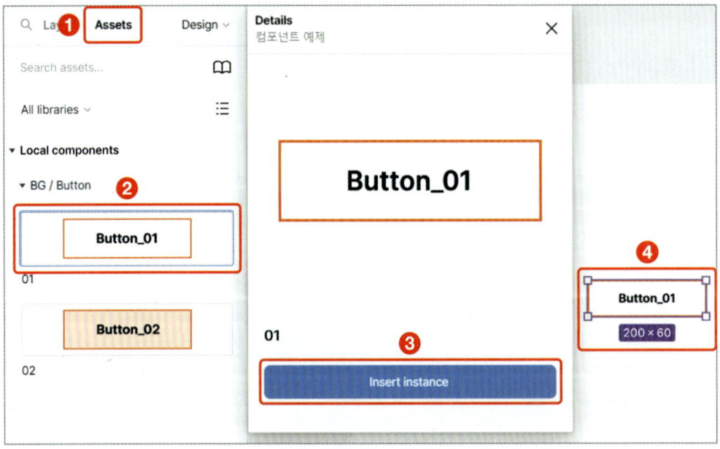

TIP 인스턴스를 클릭하지 않고 화면으로 드래그 앤 드롭하여 배치해도 된다.

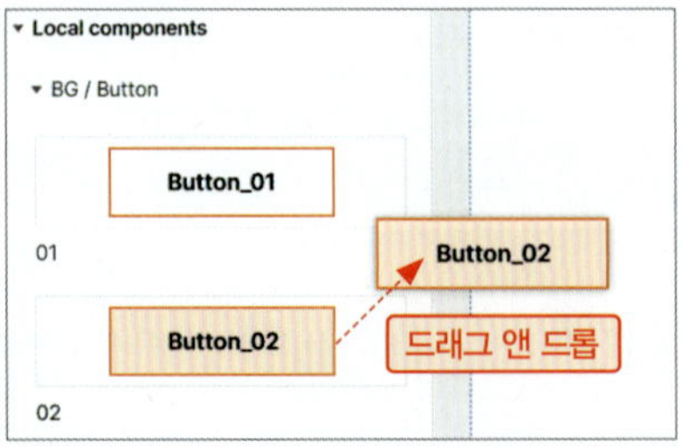

그림 4-3 인스턴스를 드래그하여 배치하기

12 인스턴스 이름 변경하기 'Button_01'과 'Button_02'를 화면에 배치한 뒤 두 개를 다음과 같이 복제하고 각 문자를 'Button_03, 04'로 변경한다. 이때 [Layers]의 인스턴스 이름도 버튼 이름과 같이 변경한다.

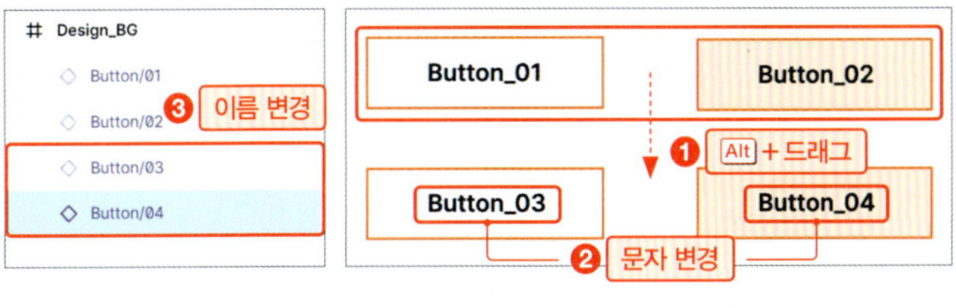

13 원본 컴포넌트 페이지로 이동하기 화면에서 인스턴스를 하나 선택한 후 패널에서 [Go to main component] (❖)를 클릭한다. 해당 버튼을 클릭하면 원본 컴포넌트가 있는 페이지로 이동한다.

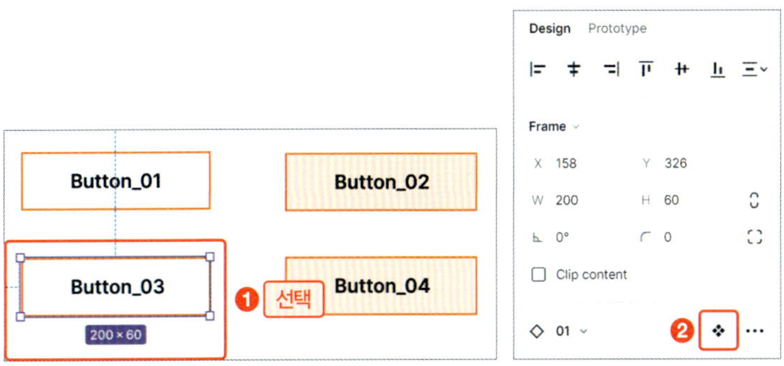

14 컴포넌트 옵션 설정하기 원본 컴포넌트가 있는 [Component] 페이지로 이동하였다. 이제 'Button 01, 02'의 내부를 더블클릭하여 텍스트 상자의 좌우 크기를 버튼 크기 만큼 넓힌 후 [Constraints] 옵션을 모두 'Center'로 지정한다.

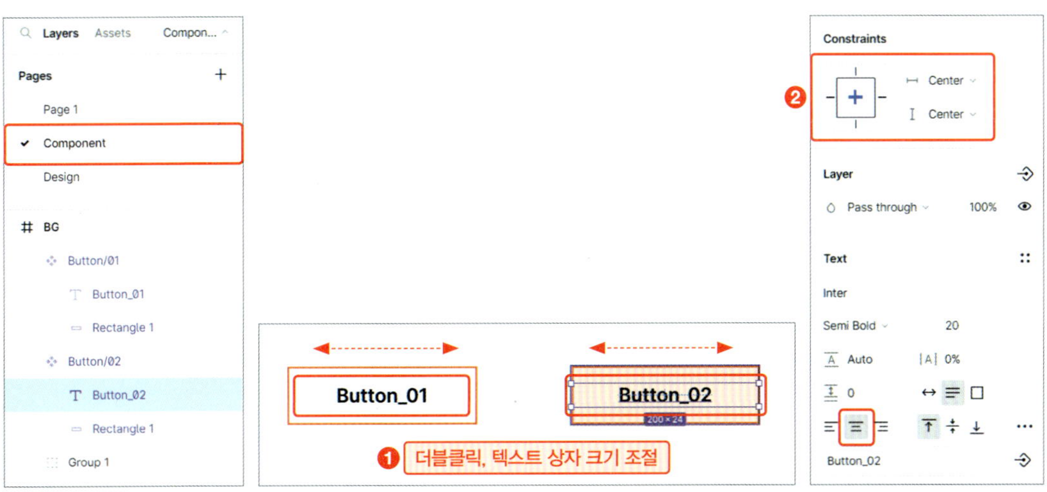

15 화면 돌아가기 다시 'Button_01'을 선택하면 화면 하단에 [Return to instance] 버튼이 생긴다. 해당 버튼을 클릭하면 작업 중이던 [Design] 페이지로 돌아갈 수 있다.

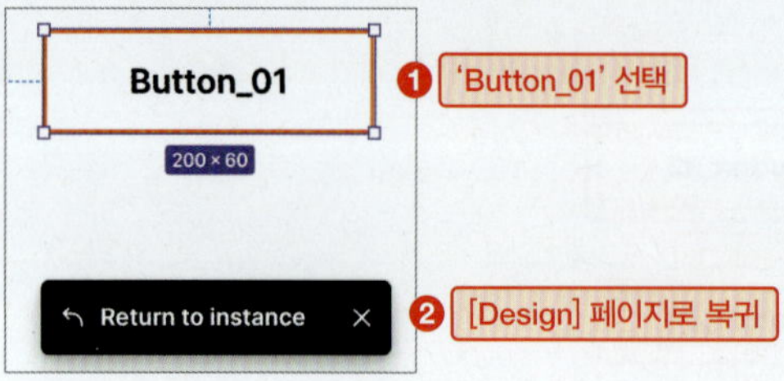

16 인스턴스 옵션 설정하기 작업 중인 [Design] 페이지로 돌아와 인스턴스의 넓이를 조절하면 문자가 좌우 중앙에 잘 배치되는 것을 알 수 있다.

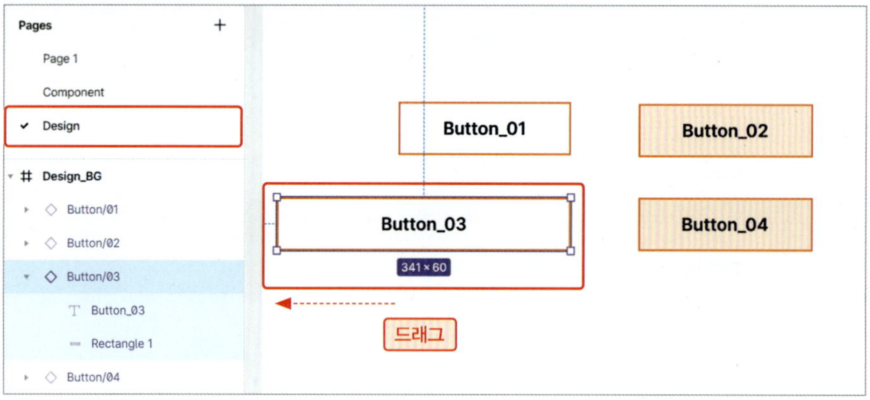

17 컴포넌트 페이지로 이동하기 다시 화면에서 아무 인스턴스를 하나 선택하고 패널에서 [Go to main component](❖)를 클릭하여 [Component] 페이지로 이동한다.

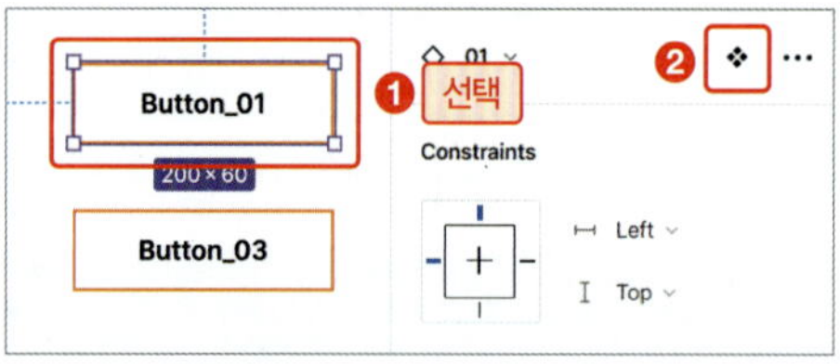

18 컴포넌트 옵션 설정하기 'Button_01'과 'Button_02'의 가장자리 둥글기 값을 '30'으로 입력한다. 가장자리를 둥글게 만들었다면 하단의 [Return to instance]를 클릭한다.

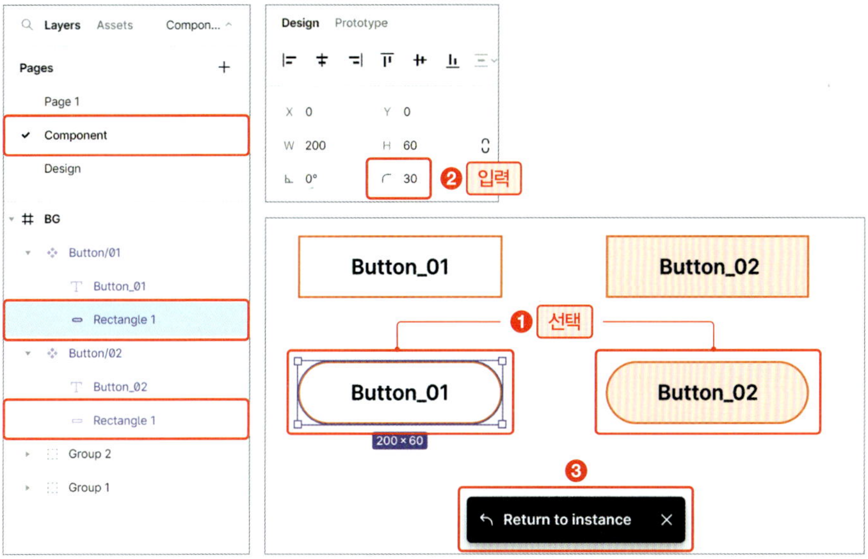

19 인스턴스 확인하기 [Design] 페이지의 모든 인스턴스의 형태가 변한 것을 알 수 있다. 이번에는 'Button_02'을 선택하고 면과 테두리의 색상을 변경한다.

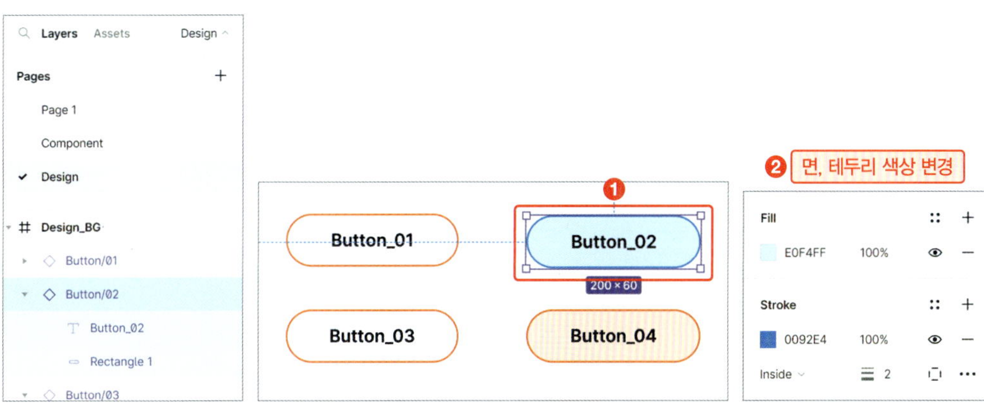

TIP 이전 작업으로 되돌리고 싶은 경우에는 Ctrl+Z를 여러 번 눌러 작업 단계를 되돌리면 된다. 하지만 여러 작업을 거치거나 파일을 닫은 후 다시 연 경우 원본의 컴포넌트 상태로 되돌리고 싶다면 더보기(⋯)를 클릭하고 [Reset all changes]를 선택한다. 그러면 다시 원본의 컴포넌트 상태로 돌아간다.

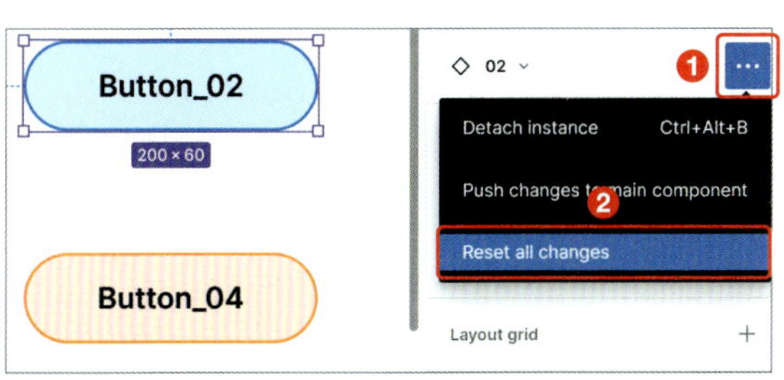

그림 4-4 [Reset all changes] 옵션

인스턴스를 컴포넌트로 만들기

01 인스턴스 옵션 설정하기 테두리가 있는 버튼을 선택하고 테두리와 문자의 색상을 변경한다.

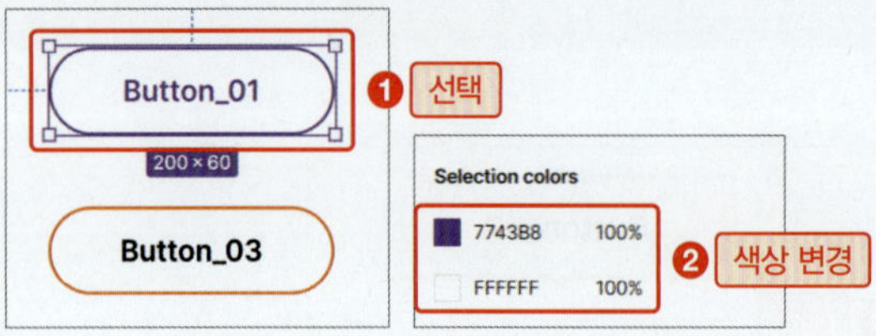

02 인스턴스를 컴포넌트로 만들기 변경한 인스턴스를 선택하고 더보기(…)를 클릭한 다음 [Push changes to main component]를 선택하면 다른 인스턴스의 속성이 변화한다.

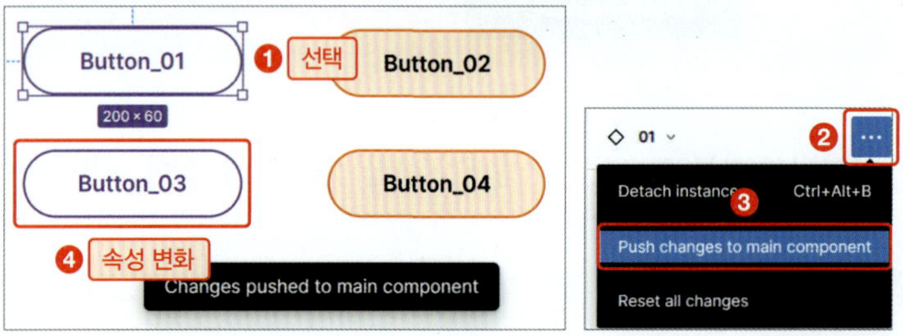

03 컴포넌트 확인하기 이때 [Component] 페이지로 돌아가 컴포넌트를 확인해 보면 원본 컴포넌트의 속성이 변경된 것을 알 수 있다.

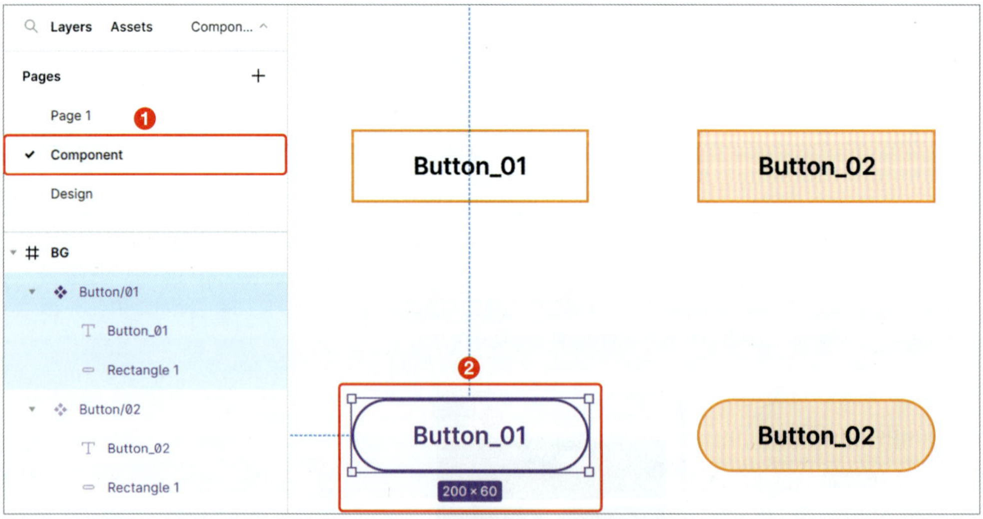

TIP 인스턴스의 디자인을 원본 컴포넌트에 적용할 수 있다.

04 인스턴스 복제하기 [Design] 페이지로 돌아와 'Button_04'의 인스턴스를 복제한 후 더보기(···)를 클릭하고 [Detach instance]를 선택한다.

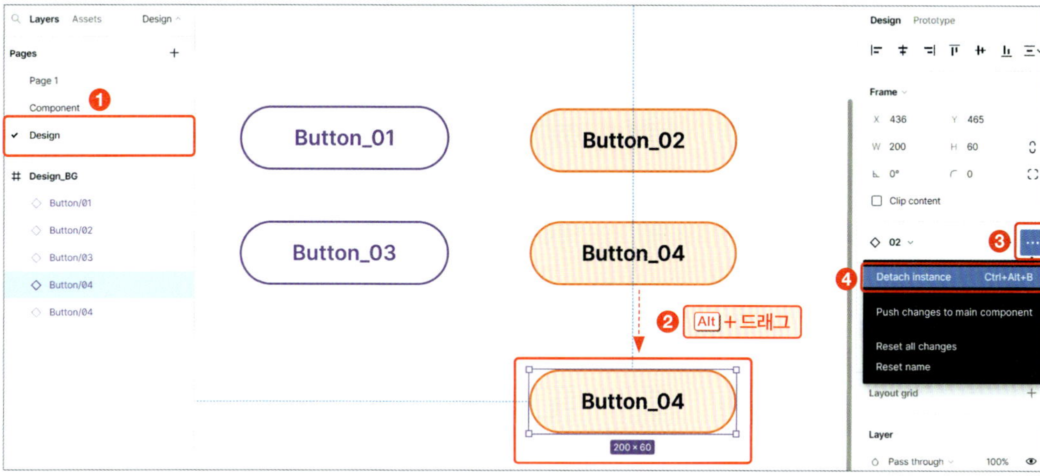

05 독립한 인스턴스 만들기 [Detach]된 인스턴스는 컴포넌트와 복제된 인스턴스와는 아무 관련이 없는 독립적인 개체가 된다.

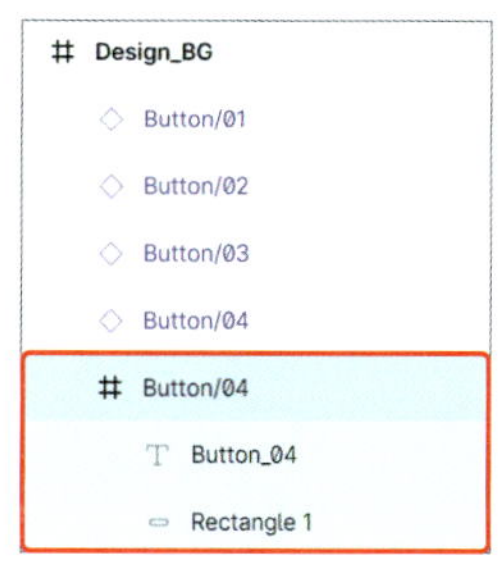

06 인스턴스 옵션 변경하기 [Detach]된 버튼의 레이어 이름과 문자를 변경하고 전혀 다른 형태로 만들어 본다.

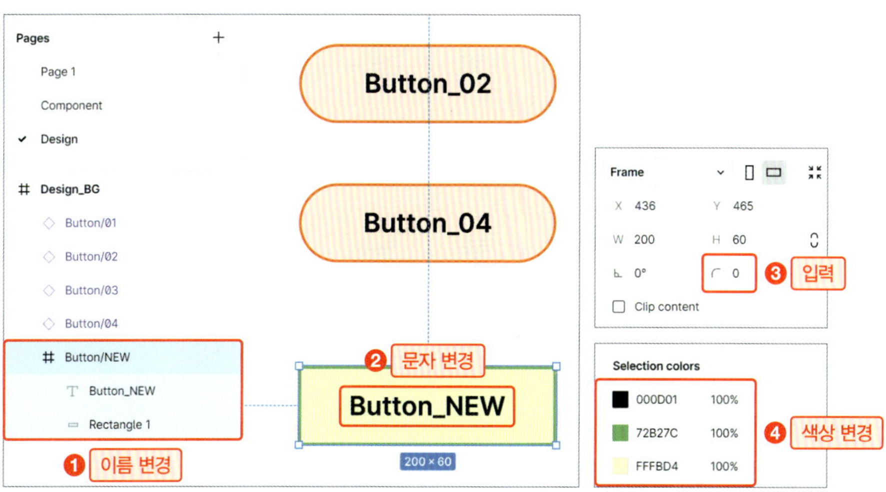

07 컴포넌트 등록하기 변경된 버튼을 선택해 Ctrl+Alt+K를 눌러 컴포넌트로 등록하고 이름을 'Button/Yellowgreen'으로 변경한다.

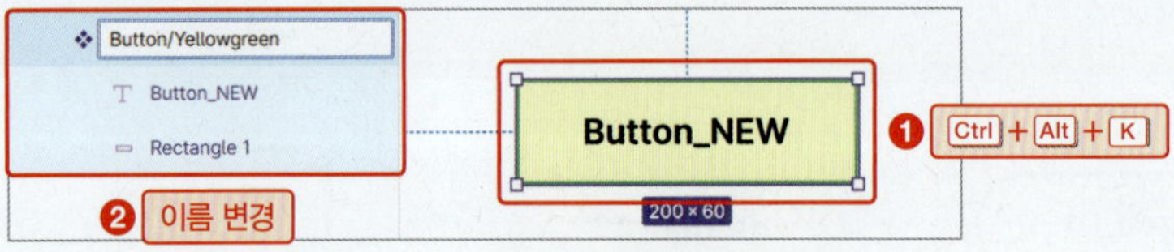

08 등록된 컴포넌트 확인하기 [Assets]을 확인하면 'Yellowgreen' 버튼은 [Design]에 속한 것을 알 수 있다. 컴포넌트는 같은 종류 또는 같은 페이지에 모아두면 나중에 찾아서 다시 사용하거나 관리하기가 편하다. 'Yellowgreen' 버튼을 선택하고 Ctrl+X를 눌러 잘라내기 한다.

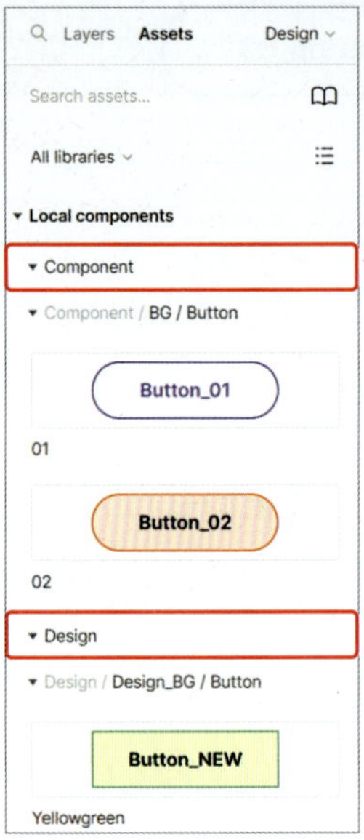

09 등록된 컴포넌트 확인하기 [Component] 페이지로 가 Ctrl+V를 눌러 붙여넣기 한다. [Assets]을 확인하면 모든 버튼이 'Button 그룹'에 속한 것을 알 수 있다.

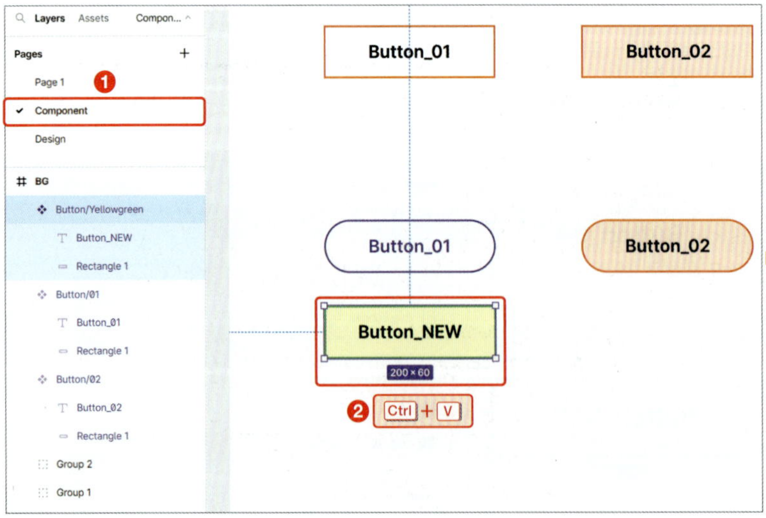

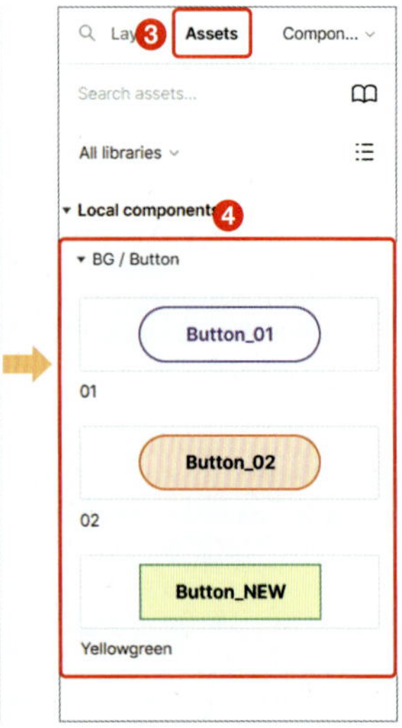

10 컴포넌트 검색하기 컴포넌트의 종류가 많아지면 검색으로 쉽게 컴포넌트를 찾을 수 있다.

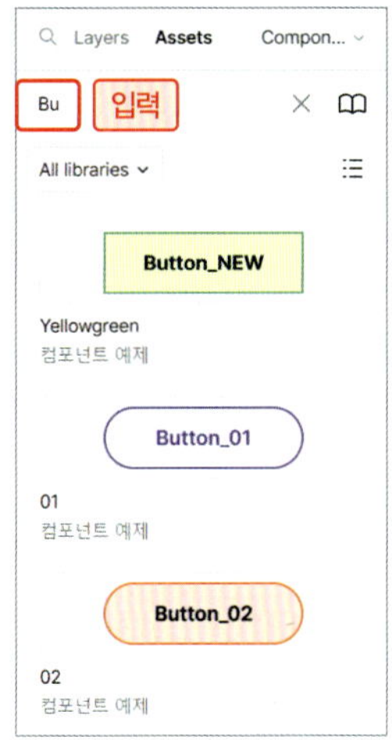

하나 더 알기 | 컴포넌트 검색 힌트 옵션

컴포넌트의 영문 이름을 일일이 기억하기 어렵다면 [Component configuration] 버튼( )을 클릭하고 [Description] 옵션에 한글로 힌트를 입력한다. 그다음 검색 창에서 한글을 입력하면 한글로도 컴포넌트를 찾을 수 있다.

그림 4-5 한글 힌트 입력 기능

TIP 컴포넌트의 이름은 반드시 영문으로 작성되어야 한다.

요약

1 그룹, 프레임, 컴포넌트의 이해

- **그룹( )** 콘텐츠를 하나의 그룹으로 묶는 개념이다. 그룹으로 묶인 콘텐츠는 크기, 색상, 속성이 모두 같이 변경된다.
- **프레임( )** 콘텐츠를 아우르는 컨테이너의 개념이다. 내부 콘텐츠의 속성이나 크기에 영향을 주지 않는다.
- **컴포넌트( )** 재사용 가능한 디자인 요소를 묶은 것이다.
- **단축키** 그룹 Ctrl+G, 프레임 Ctrl+Alt+G, 컴포넌트 등록 Ctrl+Alt+K

2 컴포넌트와 인스턴스의 이해

- **컴포넌트( )** 재사용 가능한 UI 요소로 등록한 원본을 의미한다.
- **인스턴스( )** 원본 컴포넌트를 복제한 오브젝트를 말한다.
- **속성의 차이점**
  1. 원본 컴포넌트는 복제한 인스턴스의 색상, 크기, 형태 변화에 영향을 주지만, 인스턴스는 원본 컴포넌트에 영향을 주지 않는다.
  2. 복제한 인스턴스의 속성을 변경하면 원본 컴포넌트에서 독립되어 컴포넌트가 변경되어도 영향을 받지 않는다.
  3. [Detach instance]로 인스턴스를 복제하여 속성을 변경한 뒤 다시 컴포넌트로 만들 수 있다.

3 컴포넌트 등록하기

- **방법**
  1. 상단 컴포넌트 아이콘( ) 클릭
  2. 단축키 Ctrl+Alt+K 사용
  3. 개별 컴포넌트 등록 시 컴포넌트 아이콘( )의 [Create multiple components] 선택
- **등록된 컴포넌트** [Assets]에서 확인 가능

CHAPTER 05

베리언트의 활용

학습목표

- 피그마의 베리언트 기능이 무엇인지 알아본다.
- 베리언트의 기능을 활용해 사이즈, 아이콘 유무, 상태와 같은 버튼의 속성 값을 설정해 본다.
- 베리언트를 활용해 반응형 메뉴 바를 제작해 본다.

SECTION 01

베리언트

핵심 내용 베리언트 [Property] 설정

베리언트의 이해

프로젝트를 진행하다 보면 생각보다 많은 컴포넌트를 만들어 사용한다. 컴포넌트의 형태는 같지만 색상이 다른 [Light] 모드와 [Dark] 모드를 제작하여 변경할 수도 있고, 같은 용도지만 크기를 'Small', 'Medium', 'Large'로 설정하여 사용할 수 있다. 이렇게 스타일과 속성 값이 다른 경우 일일이 모든 컴포넌트를 만들어 사용하는 것보다는 유사한 종류의 컴포넌트를 세트로 묶어서 사용할 수 있는 베리언트 Variants를 활용하는 것이 좋다.

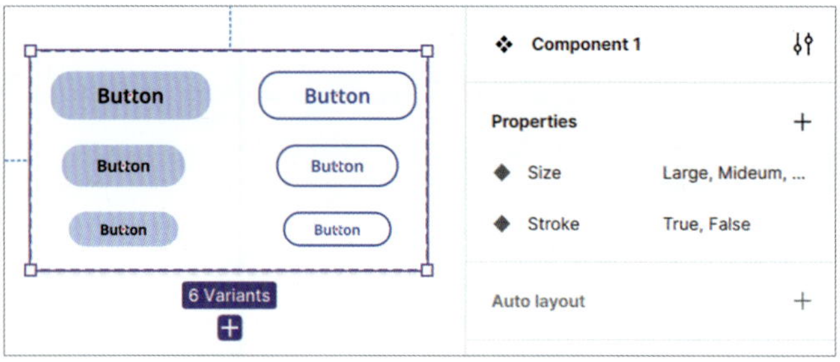

그림 5-1 베리언트를 활용해 크기, 테두리의 유무로 버튼을 구분한 예시

베리언트의 사용

베리언트는 컴포넌트를 생성한 뒤 설정할 수 있다. 유사한 종류의 컴포넌트를 만든 뒤, [Properties] 메뉴 우측의 [+]를 눌러 [Variant]를 선택해 생성한다. 이후 이어지는 실습을 진행하면서 베리언트의 기능을 사용해 본다.

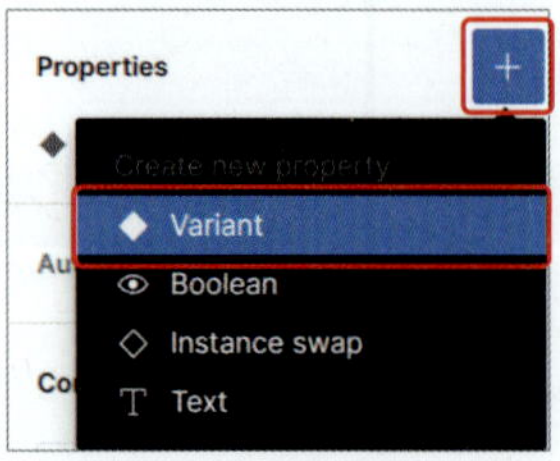

그림 5-2 베리언트 생성 화면

실습 버튼 컴포넌트를 베리언트로 만들기

여러 종류의 버튼 컴포넌트를 만든 후 베리언트로 다양한 속성 값을 설정해 본다. 버튼의 사이즈, 아이콘의 유무, 상태 값을 옵션으로 설정하여 다른 용도의 버튼으로 사용할 수 있도록 제작한다.

예제 미리보기

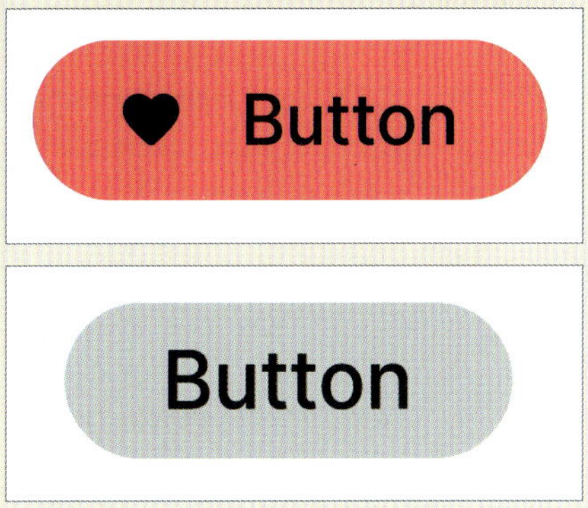

■ 버튼 모양

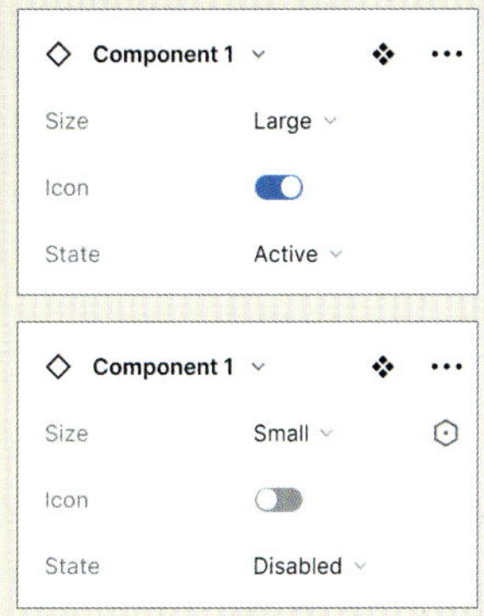

■ 버튼의 베리언트 속성 값

실습 파일 링크 https://bit.ly/3SVgCex

사이즈 속성 설정하기

01 베리언트 예제 파일 복제하기 베리언트 예제 파일을 열고 이름 옆의 화살표를 클릭한다. [Duplicate to your drafts]를 선택하여 편집 가능한 파일로 변경한다.

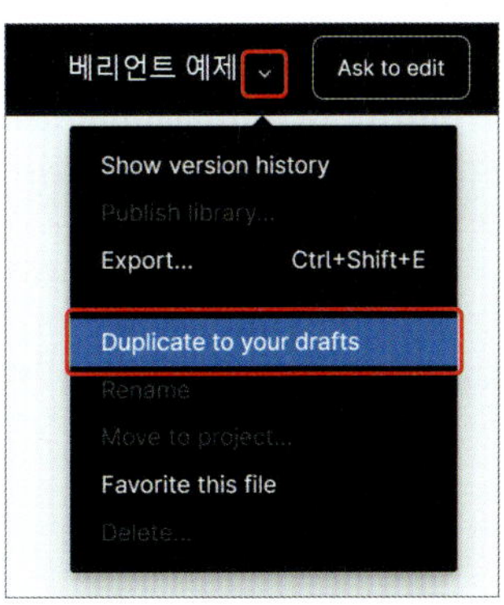

02 오토레이아웃 설정하기 첫 번째 버튼을 선택하고 Shift+A를 눌러 오토레이아웃을 적용하고 좌우 패딩 값(|ㅁ|)을 '30'으로 입력한다.

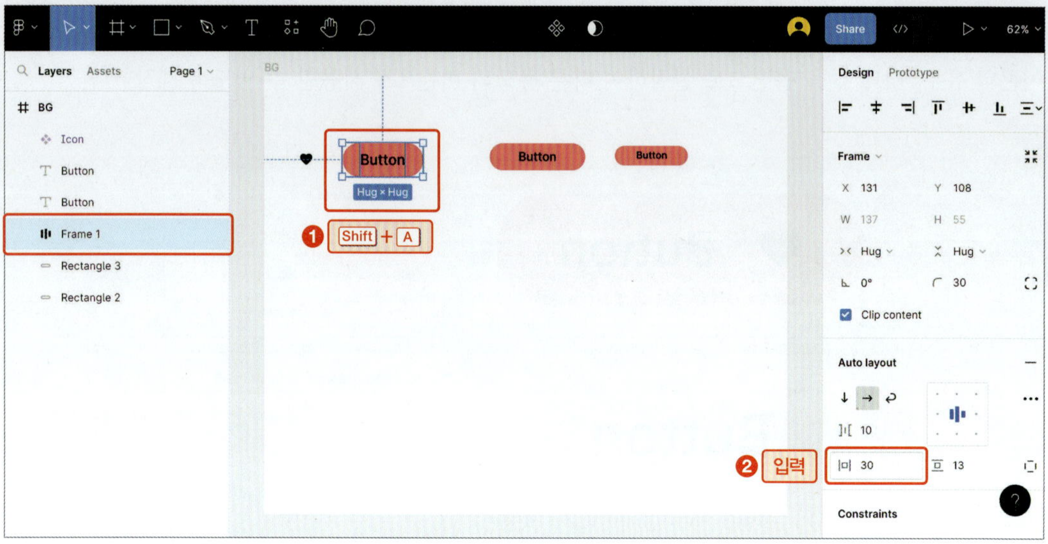

03 오토레이아웃 설정하기 두 번째 버튼을 선택하고 Shift+A를 눌러 오토레이아웃을 적용하고 좌우 패딩 값(|ㅁ|)을 '24'로 입력한다.

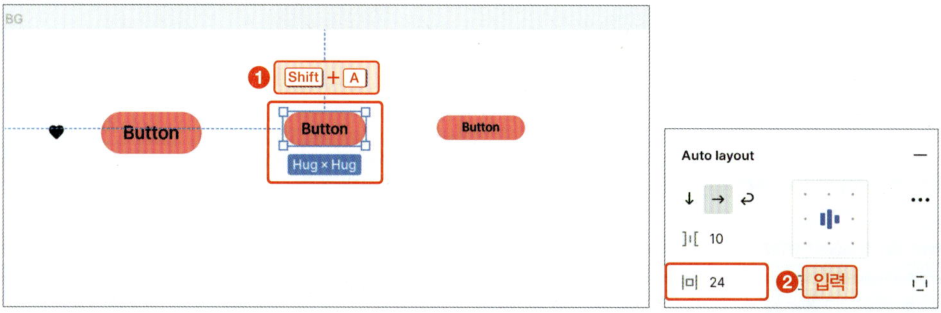

04 오토레이아웃 설정하기 마지막 버튼을 선택하고 Shift+A를 눌러 오토레이아웃을 적용하고 좌우 패딩 값(|ㅁ|)을 '20'으로 입력한다.

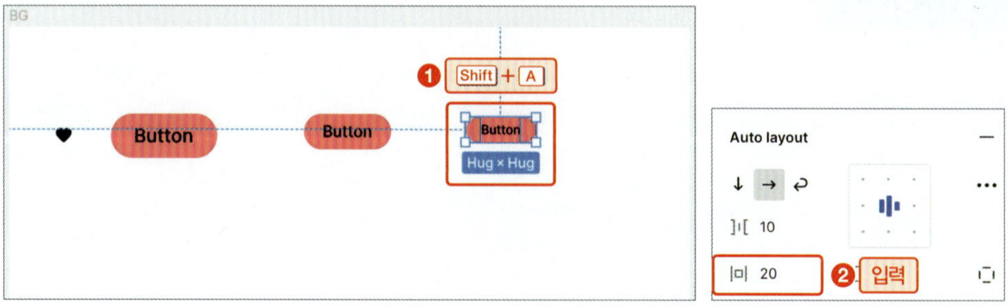

05 버튼 복제하기 버튼을 모두 선택하고 Alt 를 누른 채 드래그하여 한 세트를 복제한다.

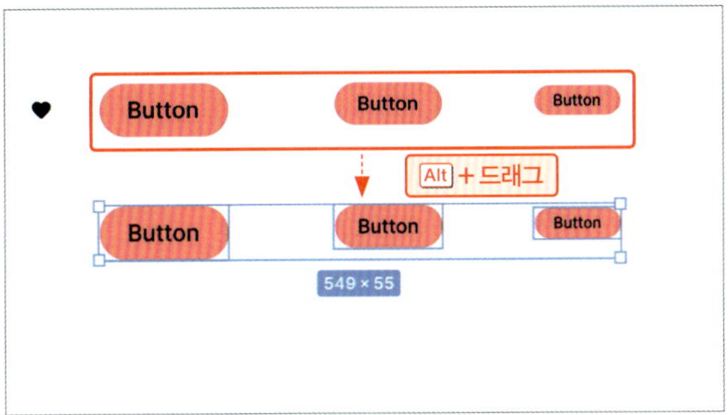

06 아이콘을 인스턴스로 복제하기 [Assets]으로 이동하여 하트 아이콘을 화면으로 드래그하여 인스턴스를 만들거나, 화면의 하트 아이콘 컴포넌트를 Alt 를 누르고 드래그하여 인스턴스로 복제한다.

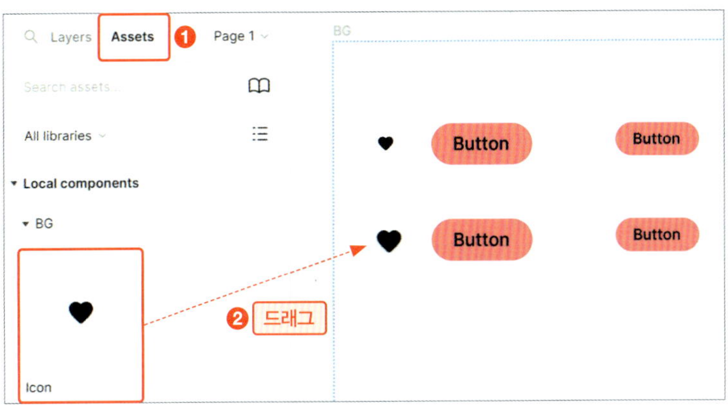

TIP 컴포넌트는 직접 사용하지 않고 반드시 인스턴스로 복제하여 사용한다.

07 첫 번째 버튼 간격 조정하기 하트 아이콘을 첫 번째 버튼 내부에 드래그하여 삽입한 뒤 전체 버튼이 선택된 상태로 [Auto layout] 메뉴의 오브젝트 간의 간격( ]|[ )을 '20'으로 지정한다.

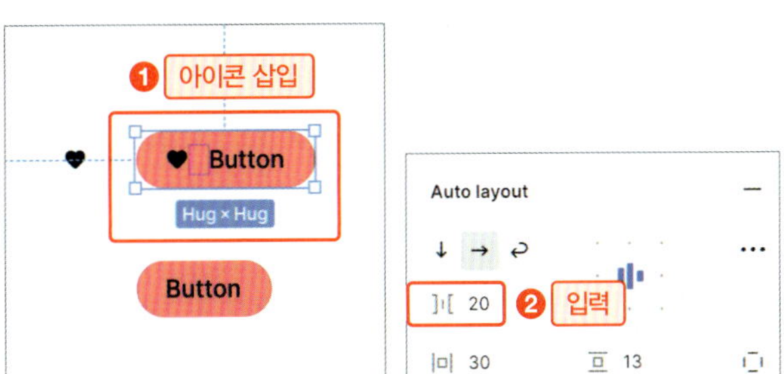

08 아이콘 인스턴스 복제하고 사용하기 하트 아이콘을 인스턴스로 복제해 두 번째 버튼 내부에 드래그하여 삽입한다. 하트 아이콘의 넓이와 높이는 '20'으로 변경한다.

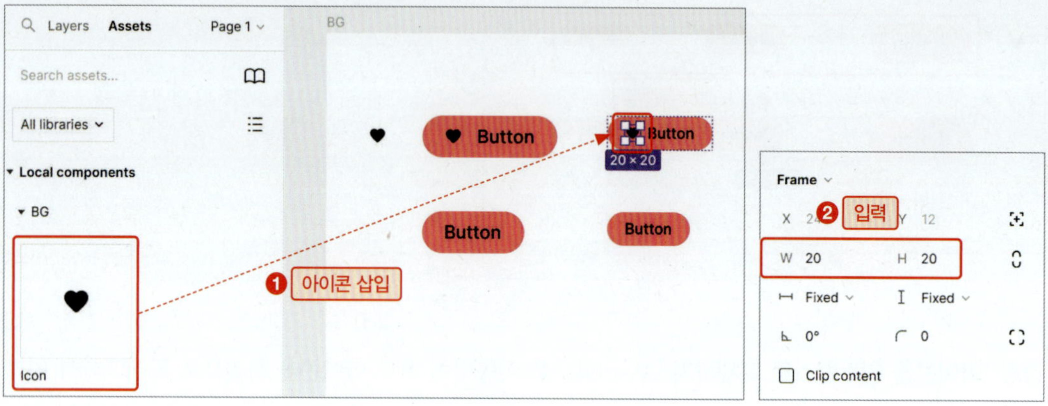

09 두 번째 버튼 간격 조정하기 전체 버튼을 선택하고 하트 아이콘과 문자 간의 간격(]ı[)을 '16'으로 입력한다. 이때 만일 하트 아이콘과 문자의 높이가 다르다면 [Auto layout] 메뉴의 'Align' 옵션을 정중앙으로 맞춘다.

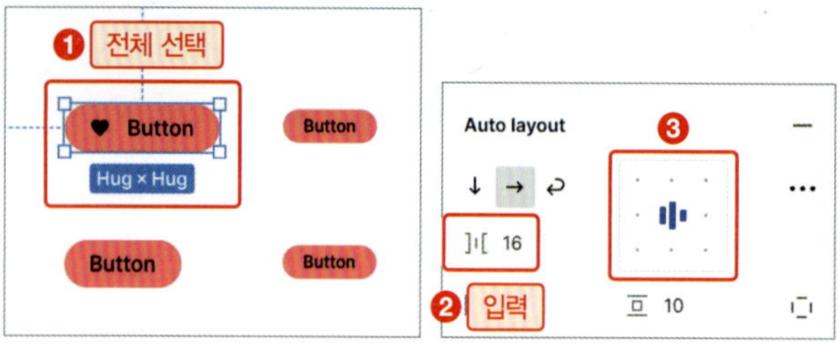

10 아이콘 인스턴스 복제하고 사용하기 세 번째 버튼에도 하트 아이콘을 복제해 인스턴스로 만든 후 버튼 내부에 드래그하여 삽입한다. 하트 아이콘의 크기를 넓이와 높이 모두 '16'으로 변경한다.

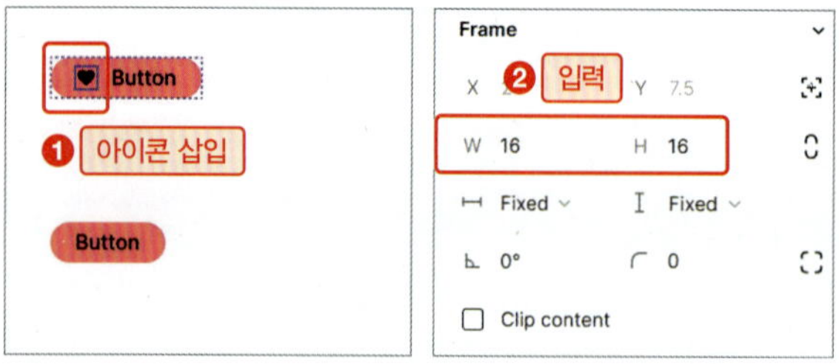

11 세 번째 버튼 간격 조정하기 전체 버튼을 선택하고 오브젝트 간의 간격( )은 '12'로 지정한다.

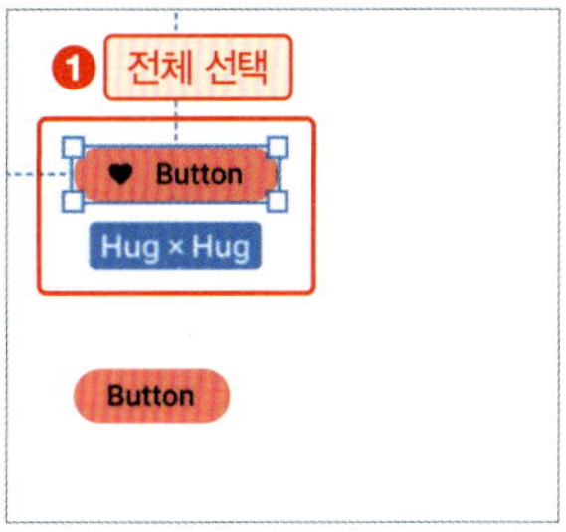

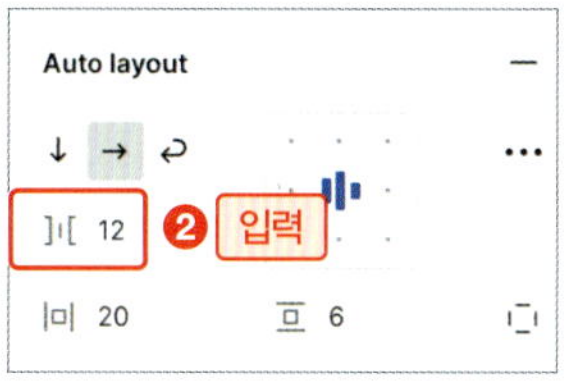

12 버튼 이름 변경하기 [Layers]로 이동해 버튼을 선택하고 각각의 이름을 아이콘과 사이즈 유무로 구분하여 변경한다.

13 컴포넌트 만들기 이름을 변경한 6개의 버튼을 모두 선택하고 상단 컴포넌트 아이콘( )옆의 화살표를 눌러 [Create component set]을 선택한다.

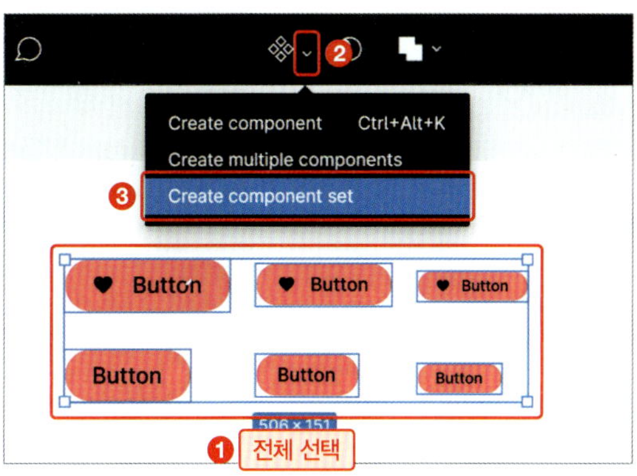

14 컴포넌트 만들기 6개의 버튼을 모두 감싸는 'Component 1'이라는 베리언트가 보라색 점선 안에 배치된 것을 알 수 있다.

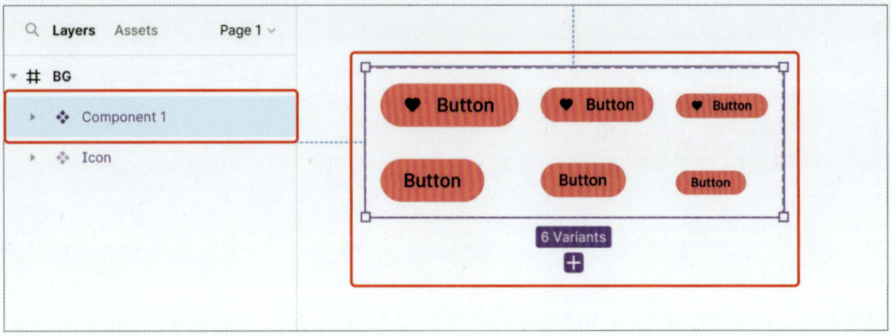

15 베리언트로 사이즈 속성 설정하기 'Component 1'이 선택된 상태로 우측 [Properties] 메뉴 아래 '◆ Property 1'을 더블클릭하여 'Size'로 이름을 변경한다.

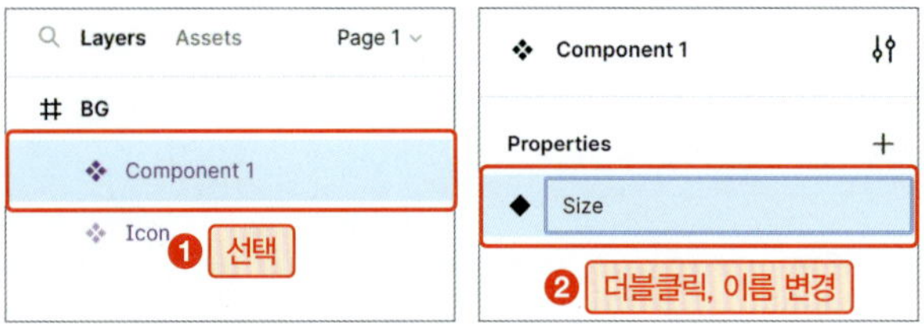

16 베리언트로 사이즈 속성 설정하기 컴포넌트 내부를 더블클릭하거나 [Layers]에서 'Large' 크기의 버튼 두 개를 함께 선택한 후 [Current variant] 메뉴의 [Size] 옵션을 클릭하여 [Rename]을 선택한다.

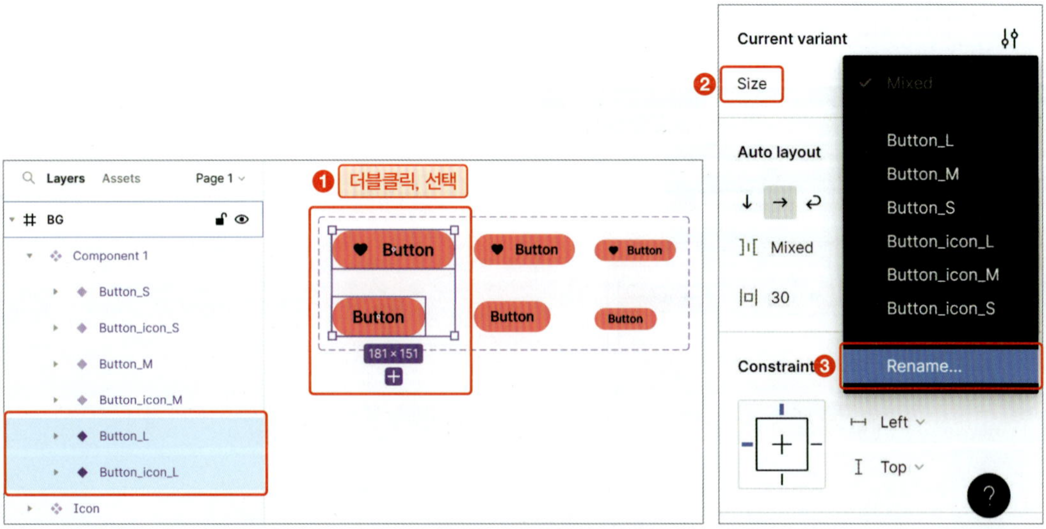

17 베리언트로 사이즈 속성 설정하기 새 이름은 'Large'로 입력한다.

18 베리언트로 사이즈 속성 설정하기 위와 같은 방법으로 중간 크기의 버튼과 작은 크기의 버튼을 선택한 후 [Current variant] 메뉴의 [Size] 옵션을 클릭하여 [Rename]을 선택하고 이름을 'Medium', 'Small'로 지정한다.

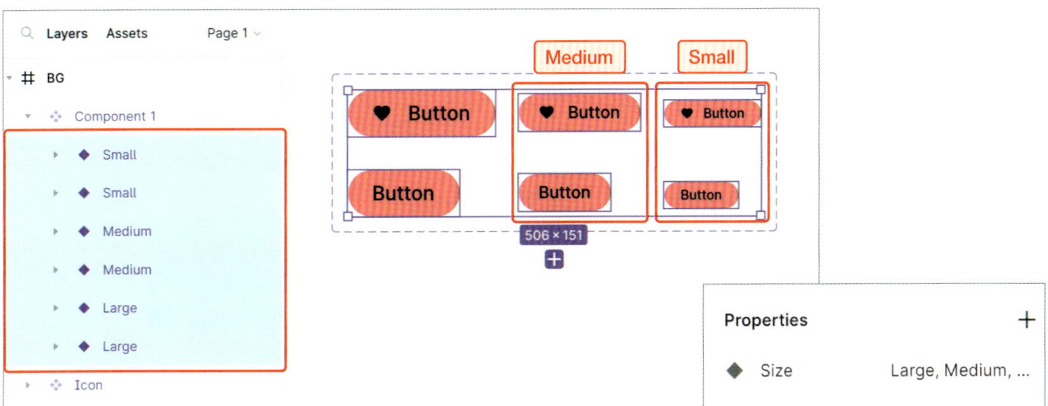

아이콘 유무 속성 설정하기

01 베리언트로 아이콘 속성 설정하기 사이즈로 분류한 버튼을 아이콘의 유무 옵션을 추가하여 다시 상태를 분류한다. 'Component 1'을 선택하고 [Properties] 메뉴 우측의 [+]를 클릭하고 옵션에서 [Varient]를 선택한다.

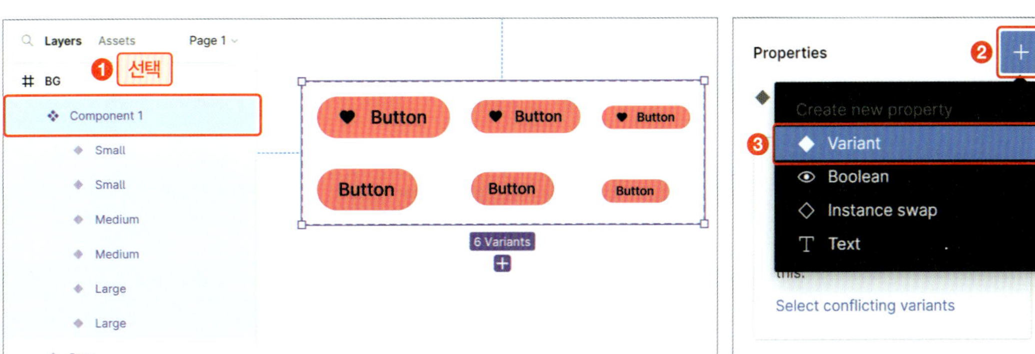

02 베리언트로 아이콘 속성 설정하기 아이콘의 유무를 지정할 옵션이므로 [Name]에는 'Icon'을 입력하고 [Value]에는 'Yes' 또는 'True'를 입력한 뒤 [Create property]를 클릭한다.

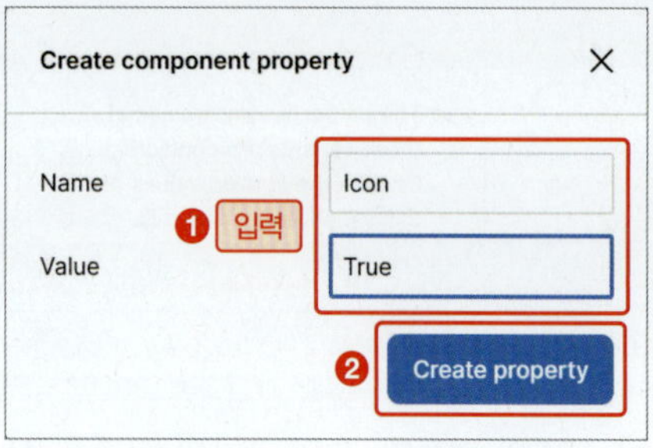

TIP 'Name'과 'Value' 값은 누구나 알 수 있는 제목으로 입력하는 것이 좋다. 'Yes', 'No' 또는 'True', 'False'와 같이 옵션의 여부를 설정한다.

03 베리언트로 아이콘 속성 설정하기 아이콘이 있는 버튼을 모두 선택하고 [Current variant] 메뉴의 [Icon] 옵션을 클릭하여 [True]를 선택한다.

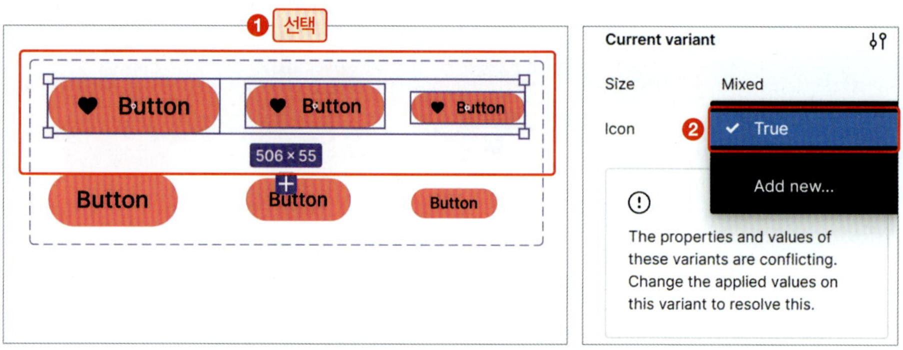

04 베리언트로 아이콘 속성 설정하기 아이콘이 없는 버튼 세 개를 모두 선택하고 [Current variant] 메뉴의 [Icon] 옵션을 클릭하여 [Add new]를 선택한다. 아이콘이 없는 버튼이므로 이름은 'False'로 입력한다.

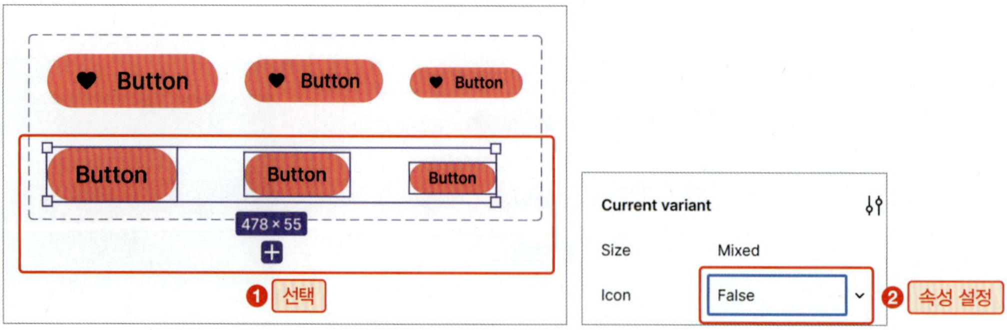

05 베리언트 옵션 확인하기 [Assets]에서 'Component 1'을 화면으로 드래그하여 배치한다. 우측 패널에 [Size]와 [Icon] 옵션이 활성화된 것을 알 수 있다.

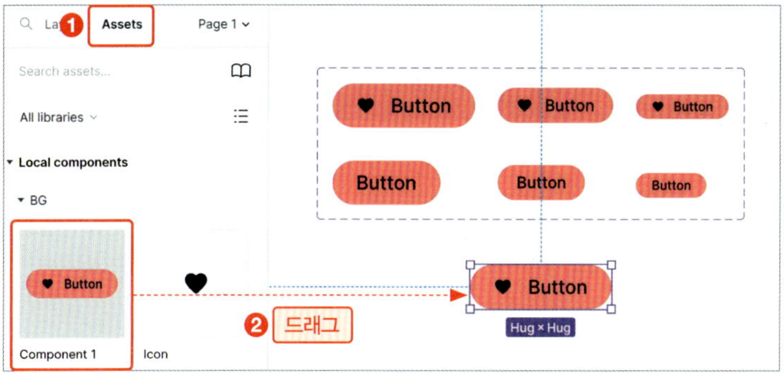

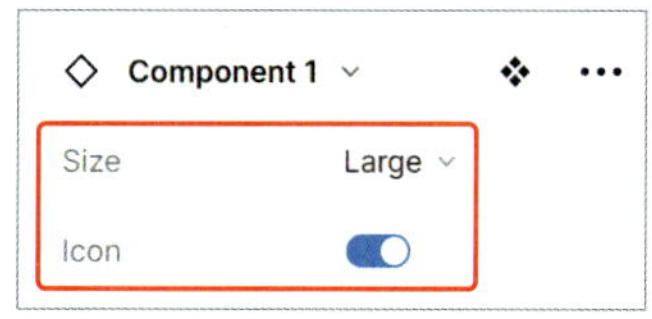

06 베리언트 옵션 확인하기 [Size] 옵션을 조절하면 옵션에 따라 자동으로 크기가 변경된다.

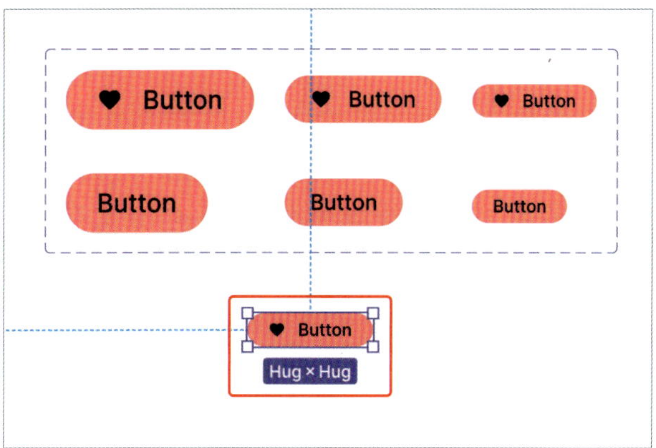

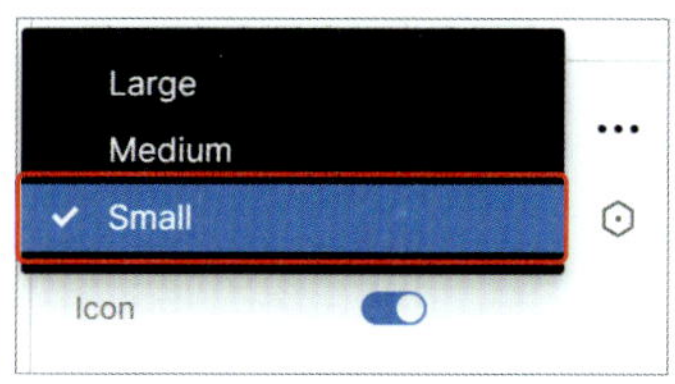

07 베리언트 옵션 확인하기 [Icon] 옵션의 스위치를 끄고 켜는 것에 따라 아이콘이 나타나거나 사라진다.

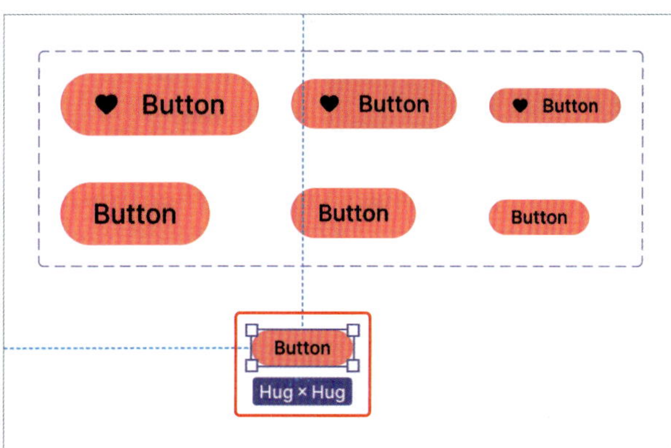

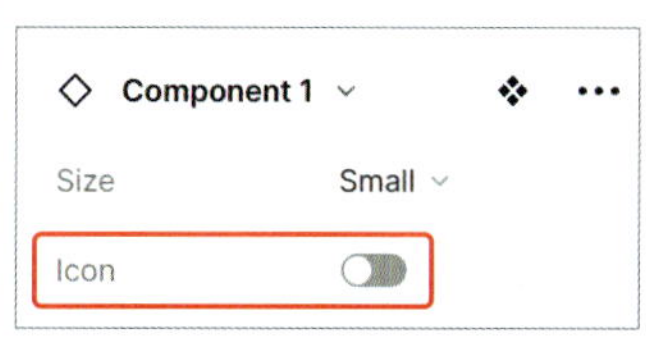

베리언트로 상태가 다른 버튼 만들기

01 베리언트 크기 키우기 버튼이 한 세트 더 들어갈 수 있도록 보라색 점선 박스를 드래그하여 크기를 키워준다.

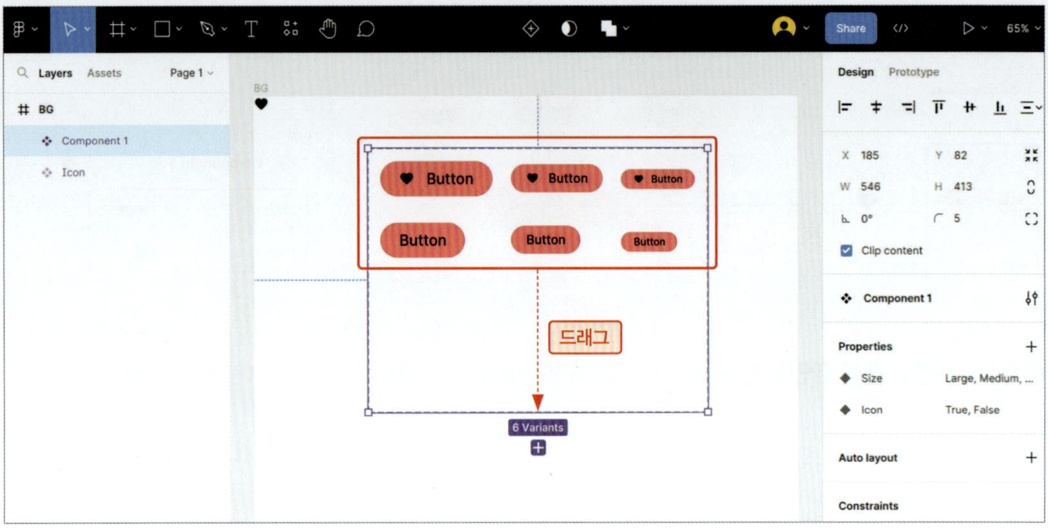

02 컴포넌트 복제한 후 색상 변경하기 컴포넌트 내부의 버튼 6개를 모두 선택하고 Alt를 눌러 복제한 후 [Fill] 메뉴의 색상을 밝은 회색으로 변경한다.

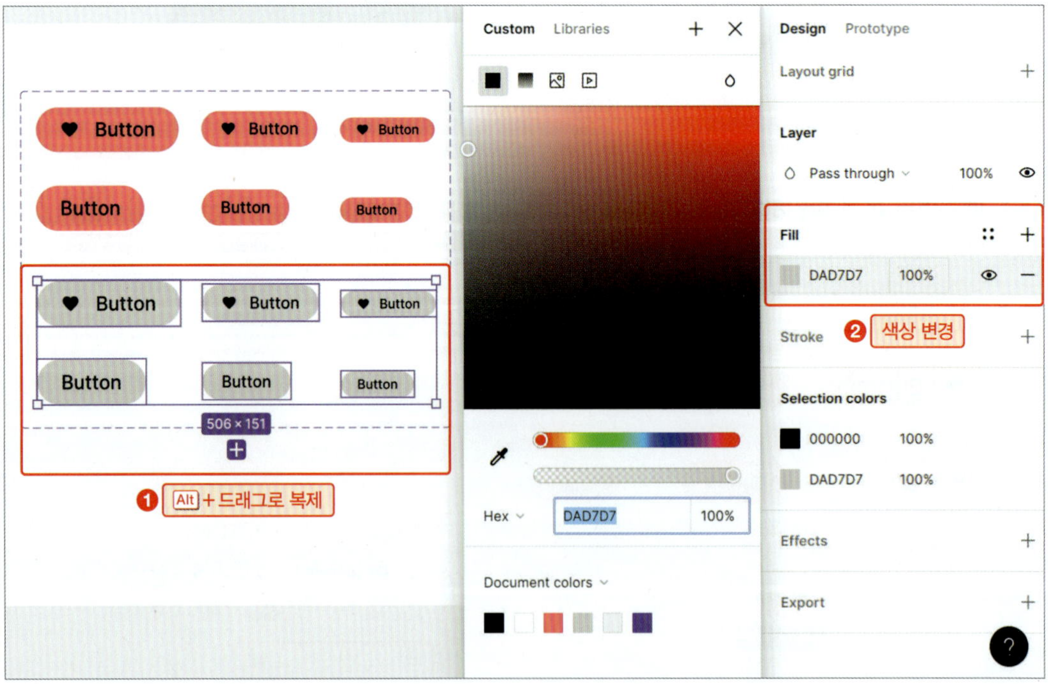

03 베리언트 설정하기 'Component 1'을 선택하고 [Properties] 메뉴 우측의 [+]를 클릭하고 옵션에서 [Variant]를 선택한다.

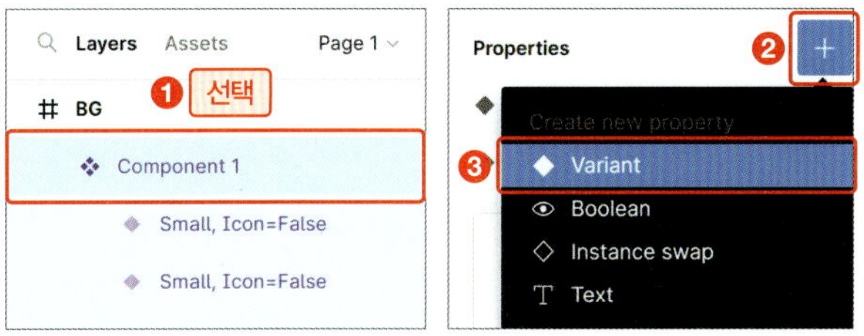

04 베리언트 상태 옵션 설정하기 이번에는 버튼의 상태를 나타내기 위해 [Name]에는 'State'를 입력하고 [Value]는 'Active'로 입력한다.

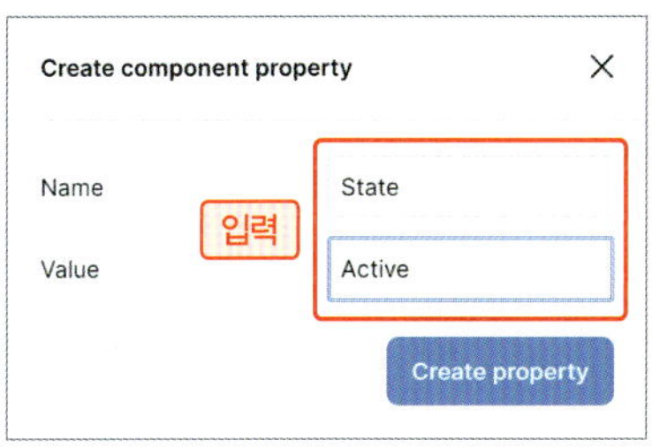

05 베리언트 상태 옵션 설정하기 회색 버튼을 모두 선택하고 [Current variant] 메뉴의 [Active] 옵션을 클릭하여 [Add new]를 선택한다.

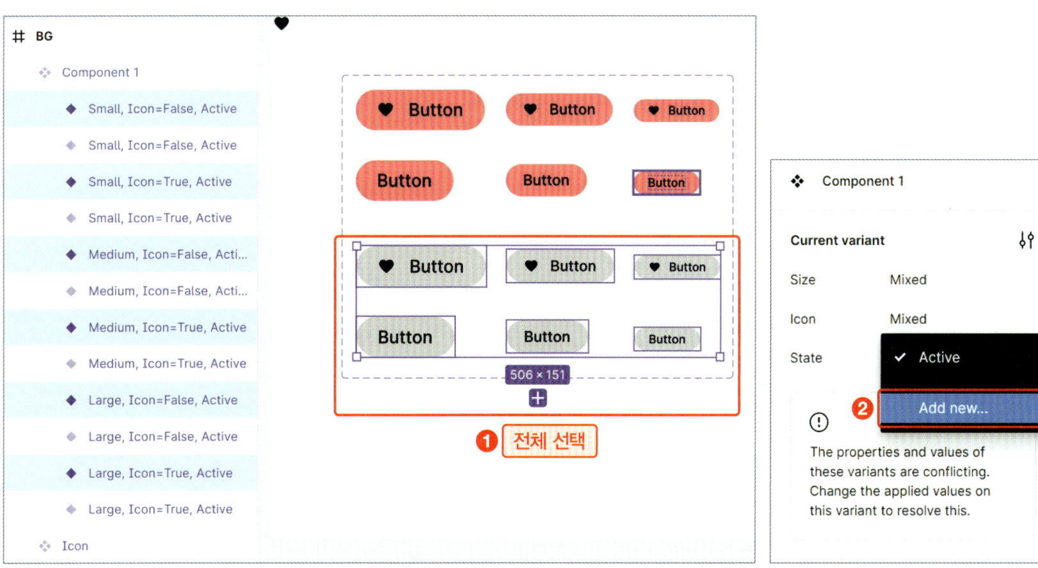

06 베리언트 상태 옵션 설정하기 새 이름은 'Disabled'로 설정한다.

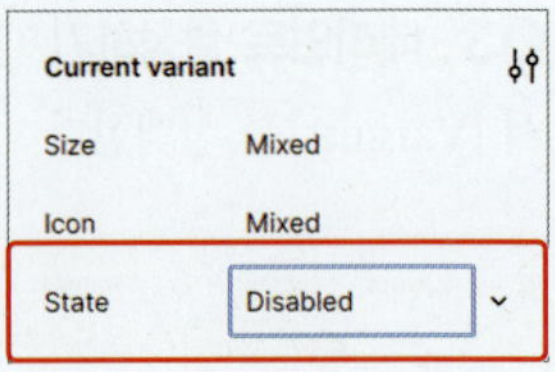

07 베리언트 상태 확인하기 [Assets]에서 'Component 1'을 화면으로 드래그하여 배치한다.

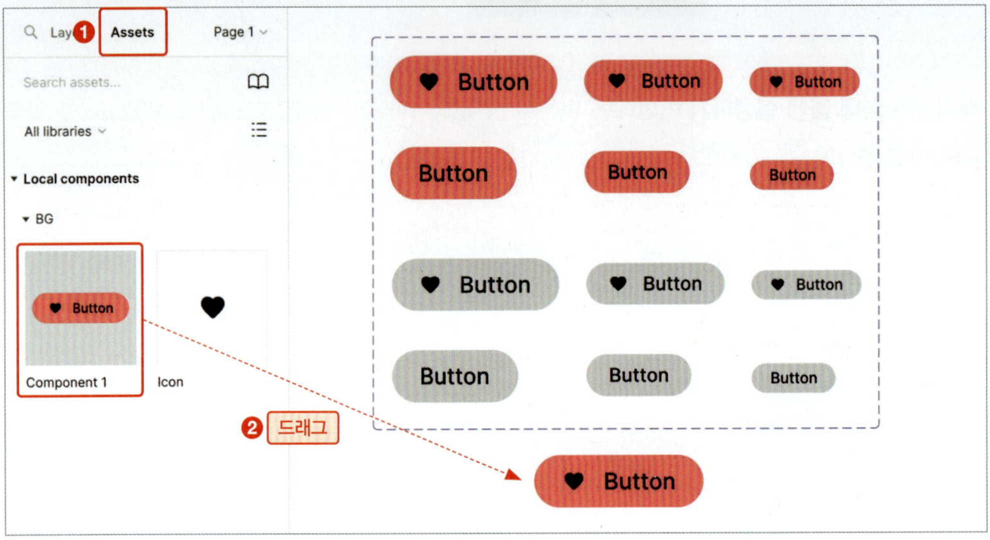

08 베리언트 상태 확인하기 우측 옵션에 버튼의 상태를 조절하는 [State] 옵션이 추가되었다. 이제 옵션을 조절해 버튼 인스턴스의 상태나 크기를 여러 종류로 쉽게 변경할 수 있다.

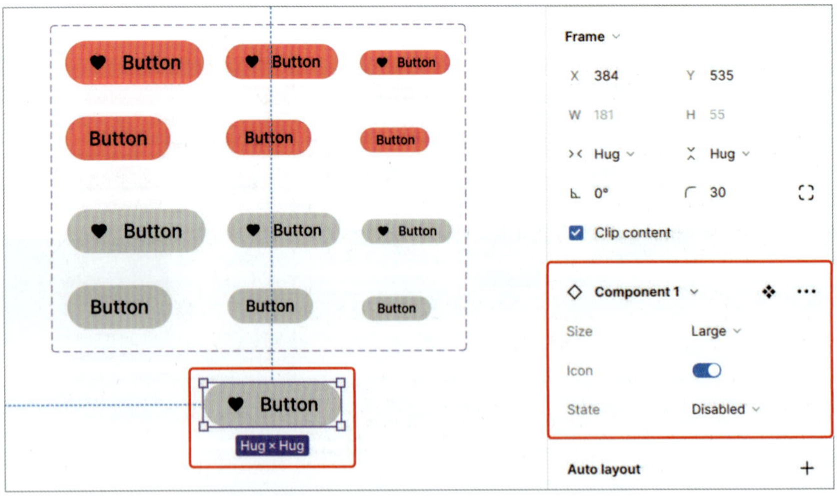

SECTION 02

베리언트와 반응형 메뉴

핵심 내용 베리언트 옵션을 활용한 반응형 메뉴 바 제작

반응형 메뉴의 이해

3장 '피그마 기초 I : 스타일과 레이아웃'에서 컨스트레인트와 오토레이아웃 기능으로 다양한 디바이스 화면에 맞게 디자인 요소의 크기를 일정하게 조정하는 법을 배웠다. 마찬가지로 베리언트의 옵션을 이용하여 모바일, 태블릿, 데스크톱 크기에 따른 반응형 메뉴를 만들 수 있다.

베리언트를 활용한 반응형 메뉴 바 제작

01 페이지 추가하고 프레임 만들기 기존 베리언트 예제 화면의 [Page 1]을 선택하고 [+]를 클릭하여 [Page 2]를 추가한다. 프레임 툴(#)로 화면을 드래그하여 반응형 메뉴를 그릴 프레임을 만든다. 이때 프레임의 넓이는 '1400' 이상으로 지정한다.

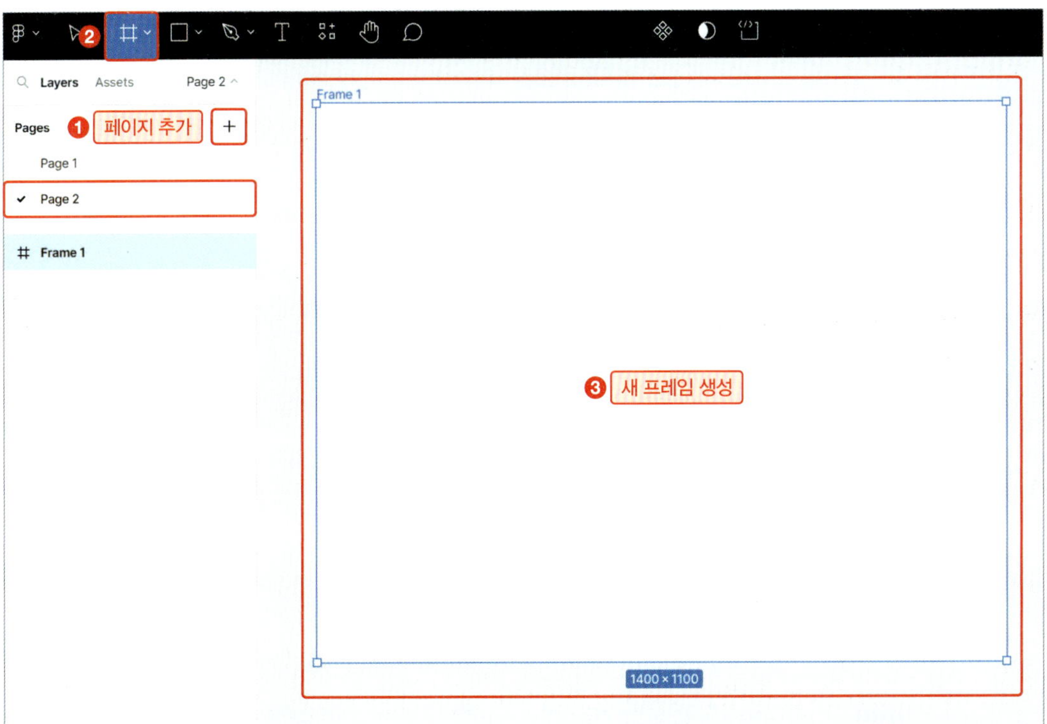

02 모바일 메뉴 바 만들기 사각형 툴(■)로 넓이 '360', 높이 '56'인 사각형을 하나 그린 후 [Fill] 메뉴의 색상을 '#000000'으로 변경한다.

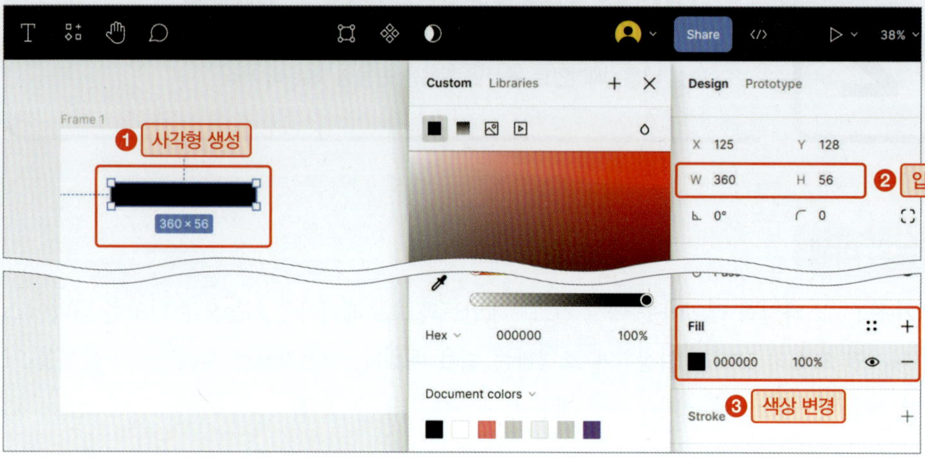

03 메뉴 아이콘 만들기 Ctrl+＋를 여러 번 눌러 화면을 '800%' 이상으로 확대한다. 사각형 툴(■)로 넓이 '18' 높이 '2'인 직사각형을 그림과 같이 세 개 그려 배치한다.

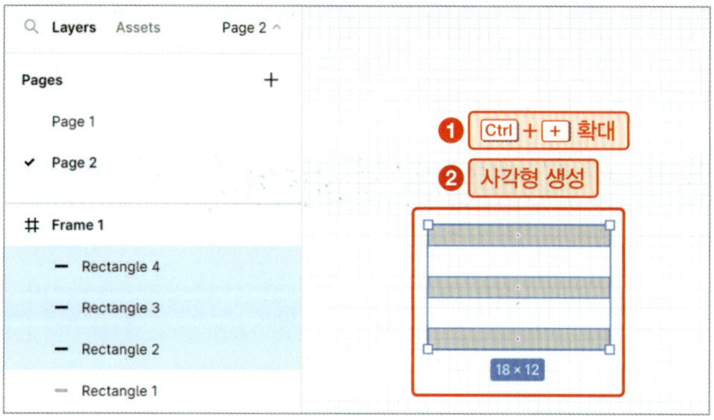

04 메뉴 아이콘 만들기 넓이와 높이가 '24'인 정사각형을 하나 더 만들고 [Fill] 메뉴에서 투명도를 '0'으로 설정한다.

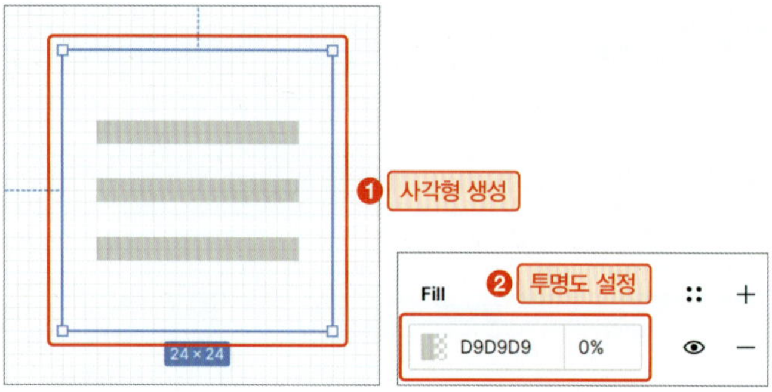

05 메뉴 아이콘 만들기 라인과 사각형을 모두 선택하고 Ctrl+G를 눌러 그룹으로 만든다. 면의 색상은 '#FFFFFF'로 변경한다.

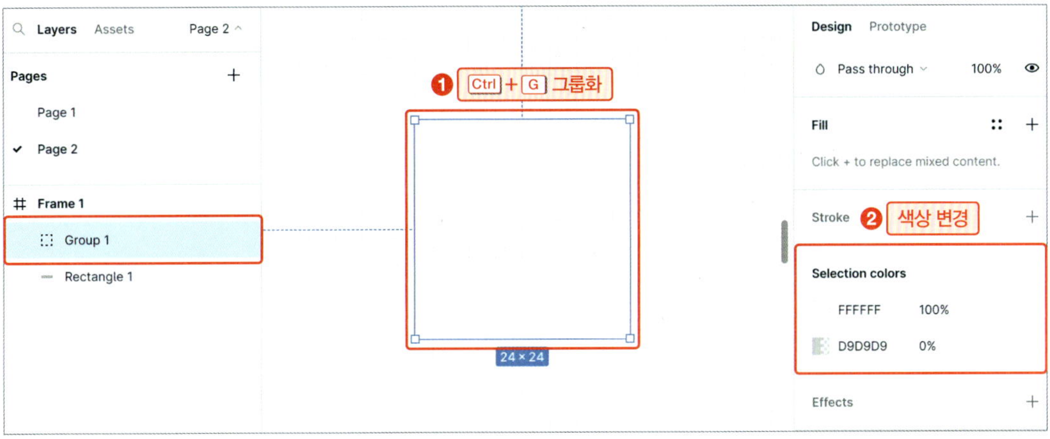

06 메뉴 아이콘 배치하기 Shift+1을 누르면 확대되었던 화면이 딱 맞게 축소된다. 메뉴 아이콘을 그려놓은 사각형 바의 왼쪽 '16' 간격을 두고 배치한다.

TIP 오브젝트가 선택된 상태로 Alt를 누르고 외부 오브젝트로 마우스를 가져가면 간격을 볼 수 있다.

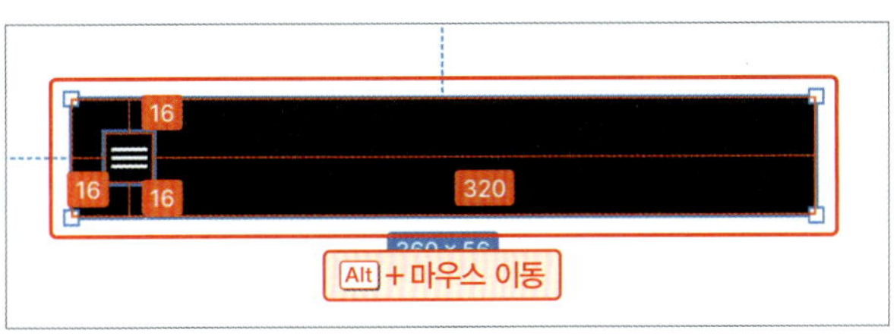

그림 5-3 외부 간격 확인하기

07 태블릿 메뉴 바 만들기 메뉴 아이콘과 사각형 바를 함께 선택한 후 Alt를 누른 채 드래그하여 복제한다. 복제한 사각형 바의 넓이는 '600'으로 변경한다.

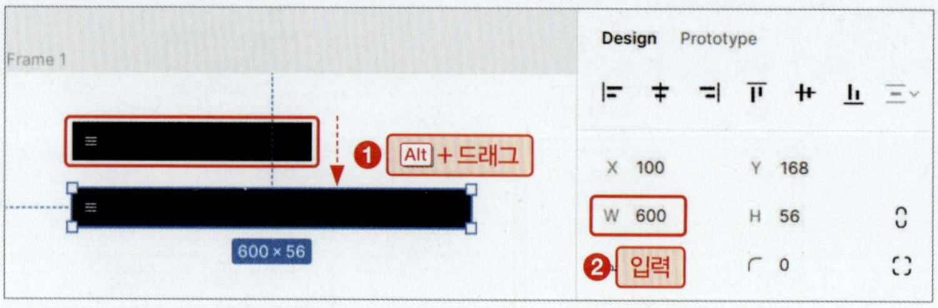

08 데스크톱 메뉴 바 만들기 메뉴 아이콘 없이 사각형 바만 복제한 후 넓이를 '1280'으로 변경한다.

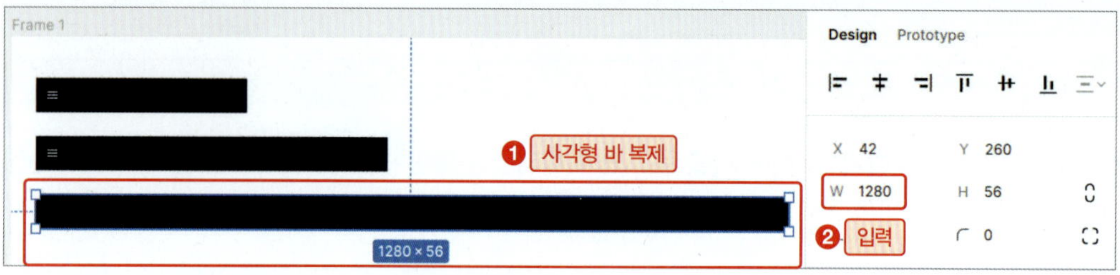

09 데스크톱 메뉴 바 만들기 텍스트 툴(T)을 사용해 '서비스 메뉴 01'이라고 입력한 후 왼쪽 '140'의 여백을 두고 사각형 바 내부에 배치한다.

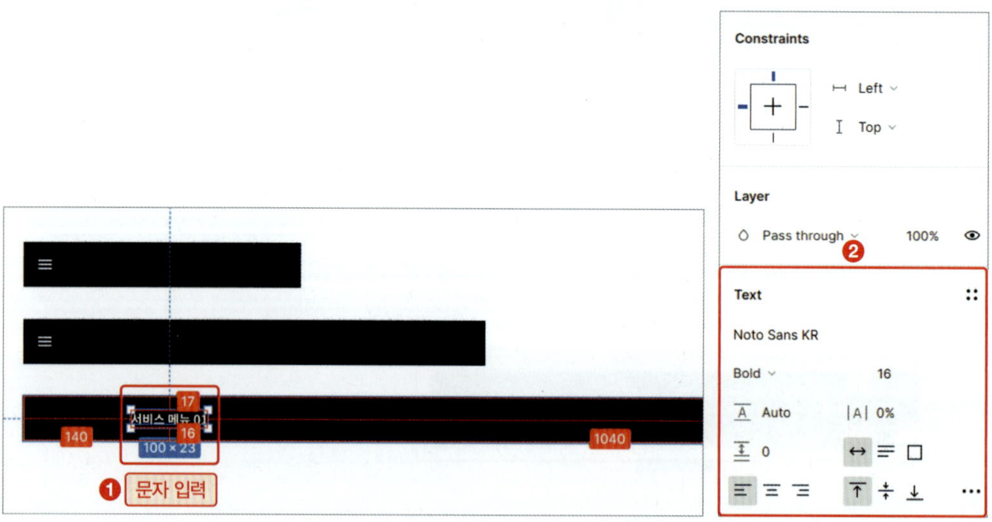

10 데스크톱 메뉴 바 만들기 사각형 툴(■)로 넓이 '1', 높이 '24'인 사각형을 하나 그린 후 색상을 '#FFFFFF'로 변경하고 문자 옆에 배치한다.

11 데스크톱 메뉴 바 만들기 문자와 흰색 라인을 함께 선택하고 Shift + A 를 눌러 오토레이아웃을 적용한 후 오브젝트 간의 간격을 '24'로 지정한다.

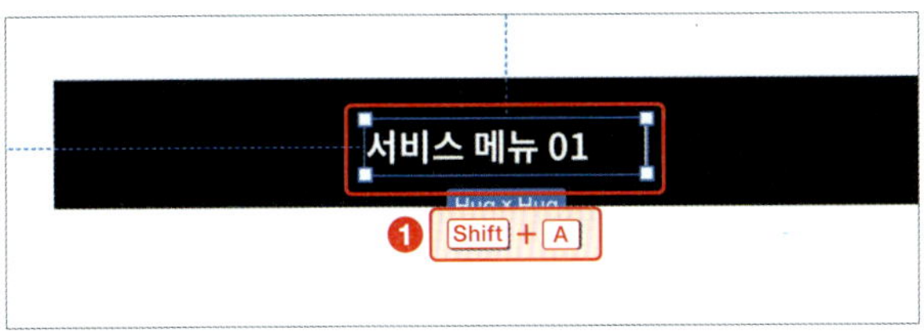

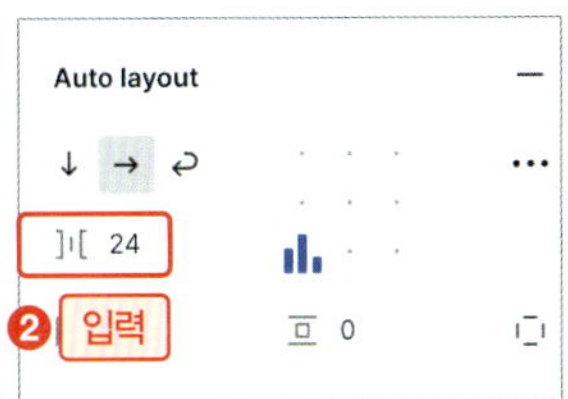

12 데스크톱 메뉴 바 만들기 오토레이아웃 그룹을 더블클릭하거나 레이어를 열어 문자를 선택하고 Ctrl + D 를 누르면 선택된 문자가 '24'의 간격을 두고 복제된다.

13 데스크톱 메뉴 바 만들기 실습 12에서 문자 맨 아래 있는 'Rectangle 6'을 선택하고 Ctrl+X를 눌러 잘라낸다. 첫 번째 문자를 선택하고 Ctrl+V를 눌러주면 문자 뒤로 선이 배치된다. 반복해서 다음 문자를 선택하고 Ctrl+V를 눌러 문자와 문자 사이에 선을 배치한다.

TIP 선은 메뉴 문자와 문자 사이에만 배치되고 맨 마지막 메뉴 뒤에는 배치하지 않는다. 이때 모든 오브젝트는 오토레이아웃에 의해 자동으로 '24'의 간격을 유지한다.

14 데스크톱 메뉴 바 만들기 메뉴 바의 문자를 다음과 같이 변경한다.

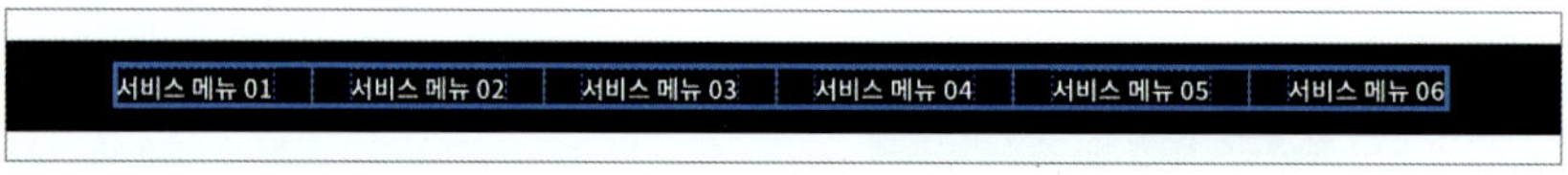

15 메뉴 바 옵션 설정하기 첫 번째 메뉴 바의 아이콘과 사각형 바를 함께 선택하고 Ctrl+G를 눌러 그룹으로 만든다. 이름은 'Mobile'로 변경한다.

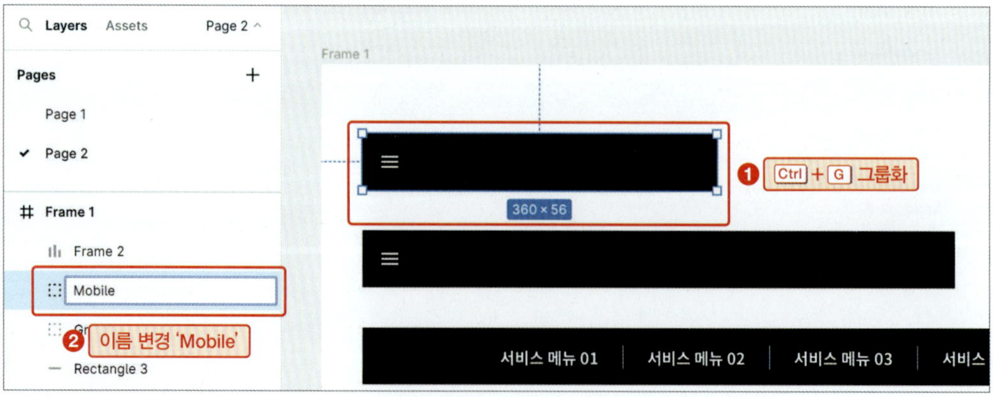

16 메뉴 바 옵션 설정하기 두 번째 메뉴 아이콘과 사각형 바를 함께 선택하고 Ctrl+G를 눌러 그룹으로 만들고 이름을 'Tablet'으로 변경한다. 같은 방법으로 마지막 사각형 바와 오토레이아웃 그룹을 선택하고 Ctrl+G를 눌러 그룹을 만든 뒤 이름을 'Desktop'으로 변경한다.

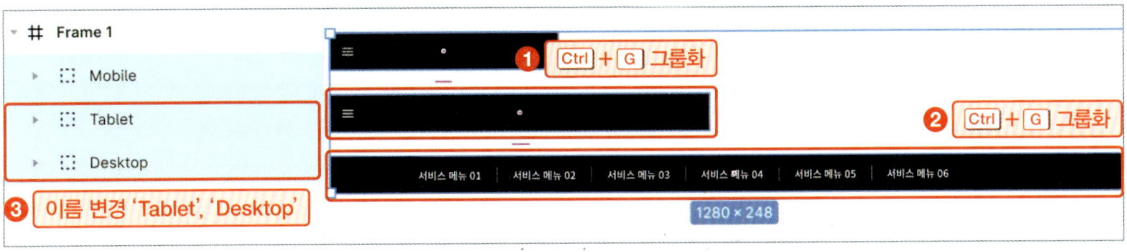

17 컴포넌트 생성하기 세 개의 그룹을 모두 선택하고 상단 컴포넌트 아이콘(❖)옆의 화살표를 클릭하여 [Create component set]을 선택한다.

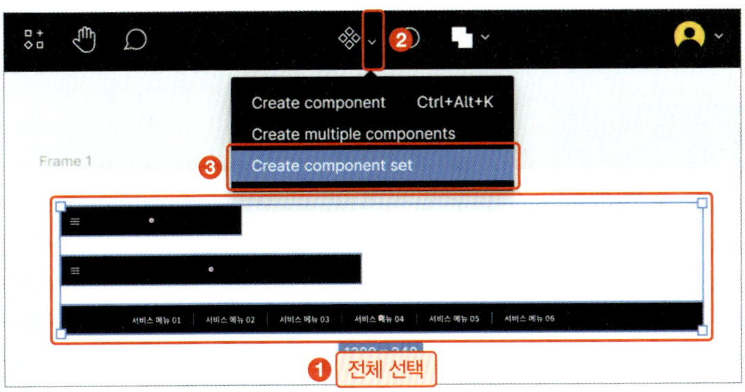

18 베리언트 옵션 설정하기 'Component 1'이라는 베리언트를 선택하고 우측 [Properties] 메뉴 옵션을 [Mode]로 변경한다.

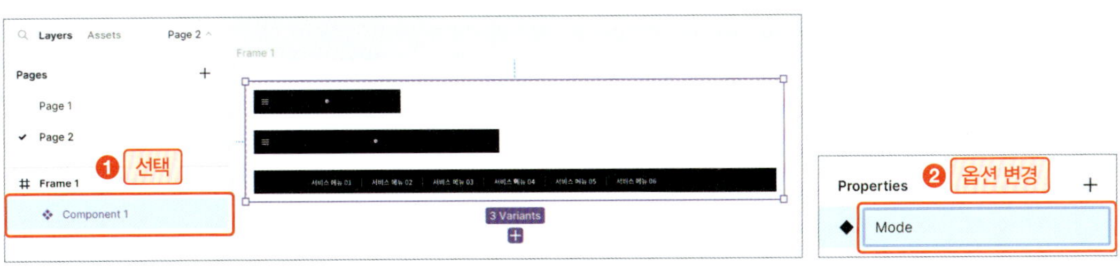

19 베리언트 옵션 확인해 보기 [Assets]에서 방금 만든 컴포넌트를 화면으로 드래그하여 배치한 뒤 [Properties] 메뉴 옵션에서 [Mode]를 변경하면 모드 선택에 따라 태블릿이나 데스크톱 모드로 전환할 수 있다.

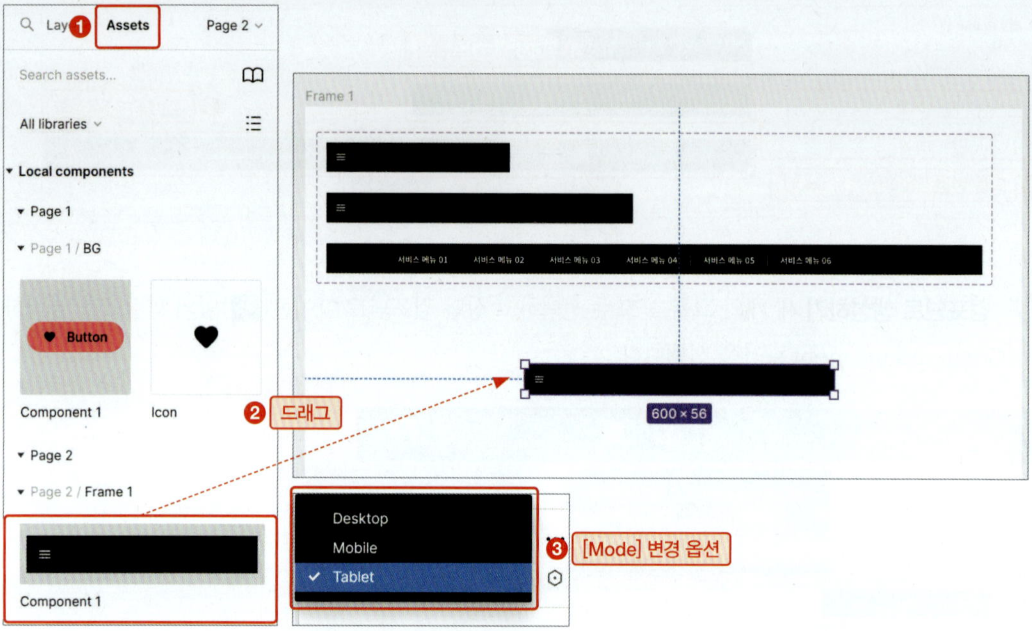

요약

1 베리언트

- **정의** 유사한 종류의 컴포넌트를 세트로 묶어서 사용할 수 있는 기능이다.
- **장점** 하나의 컴포넌트를 다양한 스타일과 속성 값으로 변형하여 사용할 수 있다.
- **사용법**

❶ **컴포넌트 세트 제작** 컴포넌트( ) 버튼을 클릭하고 [Create component set] 선택

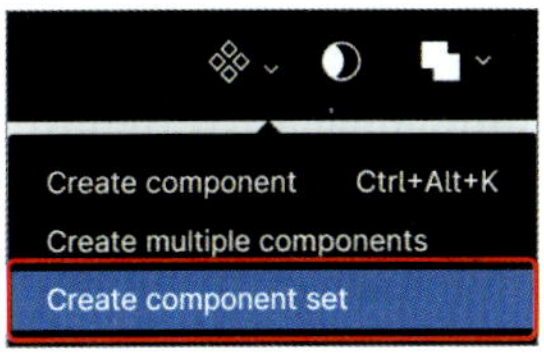

❷ **베리언트 생성** [Properties] 메뉴 우측의 + 를 클릭하여 [Variant]를 선택

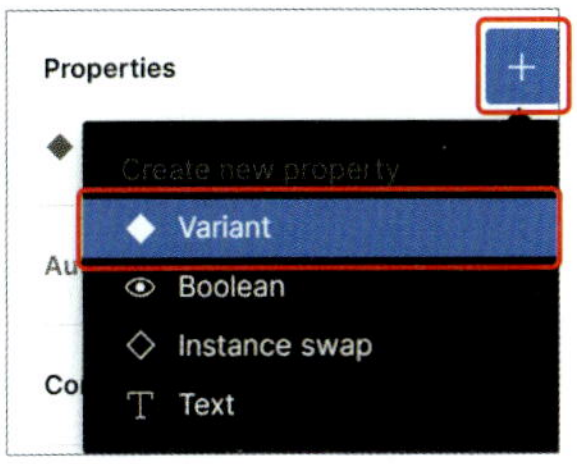

❸ **속성 지정** [Create component property] 옵션 창에서 'Name'과 'Value' 값 지정

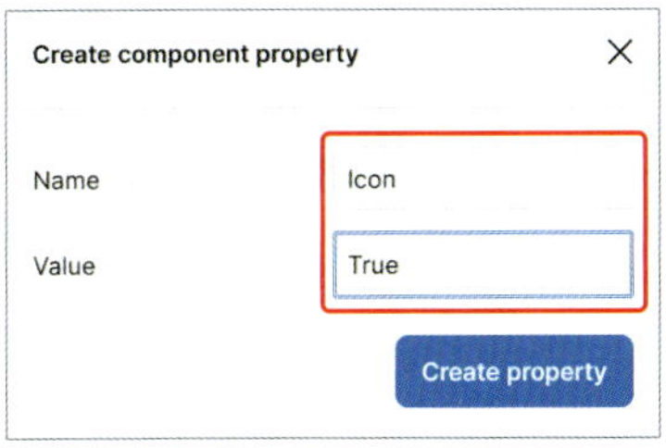

❹ **속성 추가** 추가로 지정할 옵션이 있다면 [Add new]를 선택하여 추가

2 베리언트와 반응형 메뉴

- 베리언트의 옵션을 이용하면, 모바일, 태블릿, 데스크톱 크기별 반응형 메뉴 바를 만들 수 있다.
- **사용법**

❶ **크기별 메뉴 바 제작** 사각형 툴을 사용해 세 가지 크기별 메뉴 바를 제작하고 각각을 그룹화하여 이름을 지정

❷ **컴포넌트 세트 제작** 세 개의 그룹을 모두 선택하고 컴포넌트(❖) 버튼을 클릭한 뒤 [Create component set] 선택

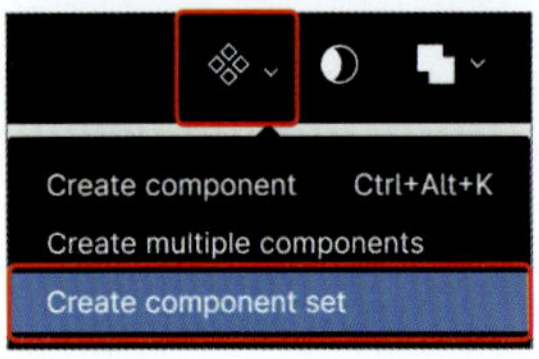

❸ **베리언트 옵션 설정** 생성한 'Component 1'을 선택하고 [Properties] 메뉴 옵션을 [Mode]로 변경

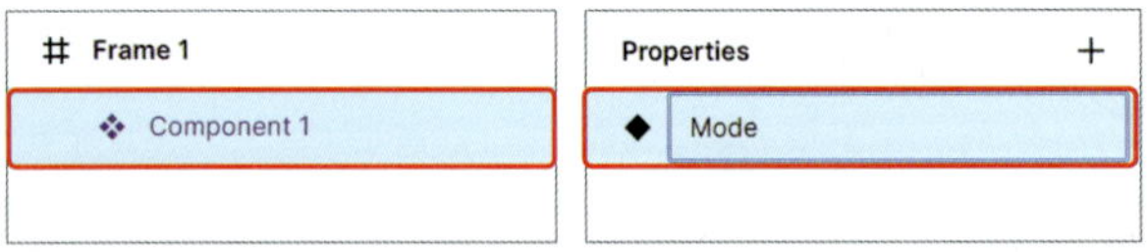

❹ **모드 변경** [Properties] 메뉴 옵션에서 [Mode]를 변경하여 반응형 메뉴를 사용

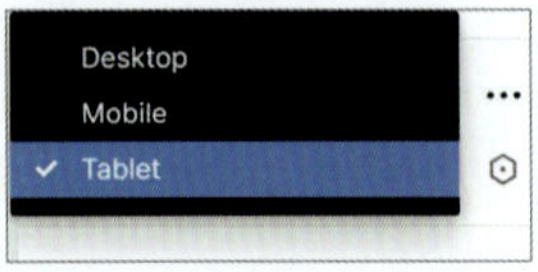

CHAPTER

06

프로토타입의 활용

01 프레임 인터랙션

02 베리언트 스위치 인터랙션

03 버튼 인터랙션

04 캐러셀 인터랙션

05 오버플로우 스크롤링 인터랙션

06 모달 창 인터랙션

07 내비게이션 드로워 인터랙션

요약

학습목표

- 피그마의 프로토타입 기능에 대해 알아본다.
- 기본적인 프레임 인터랙션을 제작해 본다.
- 드래그 인터랙션으로 캐러셀을 제작해 본다.
- 모달 창 인터랙션을 제작해 본다.
- 내비게이션 드로워 인터랙션을 제작해 본다.

SECTION 01

프레임 인터랙션

핵심 내용 프로토타입 메뉴 확인, 프레임 인터랙션 제작

피그마와 프로토타입

피그마의 프로토타입 기능을 활용하면, 디자인 요소에 전환, 애니메이션과 같은 인터랙션 효과를 만들 수 있다. [Prototype] 메뉴를 살펴보면 디바이스의 기종과 색상, 미리보기 화면의 바탕화면 색상을 지정할 수 있는 옵션이 있다.

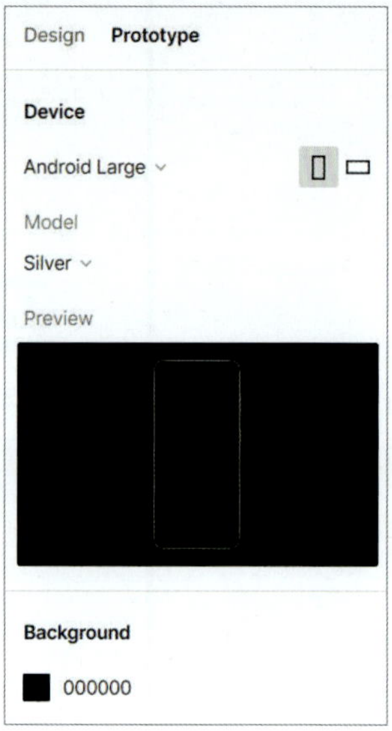

그림 6-1 [Prototype] 메뉴

프로토타입을 시연하려면 상단에 있는 ❶ 미리보기(▷)버튼을 사용한다. 새로운 창이 열리며 제작한 인터랙션을 실행할 수 있다. ❷ 프리뷰 버튼(▷)을 클릭하면 디바이스 크기로 설정한 미리보기 창으로 프로토타입을 실행할 수 있다.

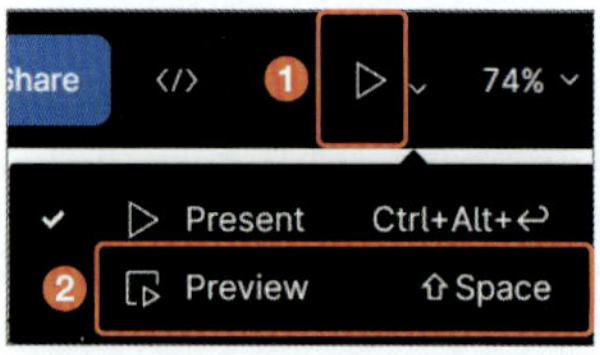

그림 6-2 [Prototype] 미리보기 버튼

프레임 인터랙션의 이해

가장 빈번하게 사용되는 인터랙션은 프레임과 프레임 간의 페이지 전환으로 이루어지는 경우가 많다. 프레임 전환 인터랙션은 같은 오브젝트가 다른 프레임에서 색상이나 그림자와 같은 변화로 페이지가 전환되는 인터랙션을 말한다.

실습 프레임 인터랙션 제작하기

간단한 원을 만들고 피그마의 [Prototype] 메뉴를 사용하여 프레임 전환 인터랙션을 구현해 본다.

예제 미리보기

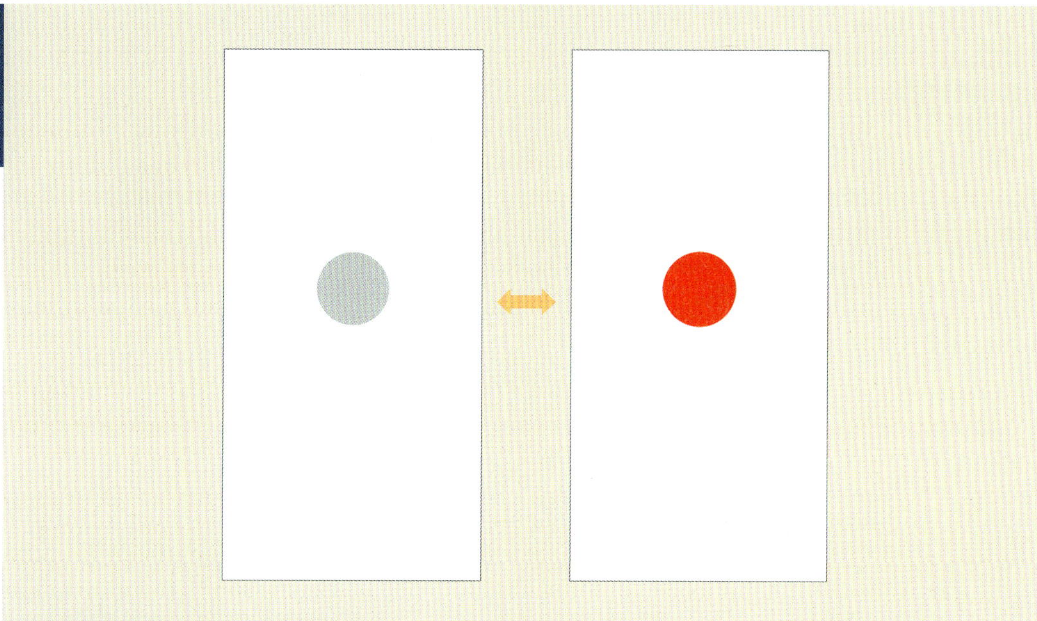

실습 파일 링크 https://bit.ly/3ttME6Q

01 프레임 생성하기 프레임 툴(#)을 선택하고 우측 패널에서 'Android Large'를 선택하여 프레임을 생성한다.

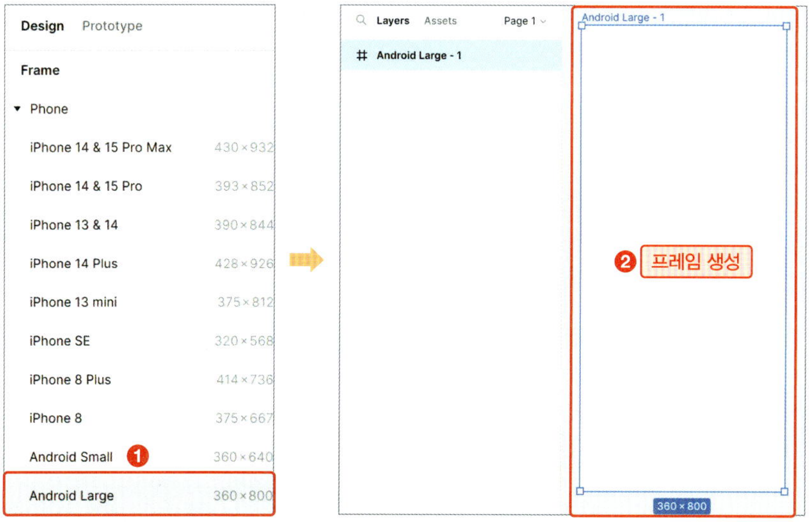

TIP 크기는 정해진 것이 아니기 때문에 팀원들과 상의하에 지정해서 사용한다.

02 원 만들기 원형 툴(◯)로 화면을 클릭하여 넓이와 높이가 '100'인 정원을 하나 만든다.

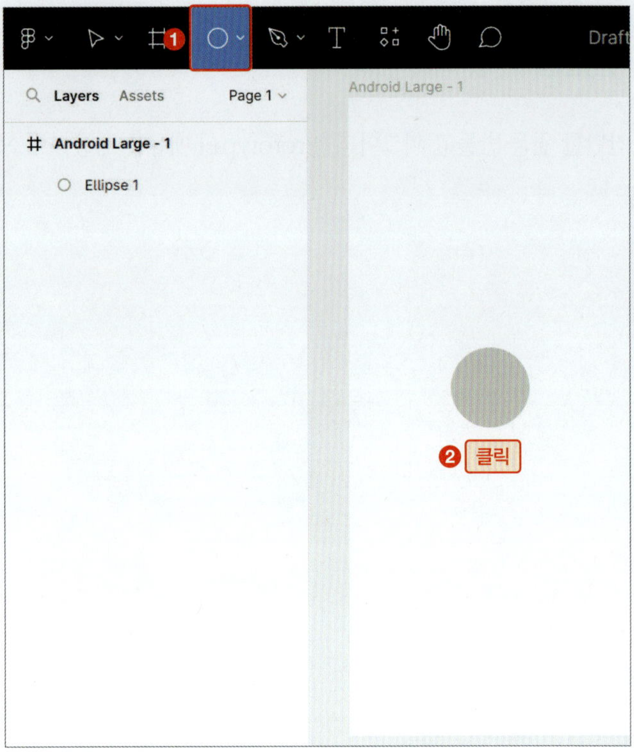

03 프레임 복제하고 원 만들기 프레임의 이름 부분을 선택하고 Ctrl+D를 누르면 프레임이 복제된다. 복제된 프레임의 원을 선택하고 눈에 잘 띄는 색상으로 변경한다.

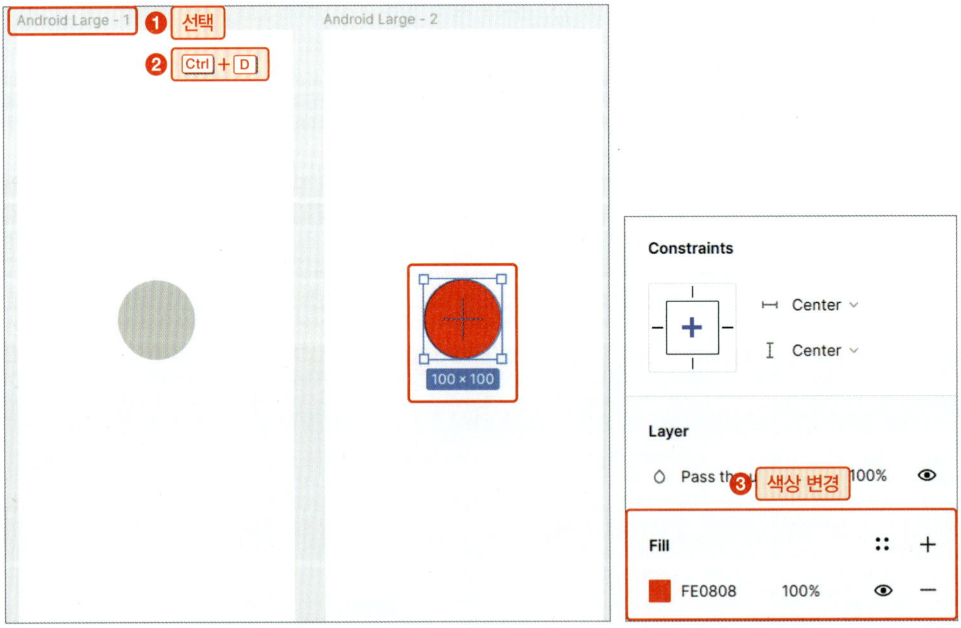

04 프로토타입 메뉴 선택하기 우측 패널에서 [Prototype] 메뉴를 선택한다.

TIP [Device] 옵션은 현재 선택한 프레임과 같은 크기의 디바이스를 선택해야 한다. 크기가 다른 디바이스를 선택하면 디자인 요소의 위치가 달라지거나 잘려서 보이지 않게 된다. [Model] 옵션은 가장자리의 프레임 색상을 지정할 수 있고 [Background]는 미리보기 화면의 배경 색상을 지정할 수 있다.

05 프로토타이핑 연결하기 오브젝트 우측으로 마우스를 가져가 ⊕에서부터 마우스를 드래그하여 'Android Large-2' 프레임으로 화살표를 당겨 연결한다.

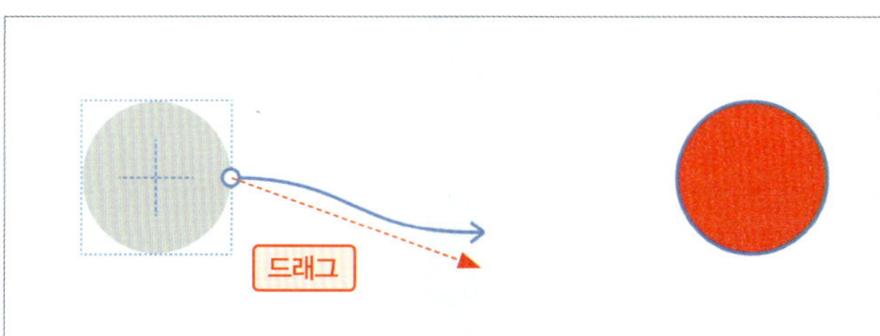

06 인터랙션 옵션 설정하기 화살표가 'Android Large-2' 프레임에 연결되면 옵션 창이 나타난다. 'Android Large-1'의 원을 탭 했을 때 'Android Large-2' 프레임으로 연결된다는 [Navigate to]와 즉각적인 애니메이션 옵션을 의미하는 [Instant]를 그대로 두면 된다.

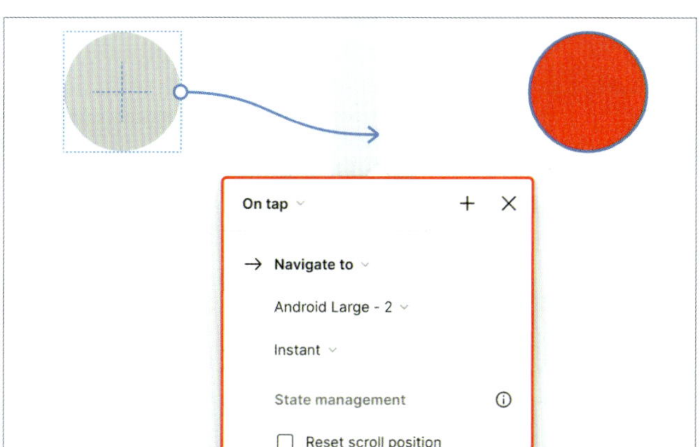

07 프로토타이핑 연결하기 'Android Large-1'의 원이 'Android Large-2'로 프레임이 전환되었다. 이제 'Android Large-2'의 원을 탭 했을 때 'Android Large-1'으로 프레임을 전환해 본다. 'Android Large-2'의 오브젝트 좌측으로 마우스를 가져가 ⊕에서부터 마우스를 드래그하여 'Android Large-1' 프레임으로 화살표를 당겨 연결한다.

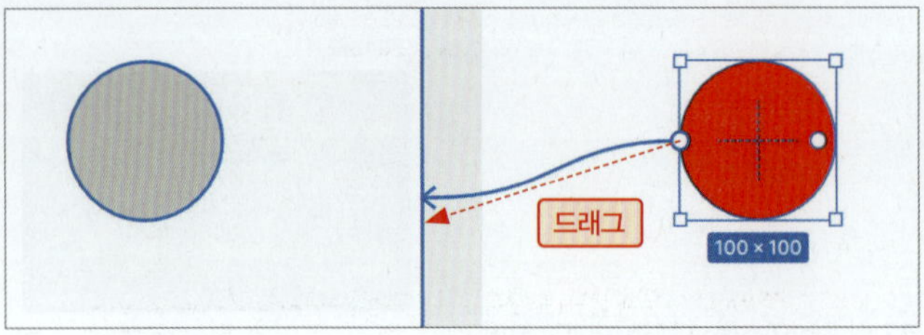

08 인터랙션 옵션 설정하기 옵션을 다음과 같이 설정한다.

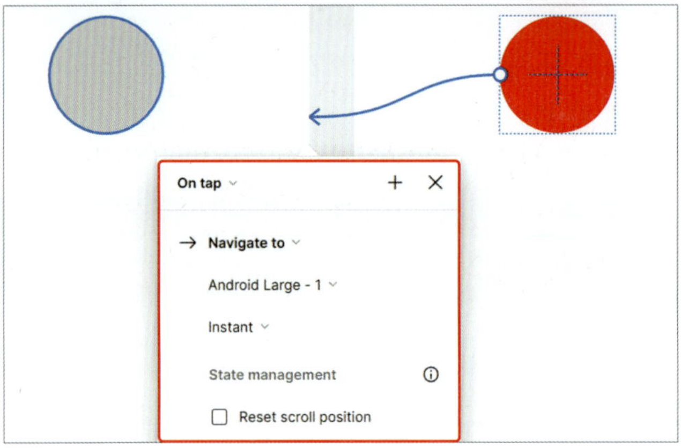

09 프로토타입 실행하기 오브젝트에 인터랙션이 적용되어 화살표로 연결된 것을 알 수 있다. 이제 우측 상단의 미리보기 버튼(▷)을 클릭하여 프로토타입 미리보기를 실행한다.

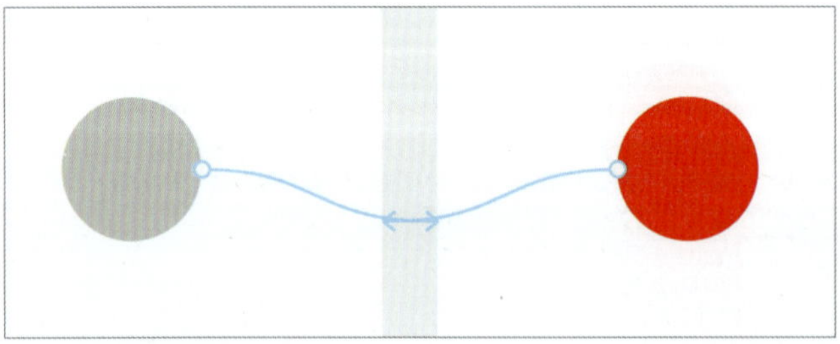

■ 인터랙션 적용 확인

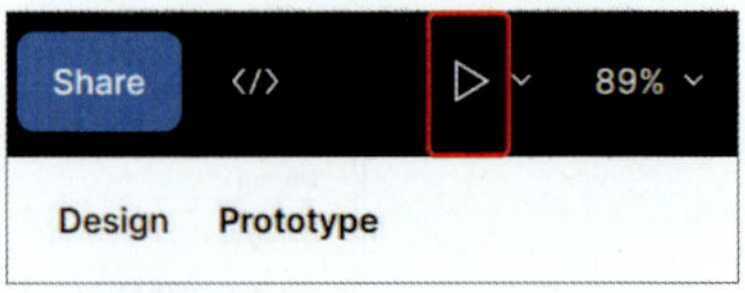

■ 프로토타입 실행

10 프로토타입 실행하기 화면 안에 여러 개의 오브젝트가 있을 때 배경을 클릭하면 인터랙션이 적용된 오브젝트 가장자리에 푸른색 박스가 나타난다. 또 화면 하단의 [〈 〉] 버튼은 여러 페이지가 있음을 나타낸다. 다른 페이지로 이동하였을 때 처음 페이지로 돌아오려면 [Restart] 버튼을 클릭한다.

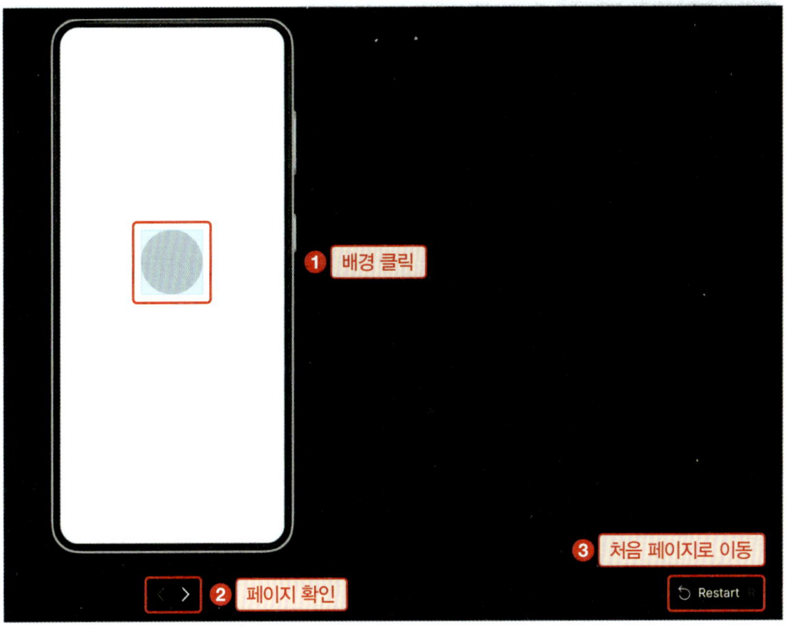

11 프로토타입 실행하기 화면 중앙의 회색 원을 클릭하면, 프레임이 전환되며 붉은 색상의 원으로 변경된다. 붉은 색의 원을 클릭하면, 다시 회색 원이 있는 프레임으로 전환되는 것을 알 수 있다.

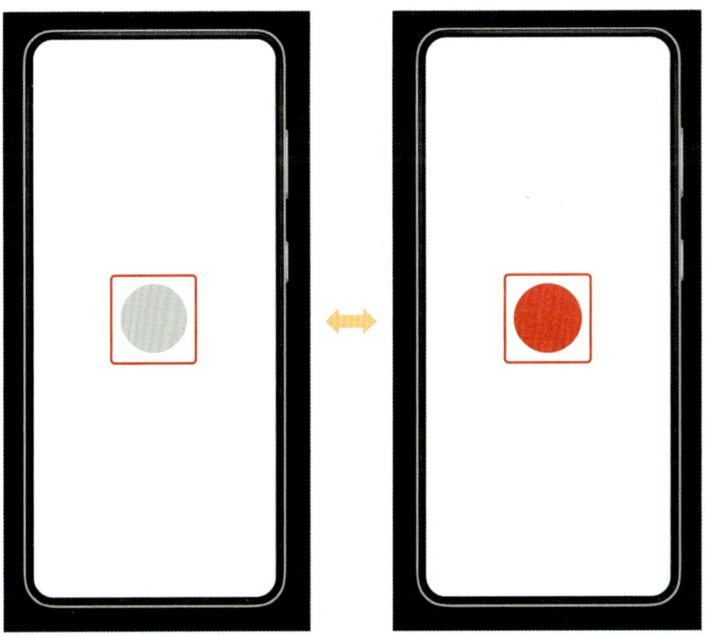

SECTION 02

베리언트 스위치 인터랙션

핵심 내용 베리언트로 스위치 인터랙션 제작

베리언트와 인터랙션

디자인을 하다 보면 한 페이지 안에서 일어나는 인터랙션이 굉장히 많을 때가 있다. 따라서 버튼 형태에 인터랙션을 적용해야 한다면, 버튼을 제작하는 베리언트 단계에서 인터랙션을 지정하여 사용하는 것이 더 효율적이다.

실습 베리언트로 스위치 인터랙션 제작하기

간단한 스위치 버튼을 제작하고 베리언트 옵션을 활용하여 스위치 인터랙션을 구현한다.

예제 미리보기

실습 파일 링크 https://bit.ly/4aouVyv

스위치 버튼 만들기

01 스위치 버튼 만들기 사각형 툴(■)로 넓이 '120', 높이 '60'인 직사각형을 만든다. 가장자리 둥글기 값에 '30'을 입력한다.

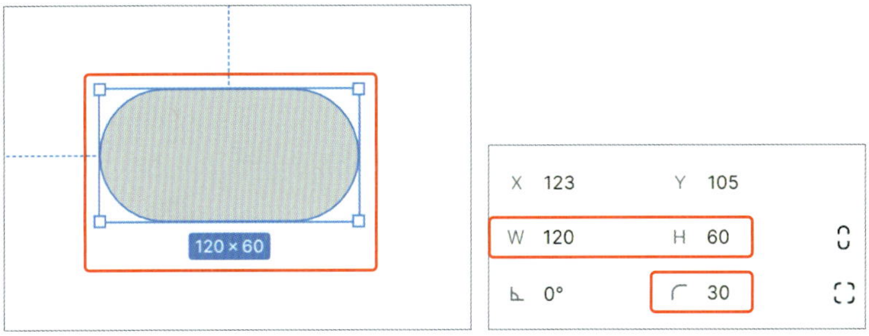

02 스위치 버튼 만들기 원형 툴(●)로 넓이와 높이가 '54'인 정원을 그린 후 색상은 '#FFFFFF'로 설정한다. 원의 위치를 좌측에 배치하고 그림과 같이 좌측, 상하 여백을 '3'으로 지정한다.

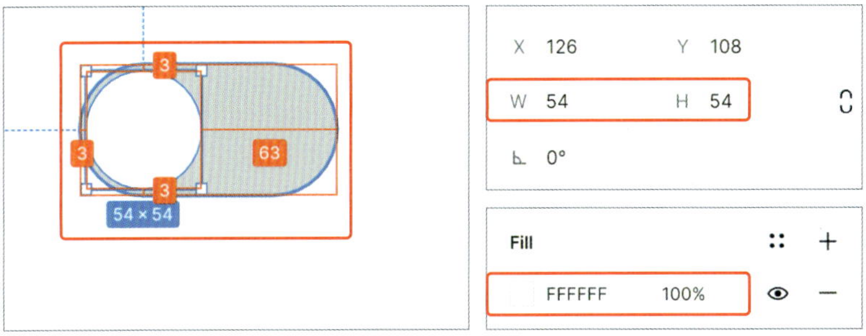

TIP 원을 선택한 상태로 Alt를 누르고 다른 오브젝트로 마우스를 가져가면 선택된 오브젝트와 다른 오브젝트와의 간격을 알 수 있다.

03 스위치 버튼 만들기 원을 선택한 후 우측 패널에서 [Effects] 메뉴의 [+]를 클릭하고 [Drop shadow]가 나타나면 옵션 창(☼)을 클릭한다. 옵션 값을 'X 2', 'Y 2', 'Blur 2' 그리고 투명도 값을 '25'로 설정한다.

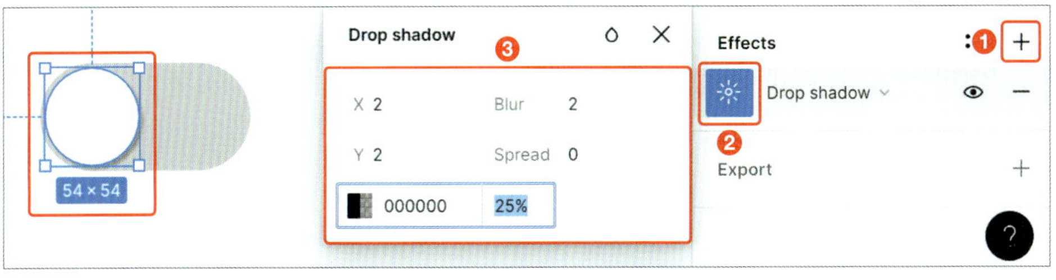

04 스위치 버튼 만들기 컨테이너를 선택한 후 [Effects] 메뉴 옆의 +를 클릭한다. [Drop shadow]가 나타나면 옵션 창(☼)을 클릭한다. 옵션 값을 'X 4', 'Y 4', 'Blur 4' 그리고 투명도 값을 '40'으로 설정한다.

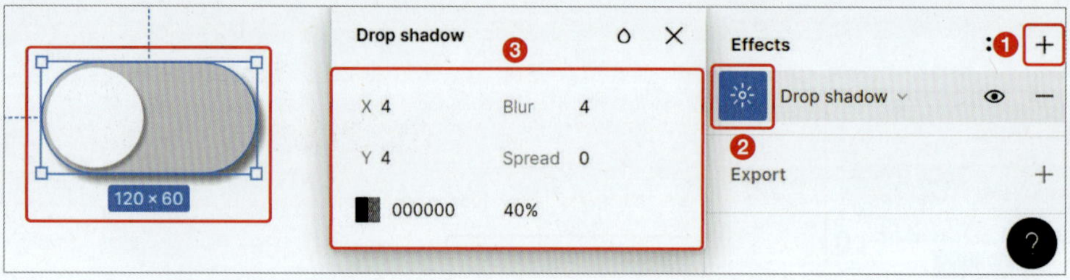

05 스위치 버튼 만들기 원과 컨테이너를 함께 선택하고 Alt를 누른 채 드래그하여 그림과 같이 우측에 나란히 복제한다. 복제한 오브젝트를 선택한 상태로 우측 정렬(⫣)을 클릭한다.

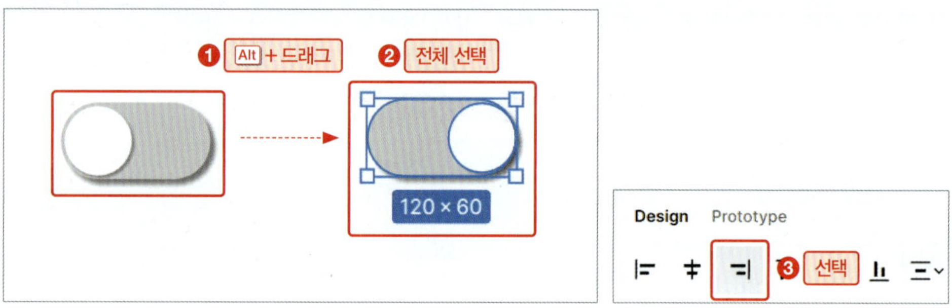

06 스위치 버튼 만들기 우측 스위치의 원을 선택하고 키보드의 좌측 화살표(←)를 3번 눌러 좌측에 '3' 여백을 만든다. 그다음 버튼 컨테이너를 선택하고 배경 색상을 '#FF004D'로 변경한다.

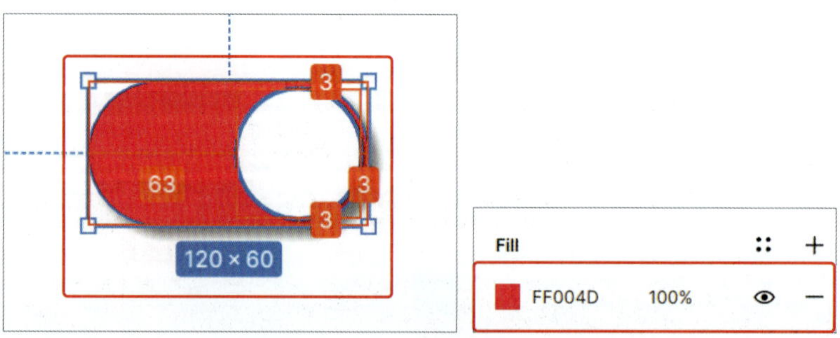

07 그룹화 하기 회색 버튼 세트를 선택하고 Ctrl+G를 눌러 그룹으로 만든다. 색상을 설정한 버튼 세트도 선택하고 Ctrl+G를 눌러 그룹으로 만든다.

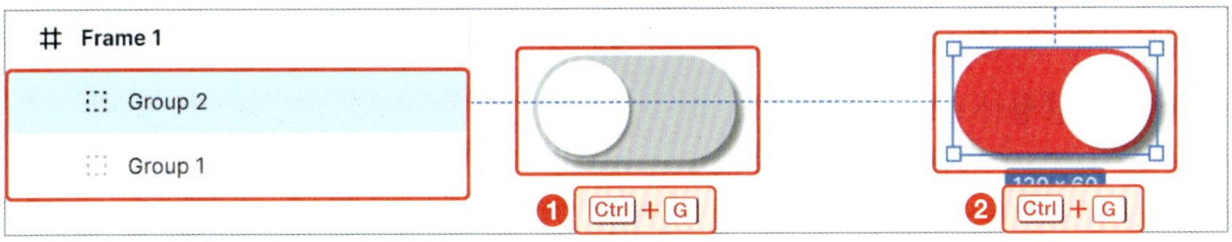

08 베리언트로 만들기 두 개의 버튼 그룹을 함께 선택하고 상단의 컴포넌트 아이콘(❖) 옆의 화살표를 눌러 [Create component set]을 선택한다.

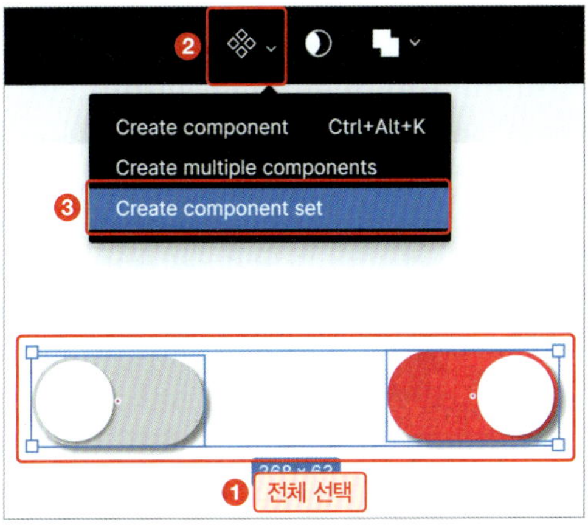

스위치 인터랙션 설정하기

01 프로토타이핑 연결하기 [Prototype] 메뉴를 선택하고 베리언트의 회색 버튼을 선택한다. 우측으로 마우스를 가져가 ⊕에서부터 마우스를 드래그하여 우측 색상 버튼으로 화살표를 연결한다.

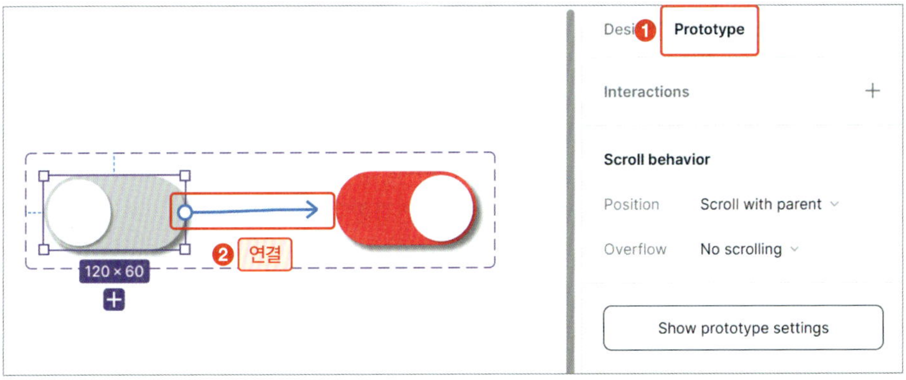

02 인터랙션 옵션 설정하기 화살표가 연결되고 옵션 창이 나타나면 'Group 1'에서 탭 했을 때 'Group 2'로 빠른 전환이 일어날 수 있도록 기본 옵션을 그대로 둔다.

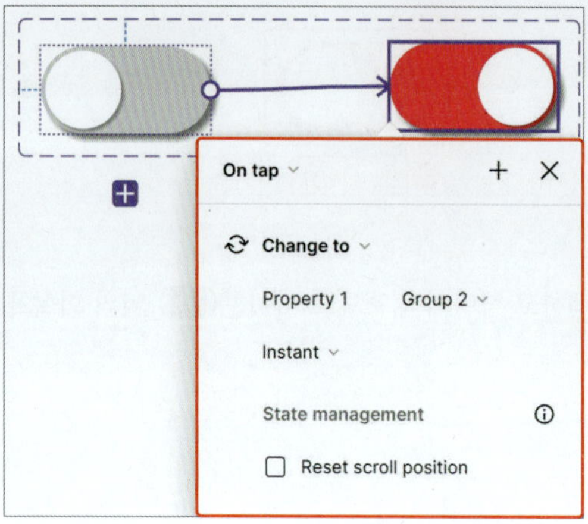

03 프로토타이핑 설정하기 반대로 색상 버튼을 탭 했을 때 다시 돌아가는 인터랙션을 연결한다. 색상 버튼 좌측으로 마우스를 가져가 ⊕에서부터 마우스를 드래그하여 회색 버튼으로 화살표를 연결한다. 탭 했을 때 'Group 1'으로 전환되도록 기본 옵션 값 그대로 둔다.

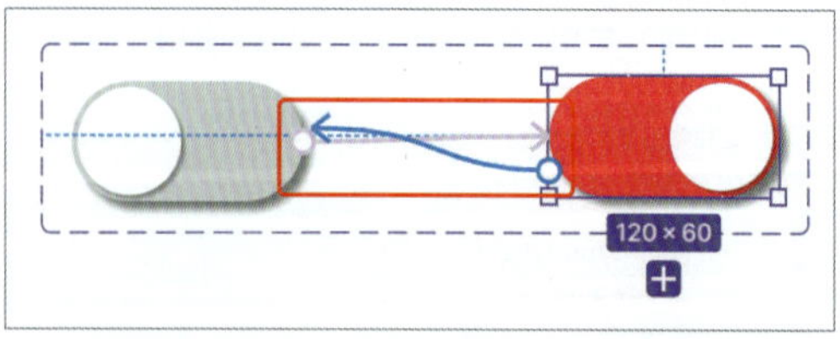

■ 인터랙션 연결

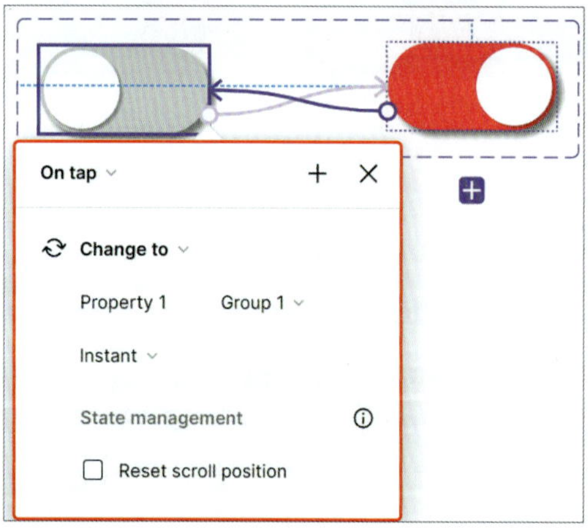

■ 인터랙션 옵션 값

04 베리언트 이름 변경하기 베리언트의 이름을 'Switch'로 변경한다.

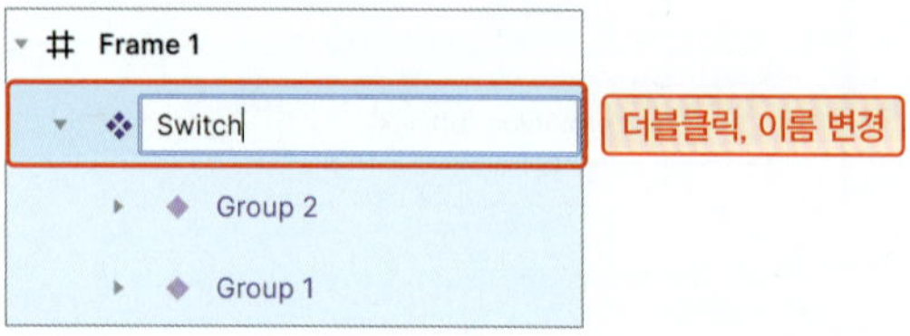

05 새 페이지 추가하기 [Pages] 옆의 [+]를 클릭하고 [Page 2]를 추가한다. 프레임 툴(#)을 선택하고 우측 패널에서 'Android Large'를 선택한다.

06 프로토타입 실행하기 [Assets]에서 등록한 'Switch'를 프레임 내부로 드래그하여 배치한다. [Prototype] 메뉴를 선택하고 원하는 디바이스와 배경색을 설정하고 프로토타입을 실행한다.

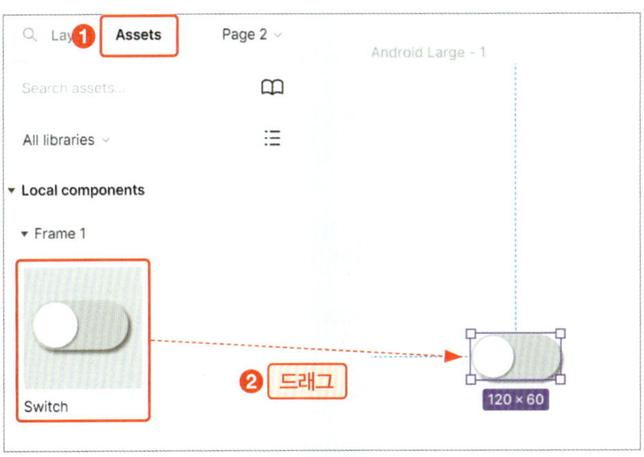

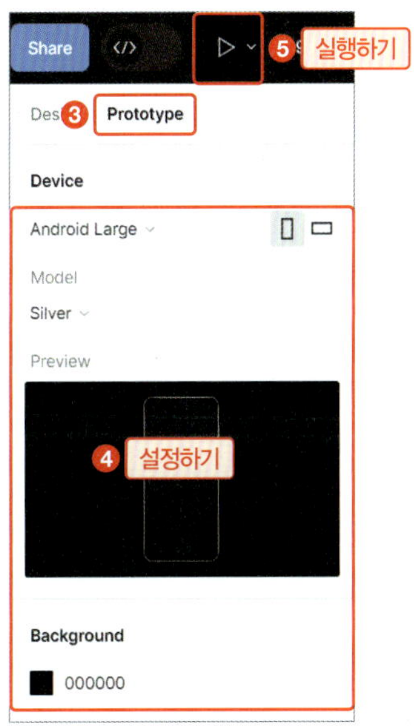

07 프로토타입 실행하기 프로토타입을 실행하면 '프레임 인터랙션' 예제와는 달리 화면 하단에 페이지가 한 페이지로 설정되어있다.

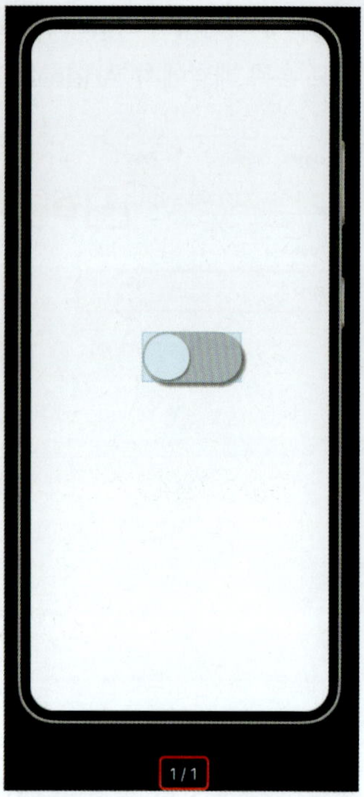

08 프로토타입 실행하기 스위치를 클릭하면 프레임 전환 없이 화면 내에서 버튼이 전환되는 것을 알 수 있다.

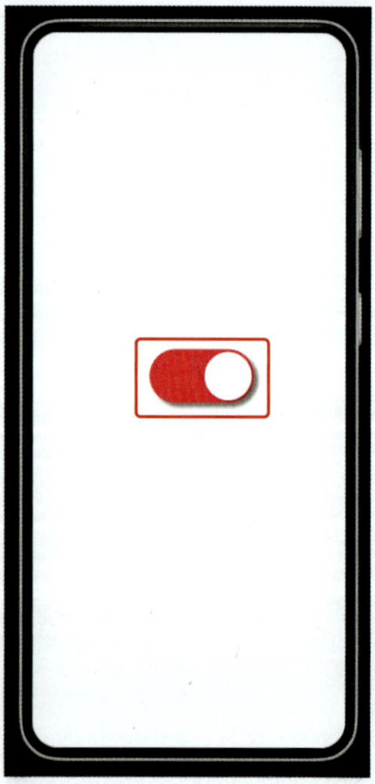

SECTION 03

버튼 인터랙션

핵심 내용 버튼 베리언트 제작, 버튼 인터랙션 제작

버튼 인터랙션의 이해

버튼은 사용자와 서비스가 상호작용 할 때 가장 많이 사용하는 컴포넌트 중 하나이며 서비스의 상태를 표시할 수 있는 요소이기도 하다. 버튼을 다양한 형태와 색상을 설정하여 사용하면 사용자의 주목과 시선을 유도할 수 있다.

실습 버튼 인터랙션 제작하기

호버와 프레스드 상태의 버튼을 만들어보고 탭 했을 때 다른 프레임으로 이동하는 인터랙션을 제작해 본다.

예제 미리보기

■ 호버 ■ 프레스드 ■ 프레임 전환

실습 파일 링크 https://bit.ly/482UPWZ

상태가 다른 버튼 제작하기

01 새 프레임 제작하기 [Pages] 옆의 [+]를 클릭하여 [Page 1]을 추가하고 프레임 툴(#)로 화면을 드래그하여 'Frame 1'을 생성한다.

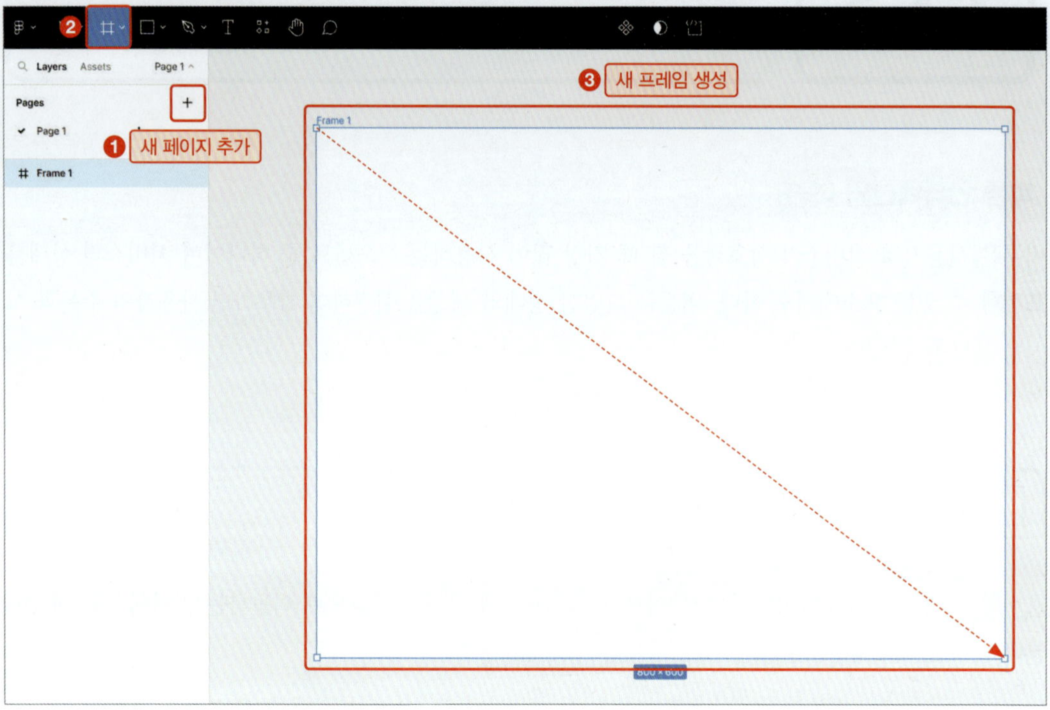

02 버튼 제작하기 사각형 툴(□)로 넓이 '240' 높이 '72'인 사각형을 그리고 가장자리 둥글기 값을 '36'으로 지정한다.

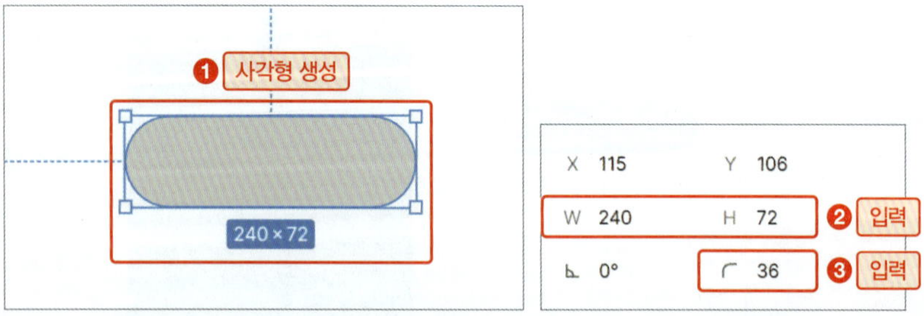

03 기본 버튼 제작하기 면의 색상을 '#FFFFFF'로 지정하고 [Stroke] 메뉴의 두께를 '4'로 설정한 뒤 색상을 '#FF006B'로 변경한다. 텍스트 툴(T)로 'CONTENT 01' 을 입력하고 테두리와 같은 색상을 지정한다.

04 호버 상태의 버튼 제작하기 문자와 컨테이너를 함께 선택하고 Alt를 누른 채 그림과 같이 복제한다. 복제된 버튼의 컨테이너의 면 색을 '#FFEEF5'로 변경하여 '호버' 상태의 버튼을 만든다.

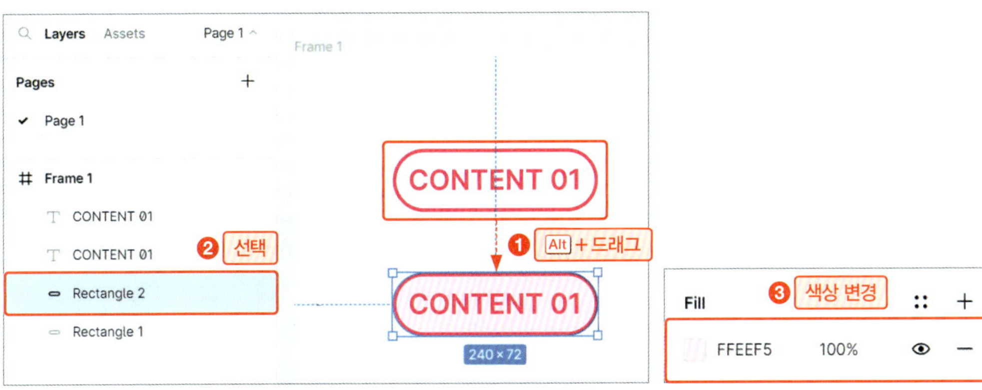

05 프레스드 상태의 버튼 제작하기 두 번째 버튼 세트를 복제하고 면의 색상을 테두리와 같은 색상으로 변경한다. 문자는 흰색으로 변경하여 '프레스드' 상태의 버튼을 만든다.

06 버튼 복제하기 버튼 세트를 [Alt]를 누른 채 한 세트를 추가로 복제하여 푸른 계열의 색상으로 옵션을 변경하고 문자는 'CONTENT 02'로 입력한다.

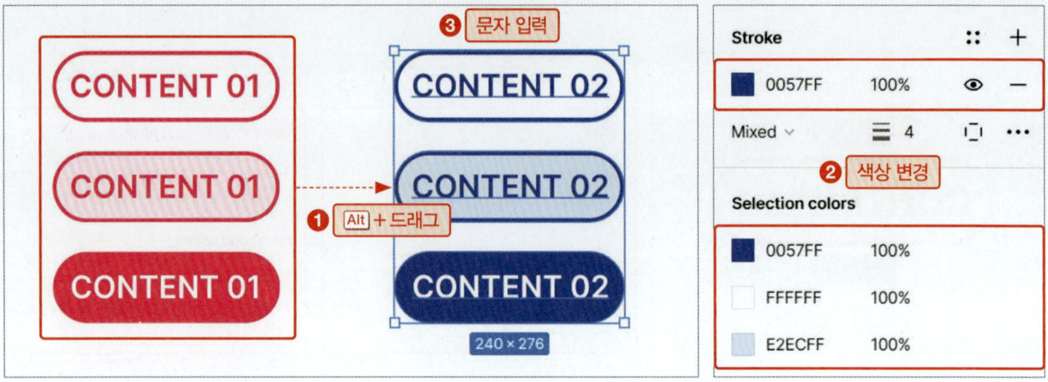

TIP 사용했던 색상은 색상 패널 하단에 계속 쌓이므로 같은 색상을 클릭하여 바로 사용할 수 있다.

07 그룹화하기 문자와 컨테이너를 함께 선택하여 [Ctrl]+[G]를 눌러 그룹화 한다. 모든 버튼을 각각의 그룹으로 만들어 6개의 그룹으로 만든다.

08 베리언트 만들기 분홍색 색상의 버튼 그룹을 모두 선택하고 상단 컴포넌트 아이콘(◈)옆의 화살표를 눌러 [Create component set]을 선택한다.

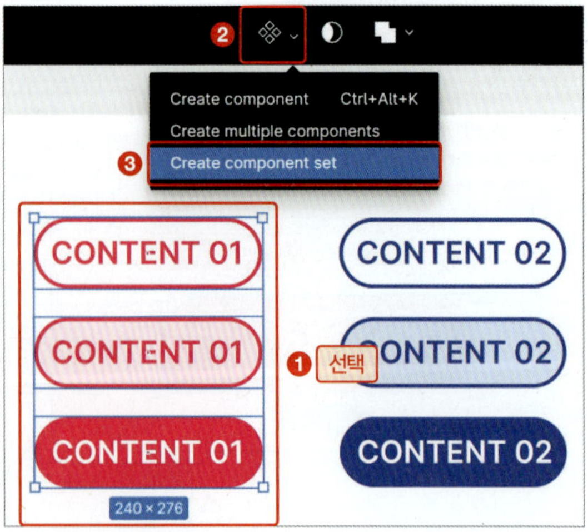

09 베리언트 만들기 푸른색 색상의 버튼 그룹도 모두 선택하고 상단 컴포넌트 아이콘(❖) 옆의 화살표를 눌러 [Create component set]을 선택한다.

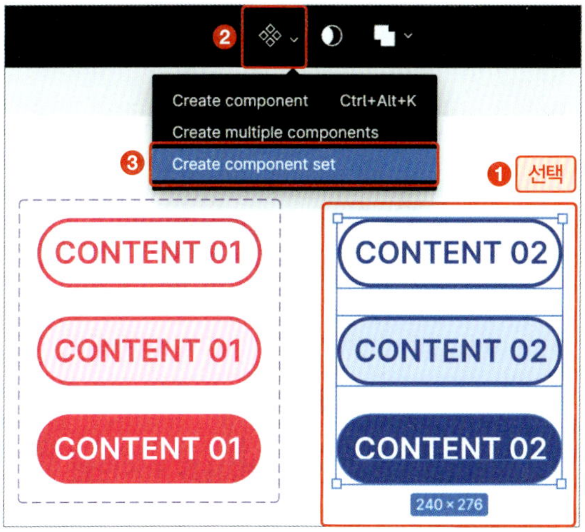

10 베리언트 옵션 설정하기 분홍색 베리언트 컴포넌트 내부를 더블클릭하여 첫 번째 버튼을 선택한다. 우측 [Current variant] 메뉴에서 'Property 1'을 'Pink'로 변경하고 'Group 1'을 'Normal'로 지정한다.

11 베리언트 옵션 설정하기 분홍색 베리언트 그룹의 두 번째 버튼은 'Hover'로 이름을 변경한다.

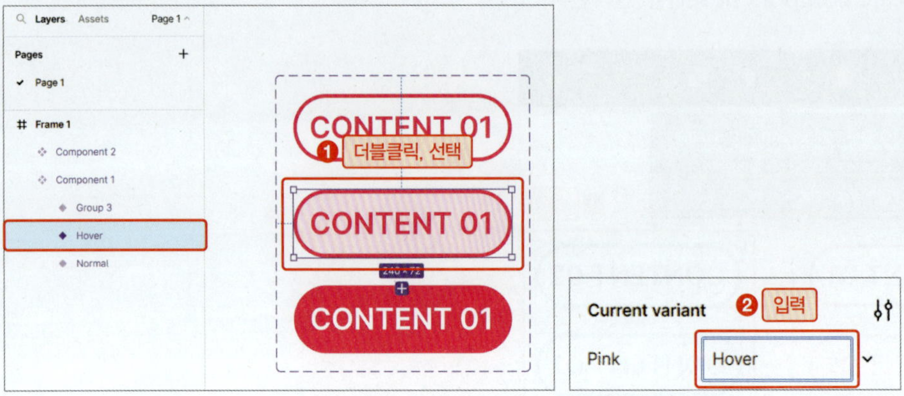

12 베리언트 옵션 설정하기 마지막으로 세 번째 버튼의 옵션은 'Pressed'로 변경한다.

13 베리언트 옵션 설정하기 같은 방법으로 푸른색 베리언트 그룹의 내부를 더블클릭하여 'Property 1'을 'Blue'로 변경하고 첫 번째 버튼을 'Normal'로 지정한다.

14 베리언트 옵션 설정하기 두 번째 버튼은 'Hover'로 옵션을 설정하고, 마지막 세 번째 버튼은 'Pressed'로 옵션을 변경한다.

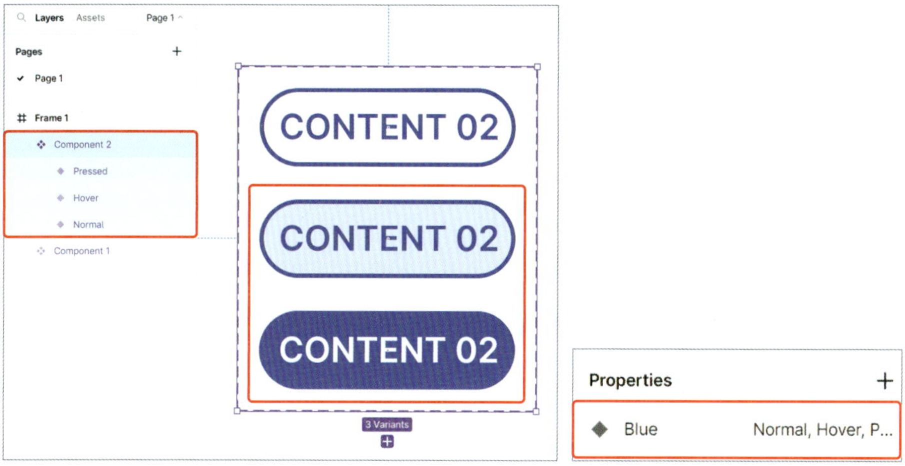

노멀, 호버, 프레스드 버튼 인터랙션 설정하기

01 프로토타이핑 연결하기 베리언트 컴포넌트의 이름을 'Pink'와 'Blue'로 변경하고 [Prototype] 메뉴를 클릭한다. 'Pink' 베리언트를 더블클릭하여 'Normal' 버튼으로 마우스를 가져가 두 번째 'Hover' 버튼으로 화살표를 연결한다.

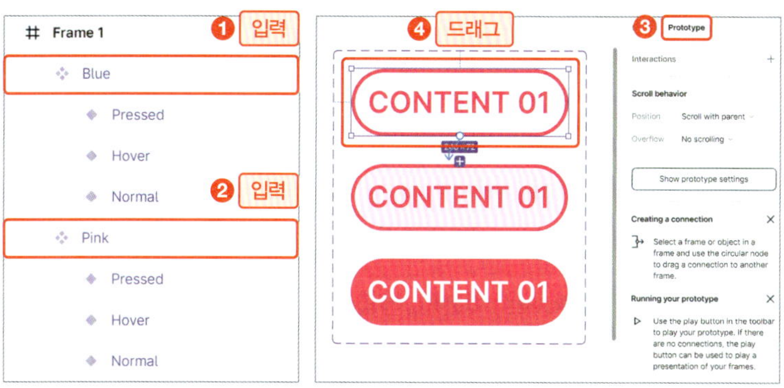

02 호버 인터랙션 옵션 설정하기 옵션 창이 열리면, [On click]을 클릭하고 터치 제스처 옵션을 [While hovering]으로 선택한다.

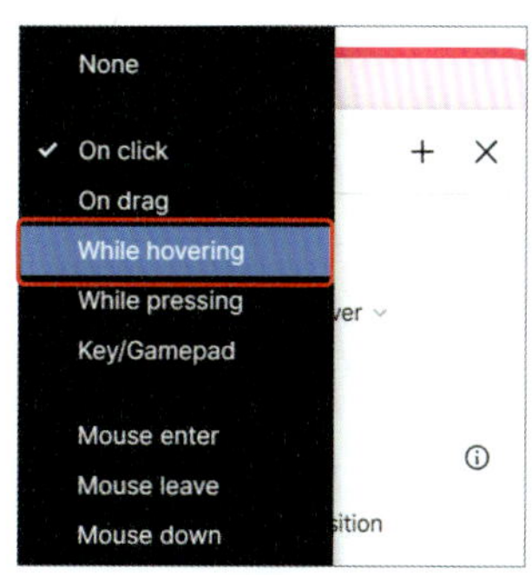

03 호버 인터랙션 옵션 설정하기 타깃은 자동으로 다음 버튼인 'Pink'의 'Hover'로 지정된다. [Instant]를 클릭하고 애니메이션 옵션을 [Dissolve]로 변경한다.

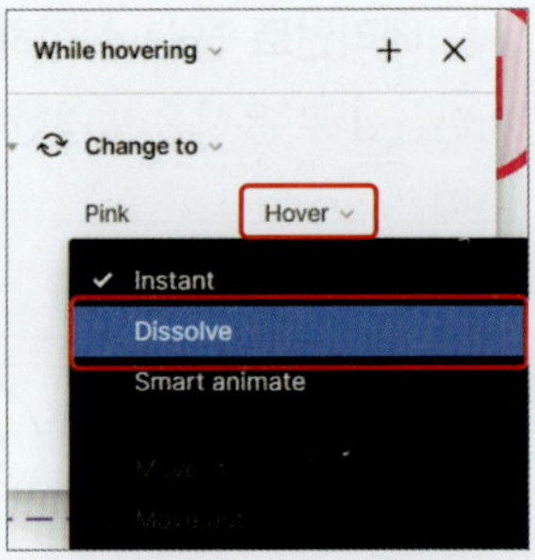

04 호버 인터랙션 옵션 설정하기 애니메이션의 상세 옵션을 선택하는 창이 열린다. [Ease out]을 클릭하고 옵션을 [Ease in and out]으로 선택한다. 시간 설정은 '100ms'로 입력한다.

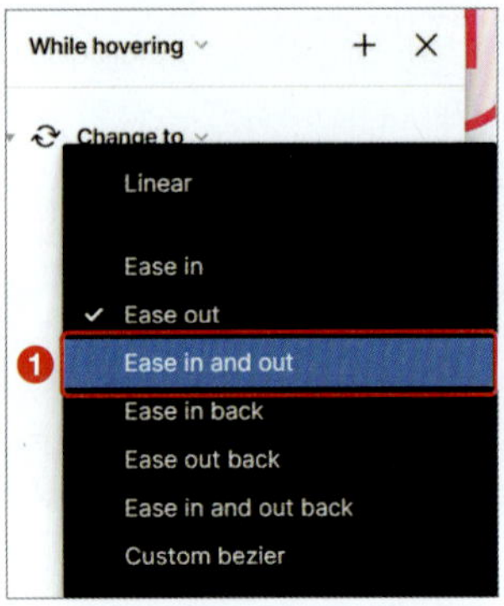

■ 상세 애니메이션 설정

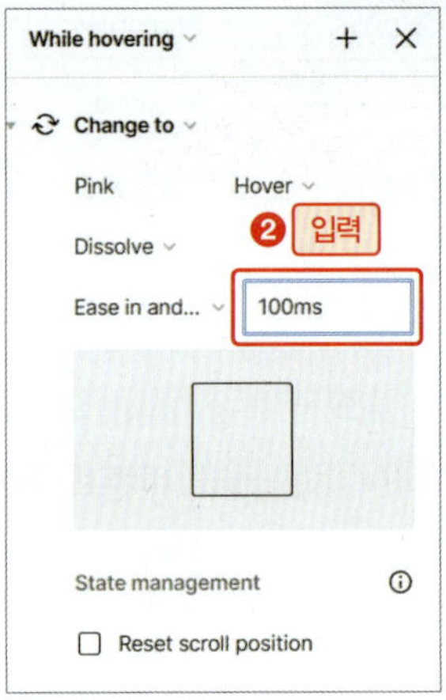

■ 시간 설정

TIP 애니메이션 효과는 옵션 창에서 미리보기로 마우스를 움직여 확인할 수 있지만 볼이 튕겨 나가는 듯한 'Bounce'와 같은 옵션을 제외하고는 차이를 느끼기 쉽지 않다.

05 프레스드 인터랙션 옵션 설정하기 두 번째 'Hover' 버튼을 선택하여 'Pressed' 버튼으로 화살표를 연결한다. 옵션 창이 뜨면 터치 제스처 옵션을 [While pressing]으로 변경한다.

■ 프로토타이핑 연결

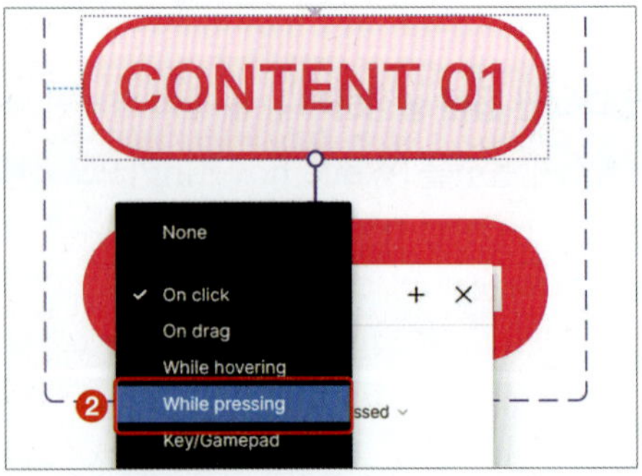

■ 터치 제스처 옵션 설정

06 프레스드 옵션 설정하기 나머지 옵션들은 이전 옵션과 동일하게 설정되어 나타나므로 그대로 둔다.

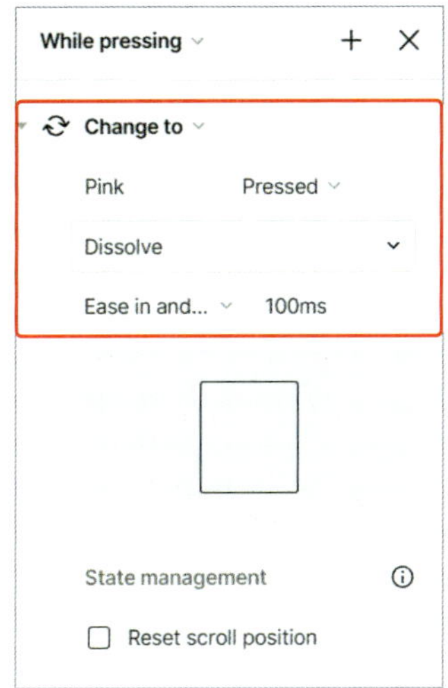

07 호버 인터랙션 옵션 설정하기 'Blue' 베리언트의 'Normal' 버튼을 'Hover' 버튼으로 연결하고 옵션 창이 열리면 [On click]을 클릭하고 터치 제스처 옵션을 [While hovering]으로 선택한다.

■ 프로토타이핑 연결

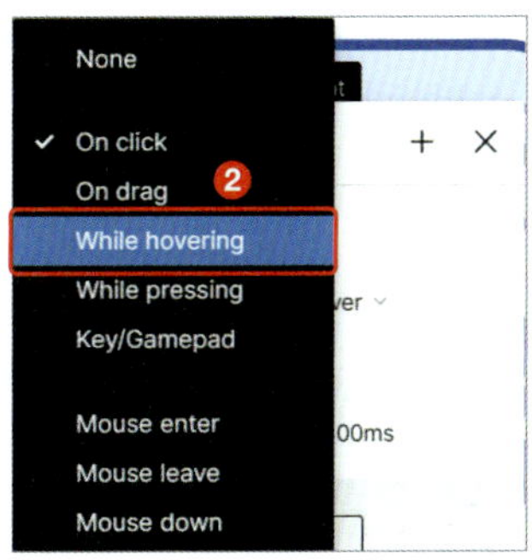

■ 터치 제스처 옵션 설정

08 호버 인터랙션 옵션 설정하기 나머지 옵션들은 이전의 옵션과 동일하게 나타나므로 그대로 두면 된다.

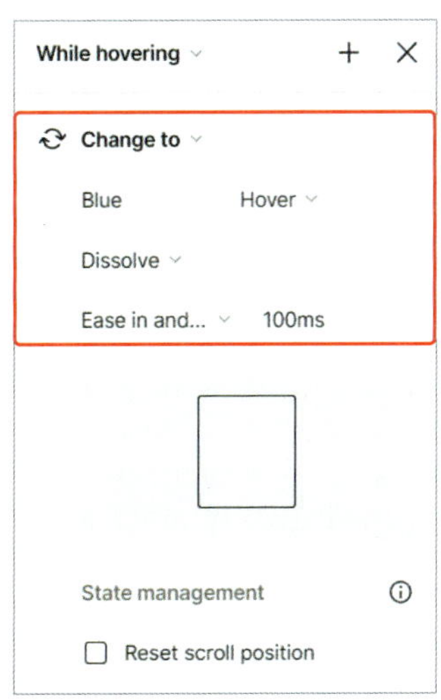

09 프레스드 옵션 설정하기 'Hover' 버튼을 'Pressed' 버튼으로 연결하고 터치 제스처 옵션을 [While pressing]으로 변경한다. 나머지 옵션은 그림과 같이 설정한다.

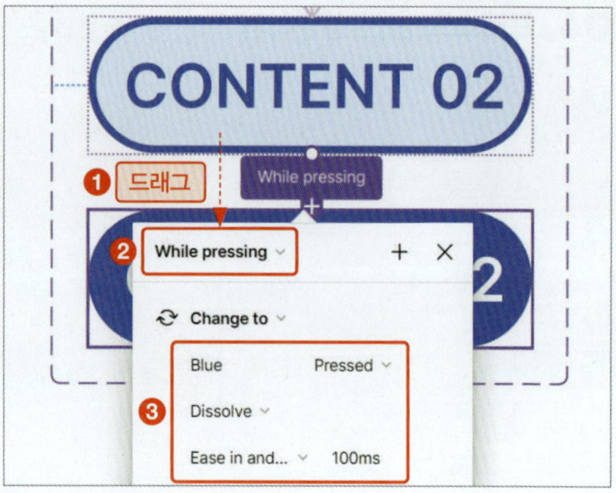

10 새 페이지 추가하기 [Pages] 옆의 [+]를 클릭하여 [Page 2]를 추가하고 프레임 툴(#)을 선택하고 우측 패널에서 'Android Large'를 클릭해 프레임을 추가한다.

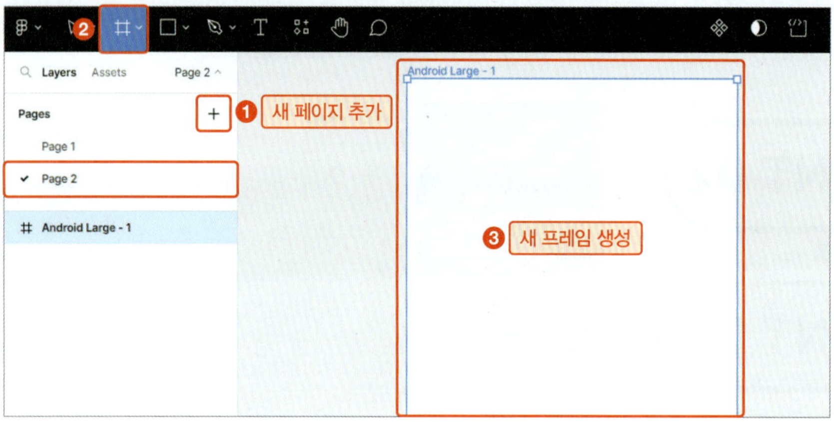

11 버튼 컴포넌트 배치하기 [Assets]에서 'Pink'와 'Blue' 컴포넌트를 화면에 그림과 같이 배치한다.

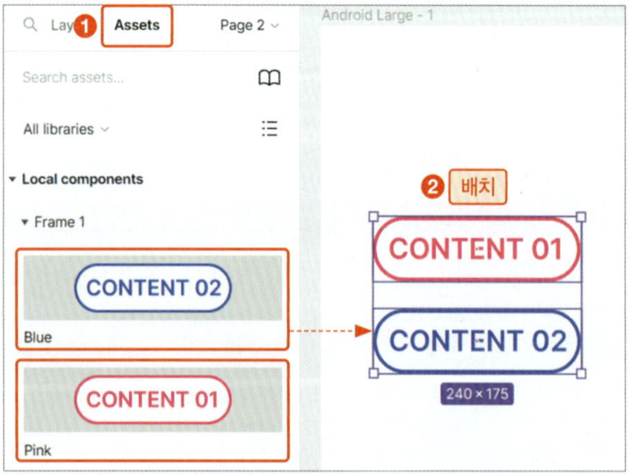

12 프로토타입 실행하기 프로토타입 미리보기 버튼(▷)을 클릭하여 실행한다. 마우스를 올려보면 'Hover'가 실행된다. 마우스가 버튼에서 벗어나면 자동으로 'Normal' 상태로 변하는 것을 알 수 있다.

13 프로토타입 실행하기 마우스로 버튼을 꾹 누른 상태에서는 'Pressed' 상태가 나타난다. 마우스가 버튼에서 벗어나면 별다른 옵션을 지정하지 않았지만 'Normal' 모드로 돌아간다.

버튼으로 프레임 전환 인터랙션 설정하기

01 인터랙션 옵션 추가하기 'Android Large' 크기의 프레임을 두 개 추가한다. 첫 번째 프레임은 'Pink' 버튼과 같은 색으로 변경하고, 두 번째 프레임은 'Blue' 버튼과 같은 색으로 배경을 채운다.

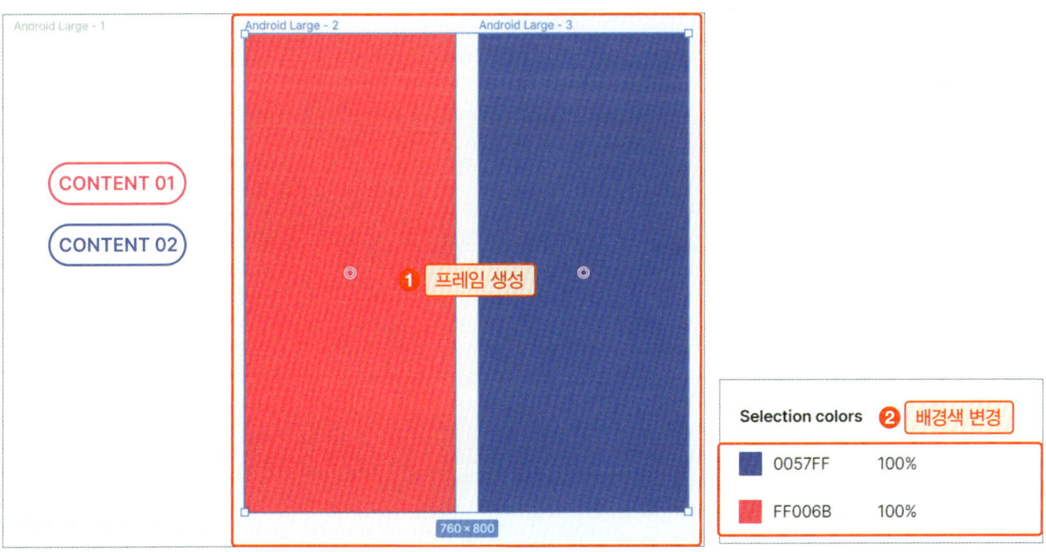

02 문자 입력하기 첫 번째 프레임으로 돌아가는 옵션을 설정하기 위해 'BACK' 문자를 입력하고 '#FFFFFF' 색상으로 설정한다.

03 프로토타이핑 설정하기 'Pink' 버튼을 탭 했을 때 두 번째 프레임으로 이동하도록 'Pink' 버튼을 선택하고 화살표를 두 번째 프레임으로 연결한다. 옵션 창이 열리면 터치 제스처 옵션은 [On Tab]으로 설정한다. 내비게이션은 두 번째 프레임으로 자동으로 연결되어 그대로 두고 애니메이션 옵션은 [Smart animate]로 변경하고 애니메이션의 상세 옵션은 [Ease in and out]을 선택한다.

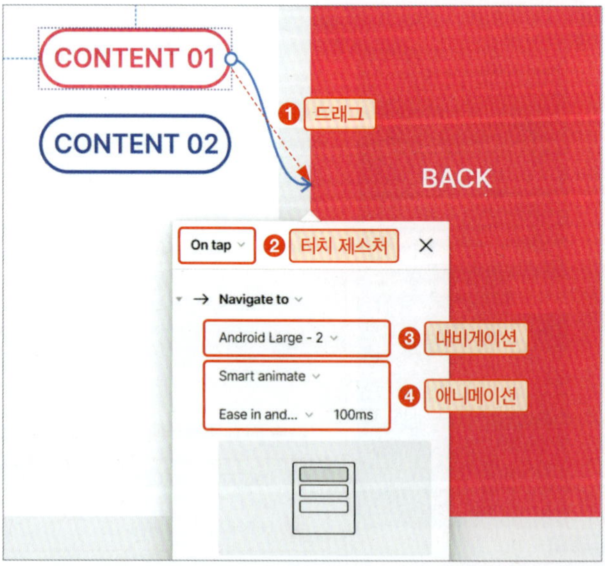

04 프로토타이핑 설정하기 'Blue' 버튼을 선택하여 화살표를 세 번째 프레임으로 연결하고 옵션 창이 열리면 옵션을 그대로 둔다. 앞에서 설정한 옵션은 다음 창에 그대로 따라오기 때문에 별도로 변경할 필요가 없다.

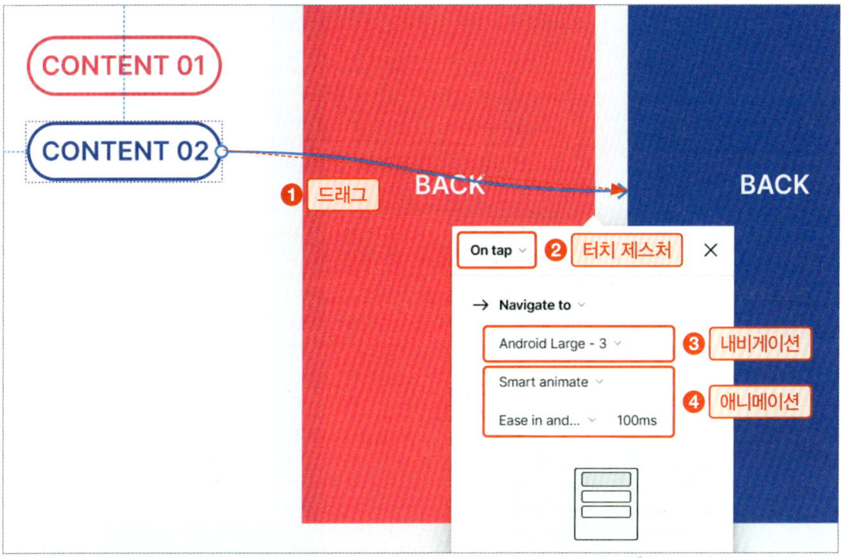

05 프로토타이핑 설정하기 두 번째 프레임에서 'BACK' 문자를 선택하여 첫 번째 프레임으로 연결하고 옵션 창이 열리면 그대로 둔다.

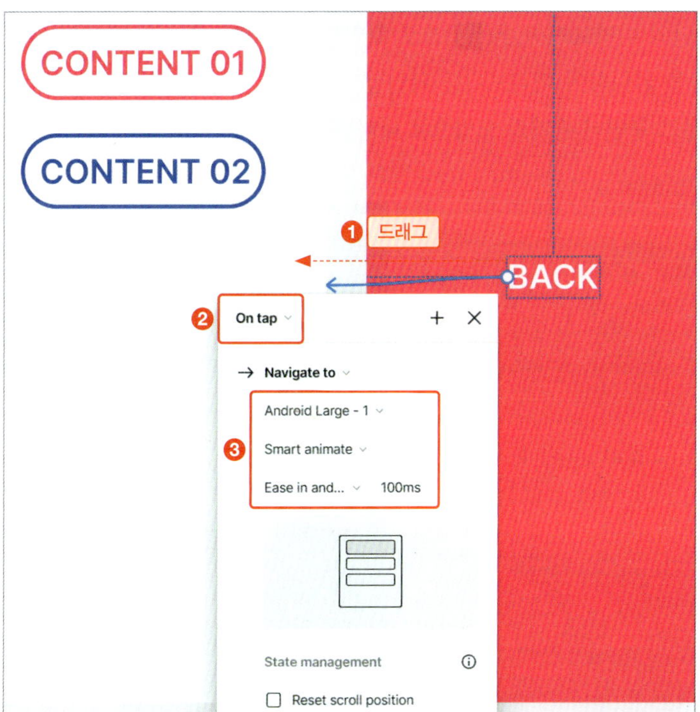

06 프로토타이핑 설정하기 세 번째 프레임에서 'BACK' 문자를 선택하여 첫 번째 프레임으로 연결하고 옵션 창은 그대로 둔다.

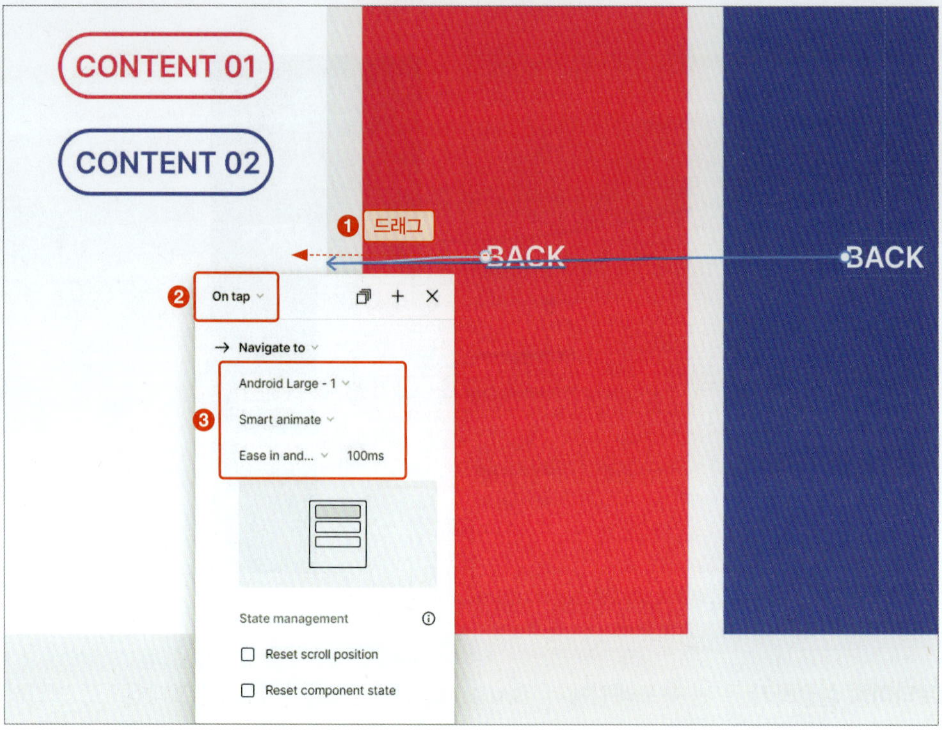

07 프로토타입 실행하기 우측 상단의 미리보기 버튼(▷)으로 확인해도 되지만 첫 번째 프레임 좌측의 'Flow 1' 옆의 플레이 버튼(▷)을 클릭하여 미리보기를 확인할 수 있다. 전체 디바이스 크기의 빈 화면 창으로 화면을 볼 수 있고, 마우스 포인터 손가락 모양으로 나타난다.

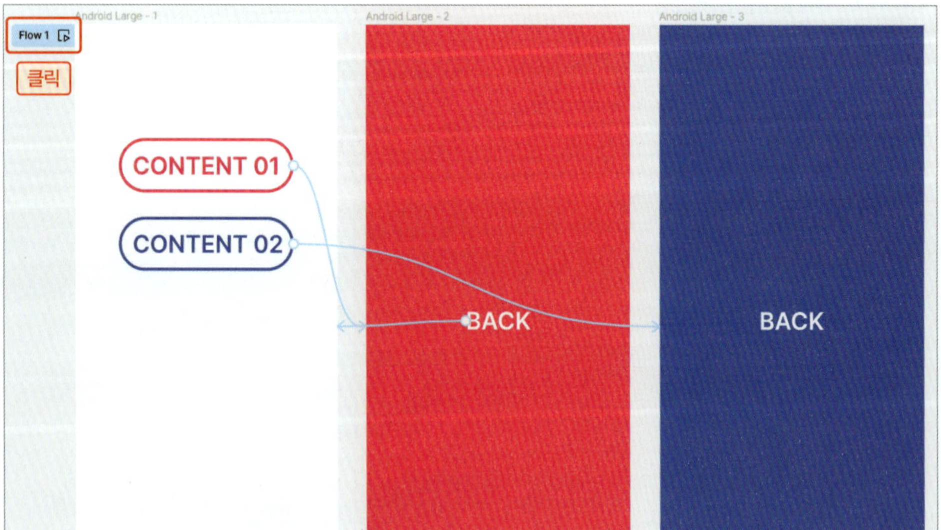

TIP 'Flow' 마크는 드래그하여 원하는 프레임으로 옮길 수 있으며 옮겨진 프레임이 제일 첫 페이지로 시연된다.

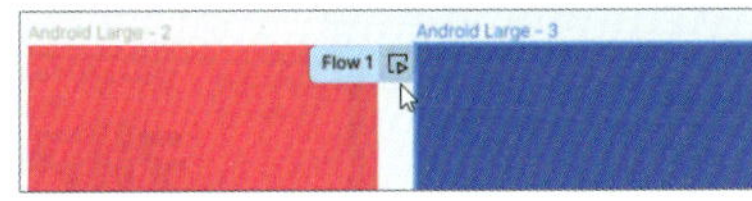

그림 6-3 'Flow' 마크

08 프로토타입 실행하기 새 창의 크기가 지정한 'Android Large' 크기로 열려 프로토타입 미리보기를 확인할 수 있다. 버튼을 탭하면 연결한 프레임으로 이동하고, 'BACK' 버튼을 탭하면 첫 번째 프레임으로 이동한다.

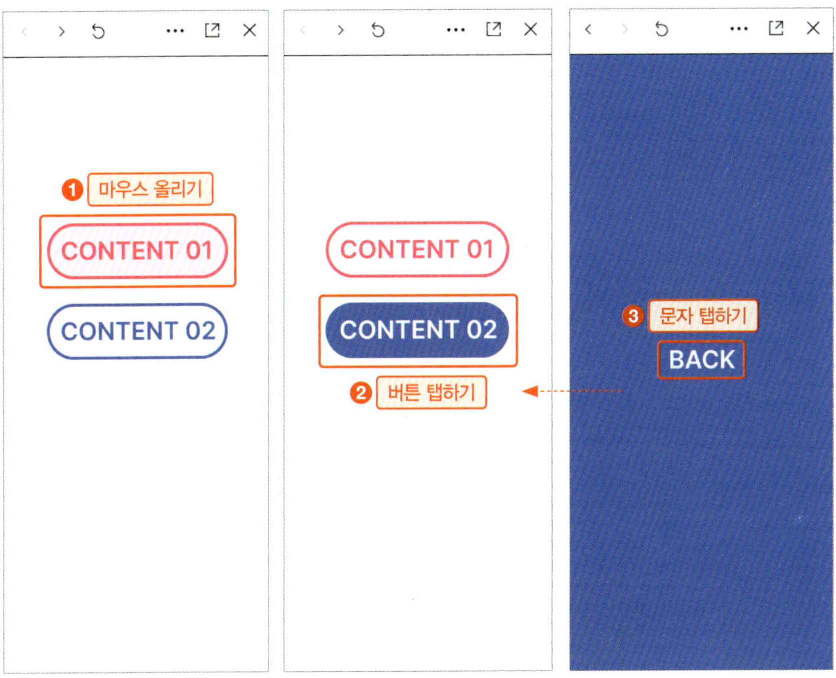

SECTION 04

캐러셀 인터랙션

핵심 내용 캐러셀 인터랙션 제작

캐러셀 인터랙션의 이해

캐러셀은 서비스의 메인 페이지에서 디자인 컨셉이나 마케팅 정보를 순서대로 전환하면서 보여주는 이미지 방식으로 자동 또는 수동으로 이미지를 이동시킬 수 있다. 이는 메인 페이지의 히어로 이미지 뿐만 아니라 다양한 형태의 콘텐츠를 노출하는 방식으로 구현할 수 있기 때문에 이미지를 좌우로 드래그하여 보여주거나 여러 개의 콘텐츠를 배치하여 보여줄 때 유용한 방식이다.

실습 캐러셀 인터랙션 제작하기

컨테이너를 만들어 이미지를 삽입하고, 캐러셀 인터랙션을 제작해 본다. 드래그와 클릭으로 이미지의 전환이 이루어지도록 구현한다.

예제 미리보기

■ 왼쪽 이미지

■ 중앙 이미지

■ 오른쪽 이미지

실습 파일 링크 https://bit.ly/488lkKz

캐러셀 컨테이너 제작하기

01 새 프레임 제작하기 [Pages] 옆의 [+]를 클릭하고 [Page 1]을 추가한다. 프레임 툴( )로 화면을 드래그하여 넓이 '328' 높이 '240'의 프레임을 생성한다. 가장자리 둥글기 값은 '12'를 입력하고 면의 색상은 '#31CDD7'로 적용한다.

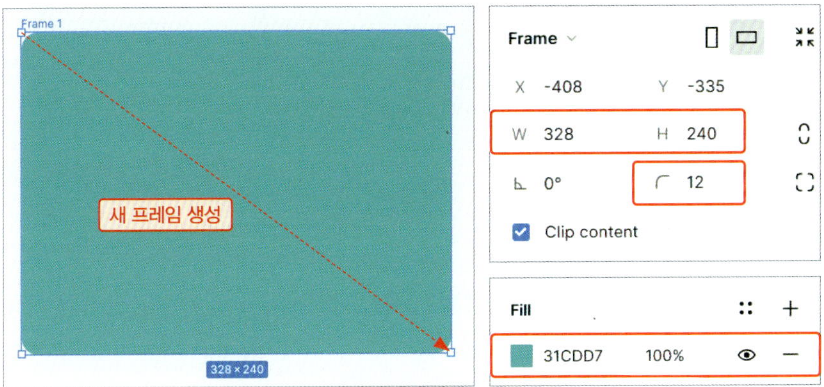

02 사각형 제작하기 사각형 툴( )로 넓이 '240', 높이 '180' 가장자리 둥글기 값이 '8'인 사각형을 그린 후 상단 '20'의 여백을 두고 정중앙에 배치한다.

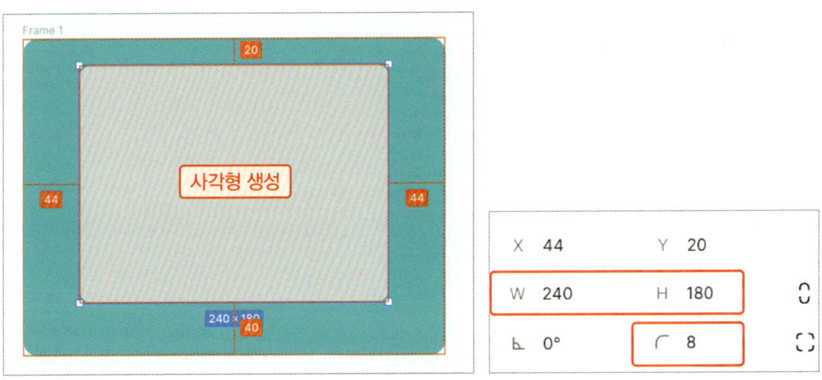

03 사각형 제작하기 [Alt]를 누른 채 드래그 하여 '16'의 간격을 두고 좌우에 같은 크기의 사각형을 배치한다.

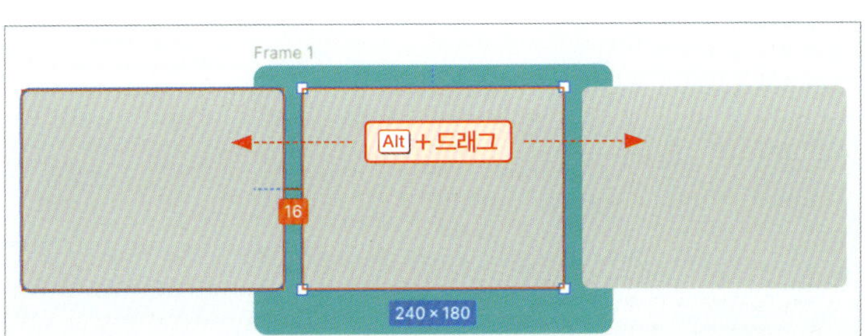

TIP 프레임 밖으로 사각형이 보이는 것은 사각형을 프레임 안에 배치하지 않았다는 의미이다. [Layers]에서 사각형을 프레임 내부로 배치한다. 프레임 내부에 오브젝트를 배치하면 프레임 외부에 배치된 부분은 보이지 않는다.

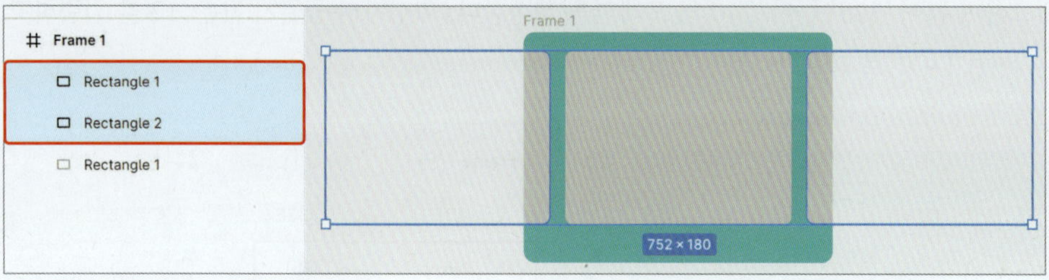

그림 6-4 사각형을 프레임 내부에 배치하기

04 사각형 노출하기 프레임의 외부 영역에 놓여 보이지 않는 사각형에 작업이 필요하다. 프레임 이름 부분을 선택하고 패널에서 'Clip content'의 체크를 해제한다.

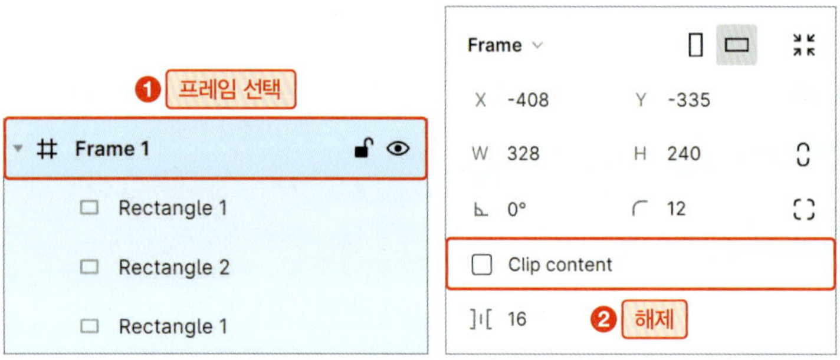

05 [Unsplash] 플러그인 실행하기 리소스 툴()을 클릭하여 [Plugins]를 선택하고 검색 창에 'Unsplash'를 검색하여 실행한다.

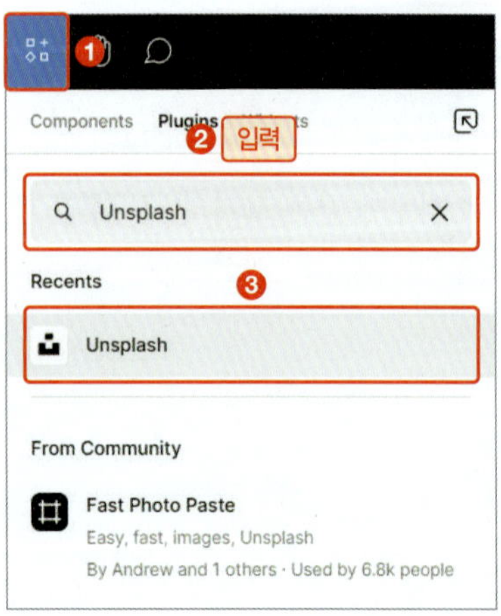

06 이미지 삽입하기 왼쪽 사각형 하나를 선택하고 [Unsplash]에서 'Color'로 검색하여 푸른색 이미지를 삽입한다.

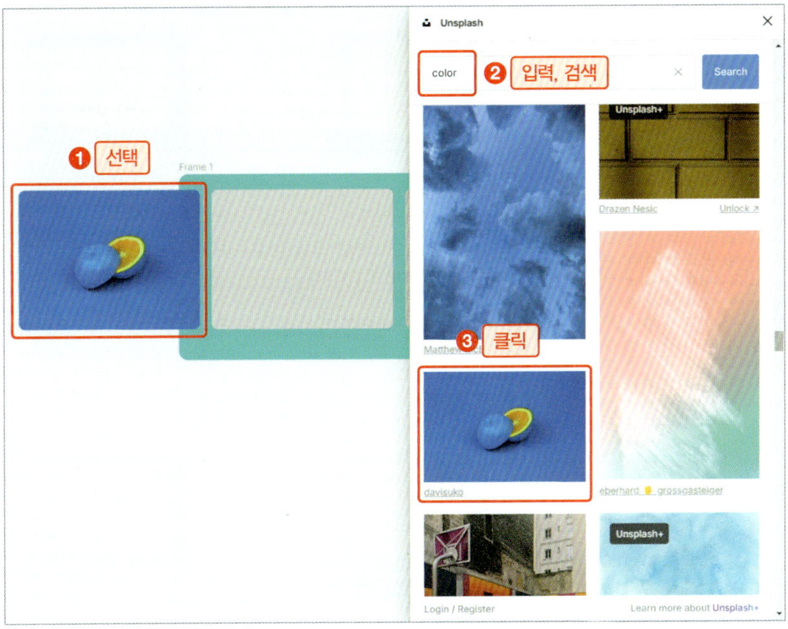

07 이미지 삽입하고 그룹화하기 같은 방법으로 눈에 잘 띄는 노란색과 오렌지색의 이미지를 각각 선택하여 배치한다. 이미지가 삽입된 세 개의 사각형을 함께 선택한 후 Ctrl + G를 눌러 그룹으로 만든다.

08 사각형 숨기기 다시 프레임 이름을 선택한 후 패널에서 'Clip content'를 체크하여 프레임 외부 영역이 보이지 않도록 해준다.

09 프레임 복제하기 Ctrl+-를 눌러 보기 화면을 축소한다. 'Frame 1'을 선택하고 Alt를 누른 채 드래그하여 두 개 더 복제한다.

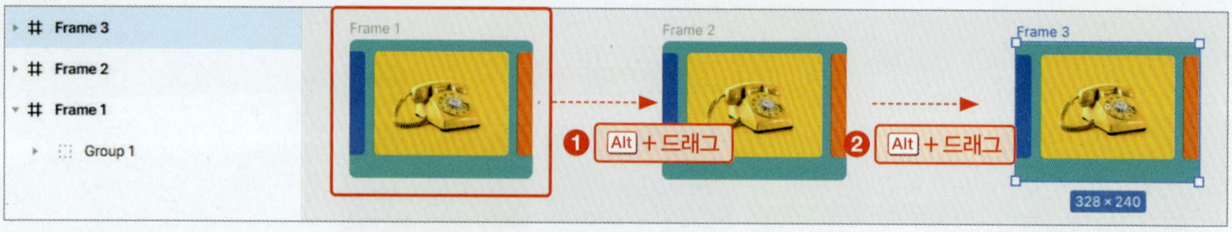

10 이름 변경하기 베리언트로 제작한 뒤 캐러셀의 첫 화면은 맨 왼쪽 또는 맨 위의 첫 번째 요소이다. 그러므로 왼쪽 프레임의 이름을 'Center'로 변경하고 가운데 프레임을 'Left', 오른쪽 프레임을 'Right'로 이름을 변경한다.

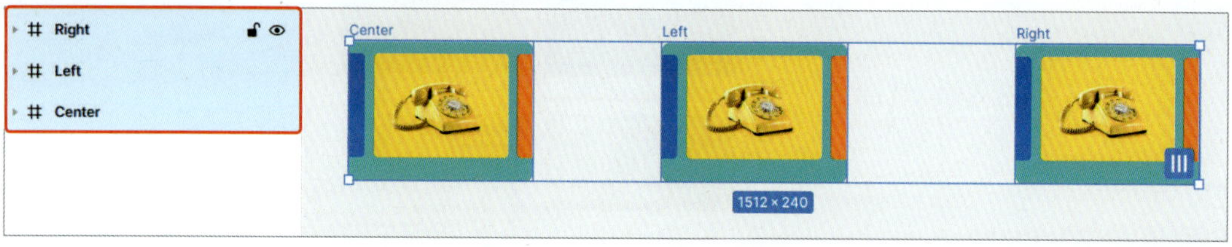

TIP 베리언트로 제작된 컴포넌트를 실행시킬 때 캐러셀의 첫 화면은 베리언트의 정렬 방식에 따라 수평 정렬인 경우는 맨 왼쪽, 수직 정렬인 경우는 맨 위의 요소가 보여진다.

11 프레임 옵션 설정하기 'Left' 프레임의 내부 그룹을 드래그하여 왼쪽의 이미지가 보이도록 배치한다. 이때 왼쪽의 여백은 상단과 같이 '20'으로 설정한다. 프레임의 색상은 '#FFCEE3'으로 변경한다.

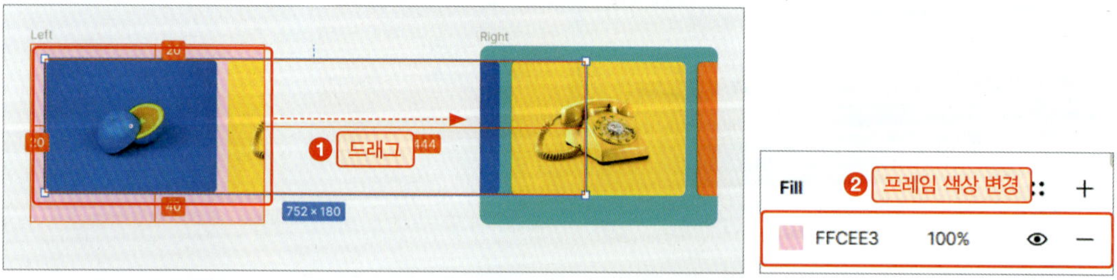

12 프레임 옵션 설정하기 'Right' 프레임의 이미지를 오른쪽으로 드래그하여 이동시키고 오른쪽 여백이 '20'이 남도록 배치한다. 프레임의 색상은 '#BD00FF'로 변경한다.

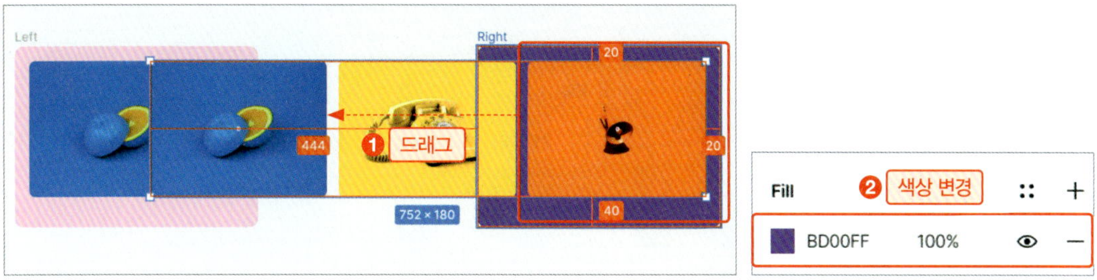

TIP 그림과 같이 이미지를 이동시킬 때 이미지가 프레임 외부까지 다 보여진다면 프레임에 귀속되지 않은 상태이므로 [Layers]에서 반드시 프레임 내부에 배치해야 한다.

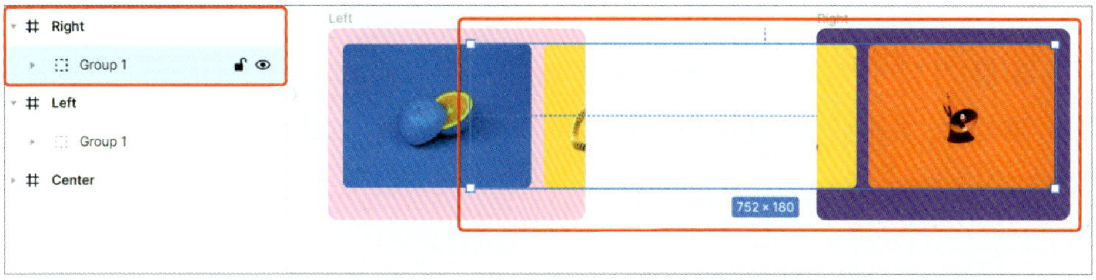

그림 6-5 프레임 내부에 배치하기

13 원 제작하기 원 툴(◯)로 넓이와 높이가 '6'인 원을 3개 만들어 좌우로 나란히 배치한다. 해당 이미지가 중앙임을 알려주기 위해 중앙의 원의 투명도를 '100%'로 설정하고 좌우의 원은 투명도를 '50%'로 설정한다.

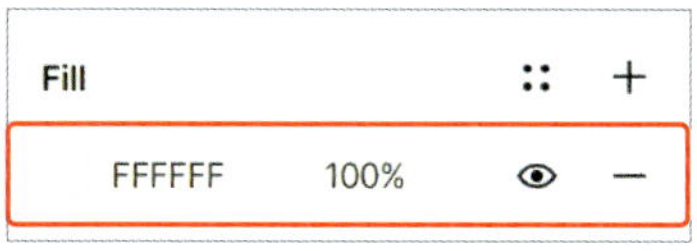

■ 중앙 원 투명도

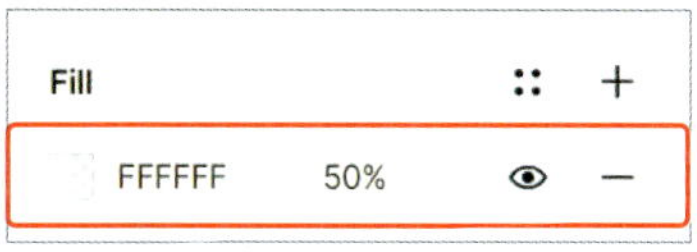

■ 왼쪽, 오른쪽 원 투명도

14 원 복제하기 실습 13의 원 3개를 선택하여 Ctrl+C를 누르고 'Left' 프레임 이름을 선택한 뒤 Ctrl+V를 누르면 같은 위치에 붙여넣기 된다. 이제 이미지의 위치가 왼쪽임을 알려주기 위해 맨 왼쪽 원의 투명도는 '100'%, 중앙과 오른쪽의 원은 투명도를 '50'%로 설정한다.

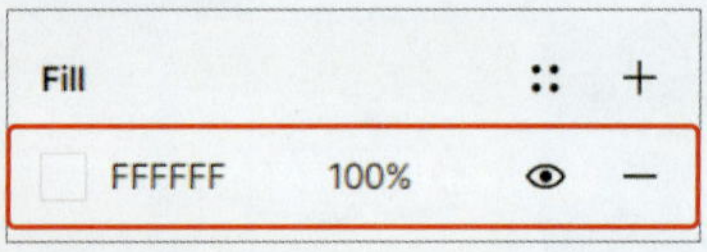

■ 왼쪽 원 투명도

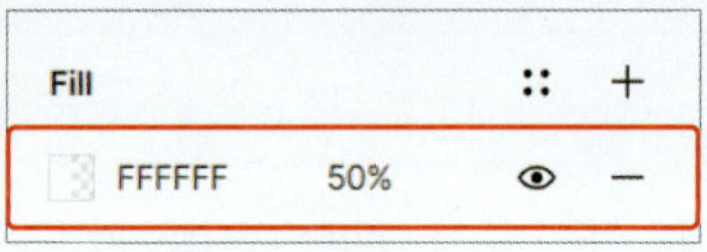

■ 중앙, 오른쪽 원 투명도

15 원 복제하기 이미 복제된 원이 있으므로 'Right' 프레임 이름을 선택하고 Ctrl+V를 눌러 붙여넣기 하면 원이 같은 위치에 배치된다. 이제 맨 오른쪽 원의 투명도를 '100%', 나머지 원의 투명도를 '50%'로 설정한다.

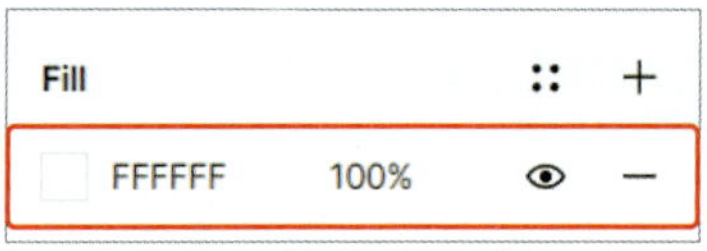

■ 오른쪽 원 투명도

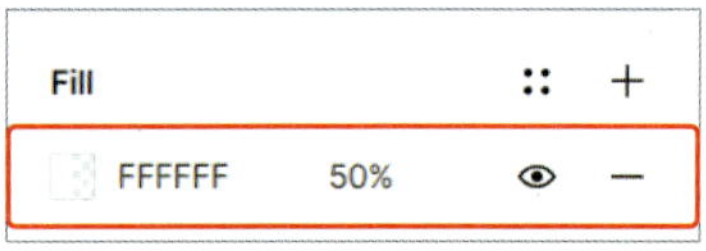

■ 왼쪽, 중앙 원 투명도

16 베리언트 만들기 프레임 3개를 함께 선택한 후 상단의 컴포넌트 아이콘(❖) 옆의 화살표를 클릭하고 [Create component set]을 선택한다.

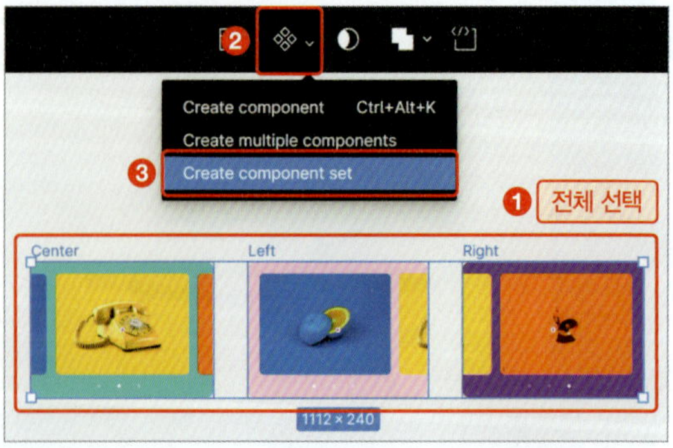

17 이름 변경하기 컴포넌트의 이름을 'Carousel'로 변경한다.

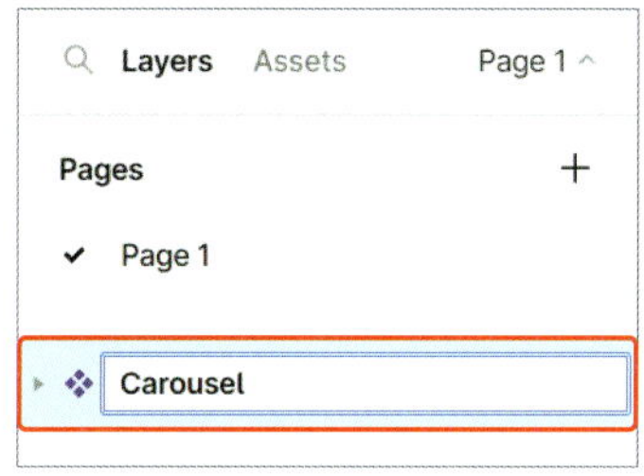

캐러셀 인터랙션 설정하기

01 중앙 캐러셀 이미지 연결하기 [Prototype] 메뉴를 선택하고 'Carousel' 컴포넌트의 'Center' 프레임의 내부 그룹을 더블클릭하여 중앙의 이미지를 선택하고 이미지를 'Right' 프레임으로 연결한다.

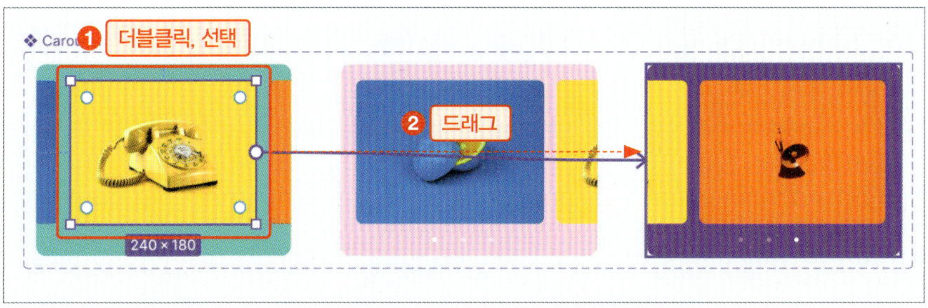

02 인터랙션 옵션 설정하기 터치 제스처 옵션은 [On drag]로 변경하고 애니메이션 옵션은 [Smart animate]로 지정한다. 추가 옵션 창이 열리면, 애니메이션 세부 속성을 [Ease in and out]으로 설정한다.

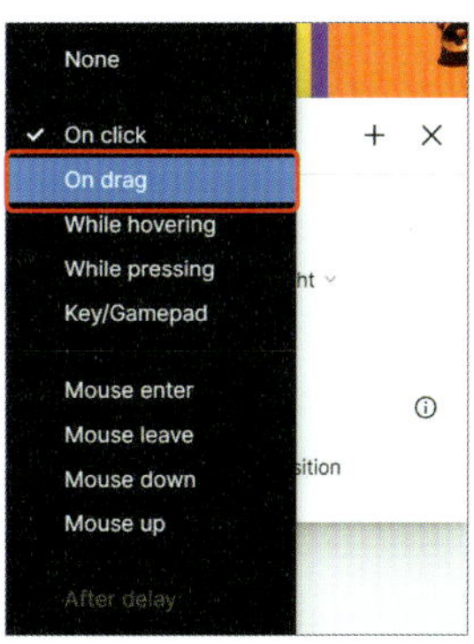

■ 터치 제스처 옵션

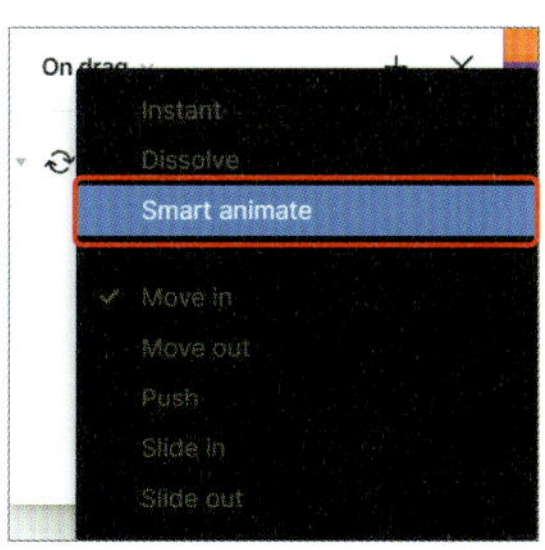

■ 애니메이션 옵션

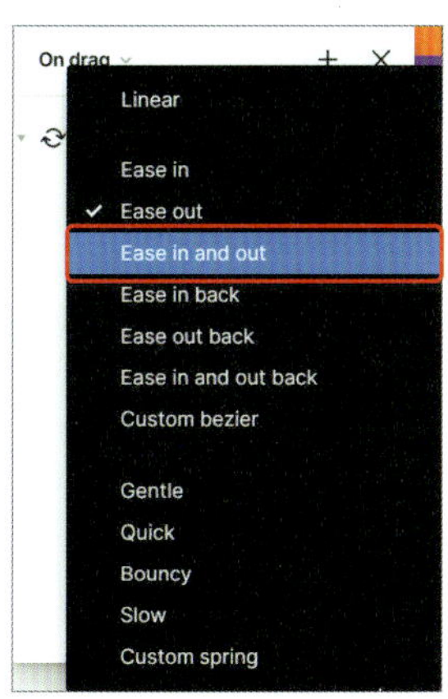

■ 애니메이션 세부 속성

03 인터랙션 옵션 설정하기 시간은 '200ms'로 지정하고 옵션 창에서 미리보기를 테스트한다.

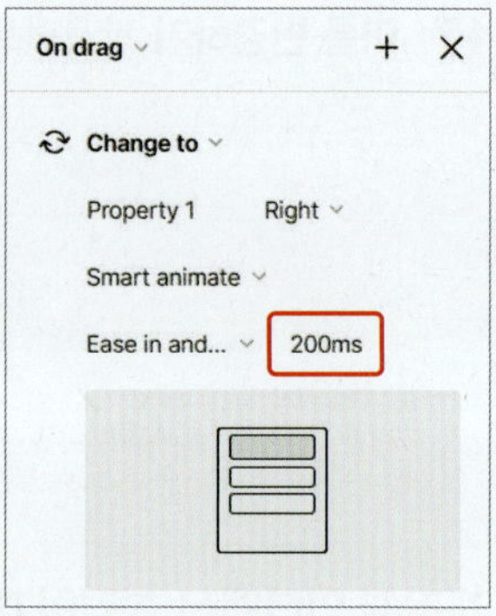

04 중앙 캐러셀 이미지 연결하기 마우스를 다시 센터 이미지로 가져가 ⊕가 나타나면 마우스를 드래그하여 인터랙션을 추가할 수 있다. 이번에는 센터 이미지를 'Left' 프레임으로 연결한다. 옵션 창이 열리면 터치 제스처 옵션을 [On drag]로 변경하고 나머지 옵션은 그대로 유지하여 인터랙션에 일관성을 유지한다.

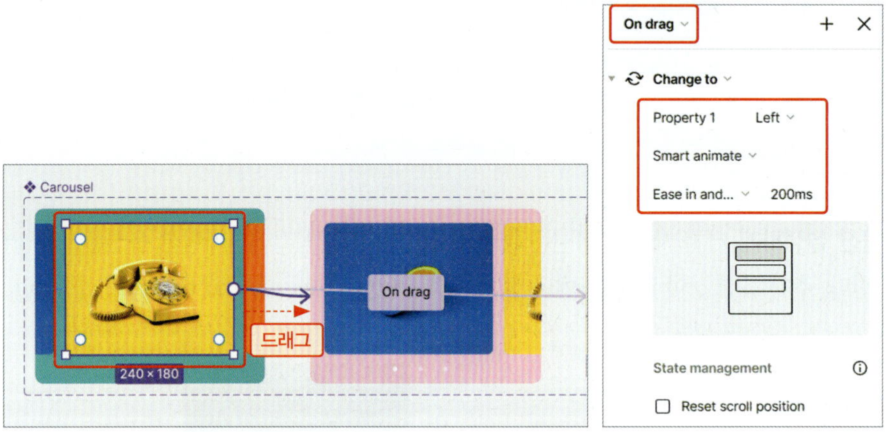

05 왼쪽 캐러셀 이미지 연결하기 'Left' 프레임의 이미지를 더블클릭하여 'Center' 프레임으로 연결하고 터치 제스처 옵션을 [On drag]로 변경한다.

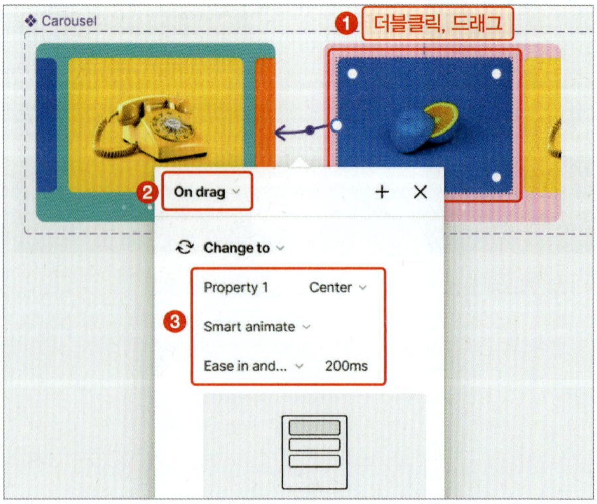

06 오른쪽 캐러셀 이미지 연결하기 'Right' 프레임의 내부 그룹 이미지를 더블클릭하여 'Center' 프레임으로 연결하고 터치 제스처 옵션을 [On drag]로 변경한다.

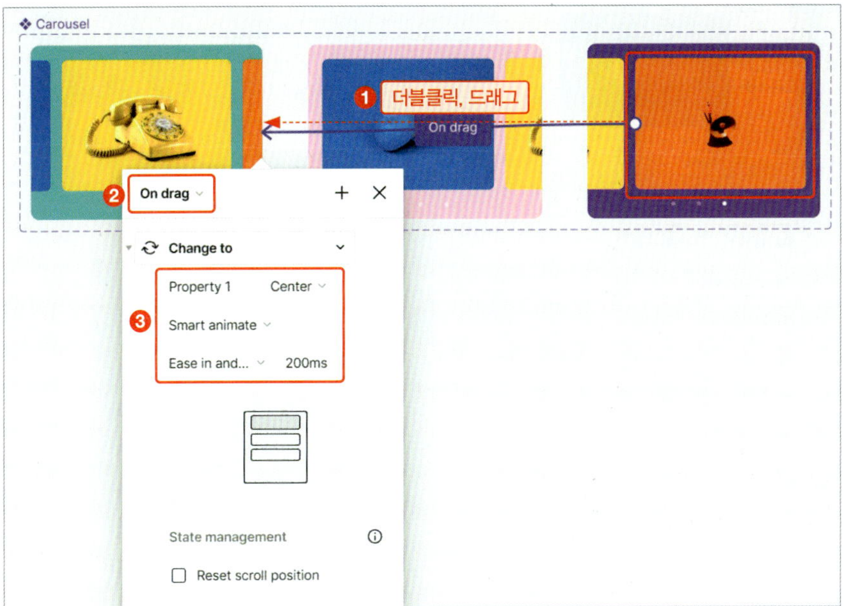

07 중앙 캐러셀 원 연결하기 'Center' 프레임 하단의 오른쪽 원은 오른쪽 프레임의 이미지를 의미하므로 마우스로 클릭 시 'Right' 프레임으로 이동해야 한다. 'Center' 프레임 하단의 우측 원을 클릭하여 'Right' 프레임으로 연결하고 터치 제스처 옵션은 [On click]으로 설정한다.

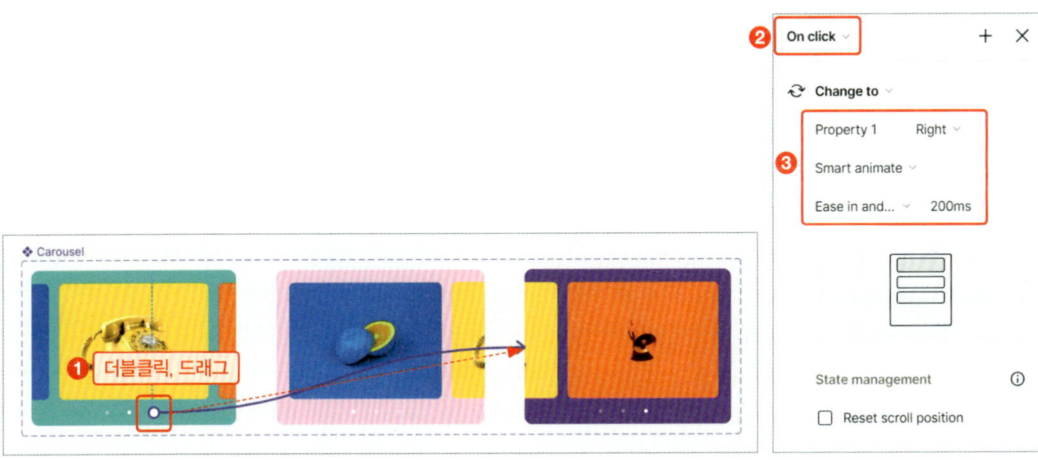

08 중앙 캐러셀 원 연결하기 'Center' 프레임 하단 왼쪽의 원은 'Left' 프레임으로 연결한다.

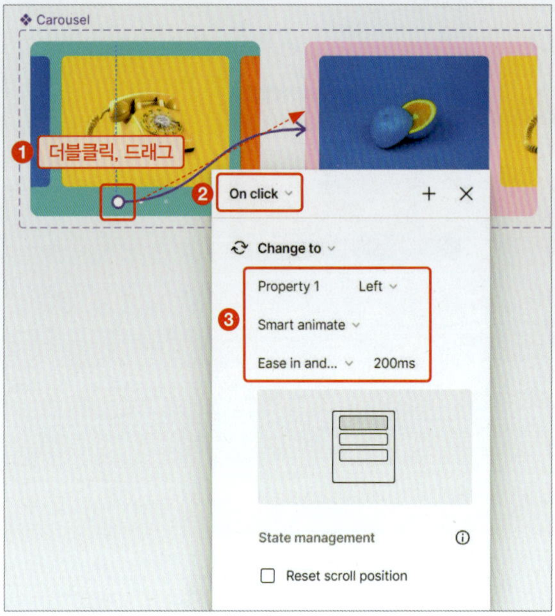

09 왼쪽 캐러셀 원 연결하기 'Left' 프레임의 중앙의 원은 'Center' 프레임으로 연결한다.

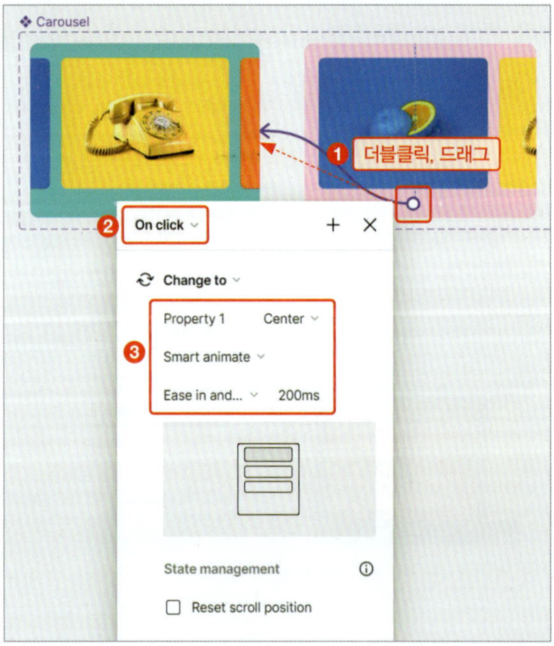

10 왼쪽 캐러셀 원 연결하기 'Left' 프레임의 우측의 원은 'Right' 프레임으로 연결한다.

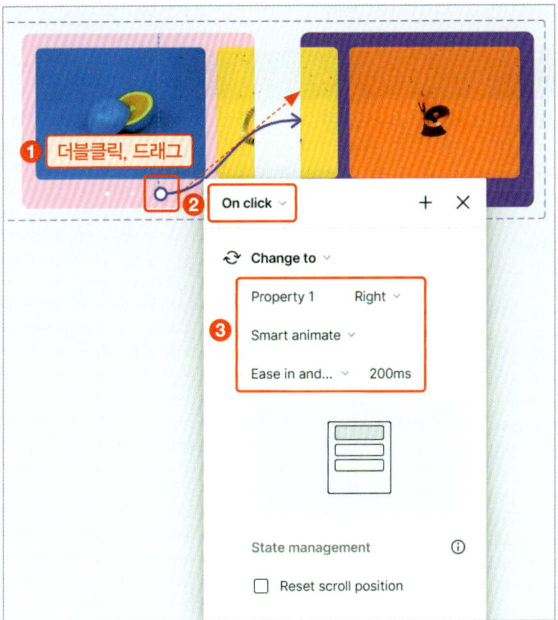

11 오른쪽 캐러셀 원 연결하기 'Right' 프레임의 좌측의 원은 'Left' 프레임으로 연결하고 중앙의 원은 'Center' 프레임으로 연결한다.

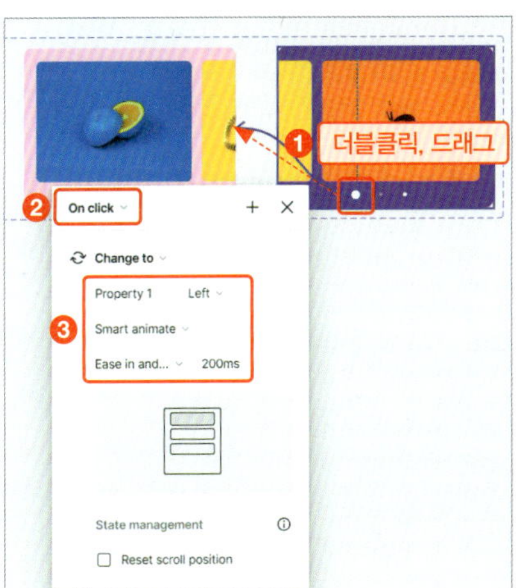

■ 왼쪽 원 연결

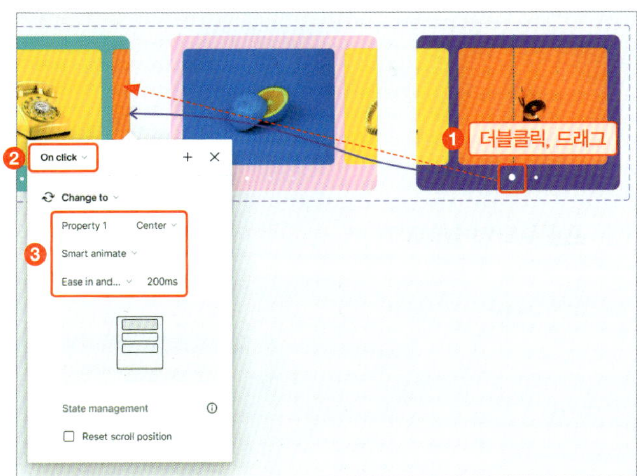

■ 중앙 원 연결

12 페이지 추가하고 컴포넌트 배치하기 [Pages] 옆의 [+]를 클릭하여 [Page 2]를 추가한다. 프레임 툴(#)을 선택하고 우측 패널에서 'Android Large'를 클릭해 프레임을 추가한다.

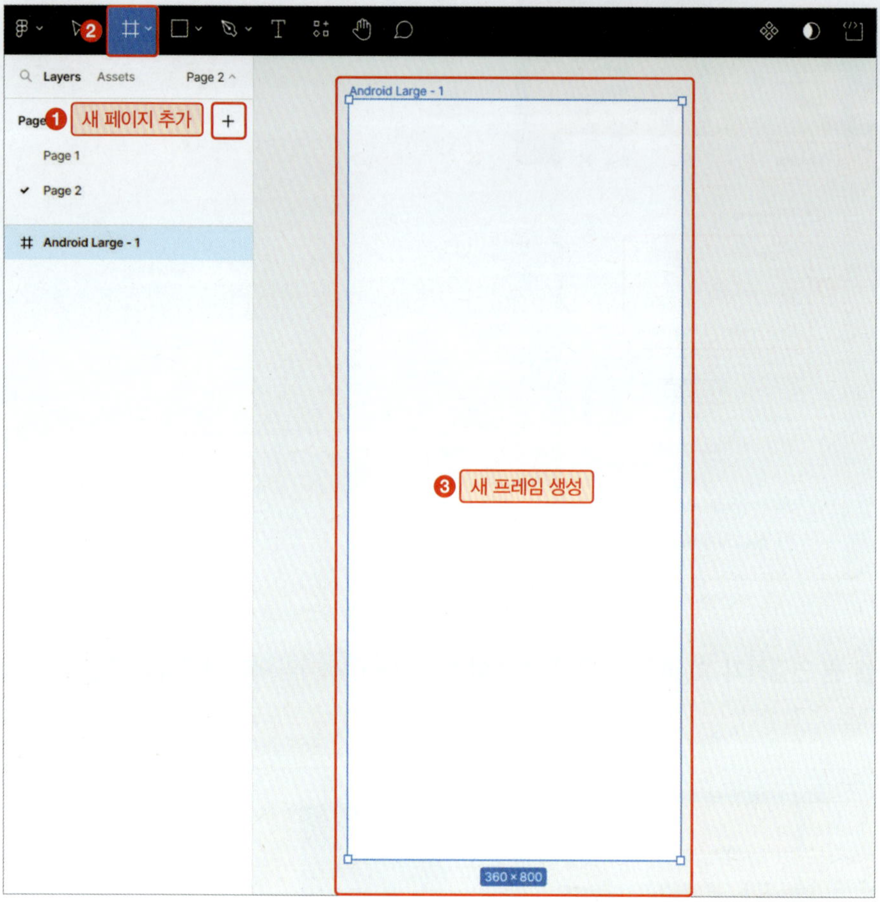

13 프로토타입 실행하기 [Assets]에서 'Carousel'을 프레임으로 드래그하여 그림과 같이 배치한다.

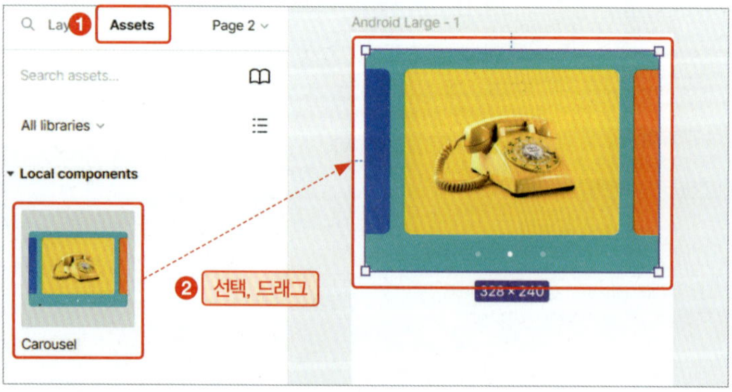

14 프로토타입 실행하기 미리보기에서 확인해 보면 드래그로 이미지가 전환되는 것은 물론 프레임과 프레임 간의 전환 과정에서 중간 단계의 색상이 혼합되어 전환되는 것을 알 수 있다.

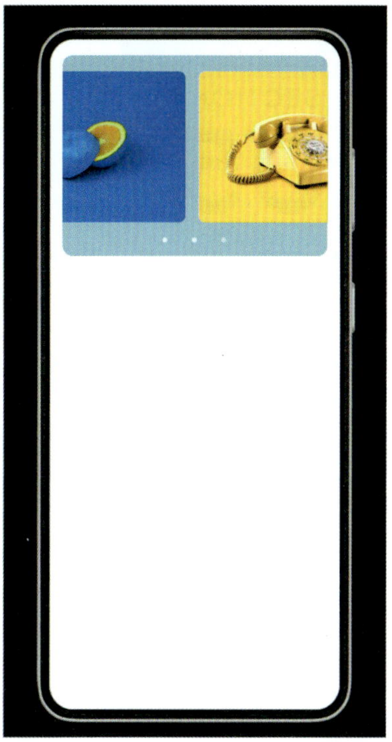

SECTION 05

오버플로우 스크롤링 인터랙션

핵심 내용 [Frame selection] 옵션, 오버플로우 스크롤링 인터랙션 제작

오버플로우 스크롤링 인터랙션의 이해

오버플로우 스크롤링은 화면 내에서 좌우로 스크롤이 된다는 점에서 캐러셀 인터랙션과 비슷하다고 느껴질 수 있다. 하지만 캐러셀 인터랙션은 드래그하는 중에 손가락 터치를 멈추면 특정 포인트로 다시 돌아가는 성질이 있고, 오버플로우 스크롤링은 스크롤 하는 도중에 멈추게 되면 멈춘 위치에서 이미지가 좌우 어디로도 치우치지 않고 정지한다는 특징이 있다.

실습 오버플로우 스크롤링 인터랙션 제작하기

[UI Faces] 플러그인을 활용해 얼굴 이미지를 만들고 오버플로우 스크롤링 인터랙션을 구현해 본다.

예제 미리보기

실습 파일 링크 https://bit.ly/3ROL4G3

01 프레임과 원 만들기 프레임 툴(#)을 선택하고 우측 패널에서 'Android Large'를 선택하여 프레임을 생성한 다음, 원형 툴(○)로 프레임 내부를 클릭하여 정원을 생성한다. 넓이와 높이를 '48'로 변경한다.

02 원 만들기 Alt를 누른 채 옆으로 드래그하여 복제한다.

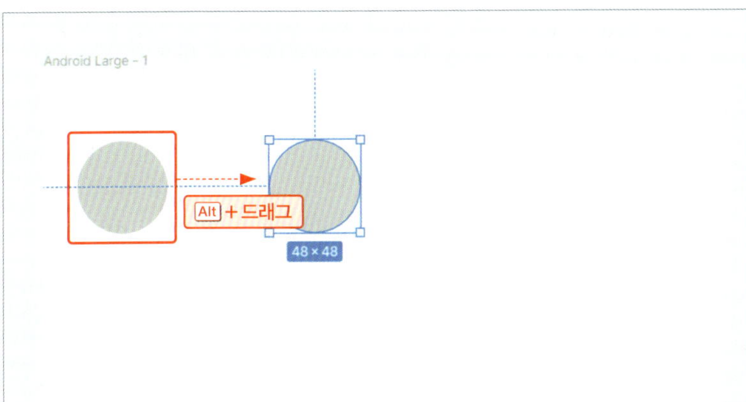

03 오토레이아웃 적용하기 두 개의 원을 함께 선택한 후 Shift + A를 눌러 오토레이아웃을 설정하여 'Frame 1'을 만든다.

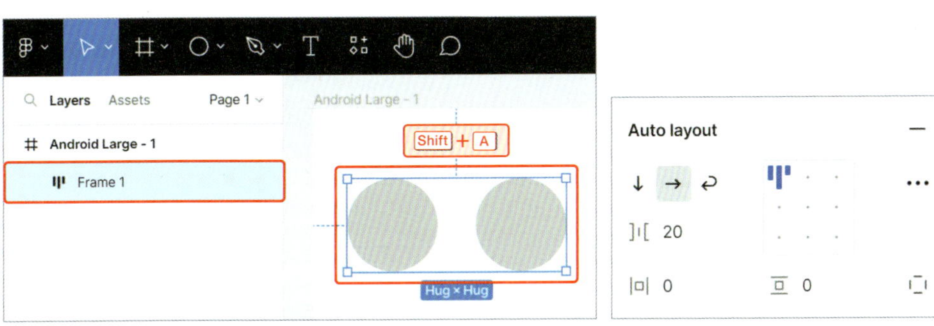

04 원 복제하기 'Frame 1' 내부를 더블클릭하여 우측의 원을 선택한다. Ctrl + D 를 반복해서 눌러 원을 10개 이상 복제한다. 이때 오토레이아웃이 지정되어 있어 원의 간격은 처음 원과의 간격을 그대로 유지한 채 복제된다.

05 숨김 해제하기 프레임 외부 영역도 전부 볼 수 있도록 프레임 이름을 선택한 후 우측 패널에서 'Clip content'를 해제한다.

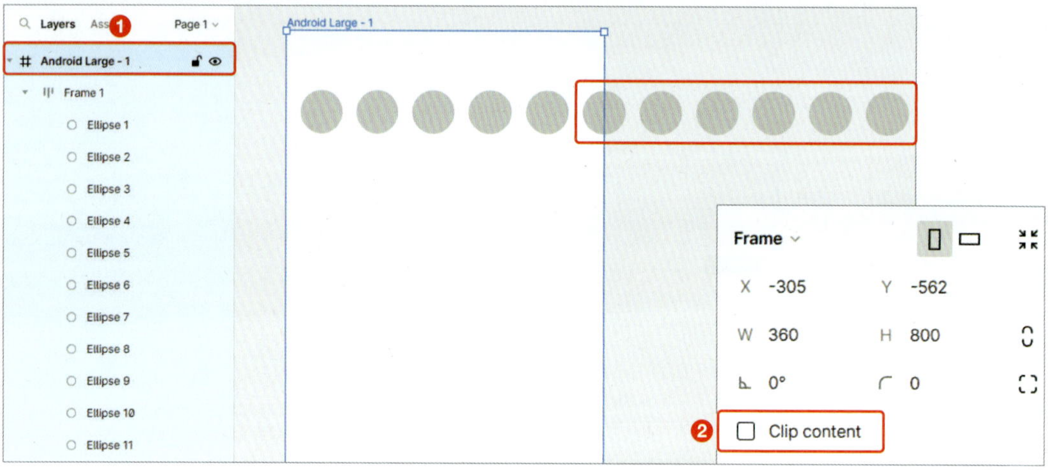

06 간격 조절하기 오버플로우 스크롤링은 오브젝트의 일부가 프레임에 걸쳐있어야 한다. 원의 일부가 좀 더 보이도록 간격을 조절해야 한다. 마우스를 원과 원 사이로 가져가 핑크색 영역이 나타나면 마우스를 움직여 간격을 조절하거나 우측 [Auto layout] 메뉴에서 좌우 간격( )에 '16'을 입력한다.

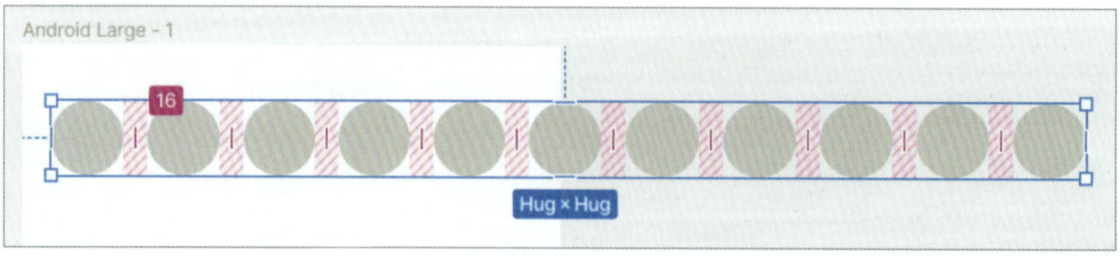

07 [UI Faces] 플러그인 실행하기 리소스 툴(⊞)을 클릭하고 [Plugins] 항목에서 'UI Faces'를 검색하여 실행한다.

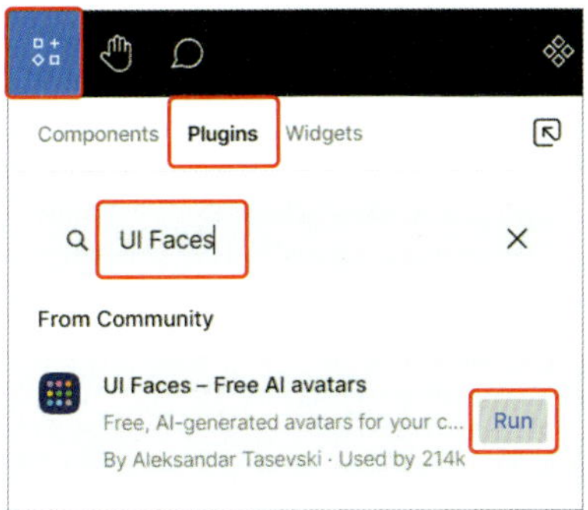

08 이미지 삽입하기 'Frame 1' 내부를 더블클릭하여 원을 하나씩 선택하고 [UI Faces] 플러그인에서 마음에 드는 얼굴을 클릭하면 각각의 원에 적용된다. 모든 원에 얼굴을 삽입한다.

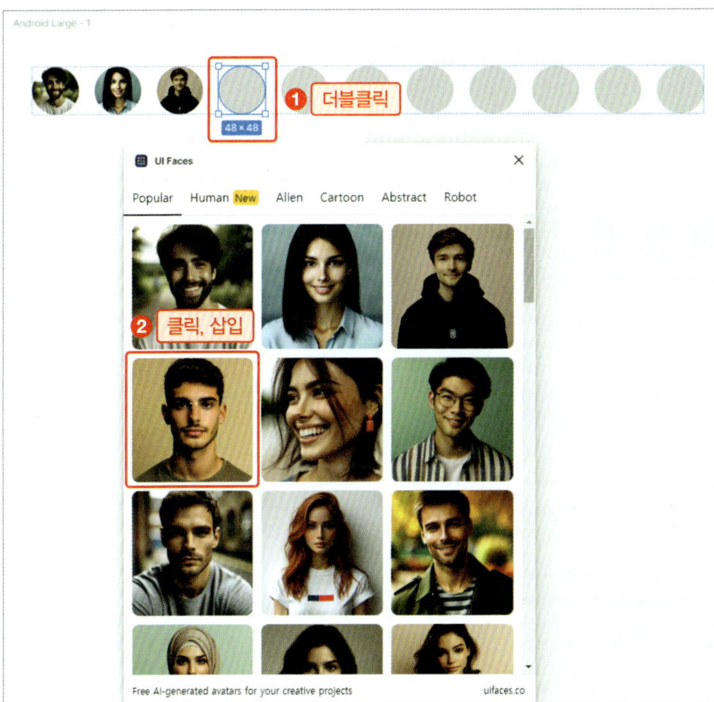

09 프레임 옵션 설정하기 프레임 이름을 선택하고 우측 패널에서 'Clip content'를 체크하여 외부 영역이 보이지 않도록 만든다.

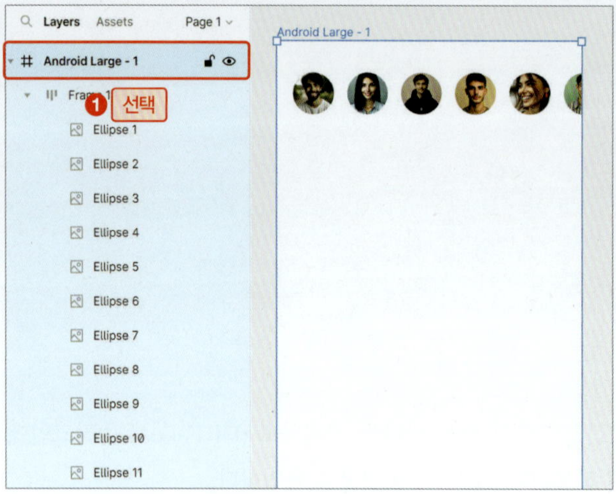

10 프레임 옵션 설정하기 'Frame 1'을 선택하고 마우스 오른쪽 클릭하여 [Frame selection]을 선택한다.

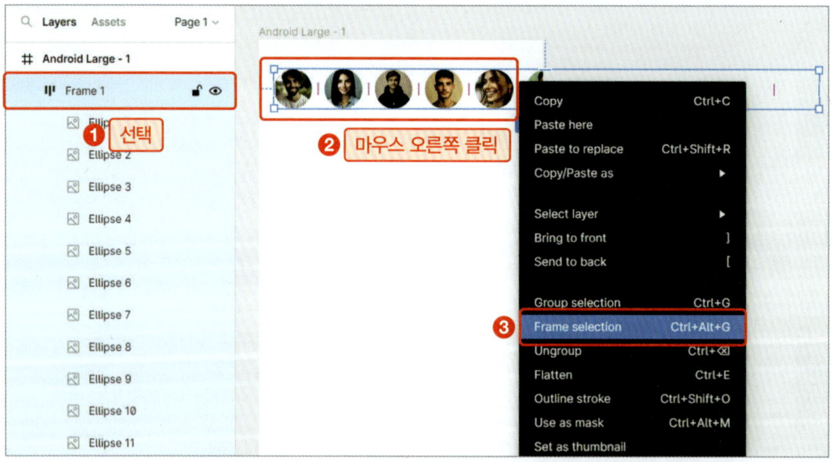

11 프레임 옵션 설정하기 'Frame 1'이 오버플로우 될 영역을 지정하기 위해 우측 프레임 끝부분까지 'Frame 2'의 넓이를 줄여준다.

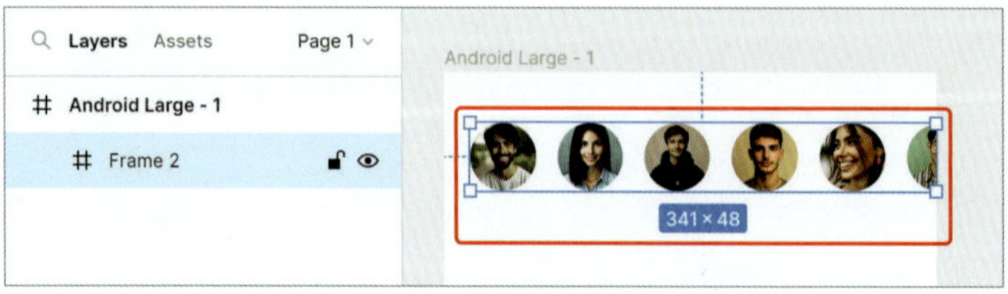

TIP 이 옵션을 선택하지 않으면 오버플로우 스크롤이 작동하지 않으므로 절대로 빠뜨리면 안된다.

12 프로토타입 설정하기 [Prototype] 메뉴를 선택한 후 [Scroll behavior]의 'Overflow' 옵션을 [Horizontal]로 변경한다.

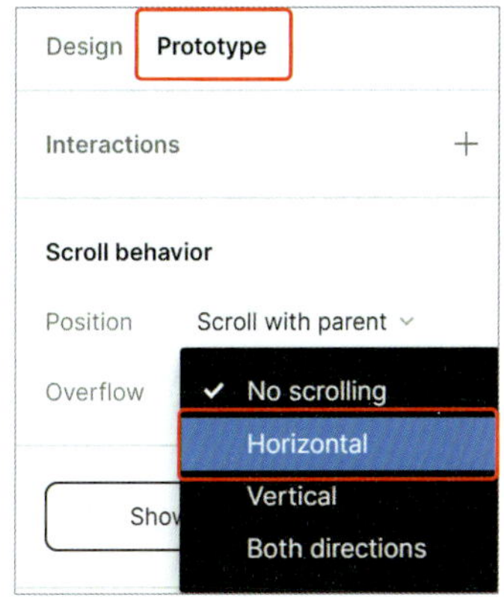

13 프로토타입 실행하기 미리보기를 실행하면 좌우로 이미지가 스크롤링 된다. 오버플로우 스크롤링은 좌우로 스크롤 하다 멈추면 이미지가 해당 위치에서 멈춘다는 점에서 캐러셀 인터랙션과 차이가 있다.

SECTION

06

모달 창 인터랙션

핵심 내용 모달 창 인터랙션 제작

모달 창 인터랙션의 이해

모달 창이란 팝업 창과 비슷한 개념으로 특정 영역에 원하는 크기로 새로운 디자인을 띄우는 것을 말한다. 팝업 창이 새로운 브라우저로 페이지를 띄우는 것이라면 모달 창은 페이지 내에 레이어를 이용해 페이지를 표시하는 것으로 부모 창이 사라지면 모달 창도 함께 사라진다는 점에서 팝업 창과 차이가 있다.

실습 모달 창 인터랙션 제작하기

'Modal' 프레임을 생성하고 'OPNE' 버튼을 클릭하면 창이 올라왔다가, 'CLOSE' 버튼을 클릭하면 내려가는 인터랙션을 구현해 본다.

예제 미리보기

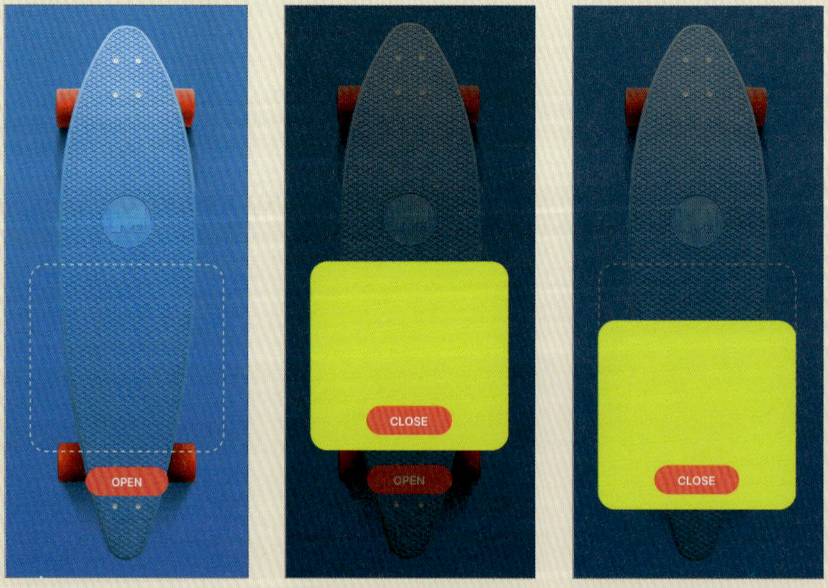

■ 기본 화면 ■ 'OPEN' 버튼 클릭시 ■ 'CLOSE' 버튼 클릭시

실습 파일 링크 https://bit.ly/47YbvyK

01 새 프레임 제작하기 프레임 툴(#)을 선택한 후 우측 패널에서 'Android Large'를 선택하고 프레임을 생성한다.

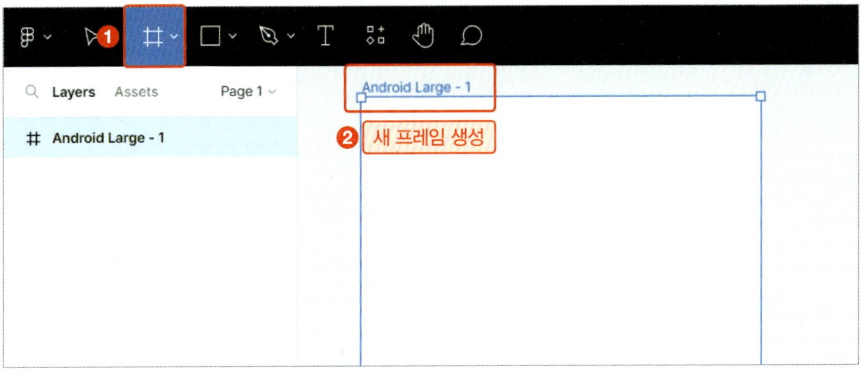

02 사각형 제작하기 사각형 툴(■)로 넓이 '280' 높이 '260' 그리고 가장자리 둥글기 값이 '24'인 사각형을 생성한다. 정렬은 가운데 정렬, 'Y' 값을 '360'을 입력한다. 면의 색상은 [-]를 클릭하여 삭제하고, [Stroke] 메뉴의 색상은 '#D9D9D9'를 지정한다. 두께는 '2' [Stroke style] 옵션은 [Dash]로 변경한다. [Dash] 옵션 값은 '6', [Gap] 값도 '6'으로 지정한다.

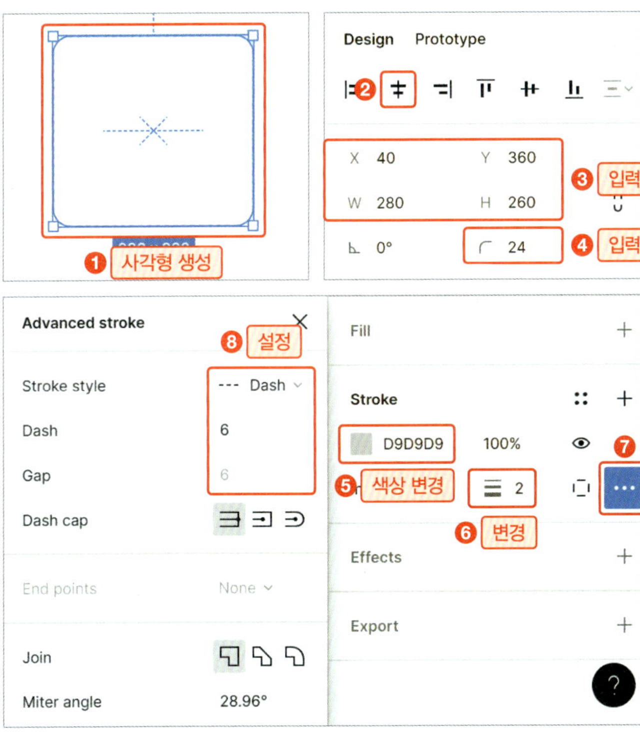

TIP 모달 창을 불러올 위치를 확인하기 위해 임의로 크기와 위치를 지정한 형태이다. 실전에서는 사용하지 않는다.

03 버튼 제작하기 사각형 툴(■)로 넓이 '120', 높이 '40', 가장자리 둥글기 값이 '20'인 형태를 제작하고 면의 색상을 '#FF4869'로 설정한다. 버튼 내부에 흰색으로 'OPEN' 문자를 입력하고, 모달 창 위치 아래에 배치한다.

04 그룹화하기 버튼 컨테이너와 문자를 함께 선택하고 Ctrl + G 를 눌러 그룹으로 만든다.

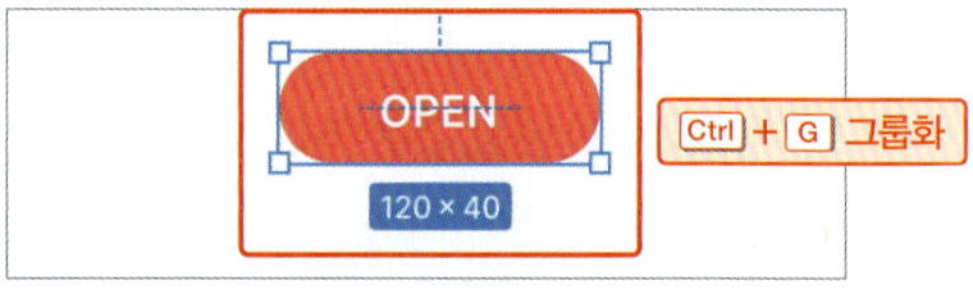

05 프레임에 이미지 삽입하기 리소스 툴(⊞)을 선택하고 [Plugins]에서 [Unsplash]를 실행한다. 'Android Large-1' 프레임을 선택하고 이미지를 하나 지정한다.

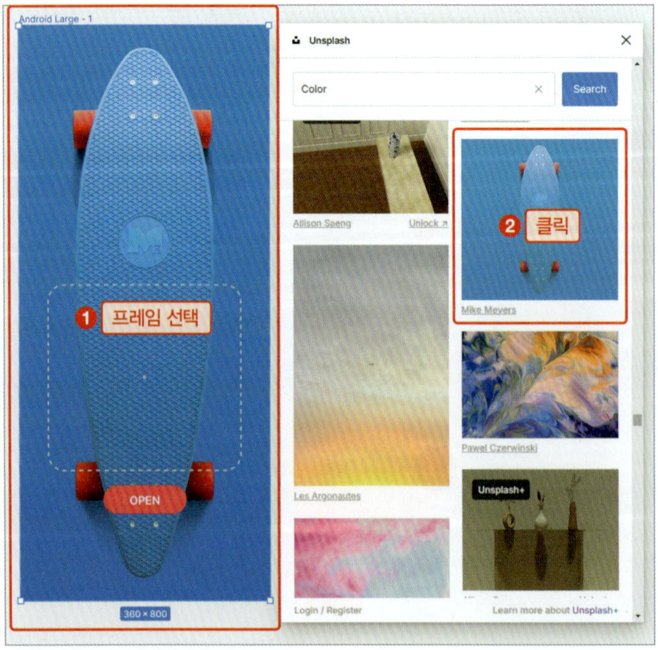

06 모달 창 제작하기 프레임 툴(⌗)로 화면의 빈 곳을 드래그 한 후 넓이 '280', 높이 '260', 가장자리 둥글기 값 '24'를 지정한다. 면의 색상은 이미지 영역에서 잘 보일 색상으로 지정하고 프레임의 이름을 'Modal'로 변경한다.

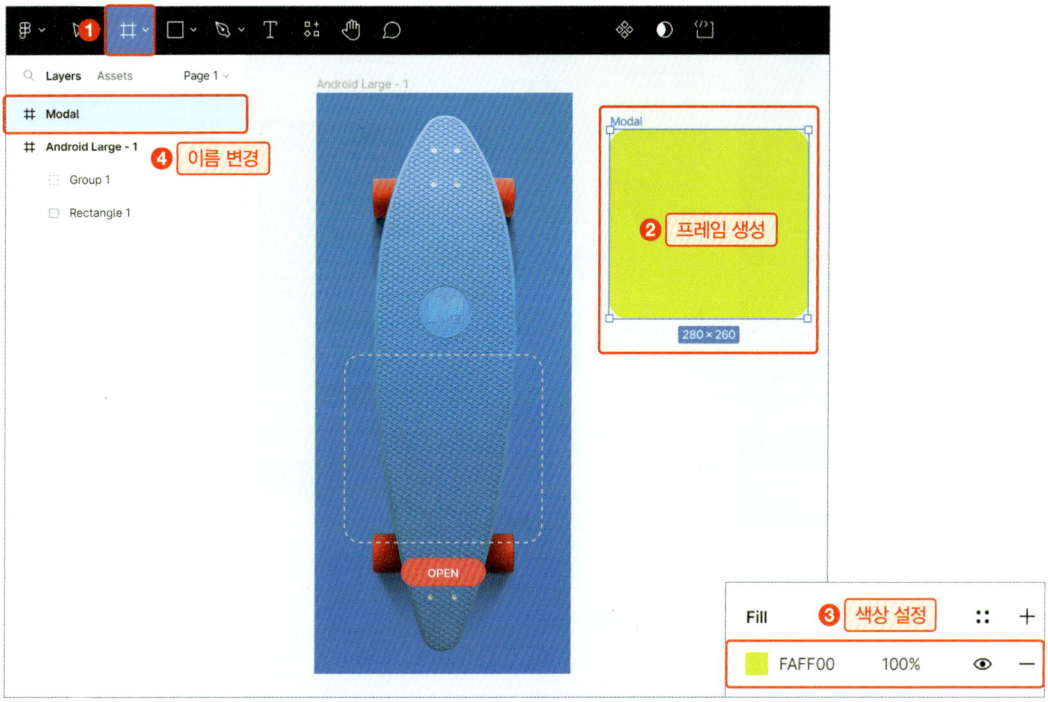

TIP ▶ 모달 창은 반드시 프레임으로 만들어야 하며 사각형으로 만들면 모달 프로토타입이 적용되지 않는다.

07 버튼 배치하기 왼쪽 프레임에서 버튼을 복제하여 'Modal' 프레임에 배치하고 문자를 'CLOSE'로 변경한다.

08 프로토타이핑 연결하기 [Prototype] 메뉴를 클릭하고 'Open' 버튼을 선택하여 우측 'Modal' 프레임으로 연결한다. 옵션 창이 열리면 터치 제스처 옵션을 [On tap]으로 설정하고, [Navigate to]로 되어 있는 내비게이션 옵션을 [Open overlay]로 변경한다.

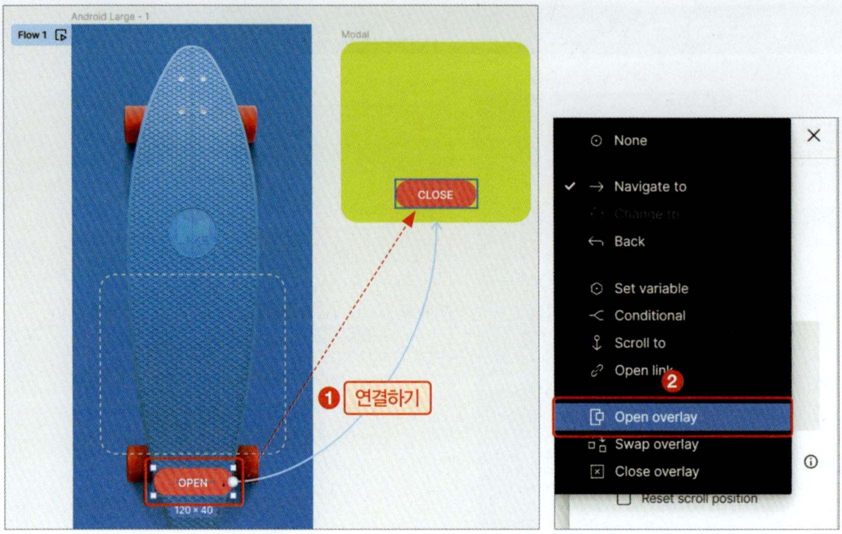

09 프로토타입 실행하기 'Modal'의 설정을 미리보기로 실행하면 모달 창이 지정한 점선의 위치에 불러와지지 않는 것을 알 수 있다.

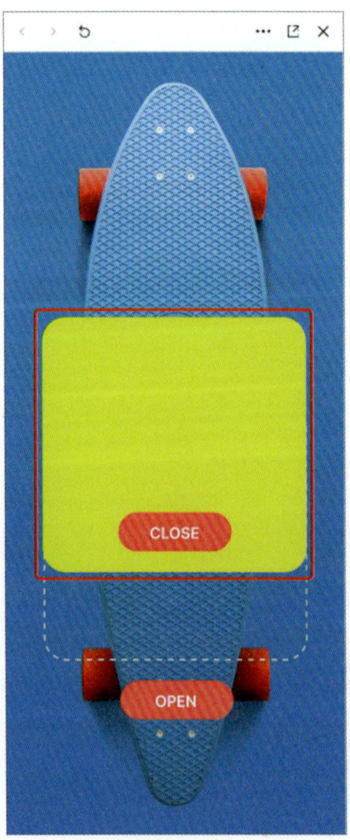

10 인터랙션 옵션 설정하기 연결된 선 부분을 클릭하여 다시 옵션 창을 연 후 [Centered]로 되어 있는 위치 옵션을 [Manual]로 선택한다.

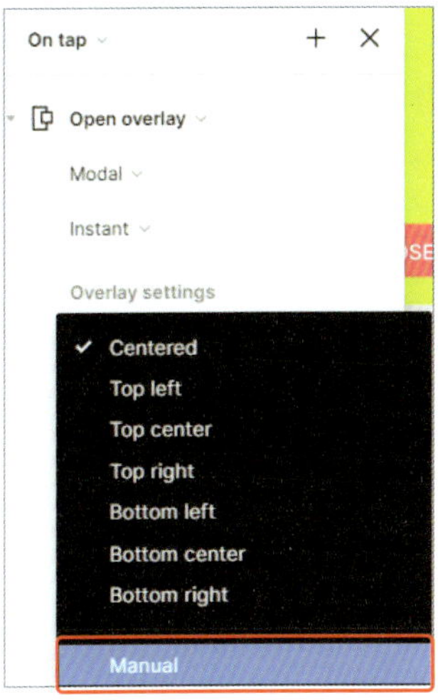

11 인터랙션 옵션 설정하기 모달 창의 위치를 점선으로 지정된 곳에 딱 맞도록 배치한다.

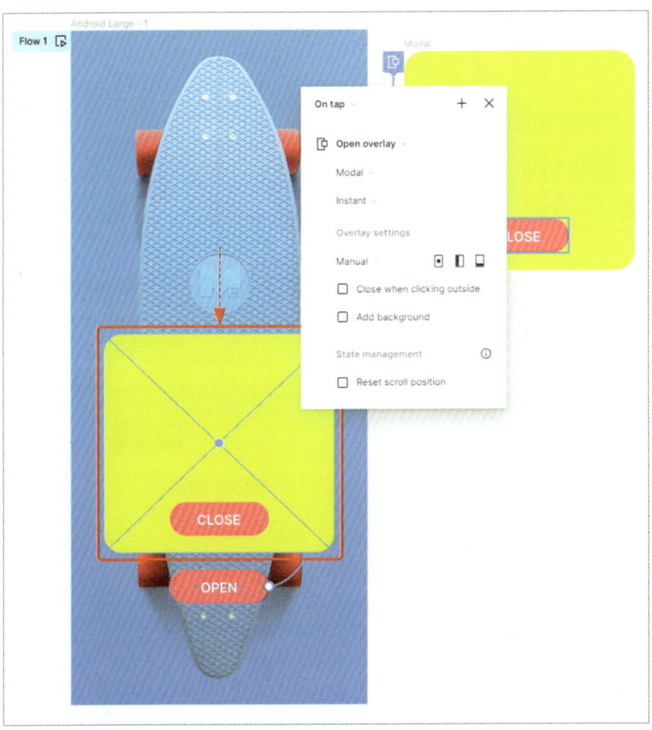

12 인터랙션 옵션 설정하기 애니메이션 옵션은 [Move in]으로 변경하고 아래에서 올라오는 것처럼 보이도록 화살표를 '아래에서 위'(↑) 방향으로 선택한다. 또 애니메이션 세부 속성은 [Ease out]으로 두고 속도는 '300ms'으로 지정한다.

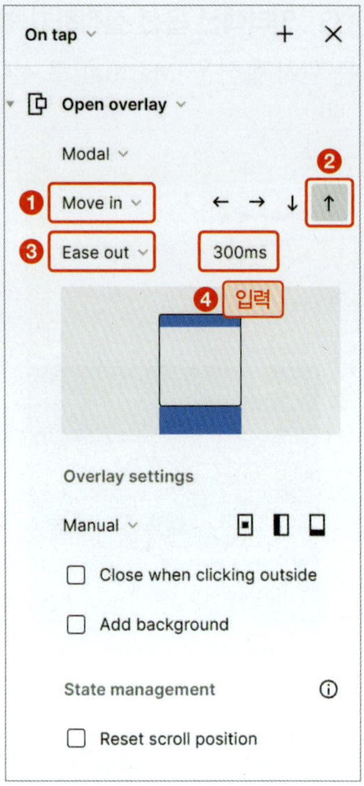

13 인터랙션 옵션 설정하기 모달 창 외부를 탭 했을 때 모달 창이 닫히길 원한다면 'Close when clicking outside'를 체크한다. 또 'Add background'를 체크하여 모달 창 뒤를 어둡게 만들어 모달 창이 시각적으로 더 눈에 띄도록 만들어 줄 수 있다.

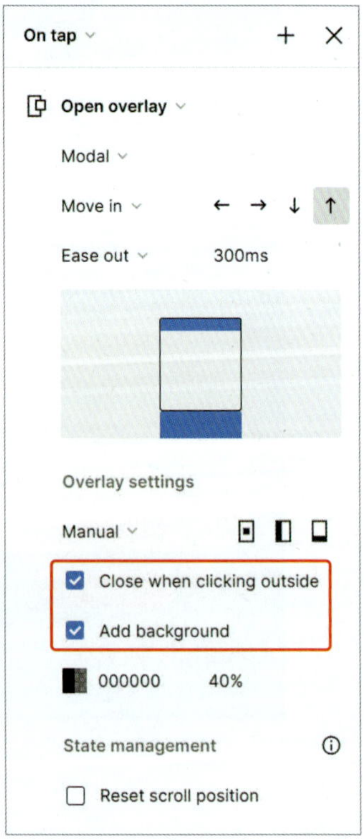

14 인터랙션 옵션 설정하기 'Modal' 프레임의 'CLOSE' 버튼을 선택하여 첫 번째 프레임으로 연결한다. 옵션 창에서 탭 했을 때 'Android Large-1' 프레임로 돌아가는 것이기 때문에 내비게이션은 [Navigate to] 그대로 두면 된다.

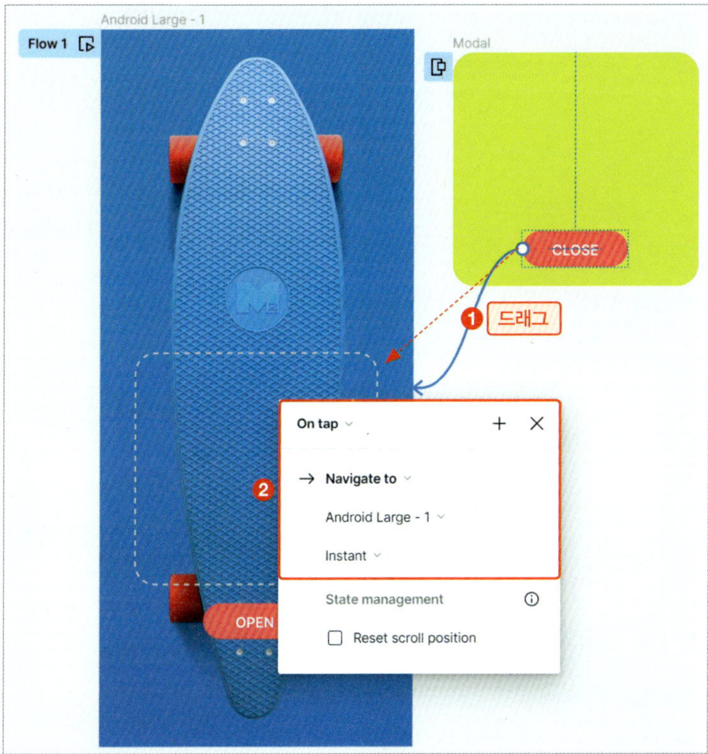

15 인터랙션 옵션 설정하기 인터랙션에 일관성을 주기 위해 애니메이션 옵션은 [Move out]으로 지정하고 모달 창이 아래로 내려가 사라지도록 화살표를 '아래 방향'(↓)으로 선택한다.

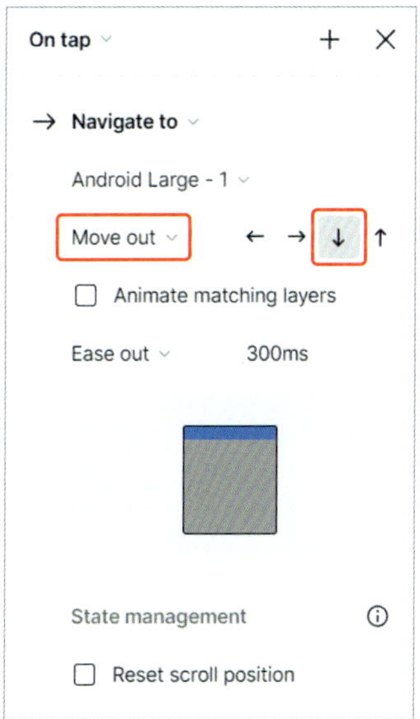

16 프로토타입 실행하기 미리보기를 확인한다. 점선으로 표시한 위치에 모달 창이 아래에서 위로 올라오고 내려가서 사라지는 것을 알 수 있다.

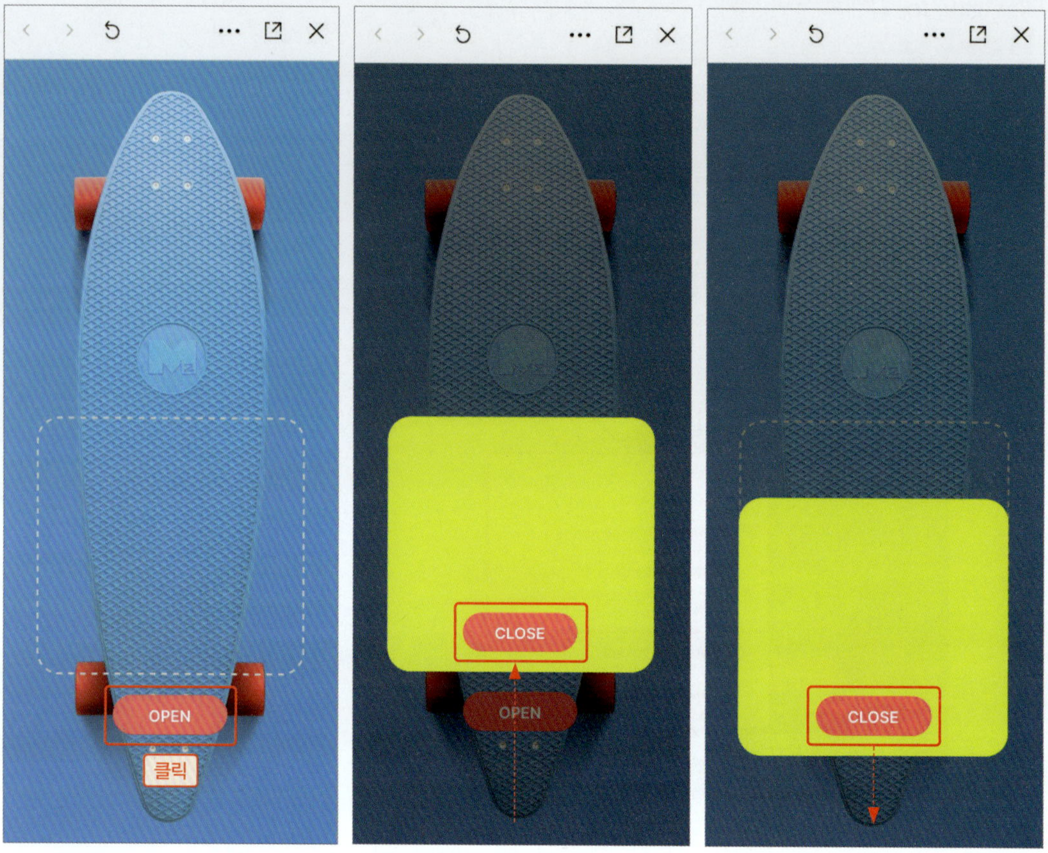

SECTION 07

내비게이션 드로워 인터랙션

핵심 내용 내비게이션 드로워 인터랙션 제작

내비게이션 드로워 인터랙션의 이해

내비게이션 드로워는 화면의 왼쪽 가장자리에서 서랍처럼 열리고 닫히면서 앱을 탐색 할 수 있는 패널을 말한다. 평상시에는 화면 밖에 배치되어 보이지 않지만 메뉴 항목을 눌렀을 때 슬라이딩 되면서 나타나는 특징을 가진다.

실습 내비게이션 드로워 인터랙션 제작하기

두 개의 프레임을 제작하고 내비게이션 드로워 인터랙션을 구현해 본다.

예제 미리보기

실습 파일 링크 https://bit.ly/3RwDs9M

01 새 프레임 생성하기 프레임 툴(#)을 선택하고 우측 패널에서 'Android Large'를 선택해 프레임을 생성하고 면의 색상을 '#2DE7F3'으로 변경한다.

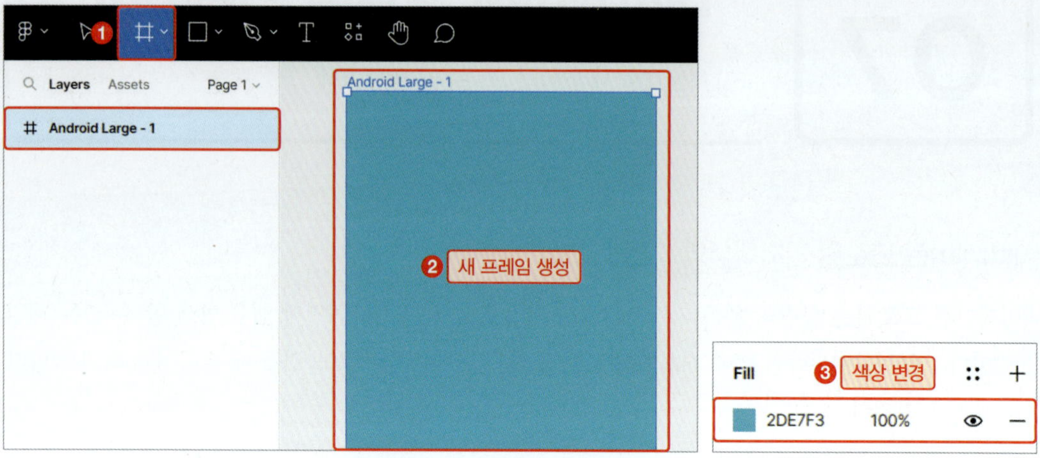

02 새 프레임 생성하기 프레임 툴(#)을 선택하고 우측 패널에서 'Android Large'를 선택하여 프레임을 추가로 생성한다. 넓이에서 '-56'을 입력해 스크림 공간을 만든다.

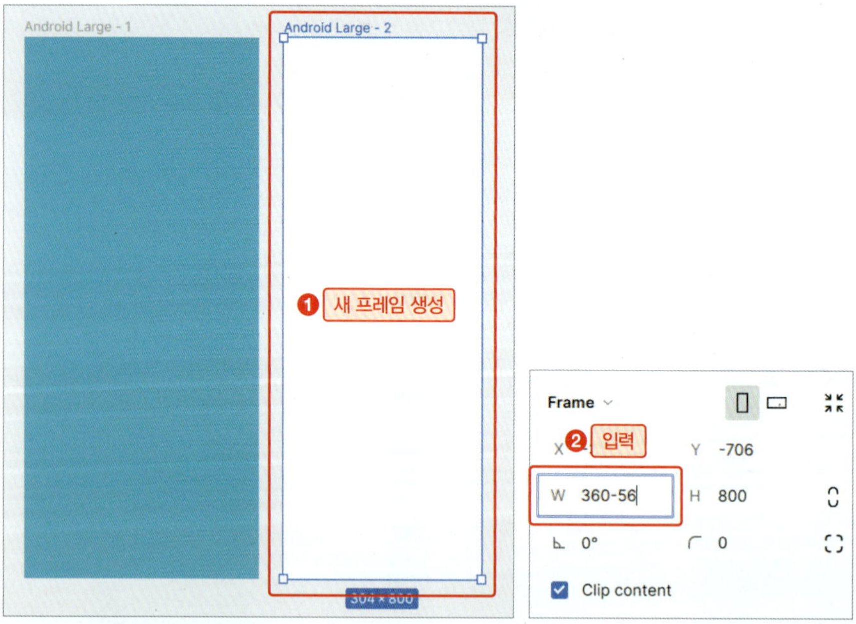

TIP 머티리얼 디자인 가이드에서 드로워로 채워지고 남은 뒷 부분의 공간이 넓이가 '56'이므로 전체 넓이에서 '56'을 빼준 것이다. 또 남겨진 부분이 살짝 검은 색으로 보여지는데 그 부분을 스크림이라고 부른다.

03 프레임 옵션 설정하기 드로워는 왼쪽에서 오른쪽으로 나타나는 것이 일반적이다. 드로워가 될 프레임을 왼쪽으로 이동시키고 프레임 이름을 'Drawer'로 변경한다.

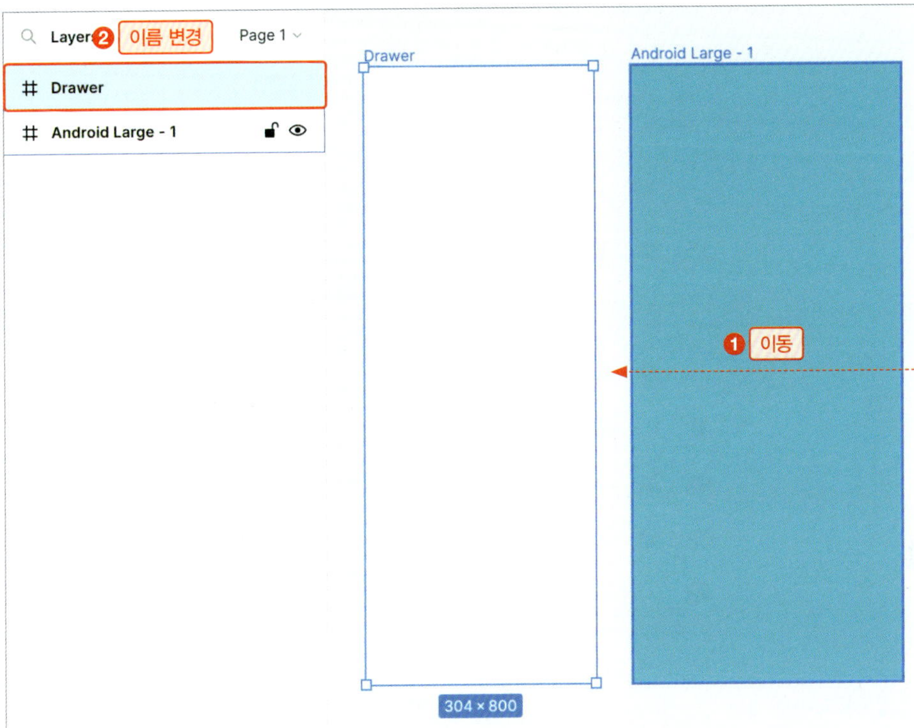

04 프레임 옵션 설정하기 'Drawer' 프레임의 [Layer] 메뉴에서 'Pass through' 옵션을 '86%'로 변경한다.

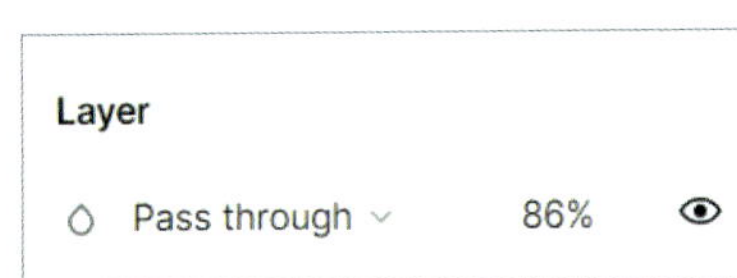

05 아이콘 플러그인 실행하기 리소스 툴( )의 [Plugins] 항목에서 'Material Design Icons'를 검색하여 실행한다.

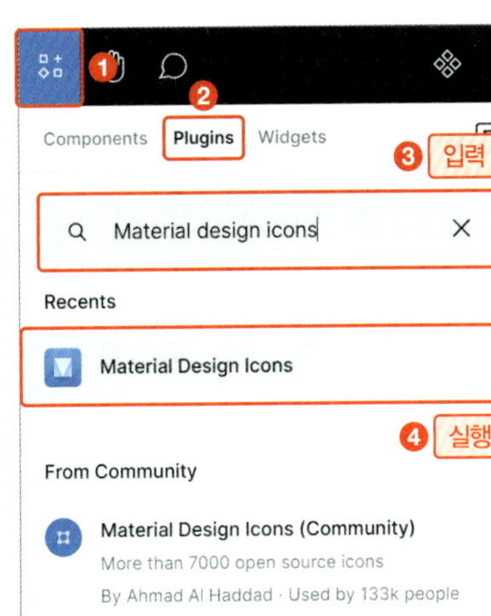

06 아이콘 삽입하기 'Drawer' 프레임을 선택하고 [Material Design Icons]에서 'Close'를 검색한 후 아이콘 크기를 '24×24'로 지정하고 아이콘의 종류를 [Filled]로 선택하여 클릭해주면 'Drawer' 프레임에 클릭한 아이콘이 자동으로 배치된다.

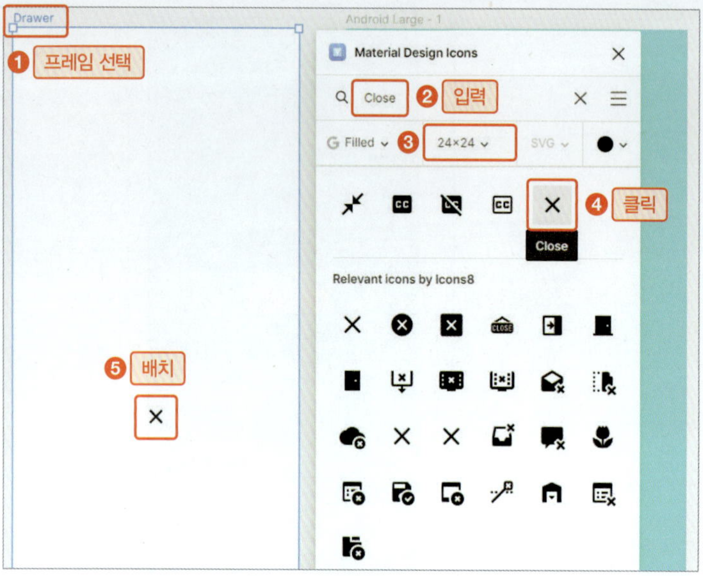

07 아이콘 삽입하기 이번에는 'Android Large−1' 프레임을 선택하고 'Menu'로 검색한 후 아이콘을 클릭한다.

08 아이콘 배치하기 그림과 같이 'Drawer' 프레임의 우측 상단에 'Close' 아이콘을 상단과 우측 각 '16'의 여백을 두고 배치하고 'Android Large–1' 프레임 좌측 상단 '16'의 여백 위치에는 'Menu' 아이콘을 배치한다.

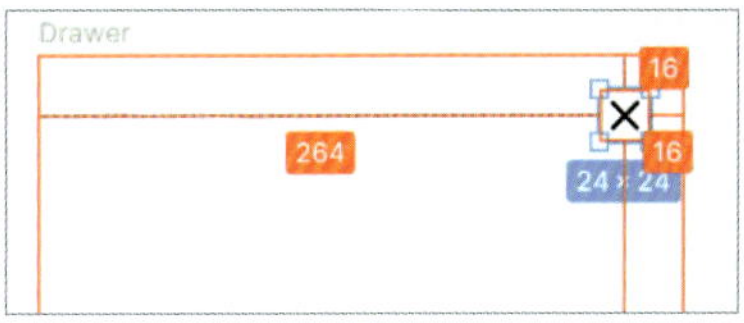

09 프로토타이핑 연결하기 [Prototype] 메뉴를 선택하고 'Menu' 아이콘을 'Drawer' 프레임으로 연결한다.

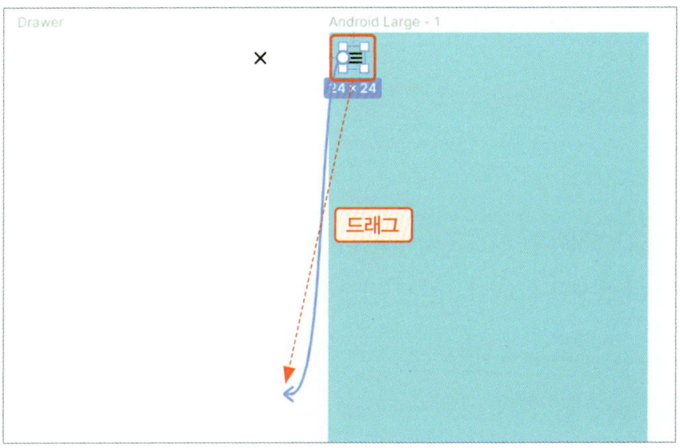

10 인터랙션 옵션 설정하기 옵션 창에서 터치 제스처 옵션은 메뉴 아이콘을 탭 했을 때이므로 [On tap] 그대로 두면 된다. 내비게이션은 [Open overlay]로 변경한다. 애니메이션은 [Move in]으로 변경하고 '왼쪽에서 오른쪽 방향'(→)을 선택한다. 애니메이션 세부 속성은 [Ease out] 그리고 속도는 '300ms'를 입력한다.

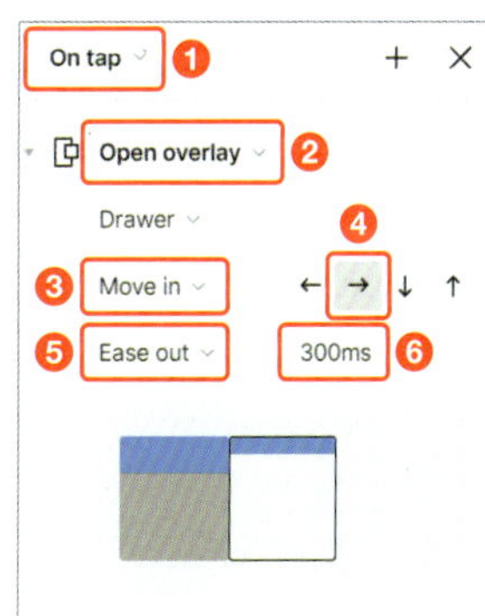

11 인터랙션 옵션 설정하기 위치의 경우 드로워의 높이가 꽉 차는 높이이므로 왼쪽에 정렬되면 되기 때문에 [Bottom] 또는 [Top left]를 선택한다. 또한 드로워의 외부 영역을 탭 했을 때 창이 닫히도록 'Close when clicking outside'을 체크하고 'Add background'도 체크한다.

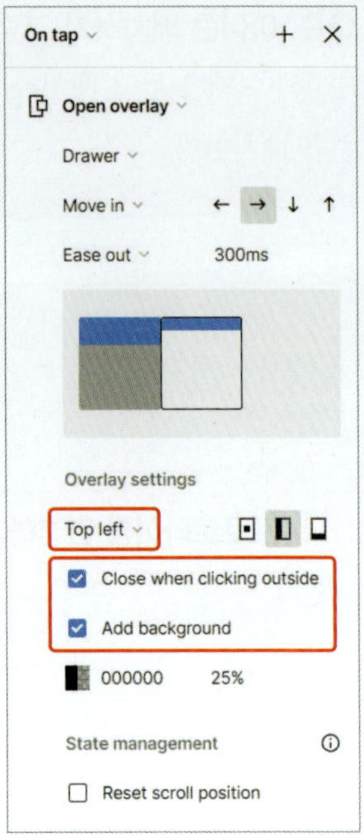

12 프로토타이핑 연결하기 드로워를 밀어서 닫을 수 있도록 'Drawer' 프레임을 선택하여 'Android Large-1' 프레임으로 연결한다. 터치 제스처 옵션은 [On drag]로 변경하고 내비게이션 옵션은 [Close overlay]를 선택한다.

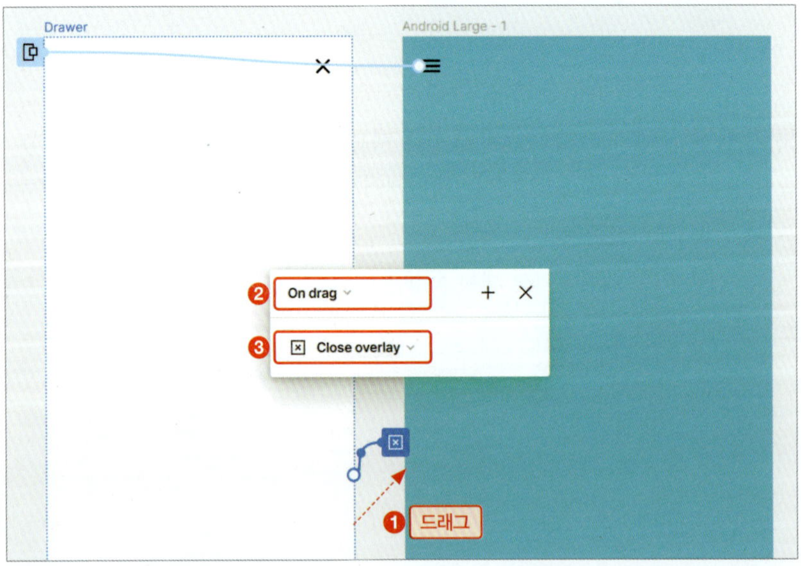

TIP [Close overlay]를 선택하면 이전에 체크한 옵션을 반대로 실행하기 때문에 추가적으로 옵션을 설정할 필요가 없다.

13 프로토타이핑 연결하기 'Close' 버튼을 'Android Large-1' 프레임으로 연결한다. 닫기 버튼은 드래그하는 것이 아니라 탭 하는 것이므로 [On tap] 터치 제스처 옵션을 그대로 두고 내비게이션 옵션을 [Close overlay]로 지정한다.

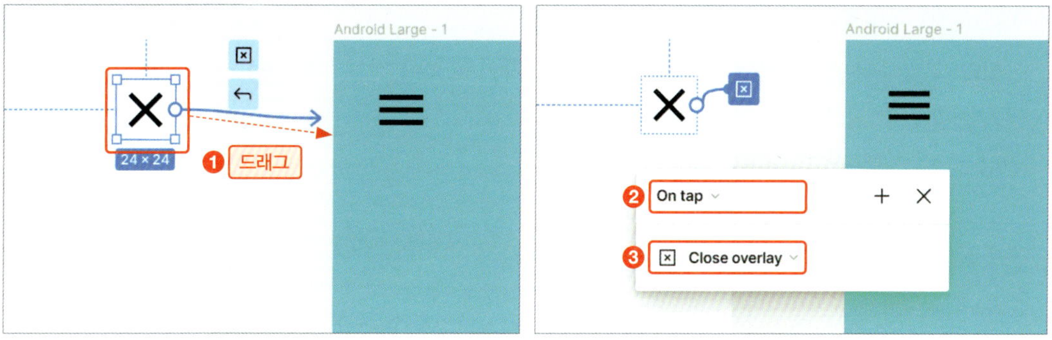

14 프로토타입 실행하기 미리보기 버튼(▶)으로 메뉴 항목을 탭 하면 드로워가 나타나고 드래그하여 드로워를 밀어 넣을 수 있다.

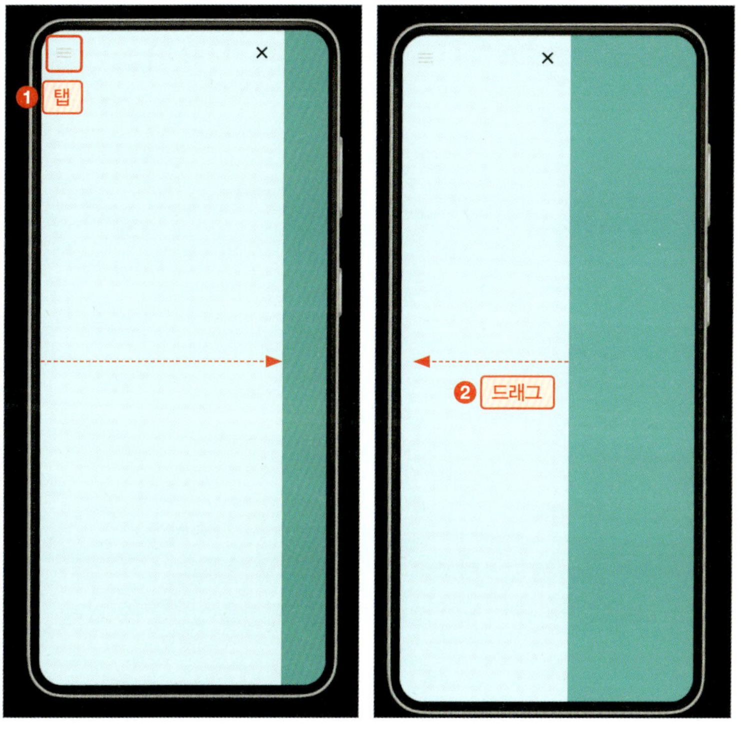

요약

1 피그마와 프로토타입

- **정의** 피그마의 프로토타입 기능을 활용하면 디자인 요소에 전환, 애니메이션과 같은 인터랙션 효과를 만들 수 있다.
- **[Prototype] 메뉴** 디바이스 설정 및 프리뷰, 바탕화면의 색상을 지정할 수 있다.

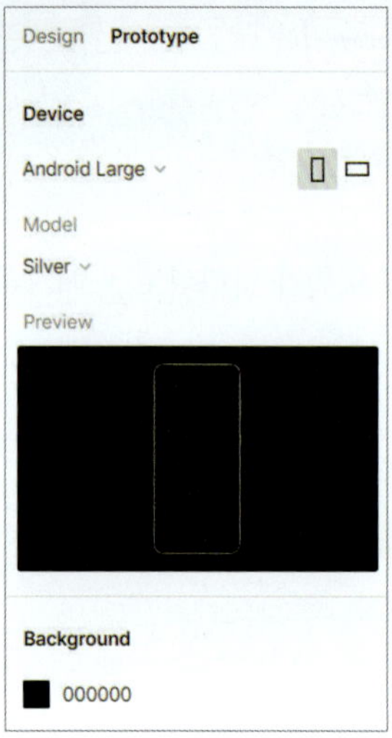

- **미리보기 옵션** 설정한 인터랙션 효과를 시연할 수 있는 옵션 창이다.

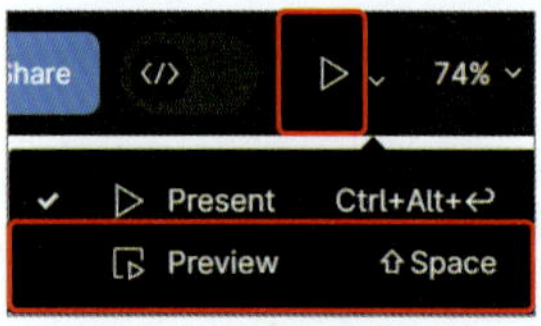

❶ **미리보기 버튼(▷)** 새로운 창이 열리며 제작한 인터랙션을 실행할 수 있다.
❷ **프리뷰 버튼(◧)** 설정한 디바이스 크기로 미리보기 창이 생성되어 인터랙션을 실행할 수 있다.

PART

03

디자인 시스템 제작

PART

03

디자인 시스템 제작

CHAPTER

07

파운데이션 구성

학습목표

- 디자인 시스템 구축 실습으로 디자인 시스템의 구조를 이해한다.
- 디자인 토큰 시스템을 활용하여 디자인 시스템을 구축해 본다.
- 토큰 기능을 활용해 로컬 스타일을 불러오고 내보낼 수 있다.

SECTION 01

디자인 시스템 구조 설계

핵심 내용 디자인 시스템 구조의 이해, 디자인 시스템 구축 실습의 이해

디자인 시스템 구조의 이해

디자인 시스템의 구조는 각 기업의 제품이나 서비스에 따라 알맞게 구성하면 되므로 별도의 정해진 형식은 없다. 따라서 다양한 디자인 시스템 구축 사례들을 참고하여 핵심이 되는 요소들을 작성하면 된다. 그 예로 1장 4절, '디자인 시스템 구축 사례'에서 살펴본 구글의 '머티리얼 디자인'은 크게 파운데이션과 스타일 그리고 컴포넌트로 구성되어 있고 마이크로소프트사의 '플루언트 2'는 파운데이션을 디자인 언어로 표기하고 가이드라인과 컴포넌트로 구성하고 있다.

디자인 시스템 구축 실습

이번 장에서는 다른 기업들의 디자인 시스템 구조를 참고하여 디자인 시스템을 구축하는 실습을 진행한다. 하나의 실습 파일 링크를 사용해 개요와 파운데이션, 컴포넌트 페이지를 제작해 본다.

그림 7-1 디자인 시스템의 파운데이션 구축 예시

SECTION 02

개요와 파운데이션 기초

핵심 내용 개요 페이지와 파운데이션 페이지 구축

실습 개요 페이지 작성하기

개요 페이지를 만들고 디자인 시스템에 대한 소개와 목적, 디자인 원칙 그리고 디자인 시스템 구조에 대한 설명을 작성한다.

예제 미리보기

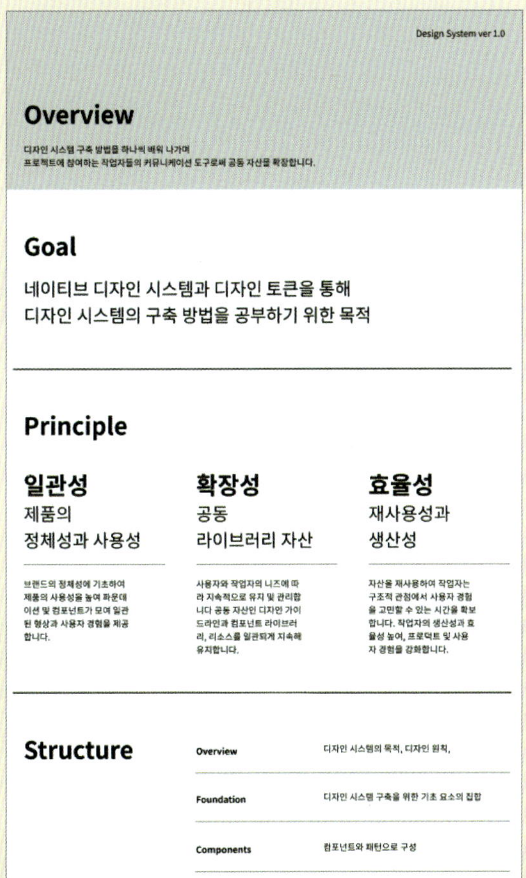

실습 파일 링크	https://bit.ly/3HdlJhK
완성 파일 링크	https://bit.ly/3tV3RpY

01 에디트 모드로 전환하기 피그마 온라인에 접속한 후 우측 상단의 [+ Design file]을 클릭하여 피그마 에디트 모드로 전환한다.

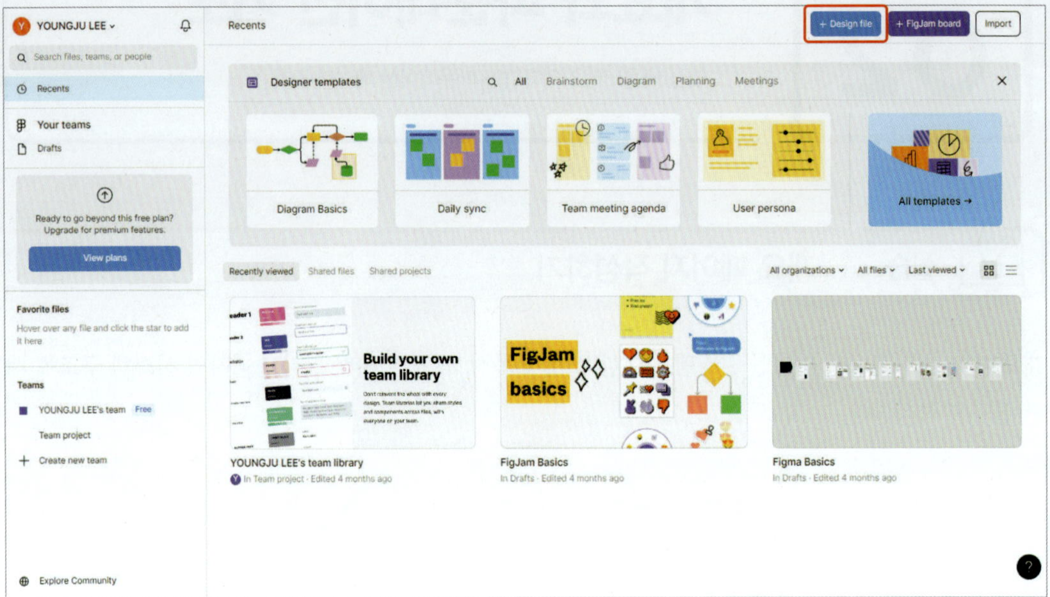

02 개요 페이지 생성하기 [Page 1]을 클릭하고 [Pages] 항목이 생성되면 하위 항목의 이름을 'Overview'로 변경한다.

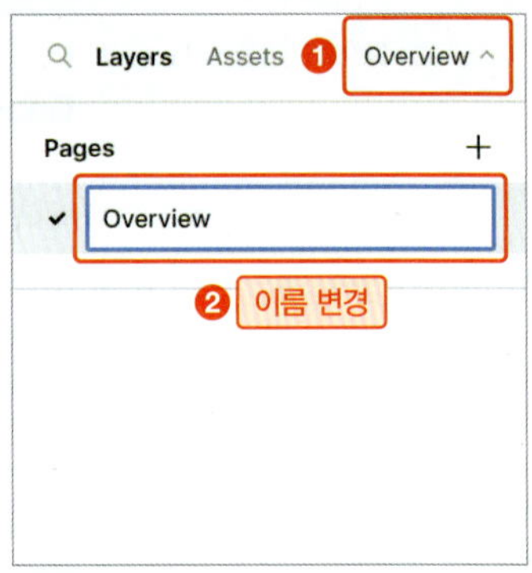

03 페이지 생성하기 [Pages] 옆의 [+]를 클릭하여 두 개의 새로운 페이지를 추가한다. 각 [Foundation]과 [Components] 페이지로 이름을 변경한다.

04 개요 작성하기 [Overview] 페이지를 선택한 후 프레임 툴(⌗)로 넓이 '1440', 높이 '2400'의 새 프레임을 만든다. 프레임 이름은 'Overview'로 변경한다.

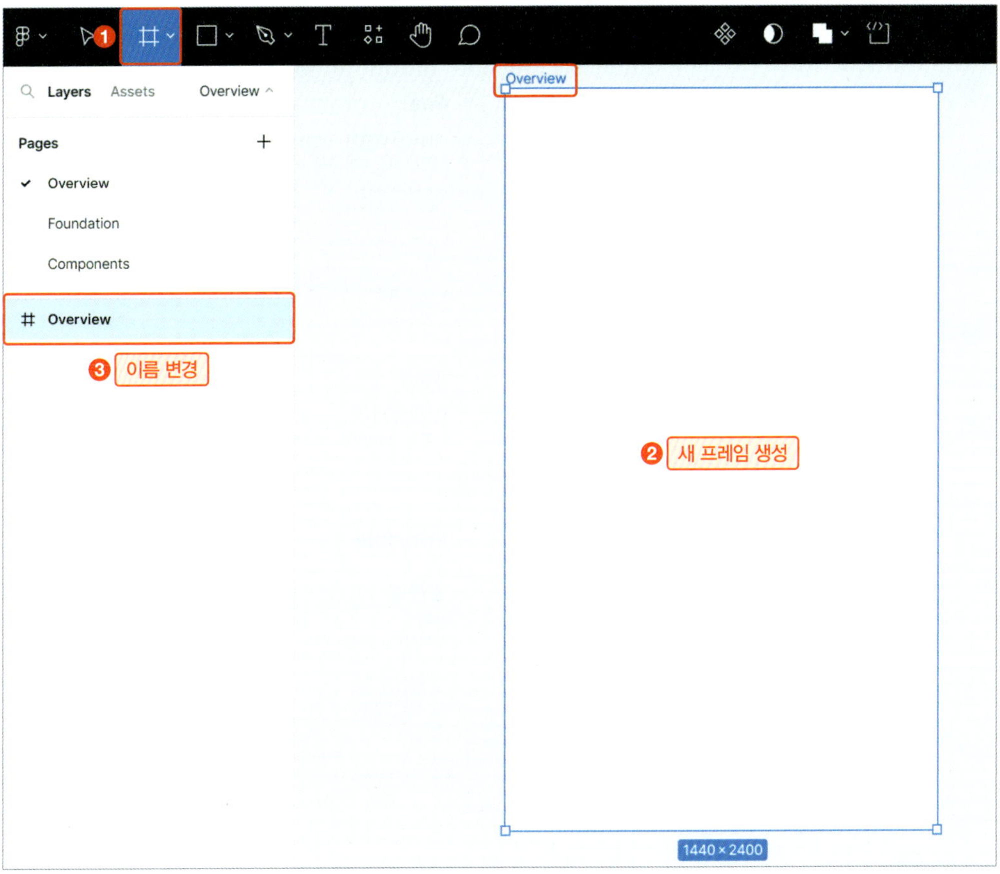

05 개요 작성하기 프레임 상단에 사각형 툴(□)로 컨테이너를 만든 후, 제목을 'Overview'로 작성한다. 디자인 시스템에 대한 간단한 소개를 작성하고 우측 상단에 디자인 시스템의 버전을 표시하면 좋다.

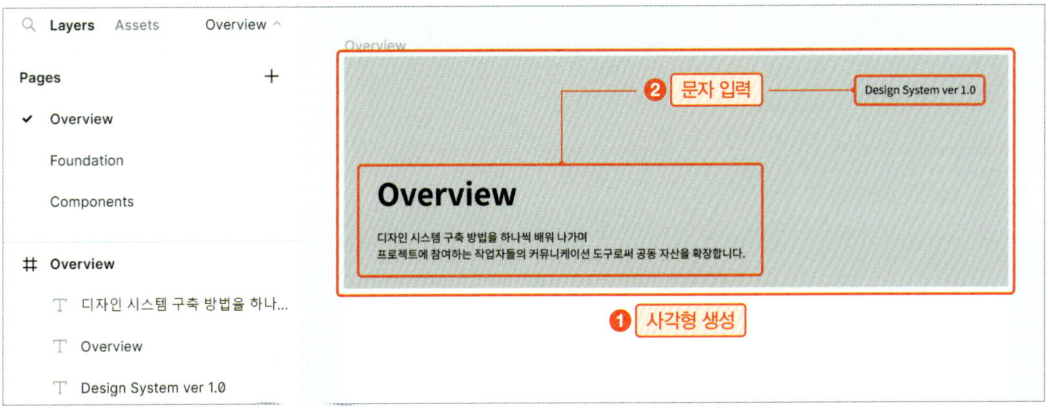

06 목적 작성하기 중제목을 'Goal'로 작성하고 디자인 시스템을 만드는 목적을 적는다. 이때 각 항목을 구분선으로 구분하면 나중에 쉽게 알아볼 수 있다.

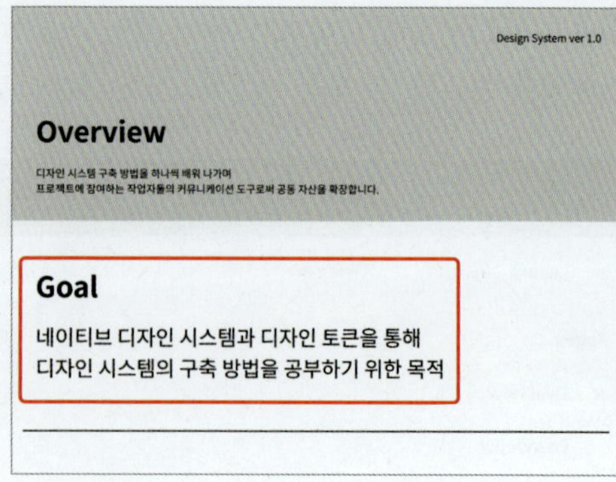

07 원칙 작성하기 중제목을 'Principle'로 작성하고 디자인 시스템의 원칙과 해당 원칙의 상세 내용을 작성한다.

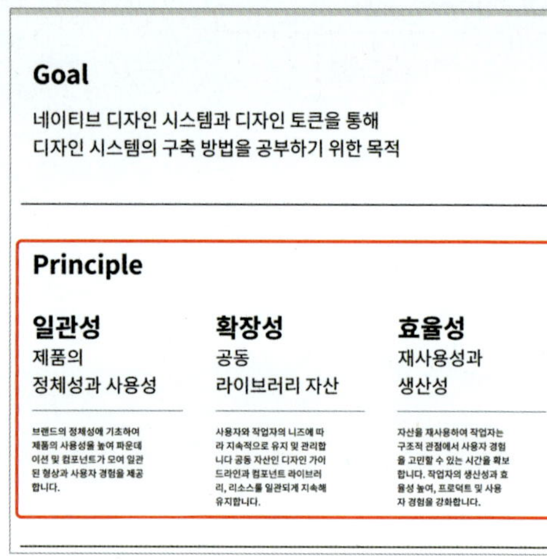

08 구성 목록 작성하기 중제목을 'Structure'로 작성하고 디자인 시스템 페이지의 구조와 각 페이지의 내용을 간략하게 작성한다. 추가적으로 디자인 시스템의 커버 페이지를 구성하는 것도 좋다.

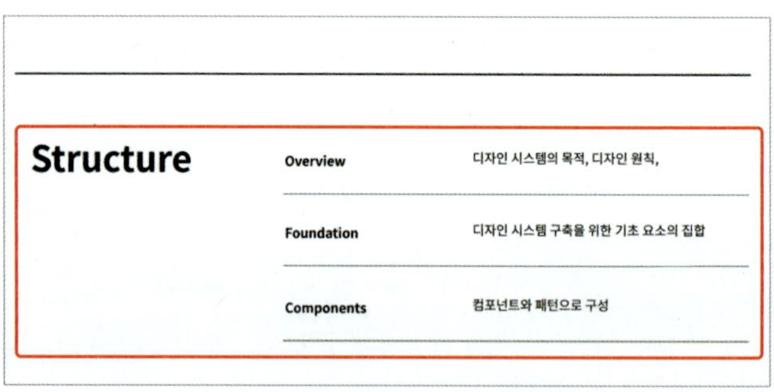

실습 파운데이션 페이지 작성하기

디자인 시스템의 기초인 파운데이션의 구성을 설명하는 페이지를 제작해 본다. 파운데이션의 요소로 그리드, 간격, 엘리베이션, 색상, 타이포그래피, 아이콘, 형태 등으로 구성할 수 있다.

예제 미리보기

01 파운데이션 페이지 생성하기 'Overview' 프레임 이름 부분을 선택하고 Ctrl+C를 눌러 복제하고 [Foundation] 페이지에 Ctrl+V를 눌러 붙여넣기 한다. 프레임의 넓이는 '2245'로 수정한다. 개요의 내용을 삭제하고 파운데이션 개요를 작성한다.

TIP 넓이가 반드시 '2245'여야 하는 것은 아니다. 작성할 내용에 맞는 크기로 설정하면 된다.

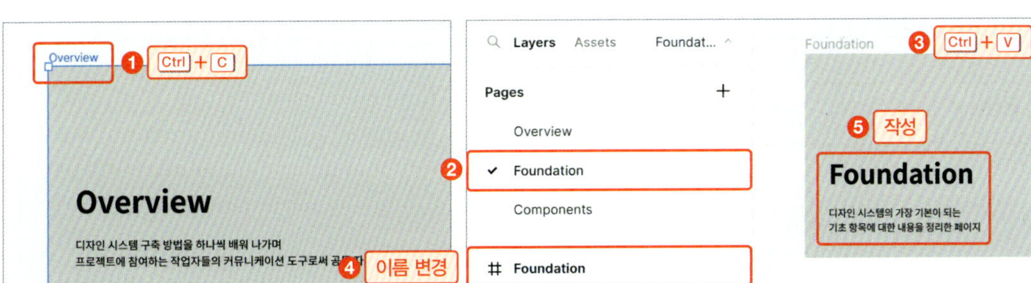

TIP 페이지를 새로 그려도 되지만 같은 형식을 유지하기 위해 붙여넣기를 사용하는 것이 편하다.

02 파운데이션 항목 구성하기 파운데이션 항목을 환경Environment과 기초Base 요소로 구분한다. 환경에는 하위 항목인 그리드, 간격, 엘리베이션에 대한 설명을 요약한다.

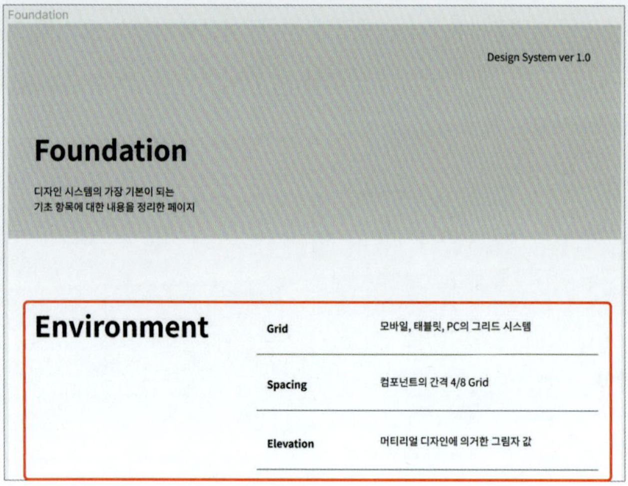

03 기초 요소 작성하기 기초 요소의 하위 항목은 색상, 타이포그래피, 아이콘, 그리고 형태로 구성하고 해당 항목의 설명을 간단히 작성한다.

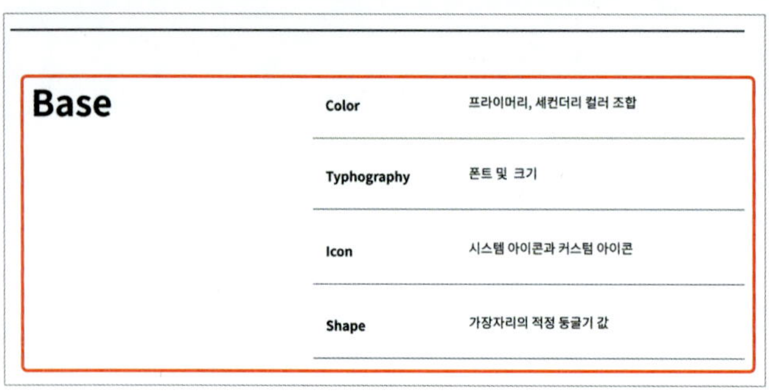

04 파운데이션 페이지 완성하기 기타Etc 요소를 만들고 상태 항목을 추가하였다. 각 항목들은 디자인 시스템을 구축해 나가면서 더 추가되거나 삭제되고 변경될 수 있다.

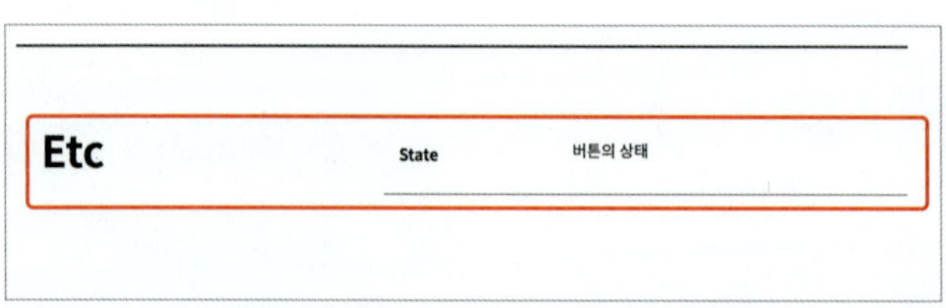

05 파운데이션 항목 프레임 추가하기 파운데이션의 요소로 작성된 하위 항목의 프레임을 그림과 같이 만든다.

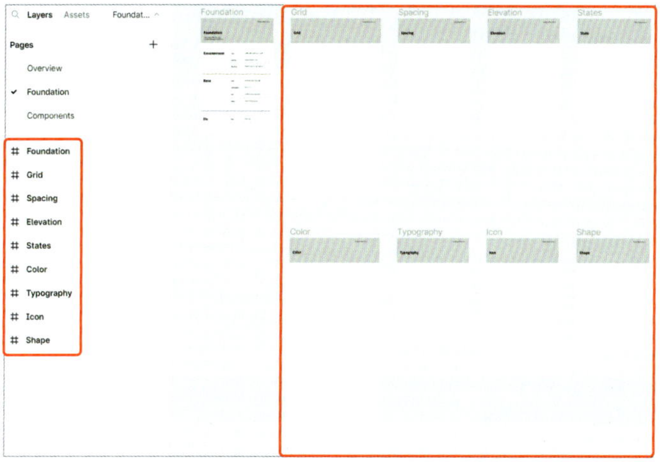

실습 그리드 시스템 페이지 구성하기

그리드Grid는 작업 화면에서 콘텐츠를 배치할 때 사용하는 기준선을 말한다. 디바이스 크기에 맞게 그리드 시스템을 미리 구성해 두면 콘텐츠를 제작할 때 이미지와 텍스트의 배치와 정렬을 쉽게 할 수 있다. 그리드 시스템은 각 프레임 크기별 그리드와 함께 브레이크 포인트와 레이아웃을 포함하기도 한다.

예제 미리보기

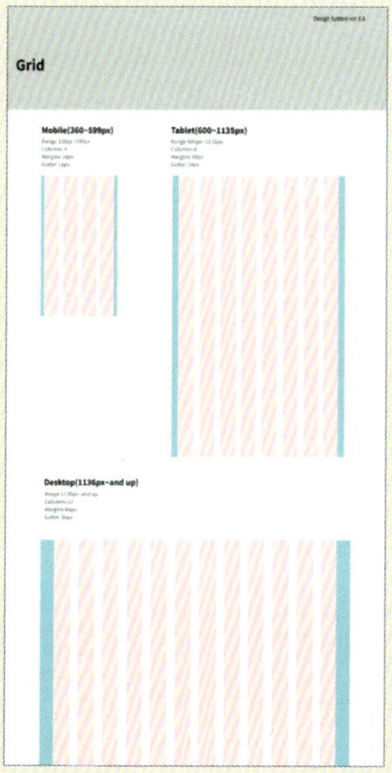

01 모바일 그리드 시스템 구성하기 그리드 페이지의 프레임 크기는 넓이 '1800' 높이 '3500'으로 설정한다. 프레임 툴(⌗)을 선택하고 우측 옵션에서 'Android Small'을 선택한다. 프레임이 생성되면 'Grid' 프레임 내부에 그림과 같이 배치한 뒤 해당 프레임에 대한 속성을 작성한다. 모바일의 경우 '4'컬럼Column을 가지며 마진Margin과 거터Gutter값은 '16'을 사용하는 경우가 많다. 속성을 아래와 같이 작성한다.

- **Mobile(360~599px)**
- Range 360px~599px
- Columns 4
- Margins 16px
- Gutter 16px

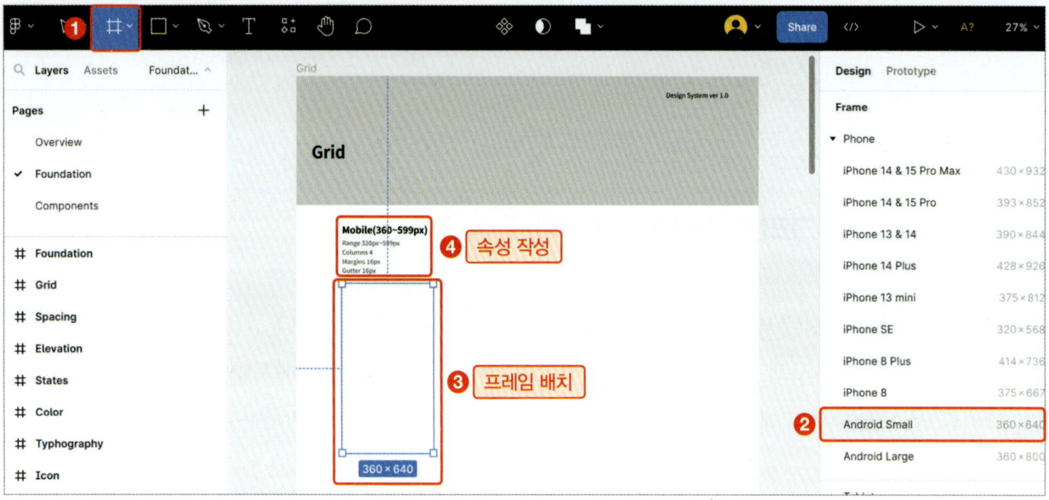

02 모바일 그리드 시스템 구성하기 [Layout grid] 메뉴에서 [+]를 클릭하여 그리드를 추가한다. 그리드의 형태를 'Columns'로 변경하고 옵션에서 컬럼 '4', 마진과 거터 값을 '16'으로 지정한다.

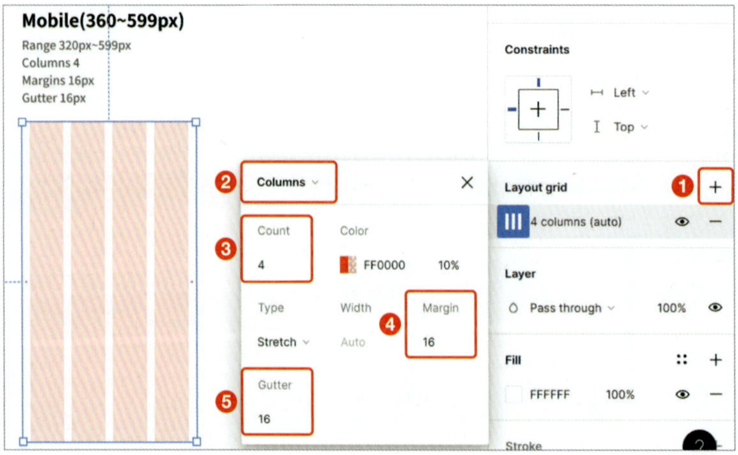

03 타블렛 그리드 시스템 구성하기 프레임 툴()을 선택하고 'Grid' 프레임 내부를 드래그한다. 프레임의 크기를 갤럭시 탭S10 기준 크기인 넓이 '800' 높이 '1280'으로 변경한다. 태블릿 그리드의 옵션 값을 작성하고 마진과 거터 값은 해당 제품의 서비스에 따라 변경해도 무관하다.

- **Tablet(600px~1135px)**
- Range 600px~1135px
- Columns 8
- Margins 30px
- Gutter 24px

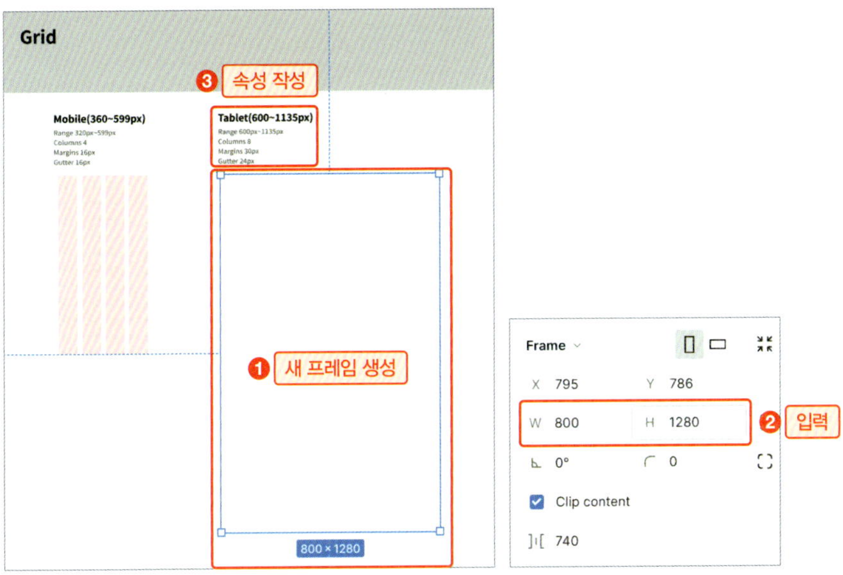

04 타블렛 그리드 시스템 구성하기 [Layout grid] 메뉴에서 + 를 클릭하여 그리드를 추가한다. 그리드의 형태를 'Columns'로 변경하고 옵션에서 컬럼 '8', 마진 '30', 그리고 거터 값을 '24'로 지정한다.

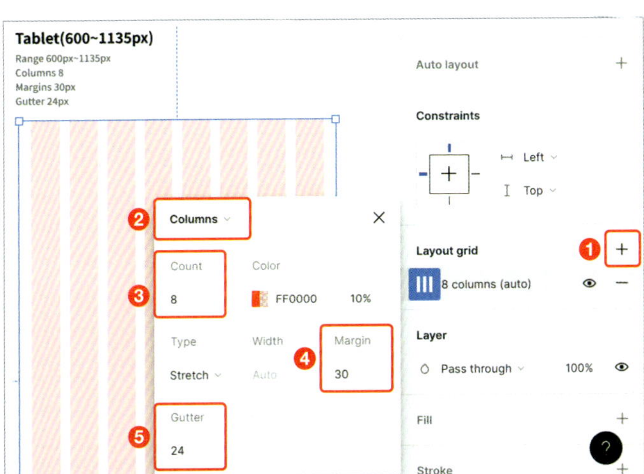

05 데스크톱 그리드 시스템 구성하기 데스크톱 그리드 옵션의 속성을 작성하고 프레임 툴(#)로 'Grid' 프레임 내부를 드래그하여 데스크톱 크기의 프레임을 만든다. 넓이 '1440', 높이 '1024'로 지정한다.

- **Desktop(1136px~and up)**
- Range 1136px~and up
- Columns 12
- Margins 64px
- Gutter 36px

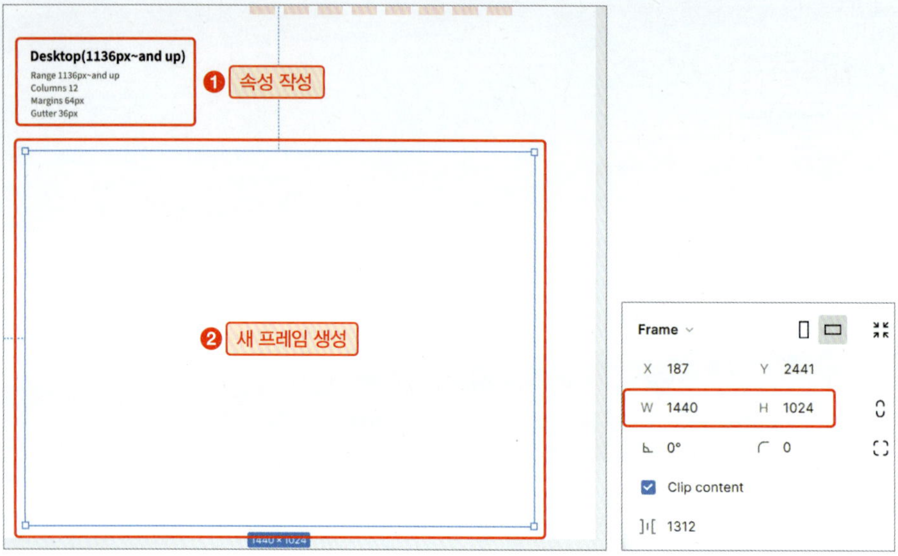

06 데스크톱 그리드 시스템 구성하기 [Layout grid] 메뉴에서 [+]를 클릭하고 그리드를 추가한다. 그리드의 형태를 'Columns'로 변경하고 옵션에서 컬럼 '12', 마진 '64', 그리고 거터 값을 '36'으로 지정한다.

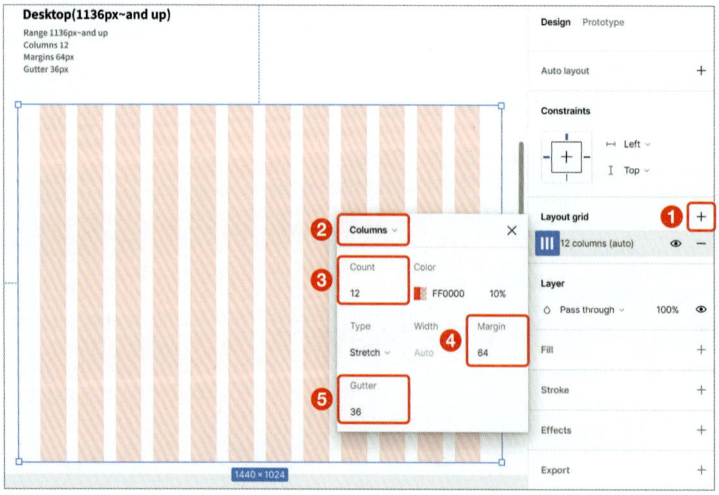

07 그리드 시스템 완성하기 그리드 시스템이 잘 보이도록 'Grid' 프레임의 배경색을 변경하거나 그림과 같이 좌우 마진 값에 색상을 추가한다.

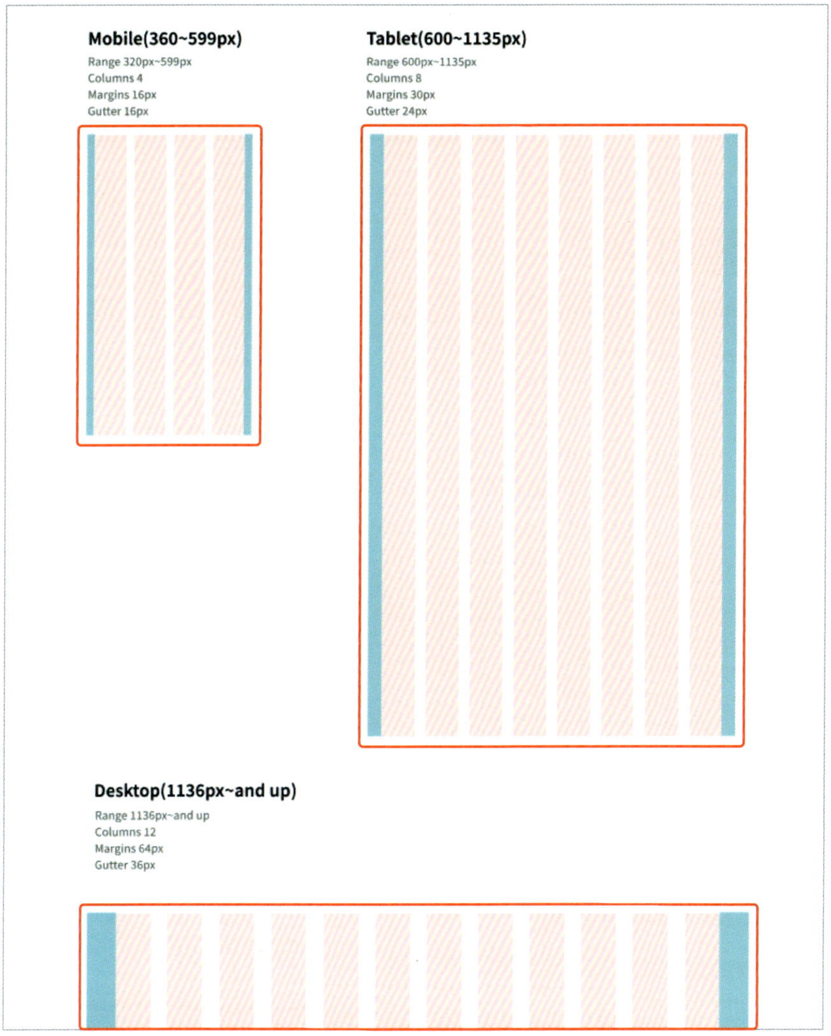

TIP 디바이스 크기별 마진 값에 맞는 사각형을 만들고 좌우에 배치한 뒤 색상을 추가하면 된다.

하나 더 알기 | 브레이크 포인트

브레이크 포인트는 반응형 또는 적응형 디자인에서 브라우저의 크기가 모바일, 타블렛, 데스크톱 등과 같이 특정 넓이가 되었을 때 디자인이 변경되는 지점을 말한다. 모바일, 타블렛, 데스크톱 3개의 브레이크 포인트만 있기도 하고 모바일과 타블렛의 가로세로 간격 등을 모두 고려하여 더 많은 브레이크 포인트를 지정하기도 한다.

SECTION 03

디자인 토큰의 활용

핵심 내용 디자인 토큰에 간격과 엘리베이션 등록, 커뮤니티의 활용

토큰을 활용한 간격과 엘리베이션 구축

3장 2절 '스타일과 토큰'에서 짧게 디자인 토큰을 사용해 보았다. 디자인 토큰을 활용하여 컴포넌트의 간격Spacing과 엘리베이션Elevation 값을 설정해 본다. 간격은 '8dp' 디자인을 고려한 '8dp grid'를 기본으로 제작한다. 또한 머티리얼 디자인 가이드의 타이포그래피를 대비하여 '4dp grid' 간격도 함께 설정한다.

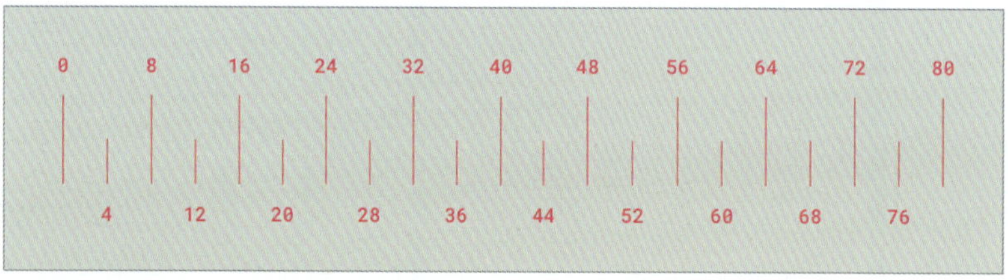

그림 7-2 머티리얼 디자인 가이드의 간격 예시

실습 토큰으로 간격 설정하기

위에서 설정한 기본 간격을 바탕으로 간격 페이지를 작성하고 이를 토큰에서 설정해 본다.

예제 미리보기

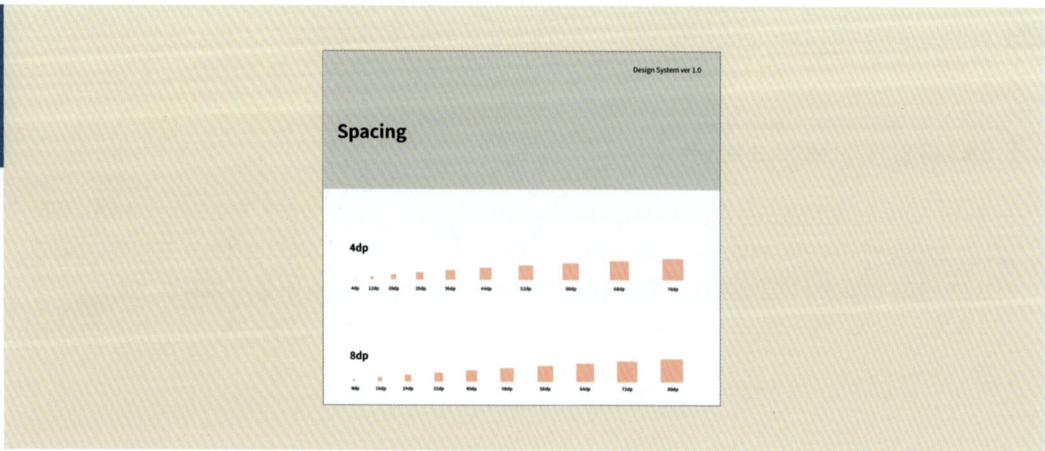

01 간격 페이지 작성하기 사각형 툴(■)로 크기에 맞는 사각형을 그려 간격을 표시한다. '4dp'와 '8dp'로 간격을 나누어 작성한다.

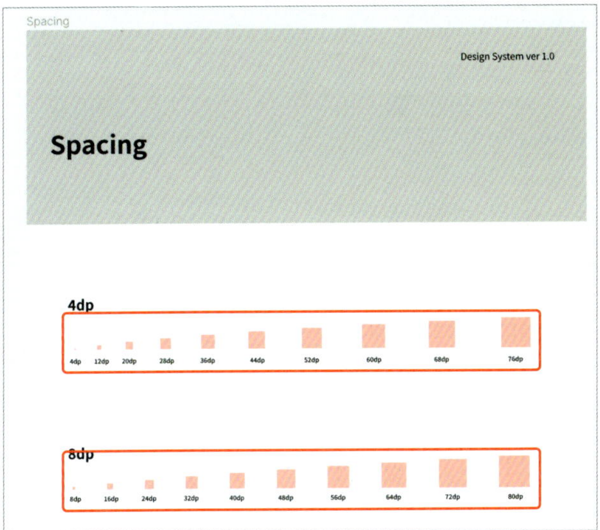

02 토큰 실행하기 리소스 툴(⊞)을 클릭하여 창에서 [Plugins]를 선택한 후 'Tokens'을 검색한다. 제일 먼저 보이는 'Tokens Studio for Figma'를 선택한다.

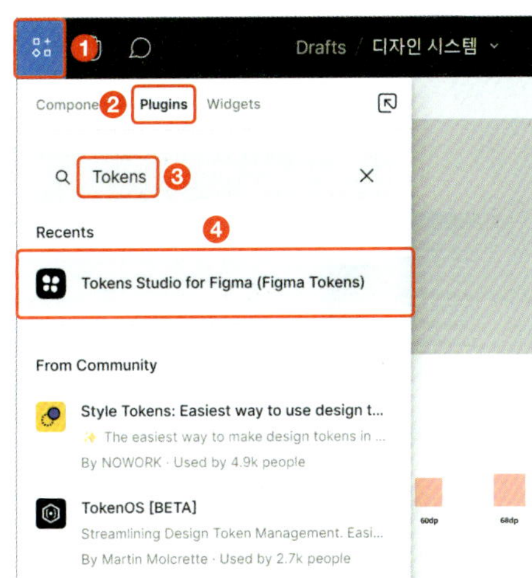

TIP 토큰을 설치하지 않았다면, 위 과정에서 'Tokens Studio for Figma'의 [Run] 버튼을 클릭한다.

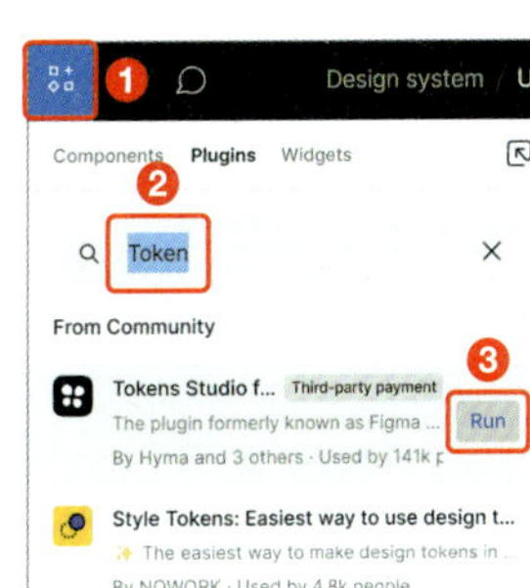

그림 7-3 'Tokens Studio for Figma' 설치 화면

03 토큰 실행하기 토큰 스튜디오가 실행되면 토큰 홈 화면이 나온다. [New empty file] 버튼을 클릭하여 토큰 스튜디오를 실행한다.

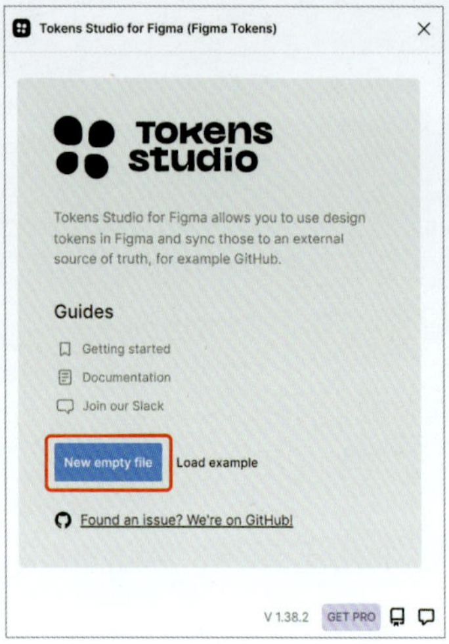

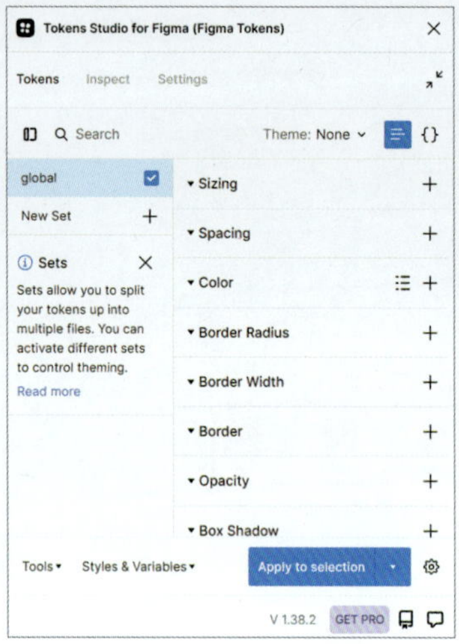

04 디자인 토큰에 간격 추가하기 [Spacing] 항목 우측의 [+]를 클릭하여 옵션 창이 뜨면 'Spacing. BaseSpacing'으로 이름을 지정한다. 'Spacing.'은 그룹명을 의미하고 'BaseSpacing'은 기준 간격이 될 'Spacing' 그룹의 하위 요소명이다. '4dp' 간격을 유지하므로 [Value] 옵션에 '4'를 입력한 뒤 [Create]를 클릭한다. 이제 [Spacing] 항목에 'Spacing' 그룹이 생성되고 그 하위 요소로 'BaseSpacing'이 지정되었다. 이때 'BaseSpacing'에 마우스를 올려보면 기준값인 '4'가 나타난다.

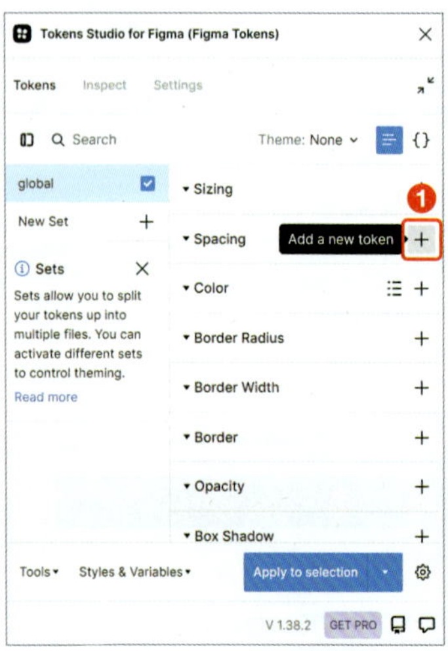

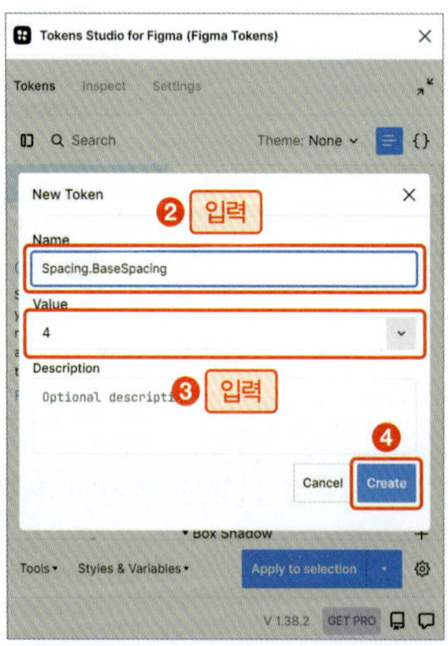

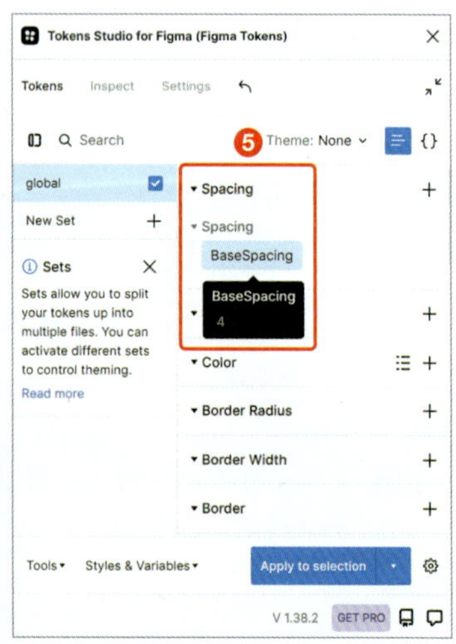

05 디자인 토큰에 간격 추가하기 [Spacing] 항목이 아닌 'Spacing' 그룹 옆으로 마우스를 가져가 [+]를 클릭하고 새 이름을 지정한다. 'Spacing.'이 이미 지정되어 있으므로 '8'을 입력한다. [Value] 값에는 규칙을 만들기 위해 {}안에 '4'의 변수 값을 가진 'Spacing.BaseSpacing'과 '*2'를 입력하면 아래에 '8'이 저장된다. [Create] 버튼을 클릭하면 'Spacing' 그룹에 '8'이라는 하위 요소가 추가된다.

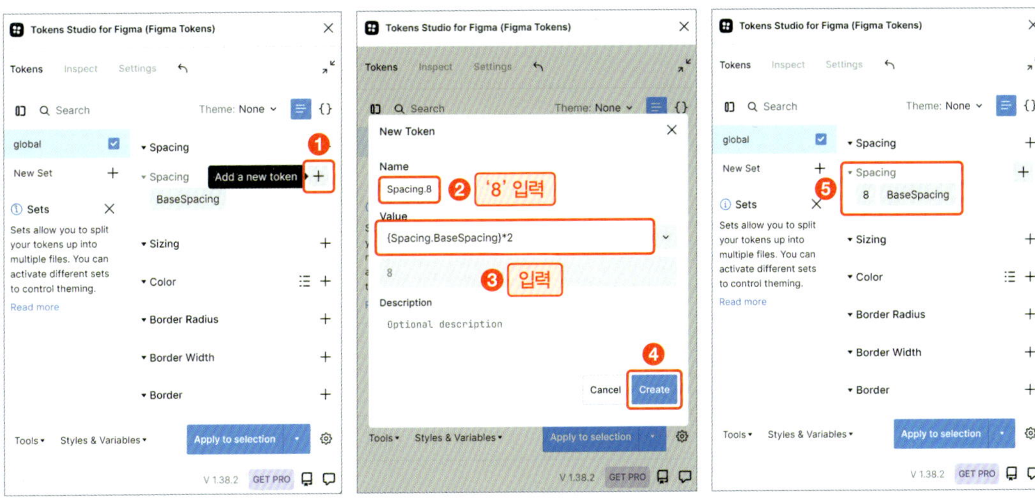

TIP {변수명}을 입력하는 이유는 나중에 'BaseSpacing'의 값을 변경했을 때, 생성된 모든 요소의 값을 한번에 변경할 수 있기 때문이다.

06 디자인 토큰에 간격 추가하기 다시 'Spacing' 그룹 옆의 [+]를 클릭하고 [Name]에 '4'가 추가된 '12'를 입력한다. [Value]에는 '{Spacing.BaseSpacing}*3'을 입력해 '{4}*3=12'가 된 것을 확인하고 [Create] 버튼을 클릭하면 '12'가 추가된다.

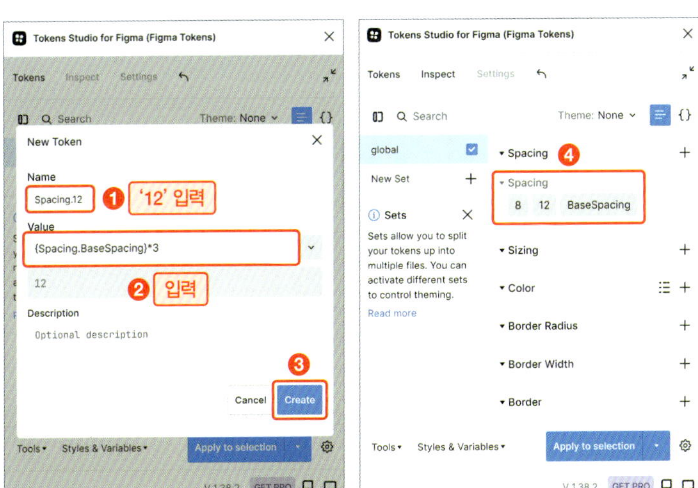

07 디자인 토큰에 간격 추가하기 같은 방법으로 '4'의 배수로 간격을 추가하여 하위 요소를 '80'까지 만든다.

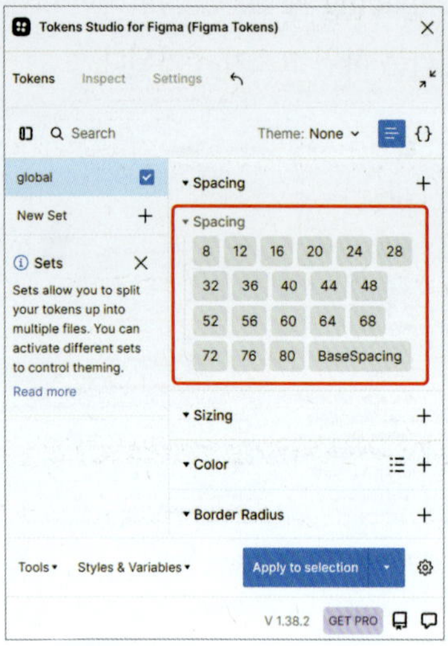

하나 더 알기 | 피그마 [Nudge amount] 옵션

피그마 화면에서 오브젝트를 선택하고 키보드의 상하좌우 버튼을 누르면 '1px'씩 움직인다. 이때 Shift를 누르고 상하좌우로 버튼을 누르면 '10px'씩 이동한다. 피그마 메뉴( )를 클릭하고 [Preference] ▶ [Nudge amount]를 선택하여 '8px'씩 움직일 수 있도록 'Big nudge' 수치를 '8'로 변경한다.

그림 7-4 피그마 [Nudge amount] 옵션

Ctrl+P를 누르면 명령어 창이 생성된다. 여기에 'Nudge amount'를 입력하면 언제든지 [Nudge amount] 옵션 창을 열어 'Big nudge' 수치를 변경할 수 있다.

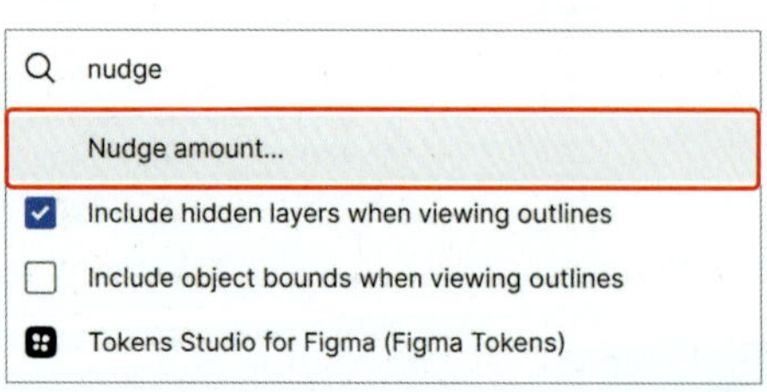

그림 7-5 명령어 창에서 확인하기

커뮤니티의 활용

커뮤니티에 업로드된 파일과 템플릿, 플러그인과 위젯 등의 다양한 소스를 작업 중인 피그마 파일로 불러와 활용할 수 있다.

01 커뮤니티 접속하기 피그마 메뉴( )를 클릭하고 [Back to files]를 선택하면 처음 로그인 했을 때의 홈 화면으로 돌아간다. 홈 화면 좌측 하단의 [Explore Community]를 클릭한다.

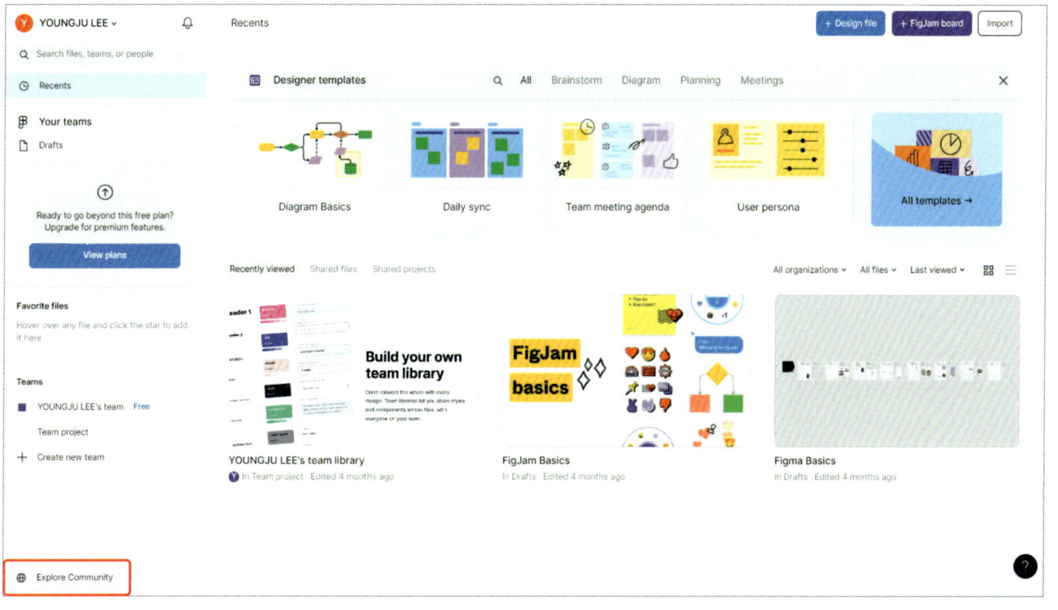

02 커뮤니티 사용하기 피그마 커뮤니티 화면에서 검색 창에 'Material Design'을 입력한다.

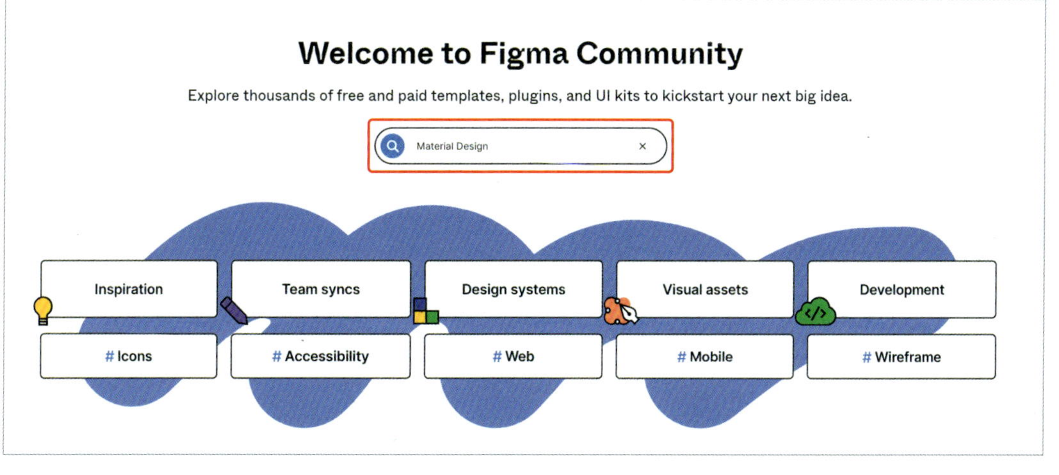

03 커뮤니티 사용하기 'Material Design'이 키워드로 등록된 파일이나 템플릿 결과가 나타난다.

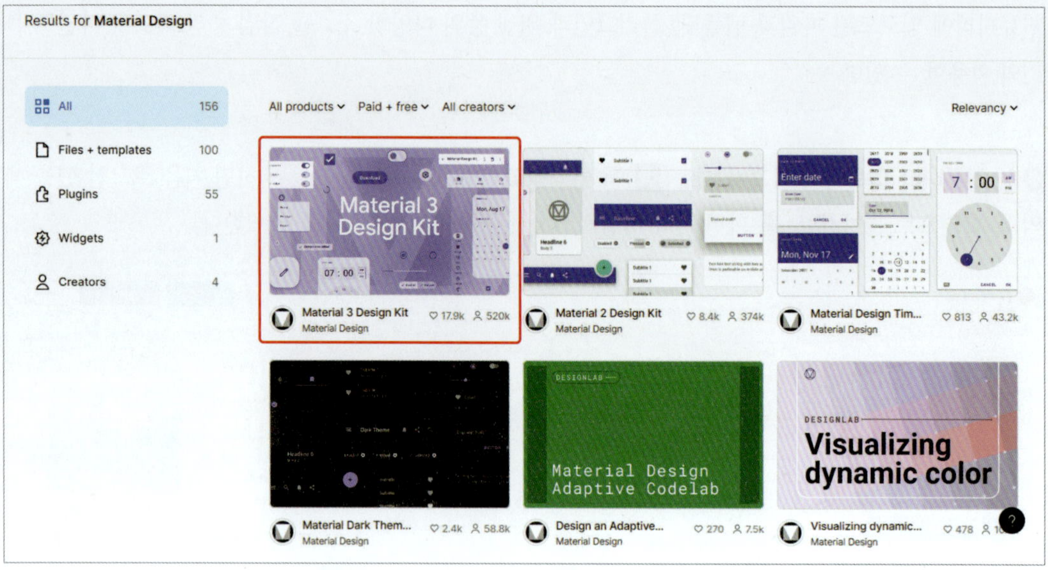

04 커뮤니티 사용하기 결과 중 'Material 3 Design Kit'를 선택하면 해당 내용이 있는 페이지로 이동한다. 오른쪽 상단의 [Open in Figma]를 선택하면 피그마 창에서 해당 파일을 열어볼 수 있다.

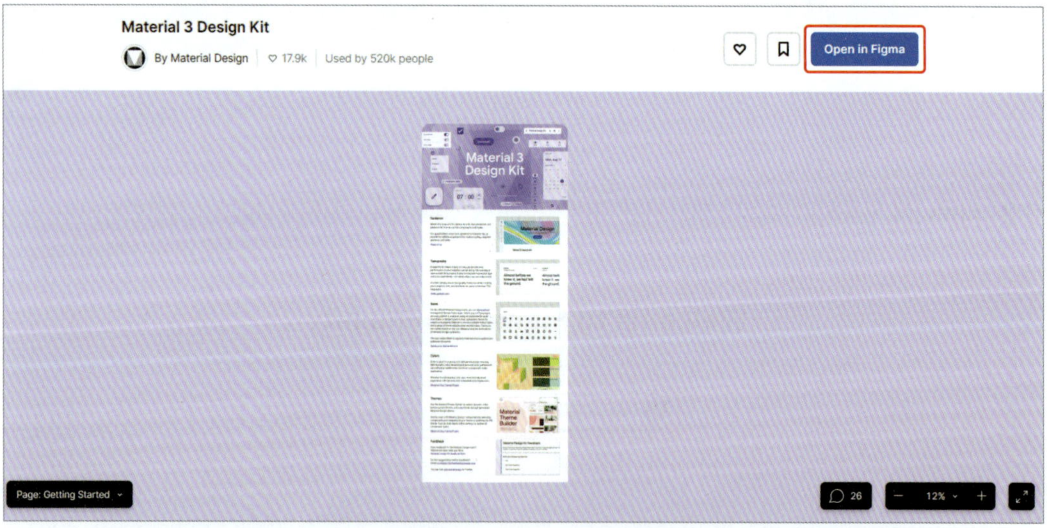

05 커뮤니티 사용하기 피그마 작업 창으로 불러온 파일은 각 페이지를 편집하거나 복사하면서 사용할 수 있다.

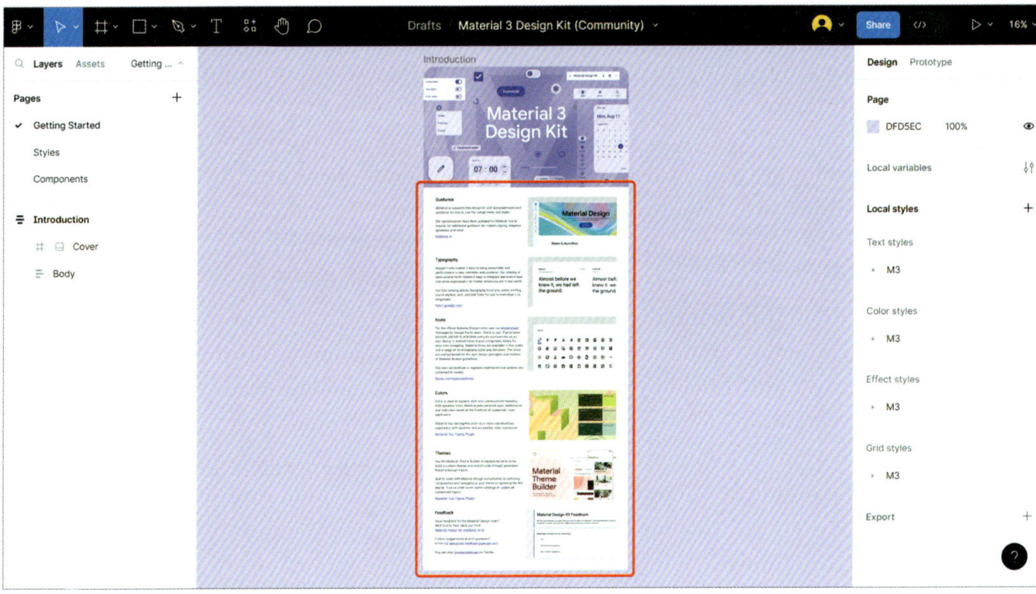

06 커뮤니티 사용하기 피그마 작업 창으로 불러온 파일은 피그마 홈 화면의 '최근에 사용한 파일 항목'에 위치하기 때문에 언제든지 다시 사용할 수 있다.

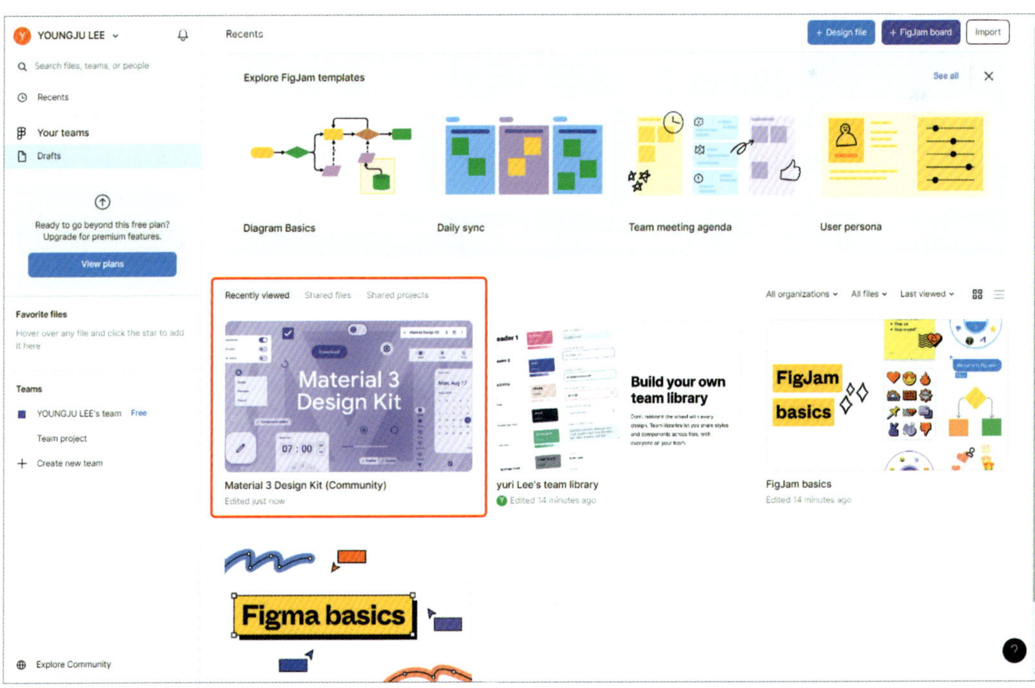

실습 엘리베이션 만들고 스타일 등록하기

엘리베이션은 Z축의 고도를 나타내는 것을 말하며 그림자 크기로 요소 간의 높이를 다르게 설정할 수 있다. 커뮤니티를 활용해 'Material 2 Design Kit' 템플릿 자료를 복제해서 엘리베이션을 만들고 스타일을 등록한다.

예제 미리보기

01 엘리베이션 페이지 구성하기 사각형 툴(■)로 넓이와 높이가 '200', 가장자리 둥글기 값이 '8'인 정사각형을 만든 후 면의 색상을 '#F7F7F7'로 지정한다. 텍스트 툴(T)로 옵션 값 '0dp'를 입력한다.

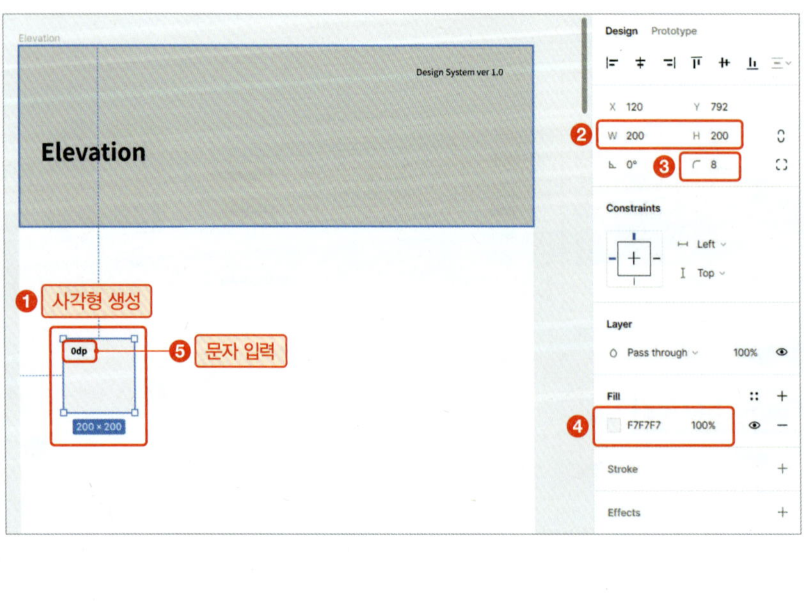

02 엘리베이션 페이지 구성하기 디자인 시스템에서 사용하고자 하는 엘리베이션의 형태를 반복해서 만든 다음 각 사각형에 옵션 값을 입력한다.

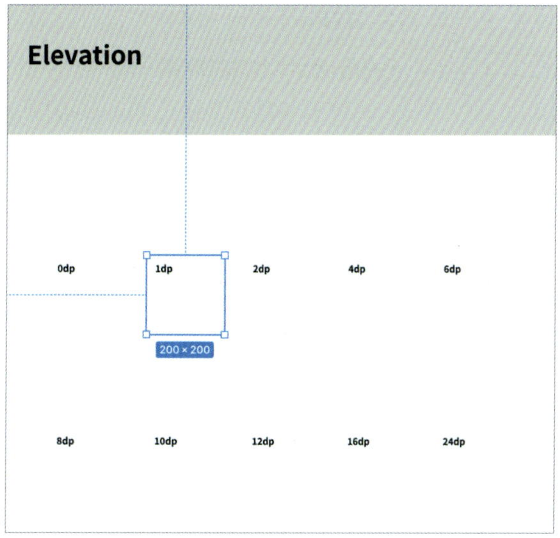

03 템플릿 사용하기 커뮤니티에서 'Material 2 Design Kit'를 피그마로 불러온 후 [Material Theme] 페이지에서 'Elevation'을 선택한다. '01dp' 사각형을 더블클릭하여 [Effects] 메뉴의 [Drop shadow]를 확인한다.

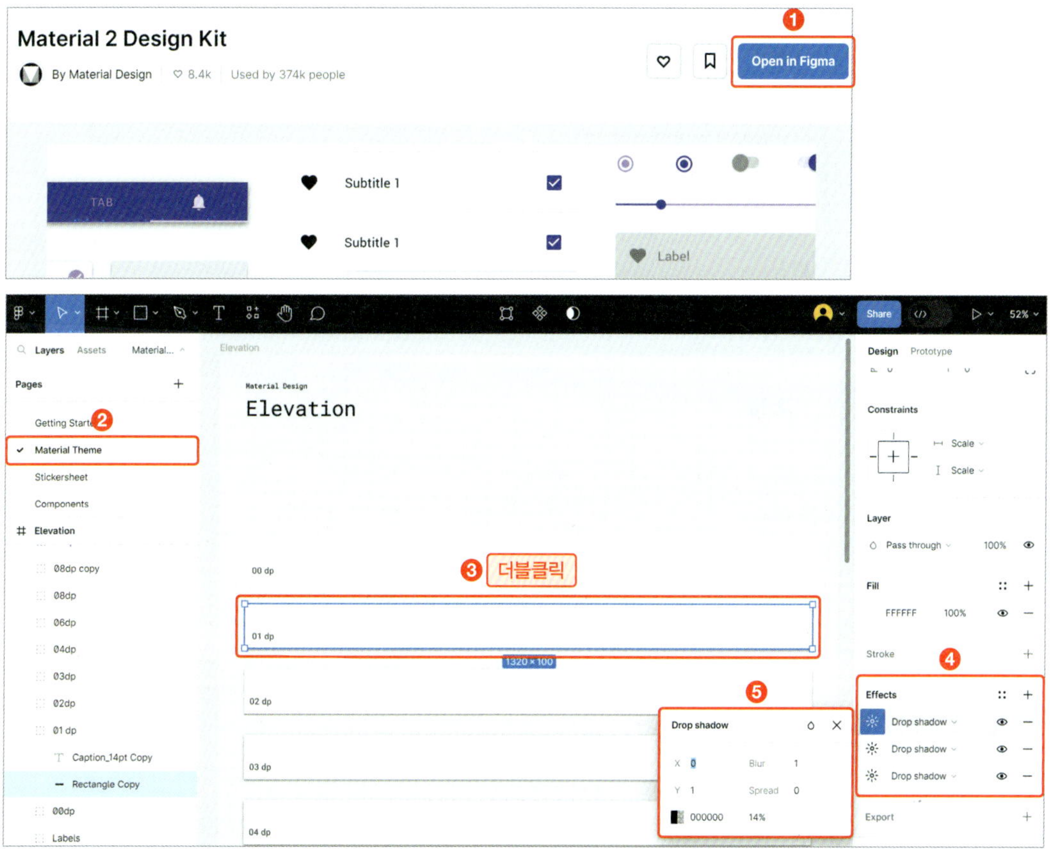

04 이펙트 속성 설정하기 엘리베이션의 크기는 각 제품의 디자인 시스템에 맞게 설정하면 되지만 이번 실습에서는 'Material 2 Design Kit'의 엘리베이션 값을 가져와 사용한다. '1dp' 사각형을 선택하고 [Effects] 메뉴의 [+]를 클릭하고 [Drop shadow] 옵션 창에 'Material 2 Design'의 엘리베이션 값인 X '0', Y '1', Blur '1', Spread '0' 그리고 불투명도 값 '14%'를 입력한다.

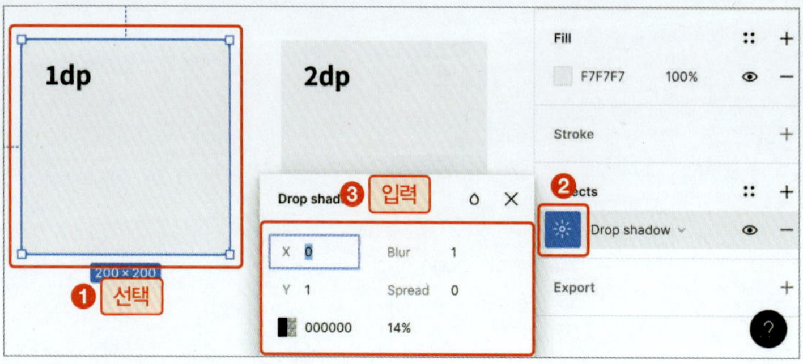

05 이펙트 속성 설정하기 다시 [Effects] 메뉴의 [+]를 클릭하고 [Drop shadow]를 추가하고 'Material 2 Design'의 '01dp' 엘리베이션의 두 번째 옵션 값을 입력한다. 추가로 세 번째 옵션 값도 같은 방법으로 입력한다.

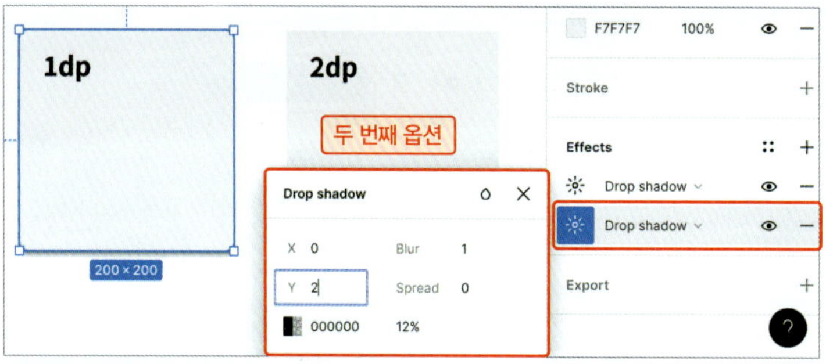

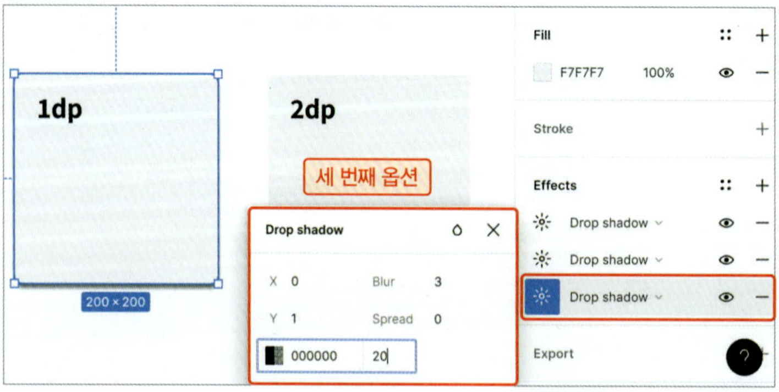

06 속성 붙여넣기 이렇게 옵션 값을 일일이 입력하는 것은 쉬운 일이 아니다. 이때 '속성 붙여넣기' 기능을 사용한다. 'Material 2 Design'의 사각형을 더블클릭하여 옵션이 나타나면 Ctrl + Alt + C를 눌러 속성을 복제한다. 작업 중인 화면으로 돌아와 Ctrl + Alt + V를 누르면 속성이 붙여넣기 된다. 'Material 2 Design'의 엘리베이션 값을 작업 중인 모든 사각형에 복제한다.

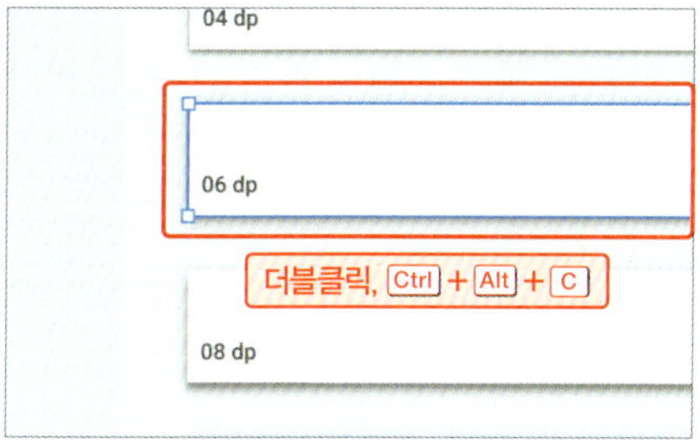

■ 'Material 2 Design' 화면

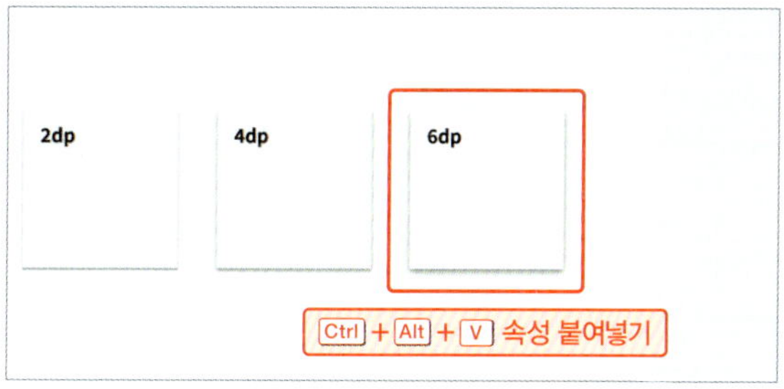

■ 작업 중인 엘리베이션 화면

07 디자인 토큰에 엘리베이션 값 추가하기 피그마 메뉴(F)를 클릭하고 [Plugins] ▶ [Tokens Studio for Figma]를 선택하여 토큰 창을 연다. [Box Shadow] 항목의 + 를 클릭하고 옵션 창을 연 뒤 [Name]은 'Shadow.1'로 지정하고 [Shadow] 옵션을 'Drop Shadow'로 변경한 후 엘리베이션에서 만든 '1dp' [Drop shadow]의 첫 번째 이펙트 옵션 값을 입력한다.

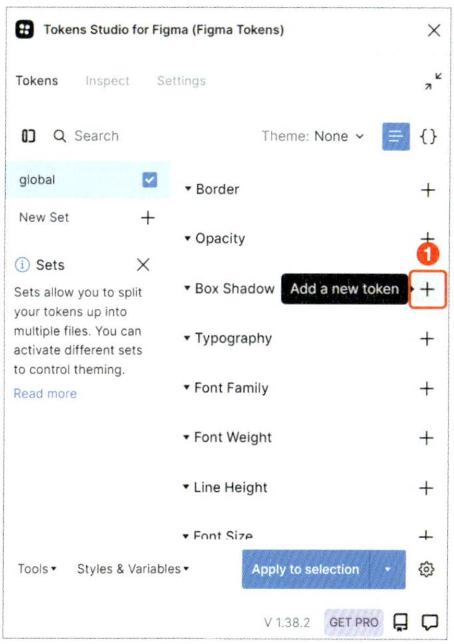

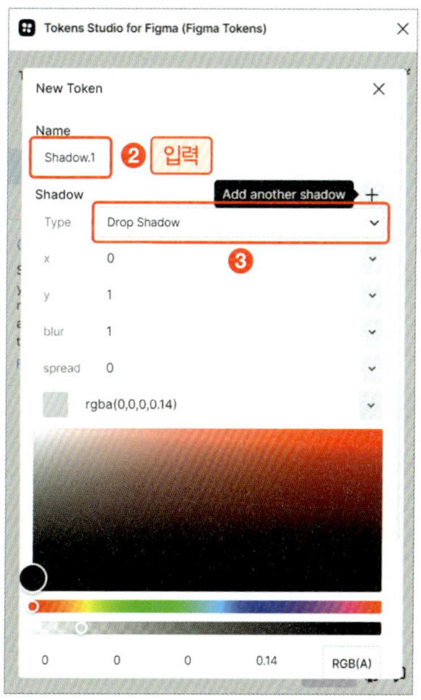

08 디자인 토큰에 엘리베이션 값 추가하기 [Name] 아래 [Shadow] 옆의 [+]를 클릭하여 옵션을 추가한 뒤 엘리베이션에서 만든 '1dp'의 [Drop shadow]의 이펙트 옵션 값을 계속 추가한다.

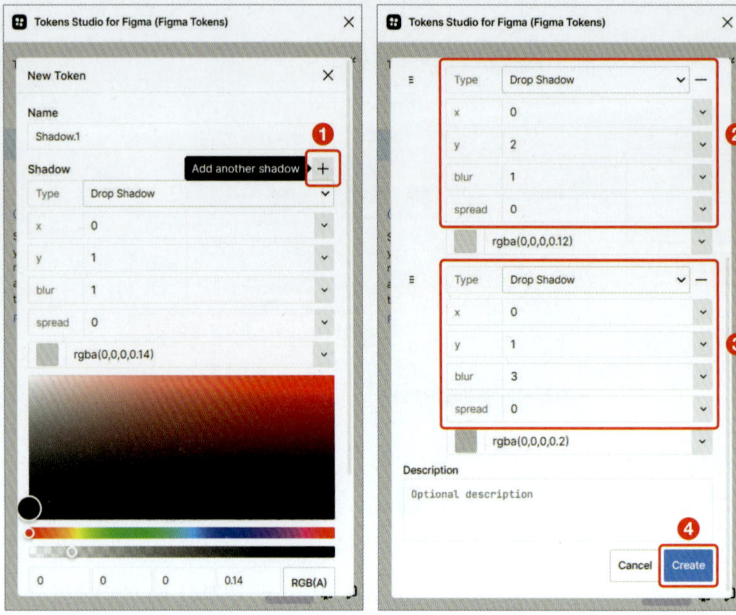

09 디자인 토큰에 엘리베이션 값 추가하기 [Create] 버튼을 클릭하여 토큰 메인 화면으로 돌아오면 'Shadow' 그룹에 '1'이라는 하위 요소가 생긴 것을 알 수 있다. 이렇게 하나씩 입력하면 시간이 너무 오래 걸리기 때문에 피그마에서 만든 엘리베이션 값을 스타일로 저장한 후 토큰으로 불러오는 것이 좋다. 화면에서 미리 만들어 놓은 'Shadow' 그룹은 삭제한다.

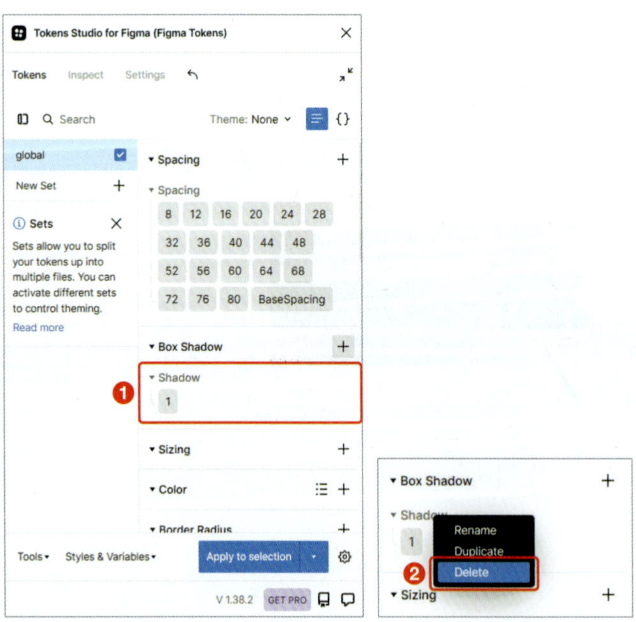

10 엘리베이션 스타일 추가하기 '1dp' 사각형을 선택하고 우측 [Effects] 메뉴의 스타일 버튼(⁚⁚)을 클릭하고 [Effect styles] 옵션 창의 [+]를 클릭한다. [Create new effect style] 옵션에서 [Name]에 'Shadow/1'을 입력한 뒤 [Create style] 버튼을 클릭한다.

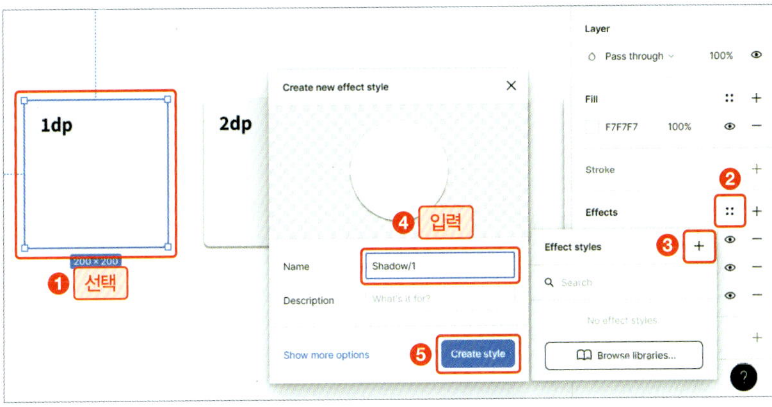

TIP 피그마의 로컬 스타일에서 그룹을 구성할 때는 슬래시(/)를 사용하고 토큰에서는 온점(.)을 사용한다.

11 엘리베이션 스타일 추가하기 화면의 빈 곳을 클릭하면 [Local styles]에 'Effect styles' 중 'Shadow' 그룹이 생성되었다. 10번의 작업을 모두 반복하여 '24dp' 까지의 'Shadow' 스타일을 만든다.

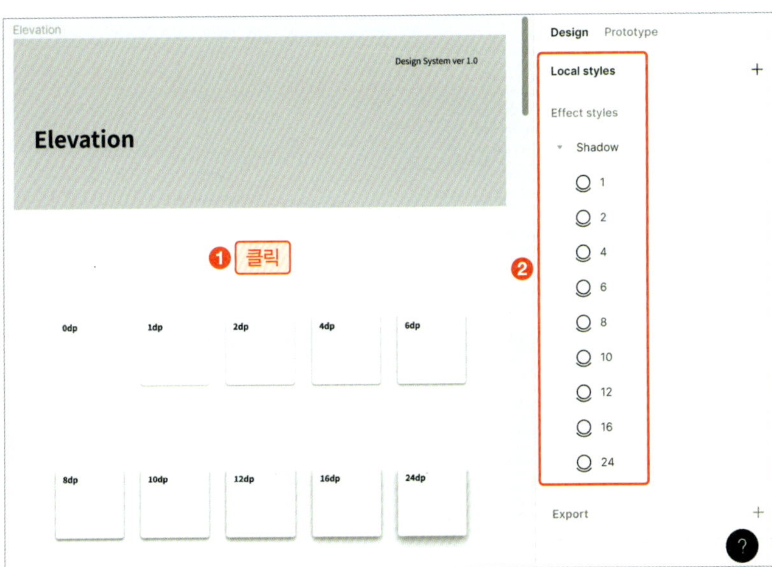

12 디자인 토큰에 로컬 스타일 불러오기 토큰 화면 하단의 [Styles & Variables]의 [Import Styles]를 선택하여 옵션 창이 나타나면 'Shadows'만 체크하고 [Import] 버튼을 클릭한다.

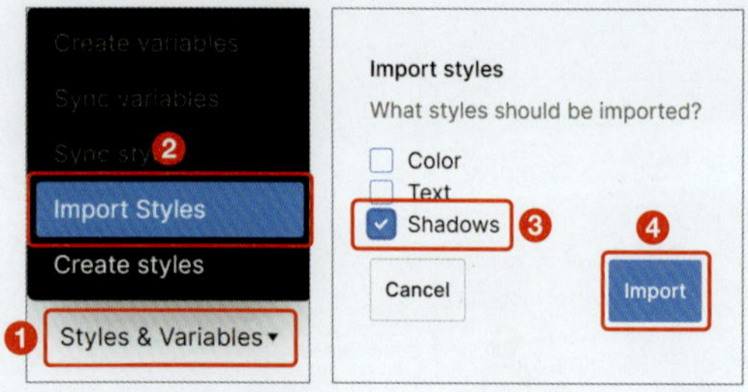

13 디자인 토큰에 로컬 스타일 불러오기 'Shadow' 옵션 옆의 [+]를 클릭하여 원하는 옵션만 추가할 수도 있고 화면 하단의 [Import all]을 눌러 한번에 모든 스타일을 불러올 수도 있다. [Import all]을 클릭하면 'Shadow' 그룹에 로컬 스타일 옵션이 모두 하위 요소로 등록된다.

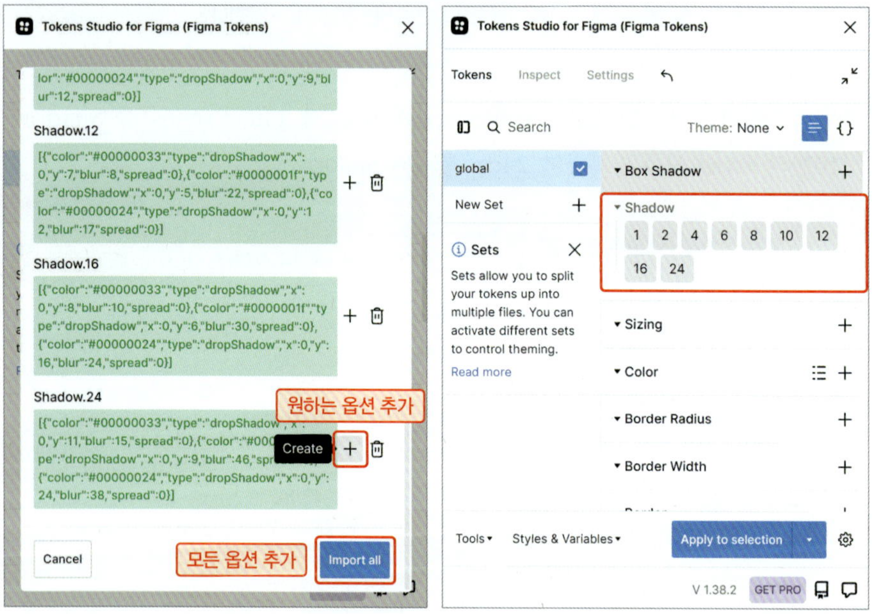

SECTION 04

컬러 시스템

핵심 내용 컬러 시스템 제작, 토큰으로 모드 전환

컬러 시스템의 이해

컬러 시스템을 제작하는 방법은 다양하다. 대표적으로 'Material 2 Design Kit' 또는 'Material 3 Design Kit'을 참고하여 컬러 시스템을 구축할 수 있다.

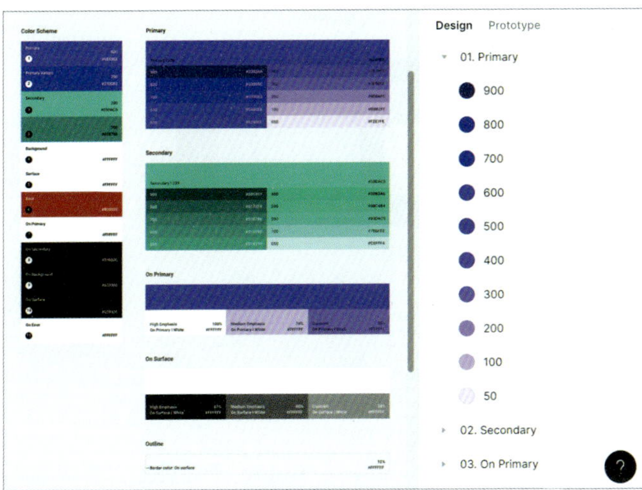

그림 7-6 'Material 2 Design Kit'의 컬러 시스템

이 외에도 빌더를 사용하여 구현할 수 있다. 피그마 커뮤니티에서 'Material Theme Builder'를 검색하여 실행하면, 빌더를 통해 [Custom] 옵션으로 컬러 시스템의 색상을 손쉽게 제작하고 변경할 수 있다.

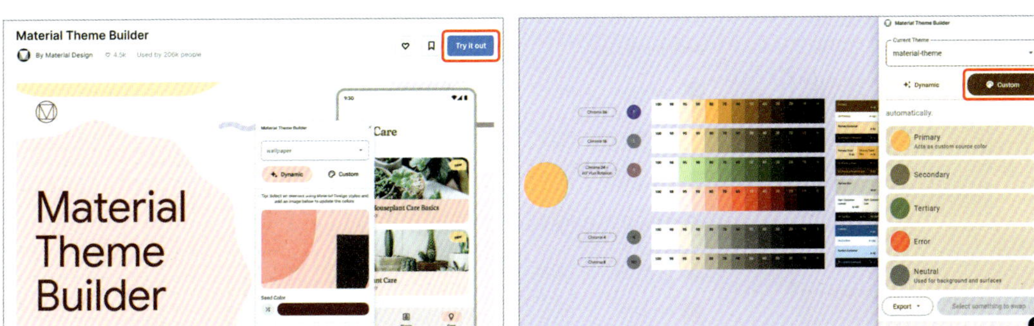

그림 7-7 'Material Theme Builder'로 변경한 컬러 시스템

실습 컬러 시스템 제작하고 토큰 내보내기

컬러 시스템을 만들어 보고 토큰에 등록된 색상을 피그마의 로컬 스타일로 내보내 본다.

예제 미리보기

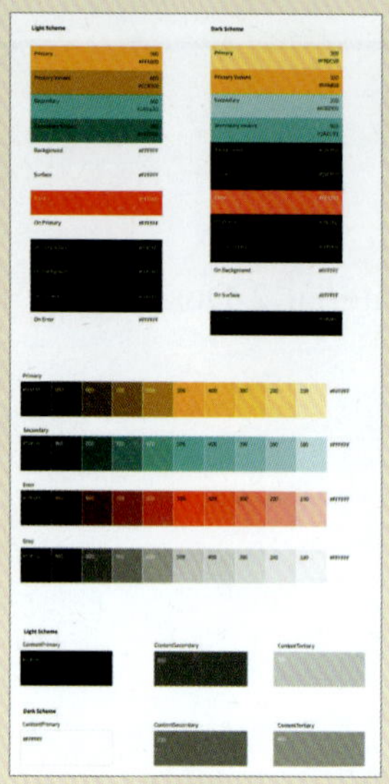

■ 컬러 시스템

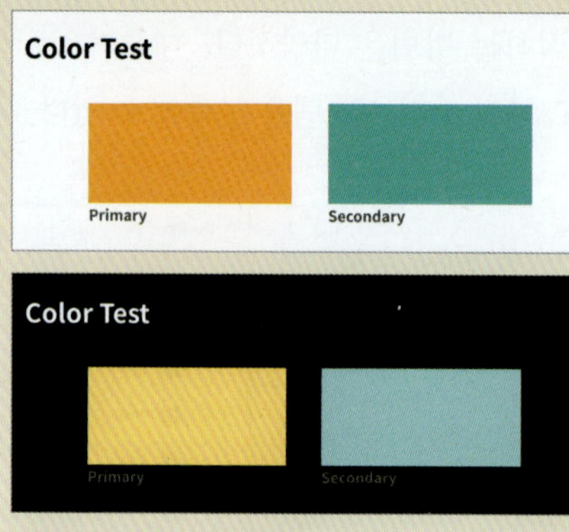

■ 토큰을 활용한 모드 전환

컬러 시스템과 컬러 베리에이션

01 라이트 모드 색상 지정하기 'Material 2 Design Kit'를 참고하여 'Color' 프레임에 그림과 같이 [Light Scheme]을 'Primary', 'Primary Variant', 'Secondary', 'Secondary Variant', 'Background', 'Surface', 'Error'로 구분하여 색상을 지정한다.

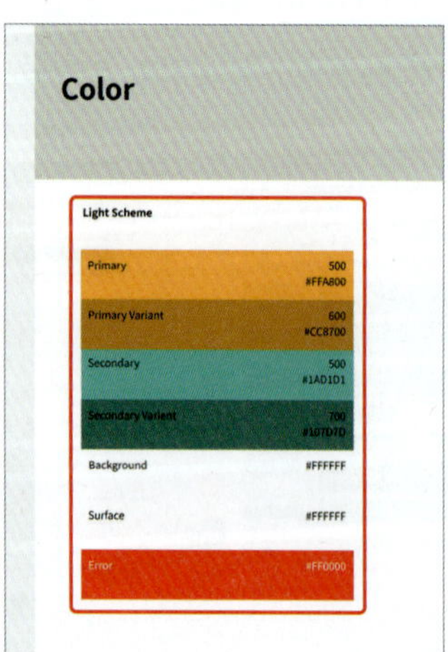

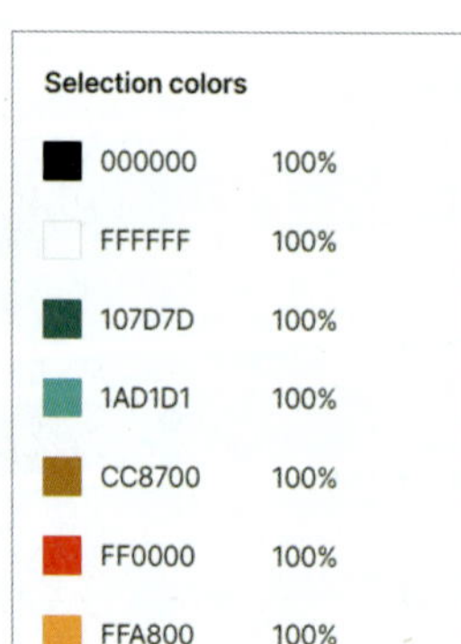

02 색상 지정하기 방금 구성한 색상 항목에 올라가는 색상을 지정하기 위해 이름 앞에 'On'을 붙인다. 'On Primary', 'On Secondary', 'On Background', 'On Surface', 'On Error'의 색상을 그림과 같이 지정한다.

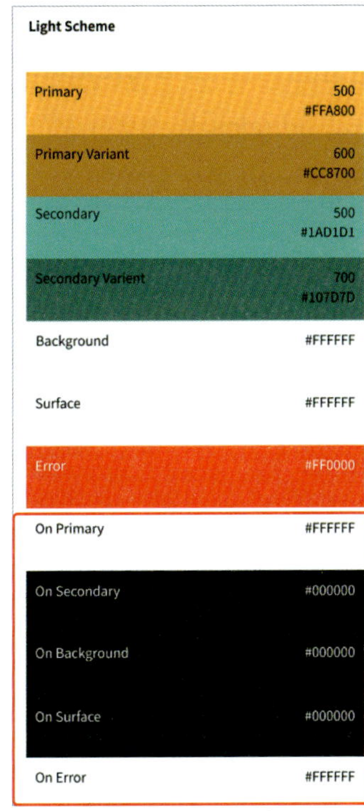

TIP 지정한 'Primary' 색상이 특정 컨테이너의 배경색이 되었을 때 그 위에 올라가는 텍스트 또는 아이콘과 같은 요소의 색상에 'On'을 붙인다.

03 다크 모드 색상 구성하기 [Light Scheme]을 바탕으로 [Dark Scheme]을 구성한다.

04 베리에이션 색상 만들기 색상의 베리에이션 단계를 나타내는 '100~900'의 수치를 만들어 본다. 먼저 리소스 툴(■)을 클릭하고 [Plugins]를 선택한 뒤 'Tail'을 검색한다. [Tailwind Color Generator] 찾아 선택해 [Run] 버튼을 클릭하여 실행한다.

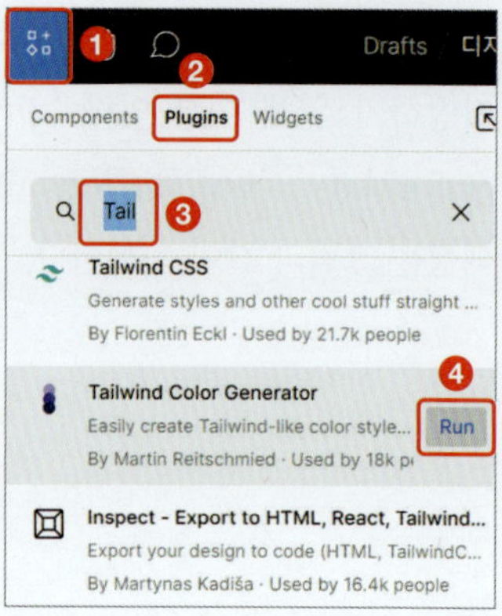

05 베리에이션 색상 만들기 'Primary' 색상을 선택하고 [Tailwind Color Generator] 실행하여 이름을 작성하고 [Check]를 클릭하여 같은 이름이 없는지 확인한다. 나중에 'Primary'라는 이름을 따로 사용하기 위해 지금은 'Pri'로 이름을 지정하고 [Check]를 클릭한다.

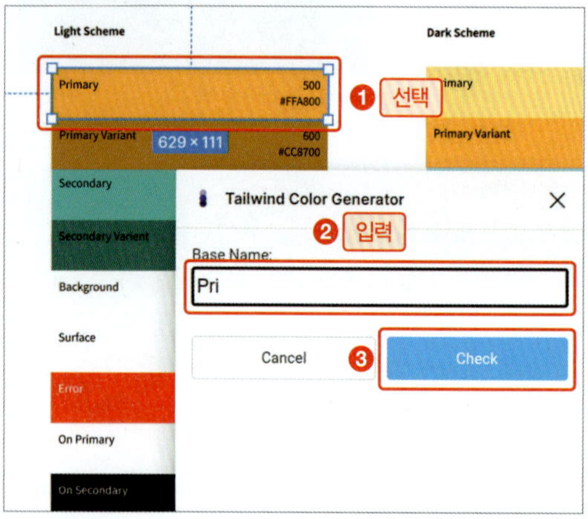

06 베리에이션 색상 만들기 같은 이름이 없는 것을 확인하면 [Create]를 클릭한다. 성공했다는 멘트가 나타난다.

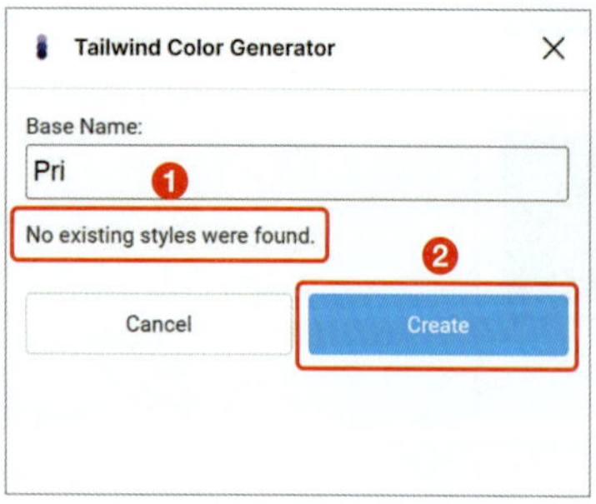

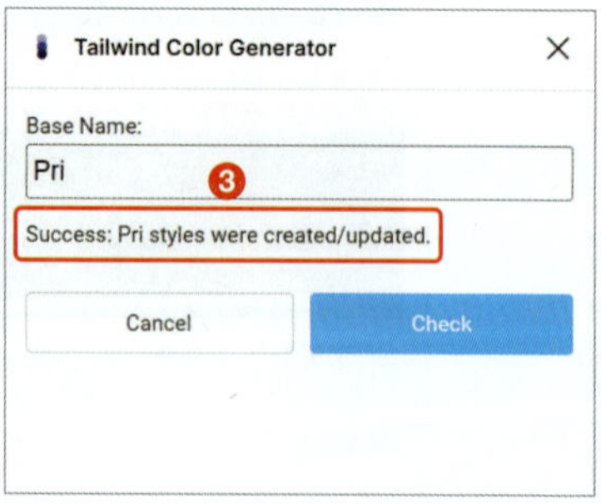

07 베리에이션 색상 만들기 화면의 빈 곳을 클릭하면 [Local styles]의 'Color styles' 항목 아래 'Pri'라는 하위 그룹에 색상의 단계가 생성되었다. 같은 방법으로 'Secondary'와 'Error' 그리고 'Gray' 색상 단계를 만든다. 'Secondary'는 나중에 사용해야 하는 이름이므로 'Sec'로 이름을 지정한다.

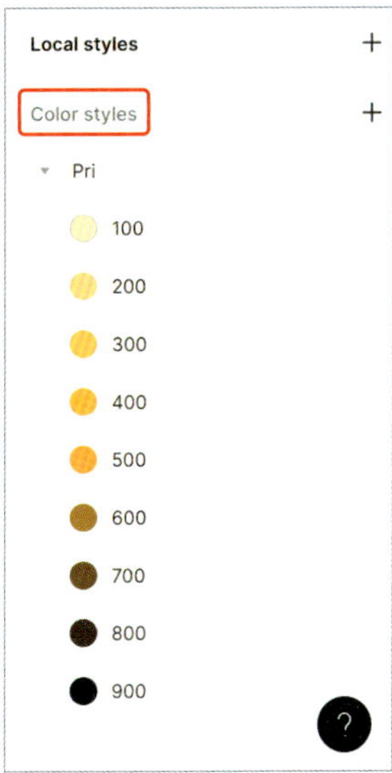

■ 'Primary' 색상

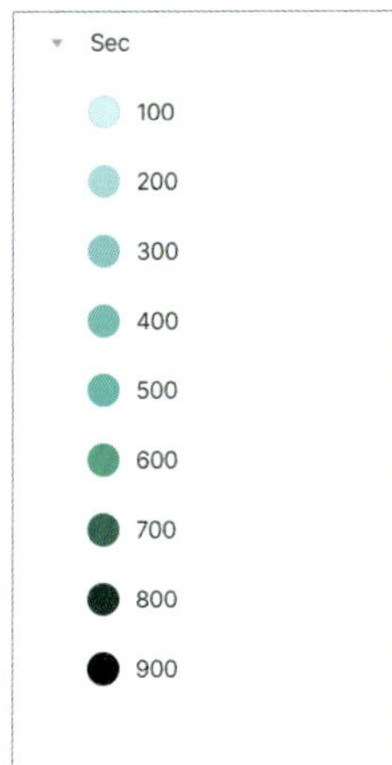

■ 'Secondary' 색상

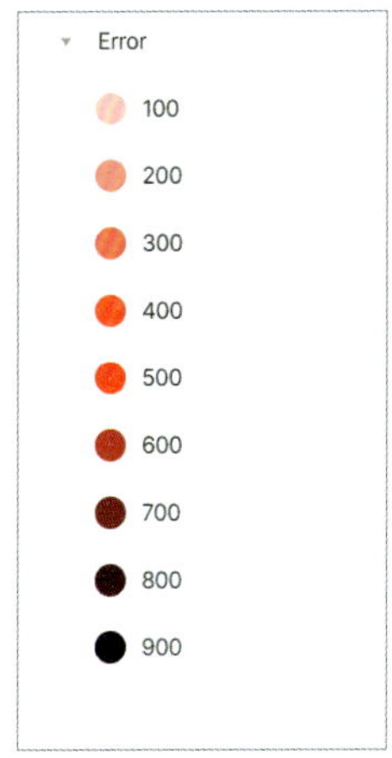

■ 'Error' 색상

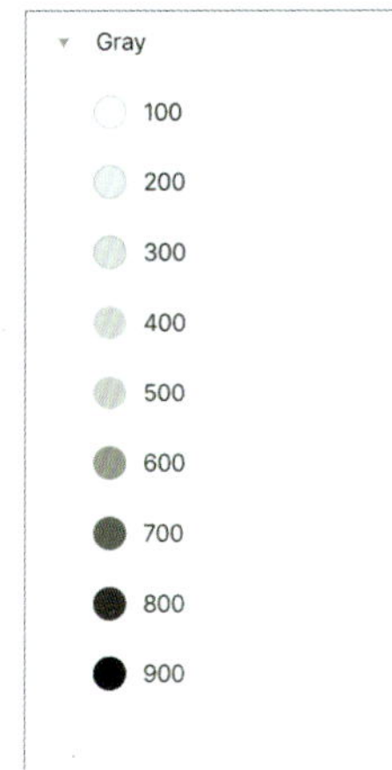

■ 'Gray' 색상

08 베리에이션 색상 만들기 그림과 같이 'Primary', 'Secondary', 'Error', 'Gray'의 단계를 만든 후 각 사각형을 선택하고 우측 [Fill] 메뉴의 [Style] 버튼(⁚⁚)을 클릭하고 [All libraries]에서 각각의 단계를 선택하면 색상이 지정된다.

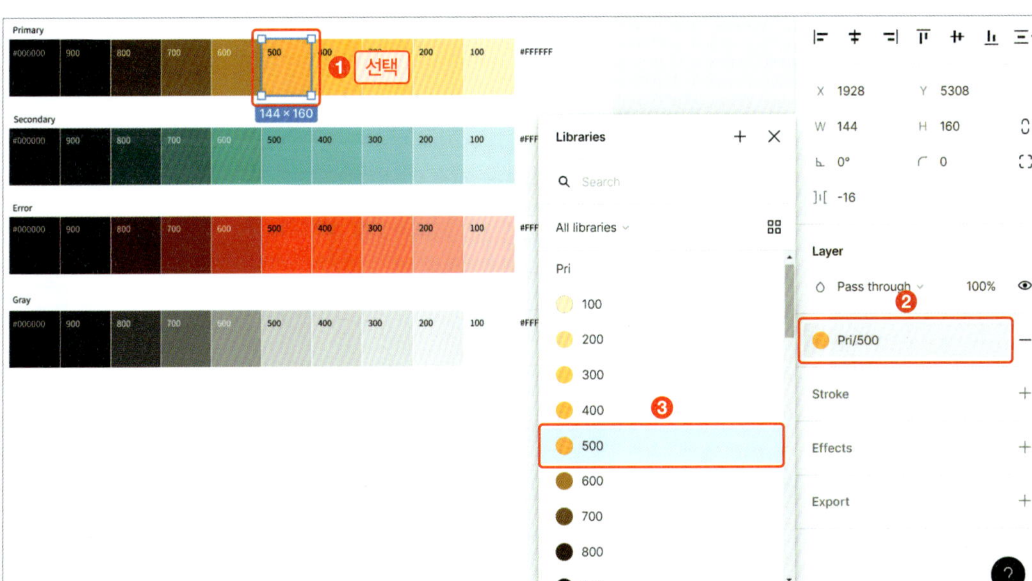

09 문자 색상 구성하기 콘텐츠에 사용하는 문자의 색상도 그림과 같이 [Light Scheme]과 [Dark Scheme]으로 구분한다.

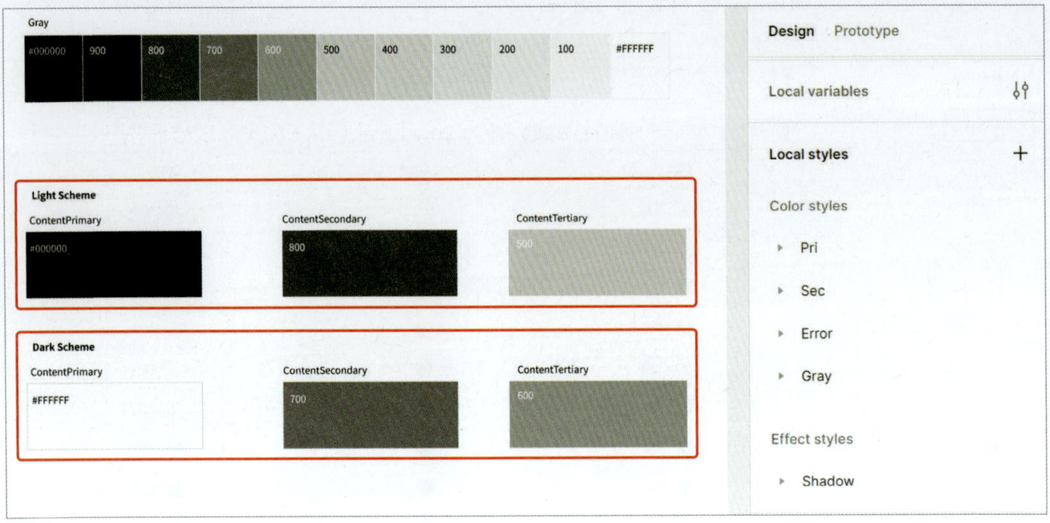

컬러 시스템을 토큰으로 설정하기

01 색상 이름 설정하기 토큰의 글로벌 색상 설정을 위해 'Primary' 색상을 선택한다. [Fill] 메뉴의 [Style] 버튼(⁚⁚)을 클릭하고 [Libraries] 옆의 [+]를 클릭하여 [Style] 옵션 창에 이름을 'Pri_500'으로 지정하고 [Create style]을 클릭한다.

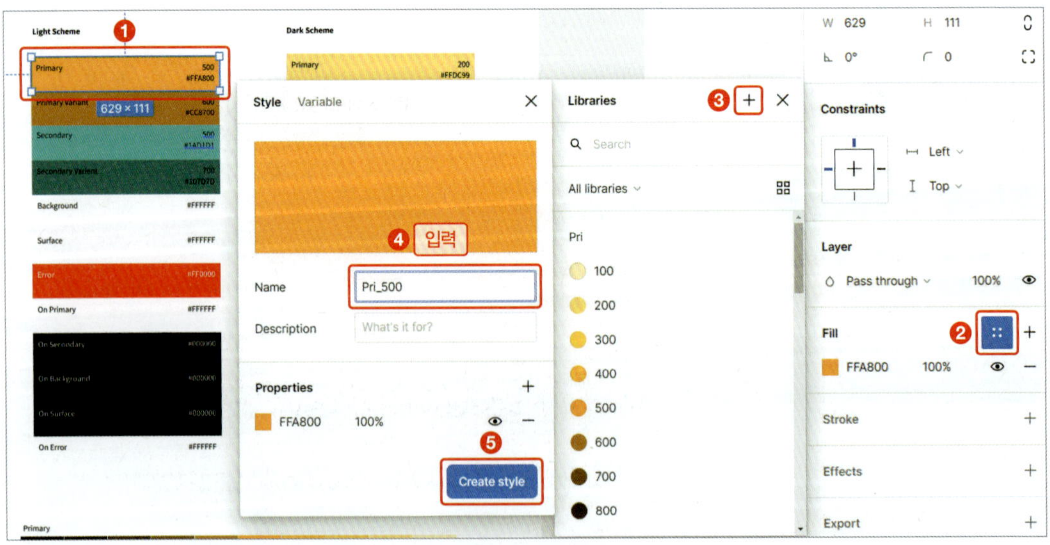

02 색상 이름 설정하기 같은 방법으로 [Dark Scheme]의 'Primary' 색상을 'Pri_200'으로 등록한다.

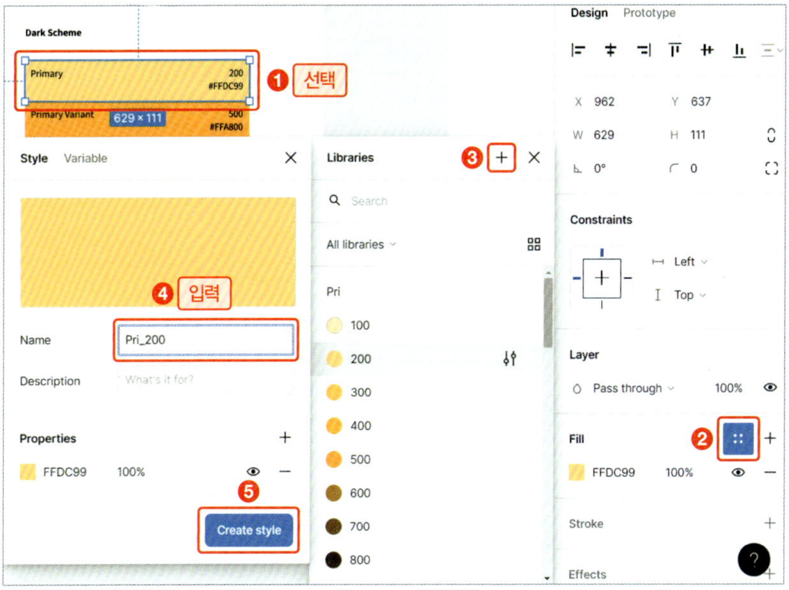

03 색상 이름 설정하기 같은 방법으로 [Light Scheme]과 [Dark Scheme]의 'Secondary' 색상을 각각 'Sec_500'과 'Sec_200'으로 등록하고 검정과 흰색 그리고 'Error' 색상을 등록한다. 각각의 이름은 'Pri_500', 'Pri_200', 'Sec_500', 'Sec_200', 'White', 'Black', 'Err_light', 'Err_dark'로 지정하였다.

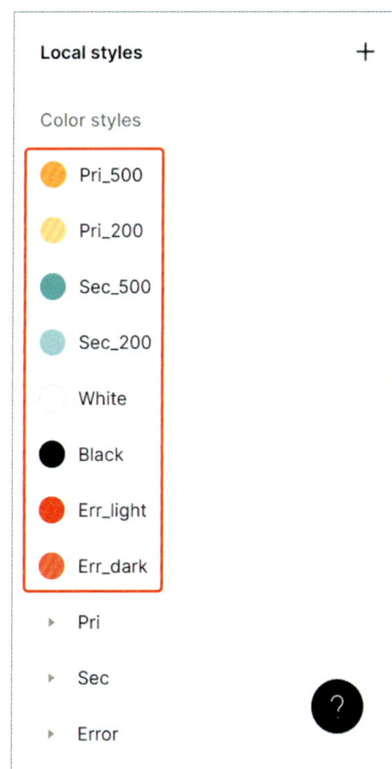

04 모드 설정하기 피그마 메뉴(□)을 클릭하고 [Plugins] ▶ [Tokens Studio for Figma]를 실행한 후 [New Set] 옆의 +를 클릭하고 이름을 'Light'로 지정한다. [Create]를 클릭하면 [Light] 모드가 생성된다.

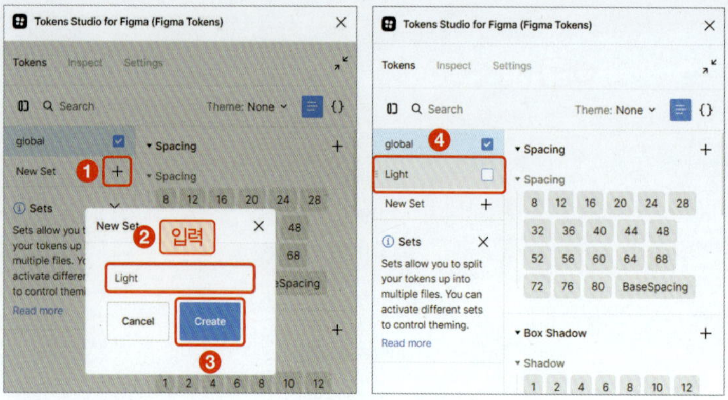

05 모드 설정하기 위와 같은 방법으로 [Dark] 모드를 생성한 후 [global]과 [Light] 모드에만 체크한다.

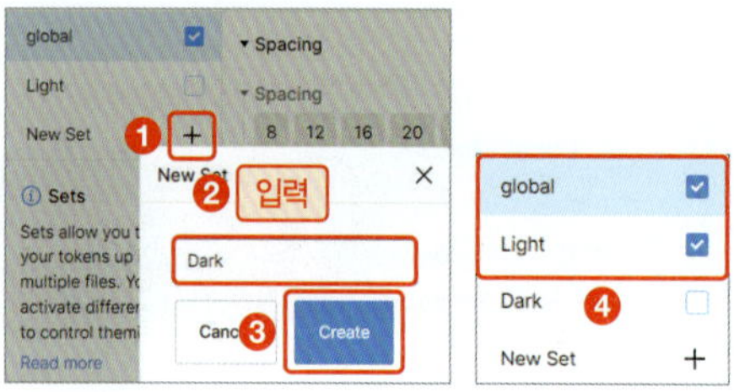

TIP [global]과 [Light] 모드를 체크하면 피그마에서 작업하는 동안 두 모드의 설정 상태가 기본 환경으로 늘 보여진다.

06 로컬 스타일 색상을 토큰으로 불러오기 [global] 모드를 선택한 후 [Styles & Variables]를 선택하여 [Import Styles]를 실행한다. 이때 옵션 창이 나타나면 'Color'만 선택한 후 [Import]를 클릭한다.

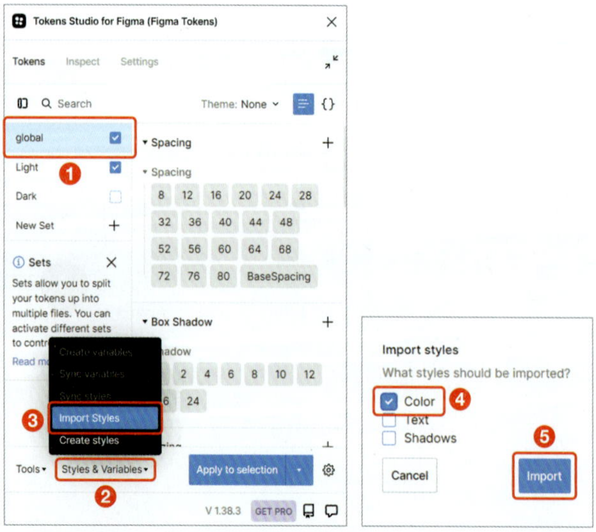

07 로컬 스타일 색상을 토큰으로 불러오기 피그마에서 스타일로 등록한 색상이 나타나면 [Import all]을 클릭한다. 피그마에 등록한 색상 스타일이 [global] 모드에 모두 생성되었다.

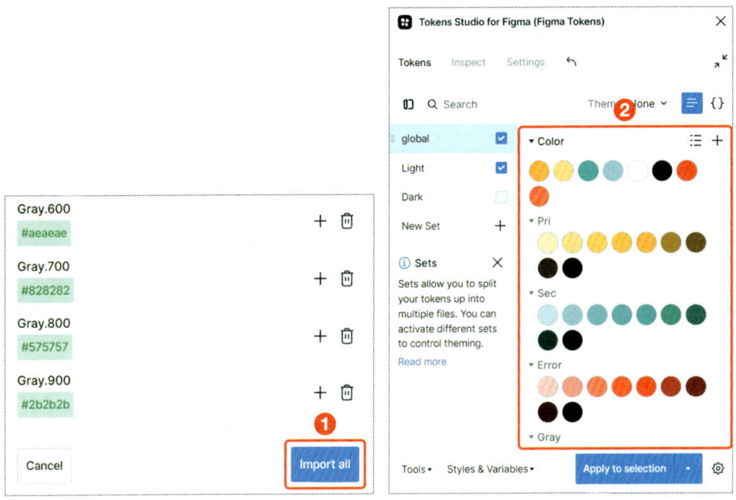

08 라이트 모드 색상 등록하기 [Light] 모드를 선택한 후 [Color] 항목 우측의 [+]를 클릭하여 옵션 창이 뜨면 [Name]을 'Primary'로 지정하고 속성에서 'Pri_500'을 선택하거나 {Pri_500}을 입력한다. [Create]를 클릭하면 [Light] 모드 [Color] 항목에 'Primary' 색상이 등록된다.

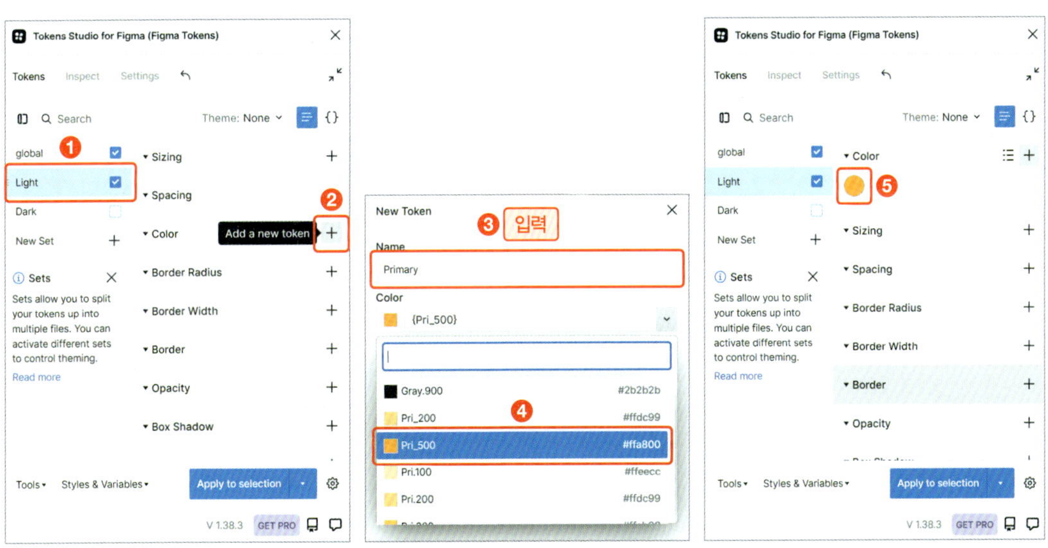

09 라이트 모드 색상 등록하기 실습 08과 같은 방법으로 'Secondary' 색상을 등록한다. 이름을 'Secondary'로 지정하고 속성에서 'Sec_500'을 선택하거나 '{Sec_500}'을 입력한 뒤 [Create]를 눌러주면 [Light] 모드의 [Color] 항목에 'Secondary' 색상이 등록된다.

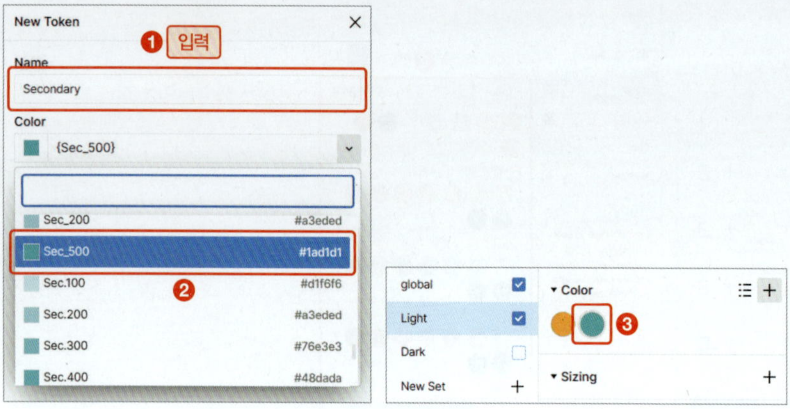

10 라이트 모드 색상 등록하기 이번에는 'Content' 그룹의 색상을 지정한다. 각 'Content.Primary', 'Content.Secondary' 그리고 'Content.Tertiary'로 이름을 지정하고 피그마에서 지정한 [Light] 모드의 'Gray' 값을 입력한다.

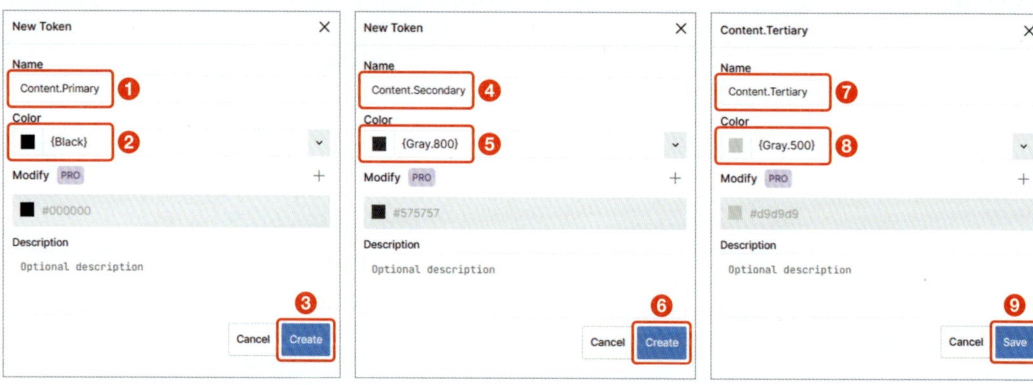

11 라이트 모드 색상 등록하기 'Content' 그룹이 생성되고 각 색상이 등록된 것을 알 수 있다.

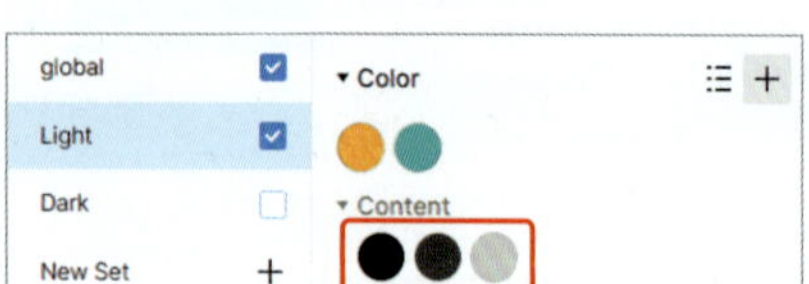

12 다크 모드 색상 등록하기 이번에는 [Dark] 모드를 선택하고 [Color] 항목 우측의 [+]를 클릭하여 [Dark] 모드의 'Primary'와 'Secondary' 색상을 지정한다.

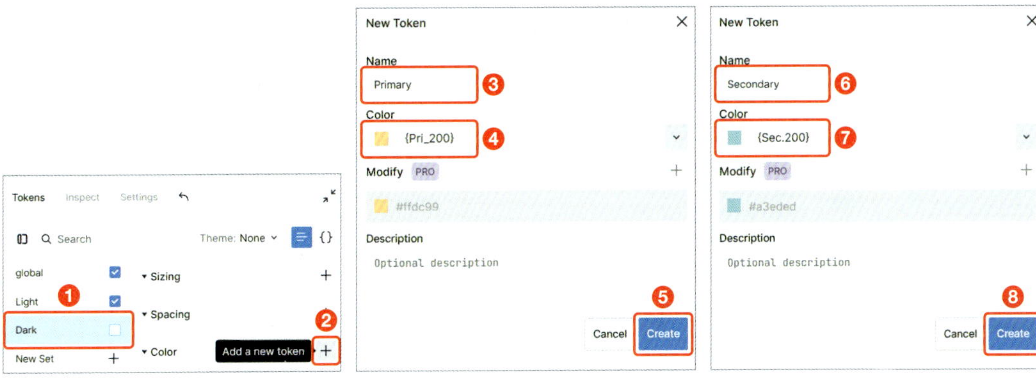

13 다크 모드 색상 등록하기 'Content' 그룹의 색상을 지정한다. 각 'Content.Primary', 'Content. Secondary' 그리고 'Content.Tertiary'로 이름을 작성하고 피그마에서 지정한 [Dark] 모드의 'Gray' 값을 입력한다.

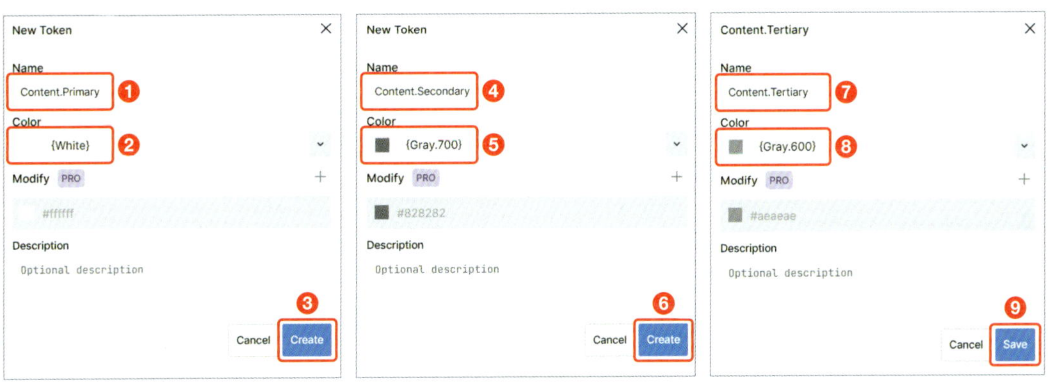

14 다크 모드 색상 등록하기 [Dark] 모드에도 'Primary'와 'Secondary' 색상, 'Content.Primary', 'Content.Secondary' 그리고 'Content.Tertiary'의 색상이 생성되었다.

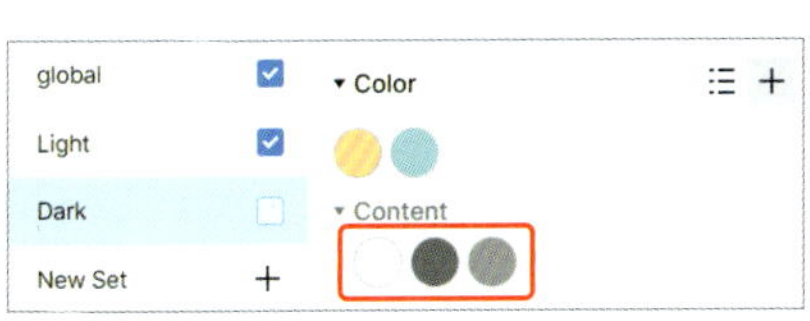

15 토큰 색상을 로컬 스타일로 내보내기 [Light] 모드의 [Styles & Variables]를 선택하여 [Create styles]를 클릭하고 옵션 창에서 'Color'를 선택한 후 [Create]를 클릭한다.

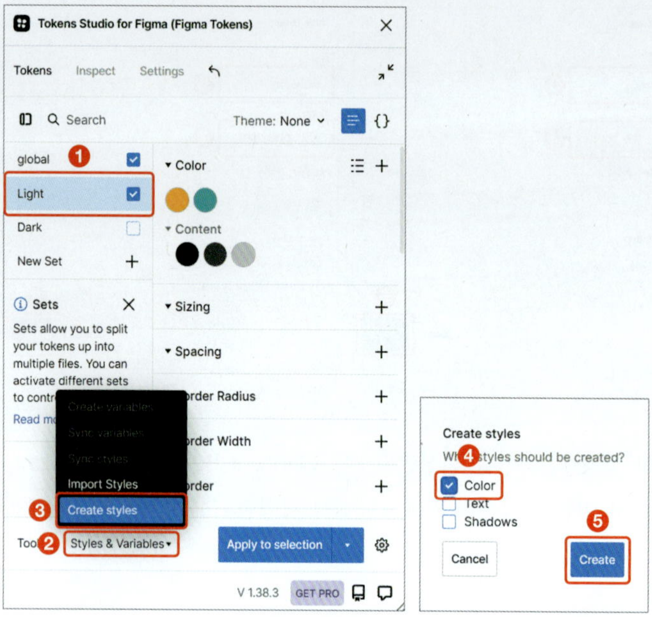

16 토큰 색상을 로컬 스타일로 내보내기 토큰에서 지정한 'Content' 그룹의 스타일 값이 피그마로 내보내기 되었다.

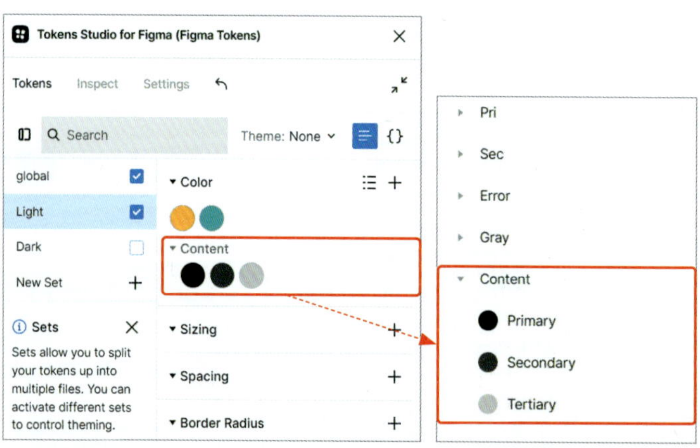

17 기존 스타일 해제하기 작업 화면으로 돌아와 컬러 시스템에서 'Primary' 색상을 선택하고 색상 옵션 우측의 [Detach style] 버튼(⛓)을 클릭하여 '#FFA800' 값이 나타나도록 한다.

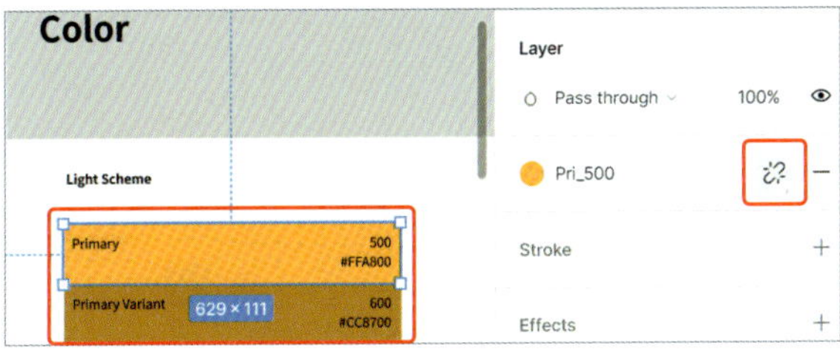

18 'Primary' 색상 등록하기 [Fill] 메뉴의 [Style] 버튼(::)을 클릭하고 [Libraries] 옆의 [+]를 클릭한다. [Style] 옵션 창에 이름을 'Primary'로 지정하고 [Create style]을 클릭한다.

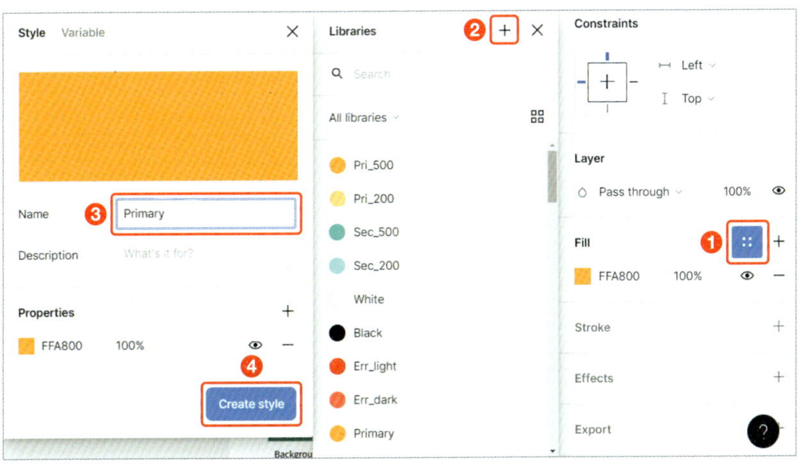

19 'Secondary' 색상 등록하기 같은 방법으로 'Secondary' 색상을 등록한다.

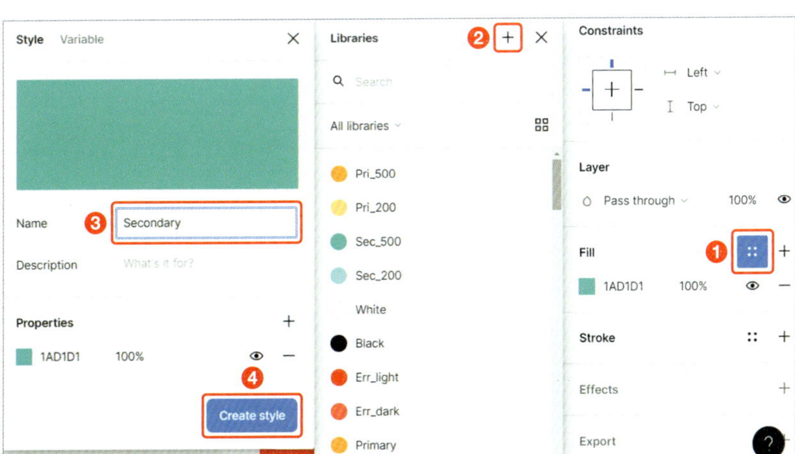

20 'Background' 색상 등록하기 '#FFFFFF' 색상을 선택하고 [Name]을 'Background'로 설정한다.

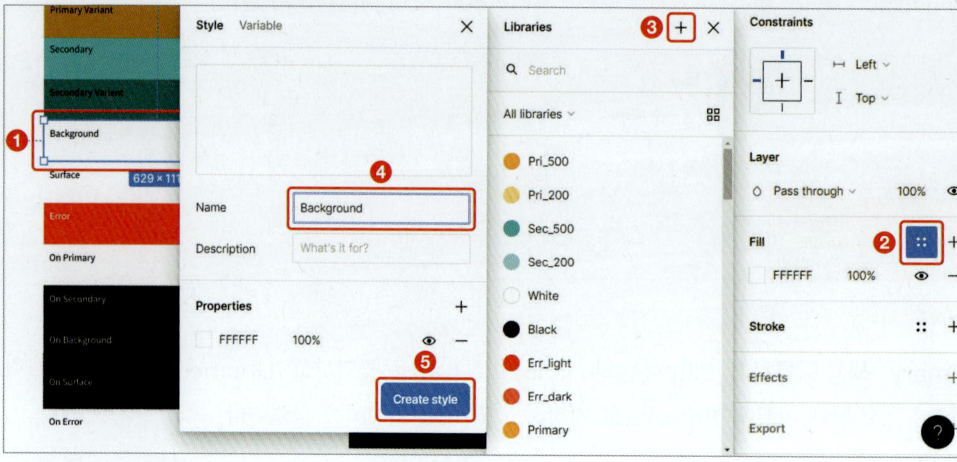

21 토큰 설정하기 다시 토큰으로 돌아가 [Light] 모드에서 'Background'를 {White}로 만든다.

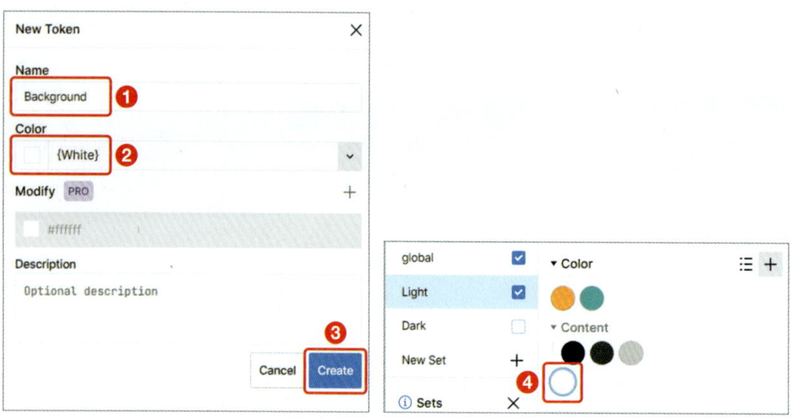

22 토큰 설정하기 [Dark] 모드의 'Background'는 반대로 {Black}으로 만든다.

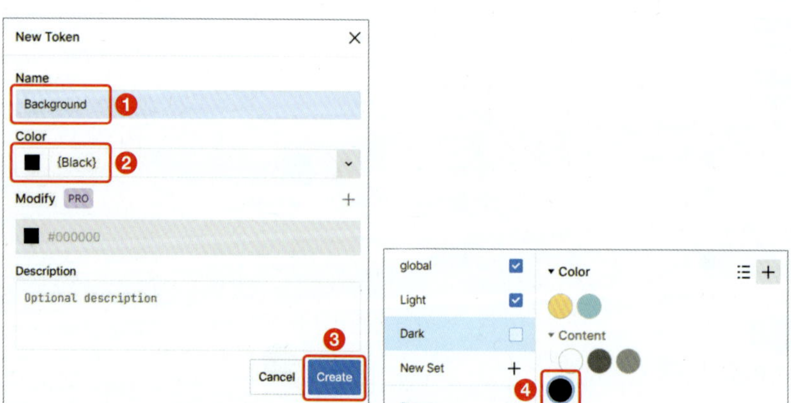

색상 토큰의 활용

등록된 토큰을 활용하여 [Light] 모드와 [Dark] 모드로 전환해 본다.

01 프레임 생성하기 프레임 툴(#)로 넓이 '1440' 높이 '560'의 새 'Color' 프레임을 하나 만든다. 사각형 두 개를 그린 뒤 문자를 그림과 같이 입력한다.

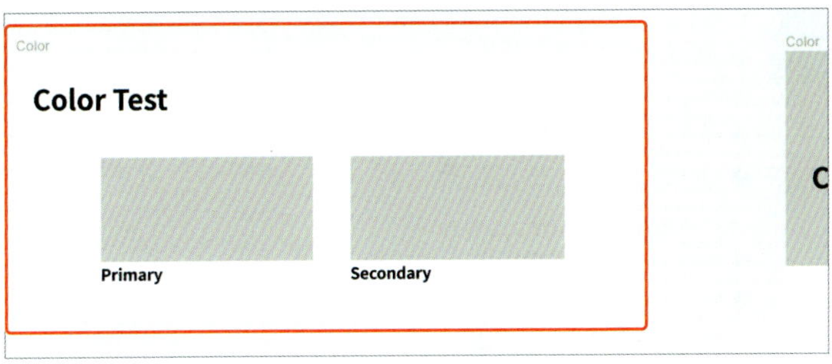

02 색상 적용하기 왼쪽 사각형을 선택한 후 토큰의 [Light] 모드에서 'Primary' 색상을 클릭한다. 사각형의 색상이 'Primary' 색상으로 변경된다.

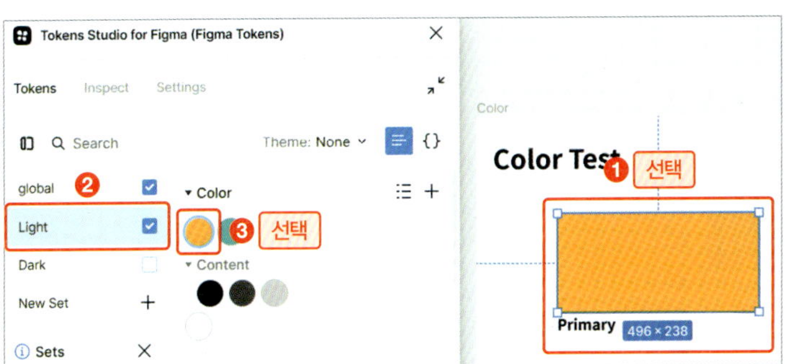

03 색상 적용하기 우측의 사각형을 선택하고 토큰의 [Light] 모드에서 'Secondary' 색상을 클릭하면 사각형이 'Secondary' 색상으로 변경된다.

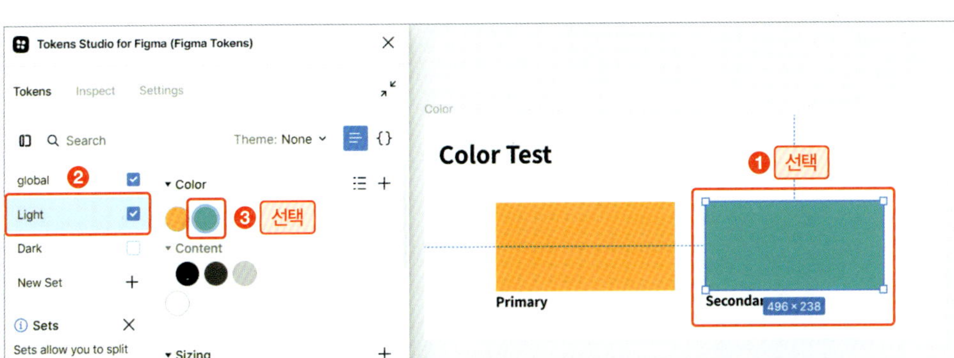

04 색상 적용하기 제목 문자를 선택하고 [Fill] 메뉴의 [Style] 버튼(⠶)을 클릭하여 'Content' 그룹의 'Primary'를 선택한다.

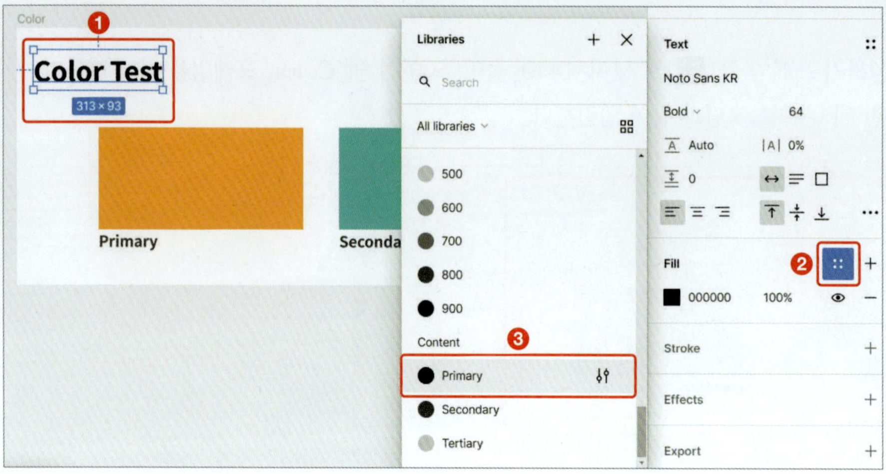

05 색상 적용하기 박스 하단의 문자를 선택하고 [Fill] 메뉴의 [Style] 버튼(⠶)을 클릭하여 'Content' 그룹의 'Secondary'를 적용한다.

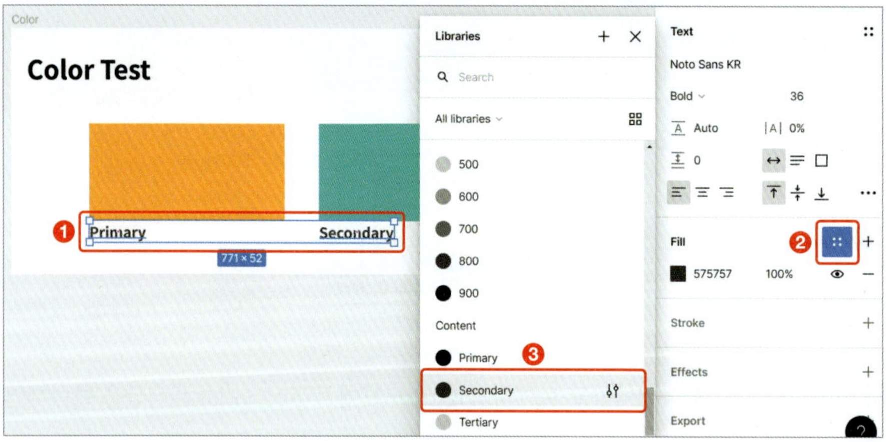

06 색상 적용하기 'Color' 프레임을 선택하여 [Fill] 메뉴의 [Style] 버튼(⁚⁚)을 클릭하고 'Background' 색상을 적용한다.

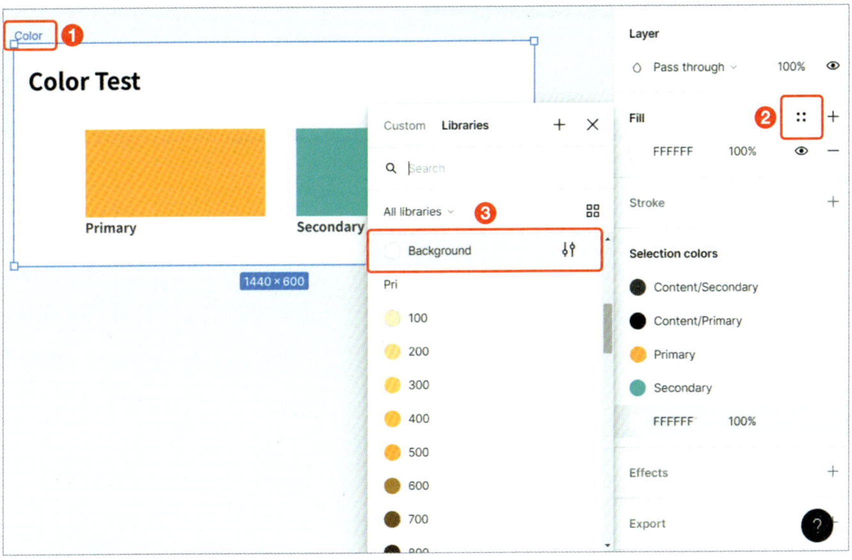

07 토큰으로 모드 전환하기 토큰에서 [Dark] 모드를 체크하면 자동으로 [Dark] 모드에 등록된 색상으로 전환된다.

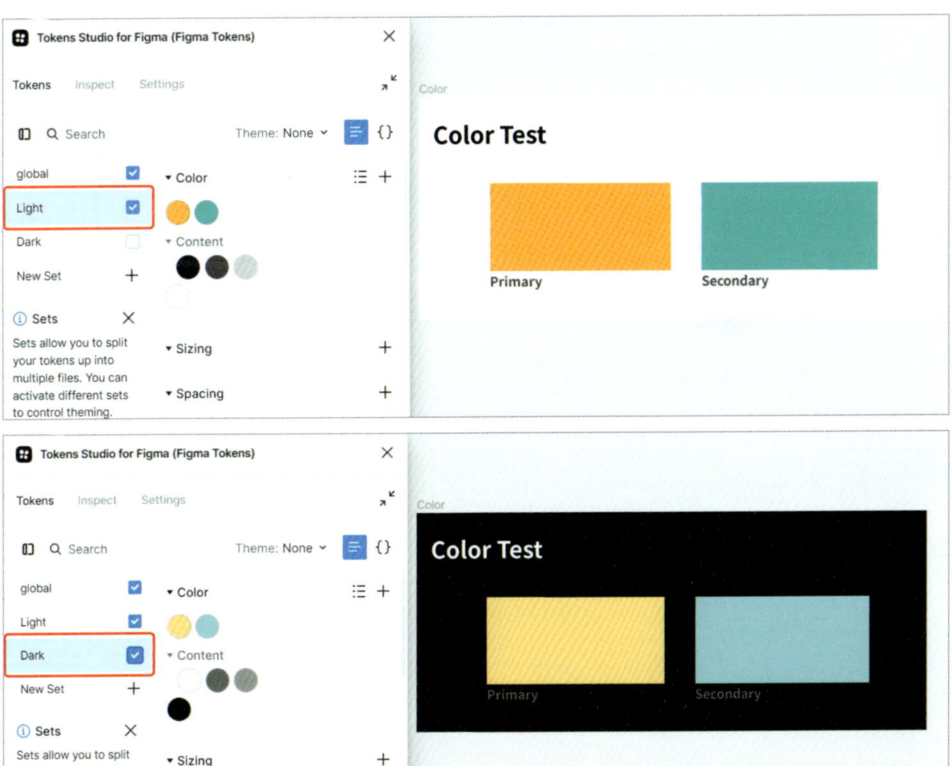

SECTION 05

타이포그래피

핵심 내용 토큰과 로컬 스타일에서 타이포그래피 설정

타이포그래피 시스템

타이포그래피는 제품이나 서비스의 성격에 맞는 폰트 패밀리를 구성하고 각 단계를 만들어 사용한다. 이번 절에서는 'Material 3 Design Kit'의 타이포그래피를 참고하였다. 기본 크기는 '16px'로 설정하고 크기의 단계는 1.25 배수로 지정하였다.

TIP 폰트별 크기 및 간격은 'https://typescale.com'에서 미리 테스트할 수 있다.

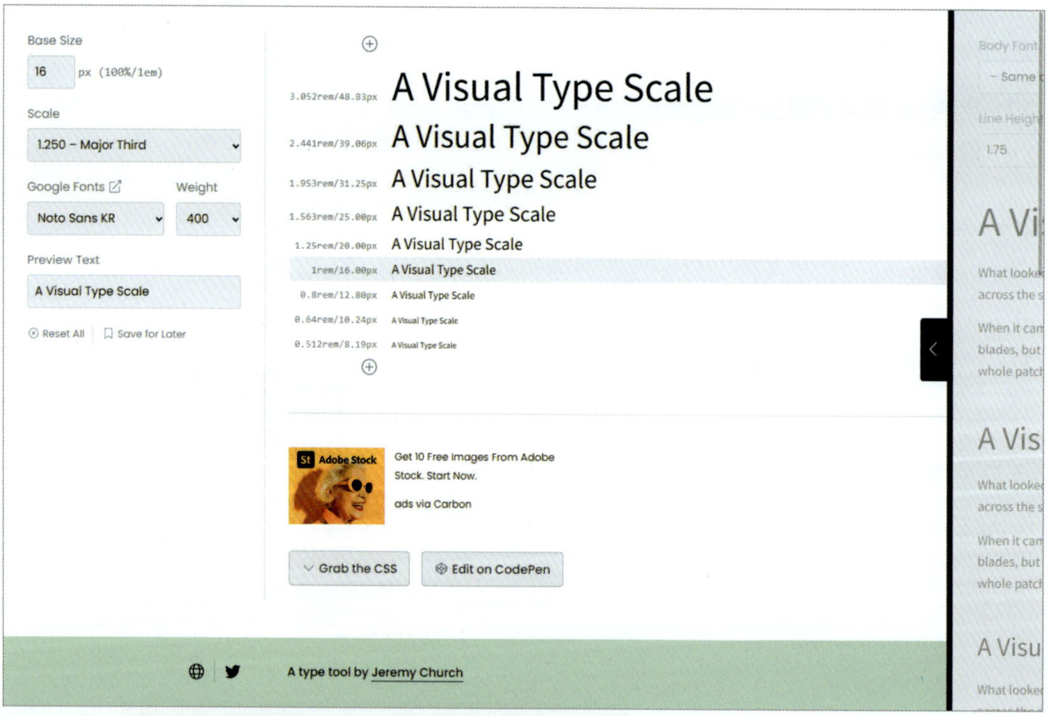

그림 7-8 폰트별 크기와 간격을 테스트한 예시 © https://typescale.com

실습 타이포그래피 설정하고 토큰 내보내기

'Material 3 Design Kit'을 참고하여 타이포그래피를 구축한다.

예제 미리보기

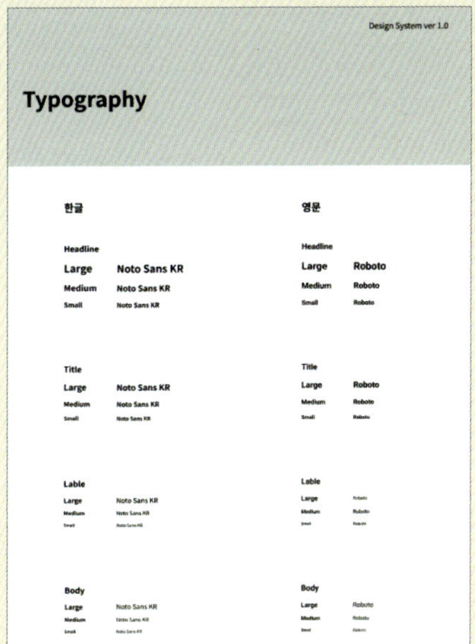

타이포그래피 설정하기

01 한글 폰트 설정하기 한글 폰트는 'Noto Sans KR'를 사용하고 그룹을 'Headline', 'Title', 'Label' 그리고 'Body'로 구분하였다. 항목별 크기는 'Large', 'Medium', 'Small'로 구분하였으며 크기는 '16'을 기본으로 1.25배 간격으로 설정한다.

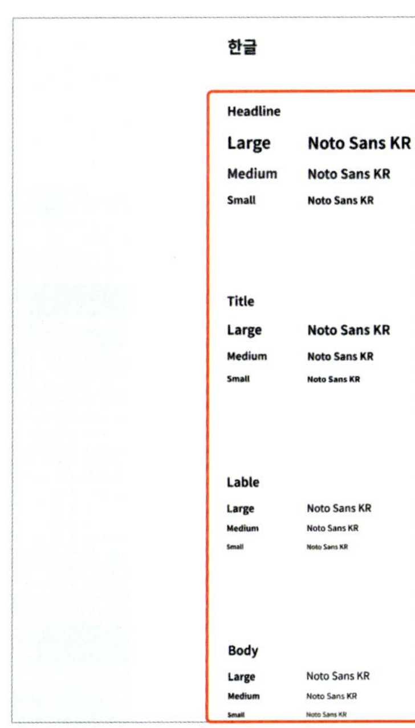

TIP 머티리얼 디자인의 타이포그래피의 크기를 그대로 적용하여도 무방하다.
https://m2.material.io/design/typography/the-type-system.html#type -scale

02 영문 폰트 설정하기 한글 폰트의 크기를 그대로 사용하여 영문 폰트를 구성한다. 영문 폰트는 'Roboto'로 설정한다. 'Noto Sans KR'에서 영문도 지원하기 때문에 한글과 영문 모두 같은 'Noto Sans'를 사용해도 무방하다.

03 토큰으로 설정하기 피그마 메뉴(F)를 클릭하여 [Plugins] ▶ [Tokens Studio for Figma]를 실행시킨 후 [global] 모드를 선택하고 [Font Family] 항목 우측의 [+]를 클릭한다. 옵션 창 [Name]에 'Kor', [Font Family]에 'Noto Sans KR'을 입력하고 [Create]를 클릭한다.

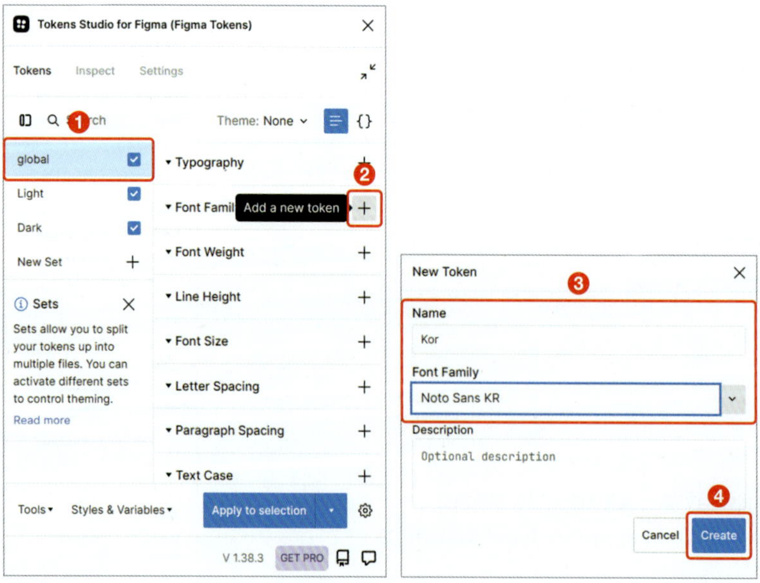

04 토큰으로 설정하기 [Font Family] 항목 우측의 [+]를 클릭하고 옵션 창 [Name]에 'Eng', [Font Family]에 'Roboto'를 입력하고 [Create]를 클릭하면 [Font Family] 항목에 'Kor'과 'Eng'가 생성된다.

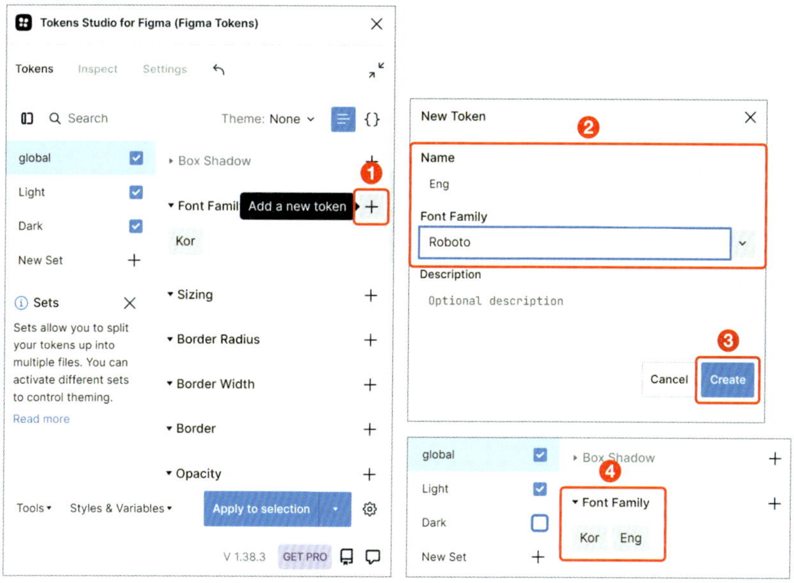

05 토큰으로 사이즈 설정하기 [Sizing] 항목 우측의 [+]를 클릭한다. 옵션 창 [Name]에 'Scale', [Size]에 '1.25'를 입력하고 [Create]를 클릭한다.

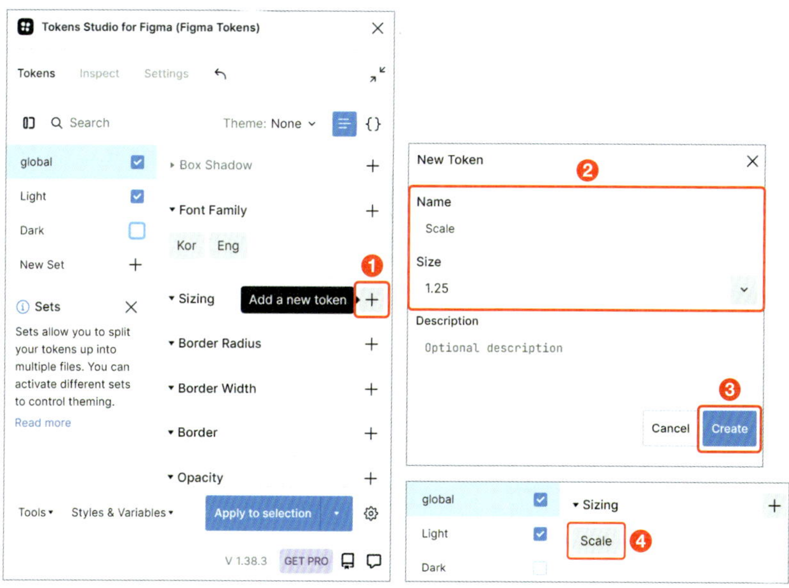

06 토큰으로 사이즈 설정하기 계속해서 [global] 모드에서 [Font Size] 항목 우측의 [+]를 클릭한다. 옵션 창 [Name]에 'Default', [Font Size]에 '16'을 입력하고 [Create]를 클릭하여 기준이 되는 값을 '16'으로 지정한다.

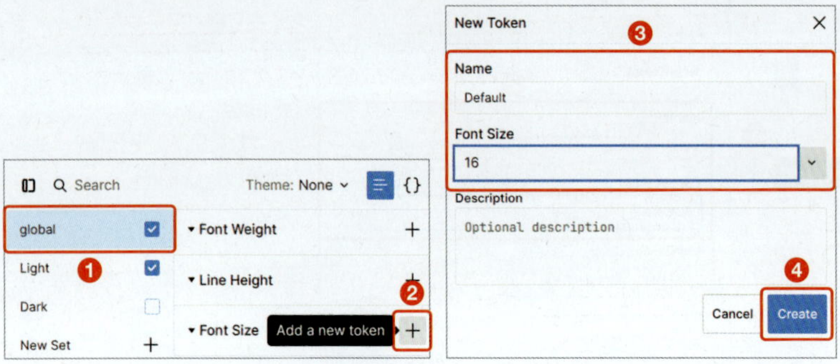

07 토큰으로 'Headline' 그룹 설정하기 [Font Size] 항목 우측의 [+]를 클릭하여 옵션 창을 열고 [Name]에 'Headline. Small'을 입력하고 [Font Size]는 {Default}*{Scale}를 입력한다. 디폴트 값 '16'에 스케일 값으로 지정한 '1.25'를 곱하는 것으로 결괏값 '20'을 확인했다면 [Create]를 클릭한다.

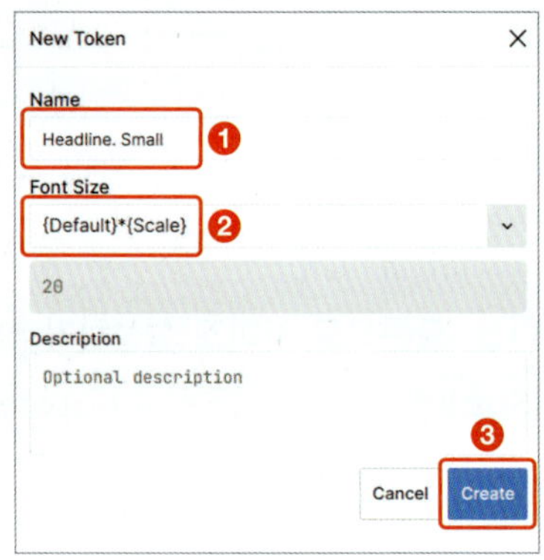

08 토큰으로 'Headline' 그룹 설정하기 실습 **07**과 같은 방법으로 다음 사이즈를 설정한다. [Name]에 'Headline.Medium'을 입력하고 [Font Size]에는 **07**에서 만든 'Headline.Small'을 선택해 'Scale' 값을 곱한다. 추가로 'Headline.Large'는 {Headline.Medium}*{Scale}로 설정해 이전 크기에서 1.25배씩 커지는 값으로 설정한다.

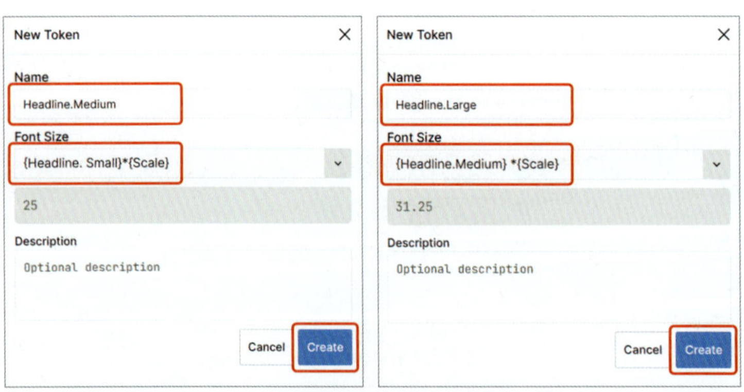

09 토큰으로 'Headline' 그룹 설정하기 [Create]를 클릭하면 [Font Size] 항목에 'Headline' 그룹이 생기고 'Small', 'Medium', 'Large'라는 하위 요소가 생성되었다.

10 토큰으로 'Title' 그룹 설정하기 다시 'Title' 그룹을 만들기 위해 [Name]은 'Title.Small'로 지정하고 [Font Size]는 {Default}로 지정한 뒤 [Create]를 클릭한다. 'Title.Small'의 크기는 '16'이다.

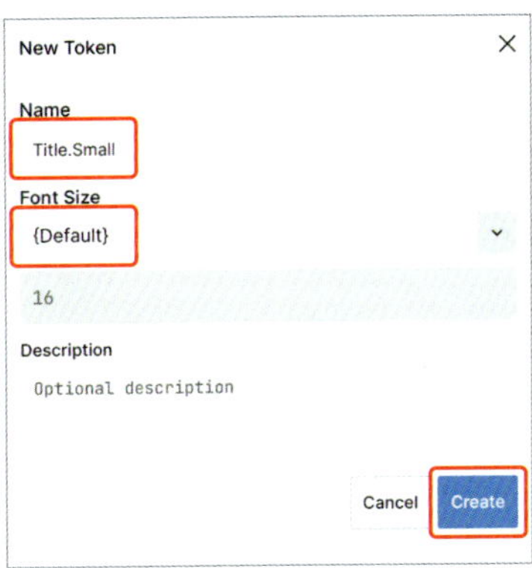

11 토큰으로 'Title' 그룹 설정하기 'Title.Medium'을 추가하고 'Title.Small'에서 1.25배가 커질 수 있도록 [Font Size]를 {Title.Small}*{Scale}로 지정하고 [Create]를 클릭한다. 'Title.Large'는 'Title.Medium'에서 1.25배 커지도록 {Title.Medium}*{Scale}로 값을 입력한다. [Create]를 클릭하면 'Title' 그룹이 생긴 것을 알 수 있다.

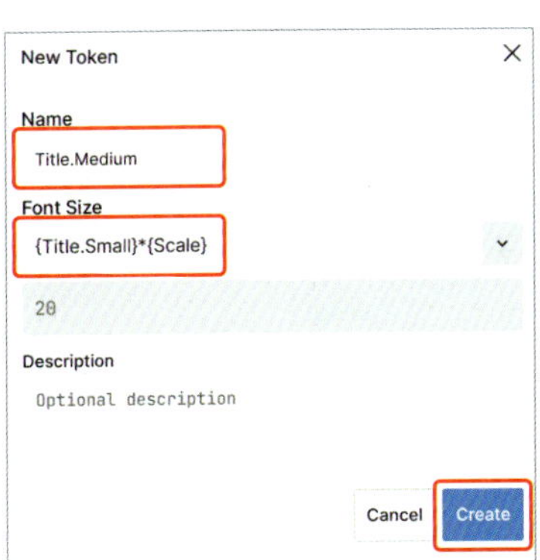

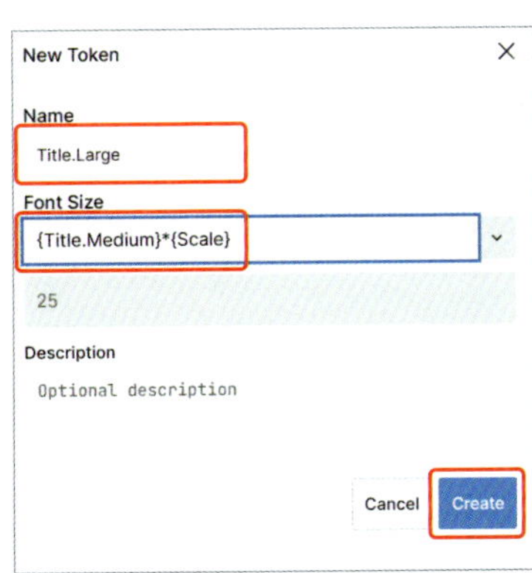

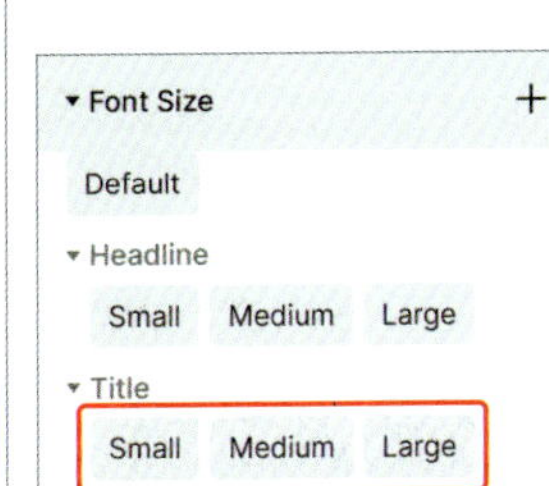

12 토큰으로 'Label' 그룹 만들기 이번에는 'Label' 그룹을 만든다. 'Label.Small'은 기준값인 '16'보다 크기가 작다. 기준값보다 작은 경우 [Font Size]는 {Default}/{Scale}로 입력한다. 다음 크기는 아래 그림과 같이 입력한다.

▪ Label.Small 옵션

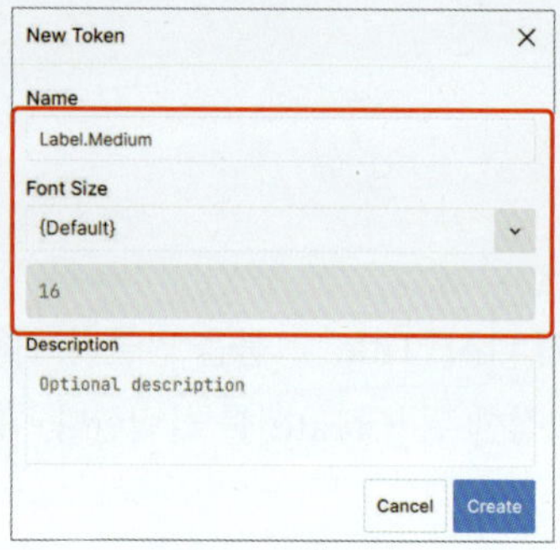

▪ Label.Medium 옵션

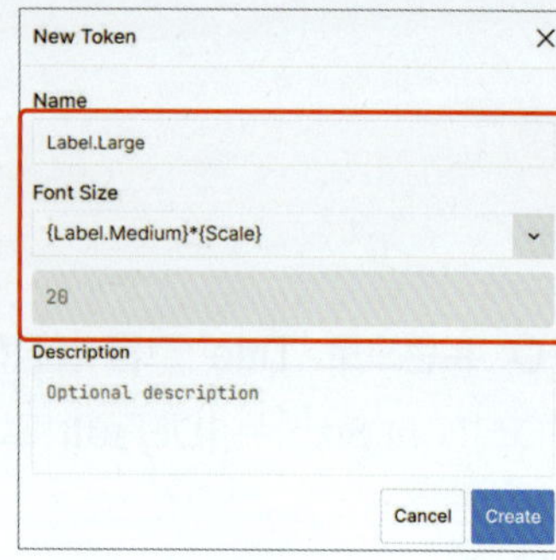

▪ Label.Large 옵션

13 토큰으로 'Body' 그룹 만들기 실습 **12**와 같은 크기로 'Body.Small', 'Body.Medium' 그리고 'Body.Large' 만든 뒤 결과를 확인해 보면 [Font Size] 항목에는 'Default'와 피그마에서 작성한 'Headline', 'Title', 'Label', 'Body' 그룹이 생성되었다.

14 토큰으로 폰트 두께 설정하기 이번에는 [Font Weight] 항목을 지정한다. [Name]은 피그마에서 사용하는 폰트 두께 그대로 'Bold', 'Medium', 'Regular'로 지정하고 [Font Weight]도 똑같이 'Bold', 'Medium', 'Regular'를 입력한다.

15 토큰으로 행간 설정하기 행간이 되는 [Line Height] 항목은 [Name]에 '135', '140', '150'을 입력하고 각 [Line Height] 값을 '135%', '140%' 그리고 '150%'로 지정하여 [Line Height] 항목을 설정한다.

TIP 실제로 행간은 150%를 기준으로 하지만 여러 예시를 위해 135%와 140%를 사용했다.

토큰 값 적용하여 로컬 스타일 만들기

01 토큰 값 적용하기 피그마 작업 화면에서 'Headline'의 'Large' 문자를 선택하고 토큰의 옵션을 [Font Family] 항목의 'Kor', [Font Weight] 항목의 'Bold', [Line Height] 항목의 '150'을 선택한다. 그리고 [Font Size] 항목에서 'Headline' 그룹의 'Large'를 선택하면 피그마의 문자에 토큰 값이 모두 적용된다.

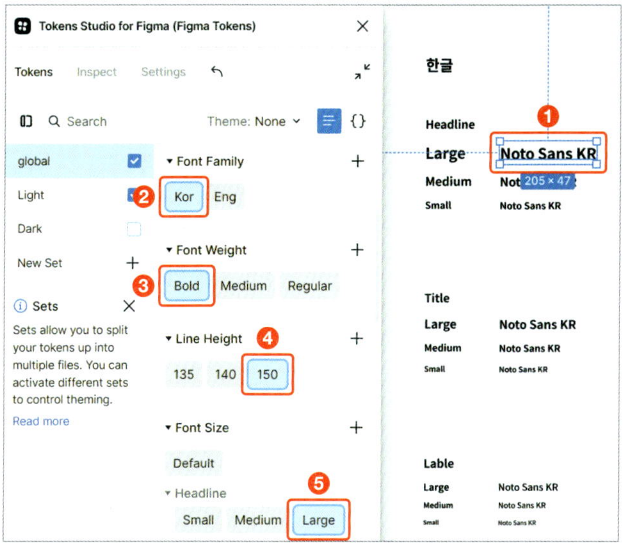

02 로컬 스타일 만들기 우측 패널에서 [Text] 메뉴 우측의 [Style] 버튼(::)을 클릭한다. [Text styles] 창이 열리면 우측의 + 를 클릭한다. 옵션 창에서 이름을 'headline/Large'로 지정한 후 [Create style]을 클릭한다. 이때 토큰에도 'Headline'이 있기 때문에 그룹명은 소문자로 작성해 토큰의 그룹과 구분한다.

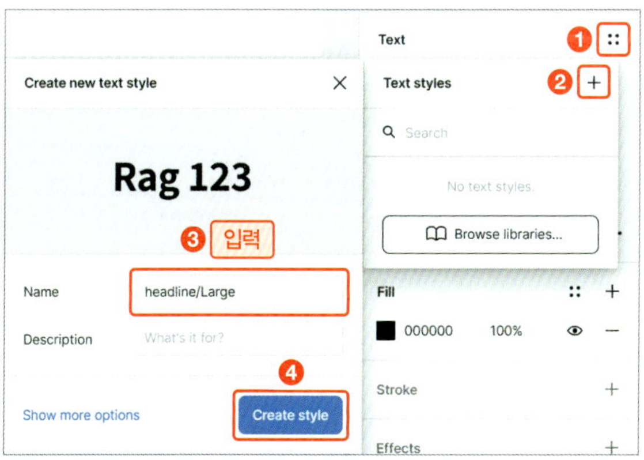

TIP 토큰 스타일과 피그마 로컬 스타일의 그룹명이 같으면 '내보내기' 또는 '불러오기'를 했을 때 그룹 하위 요소의 위치가 달라진다.

03 토큰 값 적용하기 'Headline'의 'Medium' 문자를 선택하고 토큰의 옵션을 [Font Family] 항목의 'Kor', [Font Weight] 항목의 'Bold', [Line Height] 항목은 '150'을 선택한다. 그리고 [Font Size] 항목에서 'Headline' 그룹의 'Medium'을 선택하면 피그마의 문자에 토큰값이 모두 적용된다.

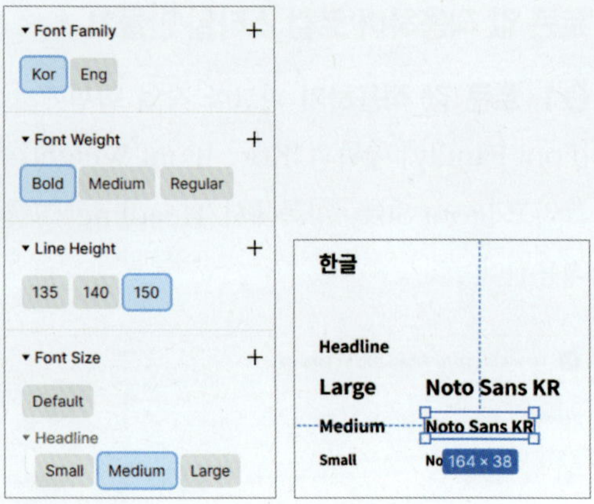

04 로컬 스타일 만들기 [Text] 메뉴 우측의 [Style] 버튼(⠶)을 클릭한다. [Text styles] 창이 열리면 우측의 [+]를 클릭하여 옵션 창에서 이름을 'headline/Medium'으로 지정하고 [Create style]을 클릭한다.

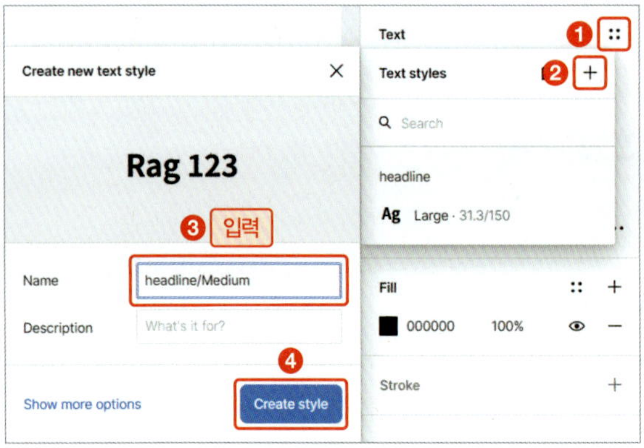

05 토큰 값 적용하고 로컬 스타일 만들기 'Headline'의 'Small' 문자를 선택한 후 토큰의 옵션을 설정한다. 그리고 실습 **04**의 과정을 반복하여 'headline/Small'로 로컬 스타일을 등록한다. 이후 피그마 화면의 빈 곳을 클릭하면 [Local styles]에 'Text styles' 항목이 생성되고 'headline' 그룹이 등록된 것을 알 수 있다.

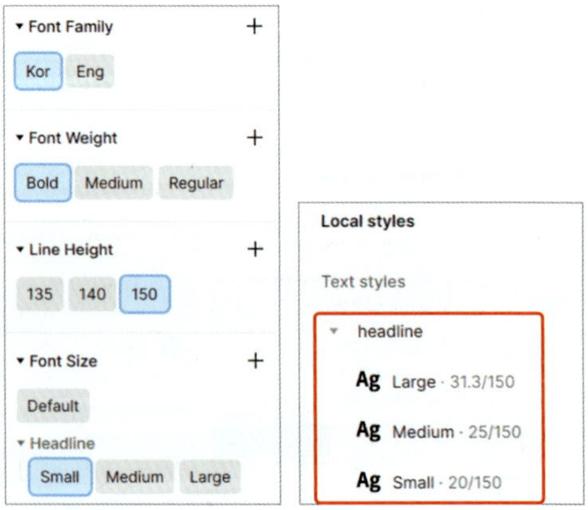

■ headline/small 옵션

토큰으로 로컬 스타일 불러오고 내보내기

01 로컬 스타일 불러오기 토큰 화면에서 [Styles & Variables]를 클릭하여 [Import Styles]를 선택하고 옵션 창이 뜨면 'Text' 옵션만 선택하여 [Import]를 클릭한다.

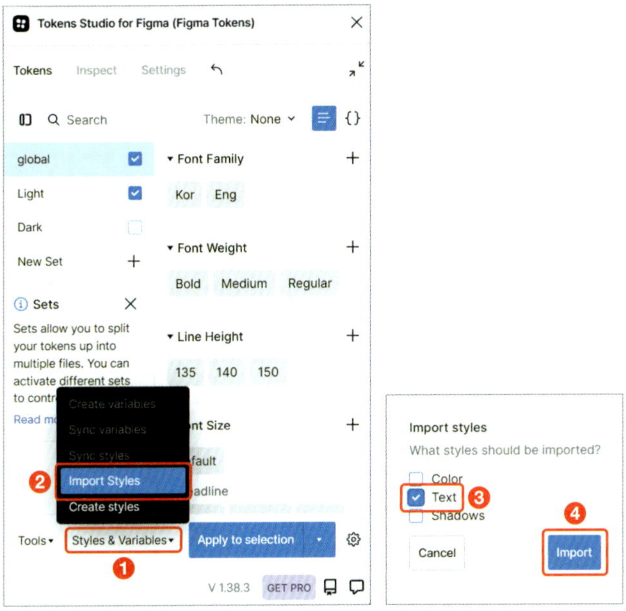

02 로컬 스타일 불러오기 옵션 중에 'headline' 그룹 옆의 [+]를 클릭하여 원하는 요소만 [Import]한 후 하단의 [Cancel]을 누르면 [Typography] 항목에 'headline' 그룹이 불러와진 것을 알 수 있다.

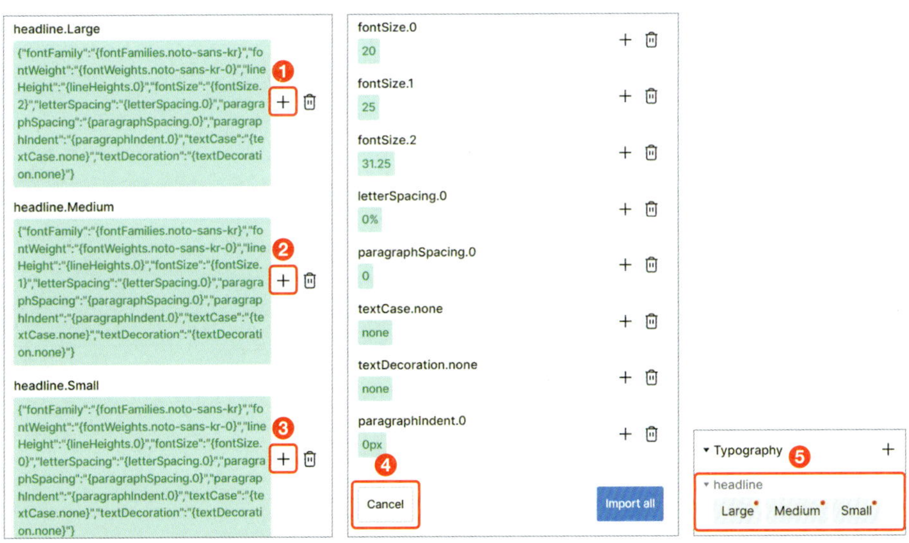

03 텍스트 옵션 수정하기 'headline' 그룹의 'Large' 요소를 마우스 오른쪽 클릭하여 [Edit Token]을 선택한 후 옵션 창에서 옵션을 설정된 스타일로 변경한다. 'Medium'과 'Small'도 옵션을 변경한다.

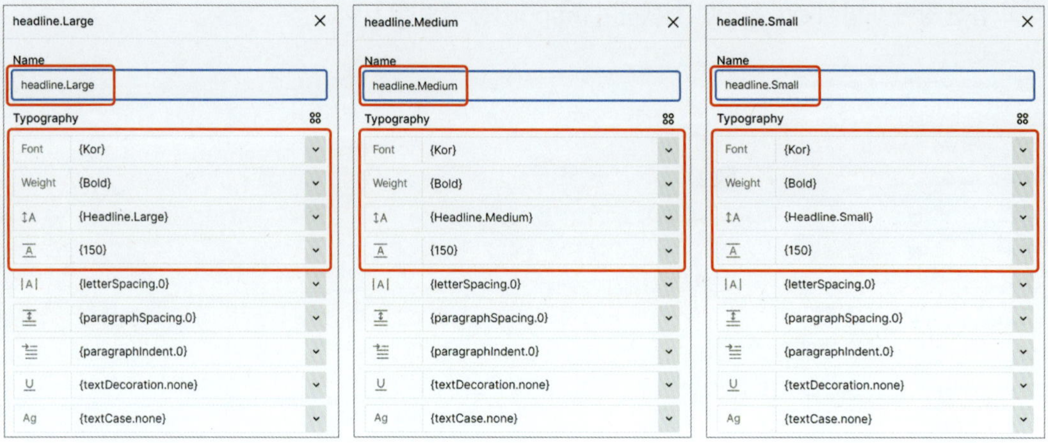

04 텍스트 옵션 수정하기 [Typography] 항목의 'headline'을 마우스 오른쪽 클릭하여 [Duplicate]를 선택하고 옵션 창에서 이름을 'title'로 변경한 후 [Duplicate]를 클릭하면 'title' 그룹으로 복제된 것을 알 수 있다.

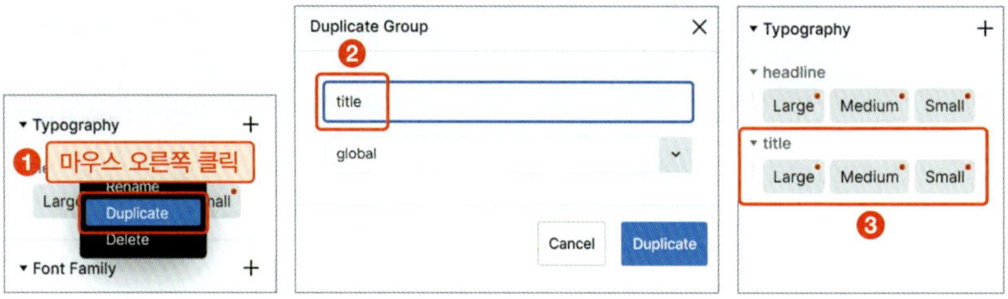

05 텍스트 옵션 수정하기 'title' 그룹의 'Large', 'Medium', 'Small'의 옵션을 지정된 스타일로 변경한다.

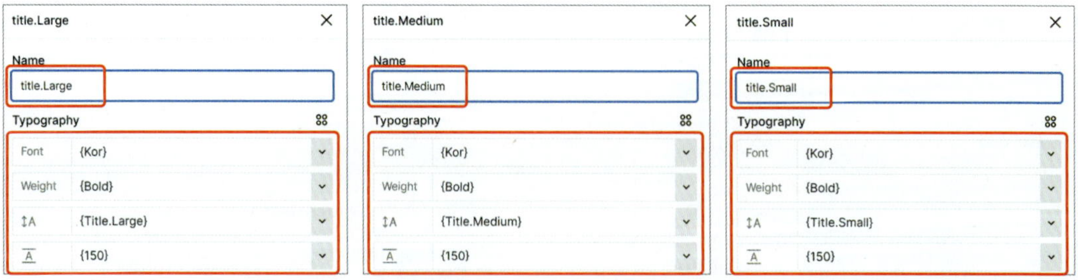

06 텍스트 옵션 수정하기 같은 방법으로 'title' 그룹을 복제하여 'label' 그룹과 'body' 그룹을 만들고 각 속성을 변경한다.

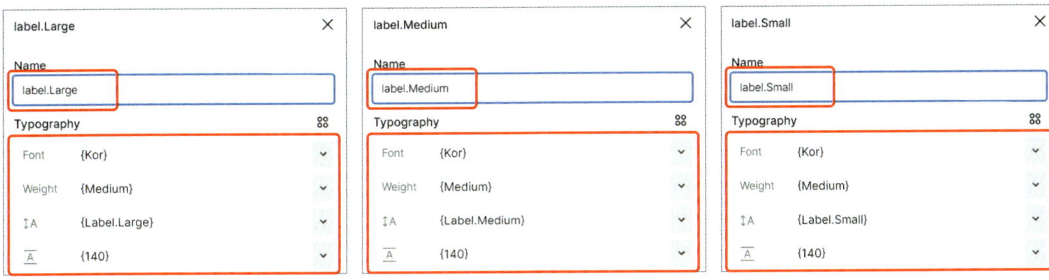

■ 'label' 그룹 옵션

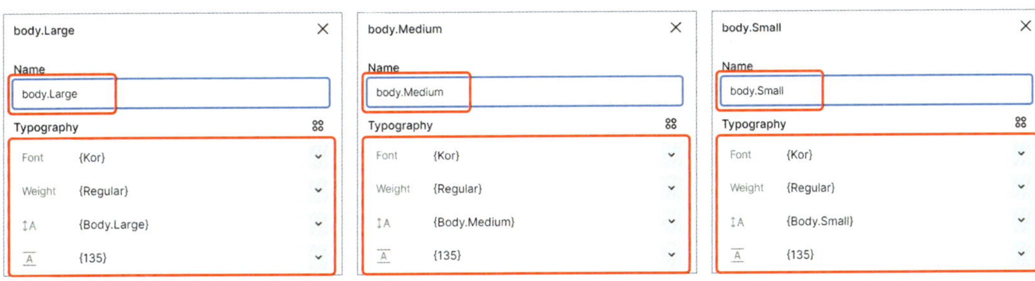

■ 'body' 그룹 옵션

07 토큰을 로컬 스타일로 내보내기 [Typography] 항목에 'headline', 'title', 'label' 그리고 'body' 그룹이 생성된 것을 확인하였다면 [Styles & Variables]를 클릭하여 [Create styles]를 선택하고 옵션에서 'Text'만 선택한 후 [Create]를 클릭한다.

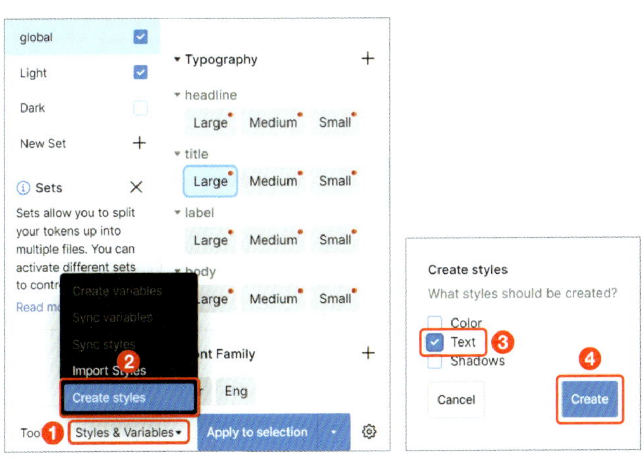

08 로컬 스타일 확인하기 피그마 [Local styles] 'Text styles' 항목에 'headline', 'title', 'label' 그리고 'body' 그룹이 생성된 것을 알 수 있다.

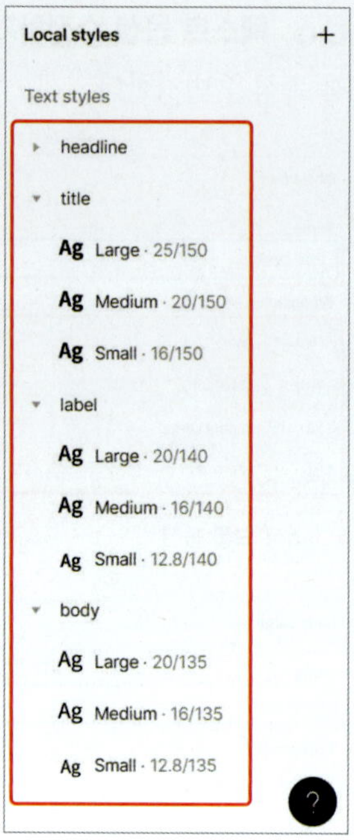

09 스타일 적용하기 이제 프레임의 문자를 선택한 후 각 속성에 맞게 [Text] 메뉴 옆의 [Style] 버튼(::)을 클릭하여 스타일을 지정한다.

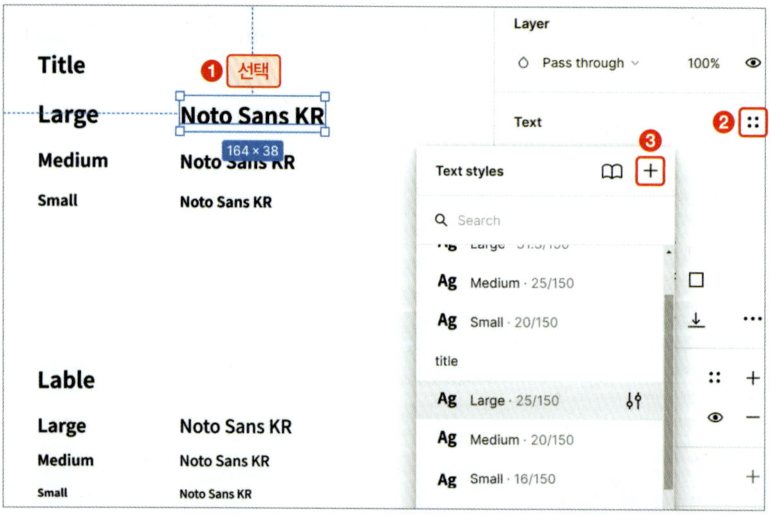

SECTION 06

아이콘과 형태

핵심 내용 아이콘 플러그인 [Material Design Icons] 사용

실습 아이콘 템플릿 구성하기

아이콘을 각 용도별로 분류하고 컴포넌트로 등록한다. 아이콘을 직접 만들어서 사용하는 것은 쉬운 일이 아니다. 따라서 일관성 있는 아이콘 템플릿을 구성하여 사용하는 것을 추천한다.

예제 미리보기

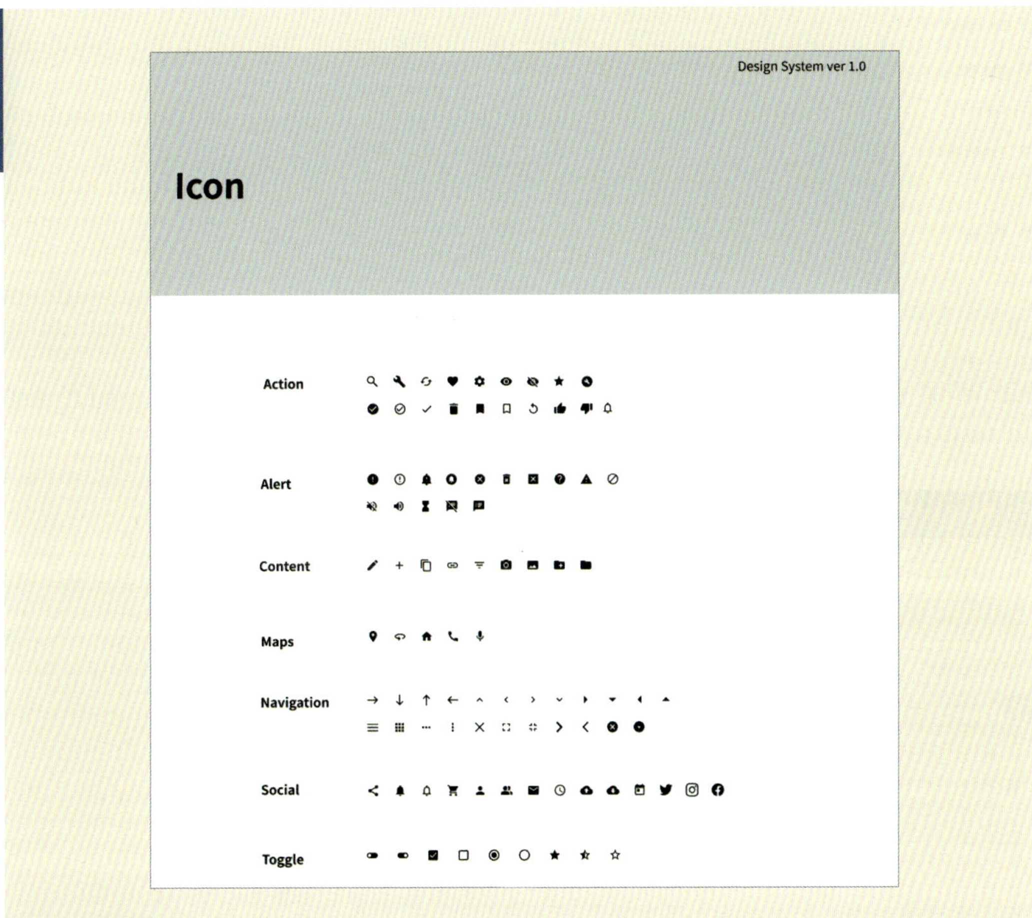

01 아이콘 종류 분류하기 기본적으로 가장 많이 사용하는 아이콘의 종류를 용도별로 분류해 제목을 구성한다. 여기서는 'Action', 'Alert', 'Content', 'Maps', 'Navigation', 'Social', 'Toggle'로 구분하였다.

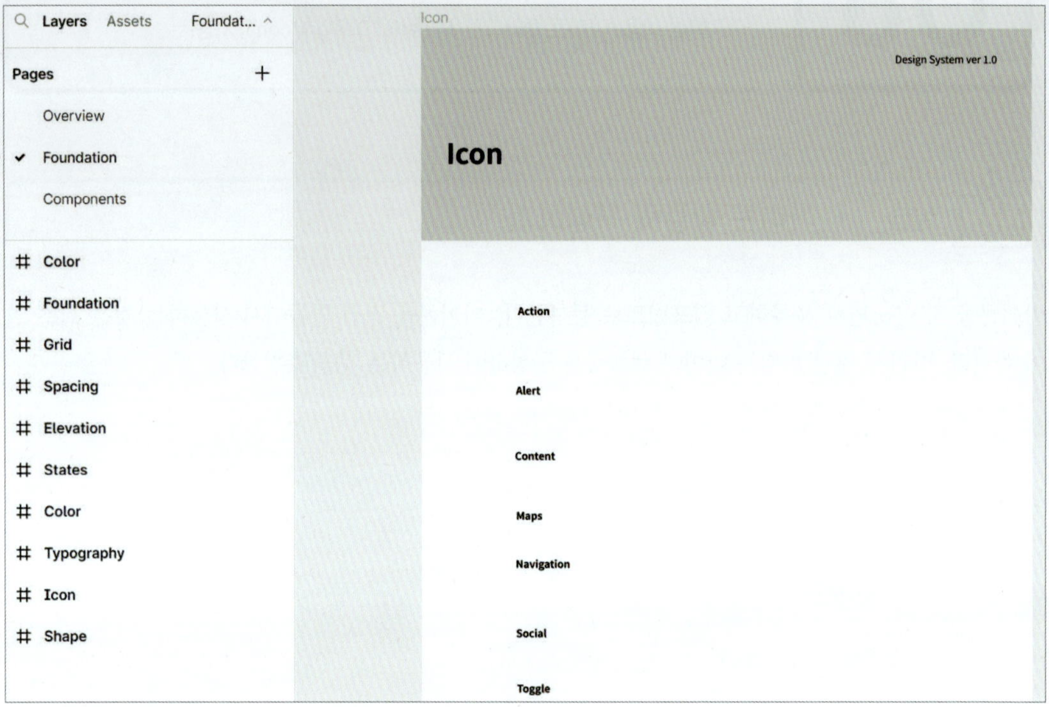

02 아이콘 플러그인 실행하기 리소스 툴(▦)을 클릭하고 [Plugins]를 선택한 후 'Material'로 검색하여 [Material Design Icons]를 실행한다.

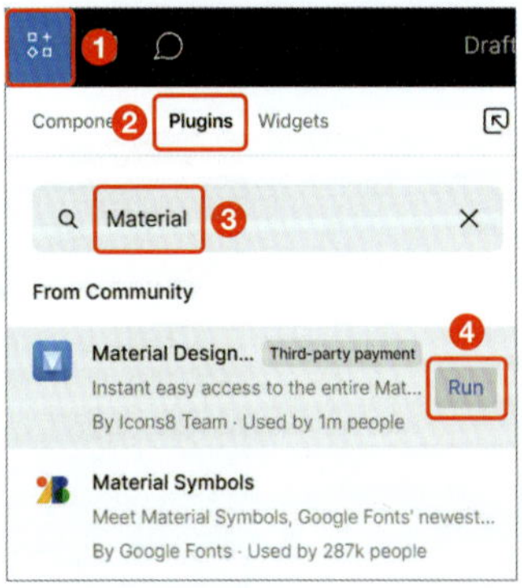

03 아이콘 선택하기 우선 아이콘의 크기는 '24*24'로 지정하고 아이콘의 종류를 선정한다. 실습에선 [Filled]를 사용했다. 아이콘의 색상은 검정색으로 사용하는 걸 권장한다.

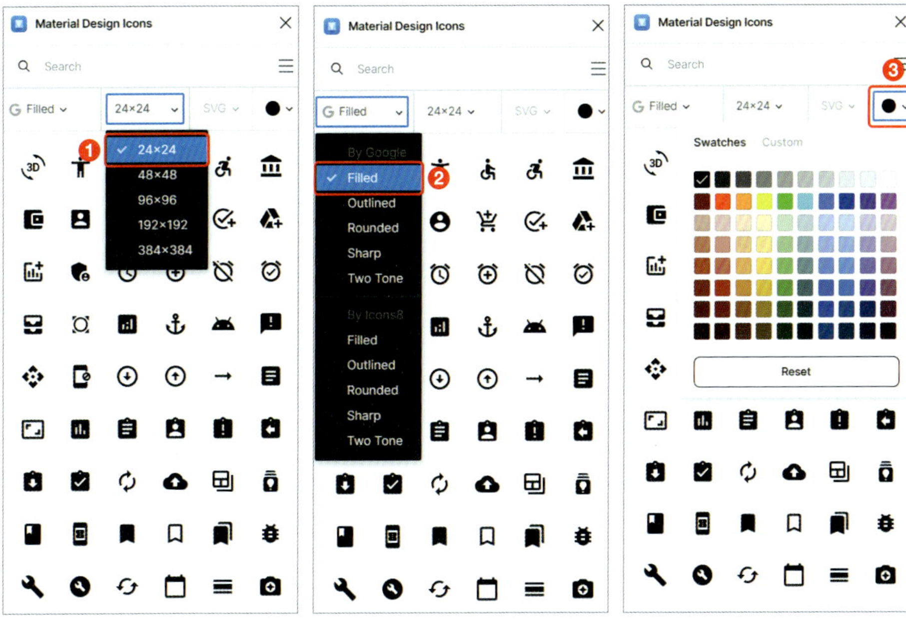

04 아이콘 선택하기 검색 창에 원하는 키워드를 입력하면 해당 이름을 가진 아이콘을 검색해서 사용할 수 있다.

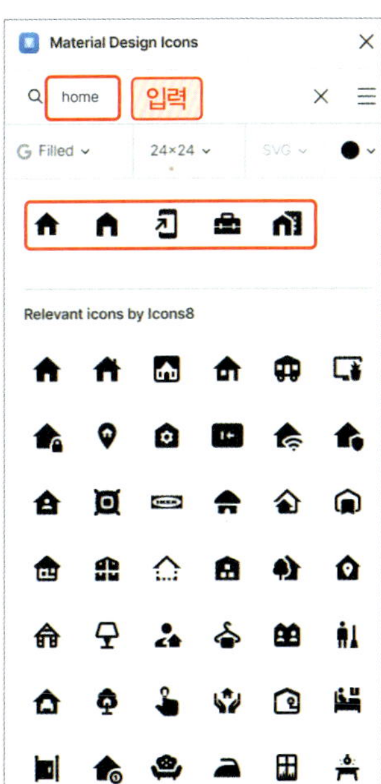

05 아이콘 입력하기 프레임을 선택한 상태에서 아이콘을 클릭하면 해당 프레임 안에 아이콘이 자동으로 입력된다.

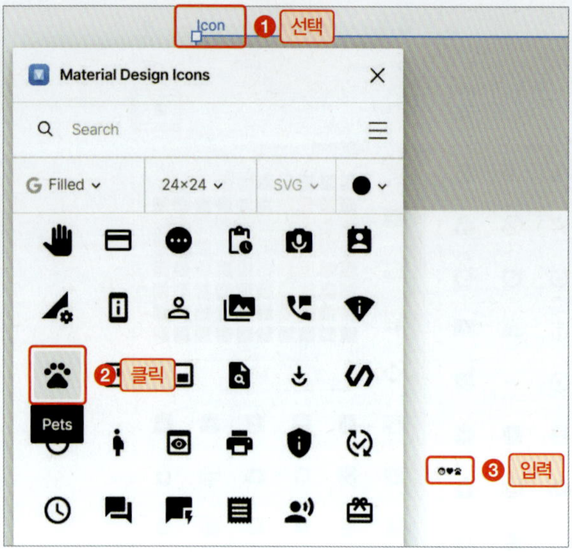

06 아이콘 화면에 배치하기 사용하려는 아이콘을 화면에 배치한 다음 항목별로 정리한다.

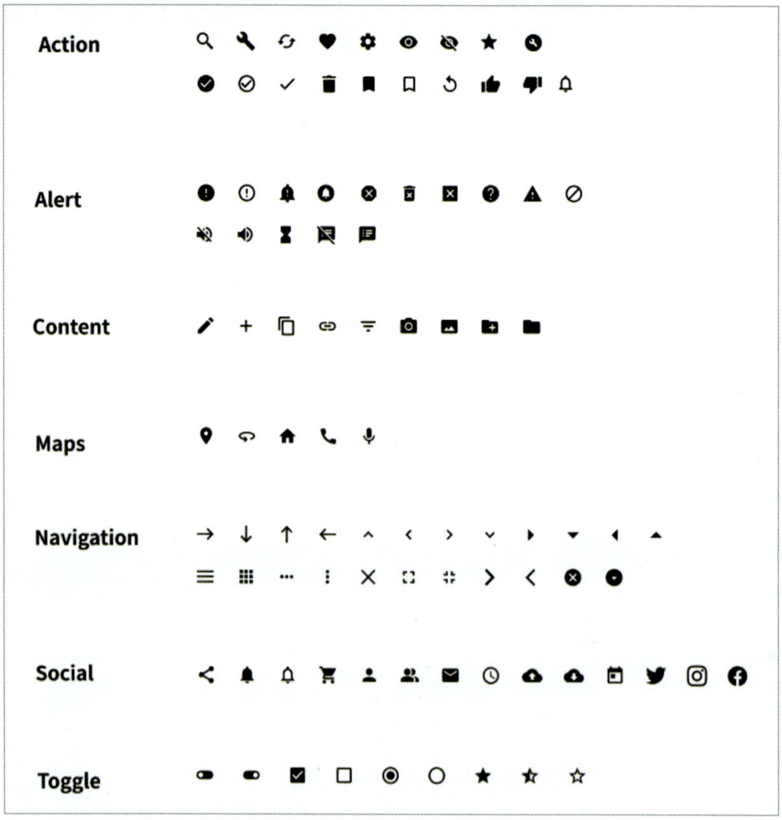

07 컴포넌트로 등록하기 아이콘만 드래그하여 선택한 후 컴포넌트 아이콘(◈)을 클릭하여 [Create multiple components]를 선택한다.

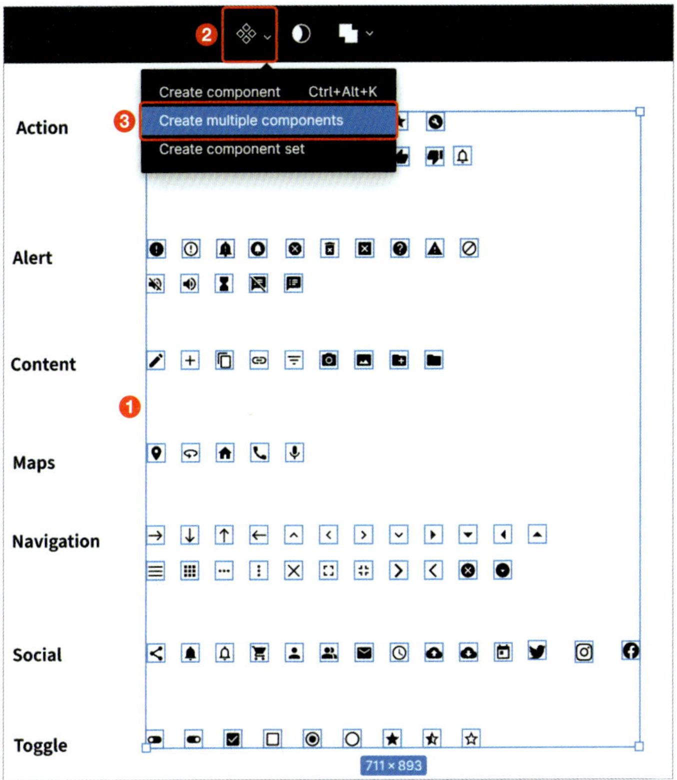

08 컴포넌트로 등록하기 [Assets]을 클릭하면 아이콘들이 모두 컴포넌트로 등록된 것을 알 수 있다.

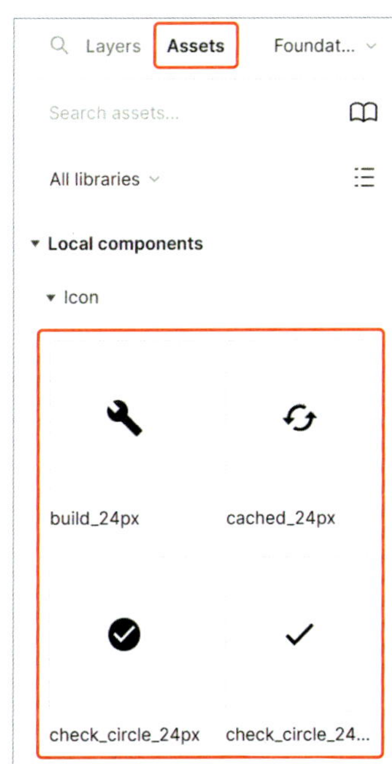

09 아이콘 이름으로 분류하기 [Layers]를 확인한다. 그룹별로 아이콘을 선택하면 좌측에 아이콘의 이름이 보인다.

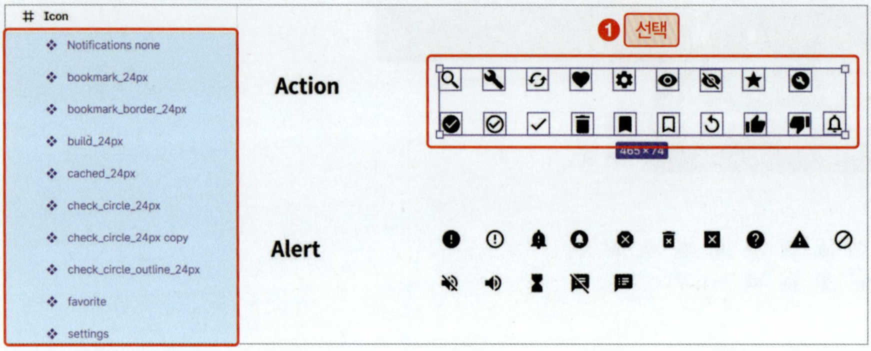

10 아이콘 이름으로 분류하기 Ctrl + R 을 눌러 [Rename] 옵션 창을 열어 [Rename to] 부분에 그룹이 될 이름을 작성한다. 'Action/'를 입력한 뒤 'Current name'을 선택하고 [Rename] 버튼을 클릭한다. 선택한 아이콘들의 이름 앞에 'Action/'가 생긴 것을 알 수 있다.

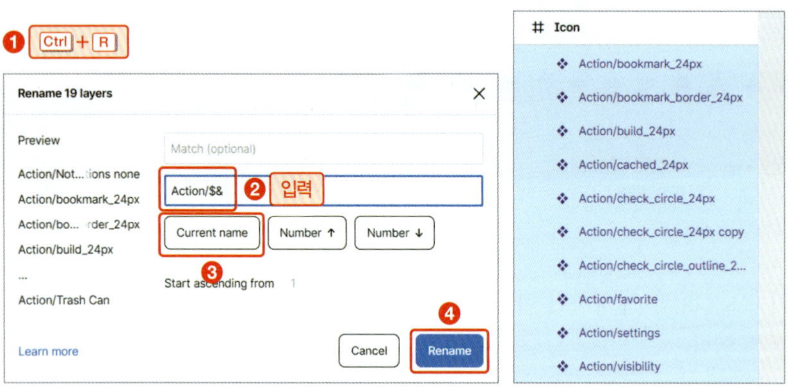

11 아이콘 이름으로 분류하기 [Assets]을 선택하면 [Icon] 항목 아래에 'Action' 그룹이 생긴 것을 알 수 있다. 다른 그룹들도 실습 **10**과 같이 그룹명을 지정하면 아이콘을 그룹별로 쉽게 관리할 수 있다.

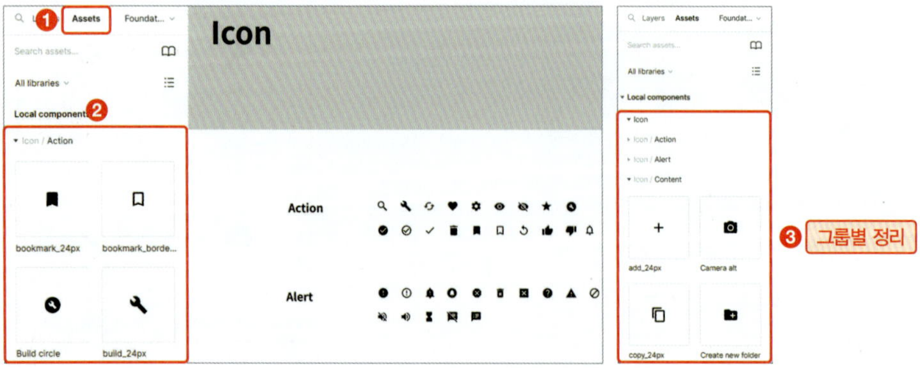

형태의 구성

형태는 버튼, 배너, 뱃지 등과 같은 컴포넌트 모양의 기준을 정하는 것이다. 가장자리의 둥근 정도를 지정해 크기별로 형태를 구성하는 것이 좋다. 형태는 모서리의 각도나 곡선의 정도로 변주를 줄 수 있고, 육각형이나 특정 도형에 의해 파여진 형태 등 다양한 모양으로 표시될 수 있다. 형태는 구성 요소를 식별하고 브랜드를 표현하거나 주의를 집중시키는 역할을 한다.

형태의 예시

버튼과 같이 작은 모양을 고려해 넓이가 '240'인 형태와 전체 크기에서 좌우 마진 값을 뺀 넓이 '320' 크기를 기본으로 하고 크고 작은 가장자리 값을 조합해 형태를 구성하였다. 형태는 정해진 규칙보다는 제품과 서비스의 성격에 맞춰 시각적인 균형을 생각하면서 만들면 된다.

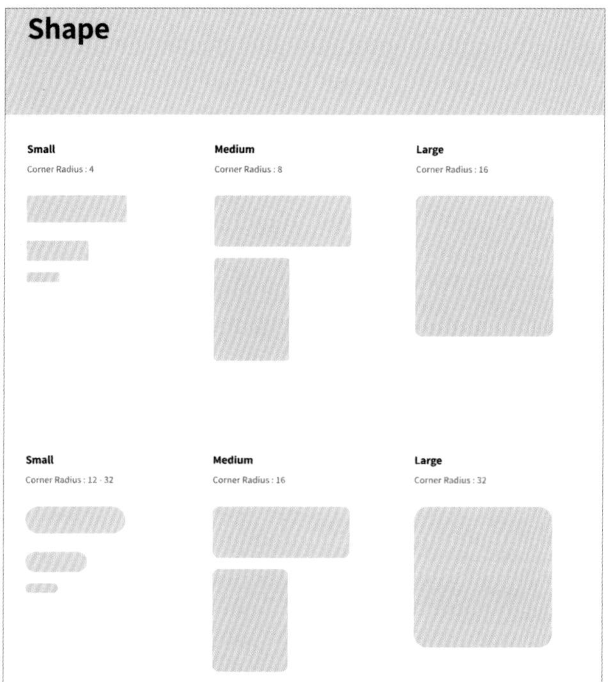

그림 7-9 형태 페이지의 예

토큰으로 형태 설정하기

가장자리의 둥근 정도를 설정하는 'Radius' 값은 기본 값의 변형을 주는 경우가 없기 때문에 토큰에 등록해도 되고 하지 않아도 된다. 만약, 토큰으로 등록하여 사용한다면 토큰 화면을 열어 [Border Radius] 항목 우측의 [+]를 클릭한 뒤 옵션을 추가한다. [그림 7-10]은 기본 'Base' 값을 4로 설정하고 [Border Radius] 항목에 '8', '12', '16', '24', '32' 값을 등록한 내용이다.

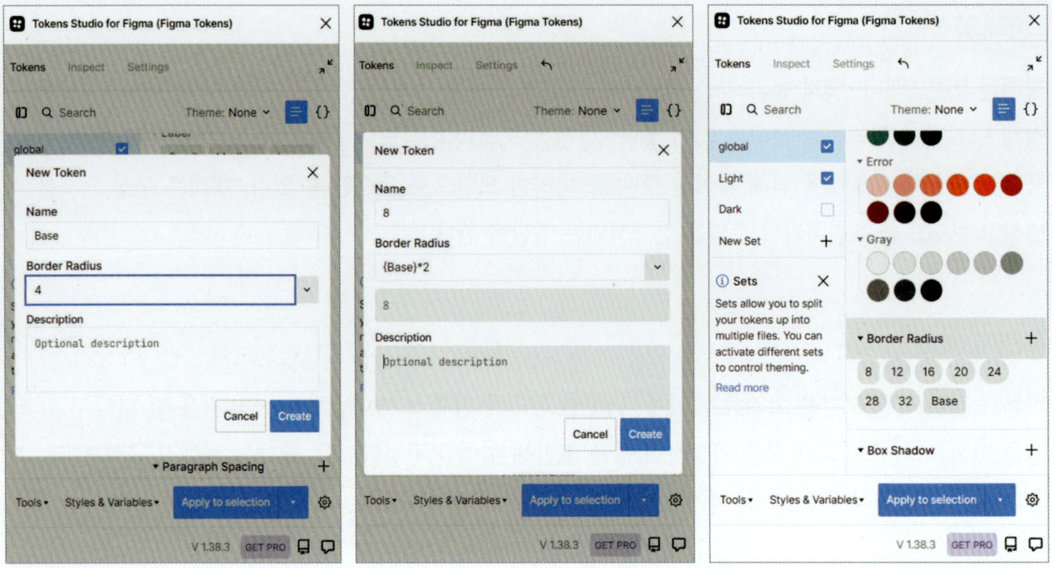

그림 7-10 토큰에 [Border Radius] 항목 값 등록하기

기타 요소

디자인 시스템은 한번에 모두 구축하고 끝나는 것이 아니다. 변경 사항이 있다면 수시로 업데이트를 하고 필요한 부분을 추가하거나 제거하면서 사용한다. 따라서 상태를 나타내는 'State' 페이지는 꼭 필요하지 않다면 빈 공간으로 두고 필요할 때 상세 내용을 작성한다. 다른 추가 항목이 생긴다면 계속해서 업데이트를 한다.

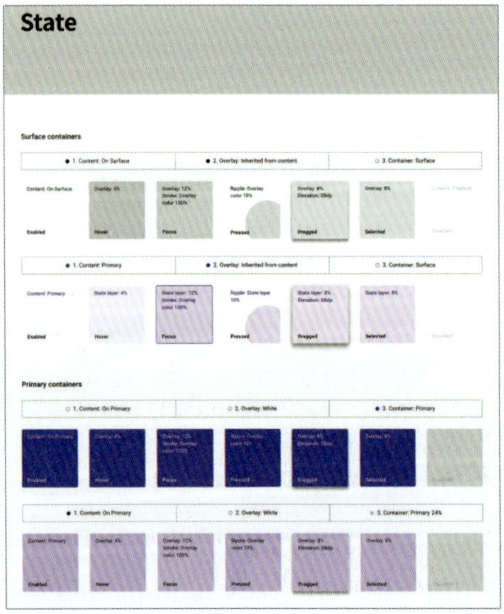

그림 7-11 'State' 페이지의 예

요약

1 디자인 시스템 구조와 설계

- **설계 방법** 다양한 디자인 시스템 구축 사례들을 참고하여 핵심이 되는 요소를 작성한다.

2 개요

- 디자인 시스템에 대한 소개와 목적, 디자인 원칙과 같은 디자인 시스템의 전체적인 개요를 설명하는 페이지이다.
- **요소** 목적, 원칙, 구성 목록

3 파운데이션

- 디자인 시스템의 기초 부분으로, 파운데이션을 구성을 설명하는 페이지이다.
- **환경 요소** 그리드, 간격, 엘리베이션
- **기초 요소** 컬러 시스템, 타이포그래피, 아이콘, 형태
- **기타 요소** 상태

4 디자인 토큰으로 디자인 시스템 구축하기

- **사용법**

  ① **디자인 토큰** [Tokens Studio for Figma] 플러그인 설치 후 실행

  ② **디자인 토큰에 로컬 스타일 불러오기** 토큰 화면 하단 [Styles & Variables] ▶ [Import Styles]에서 옵션 선택

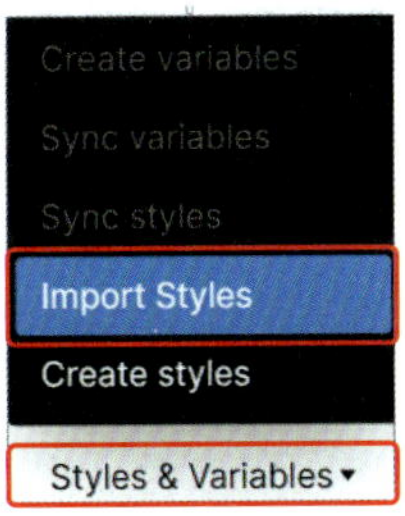

  ③ **디자인 토큰을 로컬 스타일로 내보내기** 토큰 화면 하단 [Styles & Variables] ▶ [Create styles]에서 옵션 선택

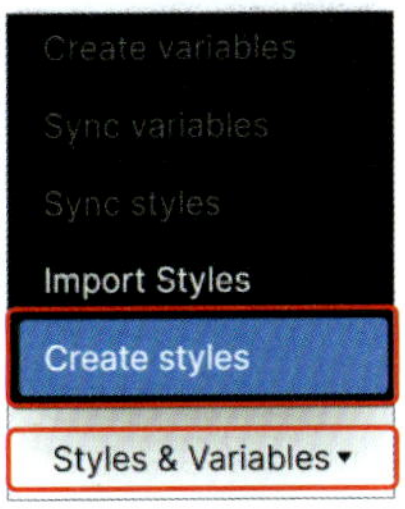

5 피그마 커뮤니티

- 커뮤니티에 업로드된 파일과 템플릿 소스 그리고 플러그인과 위젯 등의 다양한 소스를 작업 중인 피그마 파일로 불러와 활용할 수 있다.
- **사용법**

  ❶ **커뮤니티 접속** 피그마 홈 화면 좌측 하단의 [Explorer Community] 클릭

  ❷ **검색 창 입력** 원하는 주제의 키워드를 입력

  ❸ **파일 탐색 후 사용** 키워드로 등록된 파일이나 템플릿 결과를 선택한 뒤 [Open in Figma] 클릭

6 플러그인

- **색상 베리에이션 제작** [Tailwind Color Generator] 플러그인 사용
- **아이콘 템플릿 구축** [Material Design Icons] 플러그인 사용

7 단축키

- **명령어 창** Ctrl+P
- **속성 붙여넣기** Ctrl+Alt+C 속성 복제 / Ctrl+Alt+V 속성 붙여넣기
- **[Rename] 옵션** Ctrl+R

CHAPTER

08

컴포넌트의 구성 I

학습목표

- 테이블링 앱 서비스의 주요 컴포넌트를 제작해 본다.
- 상단 앱 바의 컴포넌트를 이해하고 피그마로 구현해 본다.
- 버튼 컴포넌트를 이해하고 피그마로 구현해 본다.
- 하단 내비게이션 컴포넌트를 이해하고 피그마로 구현해 본다.

SECTION 01

컴포넌트와 디자인 시스템

핵심 내용 컴포넌트 구성의 이해, 프로젝트 실습 소개

컴포넌트의 구성

디자인 시스템의 핵심 요소인 컴포넌트를 어떻게 구성하느냐에 따라 디자인 시스템의 크기가 달라진다. 컴포넌트는 종류도 많지만 다양한 방법으로 변형되고 조합하여 사용하기 때문에 모든 구성 요소를 다 제작하고 배열하기는 쉽지 않다. 따라서 컴포넌트를 구성하려면 제품이나 서비스의 와이어프레임을 키 스크린으로 구성하여 각 페이지에서 사용한 컴포넌트를 추출해야 한다. 단, 프로젝트 초기에는 모든 페이지를 키 스크린으로 구성하지 않는다. 따라서 '머티리얼 디자인 가이드'의 컴포넌트를 참고하여 대표적으로 많이 사용하는 요소를 추출하고 빈 페이지를 미리 구성해 놓을 수 있다. 컴포넌트 요소는 꼭 페이지를 만들어 놓고 사용해야 하는 것은 아니지만, 혹시나 디자인 시스템의 구성 요소에서 빠질 수 있기에 미리 빈 페이지를 구성하고 시작하는 편이 좋다.

TIP 컴포넌트들은 실제 제품 페이지에서의 사용 여부에 따라 빈 화면 그대로 둘 수도 있고 필요에 따라 제거하거나 다른 요소를 추가할 수 있다.

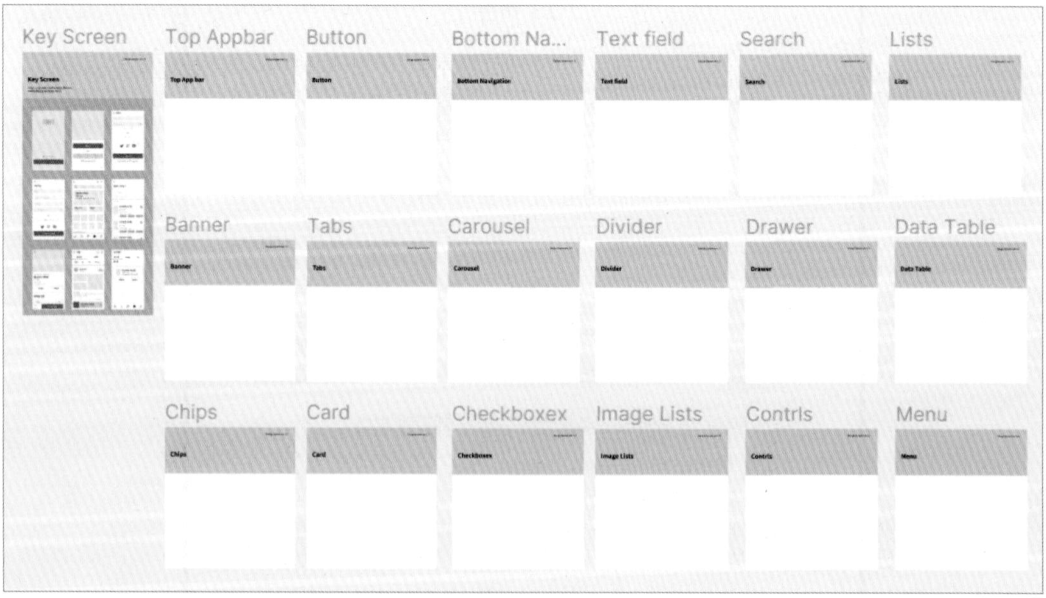

그림 8-1 다양한 컴포넌트 페이지 구성의 예

실습 프로젝트 : 테이블링 앱 서비스 키 스크린 구성

2장의 2절, '서비스 디자인 기획' 실습에서 '유명 맛집, 핫플레이스의 예약과 원격 줄 서기를 지원하는 테이블링 앱 서비스' 프로젝트 정의했다. 이를 바탕으로 8장부터 10장까지 '테이블링 앱 서비스'의 키 스크린을 구성하는 컴포넌트를 제작해 본다. 일관성 있는 디자인을 위해 7장에서 구축한 '파운데이션 구성' 링크의 [Components] 페이지를 사용한다.

예제 미리보기

'테이블링 앱 서비스' 키 스크린 완성 화면

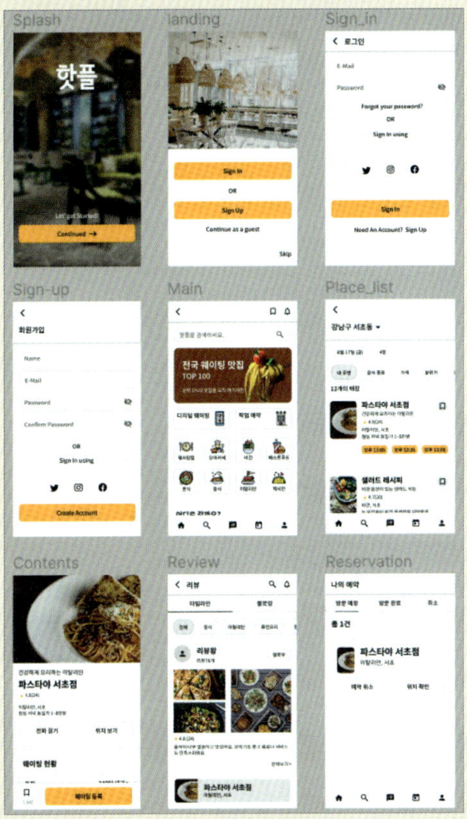

■ [Light] 모드

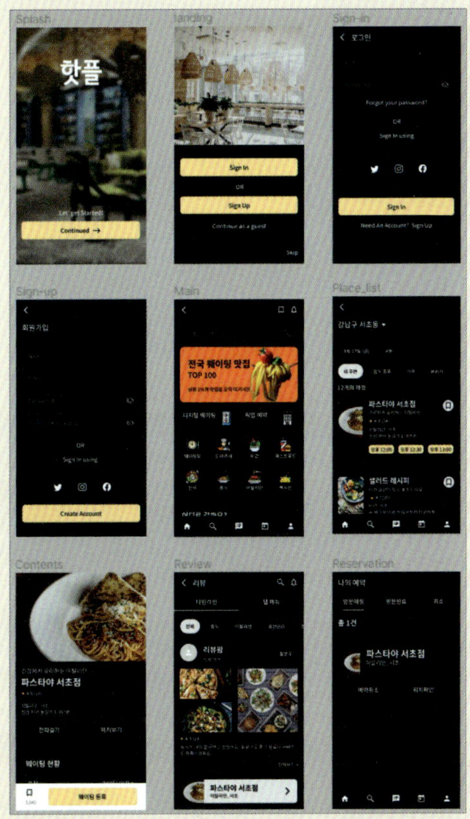

■ [Dark] 모드

실습 파일 링크	https://bit.ly/3NWruoX
완성 파일 링크	https://bit.ly/3ROZPYj

SECTION 02

상단 앱 바

핵심 내용 상단 앱 바 컴포넌트 구성 실습

상단 앱 바의 이해

상단 앱 바는 화면과 관련된 중심 콘텐츠를 제공하며 브랜딩, 화면 제목, 탐색 등 다양한 작업을 제공한다.

실습 기본형 상단 앱 바 구성하기

[Components] 페이지에 와이어프레임을 복사해 키 스크린 화면을 구성한 다음, 키 스크린에 그려진 상단 앱 바 유형에 따라 컴포넌트를 구현한다. 먼저 1단 구성의 기본형 상단 앱 바를 제작해 본다.

예제 미리보기

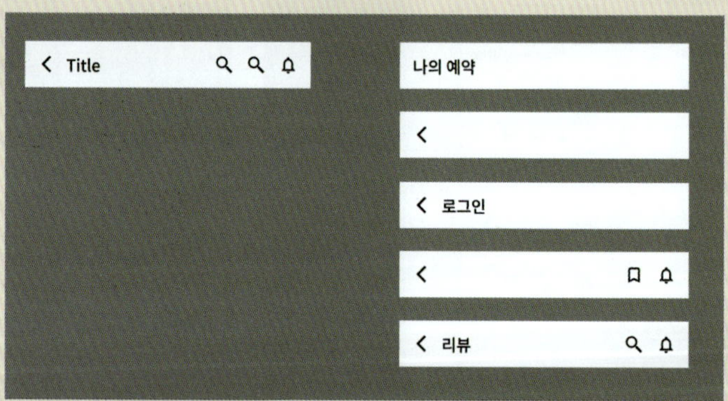

■ [Light] 모드

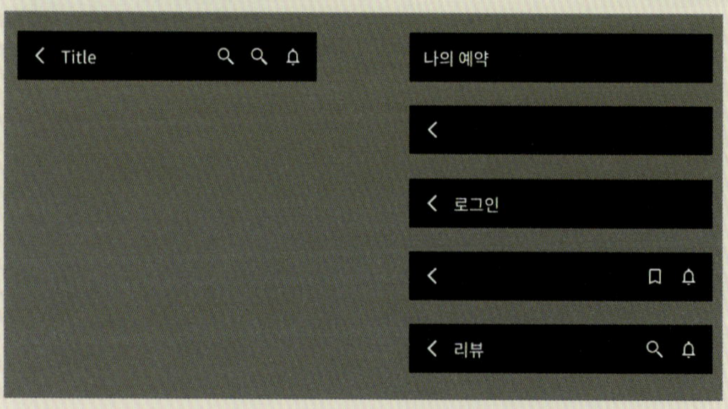

■ [Dark] 모드

상단 앱 바 유형 추출하기

01 키 스크린 프레임 생성하기 일관성 있는 디자인 시스템을 구축하기 위해 7장 '파운데이션 구성'에서 사용했던 포맷을 그대로 사용하여 'Key Screen' 프레임을 생성한다.

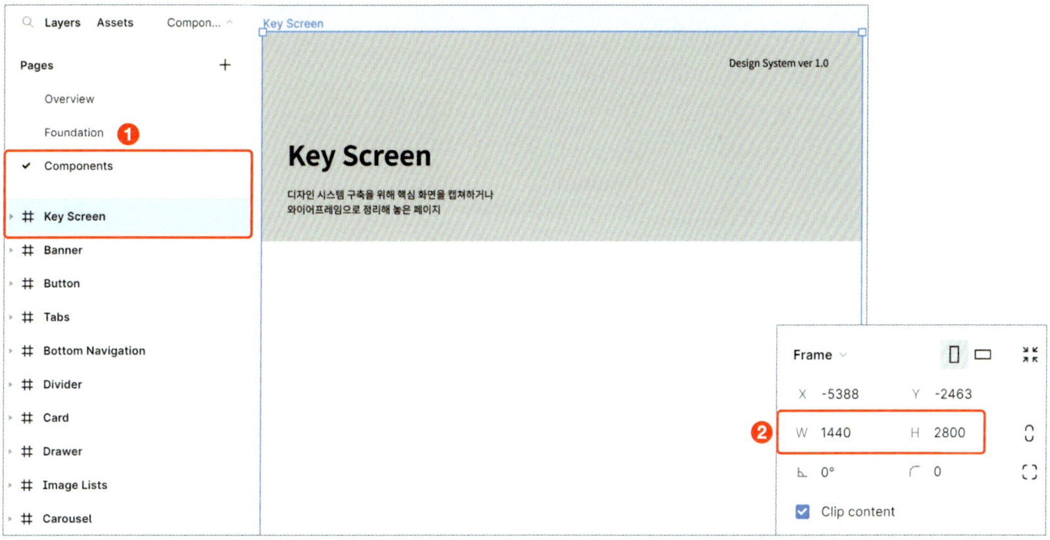

02 키 스크린 구축하기 와이어프레임의 모든 프레임을 선택하고 Ctrl + C 를 눌러 복사한 뒤 작업 화면으로 돌아와 Ctrl + V 를 눌러 키 스크린 프레임에 붙여넣기 한다. 와이어프레임은 다음 링크에서 가져온다.

와이어프레임 링크	https://bit.ly/3SEjcp1

03 키 스크린 옵션 설정하기 'Key Screen' 프레임을 선택하여 배경 색상을 어둡게 변경하고 프레임을 잠금(🔒)한다.

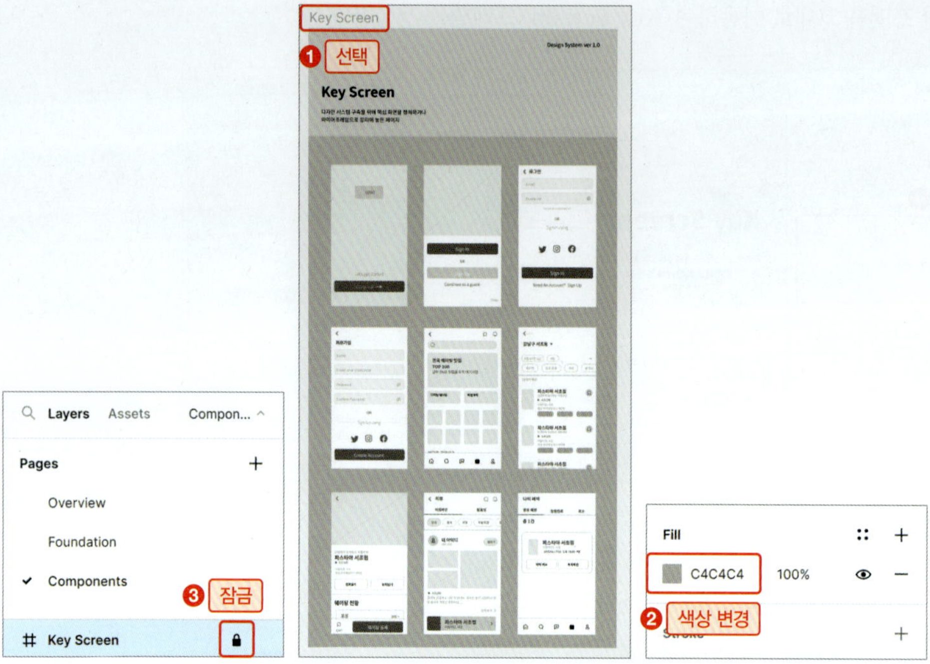

04 상단 앱 바 확인하기 키 스크린에서 상단 앱 바가 있는 곳은 다음과 같다.

05 로그인 앱 바 만들기 로그인 화면에서 사각형 툴(■)로 넓이 '360', 높이 '56'의 크기로 사각형을 만든다.

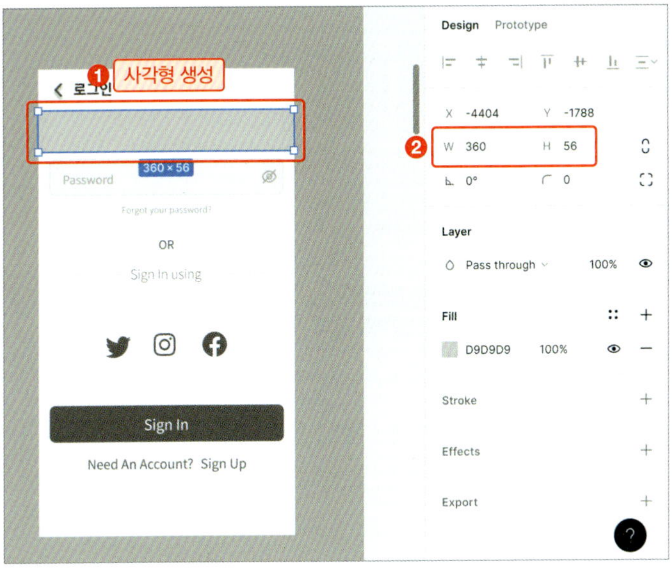

06 로그인 앱 바 만들기 [Assets]을 선택하여 컴포넌트로 등록한 아이콘 중에서 'Arrow Back' 아이콘을 선택하고 화면으로 드래그하거나 [Insert instance]를 클릭한다. 등록된 컴포넌트의 복사본인 인스턴스가 배치된다.

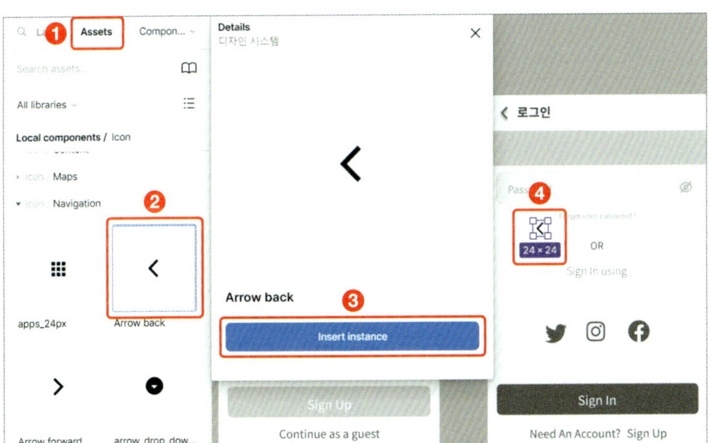

TIP 만일 아이콘이 없다면 [Material Design Icons] 플러그인에서 아이콘을 불러온 후 컴포넌트로 등록하고 파운데이션의 아이콘 페이지에 삽입하면 된다.

07 로그인 앱 바 만들기 사각형의 좌측 여백 '16', 상하 여백 '16'을 둔 위치에 아이콘을 배치한다.

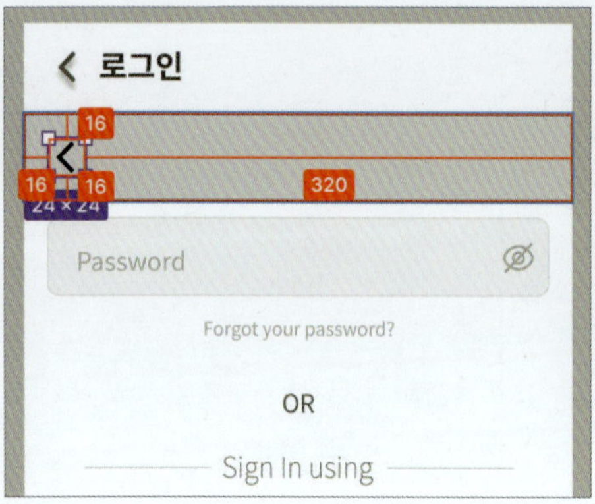

TIP 오브젝트를 선택하고 Alt를 누른 채 다른 오브젝트로 마우스를 가져가면 오브젝트 간의 간격을 확인할 수 있다.

08 로그인 앱 바 만들기 텍스트 툴(T)로 '로그인'을 입력한 후 [Text] 메뉴 우측의 [Style] 버튼(::)을 클릭한다. 스타일로 등록된 'label' 그룹의 'Large'를 선택해 문자의 크기를 변경하고 화살표 아이콘 옆에 '12'의 간격을 두고 배치한다.

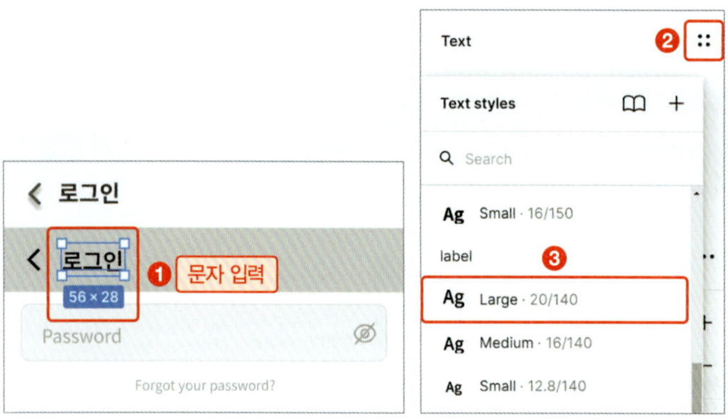

09 주소 앱 바 만들기 사각형과 아이콘 그리고 문자를 모두 드래그 하여 선택한 후 Ctrl + G를 눌러 그룹으로 만든다.

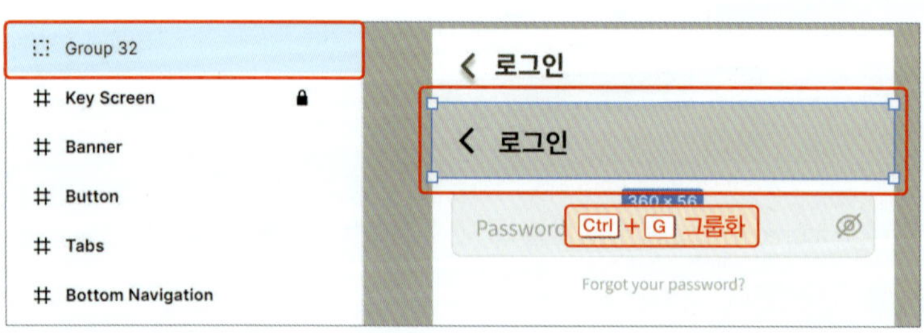

10 주소 앱 바 만들기 방금 만든 그룹을 Alt 를 누른 채 드래그하여 복제한 후 주소가 있는 프레임으로 옮긴다.

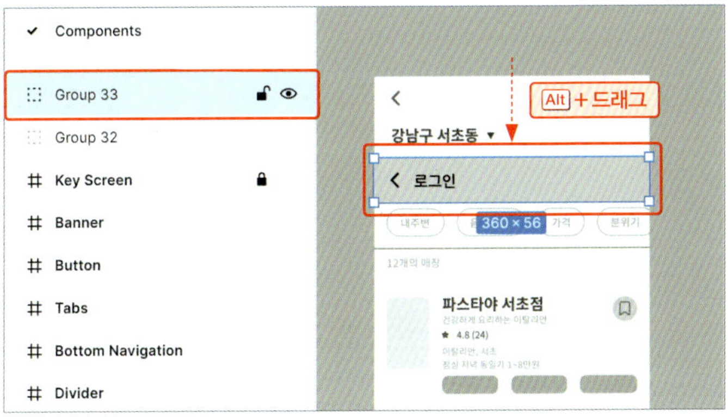

11 주소 앱 바 만들기 '주소 앱 바'는 2단 구성이다. 그룹 내부를 더블클릭하여 사각형을 선택한 후 높이를 '112'로 변경한다.

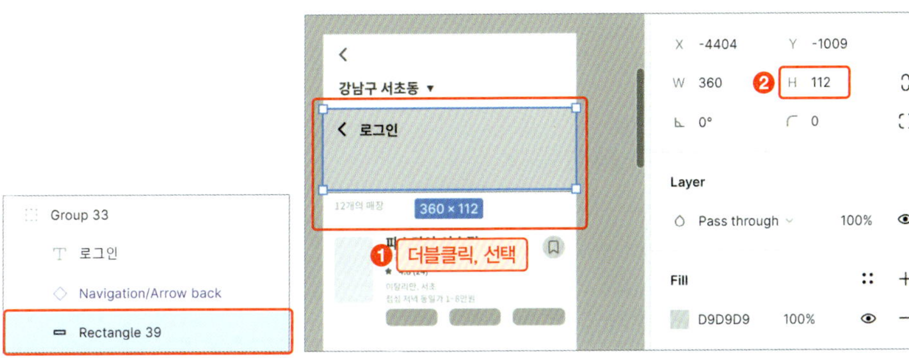

12 주소 앱 바 만들기 '로그인'을 더블클릭하여 문자 내부를 선택해 '강남구 서초동'으로 문자 내용을 변경한다. 변경한 문자는 그림과 같이 좌측 여백 '16', 하단 여백 '24'를 둔 위치로 이동한다.

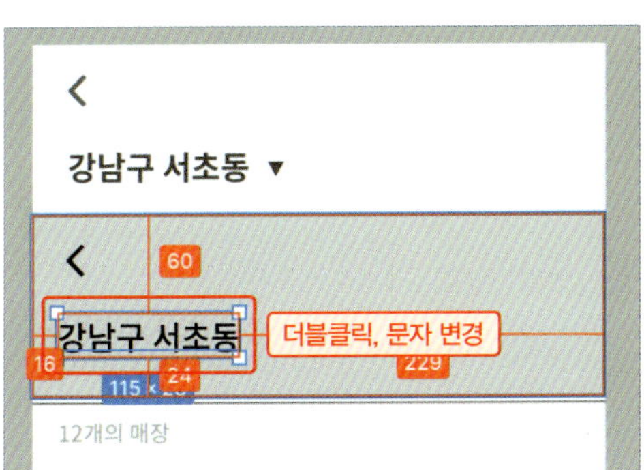

13 주소 앱 바 만들기 [Assets]을 선택하여 'Switch down' 아이콘을 드래그하여 주소 옆에 배치한다.

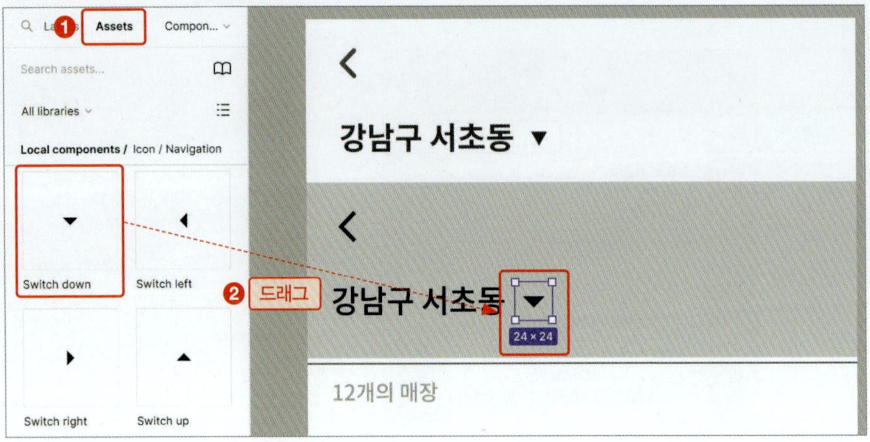

14 주소 앱 바 만들기 [Layers]를 확인하면 방금 배치한 아이콘은 그룹에 속해 있지 않다. 이런 경우 아이콘 이름을 그룹 레이어로 드래그하여 직접 옮긴다.

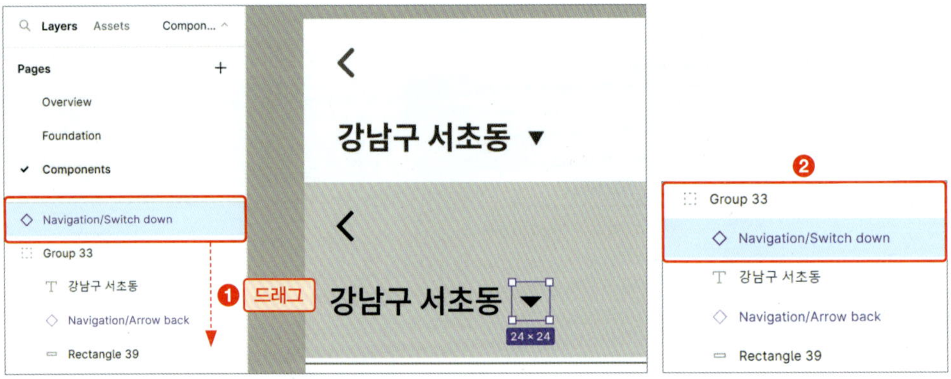

15 알림 앱 바 만들기 처음 만든 '로그인 앱 바'를 Alt를 누르고 복제하여 가져온다.

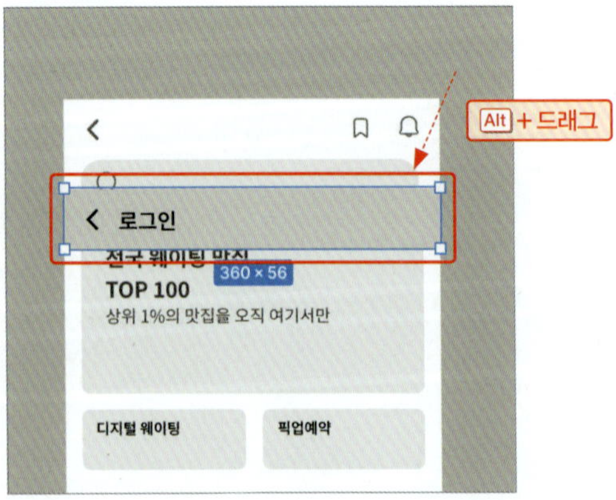

16 알림 앱 바 만들기 아이콘 두 개를 와이어프레임과 같이 배치한 뒤 아이콘이 그룹에 속하도록 레이어를 이동한다.

17 회원가입 앱 바 만들기 앞에서 만든 2단 구성의 '주소 앱 바'를 Alt 를 누른 채 드래그 하여 복제한 뒤 와이어프레임에 맞게 아이콘을 삭제하고 문자 내용을 '회원가입'으로 변경한다.

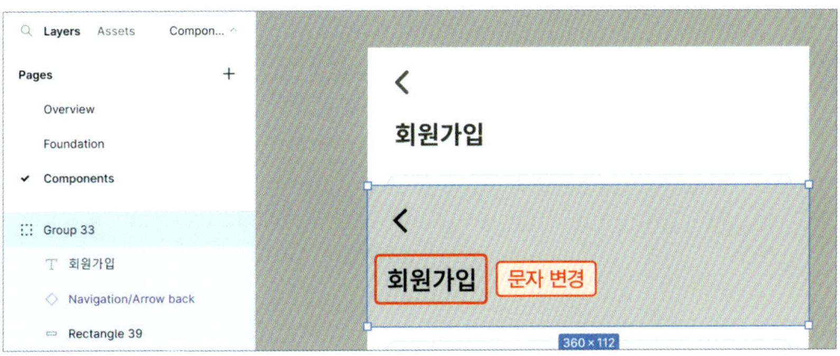

18 기본 앱 바 만들기 '알림 앱 바'를 복제하여 가져온 후 그룹 내부를 더블클릭하여 우측의 아이콘 두 개를 삭제한다.

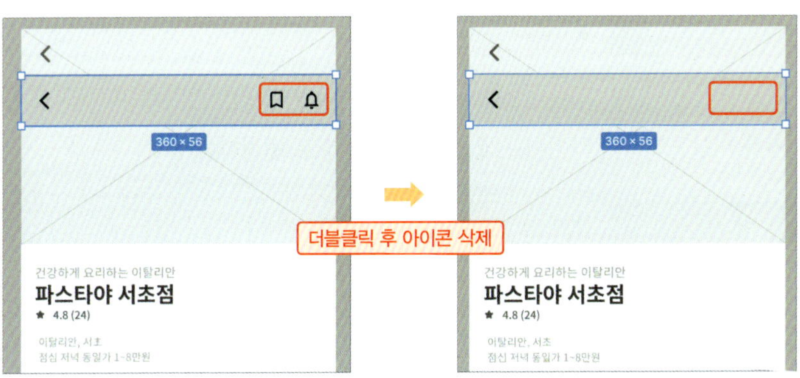

19 리뷰 앱 바 만들기 Alt를 누른 채 드래그하여 '알림 앱 바'를 복제해 리뷰 프레임으로 가져온다.

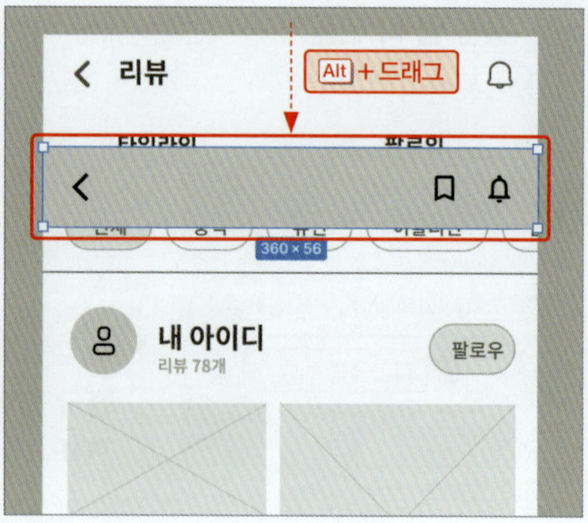

20 리뷰 앱 바 만들기 더블클릭하여 'bookmark' 아이콘을 선택한 후 우측 인스턴스 리스트(◇)에서 'Search' 아이콘을 클릭하면 아이콘이 바로 변경된다.

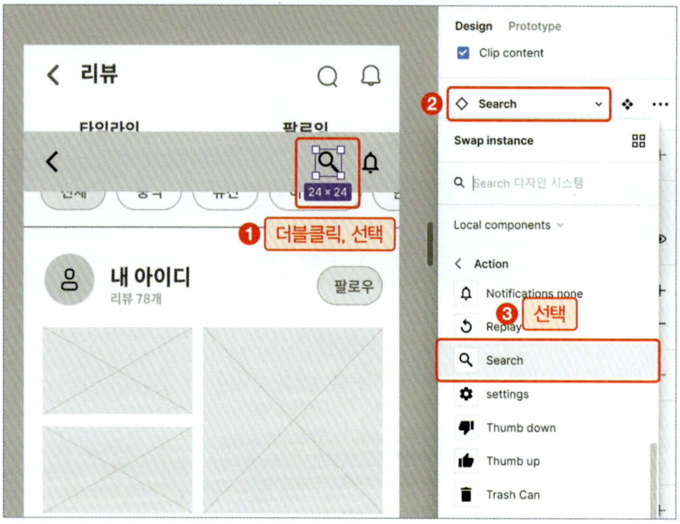

21 리뷰 앱 바 만들기 문자를 더블클릭하여 와이어프레임과 같이 '리뷰'로 변경한다.

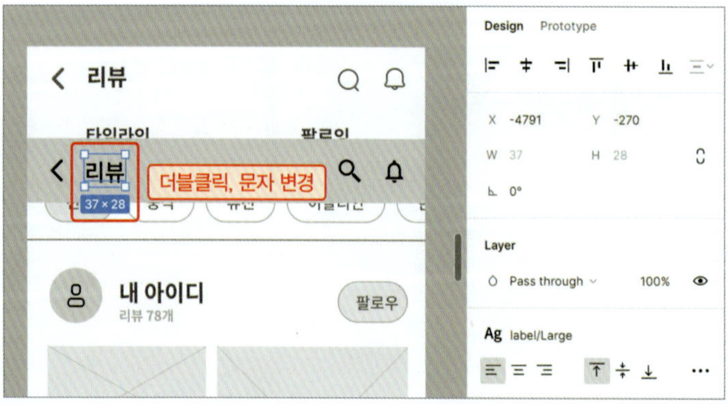

22 예약 현황 앱 바 만들기 '리뷰 앱 바'를 복제한 후 그룹 내부를 더블클릭하여 문자만 남기고 모두 제거한다. 문자는 왼쪽에 '16' 여백을 두고 배치하고 '나의 예약'으로 변경한다.

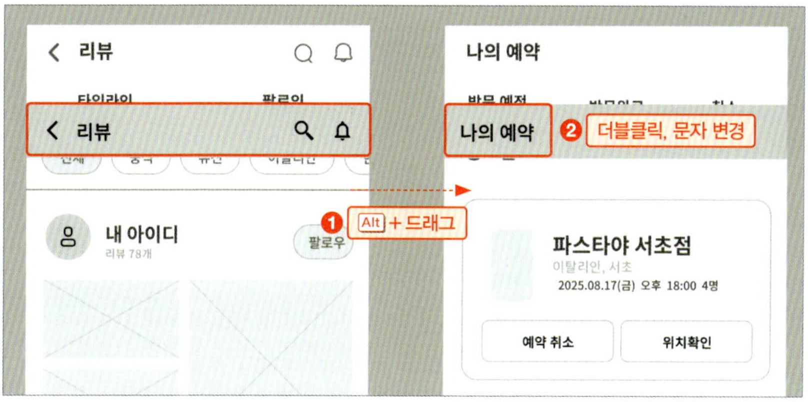

23 상단 앱 바 잘라내기 'Key Screen' 프레임에서 전체 화면을 드래그하면 제작한 7개의 앱 바가 선택된다. Ctrl + X 를 눌러 화면에서 잘라내기 한다.

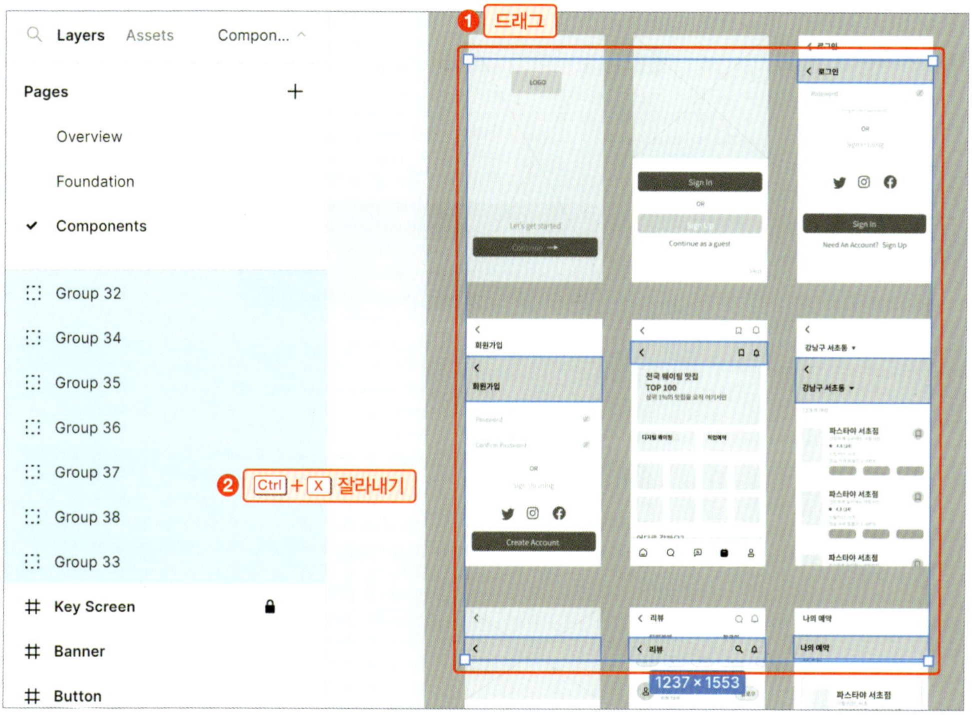

24 상단 앱 바 붙여넣기 'Top App Bar' 프레임을 선택한 다음 Ctrl+V를 누르면 잘라내기 한 앱 바가 'Top App Bar' 프레임에 붙여넣기 된다.

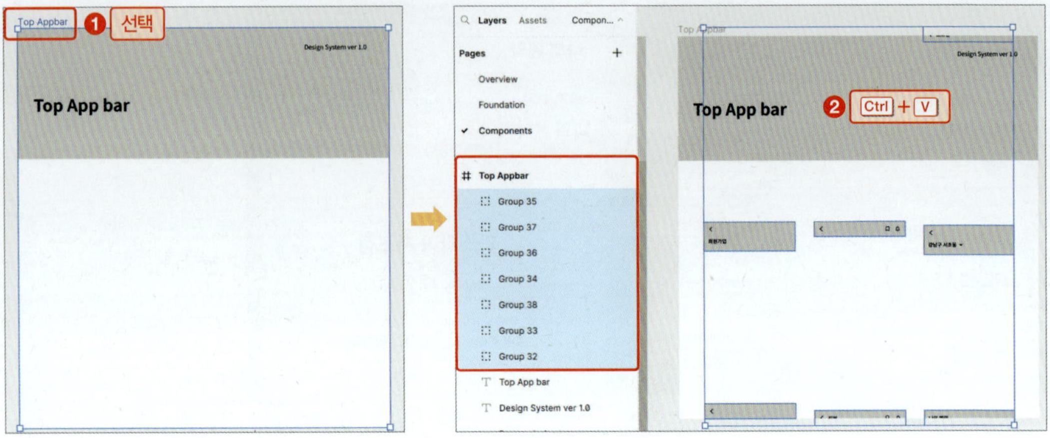

TIP 프레임을 선택하지 않으면 복제한 오브젝트들은 별도의 개별 그룹으로 붙여넣기 되어 어느 프레임에도 속하지 않는다.

25 상단 앱 바 정렬하기 우측 상단 [Design] 메뉴의 왼쪽 정렬( )을 클릭한 후 수직 간격을 동일하게 만드는 [Distribute vertical spacing]( )을 선택하면 그룹들이 좌측으로 동일한 간격으로 정렬된다.

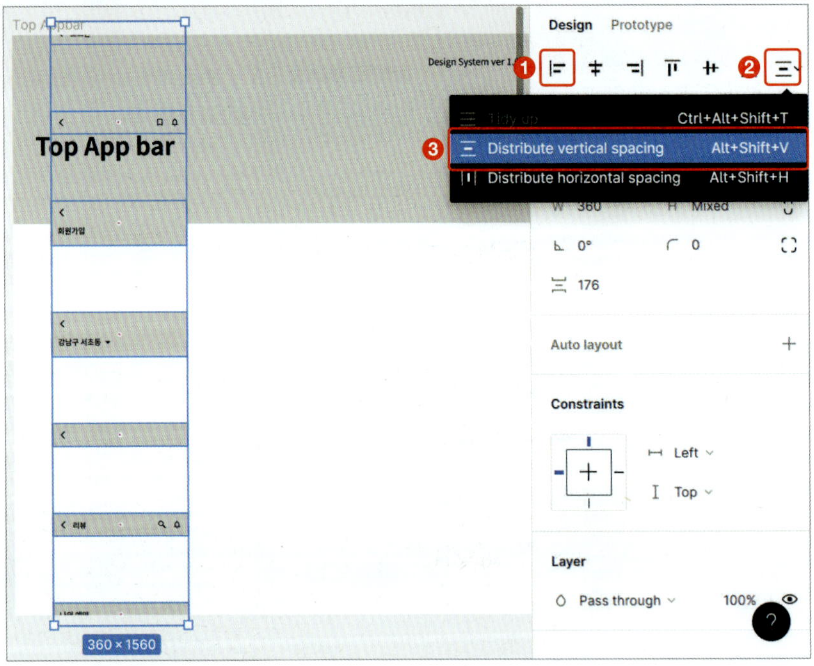

26 상단 앱 바 정렬하기 그룹과 그룹 사이로 마우스를 가져가 위아래로 드래그하면 그림과 같이 분홍색 영역이 나타나면서 간격을 동일하게 넓히거나 좁혀 줄 수 있다. '1단 앱 바'와 '2단 앱 바'로 나누어 앱 바의 순서를 정리한다.

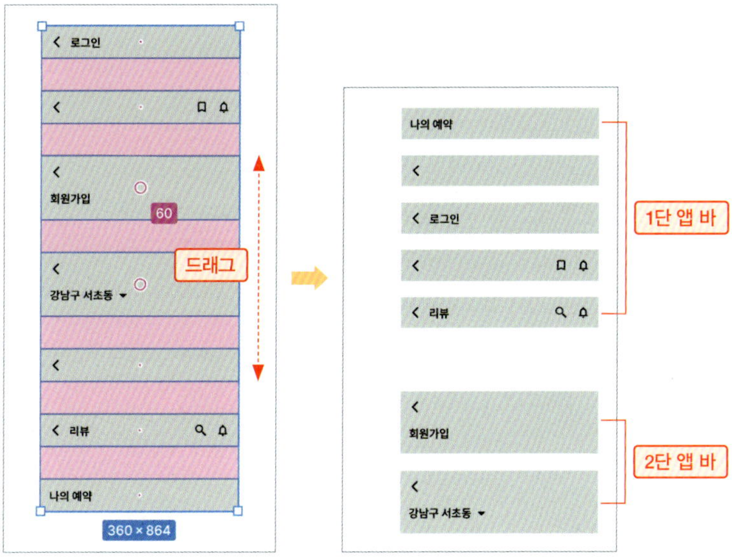

상단 앱 바 유형을 컴포넌트로 만들기

01 리뷰 앱 바 복제하기 '상단 앱 바' 유형 중 가장 많은 요소로 구성된 '리뷰 앱 바'를 Alt를 누른 채 드래그 하여 복제한다. Ctrl+Shift+G를 눌러 그룹을 해제한다.

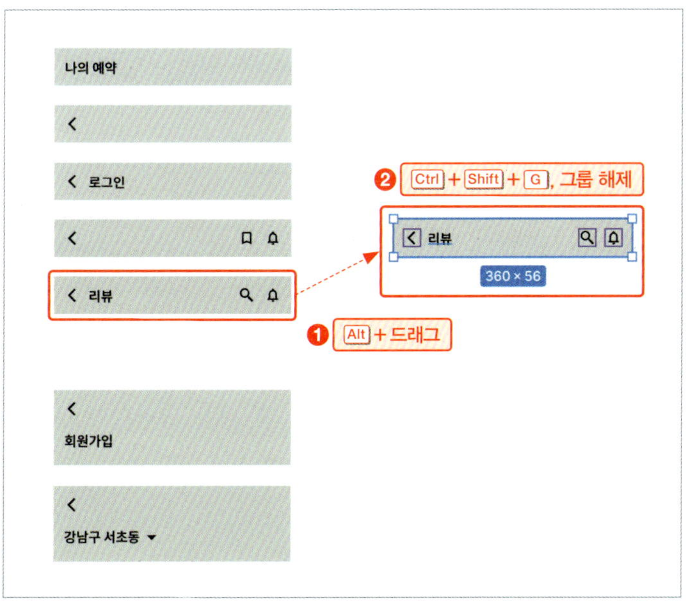

02 오토레이아웃 적용하기 왼쪽 'Arrow back' 아이콘과 '리뷰' 문자를 선택하고 [Auto layout] 메뉴 우측 [+]를 클릭하거나 [Shift]+[A]를 눌러 오토레이아웃을 적용한다.

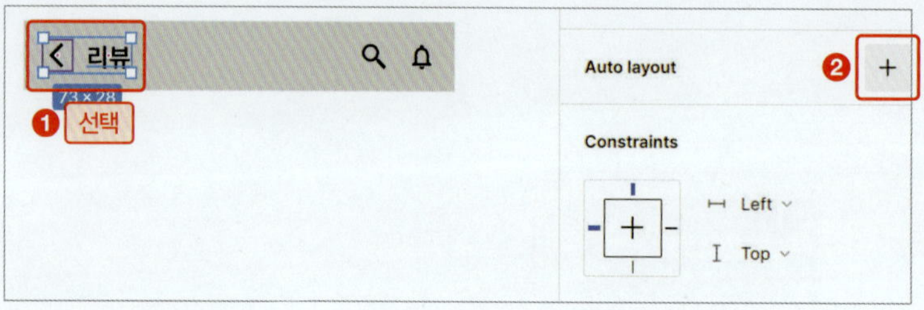

TIP 오토레이아웃을 적용하면 아이콘이 늘어나거나 문자가 변경되었을 때 간격이나 옵션이 자동으로 유지된다.

03 컨스트레인트 옵션 설정하기 두 개의 오브젝트가 'Frame 1'이라는 이름의 오토레이아웃 그룹이 되었다. 이때 'Frame 1'의 [Constraints] 메뉴 옵션은 'Left'와 'Top'으로 둔다.

04 오토레이아웃 적용하기 우측의 아이콘 두 개를 [Shift]를 눌러 함께 선택하고 [Shift]+[A]를 눌러 오토레이아웃을 적용한다.

05 컨스트레인트 옵션 설정하기 'Frame 2'의 아이콘의 위치는 개수가 추가되거나 줄어들어도 늘 컨테이너의 좌측에 '16' 간격을 두고 배치되어야 한다. 따라서 [Constraints] 메뉴 옵션은 'Right'와 'Top'으로 지정한다.

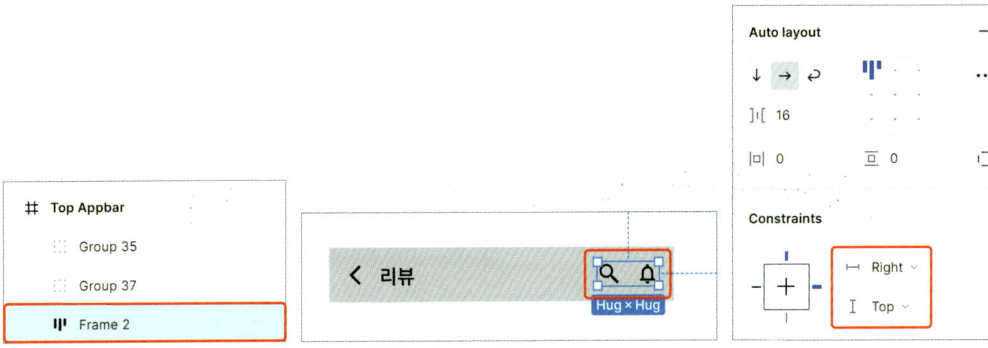

TIP [Constraints] 메뉴의 옵션 적용 방향에 따라 문자나 아이콘이 늘어나거나 줄어드는 방향이 결정된다.

06 아이콘 복제하기 오토레이아웃이 적용된 아이콘을 더블클릭하여 아이콘 한 개를 선택하고 Ctrl + D를 누르면 선택된 아이콘 좌측에 새로운 아이콘이 복제된다.

07 오토레이아웃 옵션 설정하기 'Frame 1'과 'Frame 2'를 함께 선택하고 Shift + A를 눌러 오토레이아웃을 적용한다. 'Frame 3'의 [Frame] 메뉴에서 좌우 옵션을 [Hug]에서 [Fixed]로 변경한다. 또 [Auto layout] 메뉴의 좌우 간격을 'Auto'로 변경하면 오브젝트가 추가되거나 제거될 때 자동으로 간격을 만든다. 마지막으로 [Constraints] 옵션은 모두 'Center'로 적용한다.

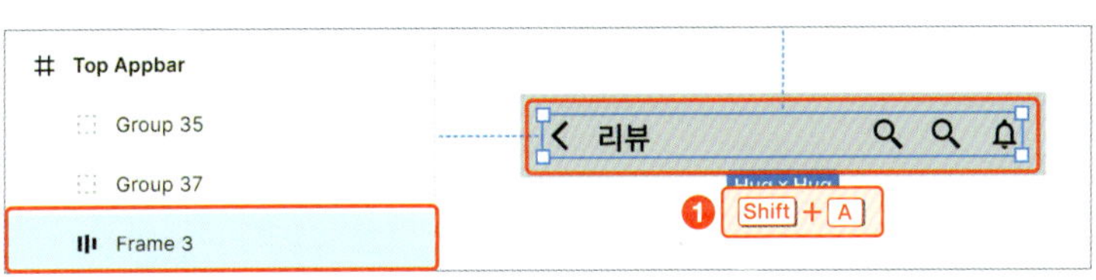

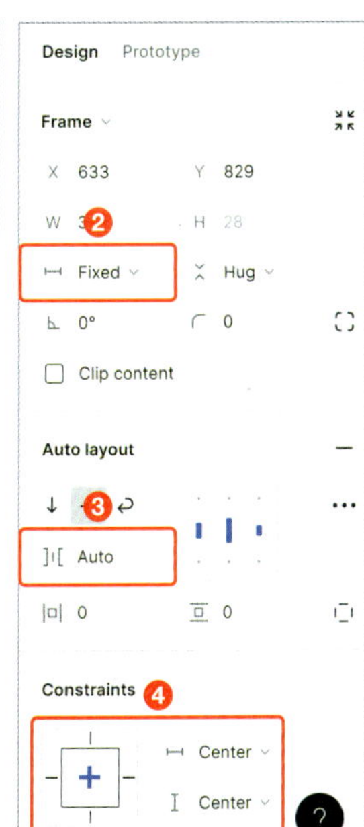

TIP '리뷰' 문자가 있는 오토레이아웃과 '아이콘' 그룹이 있는 오토레이아웃 간의 간격은 문자의 길이나 아이콘의 개수에 따라 변경될 수 있다. 그러므로 컨테이너가 감싸고 있는 'Frame 3'의 전체 길이가 변경되지 않도록 [Frame] 메뉴의 좌우 방향을 [Fixed]로 지정하는 것이다.

또한 'Frame 1'과 'Frame 2'의 간격은 문자의 길이나 아이콘의 개수에 따라 달라질 수 있으므로 좌우 옵션은 'Auto'로 둔다.

08 컴포넌트 등록하기 'Frame 3'과 컨테이너를 함께 선택하고 Shift+A를 눌러 오토레이아웃을 적용해 'Frame 4'를 만든다. 그다음 화면 상단의 [Create Component]( )를 클릭하거나 Ctrl+Alt+K를 눌러 'Frame 4'를 컴포넌트로 등록한다.

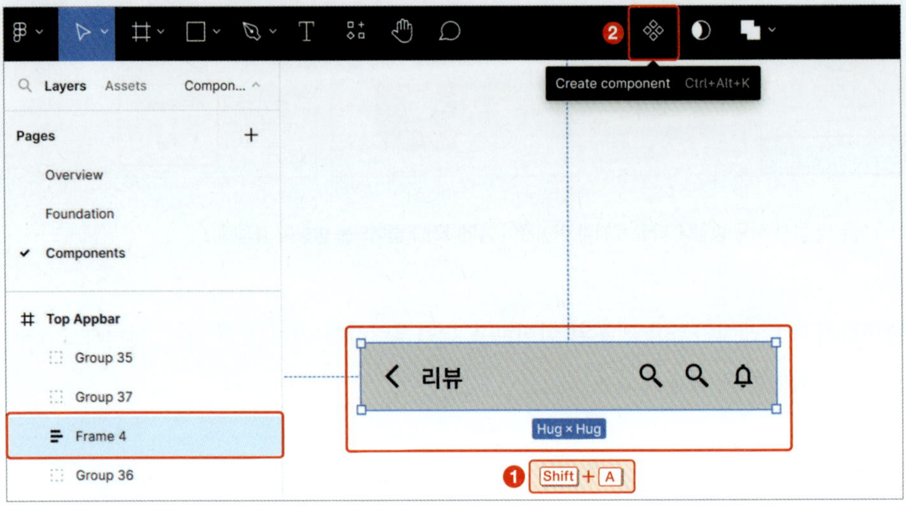

09 이름 변경하기 등록된 컴포넌트는 더블클릭하여 이름을 'Appbar'로 변경한다. [Assets]을 확인하면 'Top Appbar'에 'Appbar'로 등록된 것을 알 수 있다. 이제 컴포넌트를 복제해서 인스턴스로 사용할 수 있다.

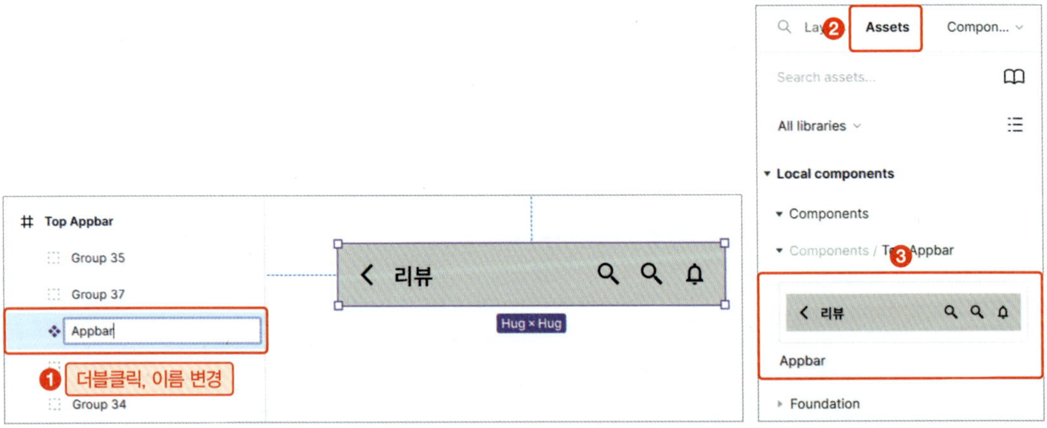

10 컴포넌트 옵션 설정하기 'Appbar' 컴포넌트가 선택된 상태로 패널에서 [Properties] 메뉴 우측의 [+]를 클릭하여 옵션에서 [Boolean]을 선택한다.

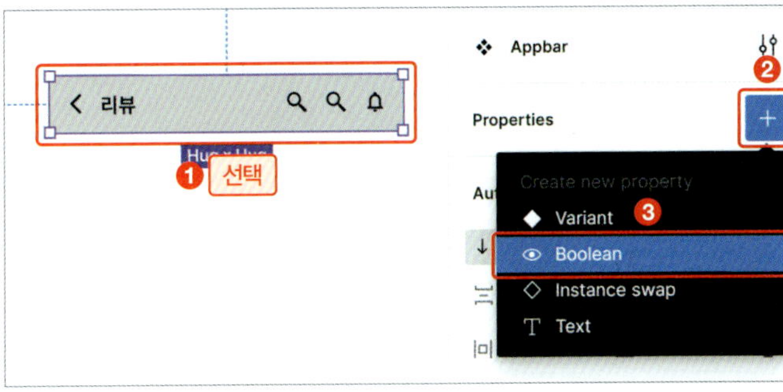

11 컴포넌트 옵션 설정하기 [Boolean] 옵션 창에서 [Name]을 'Back'으로 입력하고 [Create property]를 클릭하면 [Properties] 메뉴에 'Back'이라는 속성이 생긴다.

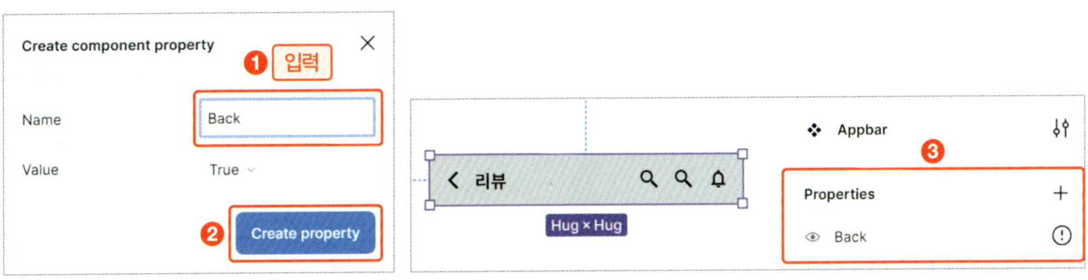

TIP [Name]은 지칭할 이름을 작성한다. [Boolean]은 'True' 또는 'False' 값을 가지며 값을 변경할 수는 없다.

12 컴포넌트 속성 등록하기 등록한 속성이 지칭하는 오브젝트가 무엇인지 등록하기 위해 'Appbar' 컴포넌트 내부를 더블클릭하여 좌측의 아이콘을 선택한다. [Layer] 메뉴 우측의 [Apply boolean property]( )를 클릭하고 [Back]을 선택한다.

13 컴포넌트 속성 설정하기 'Appbar' 컴포넌트가 선택된 상태로 패널에서 다시 [Properties] 메뉴 우측의 [+]를 클릭하여 옵션에서 [Text]를 선택한다.

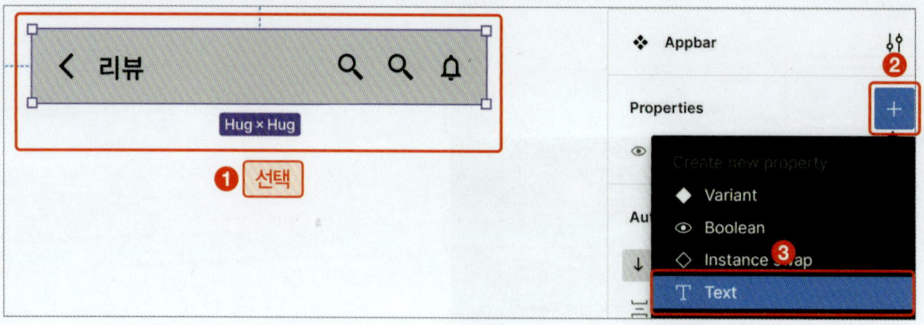

14 컴포넌트 속성 설정하기 [Text] 옵션 창의 [Name]을 'Label'로 변경하고 [Value] 값을 'Title'로 입력한다.

TIP [Name]은 속성을 지칭할 이름을 작성하면 되고 [Value]는 [Name]을 호출했을 때 변경될 문자의 내용을 작성하면 된다.

15 컴포넌트 속성 설정하기 등록한 속성이 지칭하는 오브젝트가 무엇인지 등록하기 위해 'Appbar' 컴포넌트 내부를 더블클릭하여 '리뷰' 문자를 선택한다. [Apply text property]( )를 클릭하여 [Label]을 선택한다. '리뷰'가 등록한 속성 값인 'Title'로 변경된다.

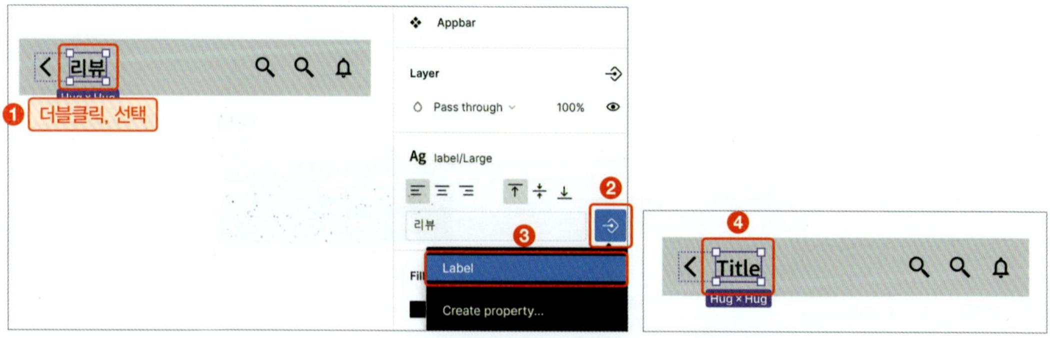

16 컴포넌트 속성 설정하기 다시 'Appbar' 컴포넌트를 선택하고 [Properties] 메뉴 우측의 [+]를 클릭한다. 옵션에서 [Boolean]을 선택해 각각 'Icon_01', 'Icon_02', 'Icon_03'으로 등록한다.

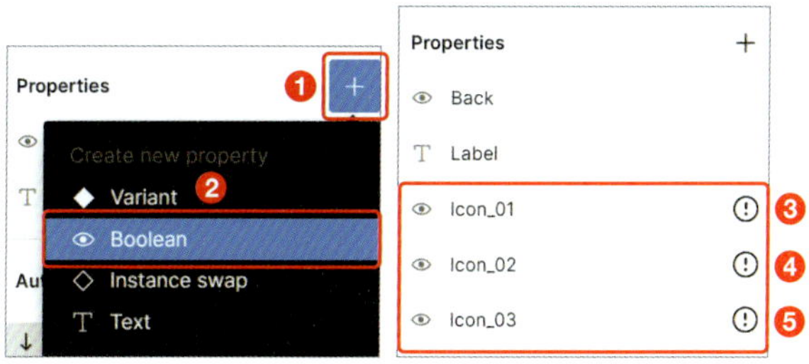

17 컴포넌트 속성 설정하기 'Appbar' 컴포넌트를 더블클릭하여 아이콘을 선택하고 [Layer] 메뉴 우측의 [Apply boolean property]( )를 클릭하여 우측부터 [Icon_01], [Icon_02], [Icon_03]으로 지정한다.

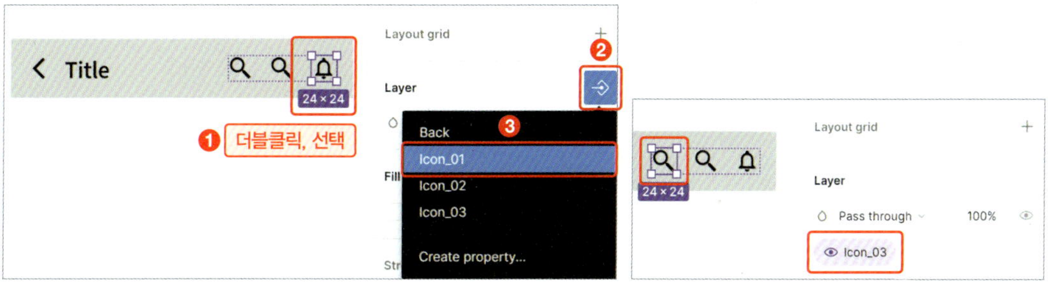

컴포넌트 속성으로 인스턴스 만들기

01 인스턴스 만들기 'Appbar' 컴포넌트를 선택하고 [Alt]를 누른 채 드래그하여 인스턴스를 만들면 우측 패널에 지정된 속성들이 나타난다.

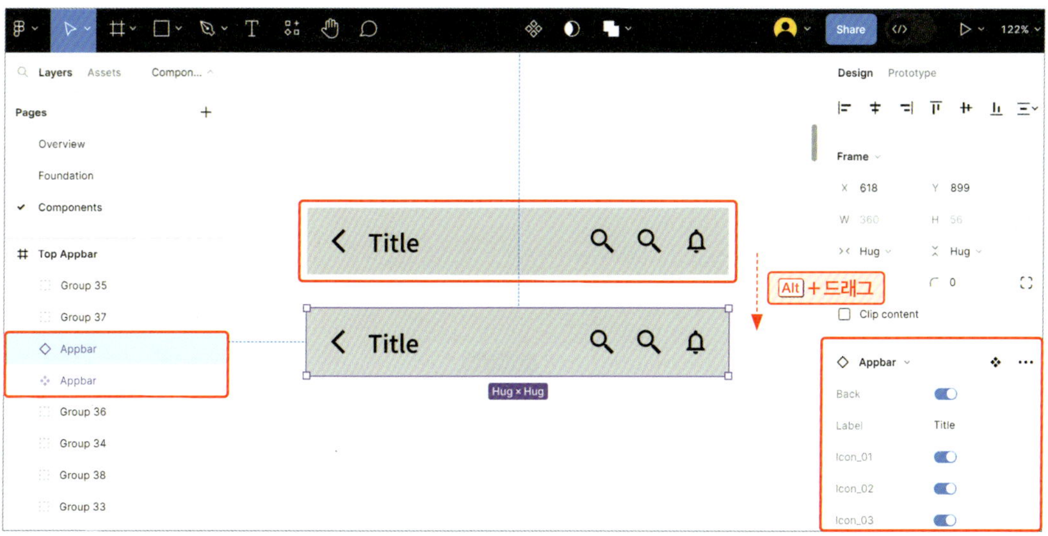

TIP 아이콘은 컴포넌트를 의미하고 아이콘은 컴포넌트를 복제한 인스턴스를 의미하며 속성 값은 인스턴스에서만 적용할 수 있다.

02 예약 현황 앱 바 만들기 문자만 있는 앱 바를 만들기 위해 각 [Back]과 [Icon_01], [Icon_02], [Icon_03]의 속성을 끄고 [Label]에 속성 값을 '나의 예약'으로 입력하면 인스턴스의 아이콘들은 모두 사라지고 문자만 남는다.

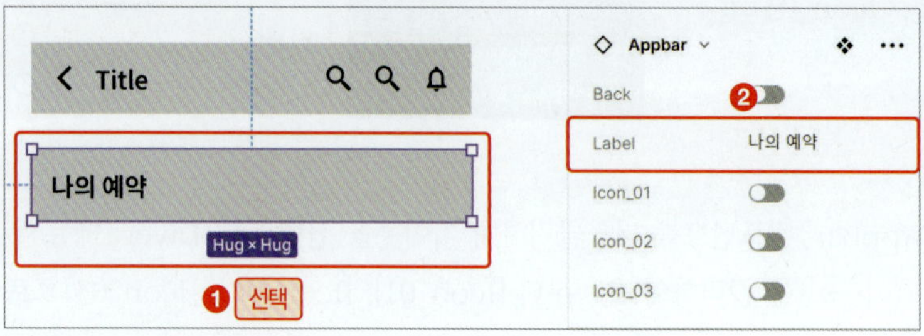

03 기본 앱 바 만들기 기본 앱 바를 만들기 위해 컴포넌트 또는 인스턴스를 복제한다. 이번에는 [Back] 옵션을 켜고 [Label] 속성에 스페이스 바를 눌러 공백을 한 칸 주면 빈칸을 만들 수 있다.

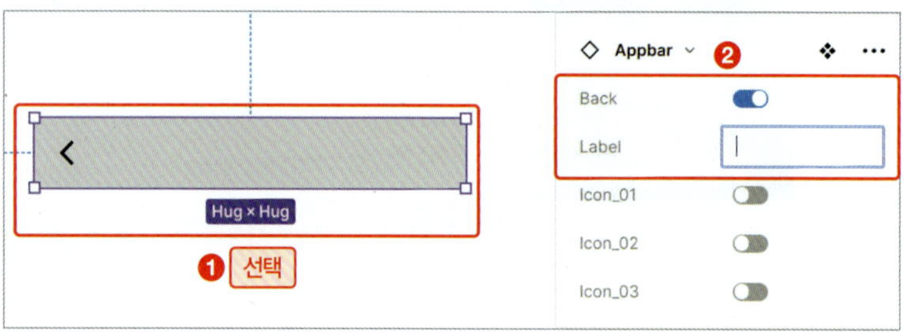

04 로그인 앱 바 만들기 이번에는 [Icon_01], [Icon_02], [Icon_03]의 속성만 꺼두고 [Label] 속성에 '로그인'을 입력한다.

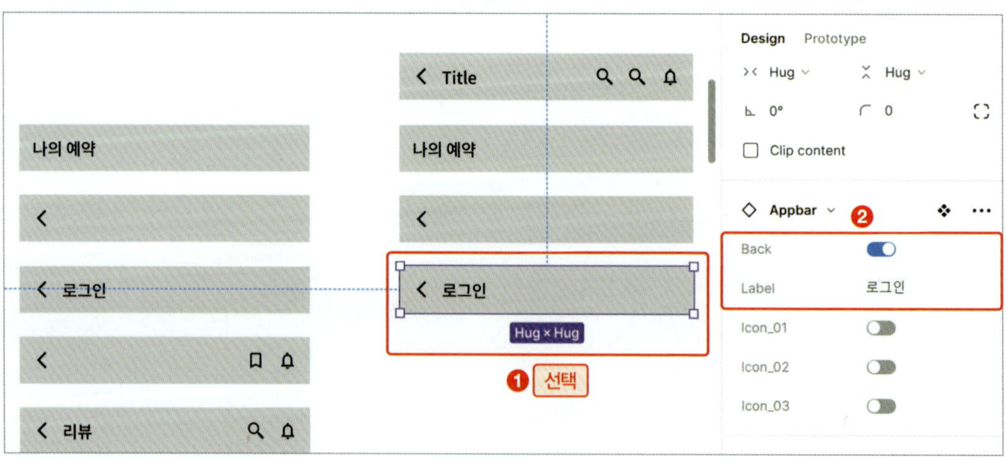

05 알림 앱 바 만들기 이어서 인스턴스를 생성하고 [Back] 옵션과 [Icon_01], [Icon_02]의 옵션을 활성화한다.

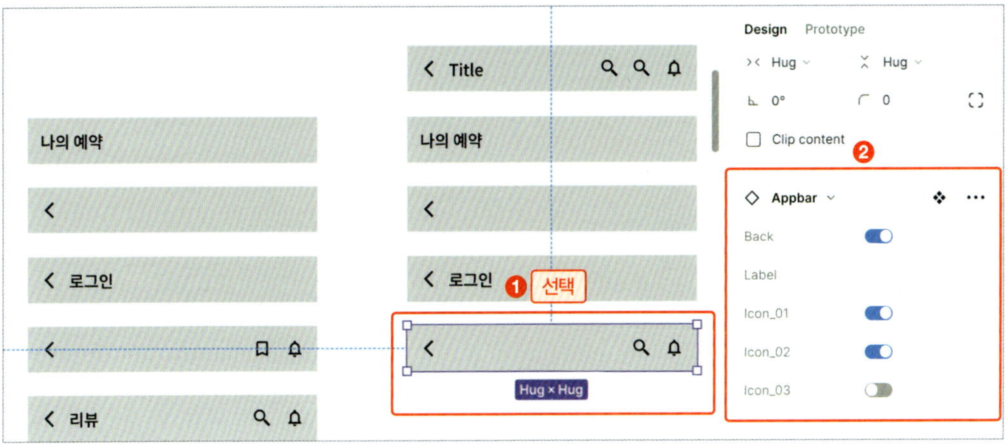

06 알림 앱 바 만들기 인스턴스 내부를 더블클릭하여 'Search' 아이콘을 선택하고 우측 'Swap instance' 옵션에서 'Bookmark' 아이콘을 클릭하여 아이콘을 변경한다.

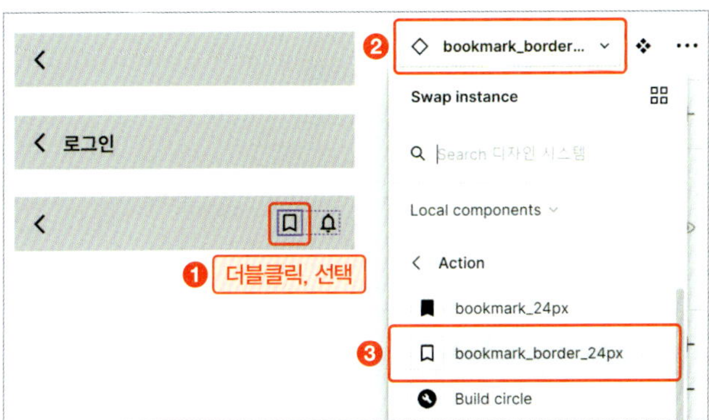

07 리뷰 앱 바 만들기 'Appbar' 컴포넌트를 복제하여 인스턴스를 만들고 마지막으로 리뷰 앱 바를 만든다. 옵션은 [Icon_03]을 끄고 [Label] 속성을 '리뷰'로 입력한다.

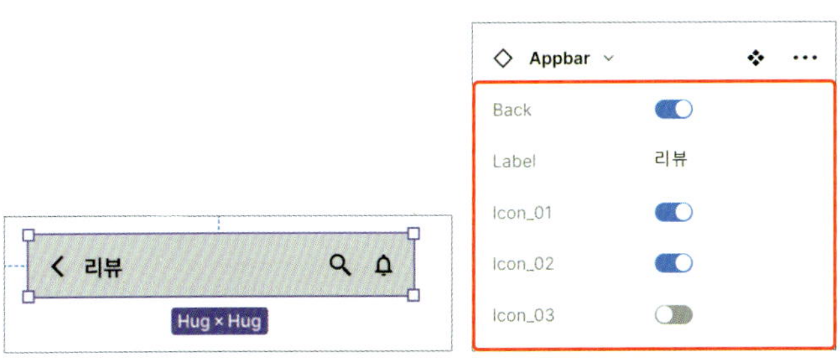

08 앱 바 이름 변경하기 모든 1단 앱 바가 다 만들어졌다. 키 스크린에서 가져온 상단 앱 바 유형들은 모두 삭제한다. 컴포넌트와 인스턴스를 그림과 같이 정리한 후 각 인스턴스의 이름을 변경한다.

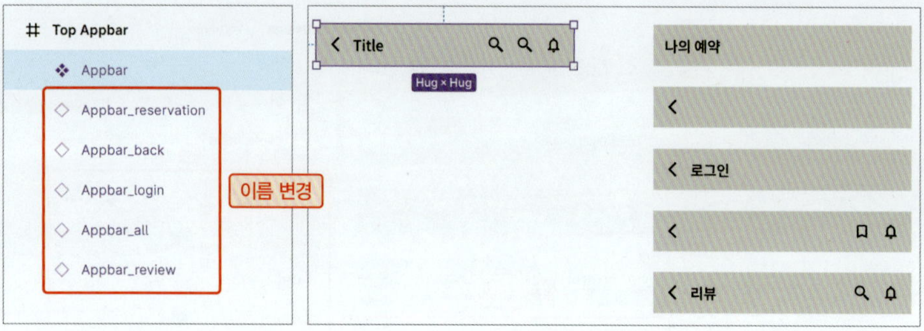

09 컴포넌트 속성 설정하기 컴포넌트의 내부를 더블클릭하여 'Title'을 선택한 후 [Fill] 메뉴의 [Style] 버튼(⠶)을 클릭하여 색상을 'Content' 그룹의 'Primary'로 변경한다.

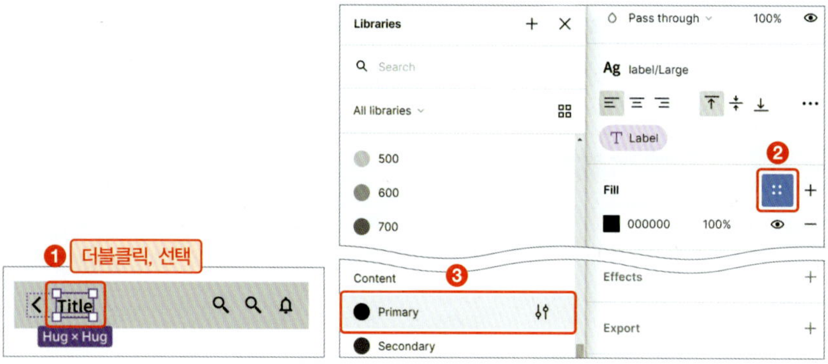

10 컴포넌트 속성 설정하기 컴포넌트의 컨테이너 색상을 지정하기 위해 화면 빈 곳에 사각형 툴(■)로 사각형을 하나 그리고 색상은 '#FFFFFF'으로 변경한다. 사각형이 선택된 상태로 [Style] 버튼(⠶)을 클릭한 후 [Libraries] 옆의 [+]를 클릭한다. 옵션 창이 나타나면 [Name]을 'Surface'로 입력하고 [Create style]을 클릭한다.

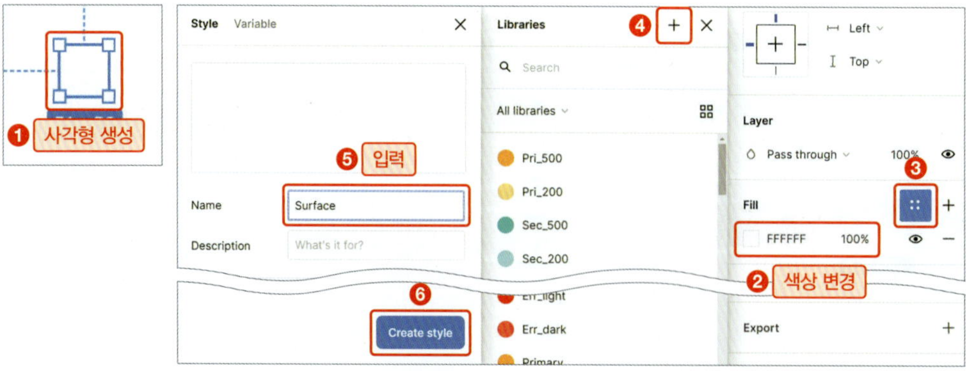

11 컴포넌트 속성 설정하기 다시 사각형의 색상을 '#000000으로' 변경한다. 실습 10과 같은 방법으로 'On Surface'로 등록하고 사각형은 삭제한다.

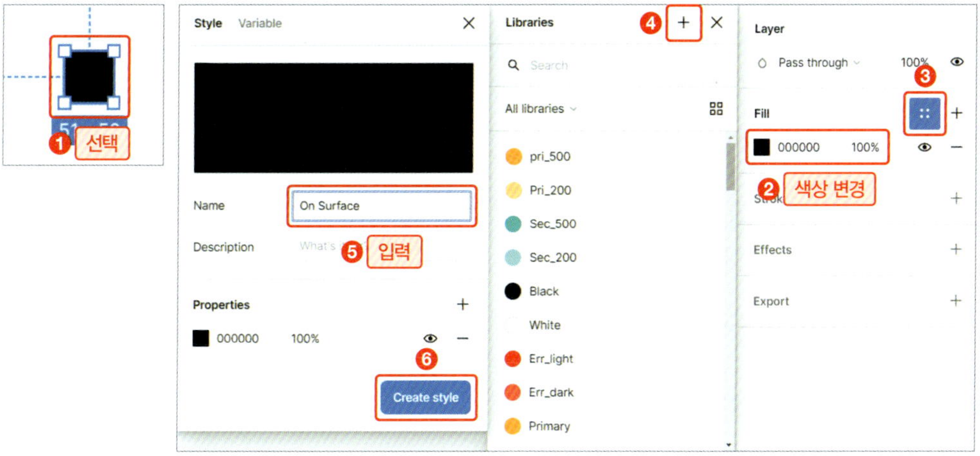

12 컴포넌트 속성 설정하기 [Foundation] 페이지에서 'Icon' 프레임을 선택하고 화면의 모든 아이콘을 드래그하여 선택한 다음 [Selection colors]의 [Style] 버튼(∷)을 클릭하고 아이콘의 색상을 'On Surface'로 변경한다.

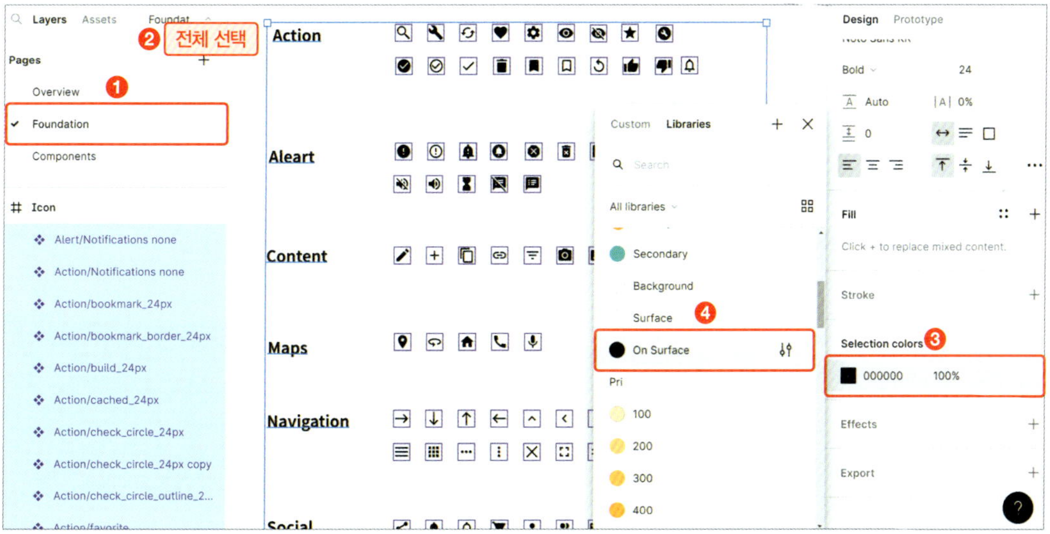

TIP 시각적으로는 모두 검정색으로 변화가 없어 보이지만 'On Surface' 색상으로 변경하면 모든 아이콘의 색상이 자동으로 변한다.

13 컴포넌트 속성 설정하기 'Appbar' 컴포넌트를 더블클릭하여 가장 바깥 사각형인 컨테이너를 선택하고 [Selection colors]를 'Surface'로 변경한다.

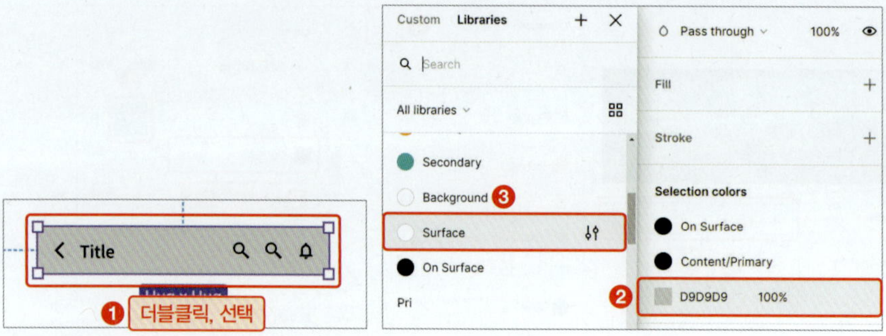

14 컴포넌트와 인스턴스 속성 확인하기 컴포넌트의 컨테이너 색상이 변하면 인스턴스의 색상도 자동으로 변한다.

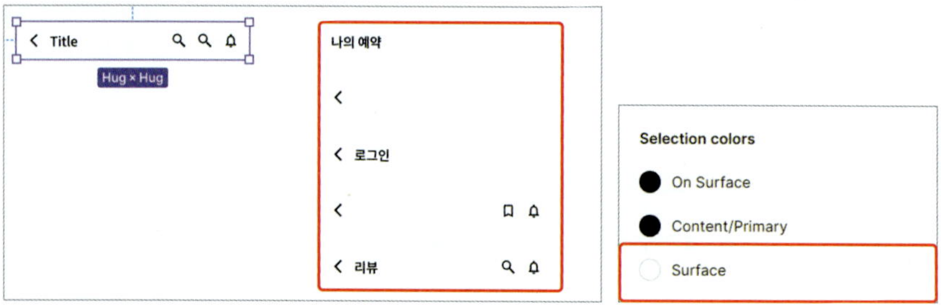

TIP 컴포넌트를 변경하면 인스턴스도 같이 변하지만 인스턴스를 변경하면 컴포넌트에는 영향을 미치지 않는다.

15 프레임 색상 변경하기 컨테이너가 흰색이라 앱 바가 보이지 않으므로 'Top Appbar' 프레임을 선택하고 프레임 색상을 짙은 회색으로 변경한다.

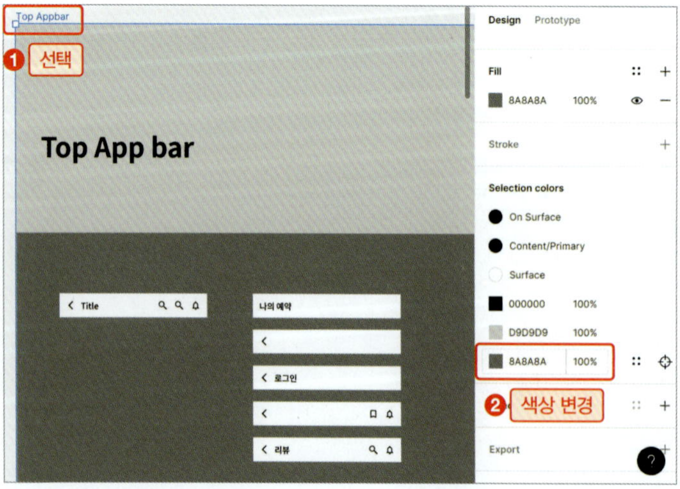

상단 앱 바와 토큰의 활용

01 로컬 스타일 색상을 토큰으로 불러오기 Ctrl + P 를 눌러 검색 창이 뜨면 'token'으로 검색하여 토큰을 실행한다. [Light] 모드를 선택하고 토큰 하단의 [Styles & Variables]를 클릭하여 [Import Styles]를 클릭한다. 옵션 창이 뜨면 'Color' 옵션만 지정하고 [Import]를 클릭한다.

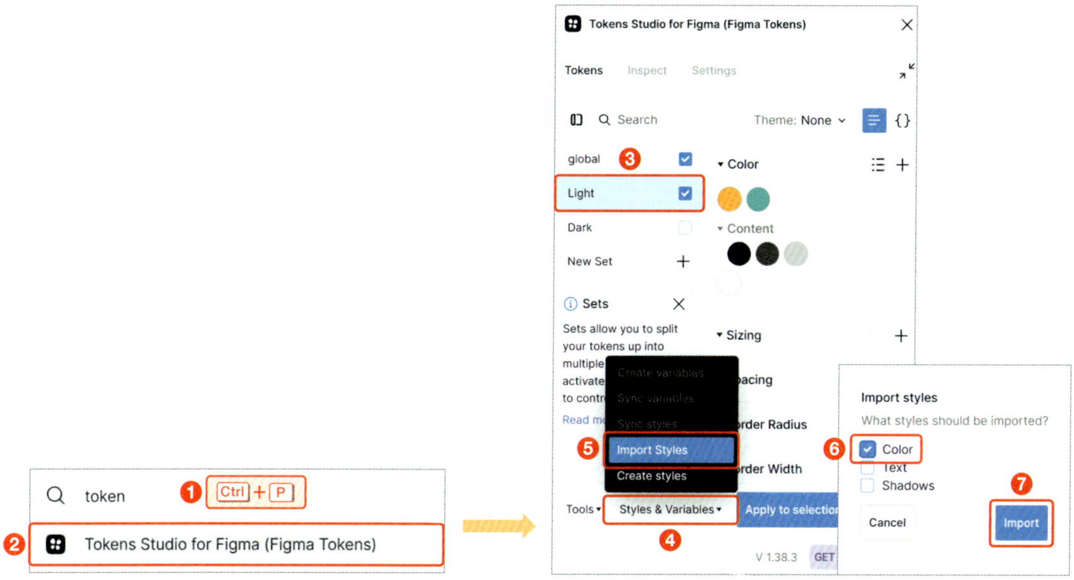

02 토큰 색상 확인하기 색상 목록에서 'On Surface'와 'Surface' 옆의 + 를 클릭하여 추가하고 하단의 [Cancel] 버튼을 클릭하면 [Light] 모드의 [Color] 항목에 'On Surface'와 'Surface'가 등록된다.

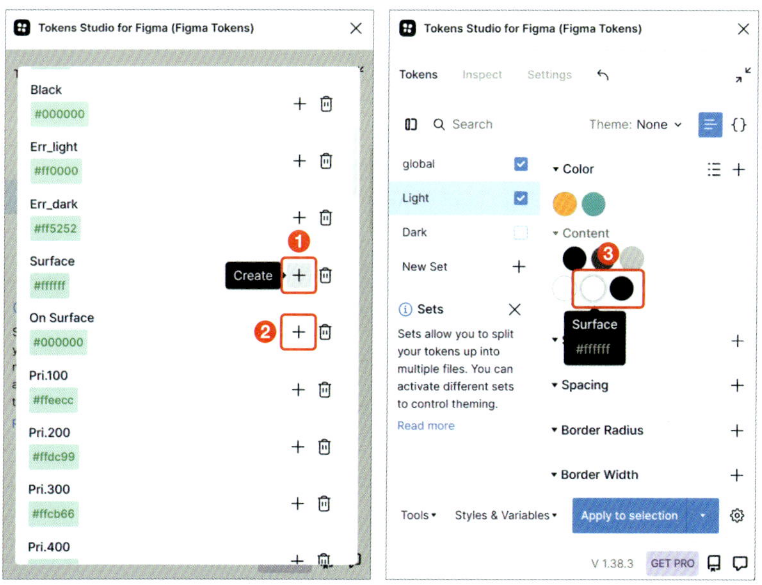

03 다크 모드 색상 설정하기 [Dark] 모드를 선택한 후 [Color] 항목 옆의 [+]를 클릭하여 옵션 창이 뜨면 [Light] 모드와 반대로 'On Surface'의 색상은 {White}로 지정하고 'Surface'의 색상은 {Black}으로 지정한다.

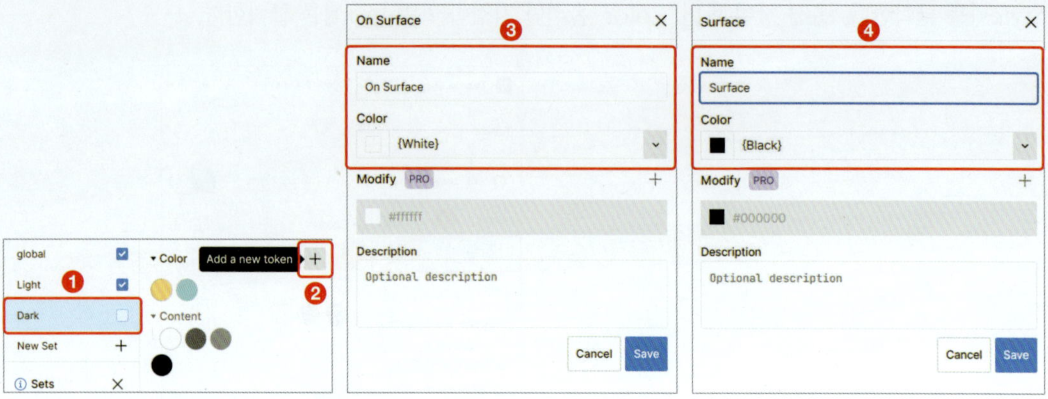

04 다크 모드 색상 설정하기 [Dark] 모드에도 'On Surface'와 'Surface' 색상이 지정되었다.

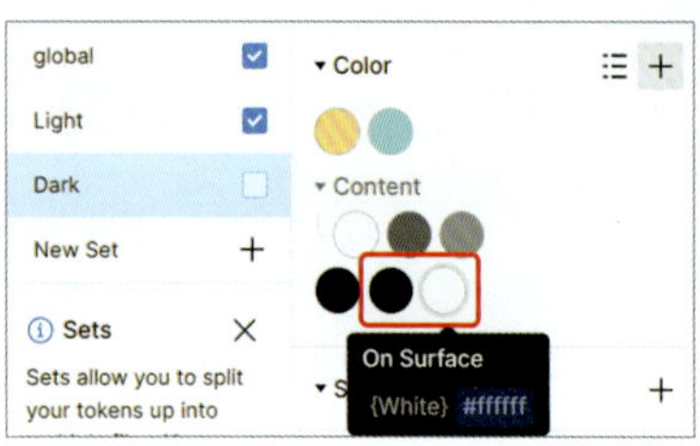

05 다크 모드로 전환하기 토큰에서 [Dark] 모드를 설정하면 상단 앱 바의 색상이 자동으로 변경된다. [Dark] 모드를 해제하면 다시 원래의 [Light] 모드로 돌아간다.

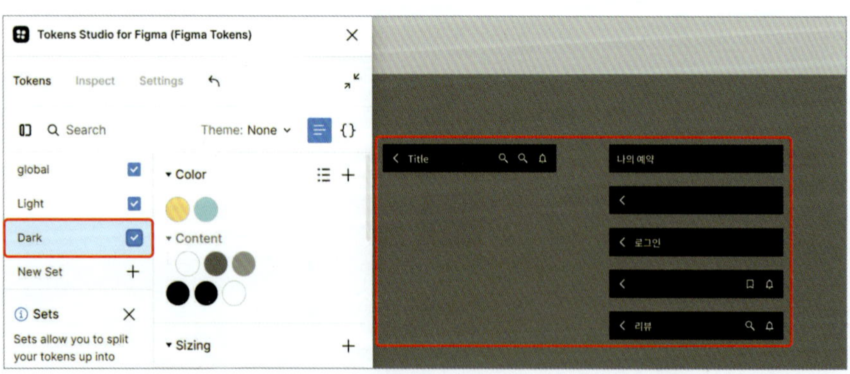

실습 와이드형 상단 앱 바 구성하기

상단 앱 바는 기본형과 와이드형으로 구분될 수 있으며 와이드형은 아이콘이 상단에 배치되고 제목이 아래에 배치되는 형태를 가진다.

예제 미리보기

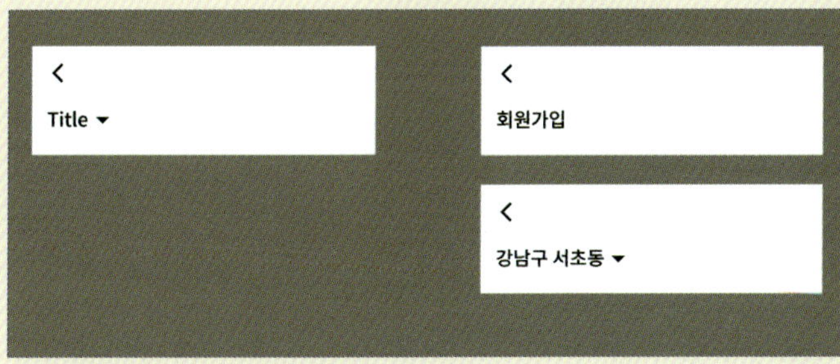

■ [Light] 모드

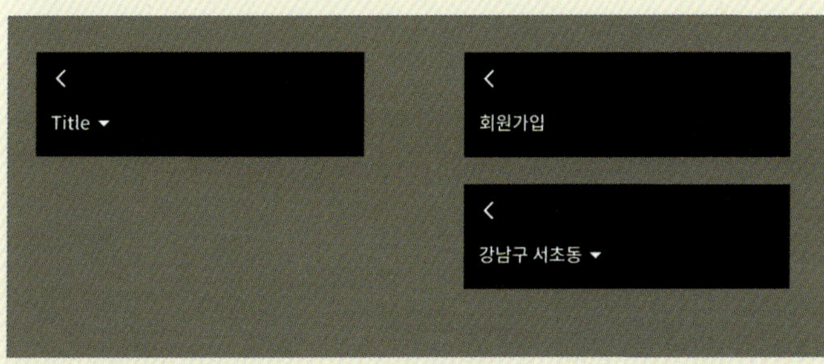

■ [Dark] 모드

와이드형 상단 앱 바 컴포넌트 만들기

01 컴포넌트 만들기 주소 옆에 아이콘이 있는 그룹을 선택하고 Alt를 누른 채 드래그하여 복제한 뒤 Ctrl+Shift+G를 눌러 그룹을 해제한다.

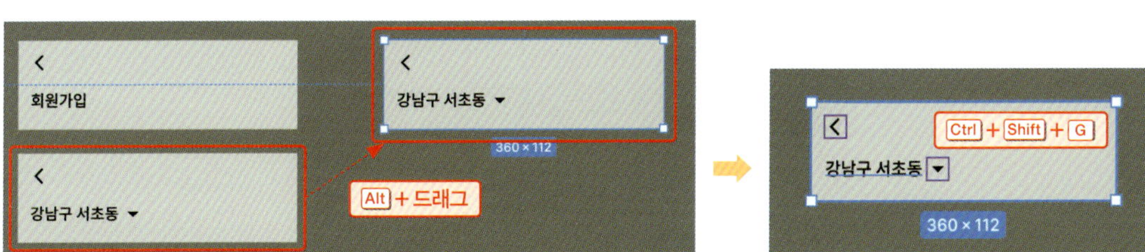

02 오토레이아웃 적용하기 주소와 (▼) 아이콘을 함께 선택하고 Shift+A를 눌러 오토레이아웃을 적용하면 'Frame 4'가 생성된다. 이때 [Constraints] 메뉴 옵션은 'Left'와 'Top'으로 고정하여 문자의 길이가 늘어나거나 줄어들어도 시작 지점이 좌측이 될 수 있도록 한다.

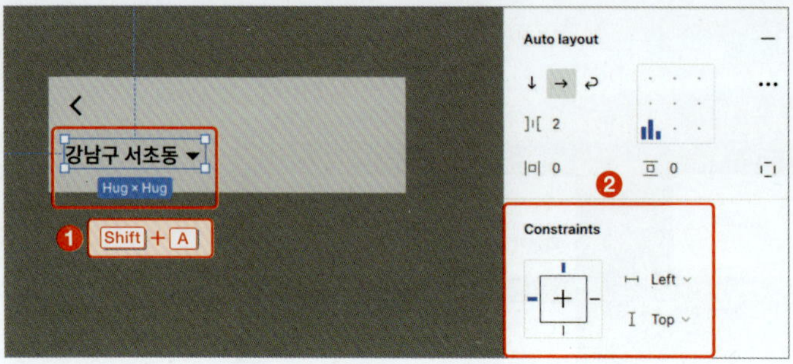

03 오토레이아웃 적용하기 'Arrow back' 아이콘과 'Frame 4'를 함께 선택하고 Shift+A를 눌러 오토레이아웃을 적용해 'Frame 5'를 만든다. 다시 'Frame 5'와 바깥쪽의 컨테이너를 모두 선택한 후 오토레이아웃을 적용하여 'Frame 6'을 만든다.

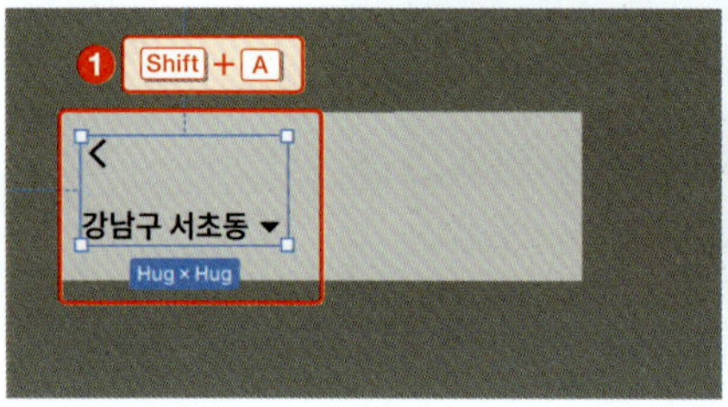

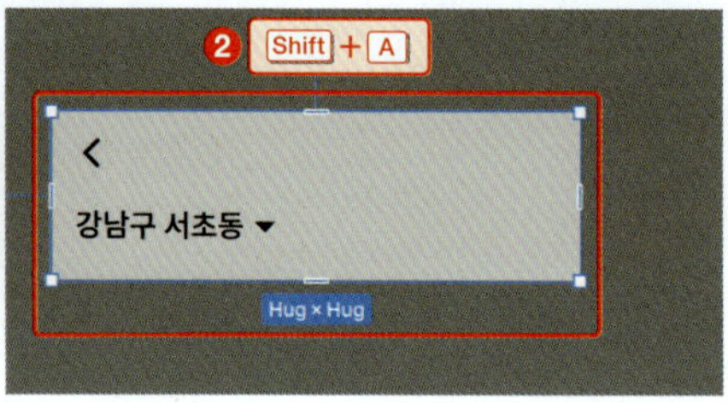

04 컴포넌트 만들기 'Frame 6'을 선택한 후 Ctrl+Alt+K를 눌러 컴포넌트로 만든다. 컴포넌트의 이름은 'Appbar/wide'로 변경한다.

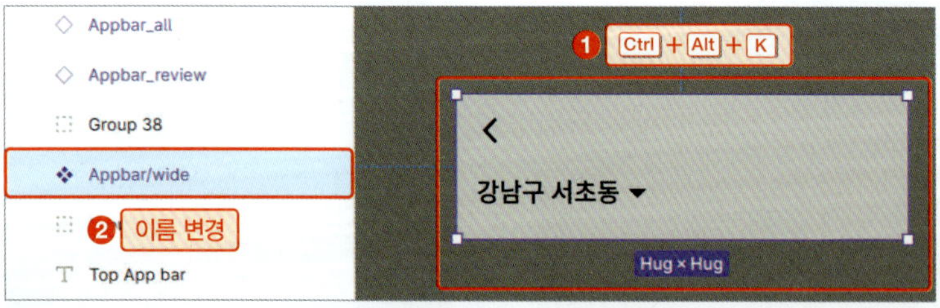

05 컴포넌트 속성 설정하기 'Appbar_wide' 컴포넌트를 선택하고 우측 패널에서 [Properties] 메뉴 우측의 [+]를 클릭하여 [Text]를 선택한다.

06 컴포넌트 속성 설정하기 옵션 창에서 [Name]을 'Label'로 변경하고 [Value]를 'Title'로 작성한다.

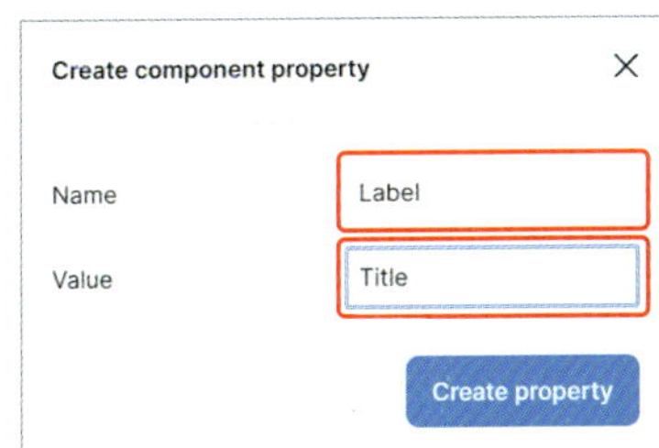

07 컴포넌트 속성 설정하기 컴포넌트 내부를 더블클릭하여 주소 부분을 선택하고 텍스트 옵션에서 '강남구 서초동' 옆의 [Apply text property]([⊕])를 클릭한다. [Label]을 선택하면 주소 부분이 지정된 값인 'Title'로 변경된다.

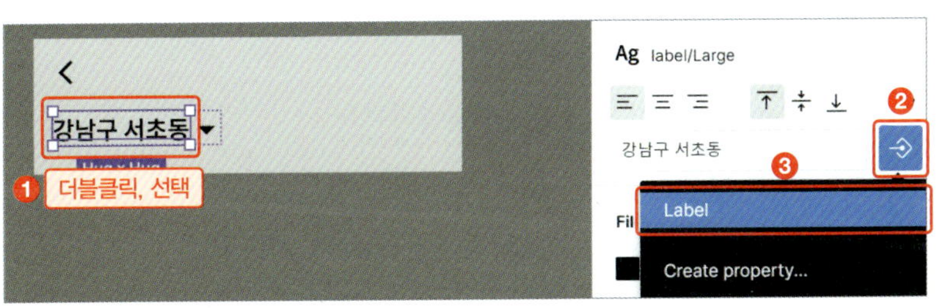

08 컴포넌트 속성 설정하기 다시 'Appbar_wide' 컴포넌트를 선택하고 [Properties] 메뉴 우측의 [+]를 클릭하여 [Boolean]을 선택한 뒤 옵션 창에서 [Name]을 'Icon'으로 변경한다.

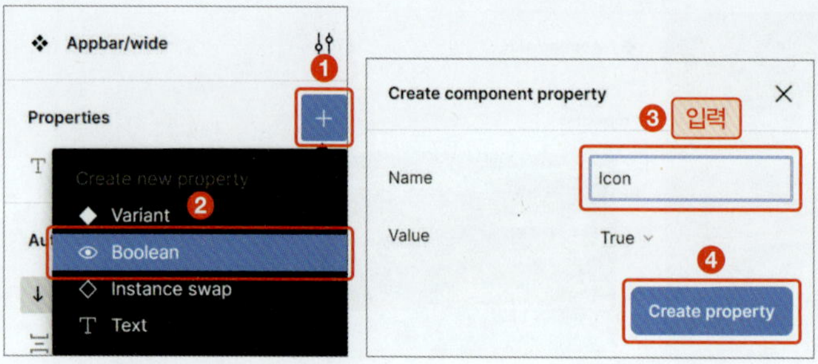

09 컴포넌트 속성 설정하기 컴포넌트 내부를 더블클릭하여 'Title' 옆의 아이콘을 선택한다. 우측 [Layer] 메뉴에서 [Apply Boolean property]( )를 클릭하여 [Icon]을 선택한다.

10 회원가입 앱 바 만들기 컴포넌트를 선택하고 [Alt]를 누른 채 복제하여 인스턴스를 만든다. [Label]을 '회원가입'으로 변경하고 [Icon] 옵션을 비활성화한다.

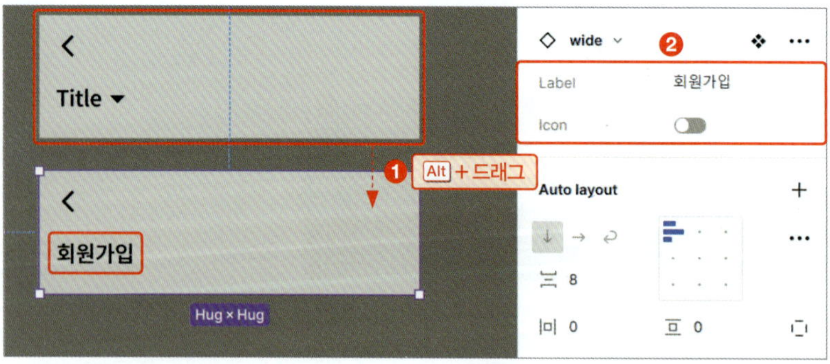

11 주소 앱 바 만들기 컴포넌트를 복제해 인스턴스를 추가로 만든 후 [Label]에 '강남구 서초동'이라고 주소를 입력하고 [Icon] 옵션을 켜둔다.

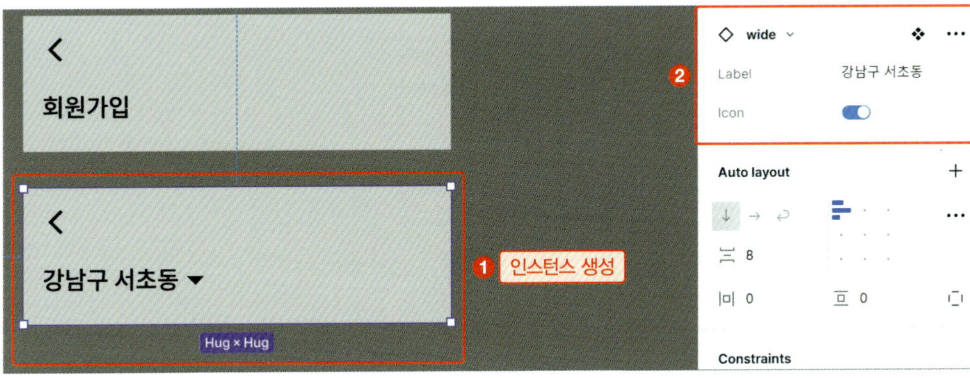

12 앱 바 이름 변경하기 키 스크린에서 복제한 그룹들은 삭제하고 'Appbar/wide' 컴포넌트를 좌측에 배치하고 인스턴스를 우측에 배치한 후 인스턴스의 이름을 'Appbar/wide/adress'와 'Appbar/wide/member'로 변경한다.

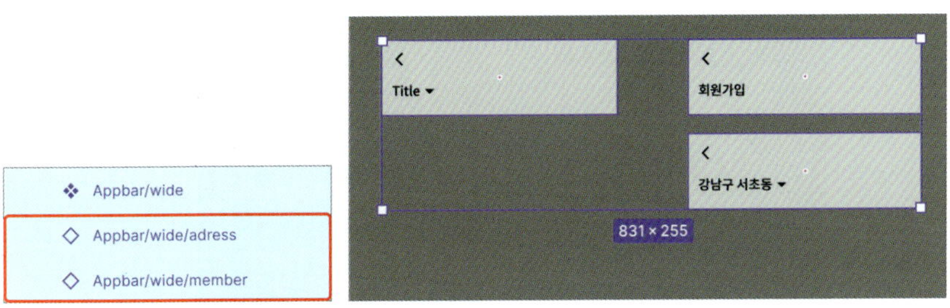

13 컴포넌트 속성 설정하기 'Appbar/wide' 컴포넌트를 선택하고 내부를 더블클릭하여 컨테이너의 색상을 'Surface'로 변경하면 인스턴스의 색상도 자동으로 변한다.

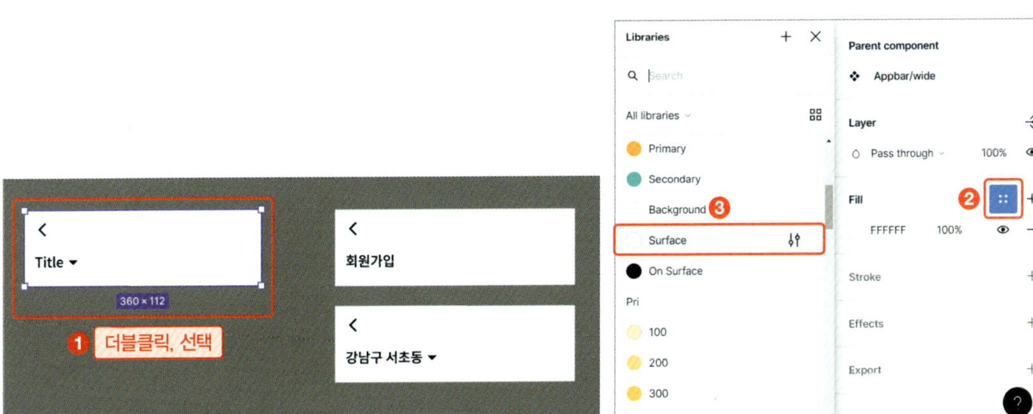

14 컴포넌트 속성 설정하기 컴포넌트를 더블클릭하여 내부의 'Title'을 선택하고 문자 색상을 'Content' 그룹의 'Primary'로 변경한다.

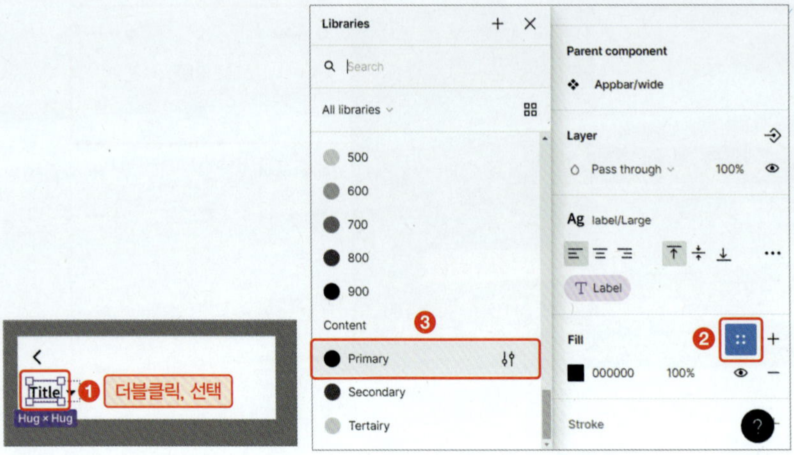

15 다크 모드로 전환하기 토큰을 실행시켜 [Dark] 모드를 선택하면 상단 앱 바 모두 색상이 반전된다.

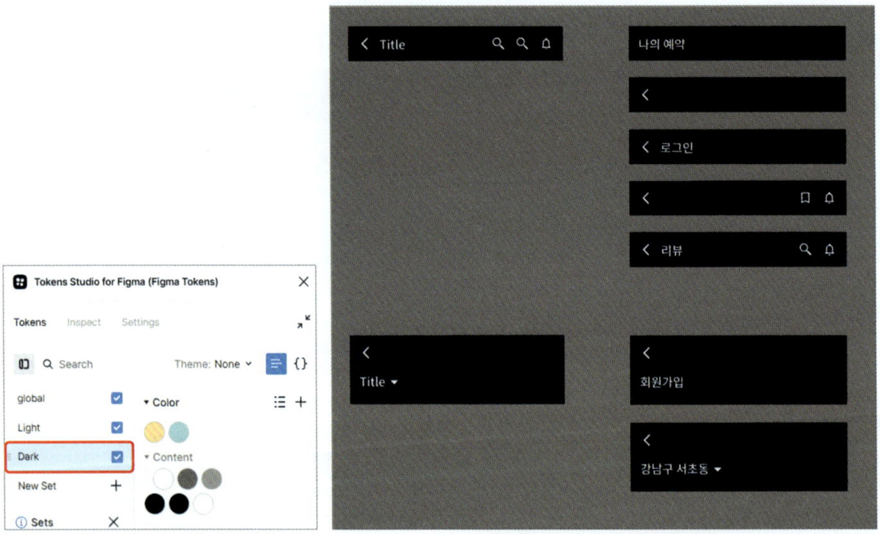

TIP 토큰이나 [Local styles]에서 색상, 간격, 크기 등의 옵션을 변경하면 바로 컴포넌트에 적용된다. 컴포넌트는 인스턴스에 영향을 미치기 때문에 일일이 오브젝트의 옵션을 변경하지 않아도 된다.

16 키 스크린에 배치하기 'Appbar'에 완성된 인스턴스들을 복제하여 키 스크린의 위치에 배치한다.

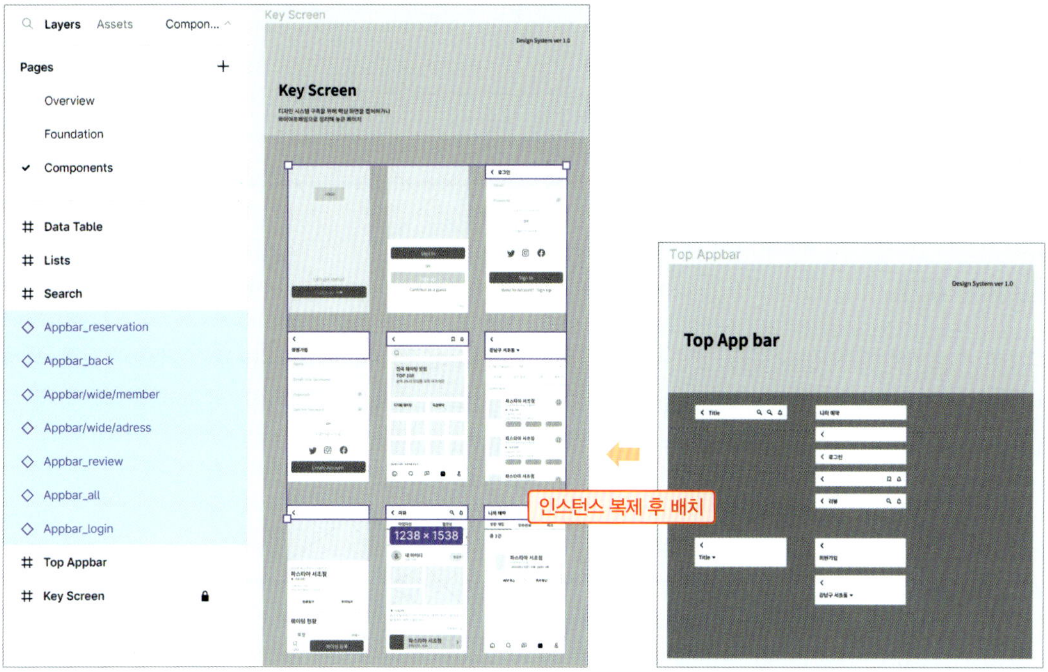

SECTION 03

버튼

핵심 내용 버튼 구성 실습

버튼의 이해

버튼은 사용자가 수행한 작업을 전달하는 역할을 하며 대화상자나 모달 창 또는 양식 제출과 같은 곳에 배치한다. 버튼은 문자로만 이루어진 버튼, 윤곽선으로 이루어진 버튼, 면의 색상이 포함된 버튼과 토글 버튼으로 구분할 수 있다.

실습 버튼 구성하기

'테이블링 앱 서비스'에서 사용할 버튼을 구성하고 키 스크린에 배치해 본다.

예제 미리보기

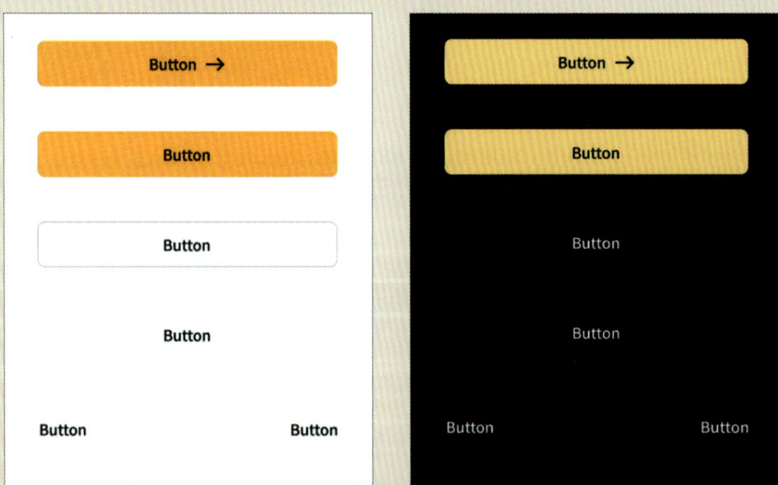

▪ [Light] 모드 ▪ [Dark] 모드

01 버튼 그리기 사각형 툴(■)로 넓이 '328', 높이 '48'의 사각형을 하나 그린다.

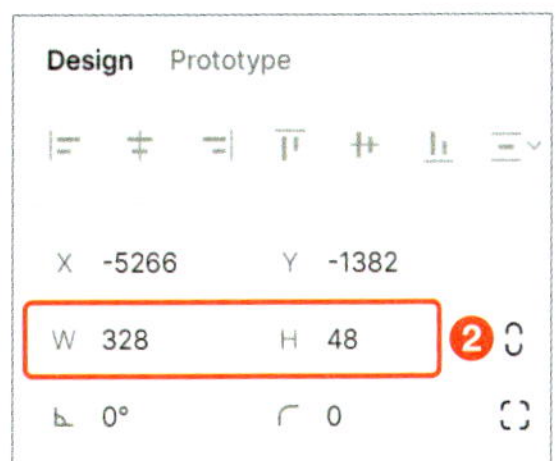

TIP 총 넓이 '360'에서 좌우 마진 '16'씩을 뺀 넓이가 '328'이 된다.

02 버튼 옵션 설정하기 텍스트 툴(T)로 'Button'을 입력하고 [Text] 메뉴의 [style] 버튼(::)을 클릭하고 'label' 그룹의 'Medium'을 선택한다.

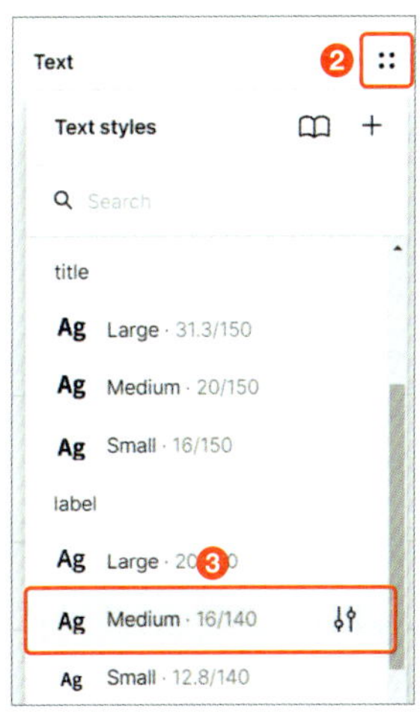

03 버튼 옵션 설정하기 문자가 선택된 상태로 색상을 [Libraries]의 'Black'으로 변경한다.

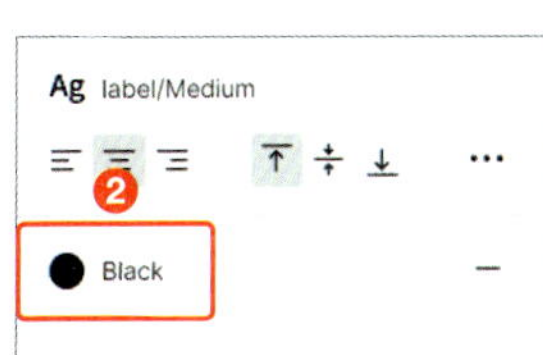

04 버튼 옵션 설정하기 버튼 컨테이너의 가장자리 둥글기 값을 '8'로 설정하고, 색상은 'Primary'로 지정한다.

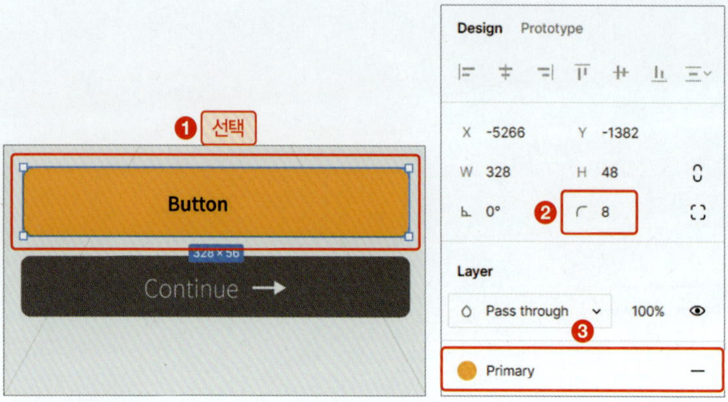

TIP 실습 03, 04의 과정을 토큰에서 해도 된다.

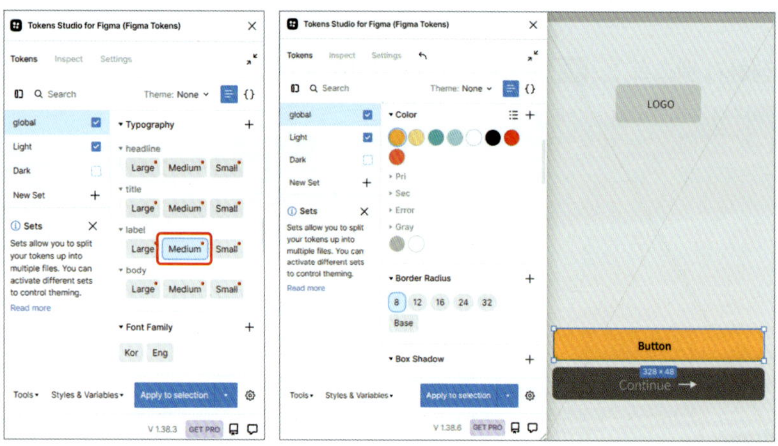

그림 8-2 토큰으로 옵션 설정하기

05 버튼 만들기 [Assets]에 등록된 'East' 아이콘을 드래그하여 인스턴스를 그림과 같이 문자 옆에 배치한다.

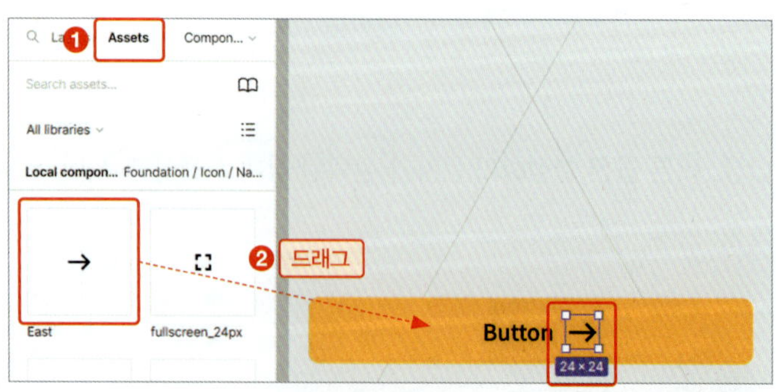

06 버튼 만들기 아이콘을 빼고 컨테이너와 문자만 선택하여 Alt 를 누른 채 복제한다.

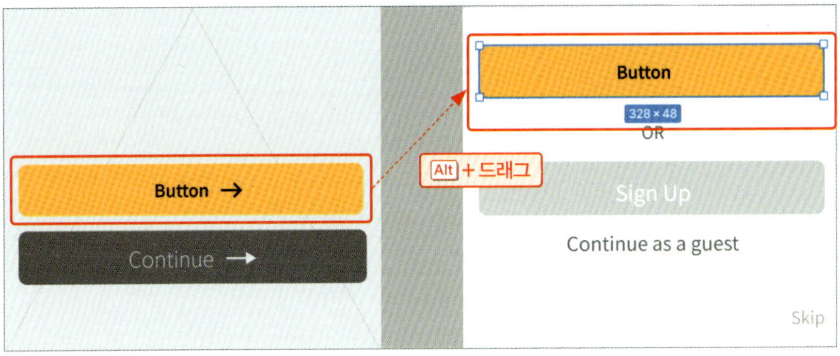

07 버튼 만들기 버튼을 선택하고 Alt 를 누른 채 드래그 하여 두 개 세트를 더 만든다.

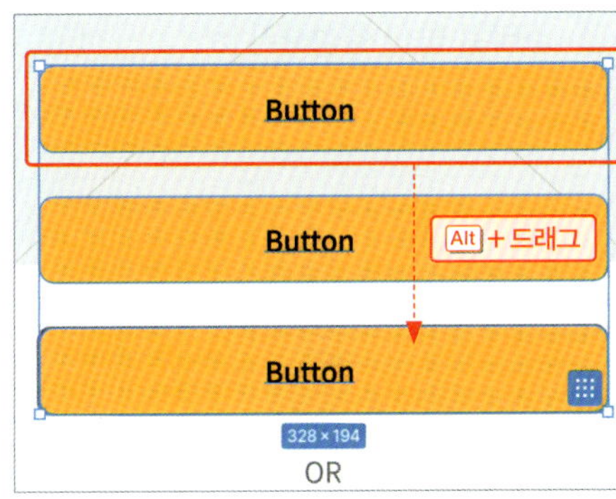

08 첫 번째 버튼 옵션 설정하기 색상 속성 옆의 − 를 클릭하여 색상을 제거한다.

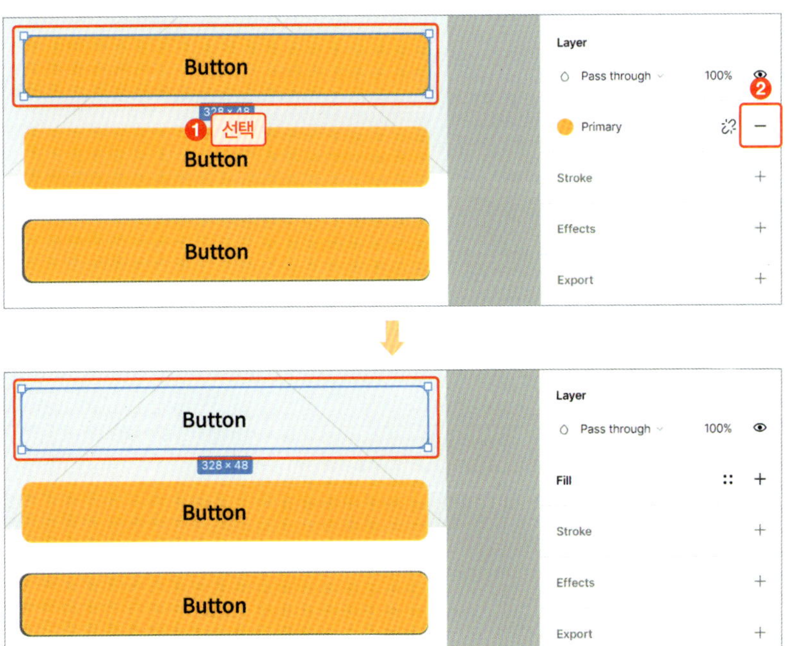

09 두 번째 버튼 옵션 설정하기 두 번째 버튼을 선택하고 다시 컨테이너의 색상을 제거한 후 [Stroke]를 추가한다. '#000000' 색상에 투명도를 '22%'로 조절한다.

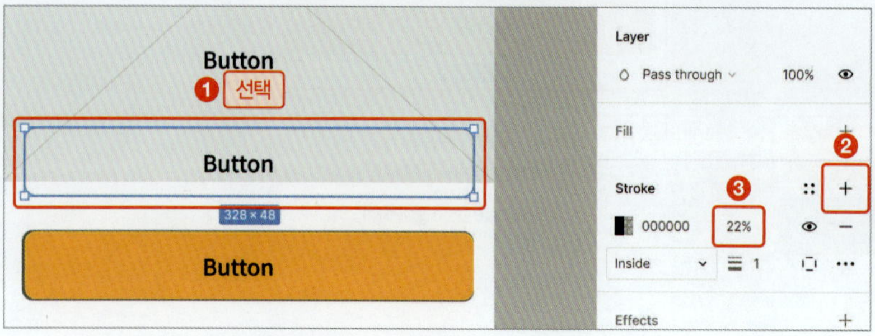

10 스타일 옵션 설정하기 [Stroke] 메뉴 옆의 [Style] 버튼(::)을 클릭하고 [Libraries] 옆의 + 를 클릭한다. 옵션 창이 열리면 [Name]을 'Stroke'로 등록한다.

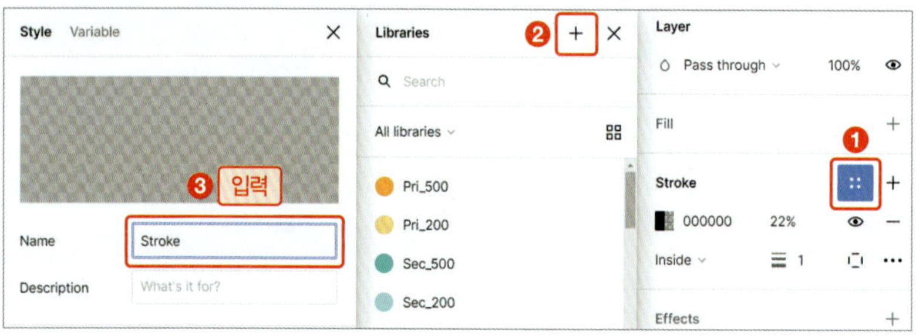

11 버튼 정렬하기 키 스크린에서 만든 버튼들을 Ctrl + X 를 눌러 잘라내기 한 후 'Button' 프레임을 선택하고 Ctrl + V 를 눌러 붙여넣기 하고 그림과 같이 정리한다.

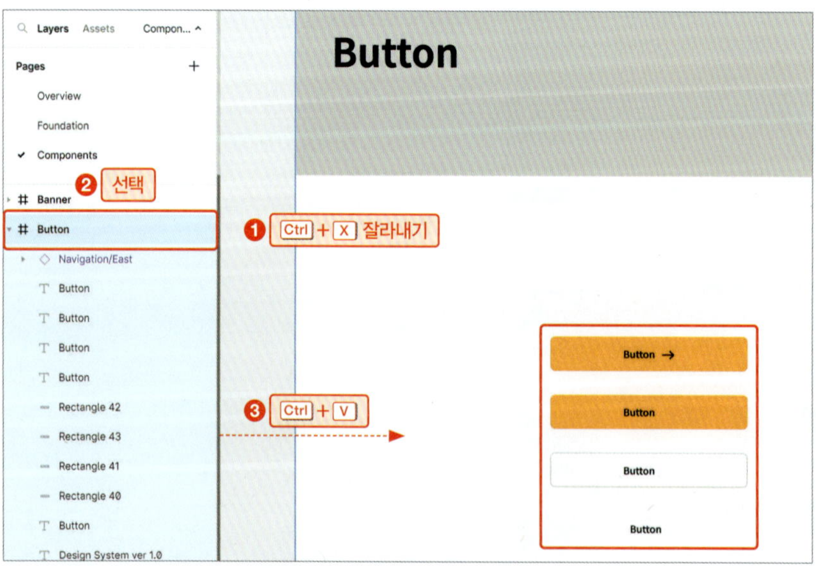

12 오토레이아웃 설정하기 첫 번째 'Button' 문자와 아이콘을 함께 선택하고 Shift+A를 눌러 오토레이아웃을 적용한다. 'Frame 6'이 생성되면 [Constraints] 메뉴 옵션의 상하좌우 모두 'Center'로 지정한다.

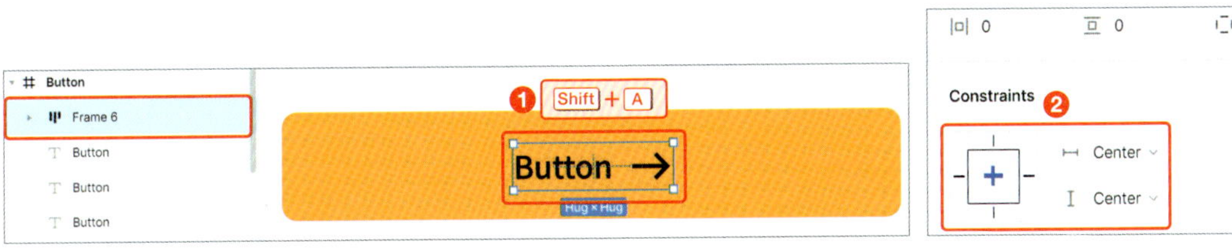

13 오토레이아웃 설정하기 'Frame 6'과 컨테이너를 함께 선택하여 Shift+A를 누르고 오토레이아웃을 적용한다. 'Frame 7'의 [Frame] 메뉴의 좌우 옵션을 [Fixed]로 변경한다.

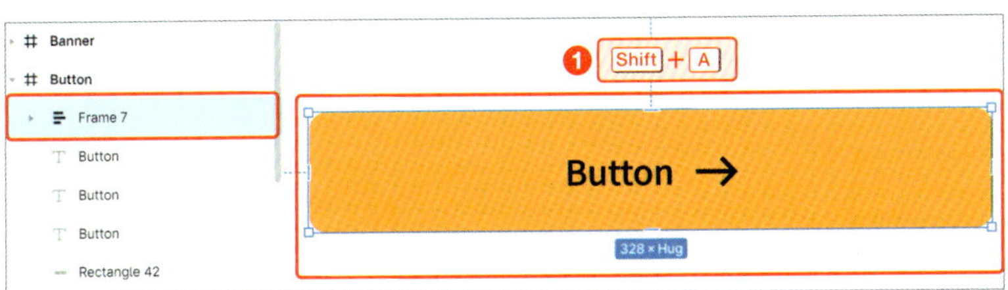

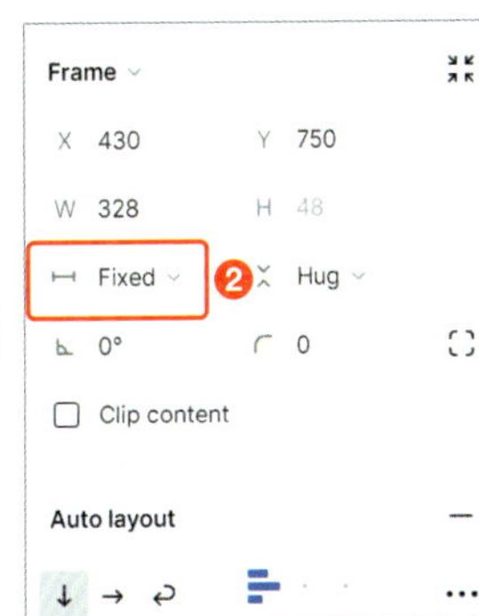

TIP 프레임 속성에서 좌우 넓이를 [Fixed]로 고정하지 않으면 문자의 길이가 길어질 때 컨테이너의 길이도 같이 늘어나게 된다.

14 오토레아웃 설정하기 두 번째 버튼 세트를 선택하고 Shift+A를 눌러 오토레이아웃을 적용해 'Frame 8'을 만든다. [Frame] 메뉴의 좌우 옵션은 [Fixed], [Constraints]는 상하좌우 'Center'로 지정한다. 세 번째 버튼 세트도 위와 같은 방식으로 옵션을 설정한다.

■ 두 번째 버튼

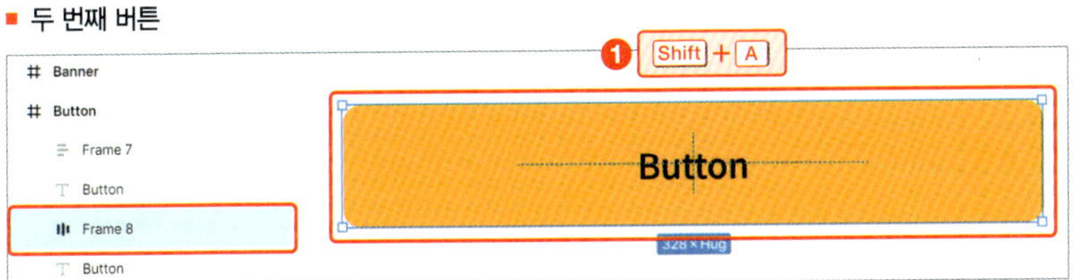

■ 세 번째 버튼

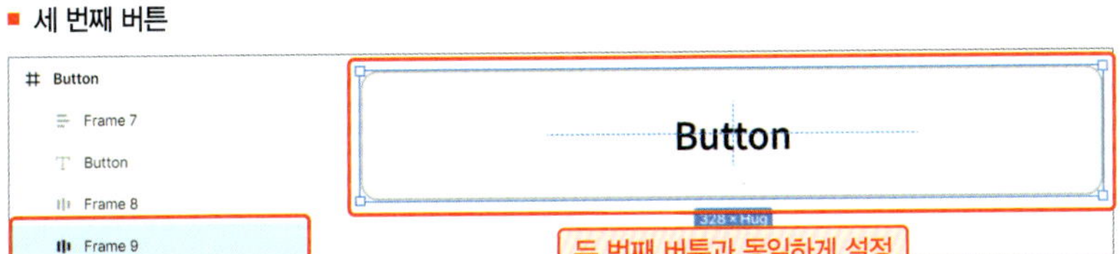

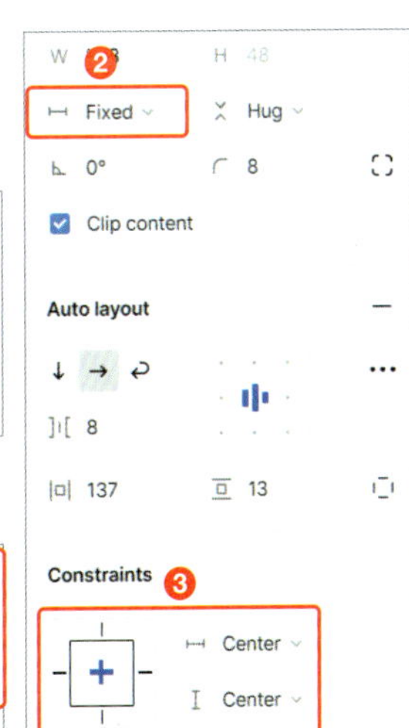

15 버튼 만들기 문자만 있는 네 번째 버튼을 [Alt]를 누른 채 드래그 하여 복제한 후 'Button' 문자를 복제하여 컨테이너 좌우에 배치한다.

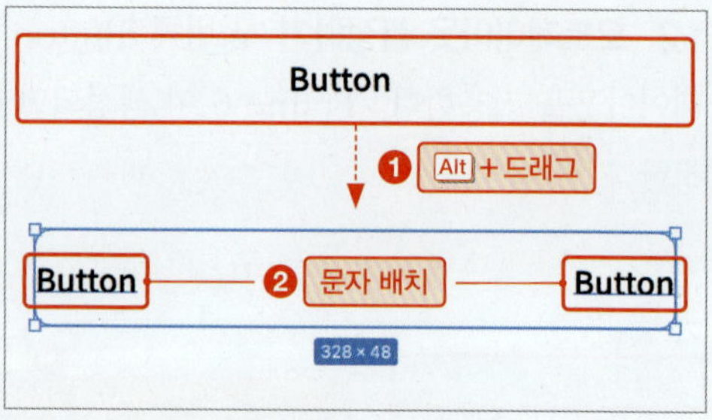

16 오토레이아웃 설정하기 네 번째 버튼 세트를 선택하고 [Shift]+[A]를 눌러 오토레이아웃을 적용해 'Frame 10'을 만든 후 [Frame] 메뉴의 좌우 옵션을 [Fixed]로 변경하고 [Constraints]를 상하좌우 'Center'로 지정한다.

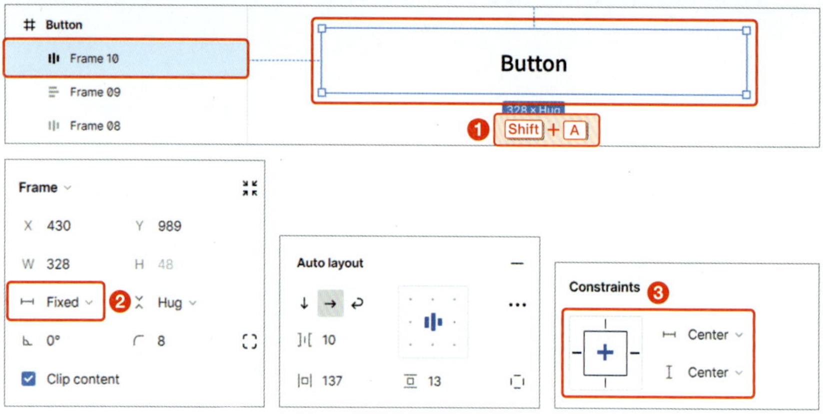

17 오토레이아웃 적용하기 좌우의 버튼 문자를 선택한 후 [Shift]+[A]를 눌러 오토레이아웃을 적용해 'Frame 11'을 만든 후 [Frame] 메뉴의 좌우 옵션을 [Fixed]로 변경하고 오토레이아웃의 좌우 간격은 'Auto'로 변경한다. 마지막으로 [Constraints]를 상하좌우 'Center'로 지정한다.

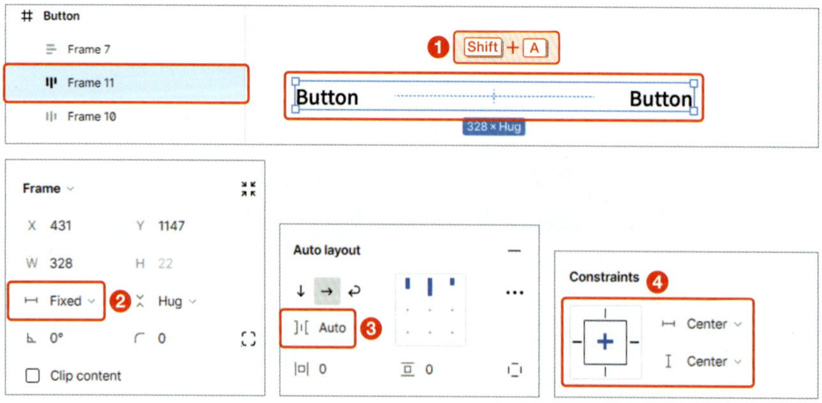

18 오토레이아웃 설정하기 'Frame 11'과 컨테이너를 함께 선택하고 Shift+A를 눌러 오토레이아웃을 적용해 'Frame 12'를 만든 후 [Frame] 메뉴의 좌우 옵션을 [Fixed]로 변경한다.

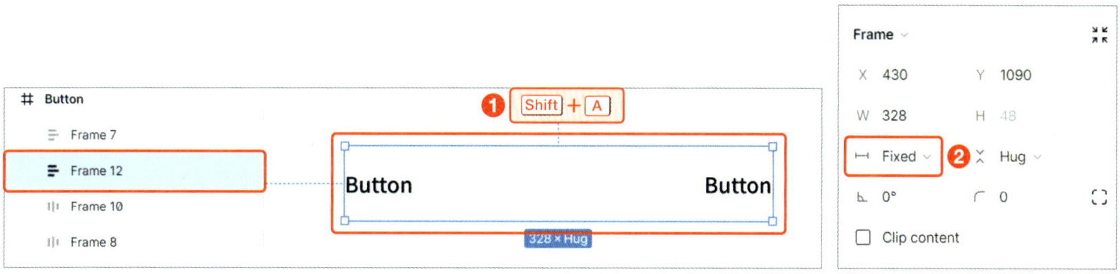

19 컴포넌트 만들기 전체 버튼을 선택하고 상단의 컴포넌트 버튼(❖)을 클릭하여 [Create multiple components]를 선택하여 각각의 컴포넌트로 등록한다.

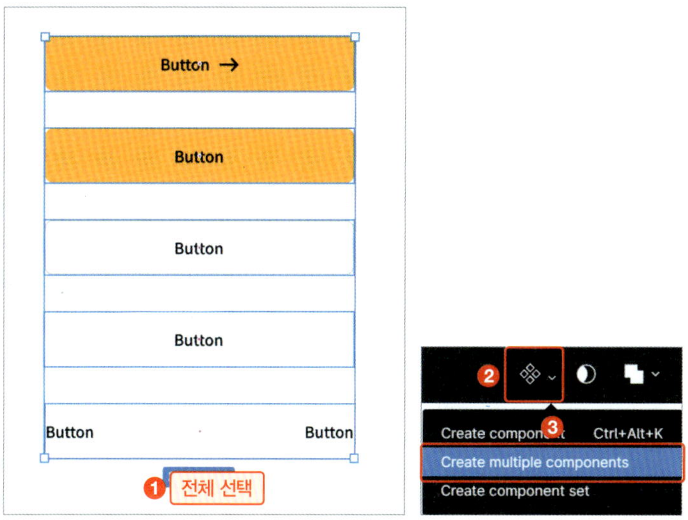

20 컴포넌트 이름 변경하기 각 컴포넌트의 이름을 순서대로 변경한다.

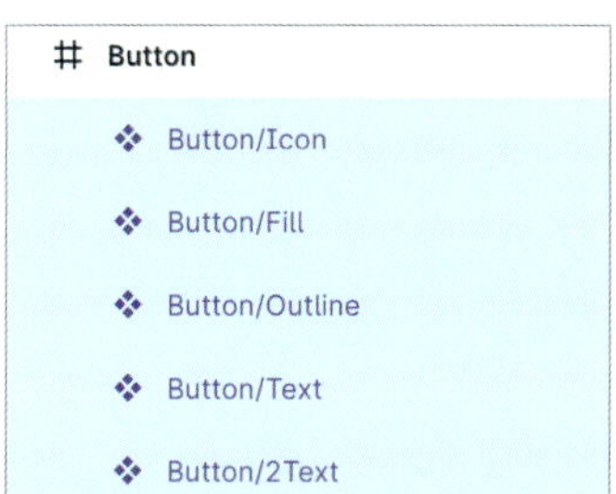

21 컴포넌트 속성 설정하기 'Button/icon' 컴포넌트를 선택하고 내부를 더블클릭하여 아이콘을 선택한 후 아이콘의 색상을 [Libraries]의 'Black'으로 변경한다.

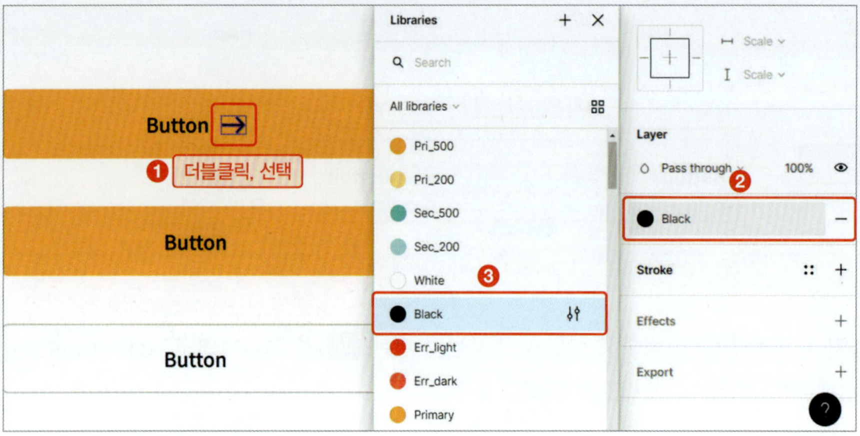

TIP 아이콘의 색상은 'On Surface'로 [Dark] 모드로 변경하면 흰색으로 변한다. 버튼에서는 색상이 변하지 않도록 [Libraries]의 'Black'으로 변경하는 것이다.

22 컴포넌트 속성 설정하기 컨테이너가 채워지지 않은 버튼의 문자를 모두 선택하고 색상을 'On Surface'로 변경한다.

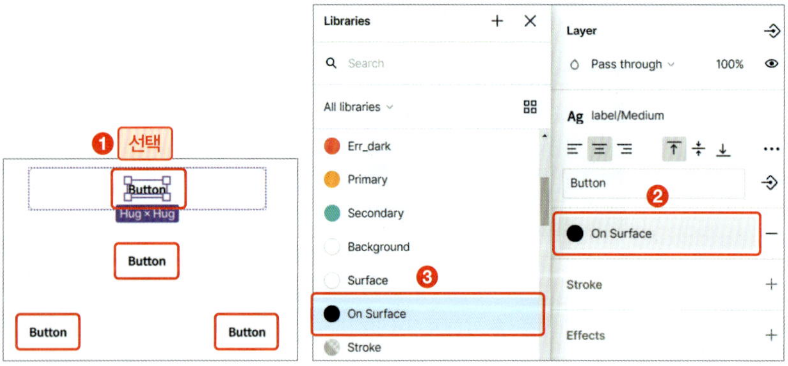

TIP 텍스트 색상은 'Content' 그룹의 'Primary'로 설정되어 있기 때문에 [Dark] 모드에서도 색상이 변하지 않아 버튼의 문자가 보이지 않게 되므로 'On Surface'로 변경하는 것이다.

23 스타일 만들기 사각형 툴(■)로 사각형을 하나 만든 후 색상을 '#FFFFFF'로 변경하고 투명도를 '33%'를 지정한 뒤 'D_stroke'로 색상을 등록한다.

토큰으로 버튼 옵션 설정하기

01 로컬 스타일을 토큰으로 불러오기 피그마 토큰을 실행한 뒤 [global] 모드에서 [Styles & Variables]의 [Import Styles]를 선택하고 옵션에서 'Color'만 선택하고 [Import]를 클릭한다.

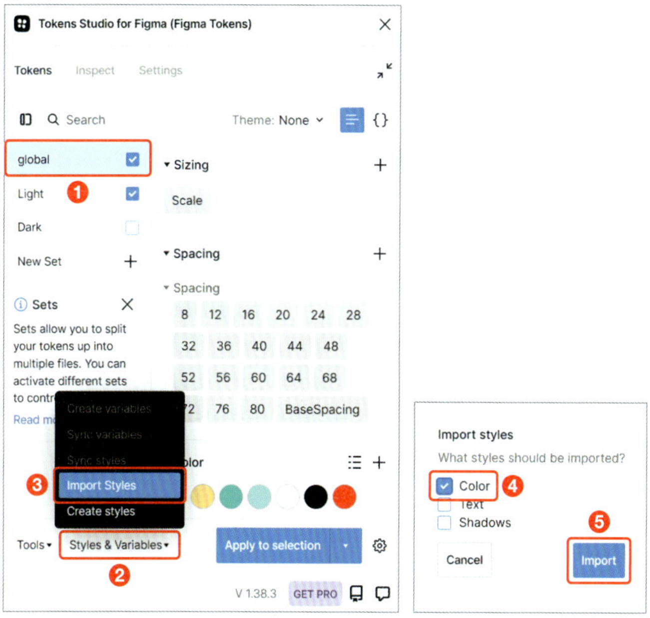

02 로컬 스타일을 토큰으로 불러오기 옵션에서 'Stroke'와 'D_stroke' 옆의 [+]를 클릭하여 색상을 추가한 후 화면 하단의 [Cancel]을 클릭하면 [global] 모드에 'Stroke'와 'D-stroke'가 추가된다.

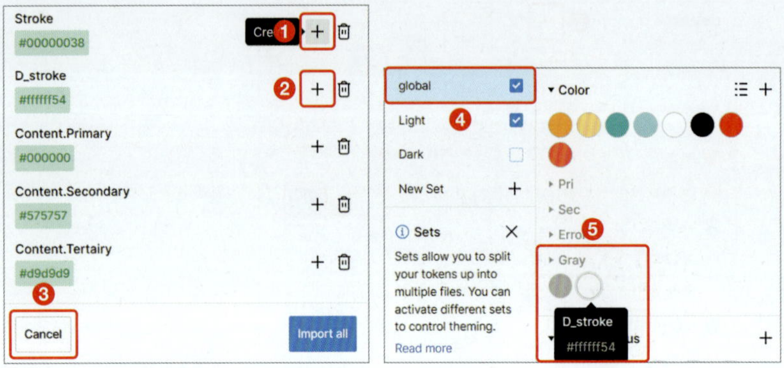

03 토큰 옵션 설정하기 [Light] 모드를 선택하고 [Border] 항목 옆의 [+]를 클릭하여 옵션 창이 열리면 [Name]은 'border'로 지정하고 색상 값은 {Stroke}로 지정한다. 넓이는 '1', 스타일 속성은 'solid'로 지정하고 [Create]를 클릭하면 [Light] 모드의 [Border] 항목에 'border' 속성이 생성된다.

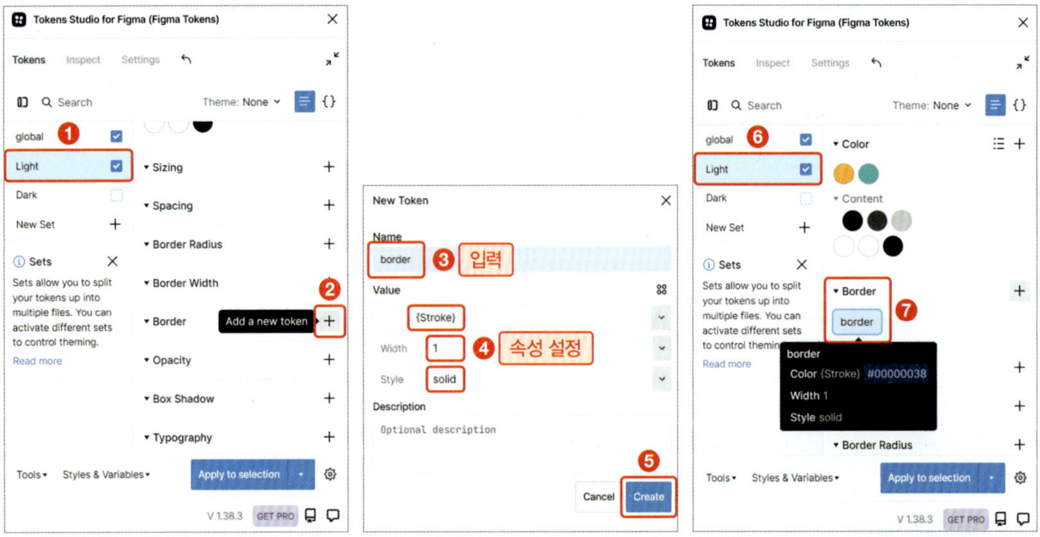

04 토큰 옵션 설정하기 이번에는 [Dark] 모드를 선택하고 [Border] 항목 옆의 [+]를 클릭하여 옵션 창이 열리면 [Name]은 'border'로 지정하고 색상 값은 {D_stroke}로 지정한다. 넓이는 '1', 스타일 속성은 'solid'로 지정하고 [Create]를 클릭하면 [Dark] 모드의 [Border] 항목에도 'border' 속성이 생성된다.

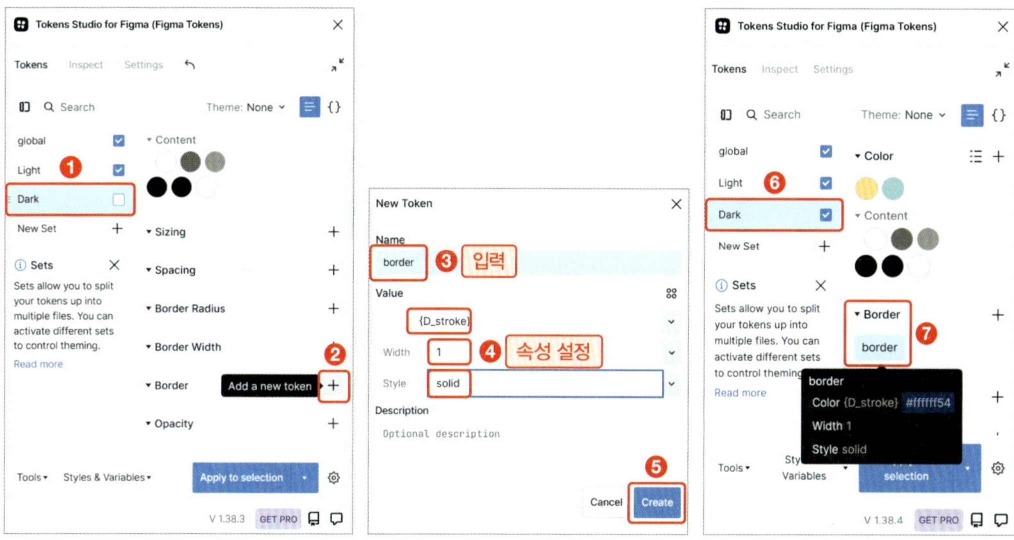

05 다크 모드로 전환하기 이제 [Dark] 모드를 선택하면 'Button' 프레임에 있는 버튼이 [Dark] 모드로 전환되는 것을 알 수 있다.

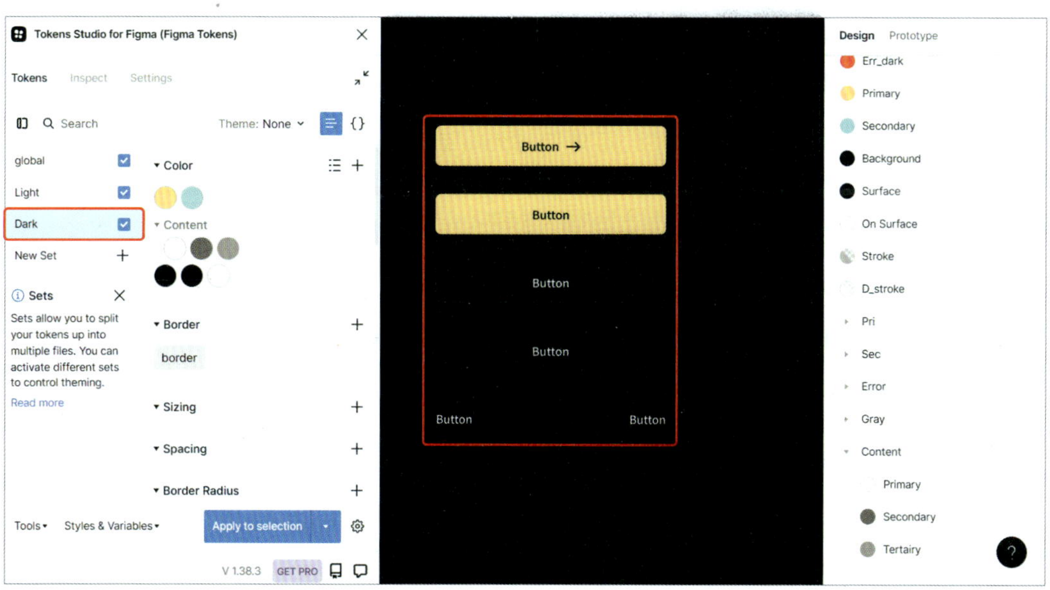

TIP [Dark] 모드 전환 전 'Button' 프레임의 색상을 'Surface'로 변경한다.

06 키 스크린에 버튼 배치하기 토큰에서 [Dark] 모드를 끄고 [Assets]에 등록된 버튼을 키 스크린으로 배치해 각 내용에 맞도록 문자를 변경한다.

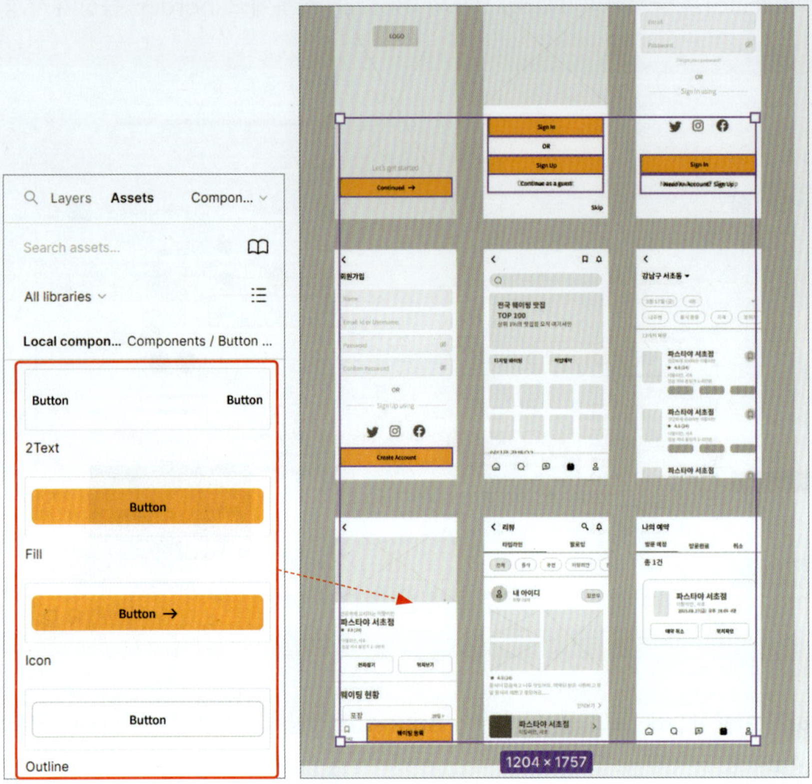

하나 더 알기 | 토큰과 [Dark] 모드

[Light] 모드에서 [Dark] 모드로 전환 시 'Stroke'와 'D-Stroke'로 설정한 'boder'값이 바뀌지 않을 수 있다. 이는 피그마가 업데이트하는 과정에서 발생하는 오류이다. 토큰의 [Dark] 모드에서 'border' 속성을 적용하면 정상적으로 전환이 되는데, 이를 위해 다음과 같은 단계를 진행한다.

01 토큰 옵션 설정하기 토큰을 실행해 [Light] 모드와 [Dark] 모드의 [Border Radius] 항목 옆의 [+]를 클릭한다. 옵션 창이 열리면 [Name]에는 'border radius'를 입력하고 [Border Radius]에는 {8}을 선택한다.

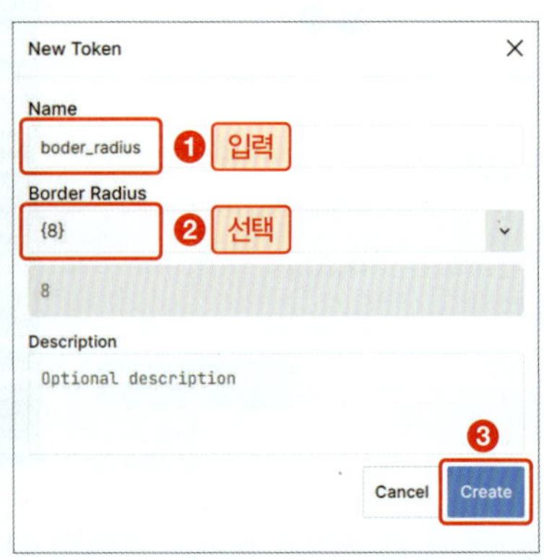

그림 8-3 [Border Radius] 항목 옵션 설정

02 토큰 옵션 설정하기 토큰 항목이 추가된 것을 확인한다.

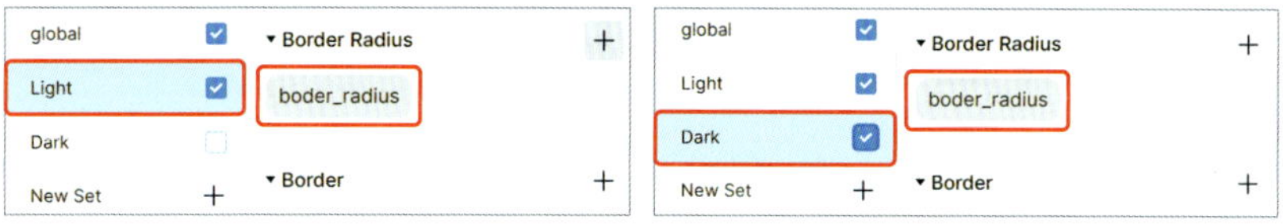

그림 8-4 토큰 항목 확인하기

03 다크 모드로 전환하기 토큰에서 [Dark] 모드로 전환한 뒤, 바뀌지 않은 컴포넌트를 선택하고 'border'와 'boder_radius' 속성을 적용한다.

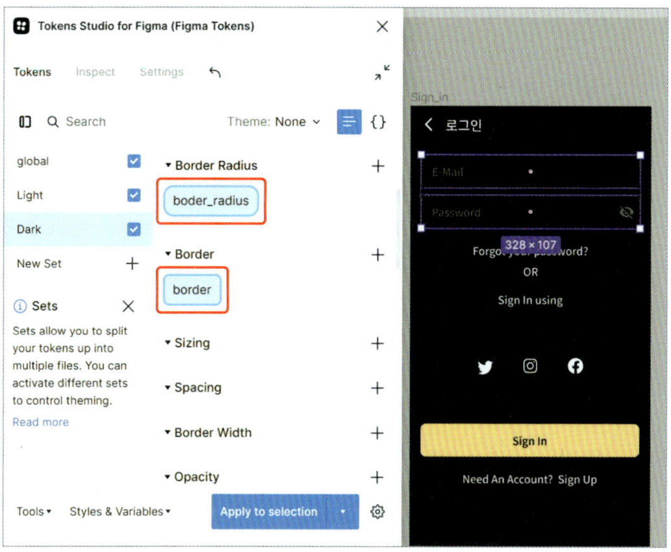

그림 8-5 토큰으로 속성 적용하기

SECTION 04

하단 내비게이션

핵심 내용 하단 내비게이션 구성 실습

하단 내비게이션의 이해

하단 내비게이션은 3~5개의 메뉴를 포함한다. 각 대상은 아이콘만 있을 수도 있고 텍스트 레이블을 포함할 수도 있다. 하단 내비게이션의 기능은 사용자가 메뉴를 선택했을 때 해당 아이콘과 관련된 최상위 탐색 페이지로 이동한다.

실습 하단 내비게이션 구성하기

'테이블링 앱 서비스'의 하단 내비게이션을 구성해 본다. 아이콘만 있는 버전과 아이콘과 레이블을 포함한 버전으로 구성한다.

예제 미리보기

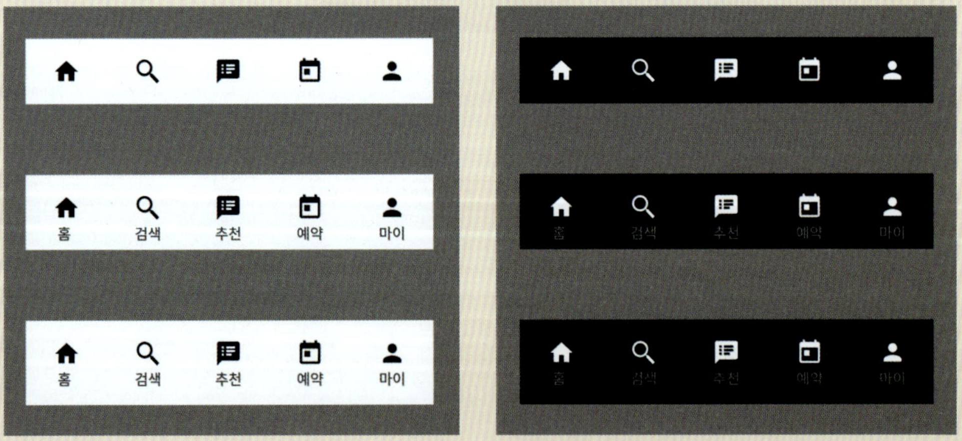

■ [Light] 모드 ■ [Dark] 모드

01 사각형 그리기 사각형 툴(■)로 화면을 드래그하여 넓이 '360', 높이 '56' 크기의 사각형을 만든다.

02 아이콘 배치하기 [Assets]에서 컴포넌트로 등록한 아이콘을 그림과 같이 화면 안으로 배치한다.

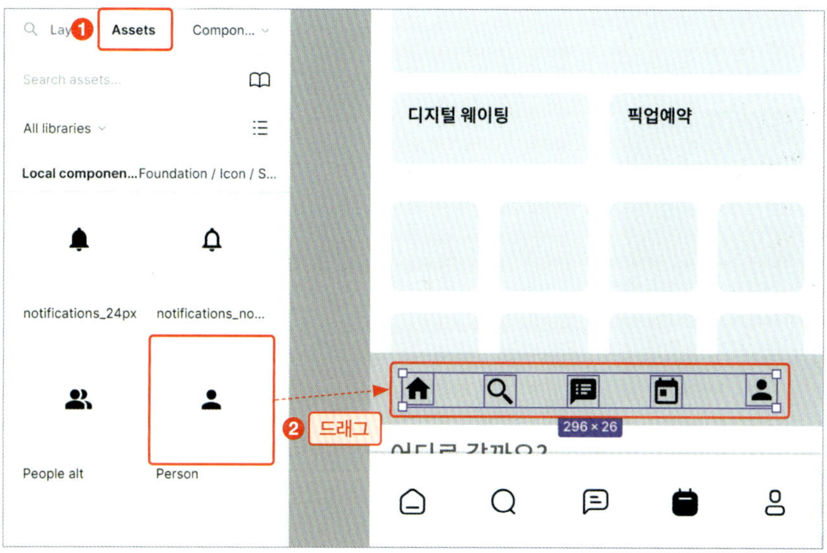

03 아이콘 배치하기 하단 내비게이션은 메뉴의 개수를 전체 넓이로 균등하게 나눠 배치해야 한다. 5개의 아이콘은 각 '48' 넓이를 사이에 두고 좌우 중앙에 배치한다. 이때 양 끝의 여백은 '24', 상하 여백은 '16'이 된다.

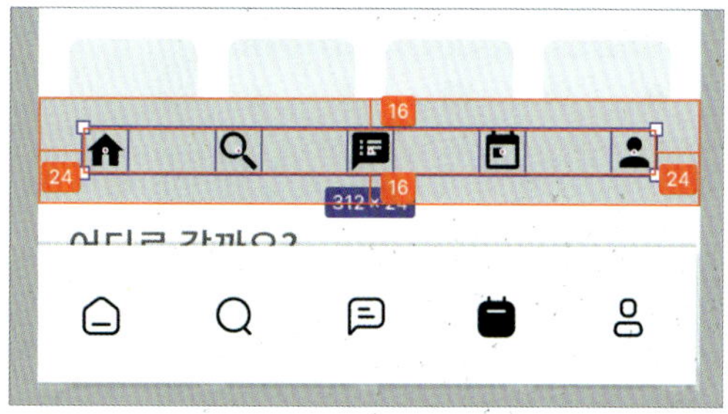

04 하단 내비게이션 만들기 키 스크린에서 만든 하단 내비게이션을 선택하고 Ctrl+X를 눌러 잘라 낸 다음 'Bottom Navigation' 프레임을 선택하여 Ctrl+V로 붙여넣기 한다.

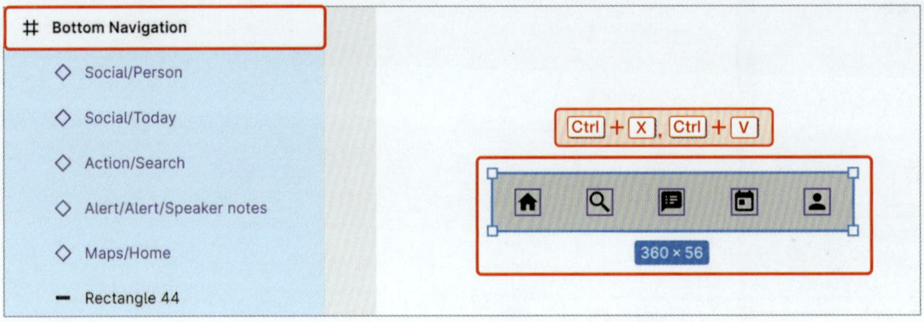

05 프레임 색상 변경하기 'Bottom Navigation' 프레임을 선택한 후 프레임의 색상을 '#8A8A8A'로 변경한다.

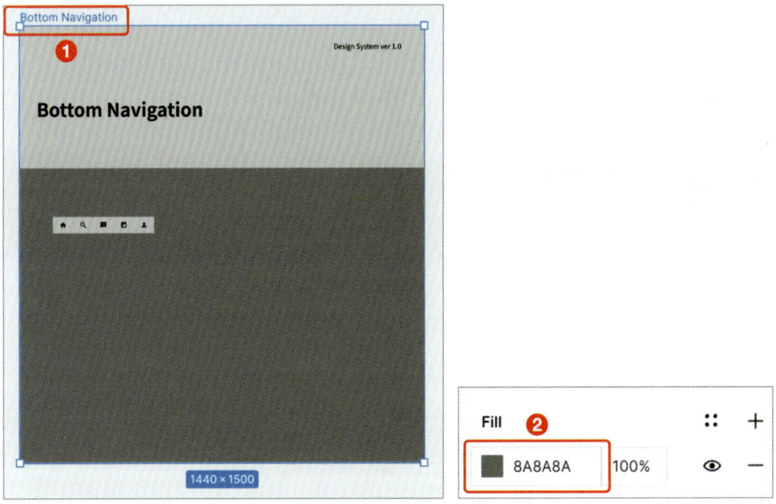

06 하단 내비게이션 만들기 하단 내비게이션의 컨테이너를 선택하고 색상을 'Surface'로 변경한다.

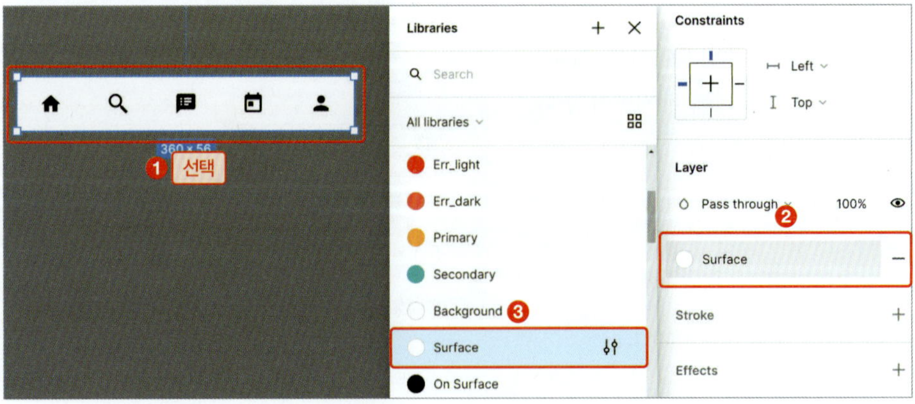

07 하단 내비게이션 만들기 하단 내비게이션을 복제한 후 컨테이너의 높이를 '64'로 변경한다.

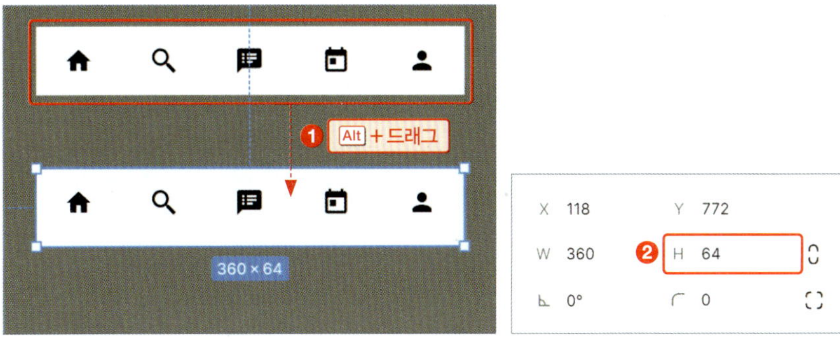

08 하단 내비게이션 만들기 하단에 아이콘에 맞는 레이블을 입력하고 문자의 크기는 'label' 그룹의 'Small', 문자의 색상은 'Content' 그룹의 'Secondary'로 변경한다.

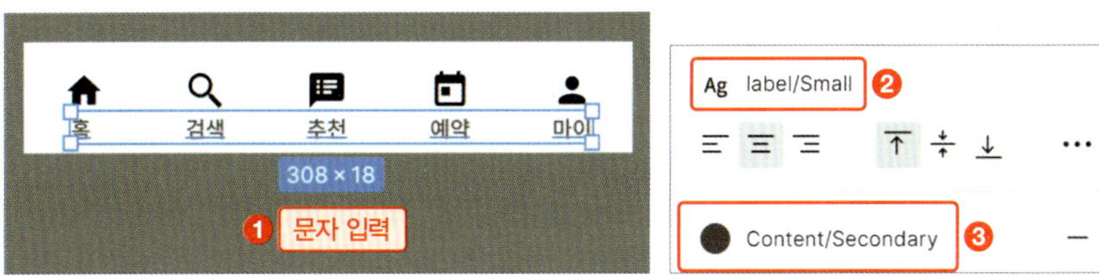

09 하단 내비게이션 만들기 레이블이 있는 하단 내비게이션을 복제하여 컨테이너의 높이를 '72'로 변경하고 아이콘과 레이블의 상하 간격을 조절한다.

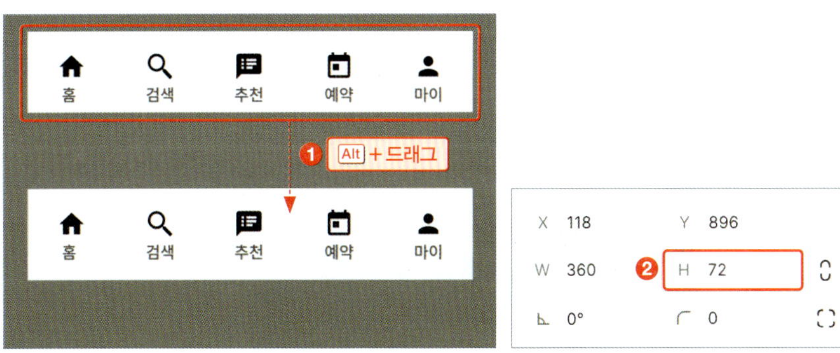

10 컴포넌트 만들기 하단 내비게이션을 각각 선택하여 Ctrl+G를 눌러 그룹으로 변경한다. 그 다음 하단 내비게이션을 모두 선택하고 상단의 컴포넌트 버튼(❖)을 클릭하여 [Create multiple components]를 선택한다.

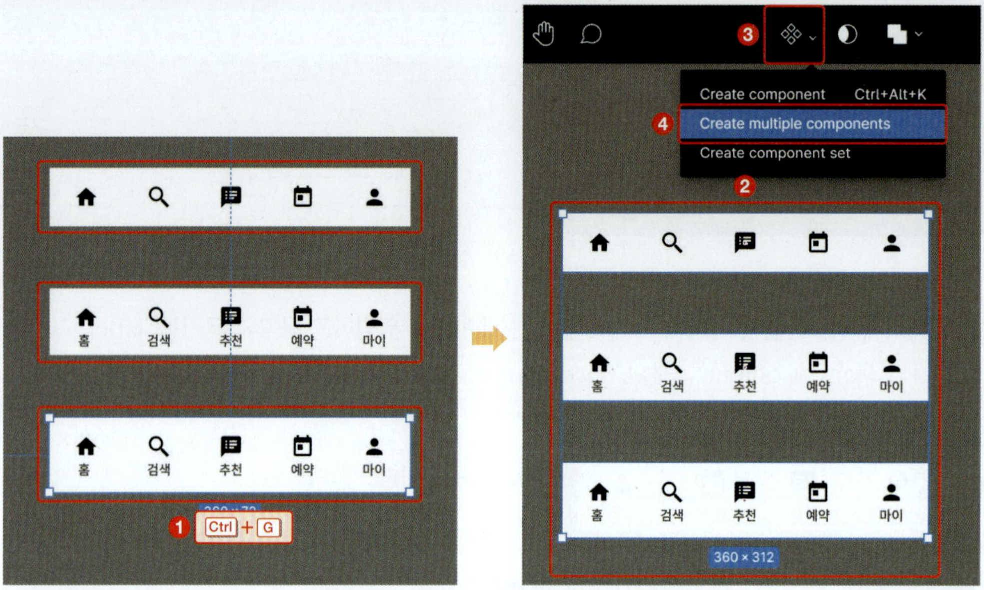

11 컴포넌트 이름 변경하기 크기별로 하단 내비게이션 컴포넌트의 이름을 변경한다.

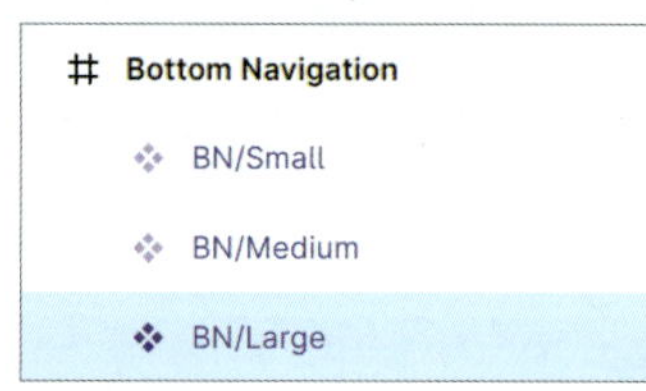

12 다크 모드로 전환하기 토큰을 열어 [Dark] 모드를 켜 보면 하단 내비게이션의 색상이 변경된다.

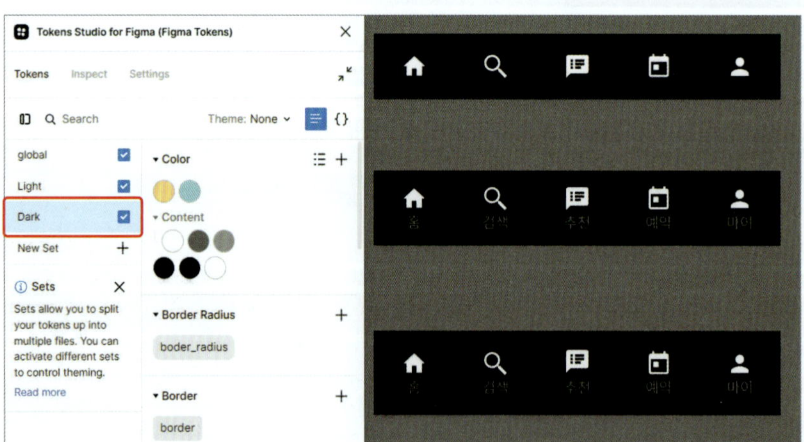

13 하단 내비게이션 배치하기 키 스크린에 하단 내비게이션을 [Assets]에서 드래그하여 배치한다.

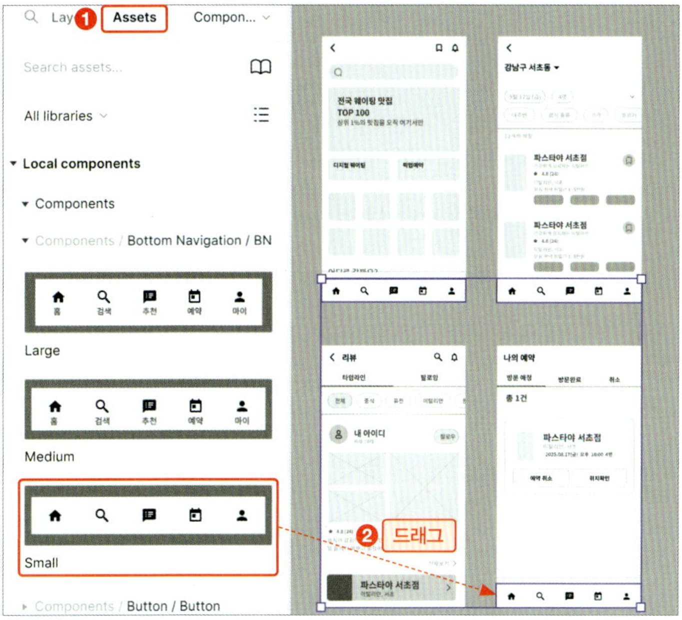

14 내비게이션 크기 변경하기 하단 내비게이션이 선택된 상태로 우측 'Swap instance'를 옵션으로 언제든지 손쉽게 크기를 변경할 수 있다.

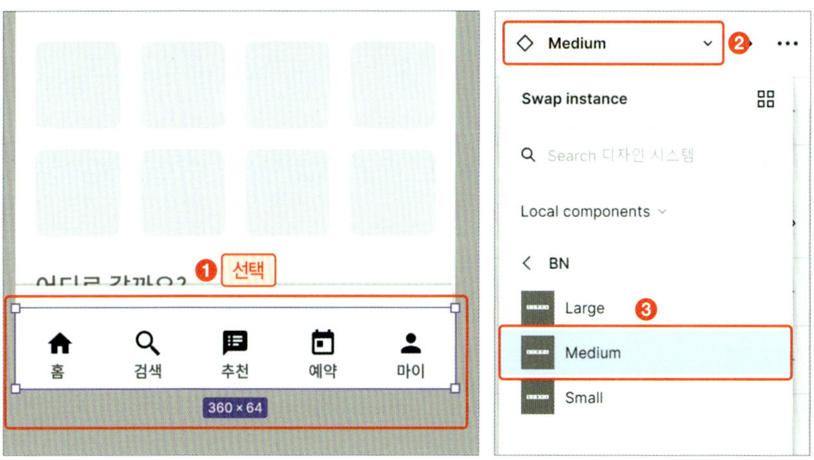

요약

1 컴포넌트와 디자인 시스템

- 컴포넌트 구성에 따라 디자인 시스템의 크기가 달라진다.
- **컴포넌트 구성 방법** 제품이나 서비스의 와이어프레임을 키 스크린으로 구성하여 각 페이지에 사용된 컴포넌트를 추출한다.

2 프로젝트 : 테이블링 앱 서비스 키 스크린 제작

- '유명 맛집, 핫플레이스의 에약과 원격 줄 서기를 지원하는 테이블링 앱 서비스'의 키 스크린을 구성하는 컴포넌트를 제작한다.

3 상단 앱 바

- **정의** 상단 앱 바는 화면과 관련된 중심 콘텐츠를 제공하며 브랜딩, 화면 제목, 탐색 등 다양한 작업을 제공한다.
- **종류** 1단 구성의 '기본형 상단 앱 바'와 2단 구성의 '와이드형 상단 앱 바'로 나눌 수 있다.

4 버튼

- **정의** 버튼은 사용자가 수행할 수 있는 작업을 전달하는 역할을 하며 대화상자나 모달 창 또는 양식 제출과 같은 곳에 배치된다.
- **종류** 문자로만 이루어진 버튼, 윤곽선으로 이루어진 버튼, 색상이 포함된 버튼과 토글 버튼으로 구분할 수 있다.

5 하단 내비게이션

- **정의** 하단 내비게이션은 3~5개의 메뉴를 포함한다. 사용자가 메뉴를 선택하면 해당 아이콘과 관련된 최상위 탐색 페이지로 이동한다.
- **종류** 아이콘만 있을 수도 있고 텍스트 레이블을 포함할 수 있으며 크기와 종류에 따라 컴포넌트로 만들어 여러 버전으로 사용할 수 있다.

CHAPTER

09

컴포넌트의 구성 II

학습목표

- 텍스트 필드 컴포넌트를 제작하고 키 스크린에 배치한다.
- 검색 창 컴포넌트를 제작하고 키 스크린에 배치한다.
- [Fill] 메뉴의 이미지 삽입 기능으로 캐러셀 컴포넌트를 제작한다.
- 베리언트 기능을 활용해 배너 컴포넌트를 제작한다.
- 탭 컴포넌트를 제작하고 키 스크린에 배치한다.

SECTION 01

텍스트 필드

핵심 내용 텍스트 필드 컴포넌트 구성 실습

텍스트 필드의 이해

텍스트 필드는 사용자가 UI에 문자를 입력할 수 있는 공간이다. 텍스트 필드는 공간이 채워진 형태와 윤곽선이 있는 형태로 나눌 수 있다. 두 가지 유형의 텍스트 필드 모두 컨테이너를 사용하고 상호작용에 대한 명확한 어포던스Affordance를 제공한다.

TIP 어포던스는 어떤 대상이 은유를 통해 사용자의 행동을 유도하는 것을 말한다. 예를 들면 비상구의 달려 나가는 사람 형태의 아이콘은 사용자가 그 아이콘의 방향으로 향하도록 행동을 유도한다.

실습 텍스트 필드 구성하기

텍스트 필드는 기본 상태인 'Default' 버전과 활성화 상태인 'Active' 버전으로 구성하였다. 컴포넌트의 베리언트 옵션을 사용하여 두 가지의 텍스트 필드를 구성해 본다.

예제 미리보기

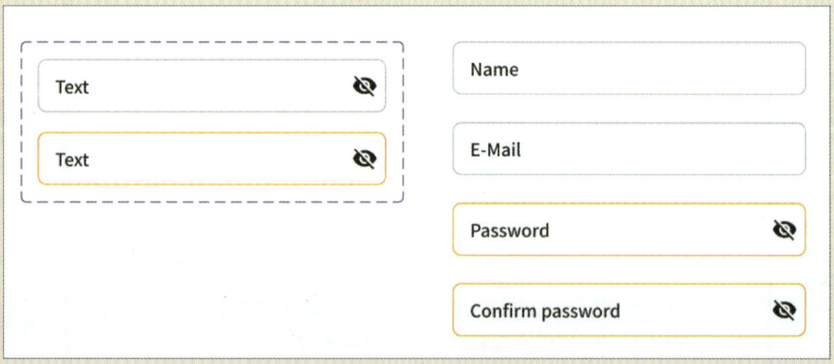

01 컨테이너 만들기 사각형 툴(■)로 사각형을 하나 만든 후 넓이 '328', 높이 '48' 그리고 가장자리 둥글기 값을 '8'로 지정한다.

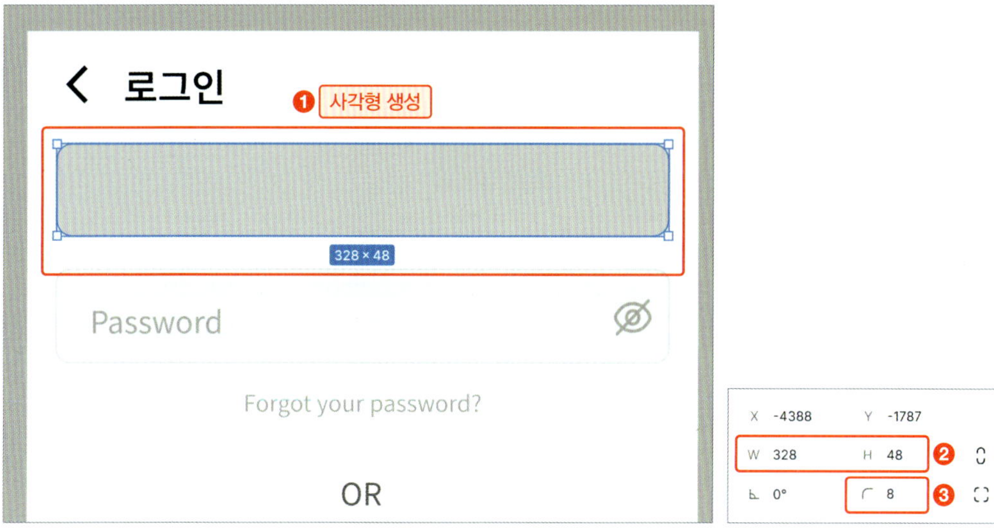

02 컨테이너 만들기 사각형이 선택된 상태로 [Fill] 메뉴의 [−]를 클릭하여 색상을 없애고 [Stroke] 메뉴의 [Style](::)을 클릭하여 'Stroke' 색상을 선택한다.

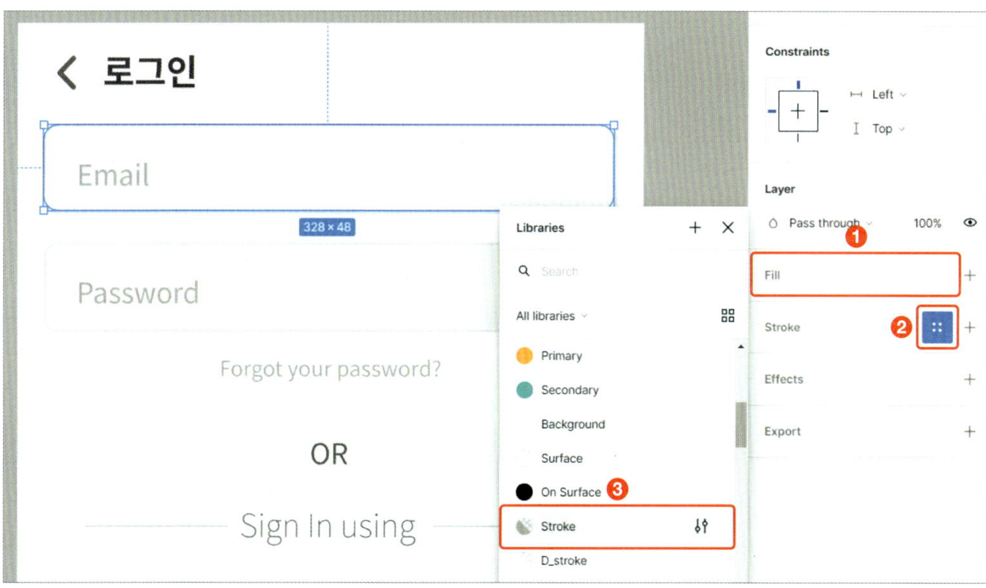

03 로그인 텍스트 필드 만들기 좌측에 여백 '16'을 두고 문자 'E-Mail'을 입력한다. [Text] 메뉴의 [Style](⁞⁞)을 클릭하여 'label' 그룹의 'Medium'을 선택한다. 문자의 색상은 [Fill] 메뉴의 [Style](⁞⁞)을 클릭하여 'Content' 그룹의 'Secondary'로 지정한다.

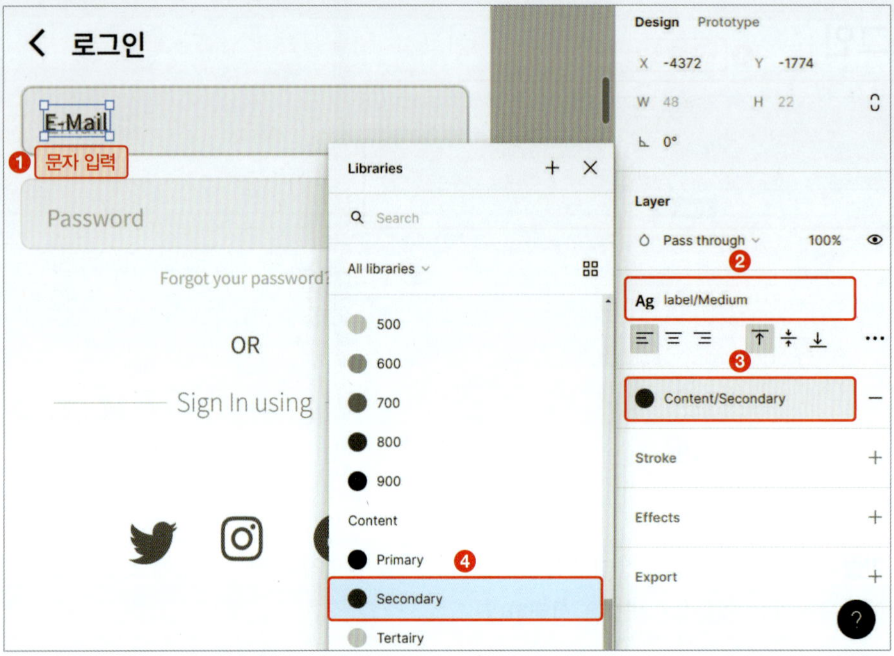

04 로그인 텍스트 필드 만들기 실습 03에서 만든 텍스트 필드를 복제하여 문자를 'Password'로 변경한다. [Assets]에서 'Visibility off' 아이콘을 텍스트 필드 우측에 배치한 후 [Fill] 메뉴의 [Style](⁞⁞)을 클릭하여 색상을 'Content' 그룹의 'Secondary'로 변경한다.

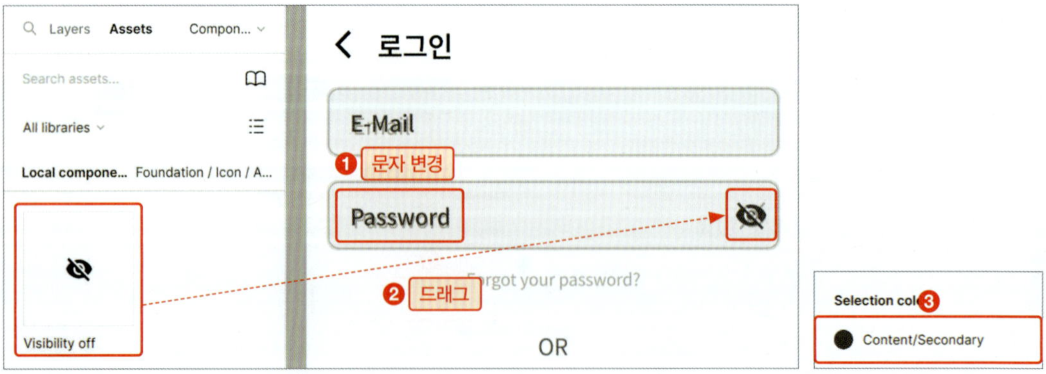

05 회원가입 텍스트 필드 만들기 키 스크린의 '회원가입' 화면에 방금 만든 텍스트 필드를 그림과 같이 복제한 후 그림과 같이 문자와 색상을 변경한다.

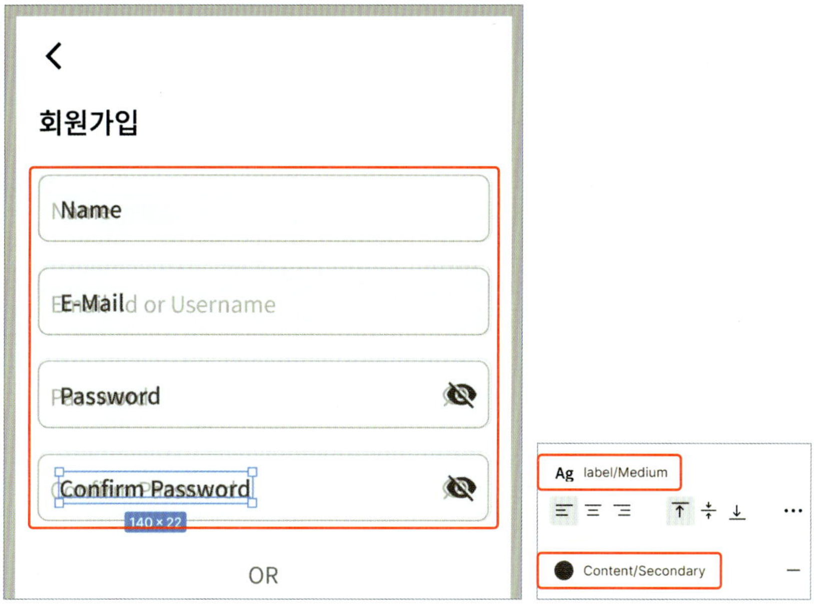

06 텍스트 필드 정렬하기 키 스크린에서 만든 텍스트 필드를 Ctrl+X를 눌러 잘라내기 한 후 'Text field' 프레임을 선택하여 Ctrl+V를 눌러 붙여넣는다.

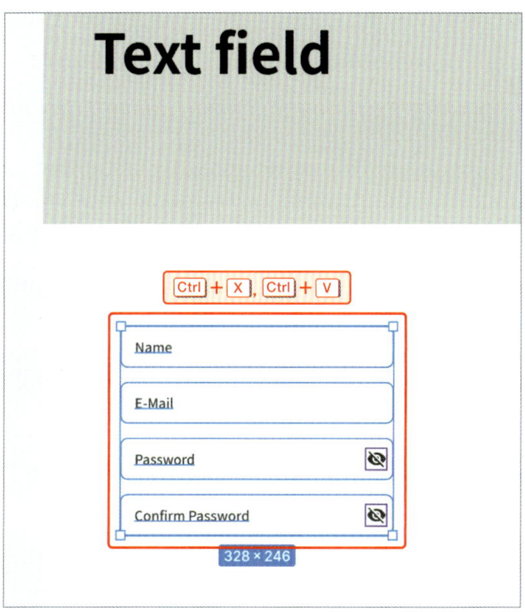

07 텍스트 필드 옵션 설정하기 문자와 아이콘이 있는 텍스트 필드 세트를 함께 선택한 후 [Alt]를 누른 채 드래그하여 복제한다.

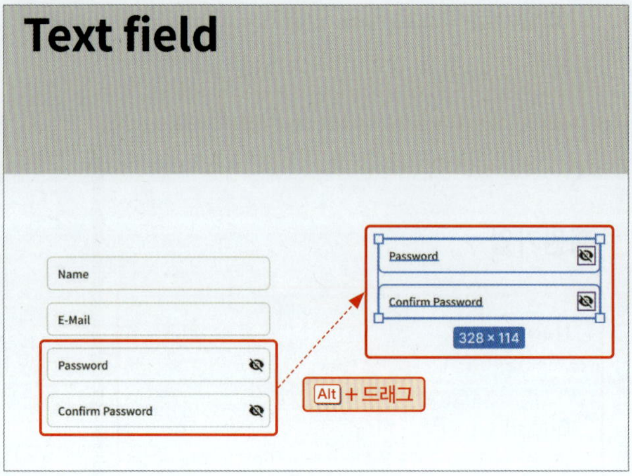

08 텍스트 필드 옵션 설정하기 아래쪽의 컨테이너를 선택한 후 [Fill] 메뉴의 [Style] 버튼(::)을 클릭하여 색상을 'Pri' 그룹의 '500'으로 변경한다.

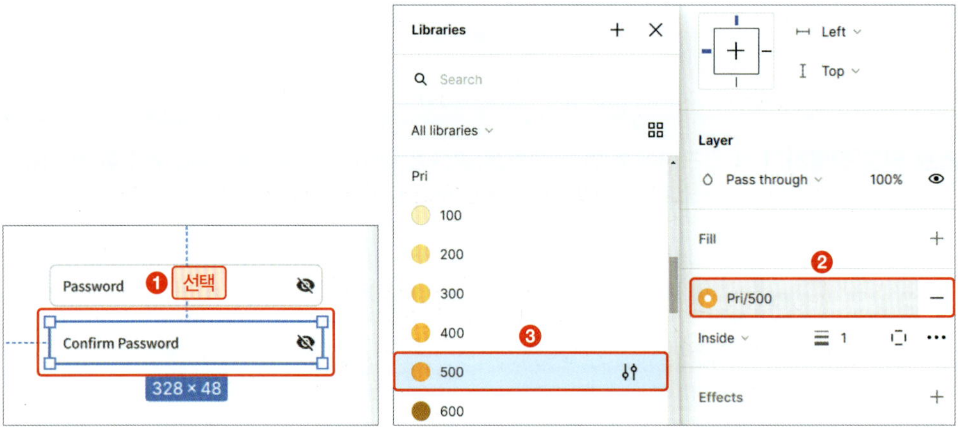

TIP 기본 상태인 'Default' 버전과 글자를 입력할 수 있는 활성화 상태인 'Active' 버전을 구분하기 위해 테두리 라인의 색상을 변경하는 것이다.

09 텍스트 필드 옵션 설정하기 첫 번째 텍스트 필드를 선택하고 [Ctrl]+[G]를 눌러 그룹으로 만든다. 그룹 이름은 'Default'로 변경한다. 두 번째 텍스트 필드를 선택한 후 [Ctrl]+[G]를 눌러 그룹화하고 이름을 'Active'로 변경한다.

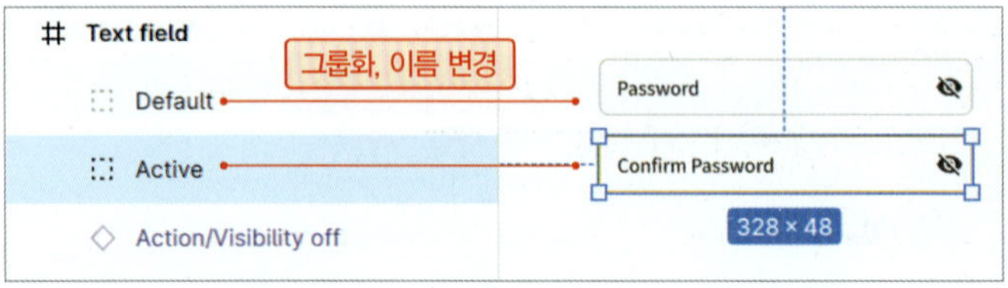

10 베리언트 만들기 'Default'와 'Active' 그룹을 모두 선택하고 상단의 컴포넌트 아이콘( )을 클릭하여 [Create component set]을 선택한다. 보라색의 점선으로 두 개의 그룹이 감싸진 'Component 1'이 생성되었다.

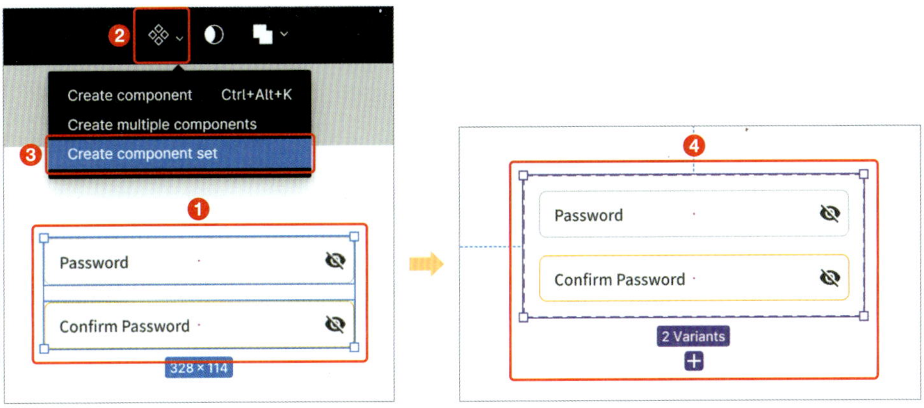

TIP 베리언트는 오브젝트를 인스턴스로 전환하여 보라색의 선으로 감싼 컴포넌트를 말한다. 베리언트를 사용하면 컴포넌트의 상태와 옵션의 전환을 쉽게 할 수 있다.

11 베리언트 속성 설정하기 'Component 1'이 선택된 상태로 우측 [Properties] 메뉴의 'Property 1'을 'State'로 변경한다. 컴포넌트 내부를 더블클릭하여 'Default' 또는 'Active' 상태를 선택한 다음 우측 패널의 [Current variant] 메뉴를 클릭해 보면 [Active]와 [Default]로 쉽게 전환할 수 있다.

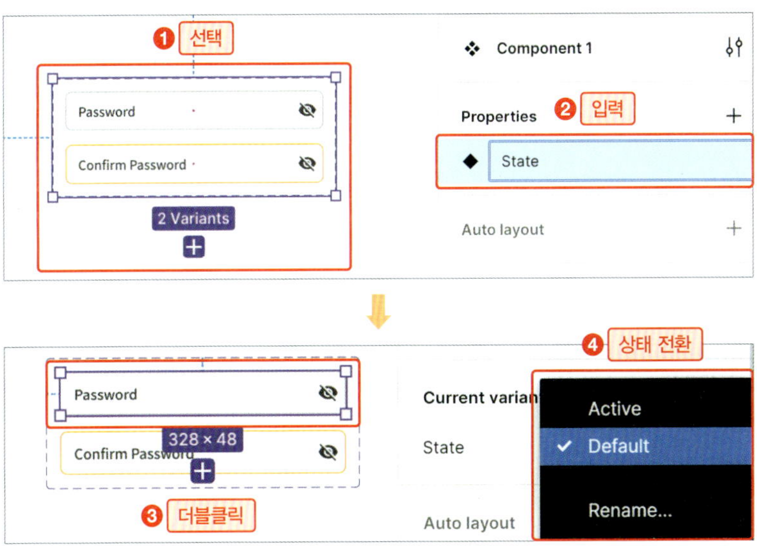

12 베리언트 속성 설정하기 'Component 1'을 선택하고 [Properties] 메뉴 옆의 [+]를 클릭하여 [Text] 옵션을 선택한다. 옵션 창에서 [Name]을 'Label'로 지정하고 [Value]를 'Text'로 입력한다.

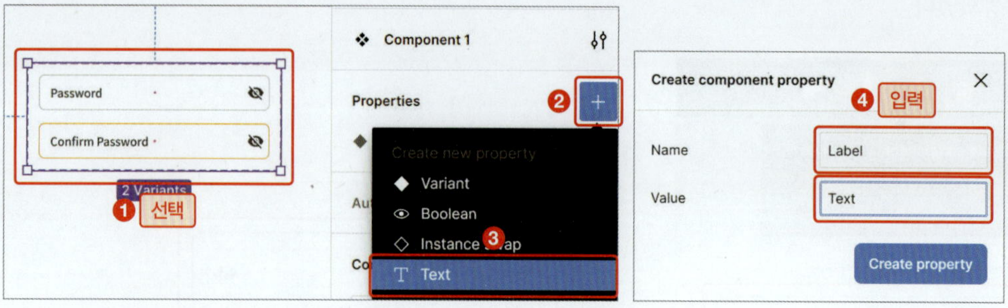

13 베리언트 속성 설정하기 'Component 1'을 여러 번 더블클릭하여 'Default'의 문자 영역을 선택하고 [Apply text property]( )를 클릭한 뒤 [Label]을 선택한다.

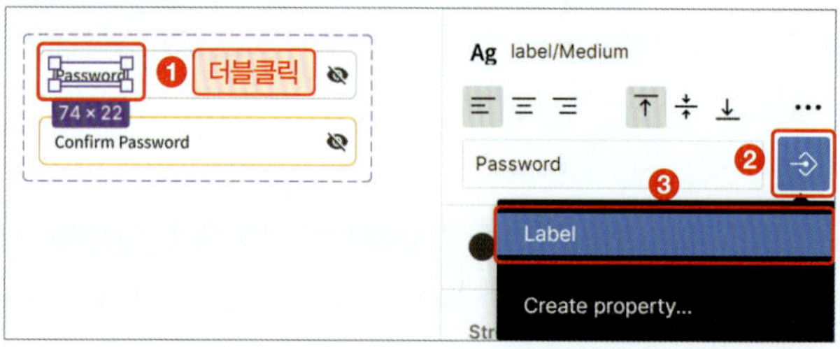

14 베리언트 속성 설정하기 'Component 1'을 여러 번 더블클릭하여 'Active'의 문자도 [Apply text property]( )를 클릭하여 [Label]을 선택한다. 'Default'와 'Active' 모두 문자 내용이 [Value] 값인 'Text'로 변경되었다.

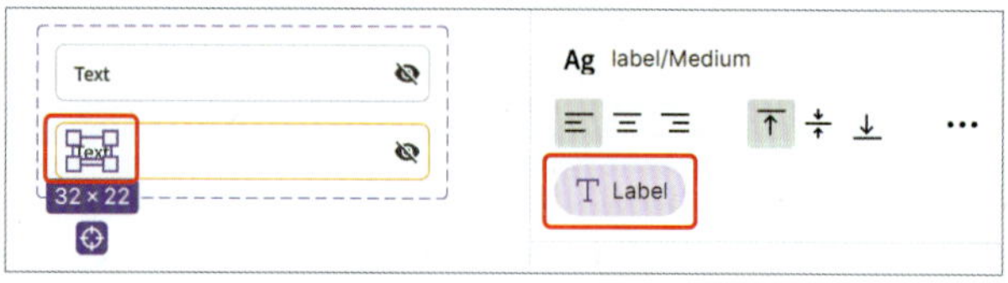

15 베리언트 속성 설정하기 'Component 1'을 선택하고 [Properties] 메뉴 옆의 [+]를 클릭하여 [Boolean] 옵션을 선택한다. 옵션 창이 열리면 [Name]을 'Icon'으로 변경하고 [Create Property]를 누른다.

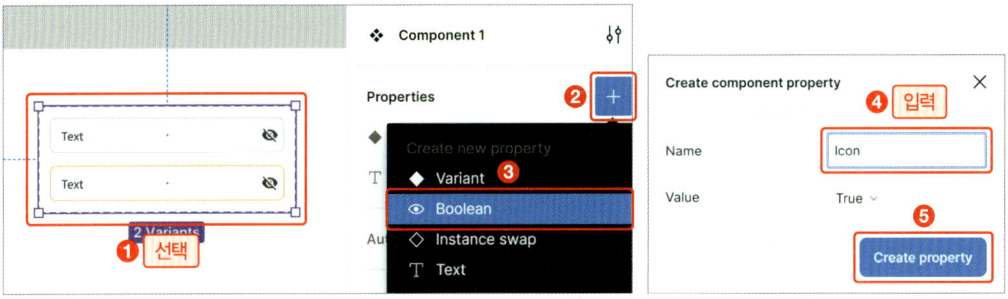

16 베리언트 속성 설정하기 'Component 1'을 여러 번 더블클릭하여 'Default'와 'Active'의 아이콘을 각각 선택하여 [Apply boolean property]( )를 클릭하여 [Icon]으로 지정한다.

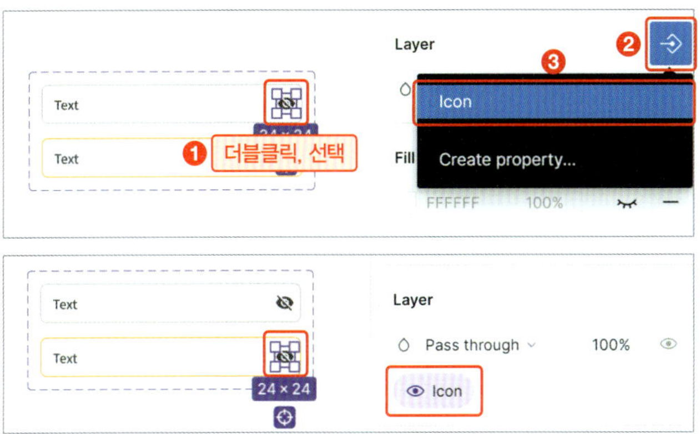

17 베리언트 속성 설정하기 'Component 1'의 이름을 'Textfield'로 변경한다.

18 인스턴스 만들기 [Assets]에서 'Textfield' 컴포넌트를 드래그하여 화면 안에 인스턴스를 복제한다.

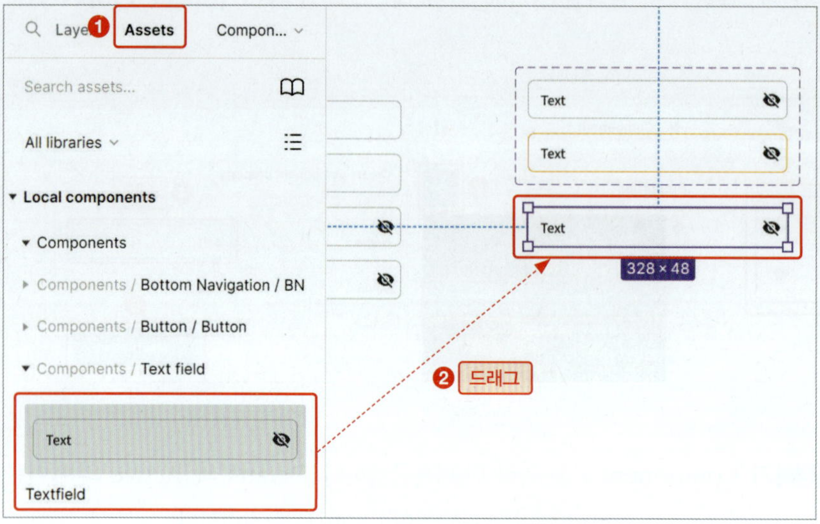

19 인스턴스 만들기 [Label]을 'Name'으로 입력하고, [Icon]의 스위치를 끈다.

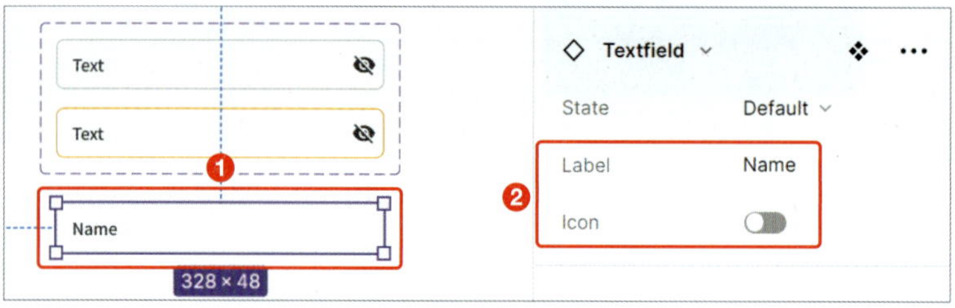

20 인스턴스 만들기 'Name' 인스턴스를 Alt를 누른 채 드래그하여 복제한다. [Icon] 스위치는 계속 꺼 두고 [Label]을 'E-Mail'로 변경한다.

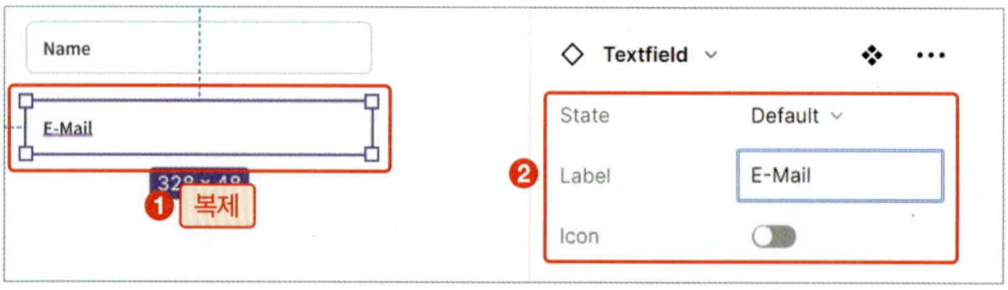

21 인스턴스 만들기 [Assets]에서 'Textfield' 컴포넌트를 화면으로 드래그하여 복제하고 아이콘 스위치를 켜고 [Label]을 'Password'로 입력한다.

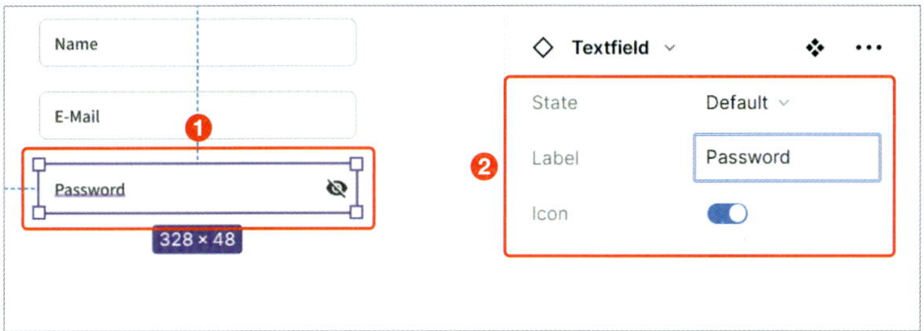

22 인스턴스 만들기 방금 만든 인스턴스를 복제하고 [Label]을 'Confirm password'로 입력한다.

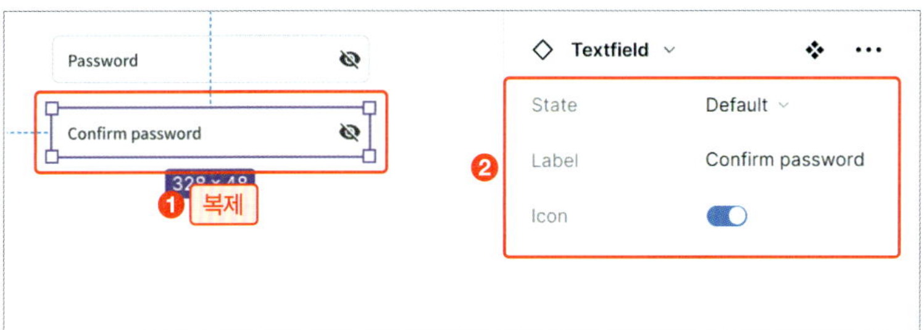

23 텍스트 필드 정렬하기 키 스크린에서 가져온 텍스트 필드는 모두 삭제하고 컴포넌트와 인스턴스를 정리한 후 인스턴스의 이름을 다음 순서와 같이 변경한다.

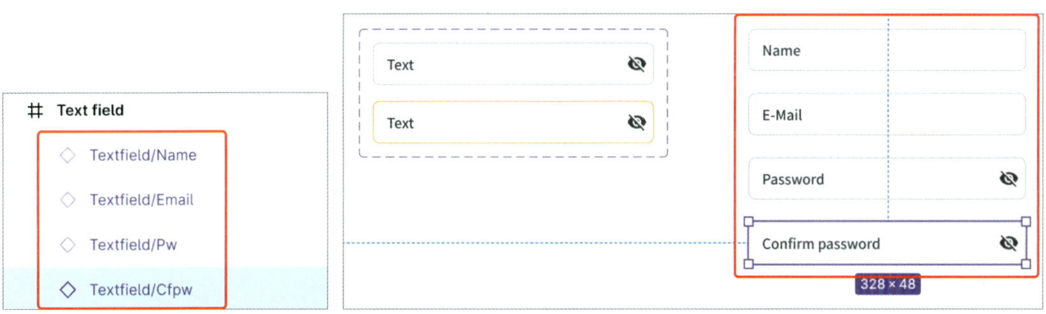

24 인스턴스 옵션 확인하기 인스턴스를 선택하고 [State] 옵션을 변경하면 'Default' 상태와 'Active' 상태로 쉽게 전환할 수 있다. 확인했다면 모두 'Default' 상태로 전환한다.

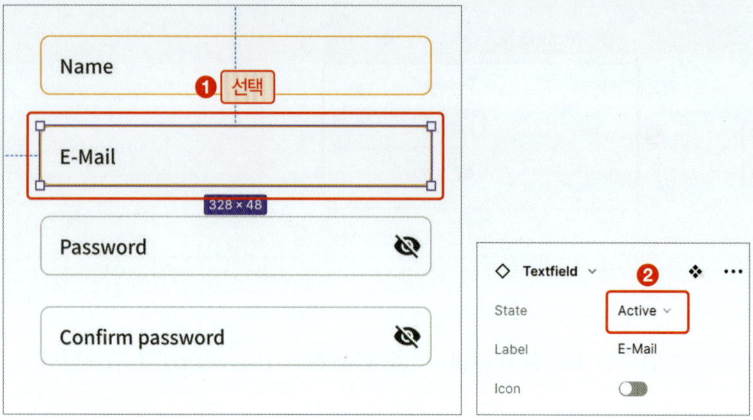

25 키 스크린에 배치하기 인스턴스를 복제하여 키 스크린에 배치한다.

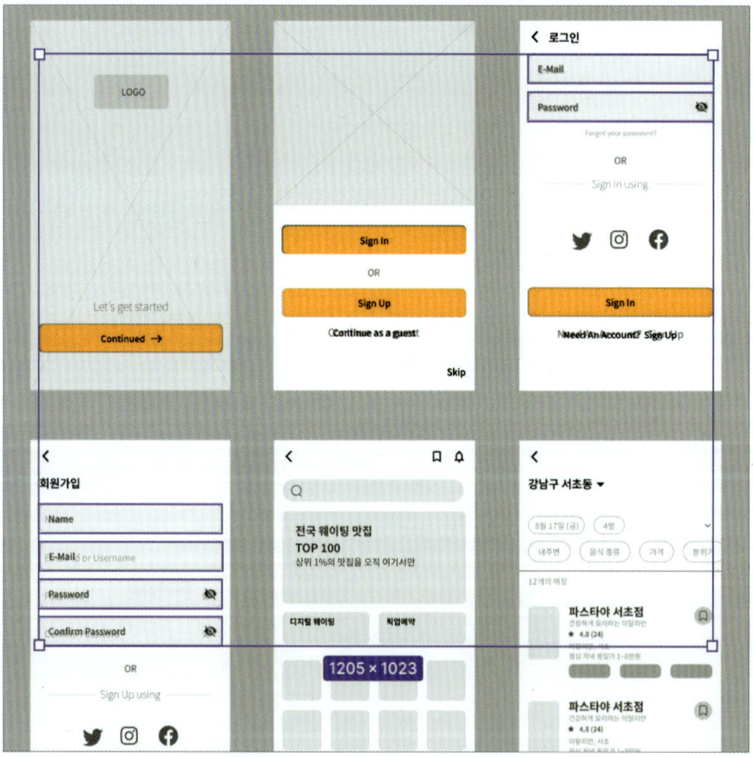

SECTION 02 검색 창

핵심 내용 검색 창 컴포넌트 구성 실습

검색 창의 이해

검색 창은 검색어를 통해 제품을 탐색할 때 사용하는 창으로 사용자가 입력할 때 추천 키워드나 문구를 표시할 수 있다. 또 검색 창에는 선행 검색 아이콘과 선택적 후행 아이콘이 포함될 수 있다.

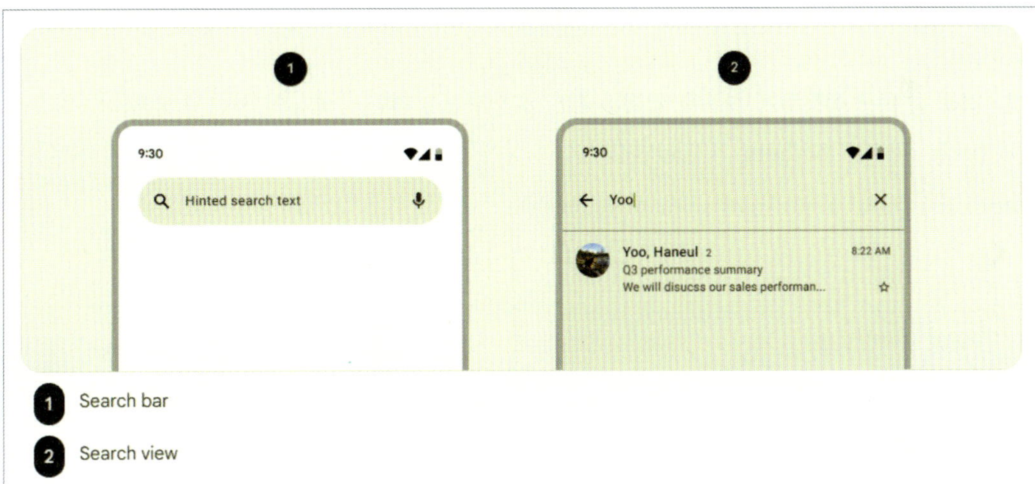

그림 9-1 머티리얼 디자인의 검색 창 컴포넌트

실습 검색 창 구성하기

'테이블링 앱 서비스'의 검색 창 컴포넌트를 구성해 본다.

예제 미리보기

01 컨테이너 만들기 사각형 툴(■)로 넓이 '328', 높이 '40'의 사각형을 그려준 뒤 가장자리 둥글기 값은 '20'을 지정하고 [Stroke] 메뉴의 [Style] 버튼(⁘)을 클릭하여 'Stroke' 색상을 선택한다.

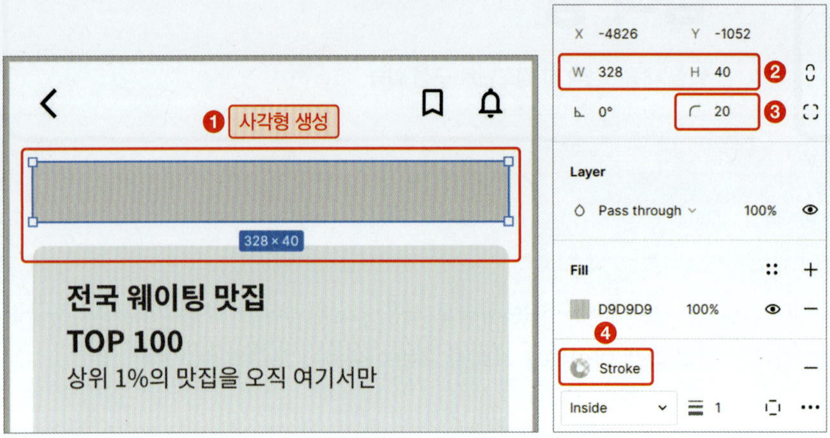

02 검색 창 옵션 설정하기 '핫플을 검색하세요.'를 입력하고 [Text] 메뉴의 [Style] 버튼(⁘)을 클릭하고 'body' 그룹의 'Medium' 크기로 변경한다. 색상은 'Content' 그룹의 'Secondary'로 지정한다.

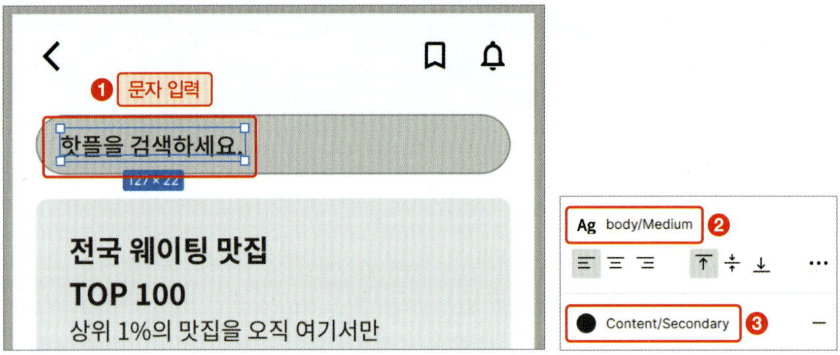

03 검색 창 옵션 설정하기 [Assets]에서 'Search' 아이콘을 드래그하여 검색 창 우측에 배치한 뒤 색상을 'Content' 그룹의 'Secondary'로 변경한다.

04 검색 창 정렬하기 키 스크린의 검색 창을 선택하고 Ctrl+X를 눌러 잘라내기 한 후 'Search' 프레임을 선택하고 Ctrl+V로 붙여넣기 한다.

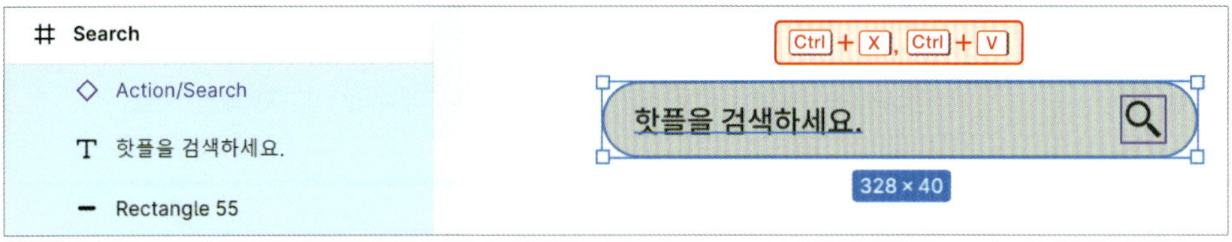

05 검색 창 옵션 설정하기 컨테이너를 선택하고 [Fill] 메뉴의 −를 클릭하여 채우기 색을 제거한다.

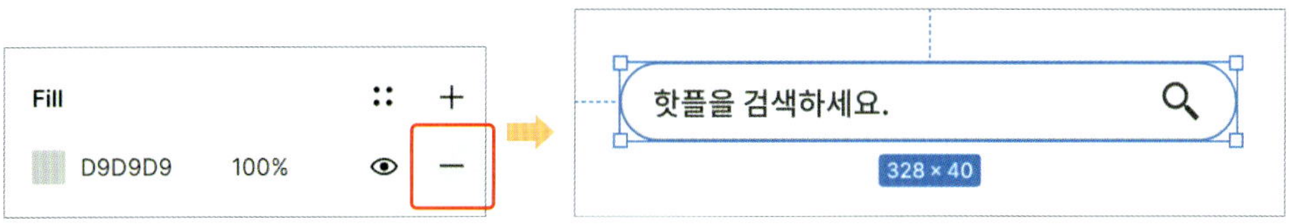

06 컴포넌트로 등록하기 검색 창 전체를 드래그하여 선택하고 Ctrl+Alt+K를 눌러 컴포넌트로 등록한다. 컴포넌트의 이름은 'Search'로 변경한다.

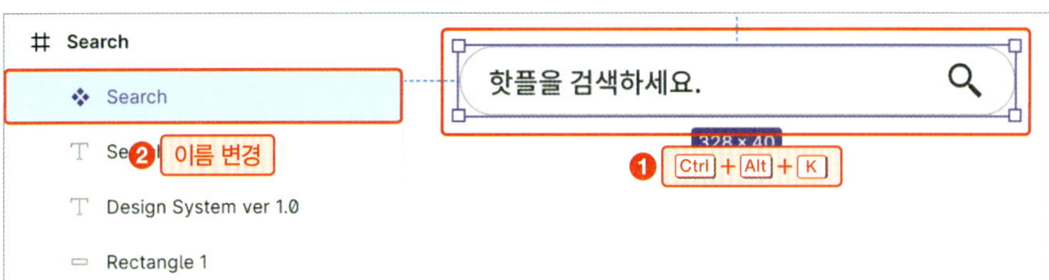

07 키 스크린에 배치하기 키 스크린의 검색 창이 있는 곳에 'Search' 인스턴스를 배치한다.

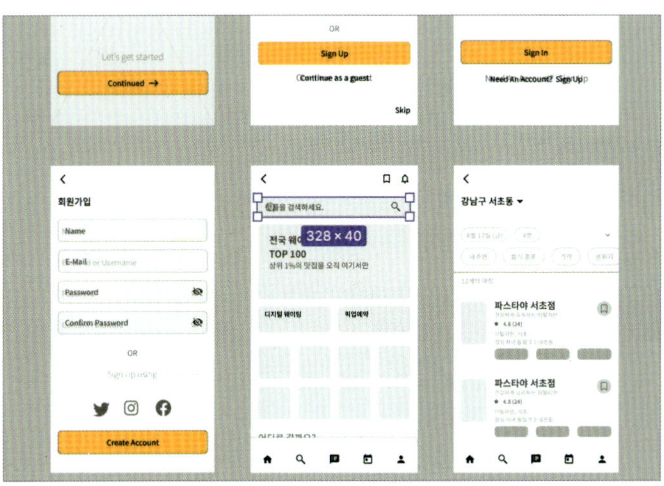

SECTION 03

캐러셀

핵심 내용 캐러셀 컴포넌트 구성 실습, [Fill] 메뉴의 '이미지 옵션' 사용

캐러셀의 이해

캐러셀Carousel은 정적이거나 동적인 이미지로 구성될 수 있고 웹이나 앱에서 콘텐츠를 수동 또는 자동으로 순환하면서 보여주는 UI를 말한다. 캐러셀에서는 이미지, 비디오와 같은 시각적 항목의 순서를 표시할 수 있다. 또 동적 캐러셀의 항목은 좌우 회전 시 크기가 변경될 수있다.

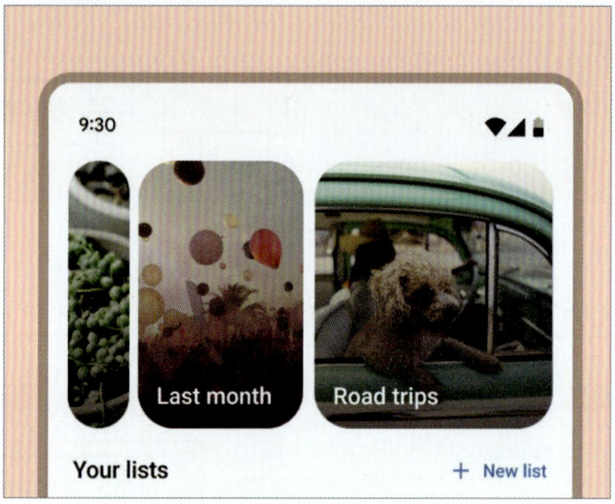

그림 9-2 머티리얼 디자인의 캐러셀 컴포넌트
© https://m3.material.io/components/carousel/overview

실습 캐러셀 컴포넌트 구성하기

캐러셀 항목은 컴포넌트의 베리언트 기능을 활용하여 [Light] 모드와 [Dark] 모드로 구성해 본다.

예제 미리보기

▪ [Light] 모드

▪ [Dark] 모드

01 컨테이너 만들기 사각형 툴(■)로 화면을 드래그하여 넓이 '328', 높이 '150' 그리고 가장자리 둥글기 값이 '12'인 사각형을 만든다.

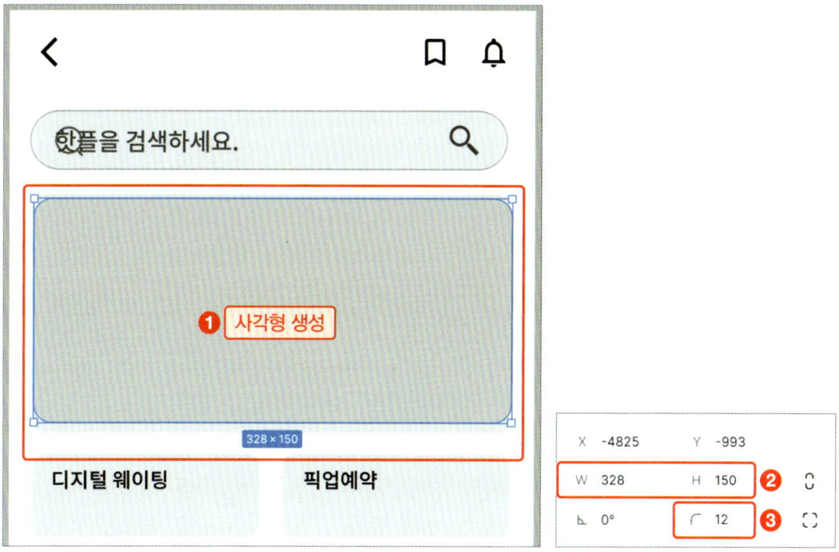

02 컨테이너 만들기 와이어프레임에서 작성한 캐러셀 이미지의 문구를 작성한다. 시각적 균형이 맞도록 문자의 크기를 [표 9-1]과 같이 변경하고 [Fill] 메뉴의 [Style] 버튼(::)을 클릭하여 문자의 색상을 'On Surface'로 지정한다.

표 9-1 캐러셀 문자 옵션

문자	문자 옵션
전국 웨이팅 맛집	'title' / Large
TOP 100	'label' / Large
상위 1%의 맛집을 오직 여기서만	'label' / Small

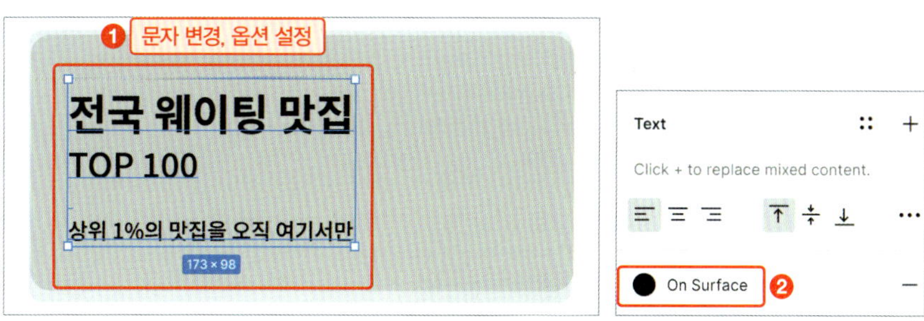

03 캐러셀 정렬하기 키 스크린에서 만든 캐러셀을 Ctrl + X 를 눌러 잘라낸 후 'Carousel' 프레임을 선택하여 Ctrl + V 로 붙여넣기 한다. Alt 를 누른 채 드래그하여 하나 더 복제한다.

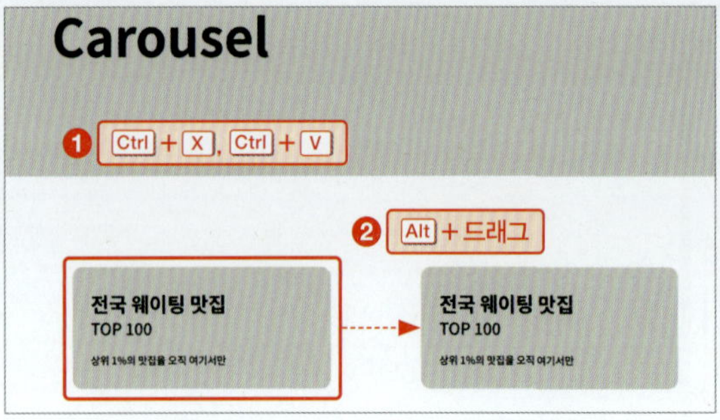

04 이미지 삽입하기 캐러셀의 컨테이너를 선택한 후 [Fill] 메뉴의 색상 부분을 클릭한다. 옵션 창이 열리면 이미지 옵션( )을 선택하고 'Choose Image'를 클릭하여 'Spagetti_Light.jpg'를 선택한다.

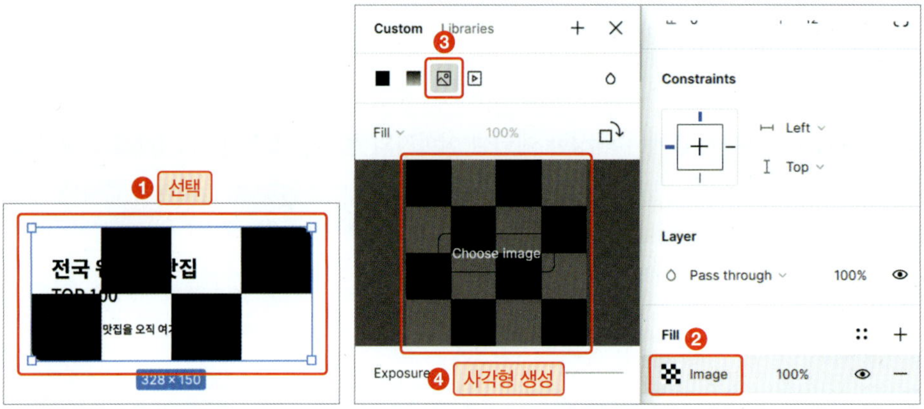

TIP 이미지 자료는 'http://www.hanbit.co.kr/src/40019'에서 다운 받을 수 있다.

05 이미지 삽입하기 컨테이너에 불러온 이미지가 배치되었다.

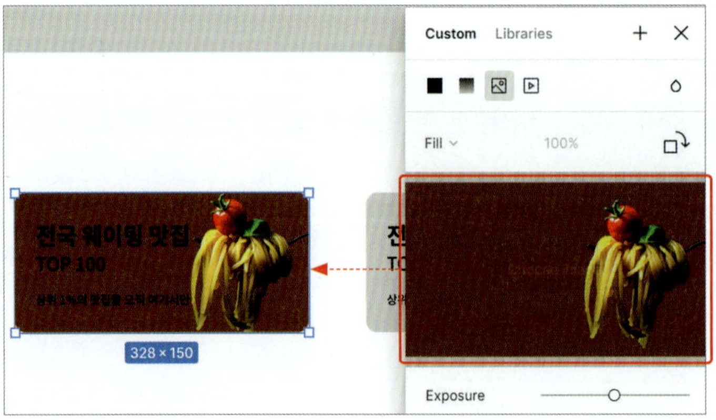

06 이미지 삽입하기 우측의 컨테이너를 선택한 후 같은 방법으로 'Spagetti_Dark.jpg'를 불러온다.

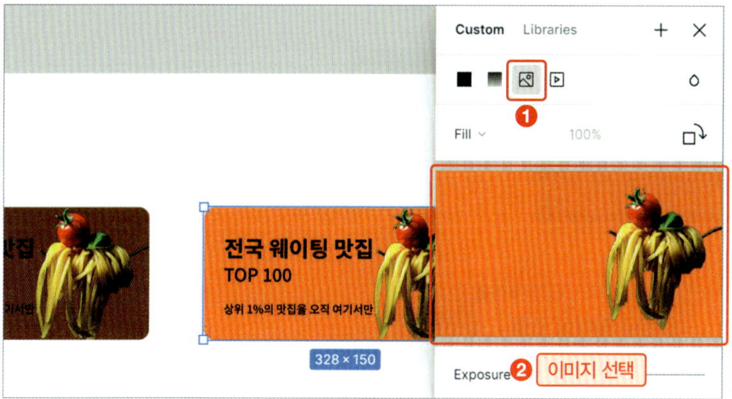

07 캐러셀 옵션 설정하기 좌측의 캐러셀 내의 문자를 선택한 후 [Fill] 메뉴의 [Style] 버튼(⁚⁚)을 클릭하여 문자의 색상을 'Surface'로 지정한다.

08 캐러셀 그룹 만들기 각각의 캐러셀을 Ctrl+G를 눌러 그룹으로 만든 후 좌측을 'Light', 우측을 'Dark'로 이름을 변경한다.

09 베리언트 만들기 두 개의 캐러셀을 모두 선택하고 상단의 컴포넌트 아이콘(❖)을 클릭하여 [Create component set]을 선택한다.

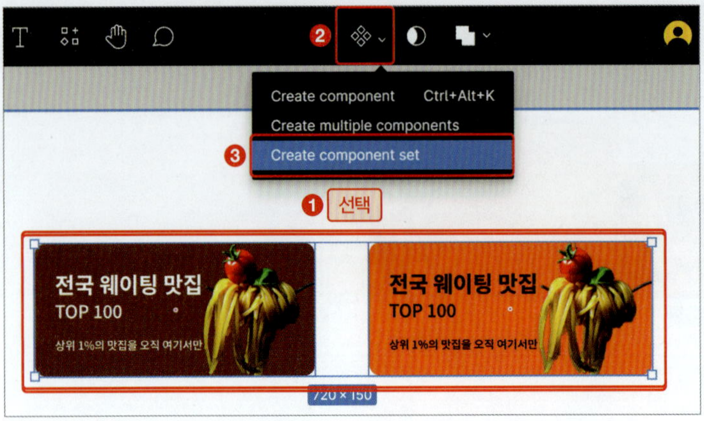

10 베리언트 속성 설정하기 베리언트로 묶인 컴포넌트의 이름을 'Carousel'로 변경하고 [Properties] 메뉴의 옵션을 'Mode'로 입력한다.

11 베리언트 속성 설정하기 컴포넌트 내부를 더블클릭하여 좌측이나 우측의 캐러셀을 선택해 [Current variant] 메뉴의 [Mode] 옵션에 [Light]와 [Dark]가 지정된 것을 확인한다.

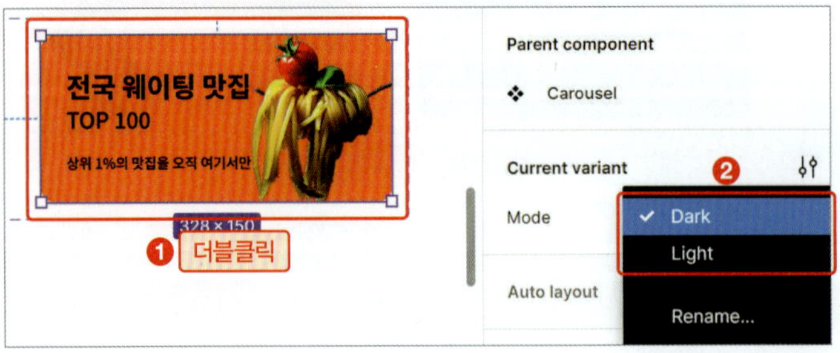

12 모드 확인해 보기 [Assets]에서 'Carousel' 컴포넌트를 가져온 뒤 [Mode] 옵션을 [Dark] 또는 [Light] 모드로 변경한다.

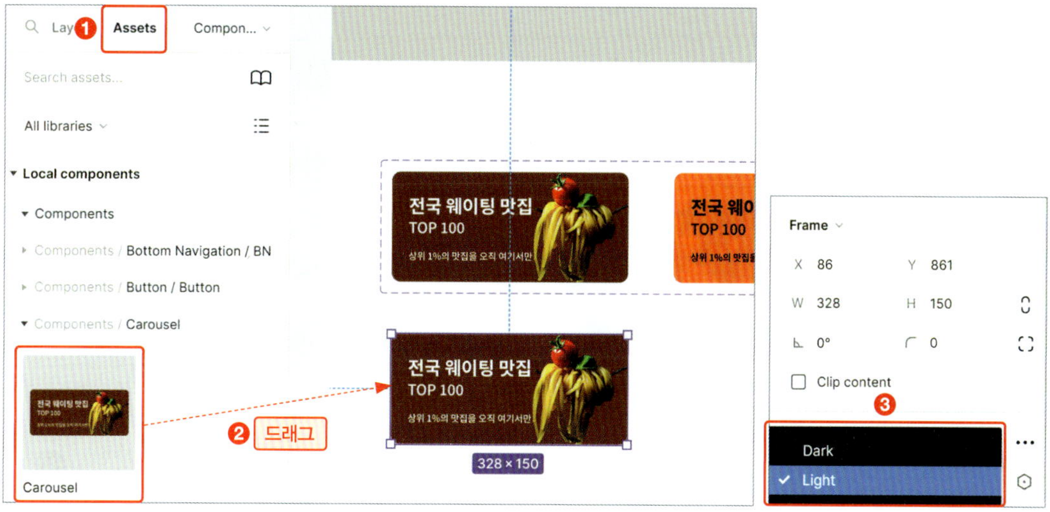

13 키 스크린에 배치하기 키 스크린에 'Carousel' 인스턴스를 배치한 후 [Mode] 옵션을 [Dark]로 변경한다. 토큰을 실행시켜 [Dark] 모드를 켜보면 의도와는 달리 캐러셀의 문자가 흰색으로 변하는 것을 확인할 수 있다.

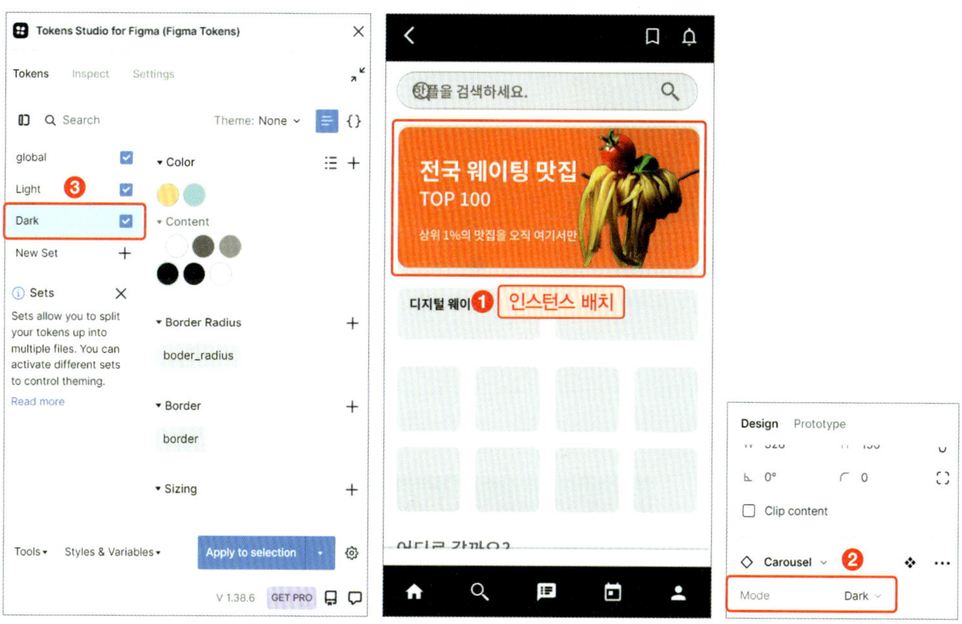

14 캐러셀 옵션 설정하기 수동으로 캐러셀의 [Mode] 옵션을 변경했을 때와 토큰으로 [Dark] 모드를 켰을 때의 상태가 같도록 'Carousel' 컴포넌트를 더블클릭하여 [Light] 모드의 문자 색상을 'White'로 변경한다.

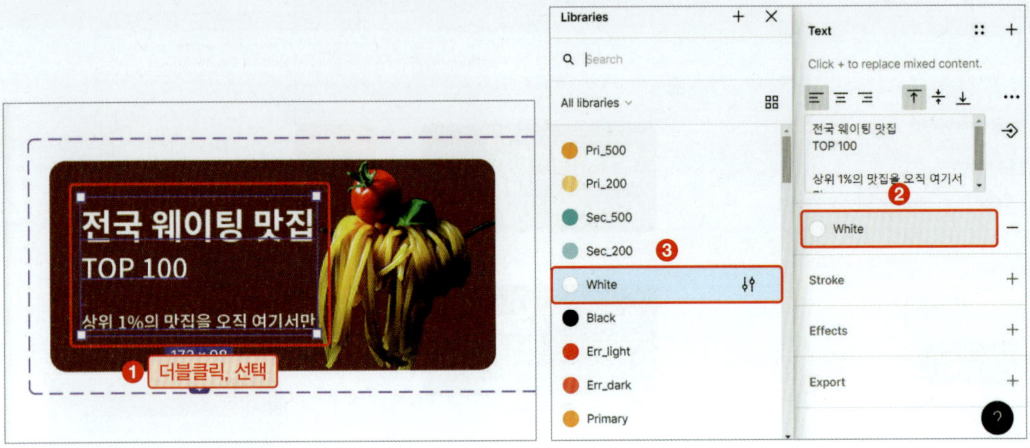

15 캐러셀 모드 옵션 설정하기 'Carousel' 컴포넌트를 더블클릭하여 [Dark] 모드의 문자 색상을 'Black'으로 변경한다.

16 다크 모드로 전환하기 실습 **15**와 같이 설정하면 토큰에서 [Dark] 모드를 켜도 캐러셀의 문자 색상은 변경되지 않는다.

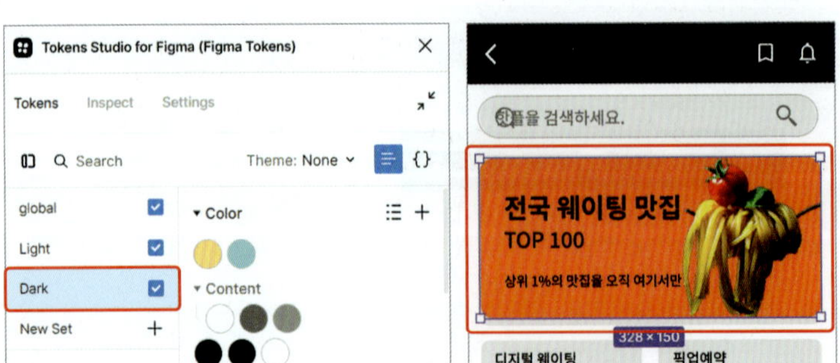

TIP 토큰에서 이미지를 자동으로 전환하는 방법은 없다. 그러므로 캐러셀의 [Light]와 [Dark] 모드는 임의로 변경해야 한다.

SECTION 04

배너

핵심 내용 배너 구성 실습

실습 배너 구성하기

배너는 버튼과 같이 특정 목적 페이지로 이동할 때 사용할 수 있다. 배너 컴포넌트를 구성해 보고 토큰을 활용해 [Light] 모드와 [Dark] 모드로 전환해 본다.

예제 미리보기

▪ [Light] 모드 ▪ [Dark] 모드

01 컨테이너 구성하기 사각형 툴(□)로 넓이 '156', 높이 '56' 그리고 가장자리 둥글기 값이 '8'인 직사각형을 만든다.

02 배너 옵션 설정하기 문자를 입력하고 'label' 그룹의 'Medium'으로 설정한다. 색상은 'On Surface'로 지정한다.

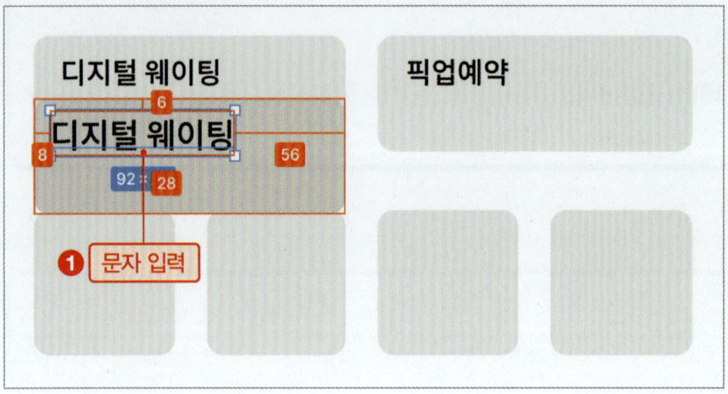

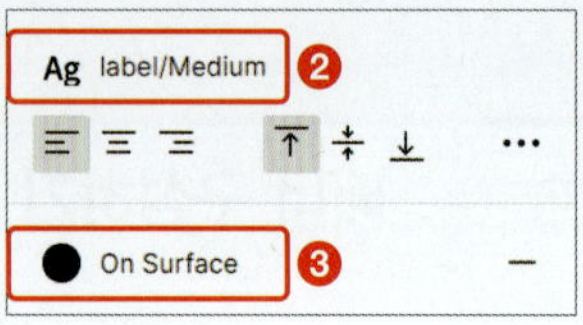

03 배너 옵션 설정하기 컨테이너를 Alt를 누른 채 드래그 하여 복제한 후 문자 내용을 와이어프레임과 같이 '픽업 예약'으로 변경한다.

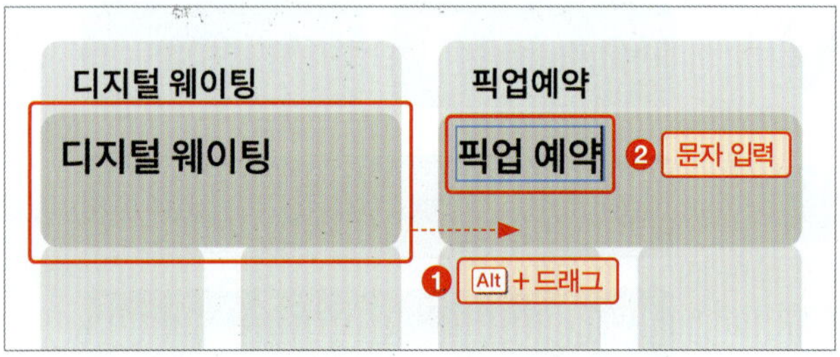

04 배너 정렬하기 만든 배너를 선택하고 Ctrl + X를 눌러 잘라낸 후 'Banner' 프레임을 선택하고 Ctrl + V를 눌러 붙여넣기 한다.

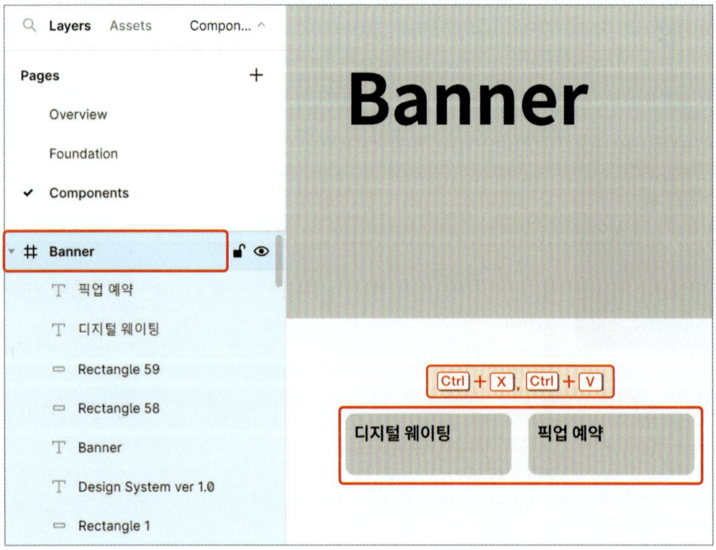

05 이미지 불러오기 상단 왼쪽의 피그마 메뉴( )를 클릭하고 [File] ▶ [Place image]를 선택한다. 준비한 이미지 두 개를 선택한 후 프레임의 빈 곳을 클릭하여 배치한다.

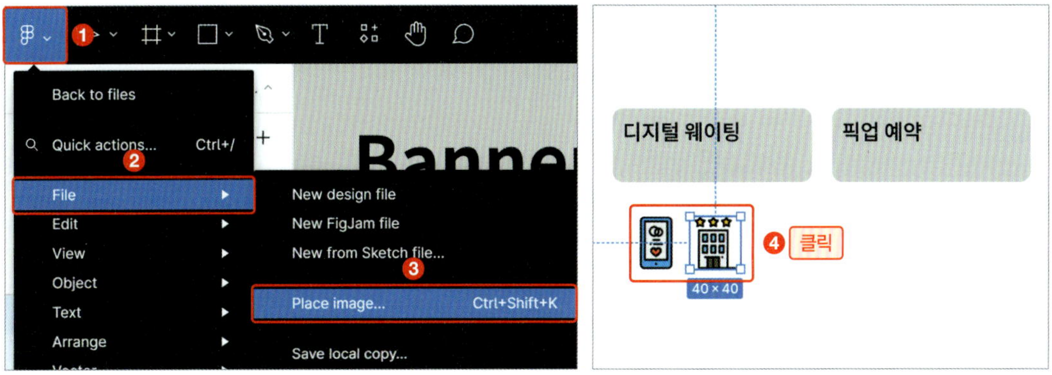

06 컴포넌트 만들기 불러온 이미지 두 개를 같이 선택하고 상단의 컴포넌트 버튼( )을 클릭하여 [Create multiple components]를 선택한다. 컴포넌트로 등록되면 각각 'Image/Wating'와 'Image/Place'으로 이름을 변경한다.

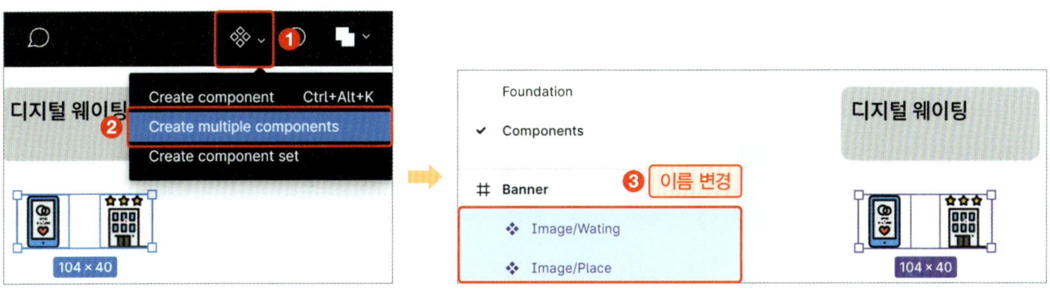

07 배너 만들기 배너 하나를 Alt 를 누른 채 드래그하여 복제한 후 [Assets]에서 'Wating' 이미지를 화면에 드래그하여 인스턴스로 만들어 배너 옆에 배치한다.

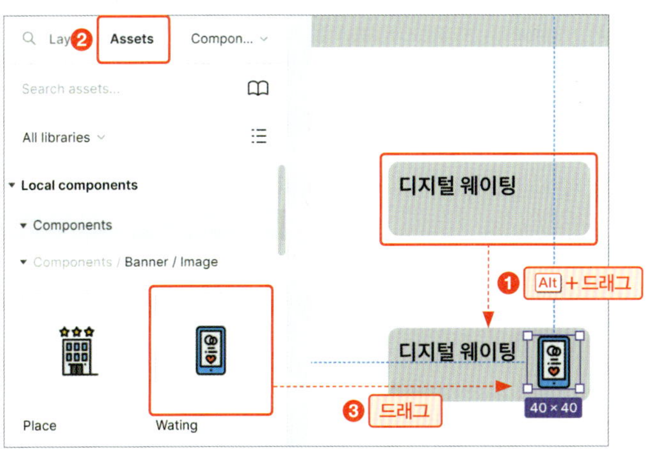

08 배너 옵션 설정하기 리소스 툴(⊞)을 클릭하거나 [Shift]+[I]를 눌러 [Plugins]에서 토큰을 실행하고 [Light] 모드를 선택한다. 배너의 컨테이너를 선택한 후 토큰에서 색상을 'Surface'로 지정하고 [Border] 항목에서 만들어 둔 'border' 속성을 클릭해 컨테이너의 색상과 테두리를 지정한다.

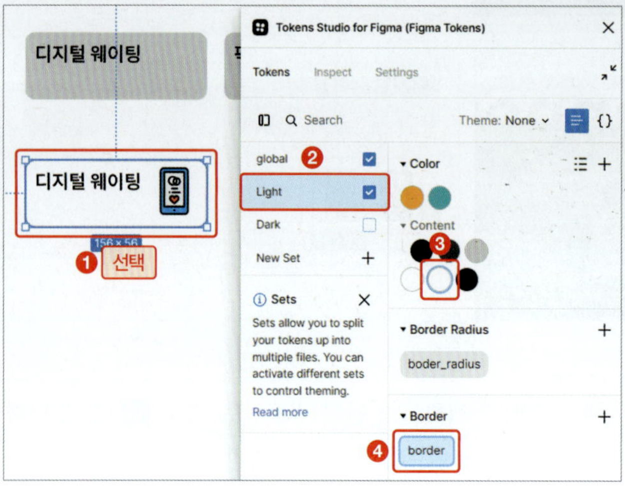

TIP 컨테이너의 스타일은 [Local Styles]와 토큰 중 어디서 지정해도 상관없다.

09 오토레이아웃 적용하기 배너와 이미지를 모두 선택한 후 [Shift]+[A]를 눌러 오토레이아웃을 적용한다. 내부의 오브젝트를 감싸는 형태로 크기가 작아지기 때문에 오토레이아웃 그룹인 'Frame 13'을 선택하고 넓이는 '156', 높이는 '56'으로 설정한다. 그리고 오토레이아웃의 오브젝트 간격을 'Auto'로 변경한다 .

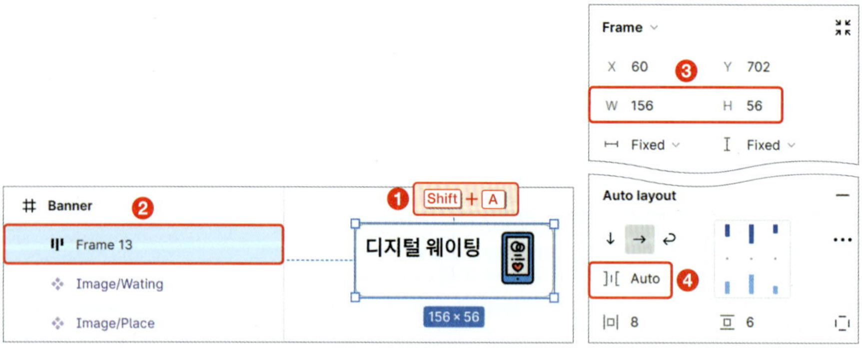

10 컴포넌트 만들기 오토레이아웃이 적용된 배너를 선택하고 [Ctrl]+[Alt]+[K]를 눌러 컴포넌트로 등록하고 이름을 'Banner'로 변경한다.

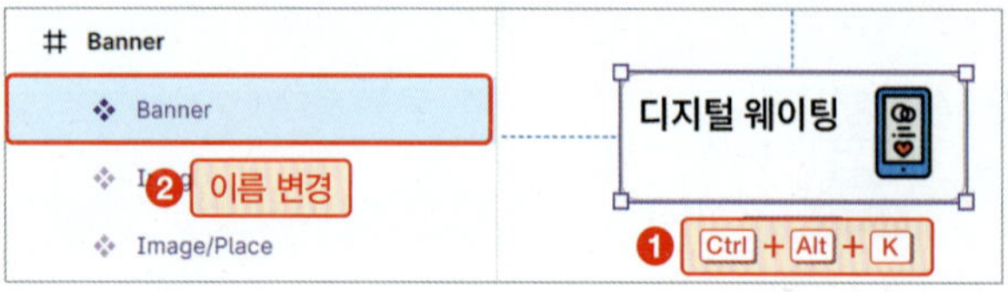

11 컴포넌트 속성 설정하기 컴포넌트가 선택된 상태로 우측 [Properties] 메뉴 옆의 [+]를 클릭하여 [Text] 옵션을 선택한다. 옵션 창이 열리면 [Name]을 'Label'로 입력하고 [Value]를 'Text'로 입력한다.

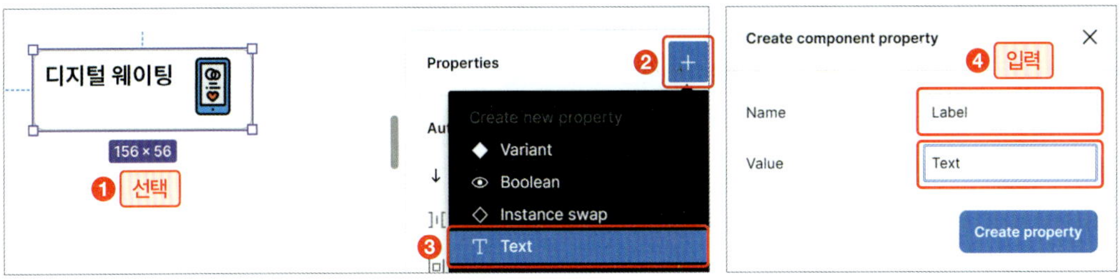

12 컴포넌트 속성 설정하기 컴포넌트 내부를 더블클릭하여 문자 영역을 선택하고 [Text] 메뉴에서 [Apply text property]( )를 클릭하여 [Label]을 선택하면 값이 'Text'로 변경된다.

13 컴포넌트 속성 설정하기 다시 컴포넌트를 선택하고 우측 [Properties] 메뉴 옆의 [+]를 클릭하여 [Instance swap] 옵션을 선택한다.

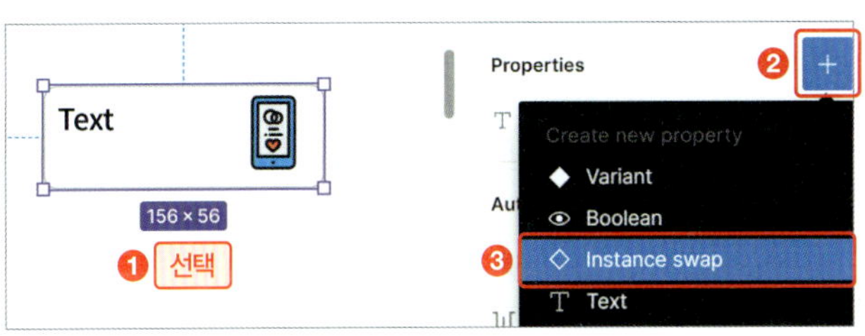

14 컴포넌트 속성 설정하기 옵션 창이 열리면 [Name]을 'Image'로 지정하고 [Value] 값은 'Choose instance'를 선택해 컴포넌트로 등록된 Image의 'Place' 또는 'Wating' 둘 중 하나로 지정한다. 여기서는 'Wating'으로 지정했다.

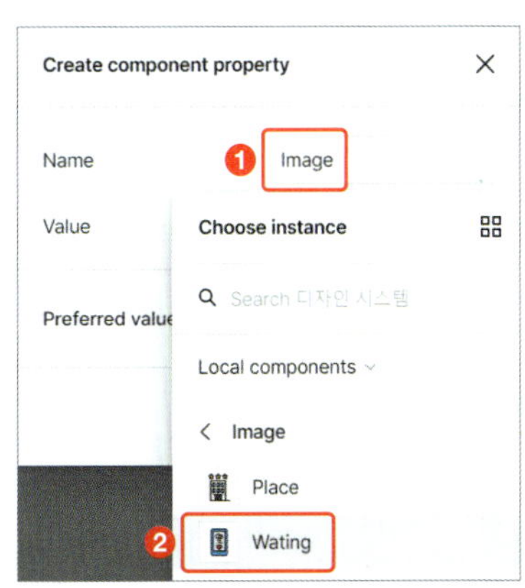

15 컴포넌트 속성 설정하기 컴포넌트의 내부를 클릭하여 'Wating'을 선택하고 이미지 이름 옆의 [Apply instance swap property]( )를 클릭하여 [Image]를 선택한다.

16 컴포넌트 속성 설정하기 컴포넌트를 Alt 를 누른 채 드래그하여 복제한 후 우측 패널에서 [Label]을 '디지털 웨이팅'으로 변경한다.

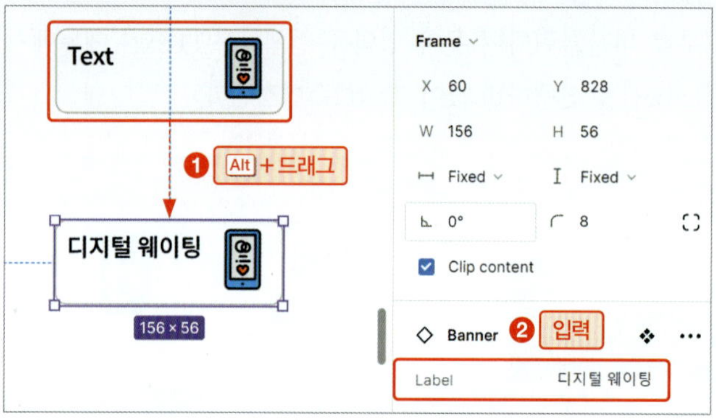

17 컴포넌트 속성 설정하기 배너 인스턴스를 선택하고 Alt 를 눌러 우측 '16' 간격을 두고 복제한 후 [Label]은 '픽업 예약'으로 변경하고 [Image]는 'Place'로 변경한다.

18 오토레이아웃 적용하기 두 개의 배너를 함께 선택한 후 Shift + A 를 눌러 오토레이아웃을 적용한다.

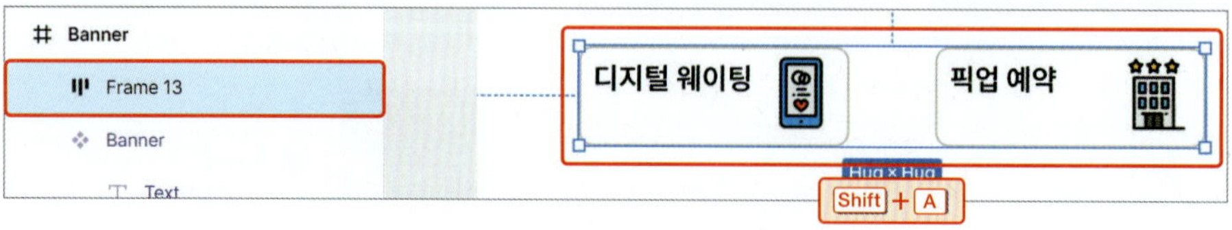

19 베리언트 만들기 오토레이아웃이 적용된 'Frame 13'를 그림과 같이 아래쪽 방향에 복제하여 'Frame 14'을 만든다.

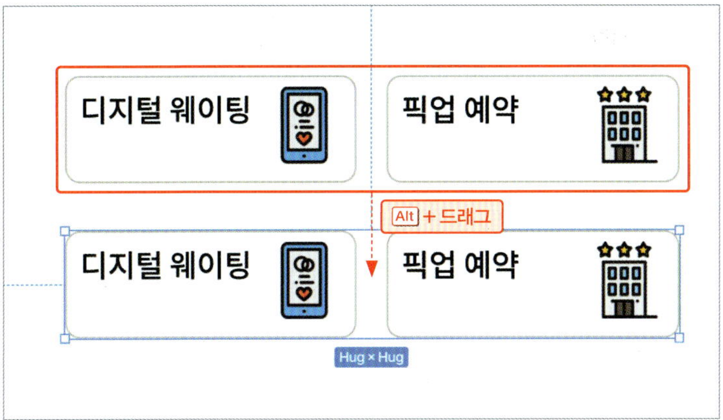

20 베리언트 만들기 'Frame 13'과 'Frame 14'를 함께 선택하고 화면 상단의 컴포넌트 아이콘(❖)을 눌러 [Create component set]을 적용한다.

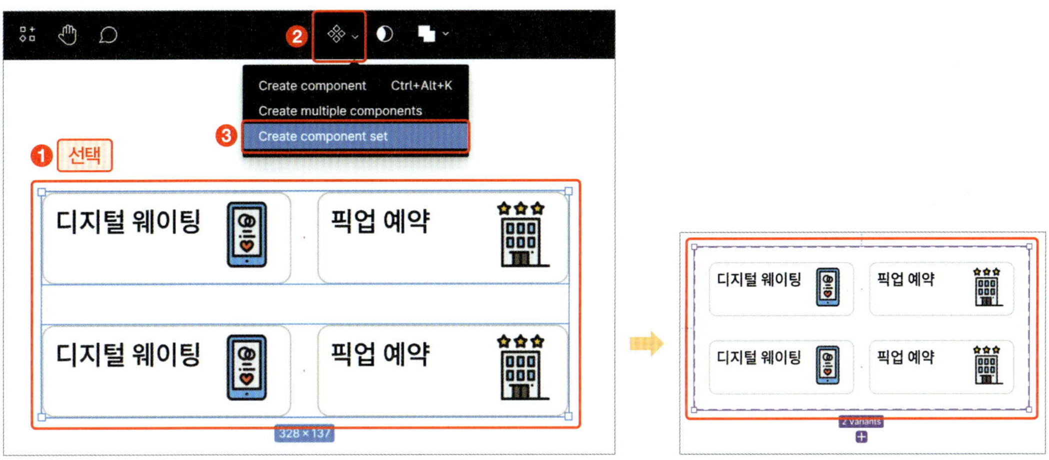

21 베리언트 만들기 'Component 1'이 선택된 상태로 [Properties] 메뉴 옵션의 이름을 'Direction'으로 변경한 다음 'Direction' 옆의 설정 버튼( )을 클릭한다. 옵션 창이 나타나면 [Values]를 'Horizontal'과 'Vertical'로 변경한다.

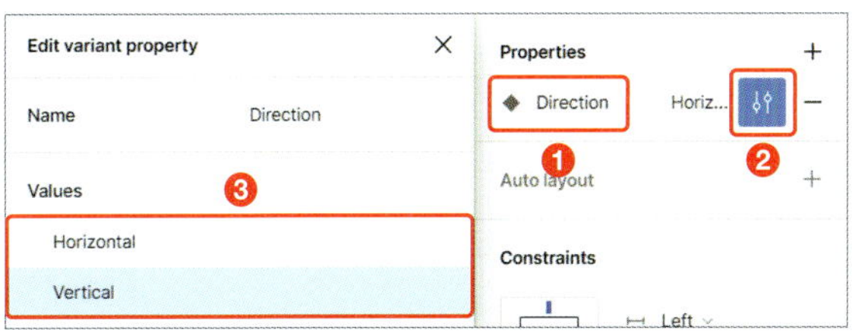

22 베리언트 옵션 설정하기 'Component 1'의 내부를 더블클릭하여 'Vertical' 인스턴스를 선택한 후 오토레이아웃의 방향을 아래쪽(↓)으로 지정하면 배너의 방향이 변경된다.

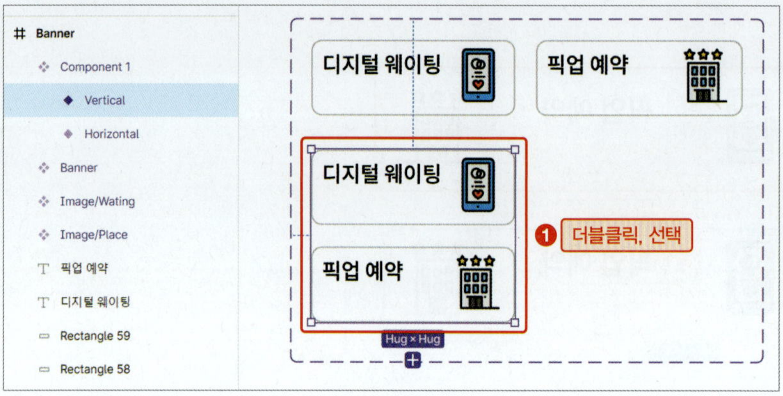

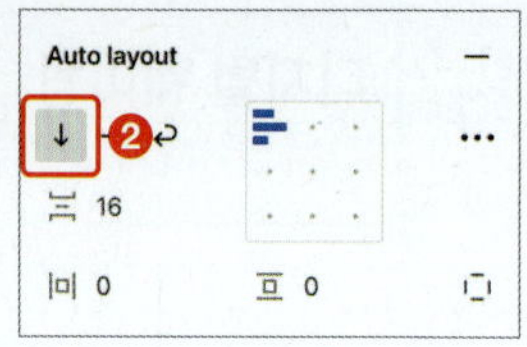

23 베리언트 옵션 설정하기 배너 두 개를 감싸고 있는 'Vertical'의 넓이를 '328'로 변경한다.

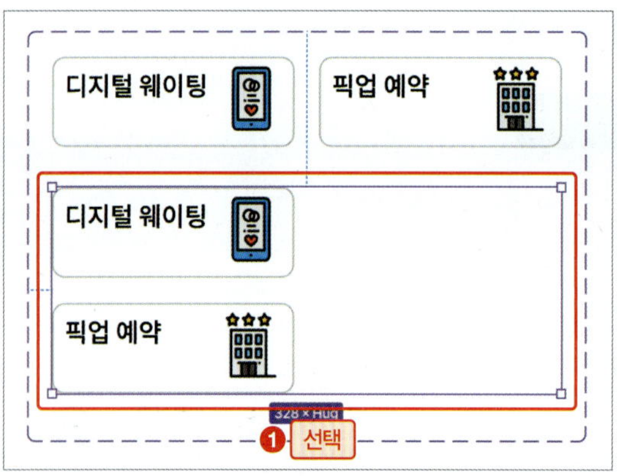

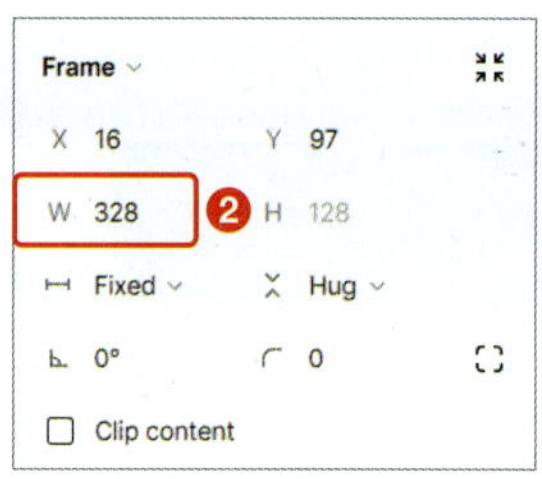

TIP 배너를 만들어 놓고 1단 또는 2단으로 사용하기 위해 베리언트를 미리 만들어 두는 것이다.

24 베리언트 옵션 설정하기 'Vertical' 내부의 배너를 선택하고 넓이를 '328'로 지정한다.

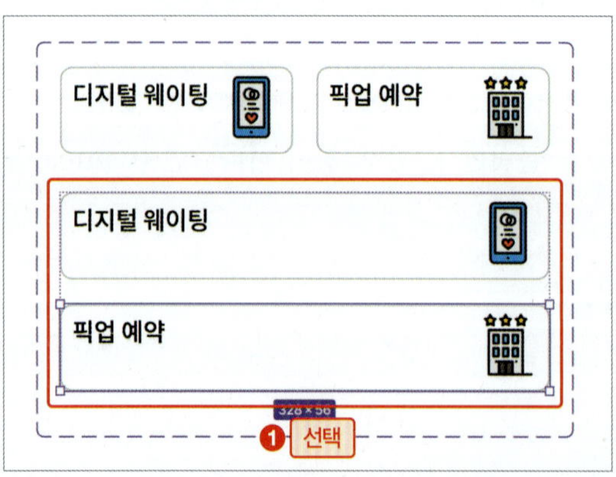

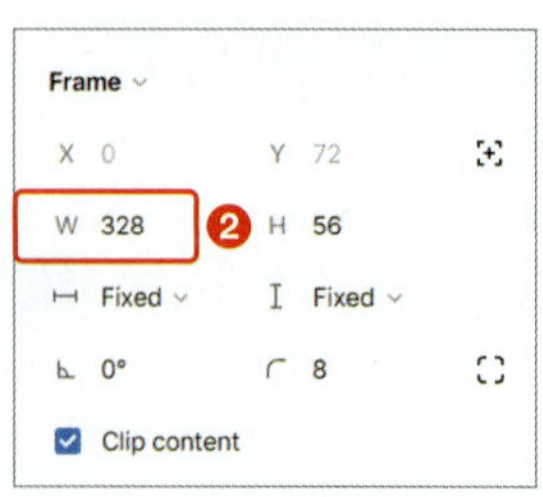

25 베리언트 옵션 설정하기 'Component 1'의 내부 배너들을 모두 여러 번 클릭하여 문자 영역을 선택한 후 [Frame] 좌우 옵션을 [Fill Container]로 변경한다.

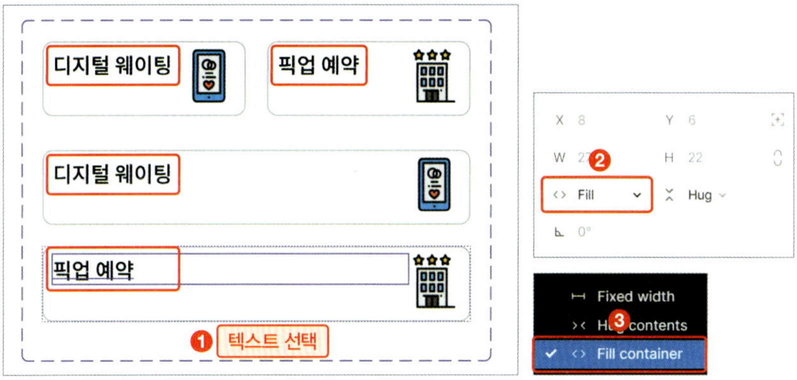

TIP [Fill Container]로 옵션을 변경하면 문자의 길이가 늘어났을 때 2줄로 변경된다.

26 베리언트 옵션 설정하기 'Component 1'의 이름을 'Banner set'으로 변경한다.

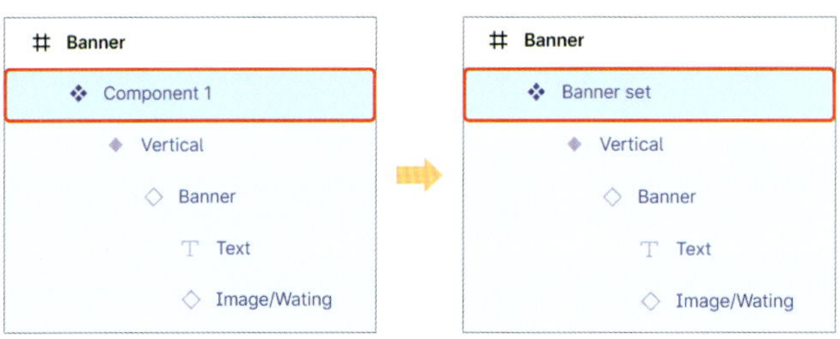

27 컴포넌트 정렬하기 처음 키 스크린에서 가져온 배너 샘플은 삭제하고 컴포넌트들을 정리한다. [Assets]에서 'Banner set'을 화면으로 드래그한다.

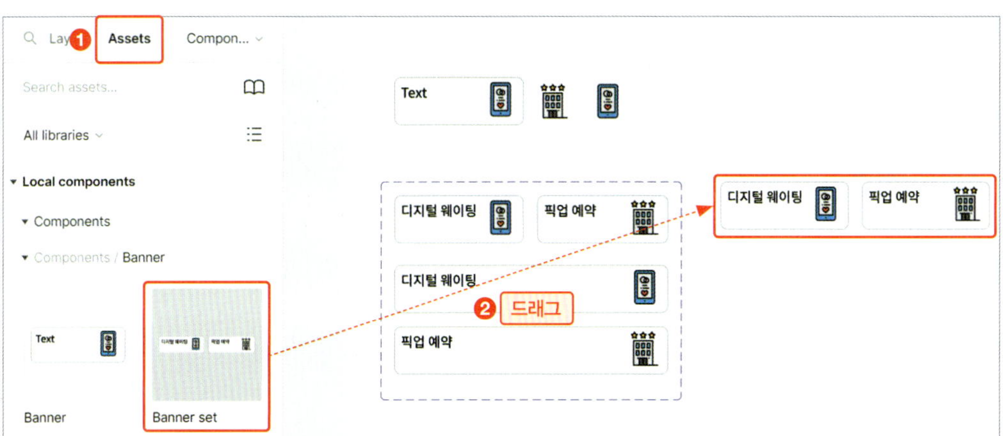

28 베리언트 옵션 확인하기 'Banner set'의 [Direction] 옵션을 변경하면 가로 방향과 세로 방향으로 배너의 크기가 달라진다.

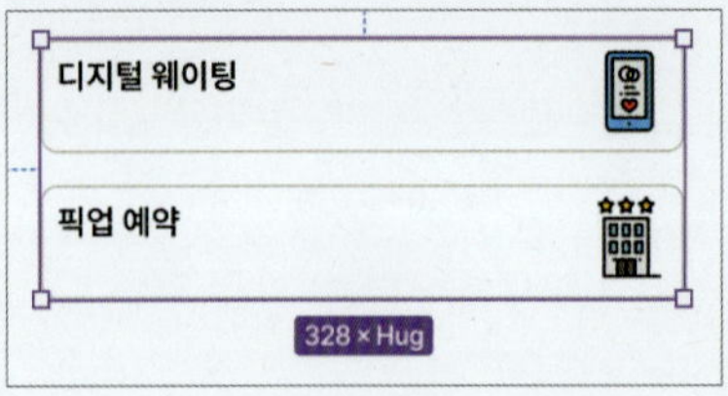

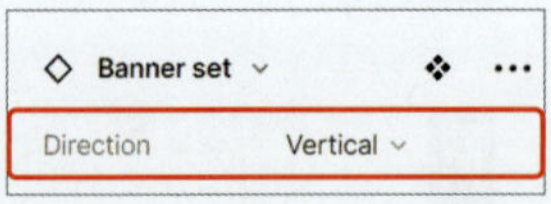

29 키 스크린에 배치하기 키 스크린에 'Banner Set'을 배치한다.

30 다크 모드로 전환하기 토큰을 실행시켜 [Dark] 모드가 잘 작동하는지 체크한다.

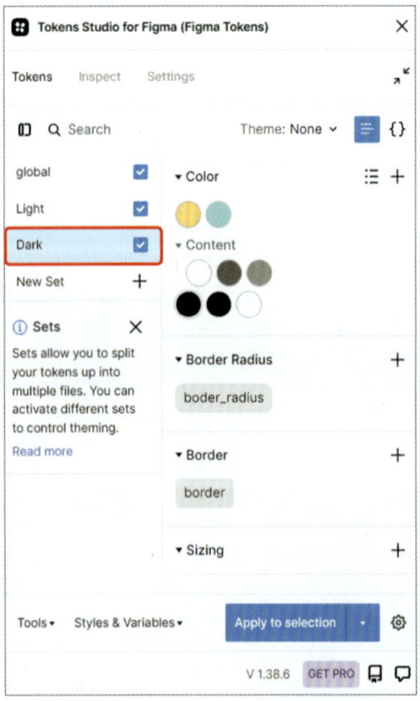

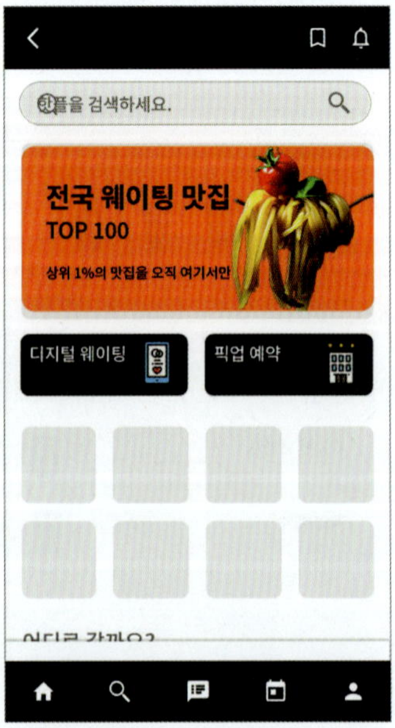

SECTION 05

탭

핵심 내용 탭 컴포넌트 구성 실습

실습 탭 컴포넌트 구성하기

탭은 동일한 계층을 구성하는 관련 콘텐츠 그룹을 묶은 것으로 화면 안에서 페이지를 이동할 때 사용한다. '기본 탭'과 '보조 탭' 두 가지 유형이 있으며 가로 방향으로 배치한다. '테이블링 앱 서비스'의 탭 컴포넌트를 구성하고 키 스크린에 배치해 본다.

예제 미리보기

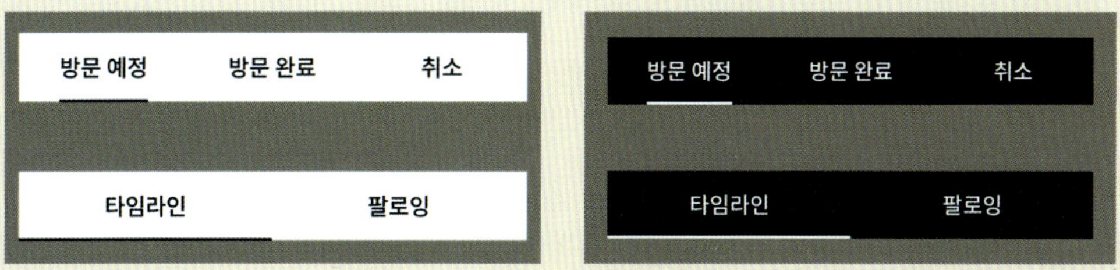

■ [Light] 모드 ■ [Dark] 모드

01 키 스크린 화면 확인하기 키 스크린에서 탭 메뉴로 구성된 페이지를 확인한다. 2개의 탭 메뉴와 3개의 탭 메뉴로 구성되어 배치된 것을 알 수 있다.

02 컨테이너 만들기 'Tabs' 프레임으로 이동해 사각형 툴(□)로 높이가 '46'인 사각형을 하나 만들고 면의 색상을 'Surface'로 변경한다.

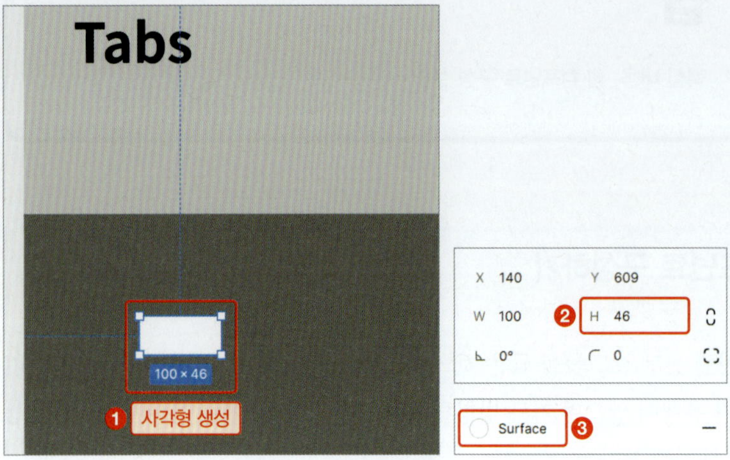

03 탭 옵션 설정하기 '탭 메뉴'라는 문자를 작성한다. 옵션을 'label' 그룹의 'Medium'으로 설정하고 좌우 정렬을 중앙으로 변경하고 색상은 'On Surface'로 변경한다. 이때 앞에서 만든 사각형의 넓이를 입력한 문자의 넓이에 딱 맞도록 좌우를 조절한다.

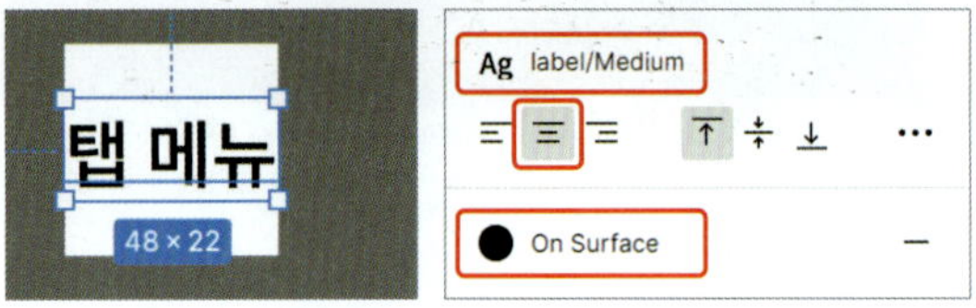

04 오토레이아웃 설정하기 두 개의 오브젝트를 함께 선택하고 Shift + A 를 눌러 오토레이아웃을 적용한다. 오토레이아웃을 적용하고 박스와 문자의 높이가 달라지면 정중앙에 배치될 수 있도록 오브젝트의 정렬을 중앙으로 맞춘다.

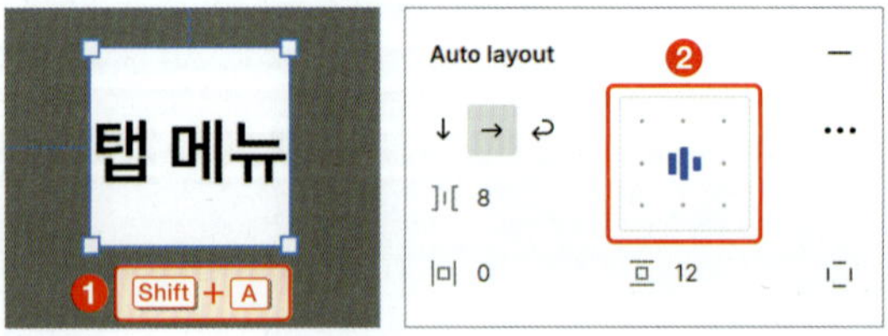

05 탭 옵션 설정하기 사각형 툴(■)로 넓이가 '48', 높이가 '2'인 선처럼 보이는 사각형을 만든 후 면의 색상을 'On Surface'로 변경하고 배경의 사각형과 겹치지 않도록 탭 메뉴 컨테이너 하단에 배치한다.

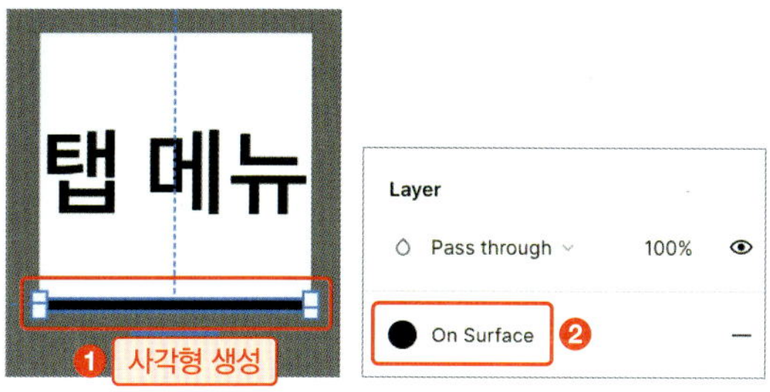

06 오토레이아웃 적용하기 탭 메뉴 컨테이너와 하단의 선을 함께 선택하고 Shift+A를 눌러 오토레이아웃을 적용한다.

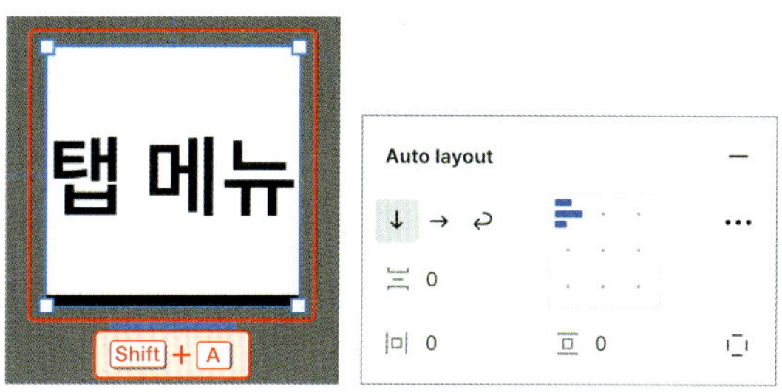

TIP 처음 컨테이너를 만들 때 높이를 '46'으로 지정했고 박스 하단에 배치한 선의 높이가 '2'이므로 총 높이는 '48'이 된다.

07 탭 옵션 설정하기 하단에 배치된 사각형을 선택하고 [Frame] 좌우 옵션을 [Fill container]로 선택한다.

08 컴포넌트 만들기 탭 메뉴를 선택하고 Alt를 눌러 드래그하여 복제한 후 하단의 선을 선택하고 [Layer] 메뉴의 'Pass through' 옵션을 '0%'로 변경한다.

09 컴포넌트 만들기 두 개의 탭 메뉴를 같이 선택한 후 상단의 컴포넌트 버튼(◈)을 눌러 [Create multiple components]를 선택한다.

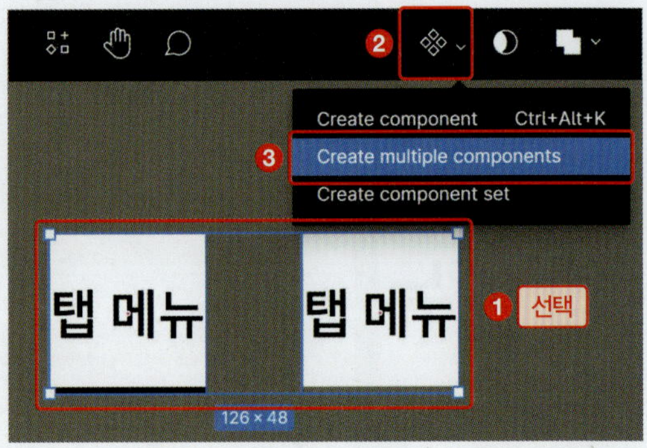

10 컴포넌트 속성 설정하기 선이 있는 컴포넌트를 'Tabs/active'로 이름을 변경하고 선이 없는 컴포넌트를 'Tabs/inactive'로 변경한다.

11 컨테이너 만들기 사각형 툴(■)로 넓이 '360', 높이 '48' 크기의 컨테이너를 만든다. 색상은 'Surface'로 변경한다.

12 컨테이너 만들기 사각형 툴(■)로 넓이 '360', 높이 '1'인 사각형을 만들고 면의 색상을 'Stroke'로 지정한 후 컨테이너 내부 하단에 배치한다.

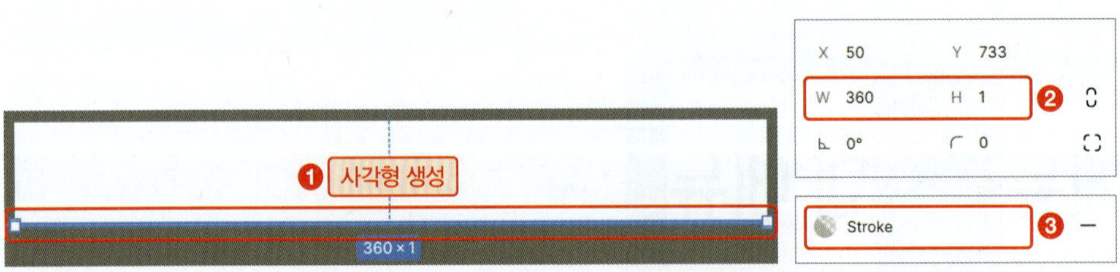

TIP 탭 메뉴를 만들 때와는 달리 선이 컨테이너에 포함되어 높이가 '360'이 되도록 내부 하단에 배치한다.

13 컴포넌트 배치하기 'Tabs/active'와 'Tabs/inactive' 컴포넌트를 복제하여 각각 그림과 같이 1/3 지점이 되는 곳에 배치한다.

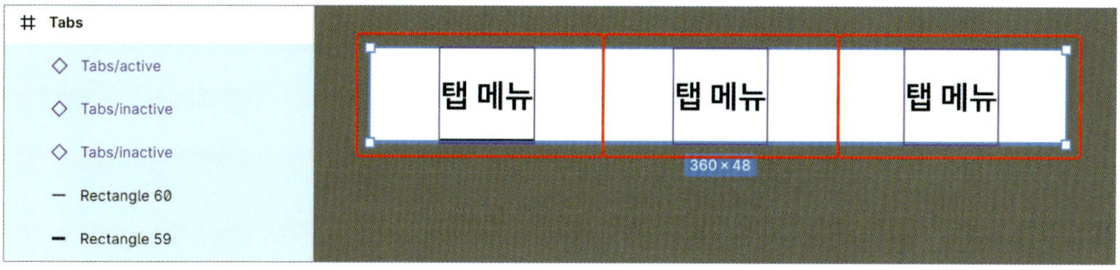

14 오토레이아웃 설정하기 컨테이너와 메뉴를 모두 선택하고 Shift+A를 눌러 오토레이아웃을 적용한다. [Frame] 메뉴의 좌우 옵션은 [Fixed]로 변경하고 [Auto layout] 메뉴의 간격을 'Auto'로 변경한다.

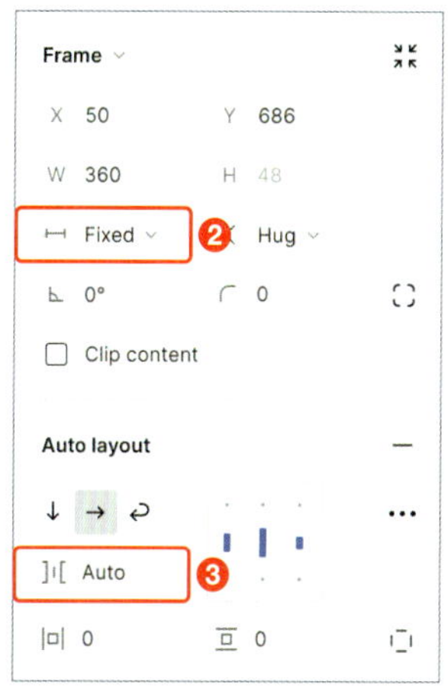

TIP [Frame] 좌우 옵션을 [Fixed]로 지정하면 메뉴의 문자 길이가 늘어나도 전체 컨테이너 넓이는 변하지 않는다. [Auto layout]의 간격을 'Auto'로 지정하면 문자가 늘어나거나 줄어들었을 때 현재 위치의 간격을 자동으로 조절한다.

15 탭 옵션 설정하기 'Frame 14'를 더블클릭하여 탭 메뉴를 선택한 후 모든 탭 메뉴의 [Constraints] 메뉴 옵션을 좌우 'Center'로 변경한다.

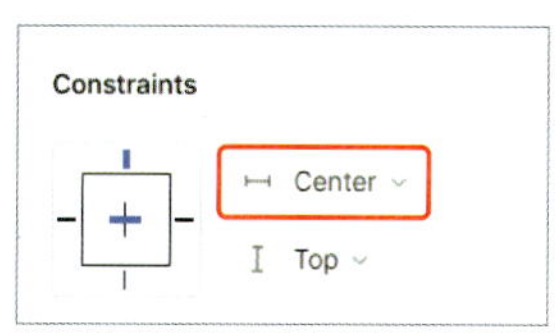

TIP [Constraints] 메뉴의 좌우 옵션을 'Center'로 지정하면 문자를 입력했을 때 센터에서부터 좌우로 늘어나기 때문에 문자의 위치가 센터를 계속 유지한다.

16 컴포넌트 만들기 'Frame 14'를 Ctrl+Alt+K를 눌러 컴포넌트로 만든 후 이름을 'Basic tabs'로 변경한다.

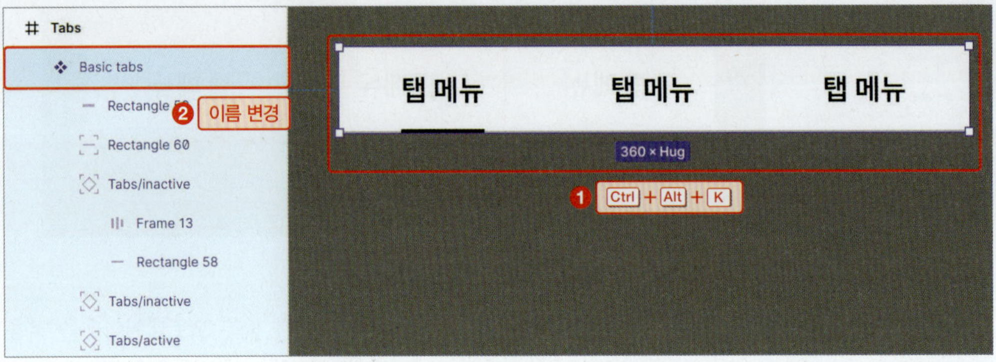

17 인스턴스 속성 설정하기 'Basic tabs' 컴포넌트를 선택하고 Alt를 눌러 드래그하여 복제한다. 복제한 인스턴스의 옵션에서 더 이상 인스턴스를 유지하지 않도록 [Detach instance]를 클릭한다.

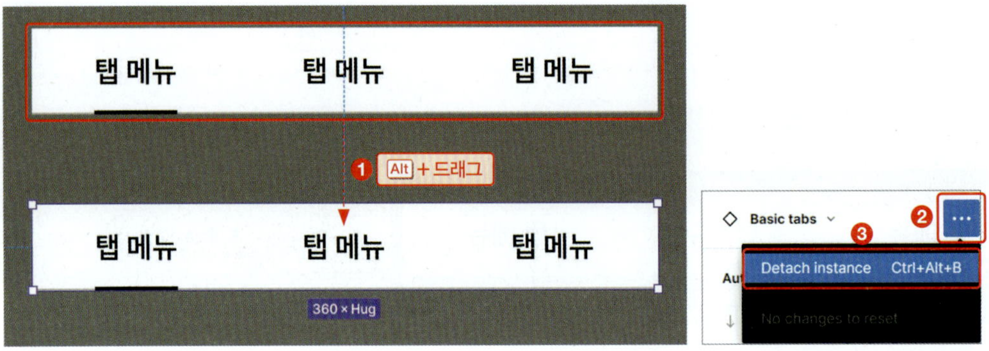

18 탭 옵션 설정하기 Ctrl+Shift+G를 눌러 그룹을 해제하고 'Tabs/inactive' 메뉴는 모두 삭제한다.

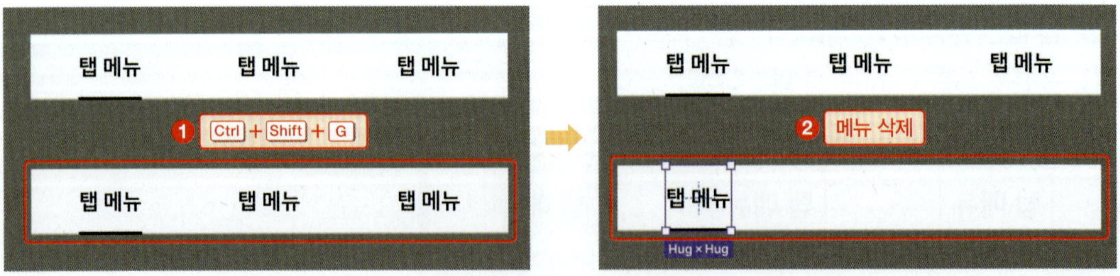

19 탭 옵션 설정하기 'Tabs/active'가 선택된 상태로 넓이를 '180'으로 변경하고 문자가 센터에 배치되도록 [Auto layout] 메뉴의 위치가 센터인지 확인한다.

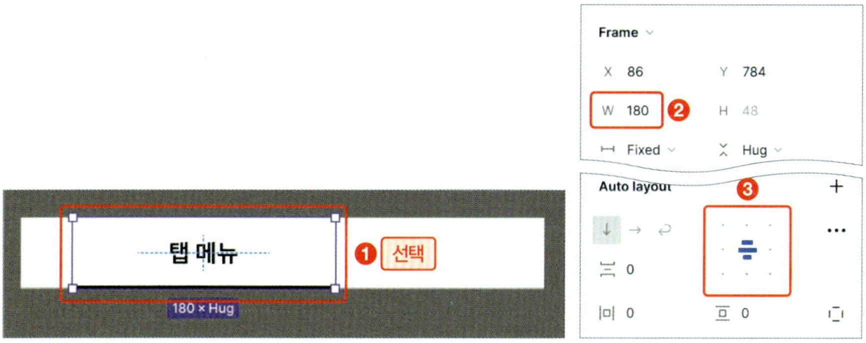

20 탭 옵션 설정하기 'Tabs/active'에 속한 'Frame 13'을 선택하고 [Frame] 좌우 옵션을 [Fill Container]로 변경한다. 'Tabs/active'에 속한 문자를 선택하고 똑같이 [Fill Container]로 변경한다.

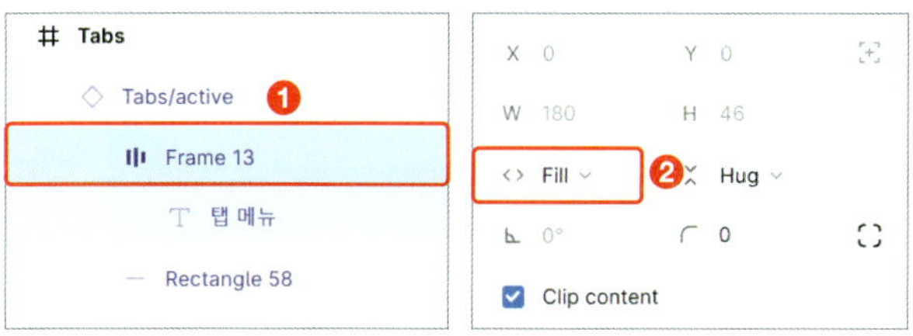

■ Frame 13

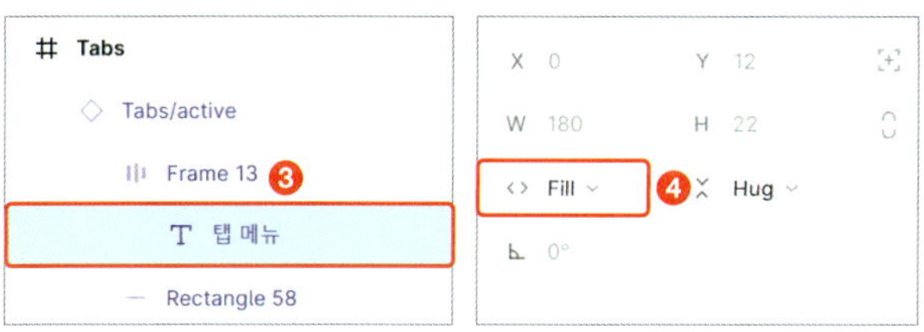

■ 문자 '탭 메뉴'

21 탭 옵션 설정하기 'Tabs/active'를 왼쪽에 딱 맞게 배치하고 Alt를 누른 채 드래그하여 복제한 후 복제된 인스턴스의 옵션을 'inactive'로 변경한다.

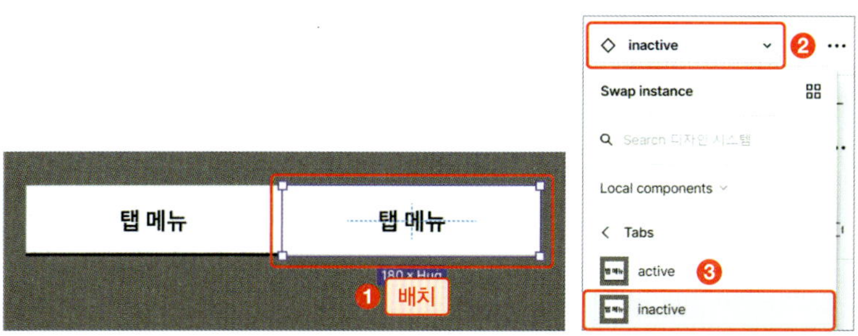

22 컴포넌트 만들기 Ctrl+Alt+K를 눌러 컴포넌트로 등록하고 이름을 'Second tabs'로 변경한다.

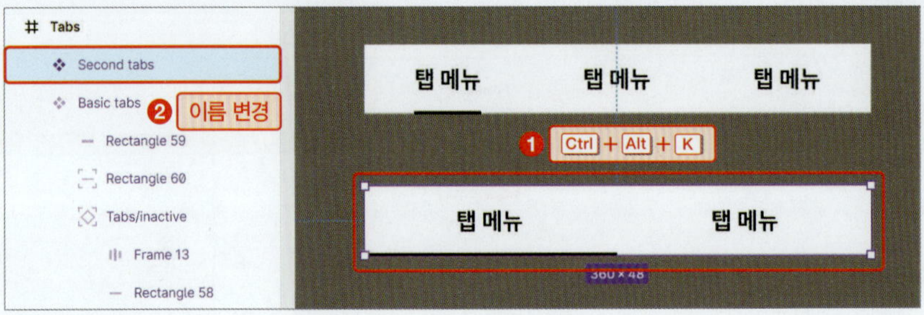

23 컴포넌트 속성 설정하기 컴포넌트를 복제하여 키 스크린에 있는 내용으로 각 탭 메뉴의 항목을 변경한다.

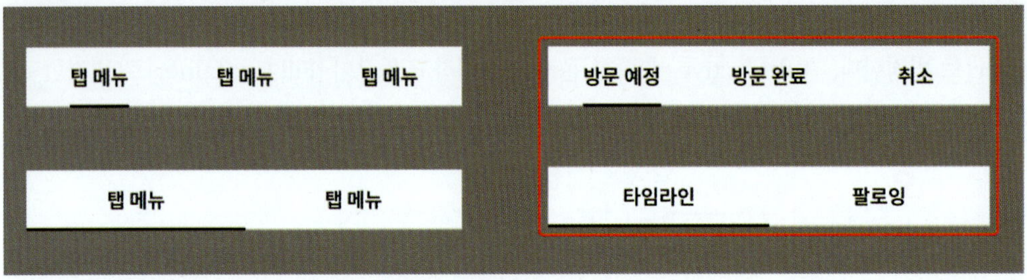

24 키 스크린에 배치하기 복제한 탭 메뉴를 키 스크린에 붙여넣기 하여 배치한다.

25 다크 모드로 전환하기 토큰을 실행시켜 [Dark] 모드가 잘 작동하는지 확인한다.

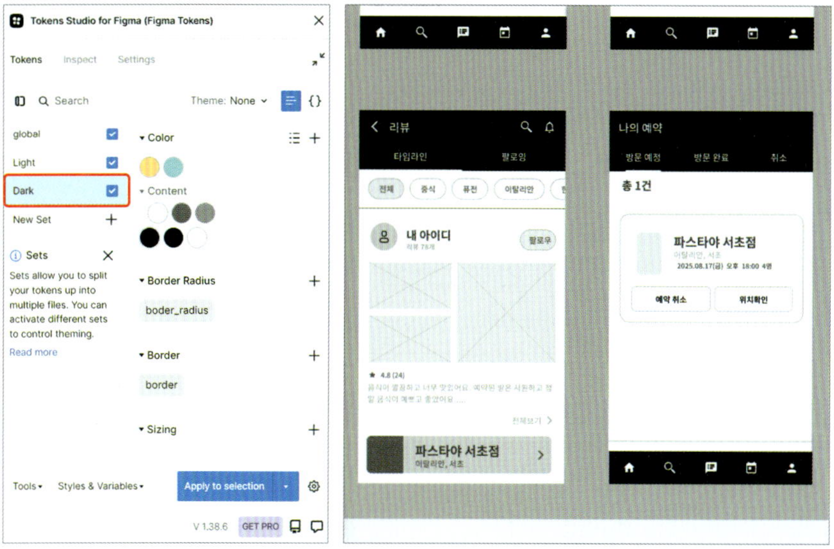

요약

1 텍스트 필드

- **정의** 사용자가 UI에 문자를 입력할 수 있는 공간을 말한다.
- **종류** 텍스트 필드는 공간이 채워진 형태와 윤곽선이 있는 형태가 있으며 두 가지 유형의 텍스트 필드 모두 컨테이너를 사용하고 상호작용에 대한 명확한 어포던스를 제공한다.

2 검색 창

- **정의** 검색어로 제품을 탐색하기 위해 사용하는 창으로 사용자가 입력할 때 추천 키워드나 문구를 표시할 수 있다.

3 캐러셀

- **정의** 콘텐츠를 수동 또는 자동으로 순환하면서 보여주는 방식으로 이미지, 비디오와 같은 시각적 자료를 포함하고 콘텐츠 항목의 순서를 표시할 수 있다.
- **종류** 정적인 이미지와 동적인 이미지를 사용하는 캐러셀로 나뉠 수 있다.

4 배너

- **정의** 버튼과 같이 특정 목적 페이지로 이동할 때 사용하는 컴포넌트를 말한다.

5 탭

- **정의** 탭은 동일한 계층을 구성하는 관련 콘텐츠 그룹을 묶은 것으로 화면 안에서 페이지를 이동할 때 사용한다.
- **종류** '기본 탭'과 '보조 탭' 두 가지 유형이 있다.

CHAPTER

10

컴포넌트의 구성 III

학습목표

- 칩 컴포넌트를 구성해 본다.
- [Unsplash] 플러그인을 사용해 카드 컴포넌트를 제작해 본다.
- 버튼을 만들고 그리드 리스트 형식으로 구성해 본다.
- 지금까지 배운 컴포넌트 구성 방법을 활용해 '테이블링 앱 서비스'의 키 스크린 화면을 완성한다.

SECTION 01

칩

핵심 내용 칩 컴포넌트 구성 실습

칩의 이해

칩은 특정 상황에 대한 옵션을 표시할 때 사용하며 사용자가 정보를 선택할 수 있도록 돕는다. 칩은 사용자가 선택한 정보와 키워드에 따라 콘텐츠를 필터링하는 작업을 한다.

실습 칩 컴포넌트 구성하기

'테이블링 앱 서비스'에서 특정 정보를 선택하고, 필터링 기능을 하는 칩 컴포넌트를 제작해 본다. 형태에 따라 선택형 칩과 스크롤 칩으로 구분하고 'Default' 버전과 'Active' 버전으로 구성한다.

예제 미리보기

▪ [Light] 모드

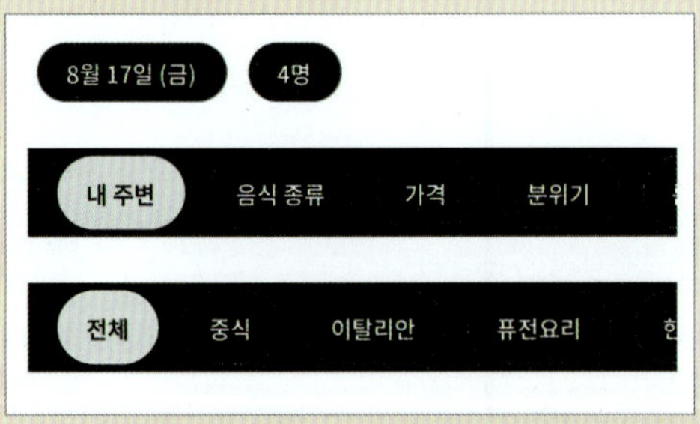

▪ [Dark] 모드

01 키 스크린 확인하기 키 스크린에서 칩의 종류를 확인한다. 날짜와 인원을 선택하는 칩과 상대적으로 많은 옵션 정보로 좌우로 스크롤이 필요한 칩 형태가 있는 것을 알 수 있다.

02 컨테이너 만들기 'Chips' 프레임으로 이동하여 사각형 툴(■)로 높이 '32', 가장자리 둥글기 값이 '16'인 사각형을 그린다. 면의 색상은 'Surface'로 지정하고 선의 색상은 'Stroke'로 지정한다.

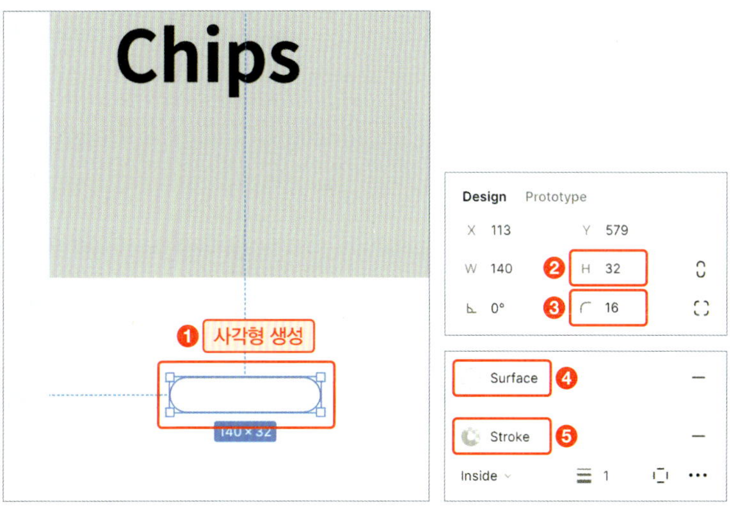

03 칩 옵션 설정하기 '필터명'이라는 문자를 입력하고 문자의 크기는 'label' 그룹의 'Small', 색상은 'On Surface'로 변경한다. 이때 앞에서 그린 컨테이너는 문자 좌우로 '16'의 여백을 갖도록 크기를 변경한다.

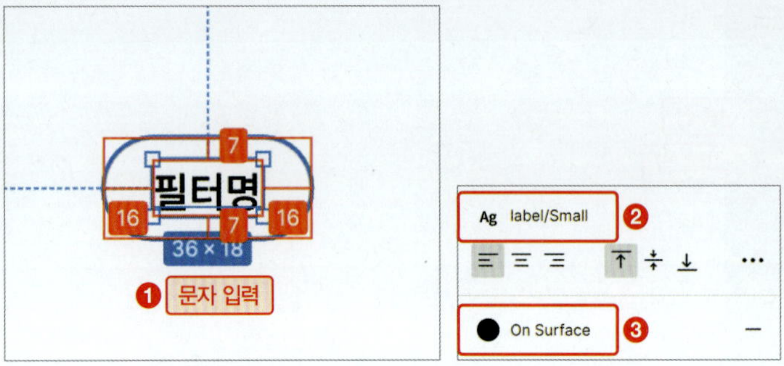

04 오토레이아웃 적용하기 문자와 컨테이너를 함께 선택하고 Shift+A를 눌러 오토레이아웃을 적용하면 문자의 길이에 따라 컨테이너도 함께 늘어나거나 줄어든다.

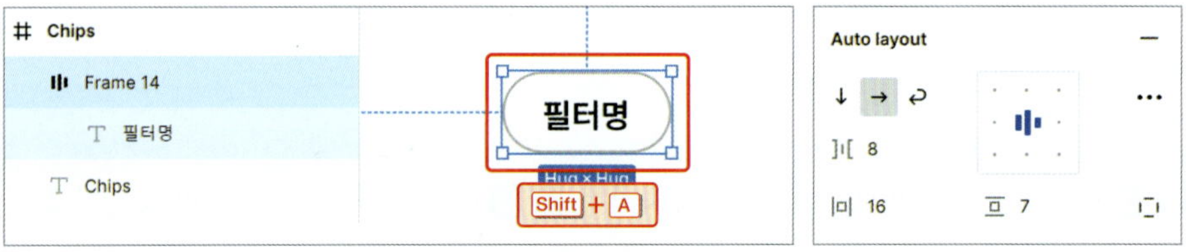

05 칩 옵션 설정하기 방금 만든 칩을 하나 복제하고 컨테이너의 색상은 'Gray/300'으로 변경한다.

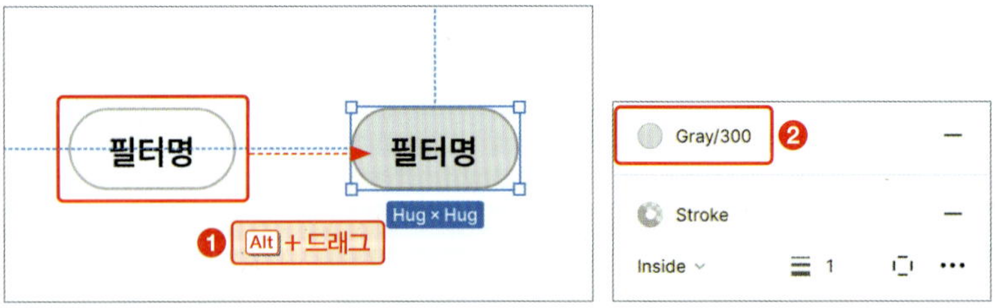

06 칩 옵션 설정하기 [Dark] 모드에서 변화가 없도록 문자의 색상을 'Black'으로 변경한다.

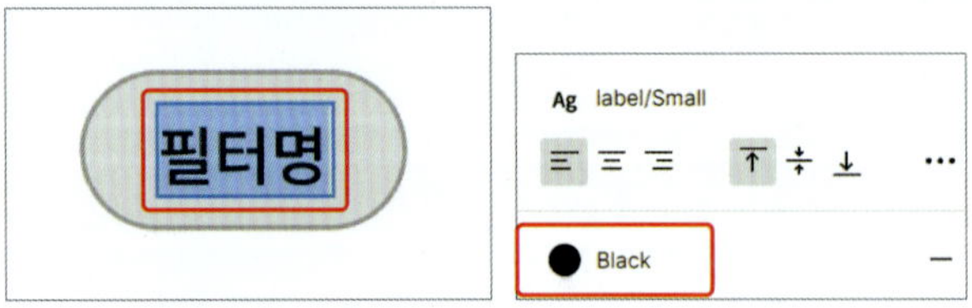

07 베리언트 만들기 칩 두 개를 모두 선택하고 상단의 컴포넌트 아이콘( )을 클릭하고 [Create component set]을 선택한다.

08 베리언트 속성 설정하기 베리언트의 이름을 'Chips'로 변경하고 [Properties] 메뉴 우측의 를 클릭한다. 옵션 창이 나타나면 [Name]을 'Chips'로 입력하고 [Values]를 각 'Default'와 'Active'로 변경한다.

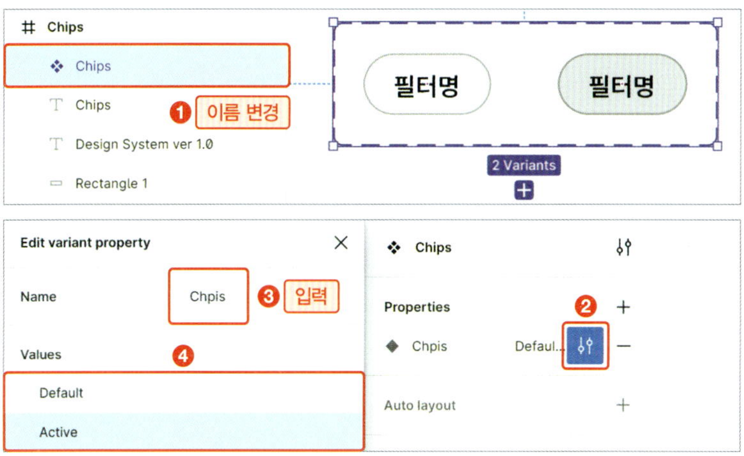

09 베리언트 속성 설정하기 'Chips' 컴포넌트를 선택하고 [Properties] 메뉴의 + 를 클릭한다. [Text] 옵션을 선택하고 옵션 창이 나타나면 [Name]은 'Label', [Value]는 'Text'로 입력한다.

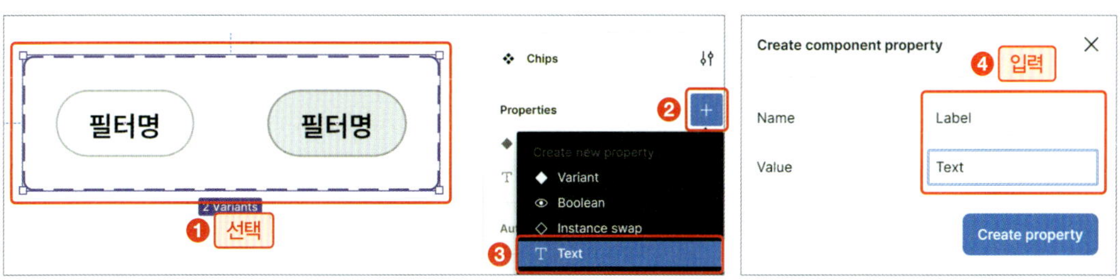

10 베리언트 속성 설정하기 컴포넌트 내부를 더블클릭하여 문자를 선택한다. [Apply text property] (⊕)를 클릭하여 방금 등록한 [Label]을 선택한다.

11 베리언트 속성 설정하기 먼저 베리언트의 컨테이너를 선택해 아래쪽으로 길이를 늘려준다. 그 다음 'Chips' 컴포넌트 내부를 더블클릭하여 'Active'와 'Default'를 선택하고 Alt를 눌러 드래그하여 칩을 복제한다.

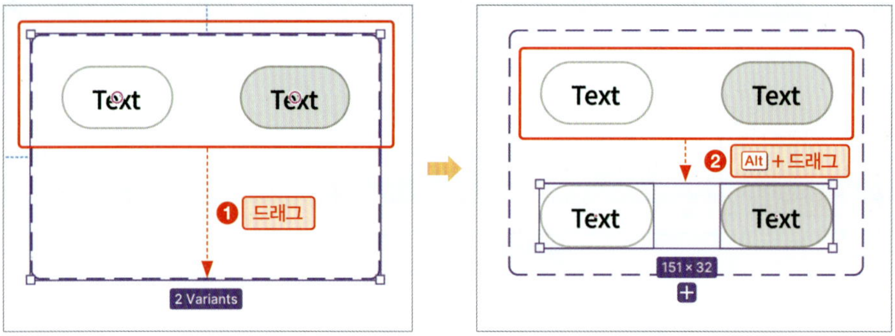

12 베리언트 속성 설정하기 복제한 칩을 선택하고 높이를 '40'으로 변경한다.

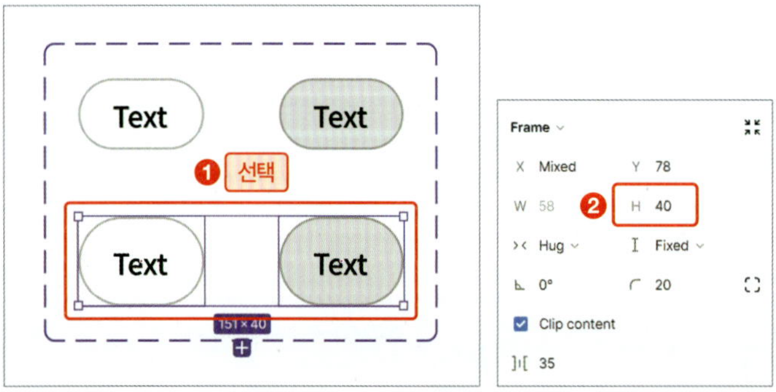

13 베리언트 속성 설정하기 [Properties] 메뉴 우측의 [아이콘]를 클릭한다. 옵션 창이 나타나면 추가된 [Values]를 각 'Scroll/Default'와 'Scroll/Active'로 변경한다.

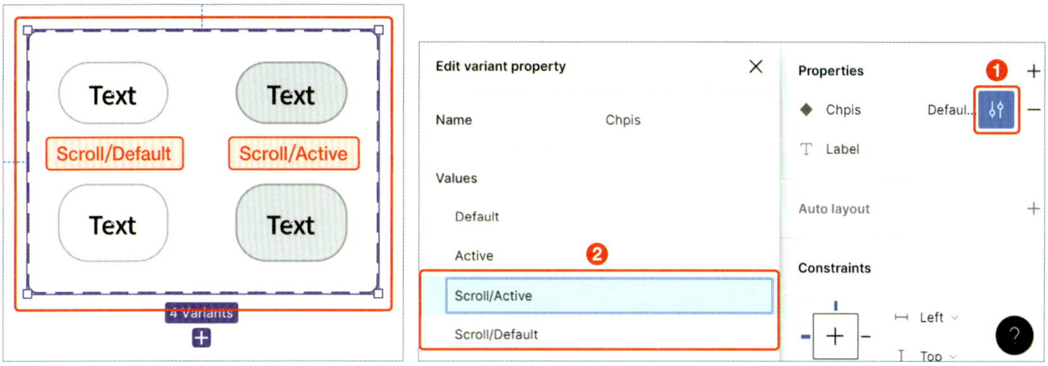

14 선택 칩 만들기 [Assets]에서 'Chips' 컴포넌트를 화면에 드래그하여 인스턴스를 만든 후 [Property]의 [Label]을 '월일요일'로 변경한다.

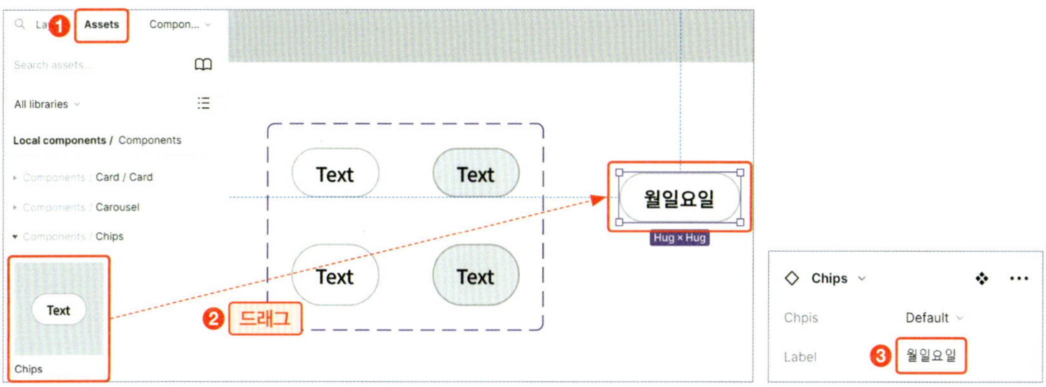

15 선택 칩 만들기 '월일요일' 인스턴스를 [Alt]를 누른 채 드래그하여 복제한 후 [Label]을 '인원수'로 변경한다. 이때 칩스 간의 간격은 '12'로 둔다.

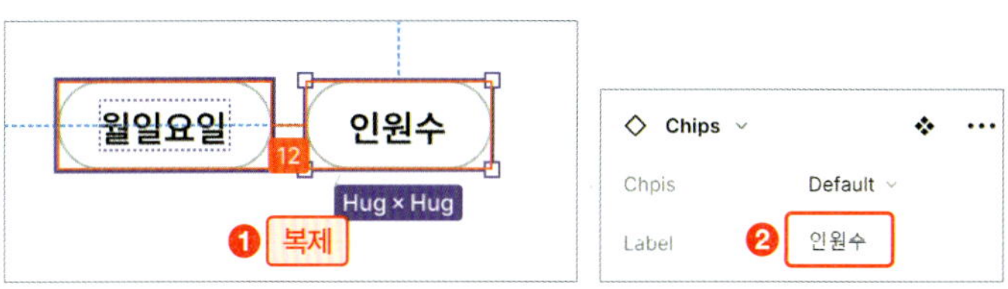

16 선택 칩 컴포넌트 만들기 두 개의 칩을 같이 선택하고 Shift + A를 눌러 오토레이아웃을 설정한다.

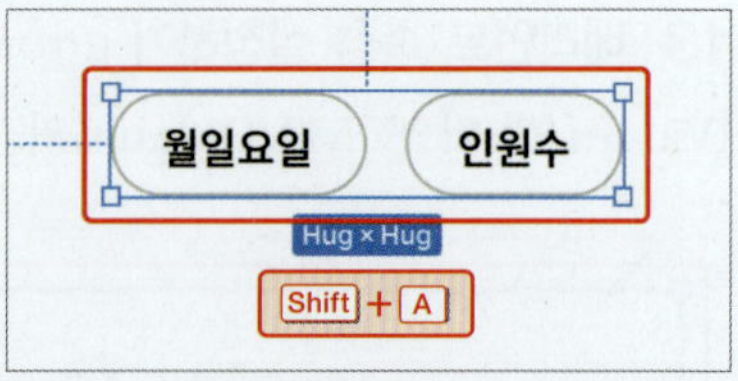

17 선택 칩 컴포넌트 만들기 Ctrl + Alt + K를 눌러 컴포넌트로 등록하고 이름을 'Chips/Date'로 변경한다.

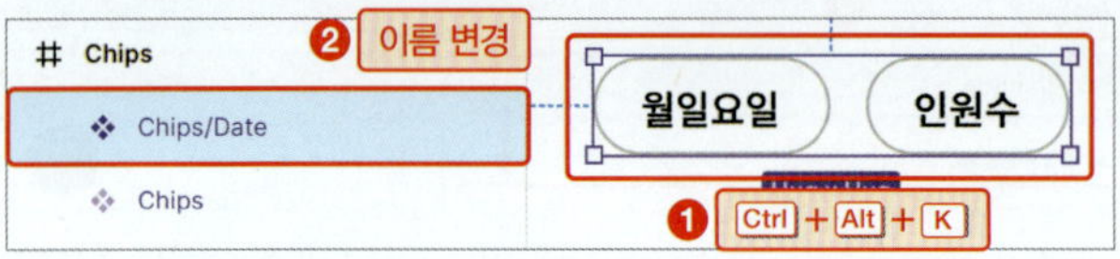

18 선택 칩 옵션 설정하기 [Layers]에서 'Chips/Date'의 컴포넌트 이름을 클릭한다. 프레임의 넓이를 '360'으로 변경하고 [Auto layout]의 좌우 간격을 '16'으로 지정한다.

19 컨테이너 만들기 프레임 툴(#)을 선택하고 화면을 드래그하여 넓이 '360', 높이 '48'의 사각형 프레임을 만들고 배경색을 'Surface'로 지정한다.

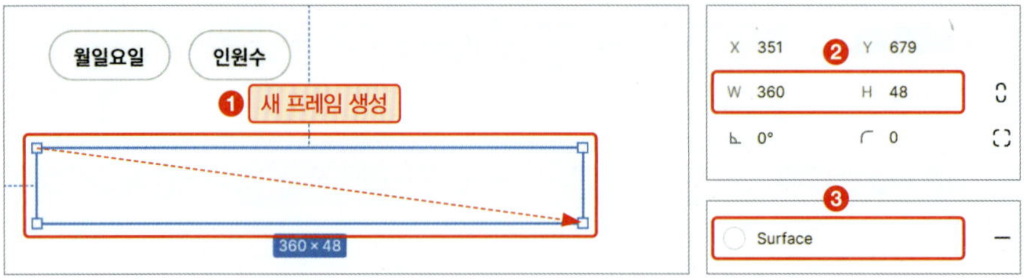

20 컨테이너 만들기 사각형 툴(■)로 넓이 '360', 높이 '1'의 사각형을 만든 후 면의 색상을 'Stroke'로 변경하고 방금 만든 프레임의 하단에 배치한다. 이때 사각형이 프레임 내부에 배치되었는지 [Layers]에서 확인한다.

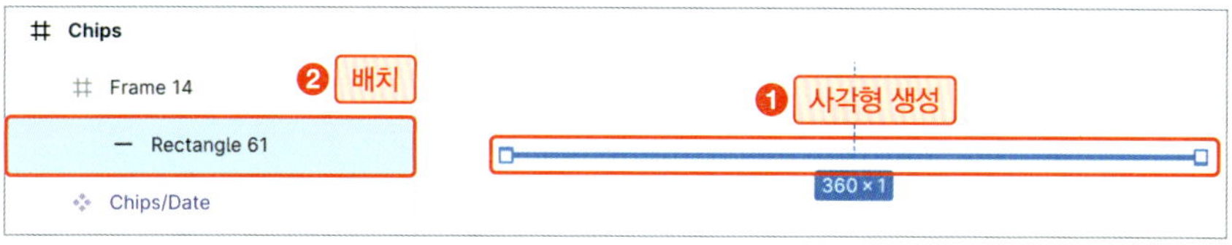

21 스크롤 칩 만들기 [Assets]에서 'Chips' 컴포넌트를 프레임 내부로 드래그하여 배치한 후 인스턴스의 베리언트를 [Scroll/Active]로 변경한다.

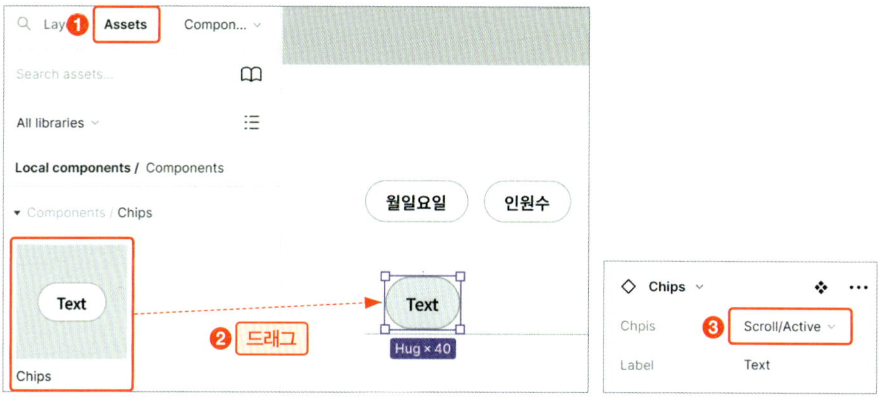

22 스크롤 칩 옵션 설정하기 'Chips' 인스턴스를 선택하고 프레임 좌측 '16' 여백을 둔 위치에 배치한다. 이때 상하 간격은 각 '4'가 된다.

23 스크롤 칩 옵션 설정하기 'Chips' 인스턴스를 선택하고 [Alt]를 누른 채 드래그하여 복제한 후 인스턴스의 베리언트를 [Scroll/Default]로 변경한다.

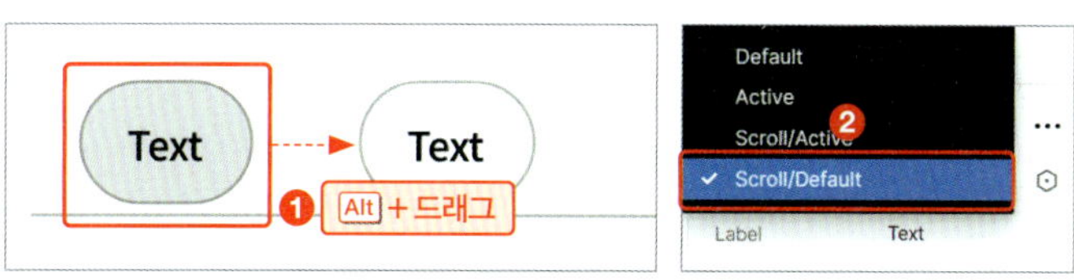

24 오토레이아웃 적용하기 두 개의 'Chips'를 함께 선택하고 Shift+A를 눌러 오토레이아웃을 적용한다. 이때 'Chips' 간의 간격을 '12'로 지정한다.

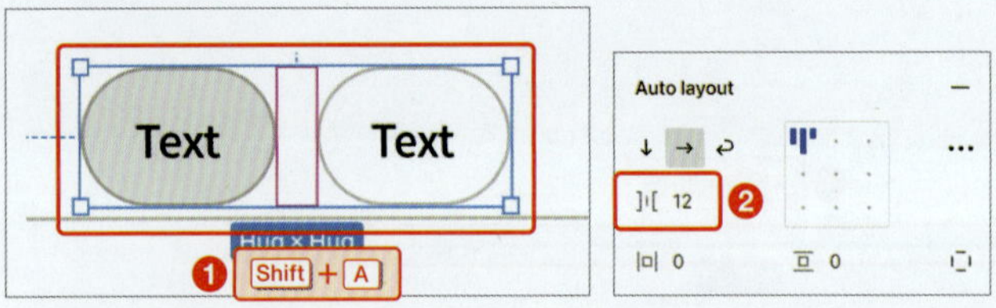

25 스크롤 칩 옵션 설정하기 'Chips'를 선택하고 [Label]의 문자를 '속성값'으로 입력한다.

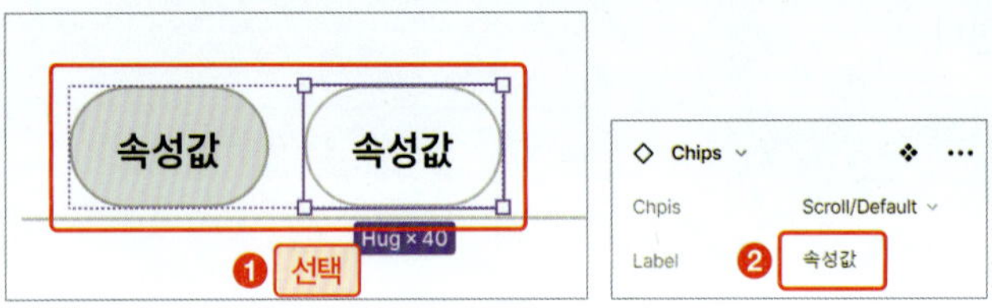

26 스크롤 칩 옵션 설정하기 'Scroll/Default' 칩을 선택하고 Ctrl+D를 누르면 '12' 간격을 두고 'Scroll/Default' 칩이 우측에 복제된다. [Frame] 메뉴에서 'Clip content'를 체크하여 프레임 밖으로 넘치는 칩을 숨긴다.

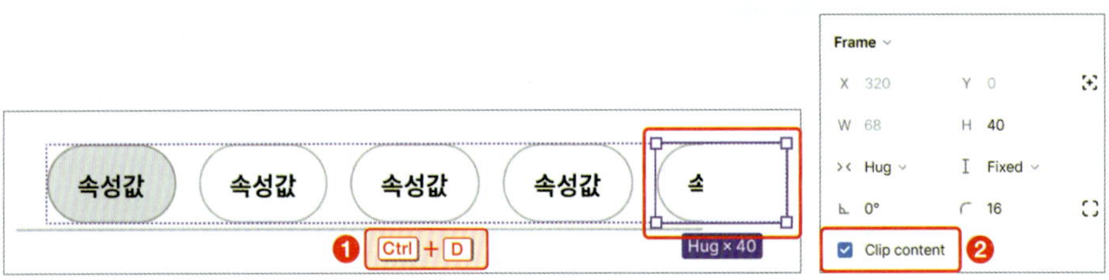

27 칩 컴포넌트 등록하기 방금 만든 영역을 선택하고 Ctrl+Alt+K를 눌러 컴포넌트로 등록하고 이름을 'Chips/scroll'로 변경한다.

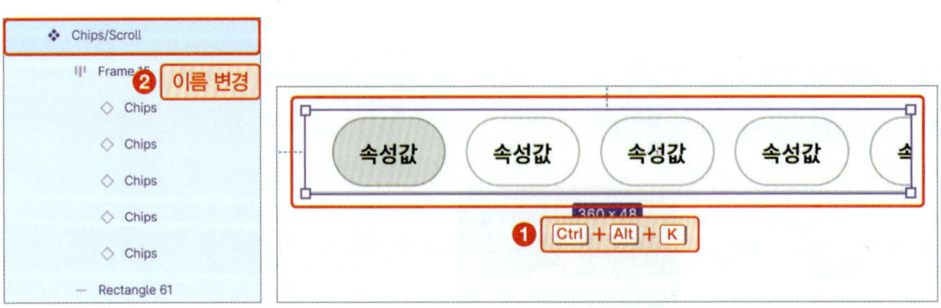

28 칩 만들기 'Chips/Date'와 'Chips/Scroll'을 복제하여 인스턴스를 만든 후 키 스크린의 내용을 각 인스턴스에 적용한다.

29 키 스크린에 배치하기 방금 만든 'Chips'를 복제해 키 스크린에 배치한다. 토큰을 실행시켜 [Dark] 모드가 잘 작동하는지 확인한다.

■ [Light] 모드

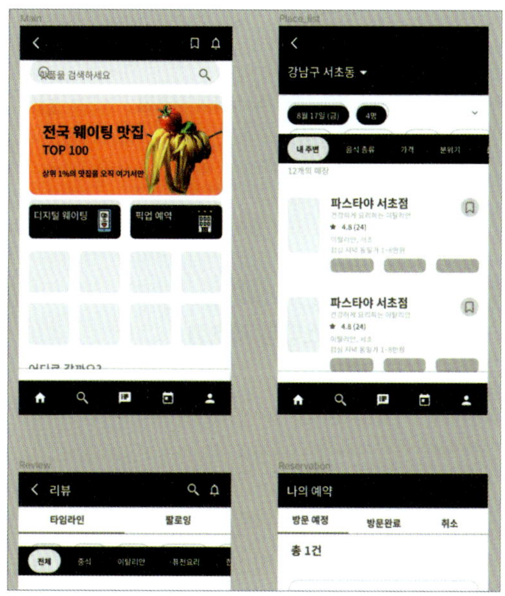

■ [Dark] 모드

SECTION 02

카드

핵심 내용 카드 컴포넌트 구성 실습

카드의 이해

카드는 단일 주제에 대한 콘텐츠와 작업 내용을 표시하며 헤드라인, 이미지, 문자, 버튼, 목록 등 다양한 요소가 포함될 수 있다. 카드는 내용에 따라 유연한 레이아웃과 크기를 갖는다.

실습 카드 컴포넌트 구성하기

카드 컴포넌트는 '예약 카드', '웨이팅 카드' ,'확인 카드'가 있다. 세 종류의 카드 컴포넌트를 구성한다.

예제 미리보기

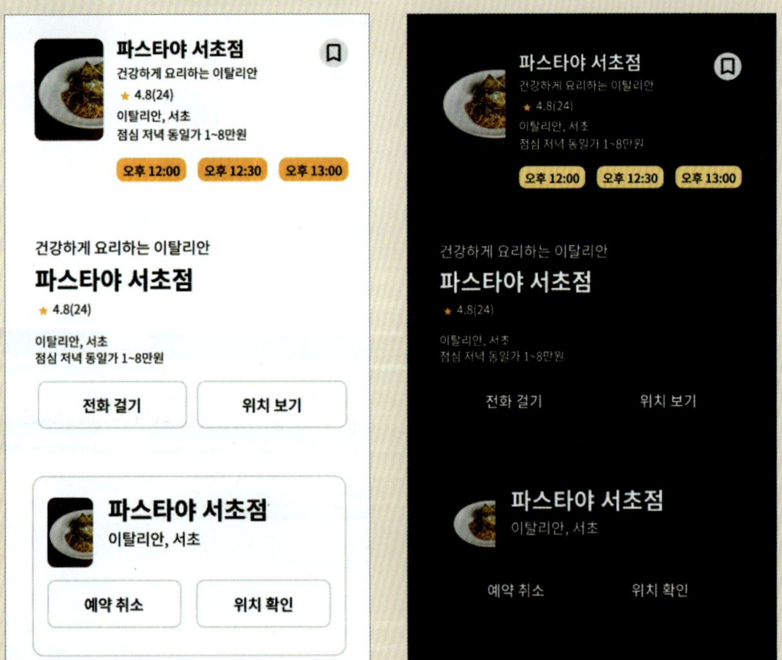

■ [Light] 모드 ■ [Dark] 모드

01 키 스크린 확인하기 키 스크린의 자물쇠 아이콘(🔒)을 클릭하여 잠금을 해제한다. 세 개의 카드를 선택하고 Ctrl+C를 눌러 복제한다. 키 스크린의 열린 자물쇠 아이콘(🔓)을 클릭하여 키 스크린을 잠근다.

02 카드 프레임 복사하기 'Card' 프레임을 선택하고 Ctrl+V를 눌러 붙여넣기 한다.

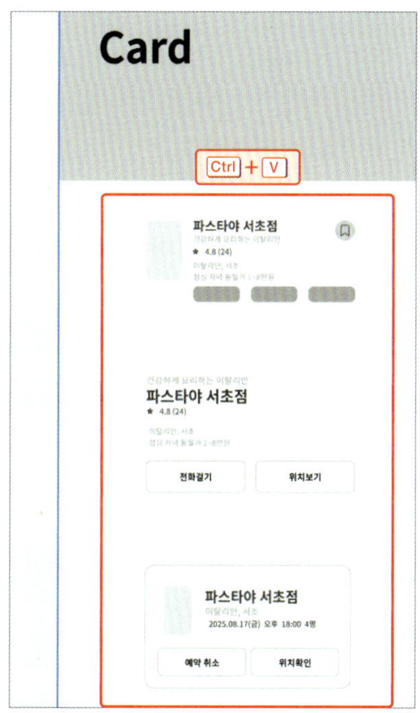

03 컨테이너 만들기 사각형 툴(■)로 넓이가 '328'인 사각형을 하나 만든다. 높이는 대략적으로 카드가 배치될 정도의 크기로 제작한다. 본 예제에서는 '210'으로 설정했다.

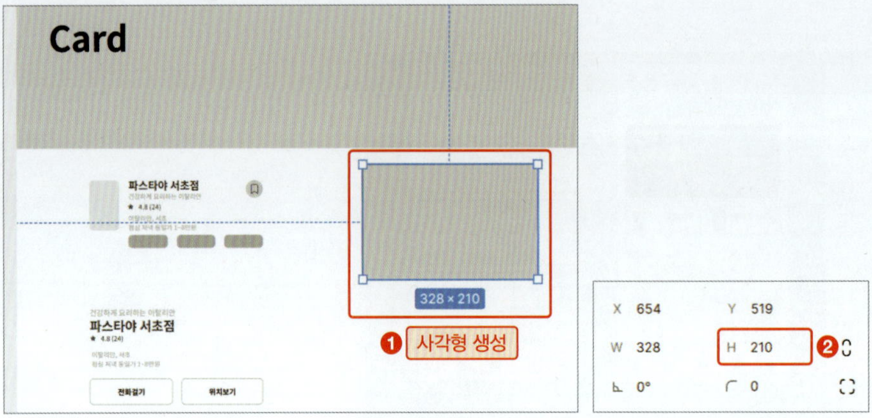

04 사진 컨테이너 만들기 사각형 툴(■)로 매장 사진이 들어갈 크기인 넓이 '72', 높이 '104' 크기의 사각형을 만들고 가장자리 둥글기 값을 '8'로 지정한다. 색상은 배경과 구분되는 색으로 지정한다.

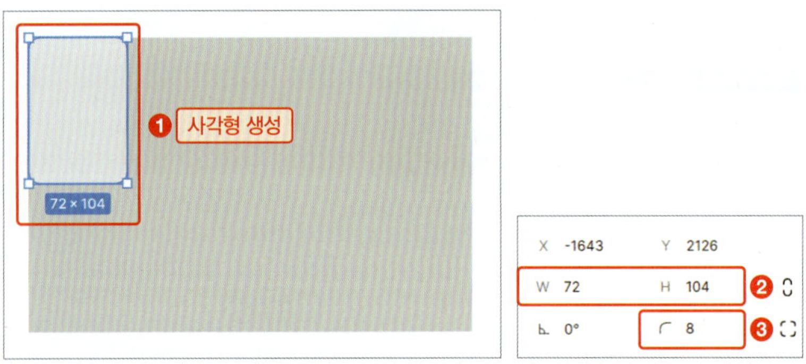

05 예약 카드 옵션 설정하기 상점 명을 입력하고 문자의 크기는 'title' 그룹의 'Medium', 색상은 'On Surface'로 변경한다. 그리고 문자의 위치는 문자가 왼쪽 이미지 컨테이너와 높이가 나란히 되도록 배치한다.

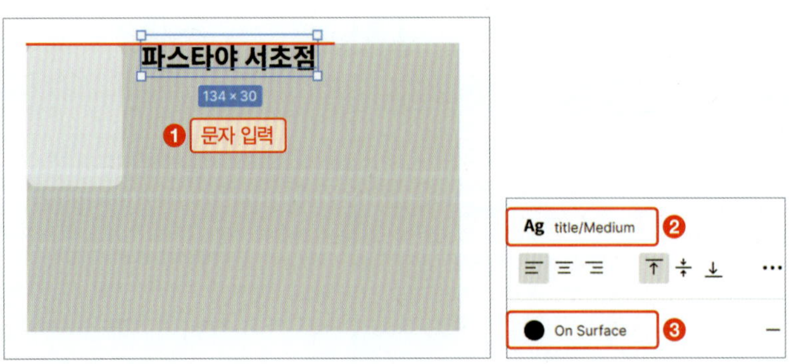

06 예약 카드 옵션 설정하기 키 스크린에서 가져온 카드 샘플에 맞춰 문자를 입력하고 'body' 그룹의 'Small'로 문자 크기를 변경한다.

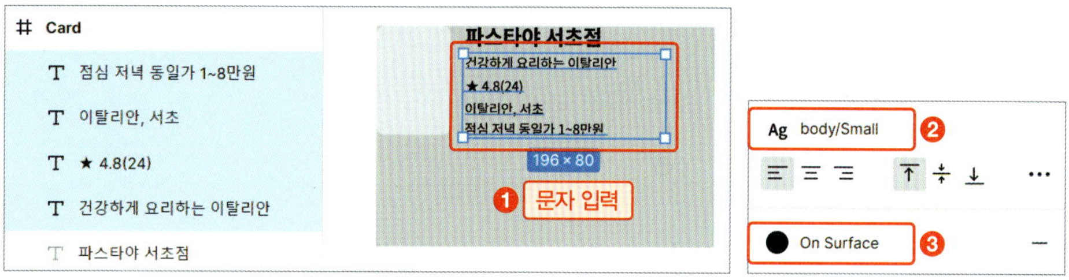

07 예약 카드 옵션 설정하기 [Assets]에서 'Grade' 아이콘을 화면에 배치하고 넓이와 높이 모두 '12'로 변경한 다음 색상을 'pri_500'으로 변경한다.

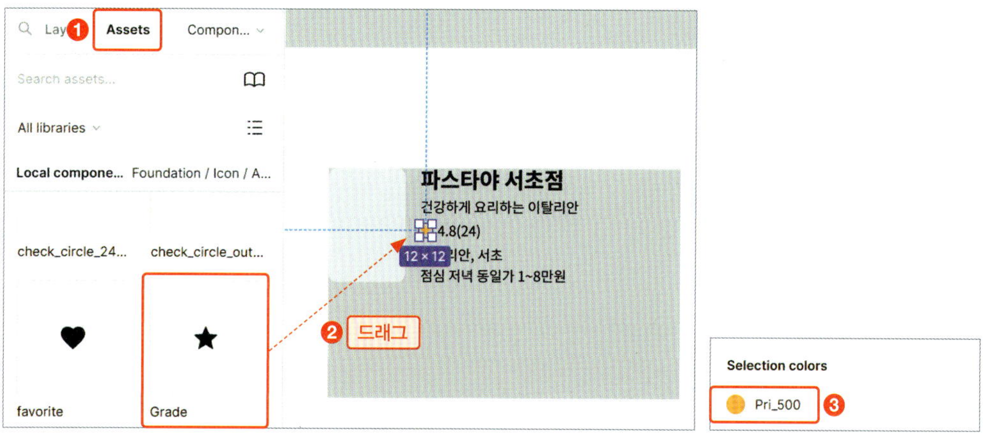

08 예약 카드 옵션 설정하기 [Assets]에서 'Fill' 버튼을 화면으로 드래그하여 넓이 '72', 높이 '24'로 변경하고 3개로 복제해 그림과 같이 각 '12'의 간격을 두고 나란히 배치한다.

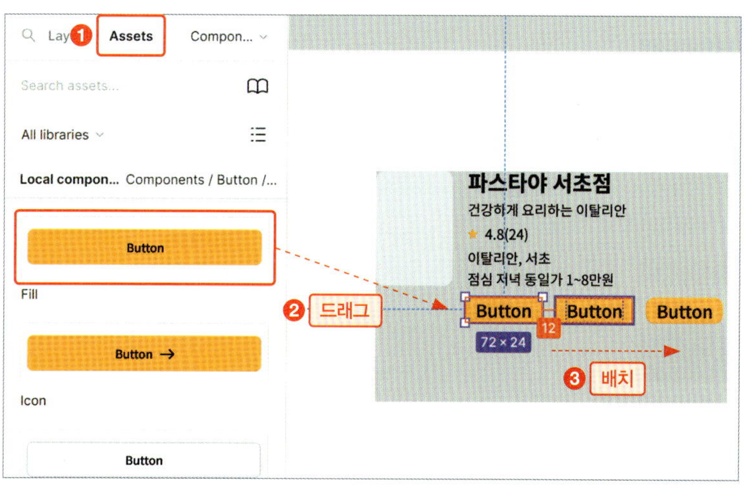

09 예약 카드 옵션 설정하기 문자의 크기를 'label' 그룹의 'Small'로 변경하고 각 예약 가능한 시간을 작성한다.

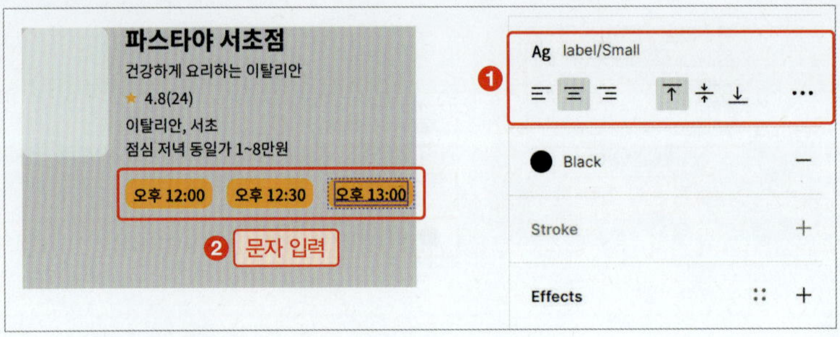

10 이미지 플러그인 실행하기 리소스 툴( )을 클릭해 [Plugins]에서 'Unsplash'를 검색한다. 이때 'Un'만 검색해도 'Un'이 포함된 모든 플러그인이 결과로 나타난다. [Unsplash]를 선택해 [Run]을 클릭하여 실행시킨다.

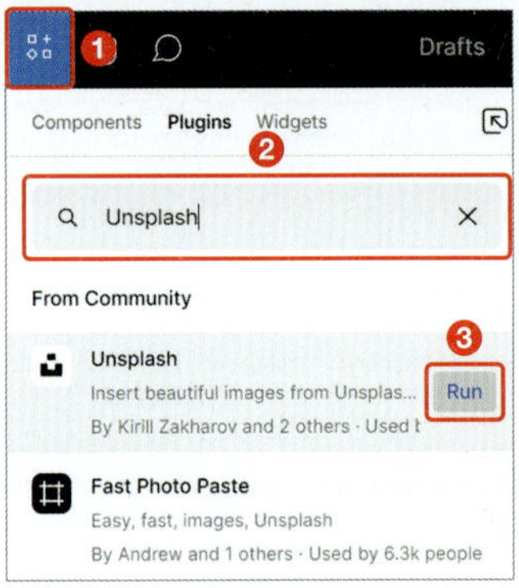

11 이미지 삽입하기 이미지를 삽입할 사각형을 선택하고 [Unsplash]에서 'Food'를 검색한다. 상점명과 어울리는 사진 이미지를 클릭하면 사각형 내부에 클릭한 이미지가 삽입된다.

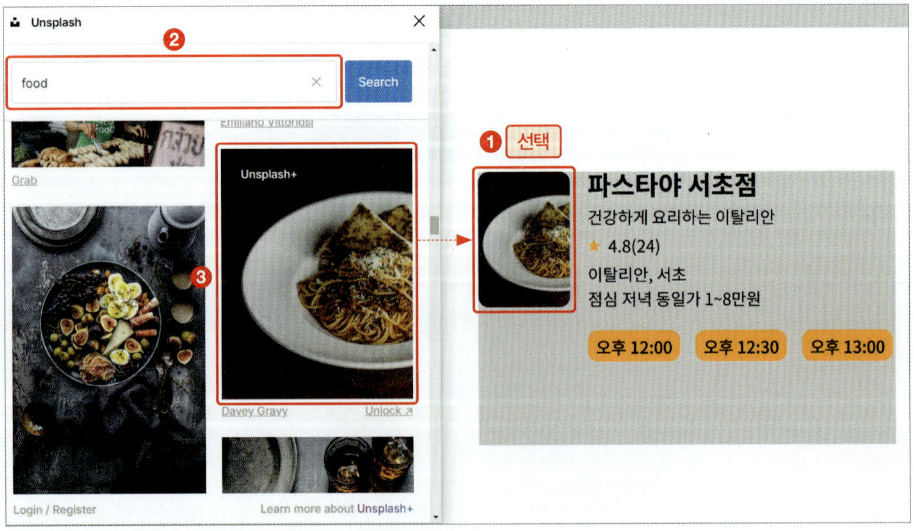

12 즐겨찾기 항목 만들기 원형 툴(◯)로 넓이와 높이가 '30'인 원을 그린다. 면의 색상은 'Gray/300'으로 지정한다.

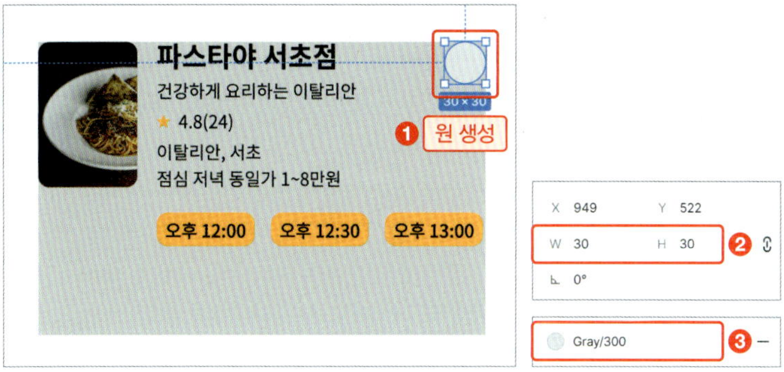

13 즐겨찾기 항목 만들기 [Assets]에서 'bookmark' 아이콘을 꺼내 원 위에 배치하고 Ctrl+G를 눌러 그룹화 한다.

14 예약 카드 옵션 설정하기 상점 명이 있는 텍스트 상자를 아이콘와 나란히 되도록 늘린다. '16'의 간격을 주기 위해 넓이에 '-16'을 입력한다.

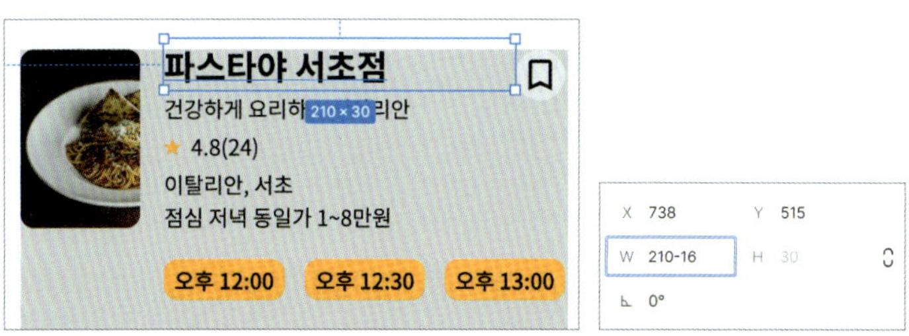

TIP 텍스트 상자의 넓이를 지정하면 문자의 내용이 길어졌을 때 텍스트 상자가 늘어나지 않고 2단으로 내려간다.

15 예약 카드 옵션 설정하기 나머지 문자들을 선택하고 '210-16'의 값인 '194'로 넓이를 지정한다.

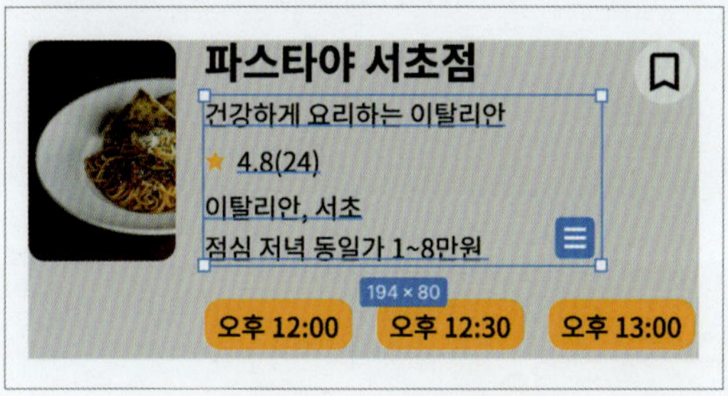

TIP 'Grade' 아이콘과 '4.8(24)' 텍스트는 Ctrl+G 버튼을 눌러 그룹화 한다.

16 컨테이너 만들기 사각형 툴(■)로 넓이가 '328'인 사각형을 하나 만든다.

17 웨이팅 카드 옵션 설정하기 위쪽 카드의 문구를 복제하고 문자의 크기를 'body' 그룹의 'Medium'으로 변경하고 텍스트 상자의 넓이를 '328'로 변경한다.

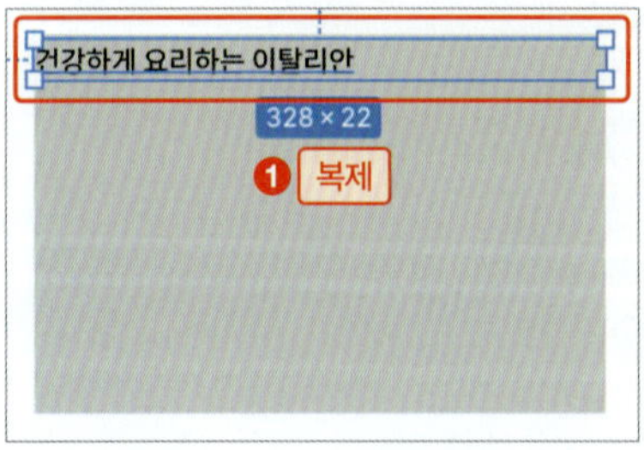

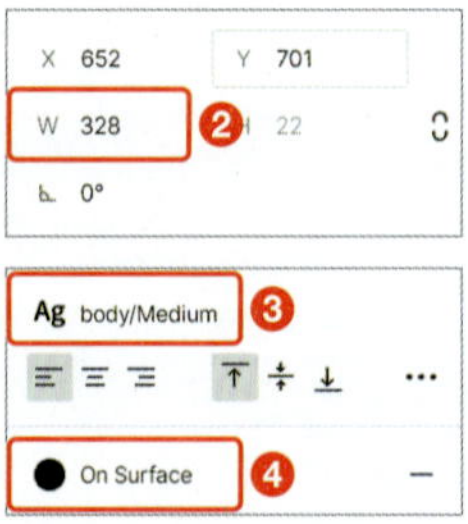

18 웨이팅 카드 옵션 설정하기 문자를 복제하여 상점 명을 작성하고 문자의 크기를 'title' 그룹의 'Large'로 변경하고 텍스트 상자의 넓이를 '328'로 변경한다.

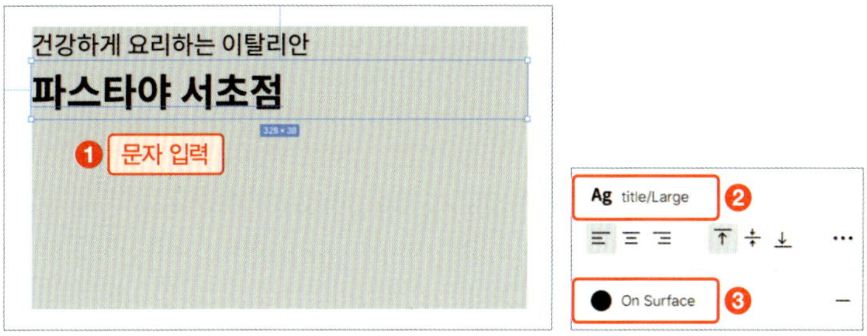

19 웨이팅 카드 옵션 설정하기 나머지 문자들도 키 스크린에서 복제해 온 샘플과 같이 문자를 배치하고 텍스트 상자의 넓이를 '328'로 지정한다.

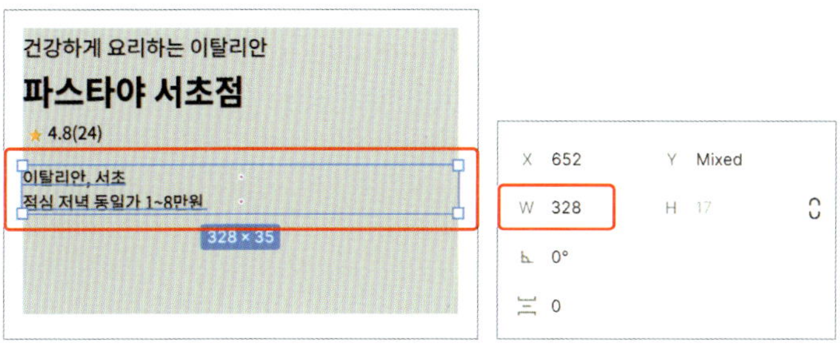

20 웨이팅 카드 옵션 설정하기 [Assets]에서 버튼 컴포넌트의 'Outline' 버튼을 화면으로 드래그하여 인스턴스를 배치한 후 버튼의 넓이를 '156'으로 변경한다. 버튼의 내용을 그림과 같이 '전화 걸기', '위치 보기'로 변경한다.

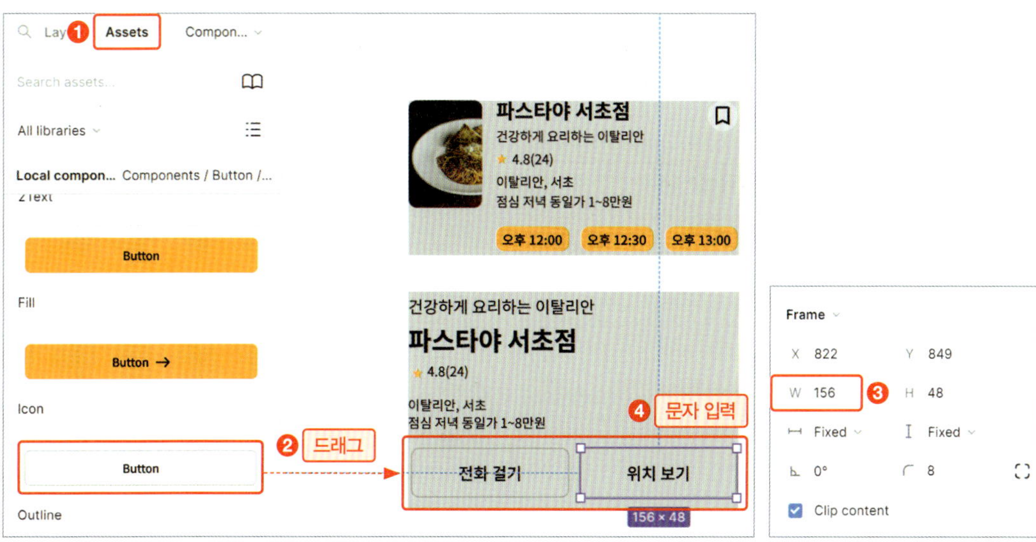

21 컨테이너 만들기 사각형 툴(■)로 넓이가 '328'인 사각형을 만든다.

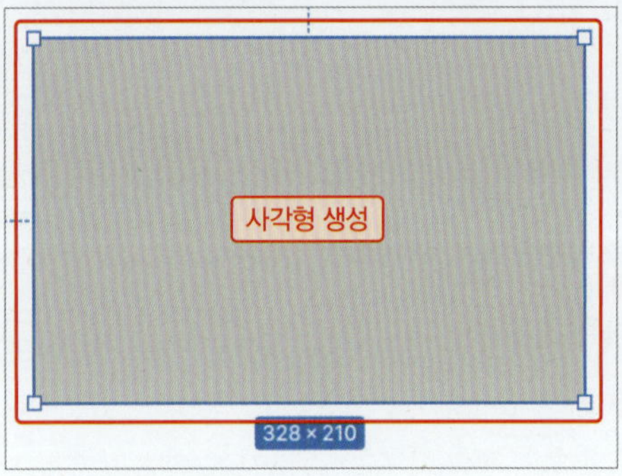

22 확인 카드 옵션 설정하기 상단 카드의 이미지를 Alt를 누른 채 드래그 하여 복제한다. 넓이 '48', 높이 '70'으로 크기를 변경하고 좌측 '16', 상단 '24'의 여백을 두고 배치한다.

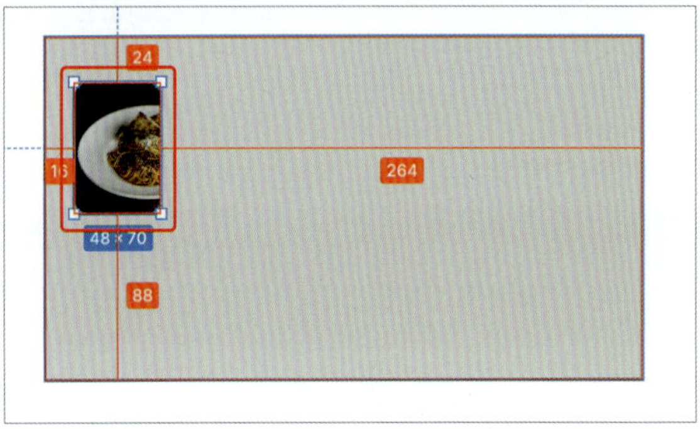

23 확인 카드 옵션 설정하기 상점 명 문자를 복제한 후 문자의 크기를 'title' 그룹의 'Large'로 지정하고 이미지와의 간격 '16'의 위치에 배치한다. 이때도 이미지와 문자의 높이가 같도록 문자를 배치한다. 이때 이미지와의 간격과 컨테이너의 우측 간격이 '16'이 되도록 텍스트 상자의 넓이를 '232'로 지정한다.

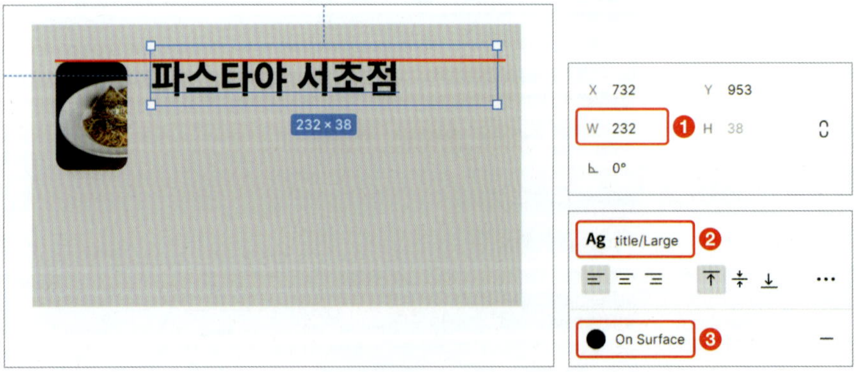

24 확인 카드 옵션 설정하기 키 스크린에서 복제해 온 샘플과 내용이 같도록 문자를 작성하고 문자의 크기를 'body' 그룹의 'Medium'으로 지정하고 텍스트 상자의 넓이를 '232'로 변경한다.

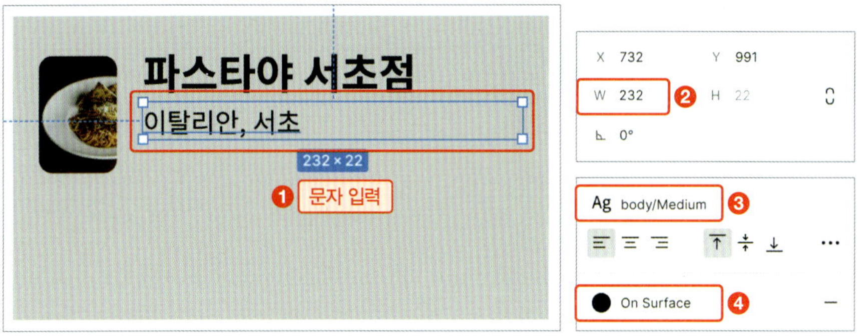

25 확인 카드 옵션 설정하기 'Outline' 버튼을 복제하고 버튼의 넓이를 '140'으로 설정한다. 그림과 같이 좌우의 간격 그리고 버튼 간의 간격을 모두 '16'이 되는 위치로 배치하고 버튼의 내용을 '예약 취소', '위치 확인'으로 입력한다.

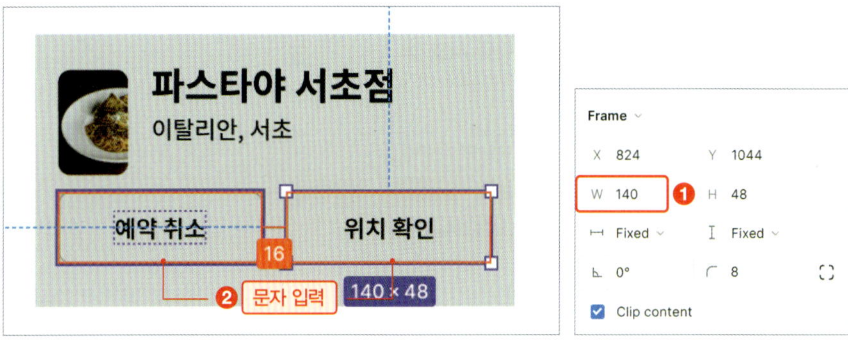

26 확인 카드 옵션 설정하기 배경의 컨테이너를 하단 간격이 '24'가 되는 높이인 '182'로 변경하고 가장자리 둥글기 값을 '12'로 지정한다. 면의 색상은 'Surface', 그리고 'Stroke'를 지정한다.

27 예약 카드 옵션 설정하기 키 스크린에서 가져온 카드는 모두 삭제하고 배경에 있던 회색 컨테이너도 삭제한다. 처음에 만든 '예약 카드' 내용을 모두 선택하고 Ctrl+G를 눌러 그룹을 만든다.

TIP 그룹으로 지정하면 현재의 위치가 그대로 고정된다.

28 예약 카드 옵션 설정하기 Ctrl+Alt+G를 눌러 그룹을 감싸는 프레임을 추가한다.

TIP 그룹 상태에서 오토레이아웃을 지정하면 그룹 내부의 오브젝트의 위치가 가로 또는 세로 방향으로 변경되기 때문에 그룹을 프레임으로 한 번 더 감싸주는 것이다.

29 예약 카드 옵션 설정하기 Shift+A를 눌러 오토레이아웃을 지정한 후 'Individual padding( )'을 클릭하여 상단의 여백 값을 '16'으로 지정하고 하단의 여백 값을 '40'으로 지정한다.

30 예약 카드 컴포넌트 만들기 Ctrl+Alt+K를 눌러 컴포넌트로 등록하고 이름을 'Card/Reservation'으로 변경한다.

31 웨이팅 카드 옵션 설정하기 웨이팅 카드의 내용을 모두 선택하고 Ctrl+G를 눌러 그룹으로 만들고 다시 Ctrl+Alt+G를 눌러 프레임을 생성한다.

TIP 이 카드는 다른 카드와 달리 한 페이지 내에 하나의 카드만 사용하고 여러 개의 카드를 반복적으로 사용하지 않기 때문에 오토레이아웃을 적용하지 않았다.

32 웨이팅 카드 컴포넌트 만들기 Ctrl+Alt+K를 눌러 프레임을 컴포넌트로 등록한 후 이름을 'Card/Content'로 변경한다.

33 확인 카드 옵션 설정하기 마지막 확인 카드의 내용을 모두 선택해 Ctrl+G를 눌러 그룹으로 만든 뒤, 다시 Ctrl+Alt+G를 눌러 프레임을 생성한다.

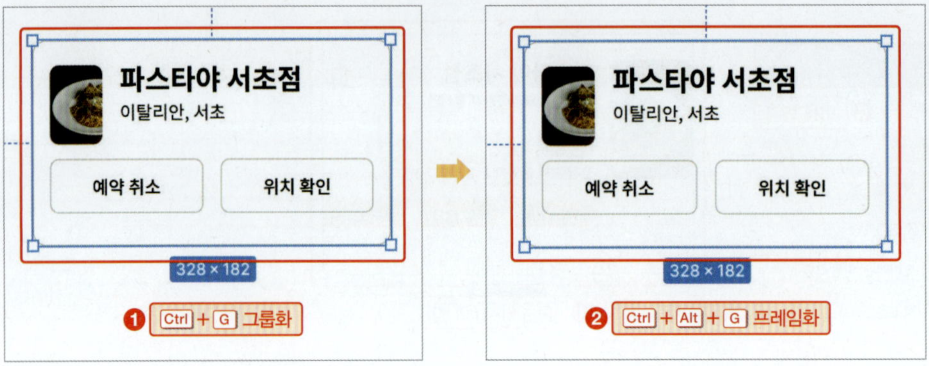

34 확인 카드 옵션 설정하기 Shift+A를 눌러 오토레이아웃을 적용하고 상단 '16' 하단 '40'의 설정을 지정한다.

35 확인 카드 컴포넌트 만들기 Ctrl+Alt+K를 눌러 컴포넌트로 등록하고 이름을 'Card/Plan'으로 변경한다.

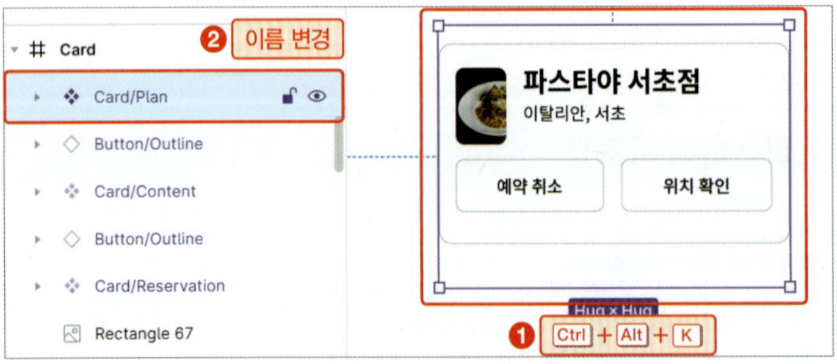

36 키 스크린에 배치하기 카드를 복제하여 키 프레임에서 각 카드의 위치에 배치하고 토큰을 실행시켜 [Dark] 모드를 확인한다.

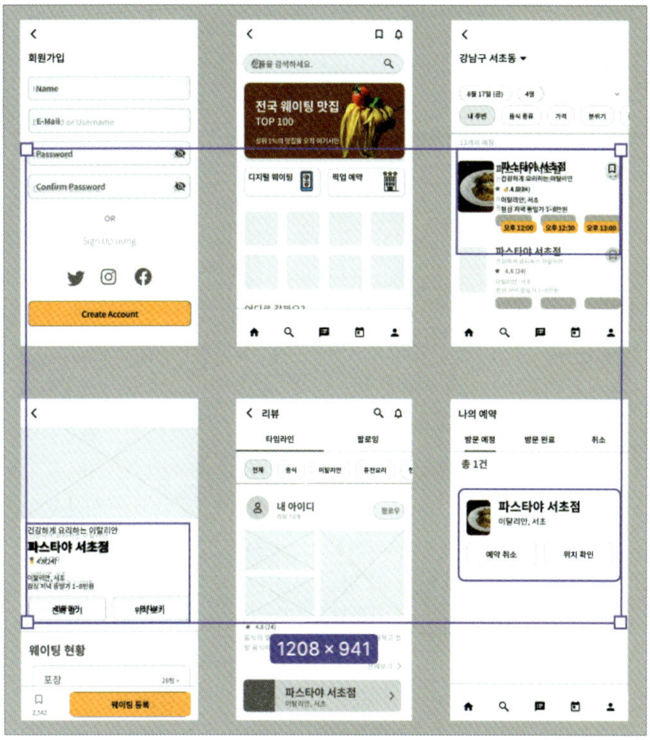

■ [Light] 모드

■ [Dark] 모드

SECTION 03

그리드 리스트

핵심 내용 그리드 리스트 컴포넌트 구성 실습, Ctrl+Shift+K

그리드 리스트의 이해

아이콘이나 이미지를 포함한 메뉴 형태의 버튼은 메인 화면에 가장 많이 사용하며 그리드 리스트의 형태로 구성한다. 그리드 리스트는 메뉴의 주제와 내용을 직관적으로 확인할 수 있도록 한다.

그림 10-1 그리드 리스트로 구성한 '오늘의 집' 전체 메뉴 일부

실습 그리드 리스트 구성하기

'테이블링 앱 서비스'의 메인 화면의 버튼을 그리드 리스트로 구성해 본다.

예제 미리보기

01 아이콘 추가하기 [Pages]에서 [Foundation]을 선택하고 'Icon' 프레임을 찾아 만들어둔 아이콘들의 모음을 'System Icons'로 제목을 작성하고 'Custom Icons'을 추가 입력한다.

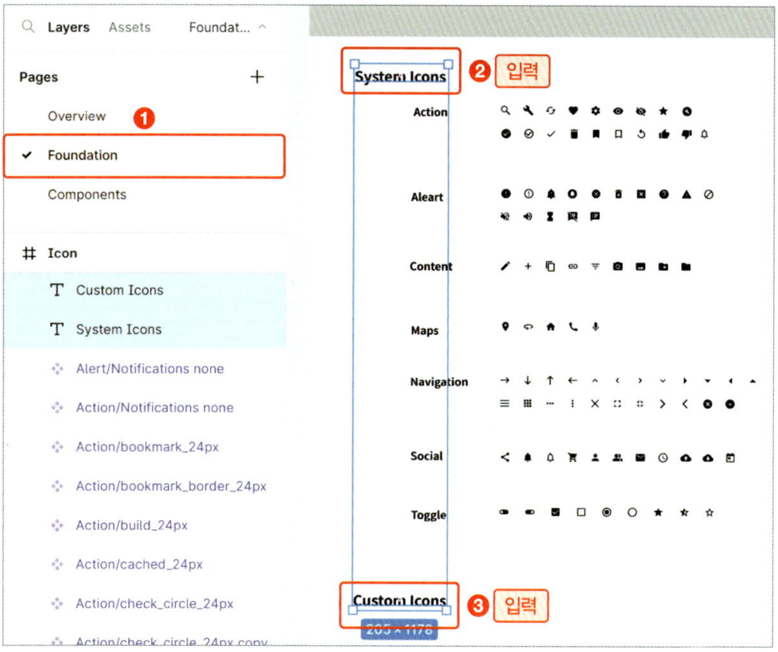

02 아이콘 추가하기 Ctrl + Shift + K 를 눌러 준비한 아이콘을 모두 드래그하여 선택한 후 화면에 클릭하여 배치한다.

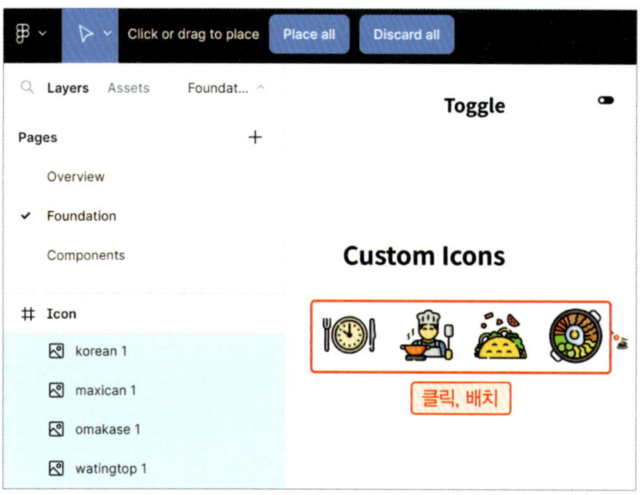

03 아이콘 컴포넌트 만들기 불러온 아이콘을 모두 선택하고 크기를 '40'으로 변경한다. 상단의 컴포넌트 버튼(❖)을 클릭하고 [Create multiple components]를 선택한다.

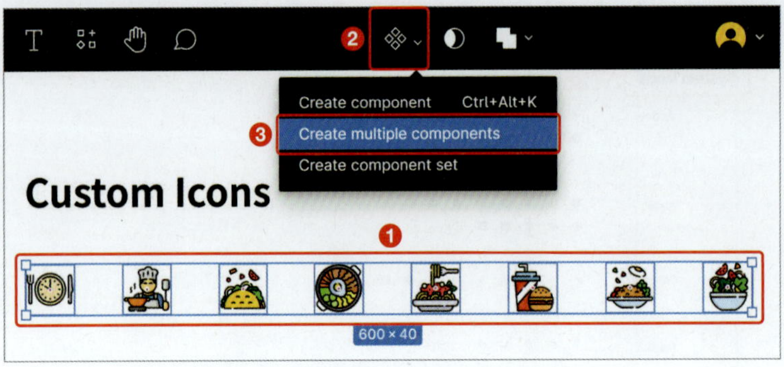

04 아이콘 컴포넌트 정렬하기 컴포넌트로 등록한 아이콘의 이름을 규칙성 있게 변경한다. 예제에서는 이름 앞에 'Custom/'을 붙였다.

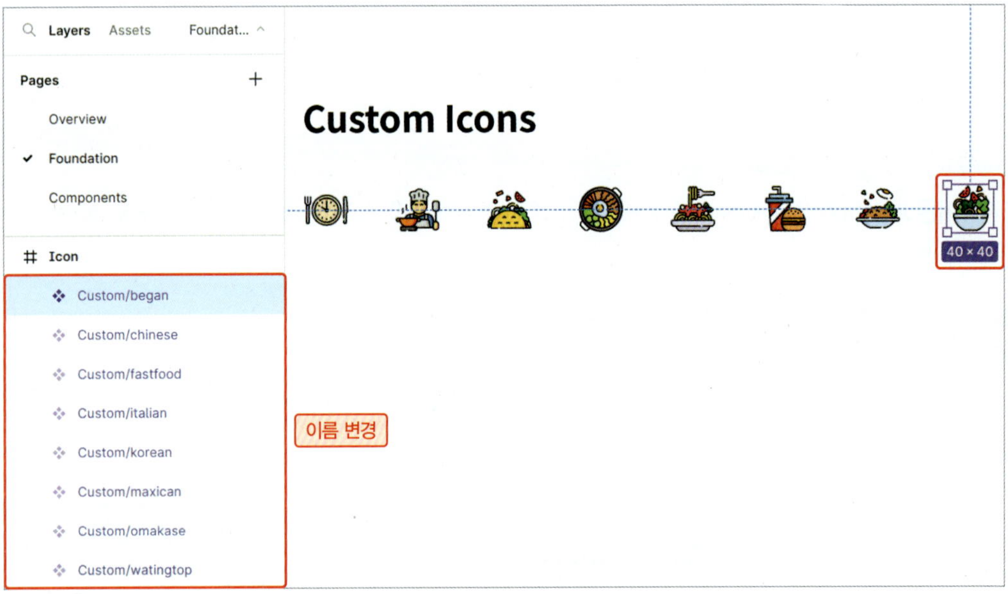

05 컨테이너 만들기 [Components] 페이지로 돌아와 사각형 툴(■)로 이미지가 들어간 버튼의 크기를 넓이와 높이 모두 '70'으로 지정하고 가장자리 둥글기 값을 '8'로 지정한다. 사각형은 Ctrl+X를 눌러 잘라내기 한다.

06 그리드 버튼 만들기 'Button' 프레임을 선택하고 Ctrl+V를 눌러 키 프레임의 사각형을 붙여넣기 한다. [Assets]에서 컴포넌트로 등록된 이미지 하나를 드래그하여 버튼 내부에 그림과 같이 배치한다.

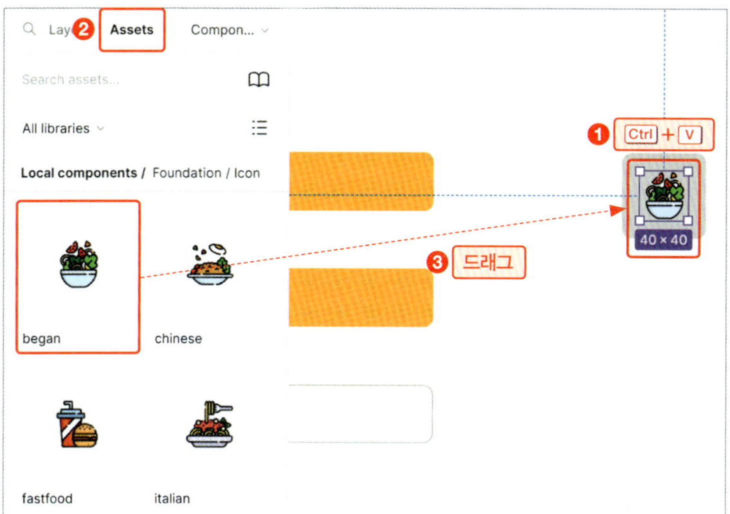

07 그리드 버튼 만들기 이미지 아래에 '메뉴명'이라고 문자를 입력하고 문자의 크기를 'label/Small'로 변경하고 색상을 'On Surface'로 변경한다. 이때 문자의 좌우 옵션은 중앙으로 지정한다.

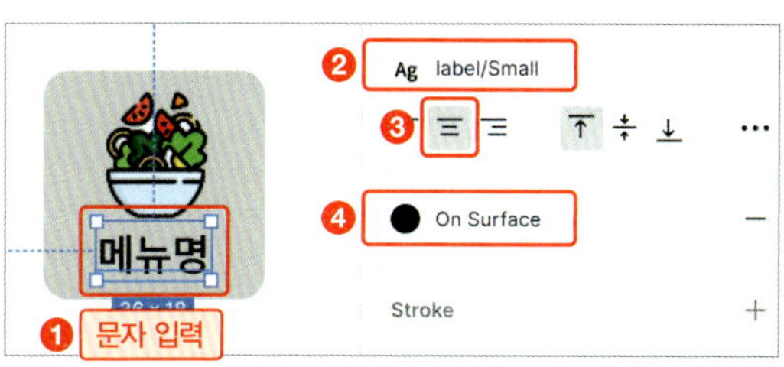

08 그리드 버튼 만들기 컨테이너를 선택하고 [Fill] 메뉴 우측의 [−]를 클릭하여 면의 색상을 없앤 후 'Stroke'를 지정한다.

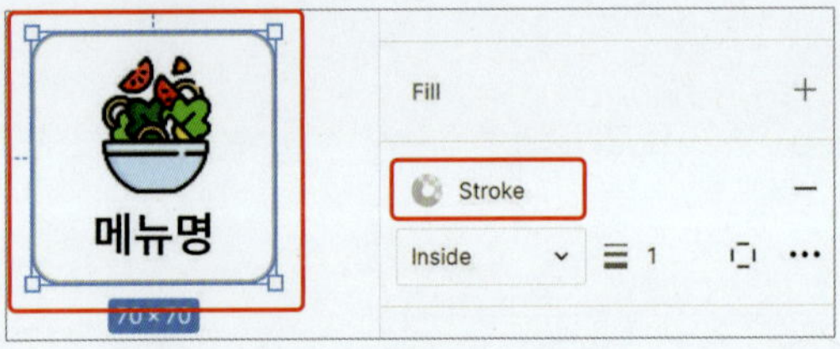

09 오토레이아웃 적용하기 이미지 버튼 조합을 모두 선택하고 [Shift]+[A]를 눌러 오토레이아웃을 적용한다. [Frame] 메뉴에서 좌우 옵션을 [Fixed]로 변경한다.

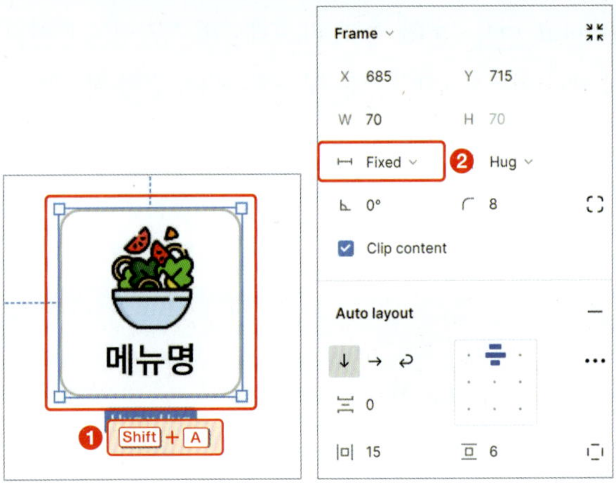

TIP [Frame] 메뉴에서 좌우 옵션을 [Fixed]로 지정하면 메뉴명의 길이가 길어져도 버튼의 넓이는 변하지 않는다.

10 컴포넌트 만들기 [Ctrl]+[Alt]+[K]를 눌러 컴포넌트로 등록하고 컴포넌트의 이름을 'Button/Image'로 변경한다.

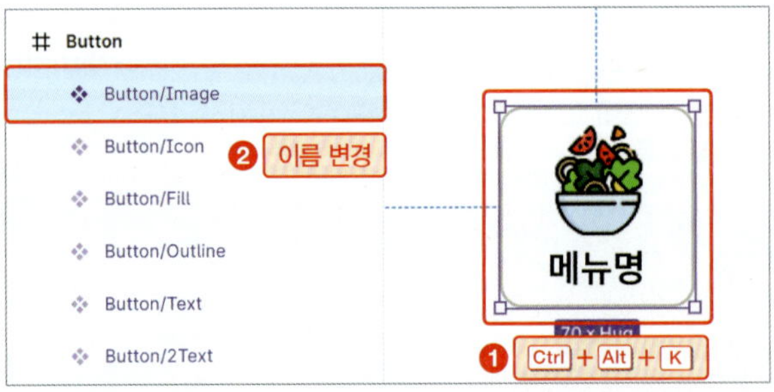

11 컴포넌트 속성 설정하기 컴포넌트가 선택된 상태로 [Properties] 메뉴 우측의 [+]를 클릭하고 [Instance swap] 옵션을 선택한다.

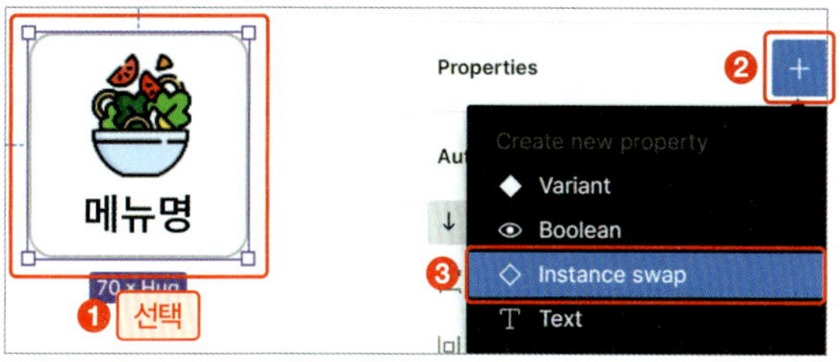

12 컴포넌트 속성 설정하기 옵션 창에서 [Name]을 'Image'로 입력하고 [Value]에서 [Foundation] 페이지에서 등록한 'Icon/Custom/began'을 선택한다.

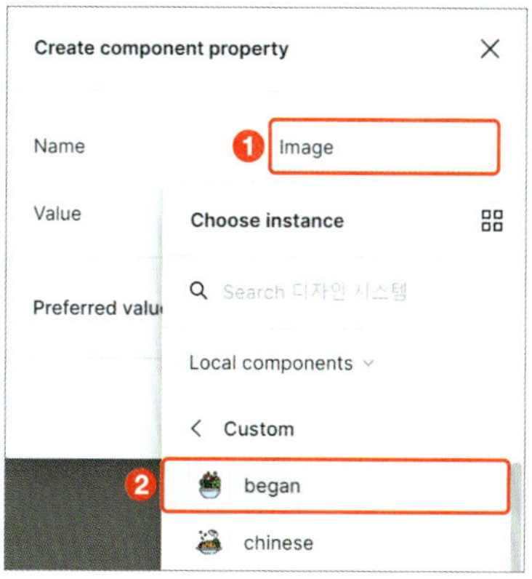

13 컴포넌트 속성 설정하기 컴포넌트 내부를 더블클릭하여 'began' 아이콘을 선택하고 [Apply instance swap property]( )를 클릭하여 방금 등록한 [Image]를 선택한다.

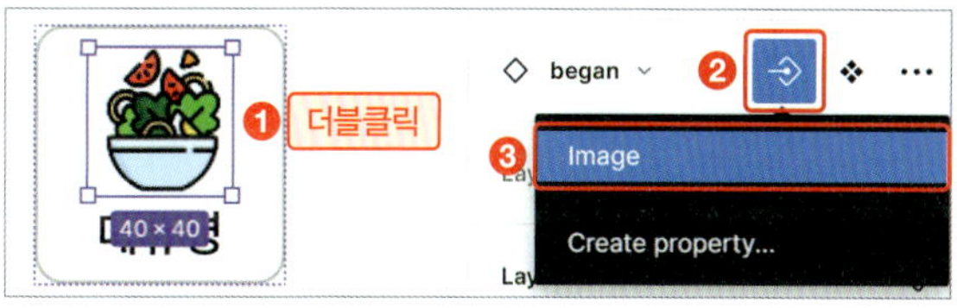

14 컴포넌트 속성 설정하기 다시 컴포넌트를 선택하고 [Properties] 메뉴 우측의 [+]를 클릭하여 [Text] 옵션을 선택한다. 옵션 창이 열리면 [Name]을 'Label'로 변경하고 [Value]에 'Menu'를 입력한다.

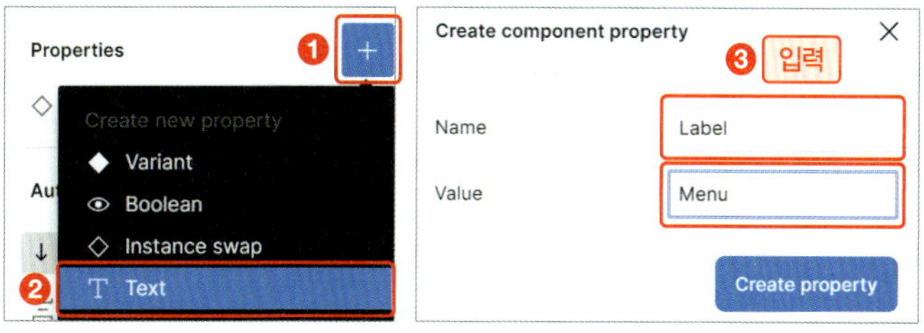

15 컴포넌트 속성 설정하기 컴포넌트 내부를 더블클릭하여 문자를 선택하고 [Apply text property] ( )를 클릭한다. 방금 등록한 [Label]을 선택한다.

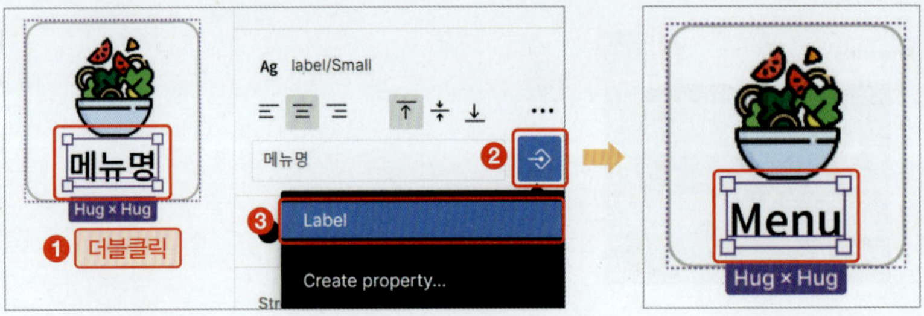

16 컴포넌트 속성 설정하기 컴포넌트를 Alt를 누르고 드래그하여 복제한다. 그림과 같이 우측에 나란히 인스턴스를 두 개 배치하고 두 개의 인스턴스를 Shift+A를 눌러 오토레이아웃을 적용한다. 이때 두 인스턴스 간의 간격을 '16'으로 지정한다.

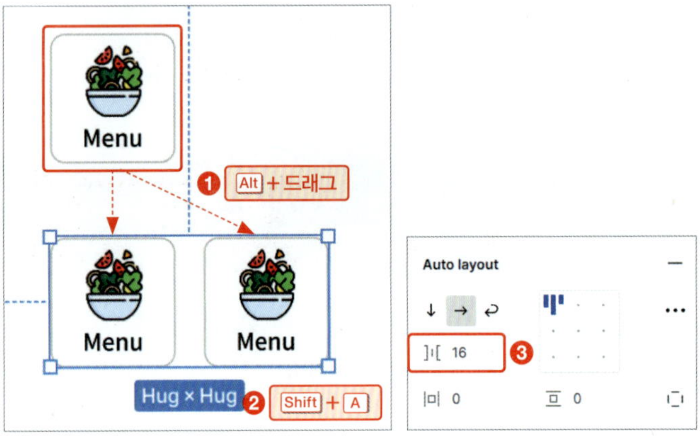

17 그리드 리스트 만들기 오토레이아웃 그룹이 된 프레임 내부를 더블클릭하여 인스턴스 하나를 선택하고 Ctrl+D를 누르면 우측 방향으로 인스턴스가 복제된다. 메뉴 4개를 만든다.

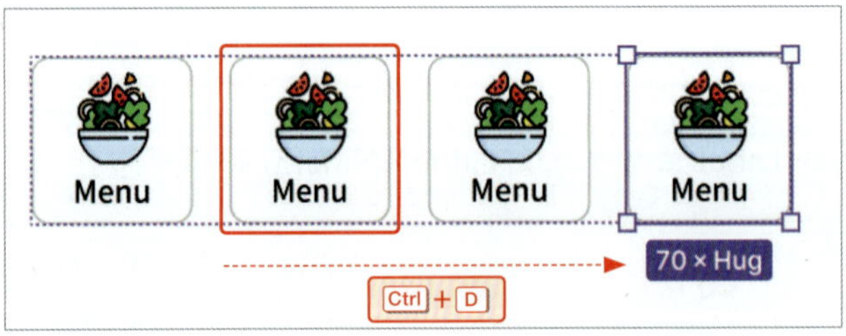

18 그리드 리스트 만들기 메뉴 4개가 배치된 버튼 세트를 선택하고 Alt 를 누른 채 드래그하여 아래쪽에 '16' 간격을 두고 복제한다.

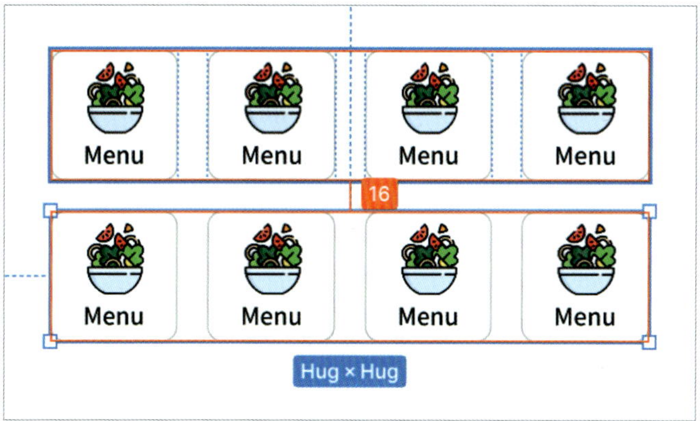

19 그리드 리스트 만들기 내부를 더블클릭하여 각 인스턴스 버튼을 선택하고 [Properties] 메뉴에서 [Image]와 [Label] 옵션을 그림과 같이 모두 변경한다.

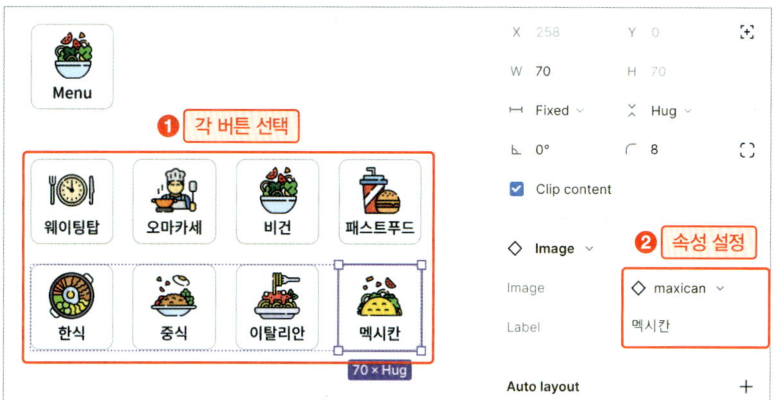

20 그룹화 하기 변경한 버튼 세트를 모두 선택하고 Ctrl + G 를 눌러 그룹으로 만든 후 그룹의 이름을 'Gridlist'로 변경한다.

21 키 스크린에 배치하기 'Gridlist' 그룹을 키 스크린에 복제해 붙여넣기 한다.

22 다크 모드로 전환하기 토큰을 실행시켜 [Dark] 모드가 잘 실행되는지 확인한다.

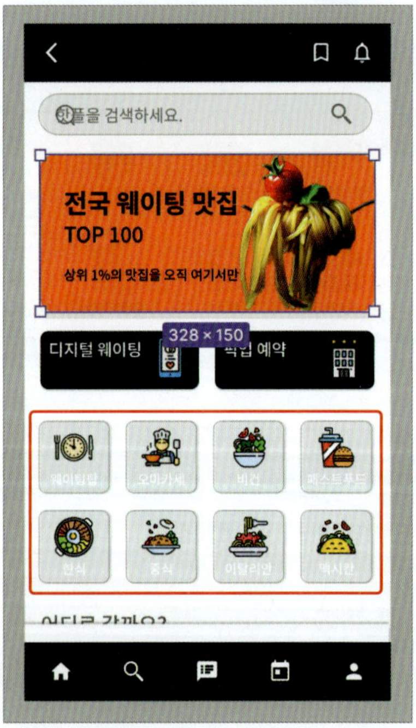

SECTION 04

키 스크린의 완성

핵심 내용 '테이블링 앱 서비스'의 키 스크린 완성

실습 '테이블링 앱 서비스'의 키 스크린 완성하기

8장부터 구성한 컴포넌트 제작 방법을 활용하여 '테이블링 앱 서비스' 키 스크린을 완성한다. 컴포넌트로 구성하지 않은 문자와 아이콘을 확인하고 빈 화면을 완성해 본다.

예제 미리보기

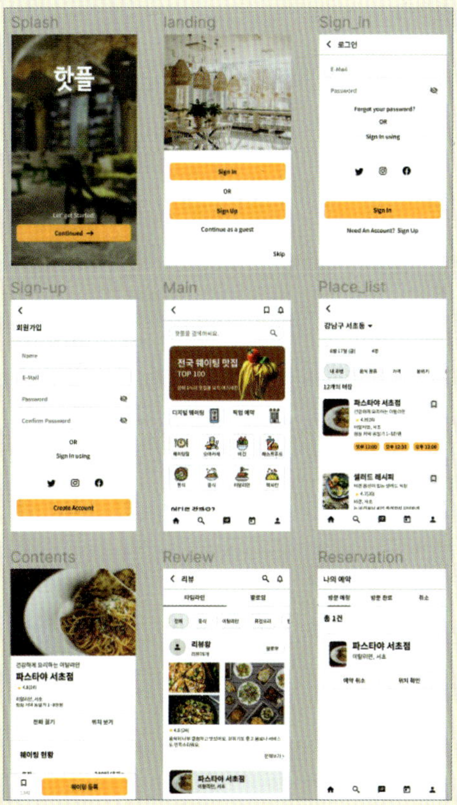

■ [Light] 모드

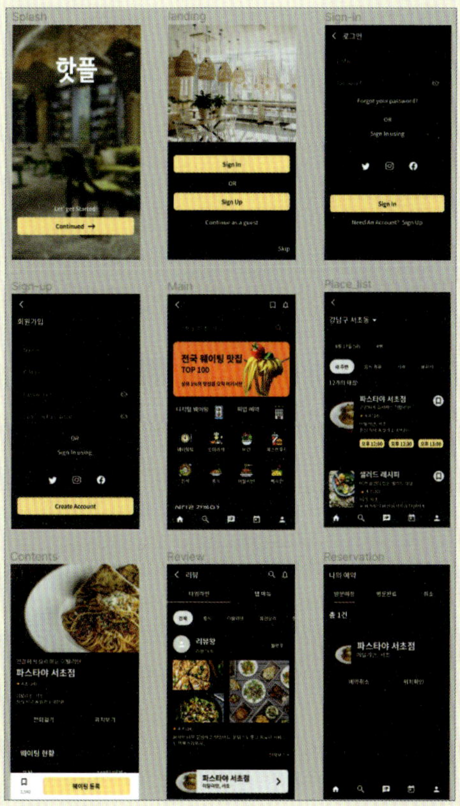

■ [Dark] 모드

시작 화면 완성하기

01 빈 페이지 확인하기 'Key Screen' 프레임의 눈 아이콘(👁)을 클릭하여 키 스크린이 보이지 않도록 한 후 아토믹 디자인의 원자와 분자 요소로 구성된 디자인 시스템 페이지들을 확인하고 빈 페이지를 체크한다.

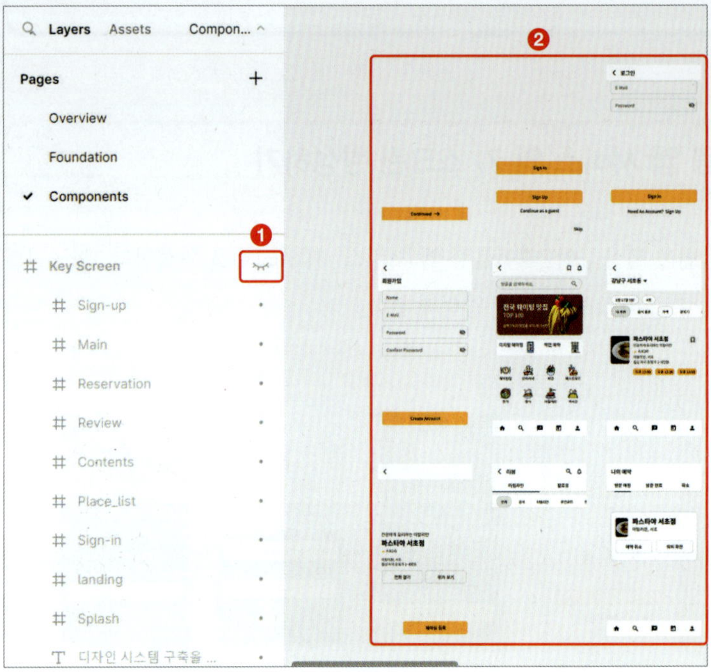

02 프레임 삽입하기 프레임 툴(#)로 넓이 '360', 높이 '640'인 프레임을 만들고 색상을 'Surface'로 지정한다. [Layers]에서 위치를 'Key Screen' 프레임 바로 위에 배치시켜 다른 요소들이 보이도록 한다.

03 프레임 삽입하기 실습 02에서 만든 프레임을 Alt를 누르고 복제하여 그림과 같이 9개의 프레임을 모두 배치한다.

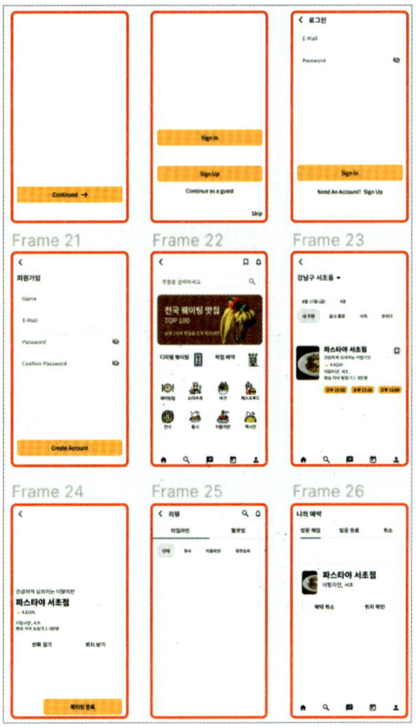

04 시작 화면 확인하기 프레임 이름을 'Splash'로 변경하고 눈 아이콘(👁) 클릭하여 키 스크린을 확인한다. 아직 구축하지 않은 배경 이미지와 로고, 문자를 확인한다.

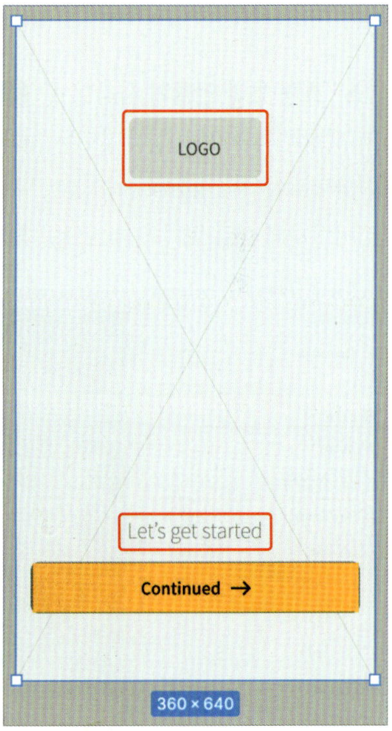

05 시작 화면 만들기 'Splash' 프레임이 선택된 상태로 'Unsplash' 플러그인을 실행시키고 'restaurant'으로 이미지를 검색한다. 시작 화면 이미지로 어울릴만한 이미지를 클릭해 프레임 전체에 이미지를 삽입한다.

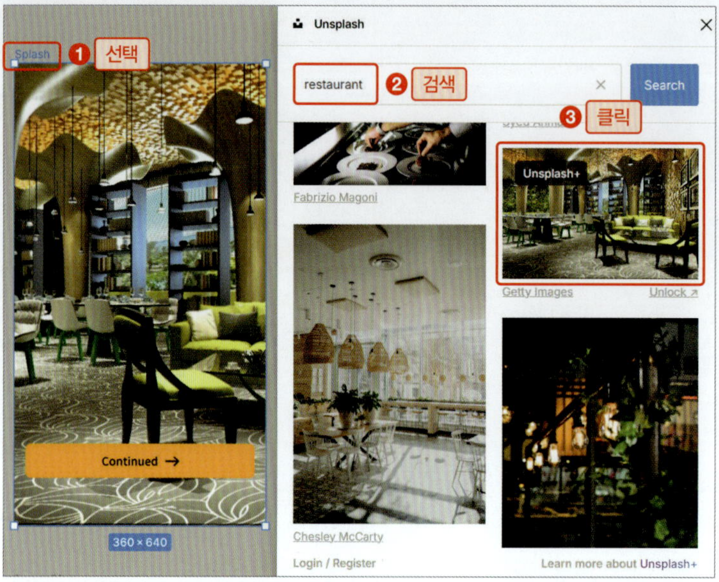

06 흐림 효과 만들기 사각형 툴(■)로 프레임 크기와 같은 넓이 '360', 높이 '640'의 사각형을 만든다. 색상은 '#000000', 투명도는 '30%'로 설정하여 이미지를 조금 어둡게 만든다. [Effects] 메뉴의 [+]를 클릭하여 [Background blur] 이펙트를 선택하고 옵션 값을 '8'로 지정한다. [Unsplash]에서 불러온 이미지에 흐림 효과가 추가되었다.

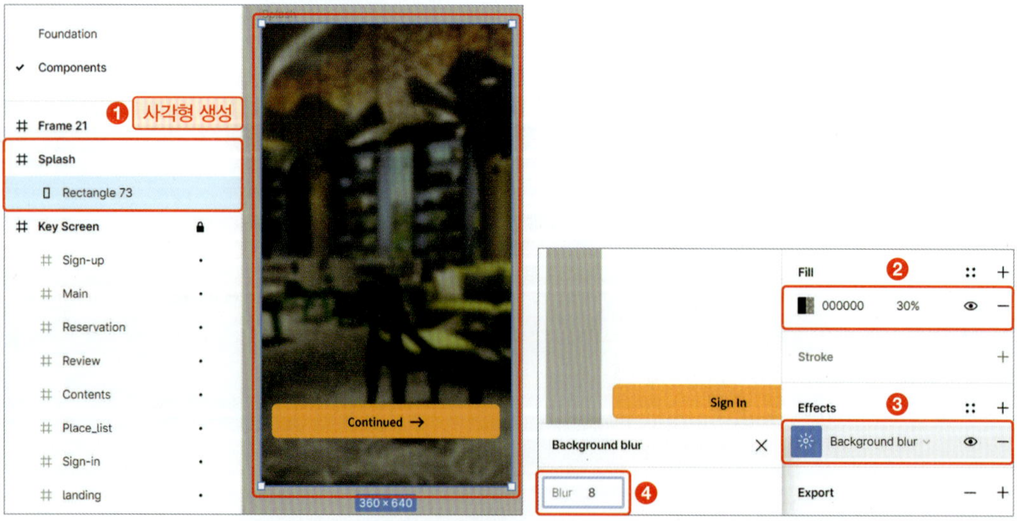

07 시작 화면 만들기 로고를 임의로 만들어 불러오거나 로고 이름을 입력한다. 이때 [Dark] 모드에서도 로고의 색상이 변하지 않도록 로컬 스타일로 등록하지 않은 색상을 적용한다.

08 시작 화면 만들기 'Let's get Start!'를 입력하고 입장 화면에 포함된 모든 요소를 'Splash' 프레임에 삽입한다. 'Splash' 프레임의 자물쇠(🔒)를 클릭하여 프레임을 잠근다.

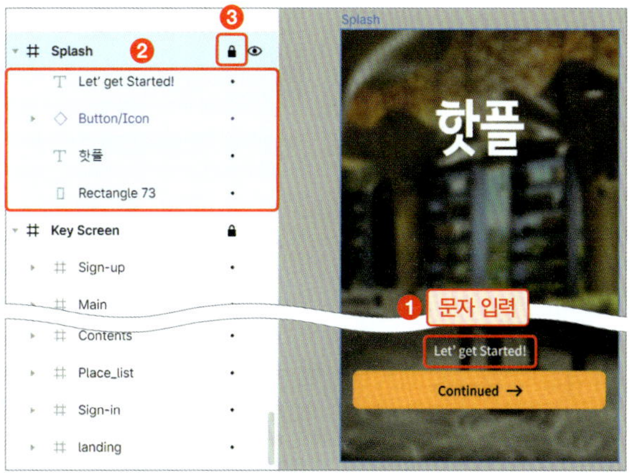

입장 화면 완성하기

01 키 스크린 확인하기 프레임의 제목을 'landing'으로 변경한 뒤 눈 아이콘(👁)을 클릭한다. 키 스크린에서 미완성된 부분을 확인한다.

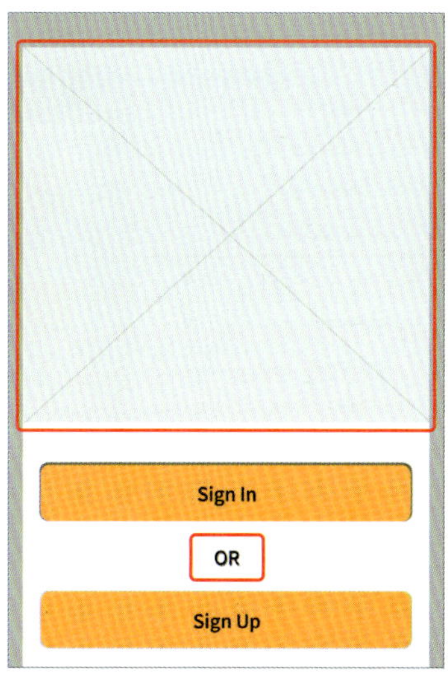

02 컨테이너 만들기 사각형 툴(■)로 넓이 '360', 높이 '320'의 사각형을 그린 후 [Unsplash] 플러그인에서 레스토랑 이미지를 검색하여 배치한다.

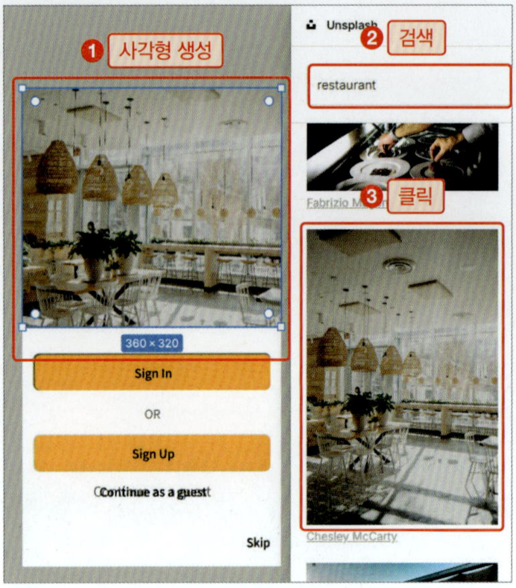

03 입장 화면 완성하기 'OR'을 입력하고 옵션을 설정한다. 'landing' 프레임에 속하는 모든 요소를 선택하여 'landing' 프레임에 배치한다.

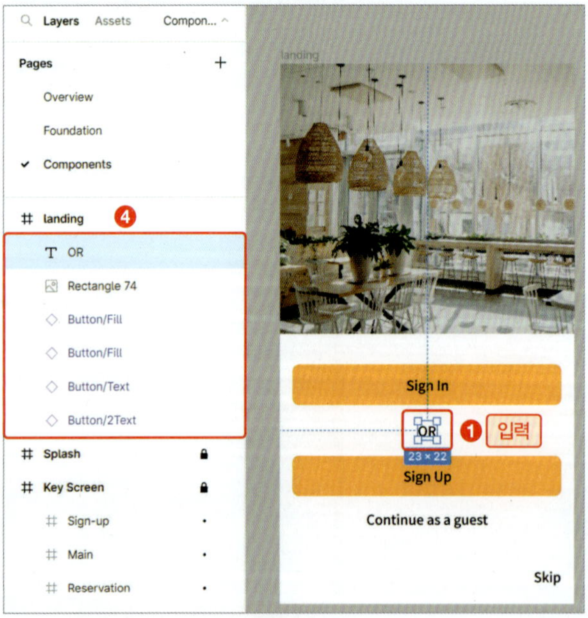

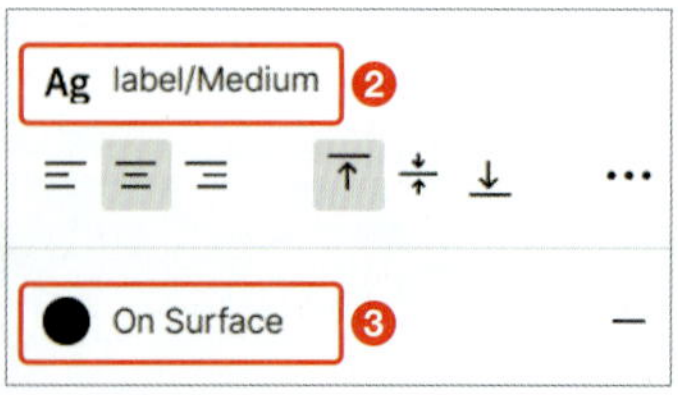

■ 'OR' 문자 옵션

로그인, 회원가입 화면 완성하기

01 키 스크린 확인하기 프레임의 제목을 'Sign-in'으로 변경한 뒤 키 스크린을 확인한다. 로그인 화면에서 미완성된 부분을 체크한다.

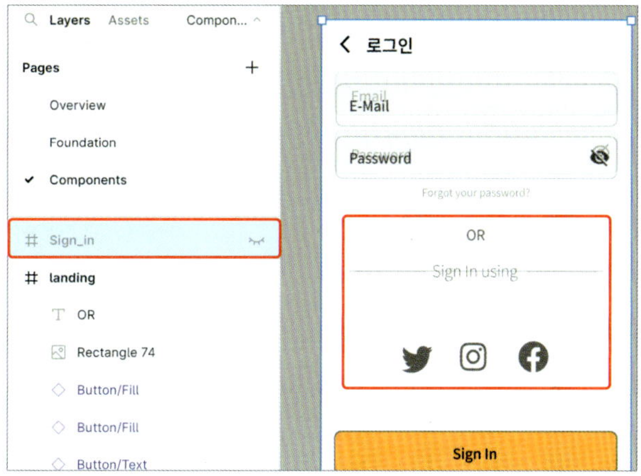

02 로그인 화면 만들기 사각형 툴(■)로 넓이 '296', 높이 '1'의 사각형을 만들고 색상을 'Stroke'로 지정한다. 좌우 여백은 '32'로 설정한다.

03 로그인 화면 만들기 라인 위로 'Sign In using'을 입력하고 Ctrl+Alt+G를 눌러 문자를 프레임으로 감싼다. 프레임의 색상을 'Surface'로 지정해 문자 뒤로는 선이 보이지 않도록 한다.

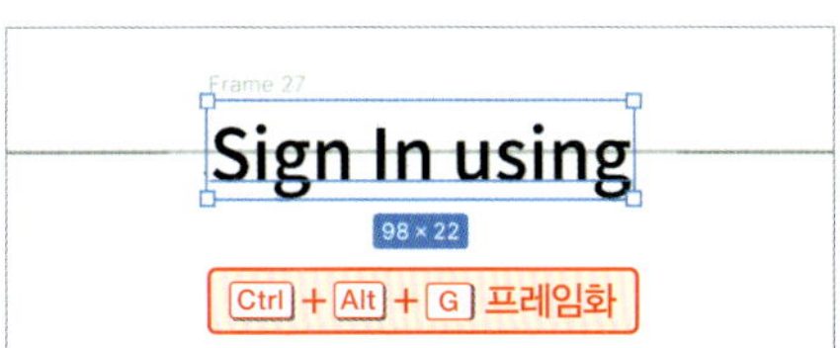

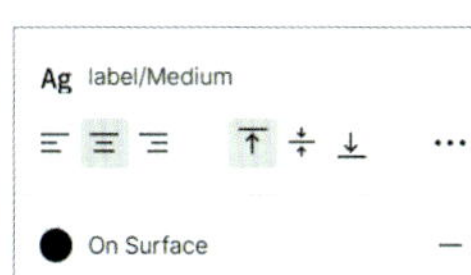

■ 'Sign In using' 문자 옵션

■ 프레임 색상 옵션

04 로그인 화면 만들기 아이콘과 문자를 화면과 같이 배치한다.

표 10-1 로그인 페이지 문자 옵션

구분	문자	문자 옵션	색상 옵션
Button/Text	Forgot your password?	'label' / Medium	On Surface
문자	OR	'label' / Medium	On Surface

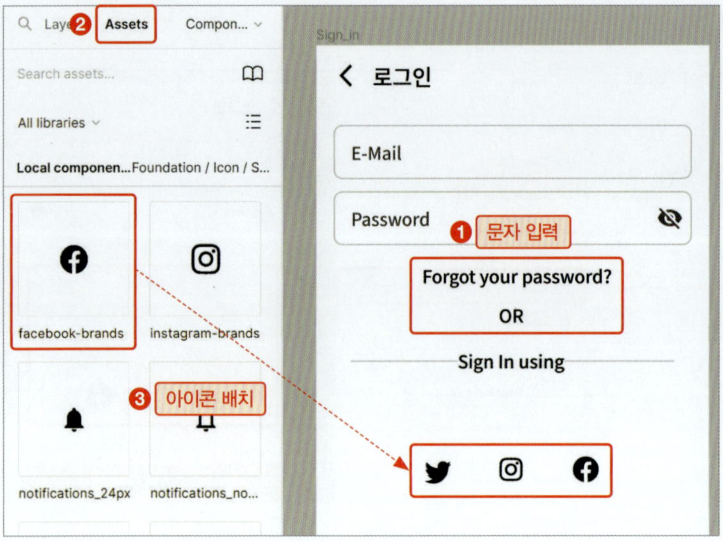

05 로그인 상단 앱 바 설정하기 전체화면을 보면 'Top Appbar'의 영역이 구분되지 않는 것을 알 수 있다.

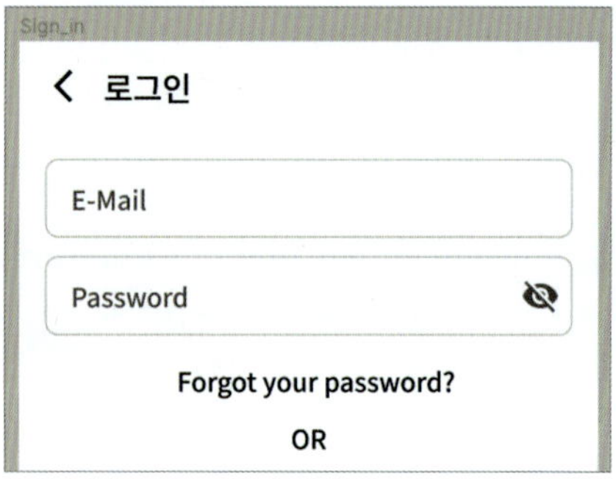

06 그림자 만들기 상단 앱 바의 컴포넌트가 있는 'Top Appbar' 프레임으로 이동하여 'Appbar' 컴포넌트를 선택한다. [Effects] 메뉴의 [Style] 버튼(::)을 클릭하여 'Shadow/1'을 선택해 하단에 그림자를 만든다. 키 스크린의 인스턴스에 모두 적용된 것을 알 수 있다.

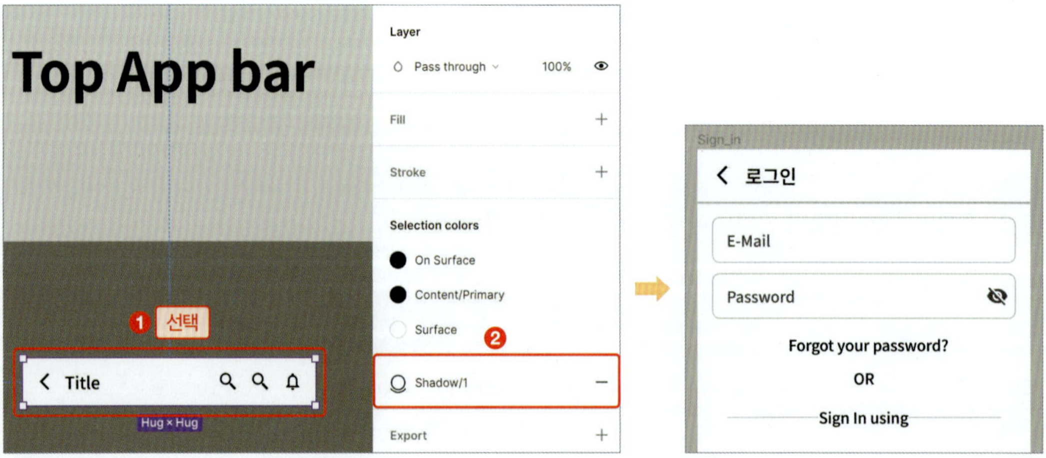

07 그림자 만들기 'Appbar/wide' 컴포넌트도 선택하여 같은 [Effect styles]를 적용한다.

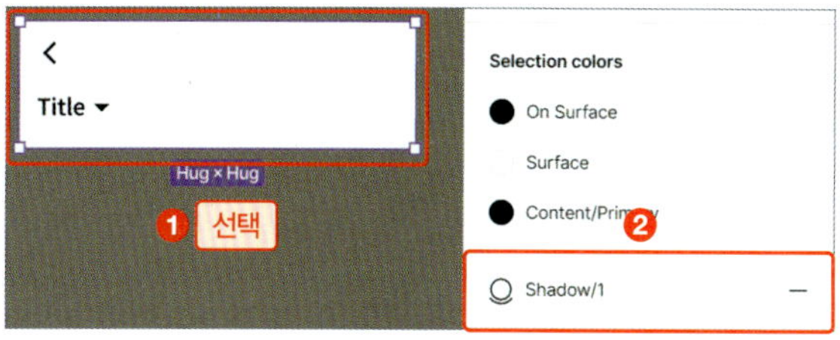

08 로그인 화면 완성하기 'Sign-in'에 속하는 요소를 모두 선택하고 'Sign-in' 프레임에 삽입하여 레이어를 정리한다.

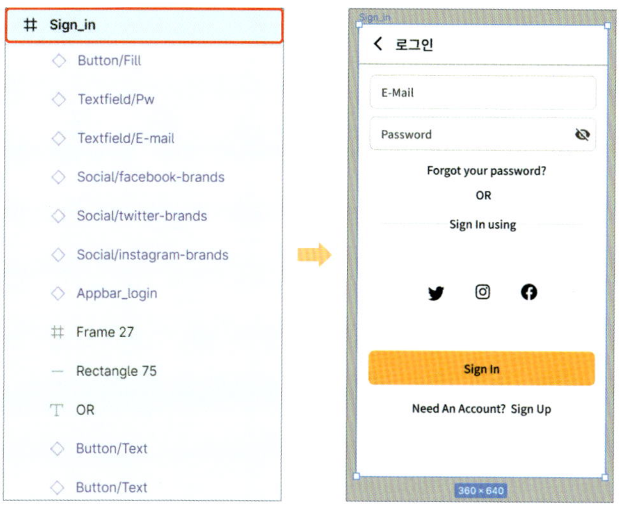

09 구분선 컴포넌트 만들기 'Divider' 프레임을 선택하고 넓이 '360', 높이 '1'의 사각형과 넓이 '296', 높이 '1'의 사각형을 만든다. 색상 옵션은 'Stroke'를 선택한다. Ctrl+Alt+K를 눌러 컴포넌트로 등록한다. 등록한 컴포넌트는 'Divider/long' 'Divider/shot'으로 이름을 변경한다.

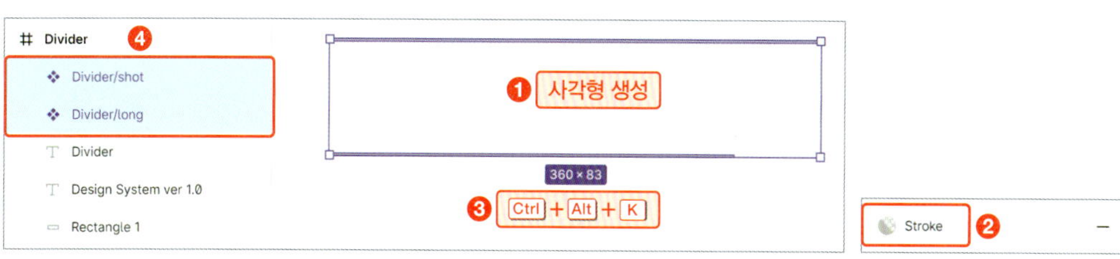

TIP 키 스크린 페이지를 구축하면서 새롭게 필요한 디자인 시스템 요소들을 추가적으로 만들어 나가면 된다.

10 회원가입 화면 완성하기 로그인 화면과 같은 방법으로 회원가입 화면을 완성하고 레이어를 정리한다.

메인 화면 완성하기

01 키 스크린 확인하기 메인 페이지 하단의 미완성된 부분을 확인한다.

02 와이어프레임 확인하기 실제 와이어프레임을 확인하면 메인 페이지 하단에 더 많은 콘텐츠가 숨겨져 있음을 알 수 있다. 여기서는 디자인 시스템을 구축하는 것이 목표이므로 보이는 곳까지만 디자인한다.

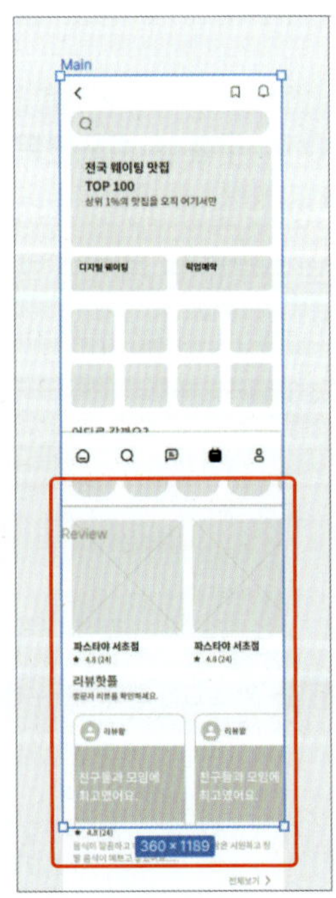

03 메인 화면 만들기 'BN/small'의 눈 아이콘(👁)을 클릭하여 하단 내비게이션이 안 보이도록 생성한다. 제목을 입력하고 [Assets]에서 'Chips'의 'Scroll' 컴포넌트를 하단에 배치하여 지역명으로 내용을 변경한다.

표 10-2 메인 페이지 화면 문자 옵션

구분	문자	문자 옵션	색상 옵션
문자	어디로 갈까요?	'title' / Medium	On Surface

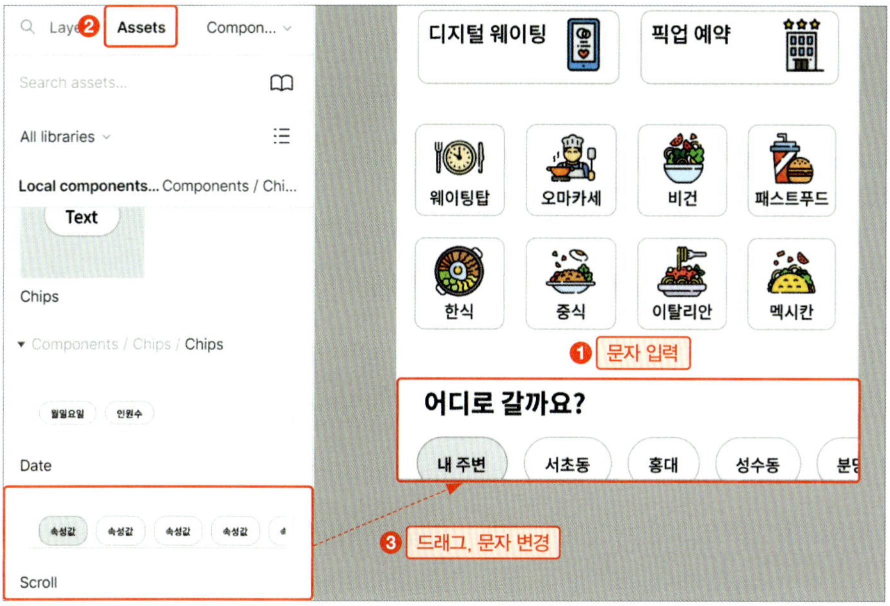

04 메인 화면 만들기 다시 'BN/small'의 눈 아이콘(👁)을 클릭하여 하단 내비게이션이 보이도록 설정한다. 레이어 맨 위로 올려 하단 내비게이션이 위쪽에 배치한다. 이때 내비게이션에 가려진 콘텐츠는 일부만 보이도록 하여 하단으로 스크롤을 내려야 함을 알려주어야 한다.

05 그림자 설정하기 'Bottom Navigation' 프레임에서 제작한 하단 내비게이션을 모두 선택하고 [Effect styles]에서 'shadow/10'을 선택하면 하단 내비게이션이 그림자로 인해 배경과 구분이 된다.

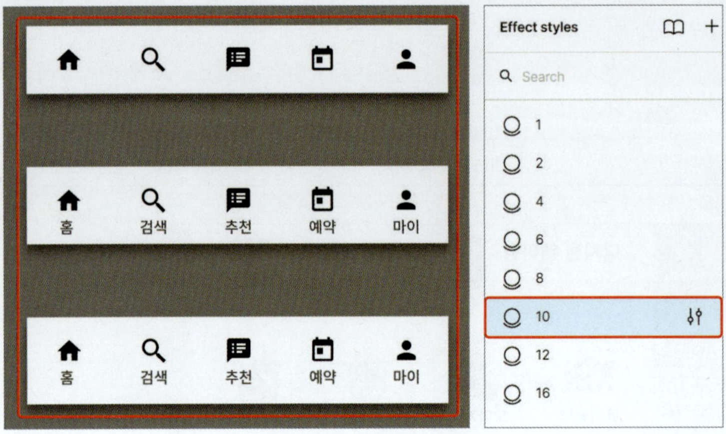

'테이블링 앱 서비스' 키 스크린 완성하기

01 전체 페이지 화면 채우기 앞의 실습에서 컴포넌트를 구성했던 방법으로 나머지 페이지들의 빈 부분을 모두 채운다.

02 다크 모드로 전환하기 모든 페이지들의 요소가 [Dark] 모드에서도 잘 작동하는지 토큰을 실행시켜 확인한다. 빠뜨린 부분이 있거나 작동하지 않는 부분이 있으면 다시 확인한다.

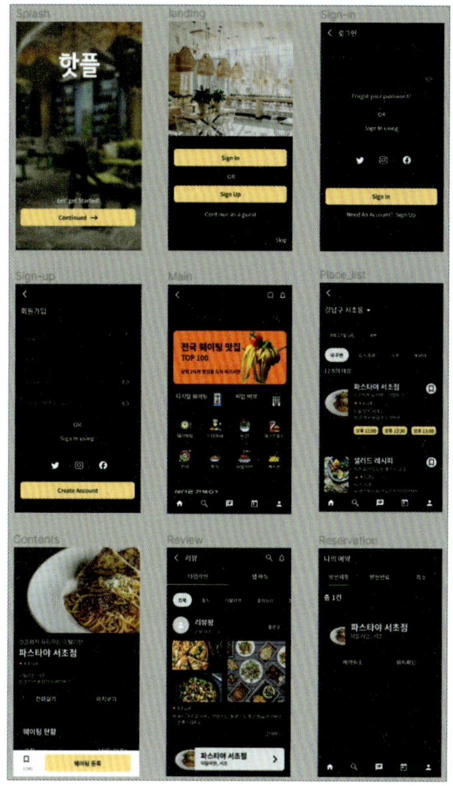

03 구축한 디자인 시스템 확인하기 [Components] 페이지들을 잘 정리하고 계속해서 페이지를 디자인해 나가면서 컴포넌트 요소들을 정리한다. 이때 컴포넌트 요소, 이름 등은 팀원들과 상의하여 규칙을 가지고 작성한다.

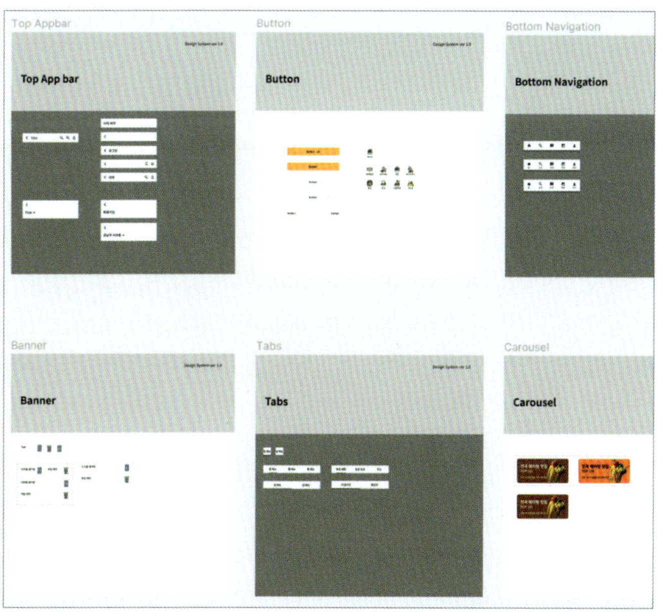

그림 10-2 구축한 디자인 시스템의 일부

요약

1 칩

- **정의** 칩은 특정 상황에 대한 옵션을 표시할 때 사용한다.
- **기능** 사용자가 정보를 선택할 수 있도록 도우며, 키워드에 따라 콘텐츠를 필터링하는 작업을 한다.

2 카드

- **정의** 단일 주제에 대한 콘텐츠와 작업 내용을 표시한다.
- **종류** 카드 내용에 따라 유연한 레이아웃과 크기를 갖기 때문에 그 종류가 다양하다. 카드 안에는 헤드라인, 이미지, 문자, 버튼, 목록 등 다양한 내용이 포함될 수 있다.

3 그리드 리스트

- **정의** 아이콘이나 이미지를 포함한 메뉴 형태의 버튼을 그리드 리스트로 표현한 컴포넌트를 말한다.

4 디자인 시스템의 구축

- 디자인 시스템을 구축하여 컴포넌트 페이지를 잘 정리하고 계속해서 페이지 디자인을 업데이트하면서 컴포넌트 요소들을 정리해 나간다.

CHAPTER 11

공유와 협업

학습목표

- 핸드오프의 개념과 핸드오프의 항목을 알아본다.
- 깃허브를 피그마와 연동하여 사용해 본다.
- 깃허브와 JSON을 활용해 피그마의 토큰을 내보내고, 새 프로젝트에 불러오는 방법을 배운다.

SECTION 01

핸드오프

핵심 내용 핸드오프의 정의, 핸드오프의 항목별 이해

핸드오프의 이해

핸드오프Hand Off는 '손을 떠난다'라는 표현처럼 디자이너가 구현한 레이아웃, 색상, 타이포그래피 등의 결과물을 개발자에게 전달하는 것을 말한다. 핸드오프 과정은 디자이너와 개발자 간의 논리적 사고와 원활한 의사소통이 바탕이 되어야 한다. 만약 디자인이 제대로 전달되지 않는다면 기획 의도와는 전혀 다른 방향의 결과물이 도출되거나 프로젝트의 기간이 생각보다 길어질 수 있다. 또한 모든 팀원이 디지털 제품과 사용자 경험이 아닌 다른 측면에 집중할 수도 있고 개발자와 기획자 간의 단절이 발생할 수도 있다. 대부분 디자이너와 개발자들은 실물 모형이 최종 제품을 시각적으로 표현할 수 있고 실제 개발 프로세스가 시작되기 전에 잠재적인 문제를 식별하는 데 도움이 된다는 것을 안다. 하지만, 기술적인 지식의 부족, 개발 과정에서의 오해나 오류, 다양한 워크 플로우와 프로세스에 따라 핸드오프의 과정은 쉽지 않을 수도 있다.

핸드오프의 항목

핸드오프의 항목은 디자인의 목적과 목표에 따라 다양하게 나뉠 수 있다. 일반적인 항목은 다음과 같다.

유저 플로우

핸드오프가 진행되는 시점은 디자인 시안 작업이 마무리된 이후가 일반적이다. 이때 개발자 입장에서는 제품과 서비스의 흐름과 각 화면에 대해 궁금증이 생길 수밖에 없다. 개발자에게 유용한 것은 각 화면이 서로 어떻게 연결되는지를 눈으로 보고 이해하는 것이다. 각 화면은 다양한 페이지로 연결되는 수많은 링크와 상호작용이 존재하기 때문에 화면 간의 연결과 인터랙션을 유저 플로우User Flow로 구축하면 개발 과정에서 시간을 절약할 수 있다. 유저 플로우를 사용하여 개발자들은 제품이나 서비스를 더 안정적이고 매끄럽게 만들면서 시간을 절약할 수도 있다.

유저 플로우의 장점

유저 플로우를 사용하면 협업 시 소통 과정이 원활해져 기획과 개발 사이의 격차를 해소할 수 있다. 또한 디자이너는 사용자 경험을 시각화하여 각 페이지의 기능과 맥락, 서비스의 목표를 개발자가 보다 쉽게 이해하도록 구성할 수 있다. 즉, 화면이 어떤 흐름으로 설계되어 있는지를 보여준다면 개발자는 제품과 서비스를 구현할 때 문제가 되는 지점을 빠르게 파악할 수 있고 팀원들은 다양한 측면에서 의견을 주고받을 수 있다. 유저 플로우를 구축하는 것은 기획과 개발 결정 과정에서 시각적인 정보를 제공하기 때문에 이해관계자와 팀원 모두에게 도움이 된다.

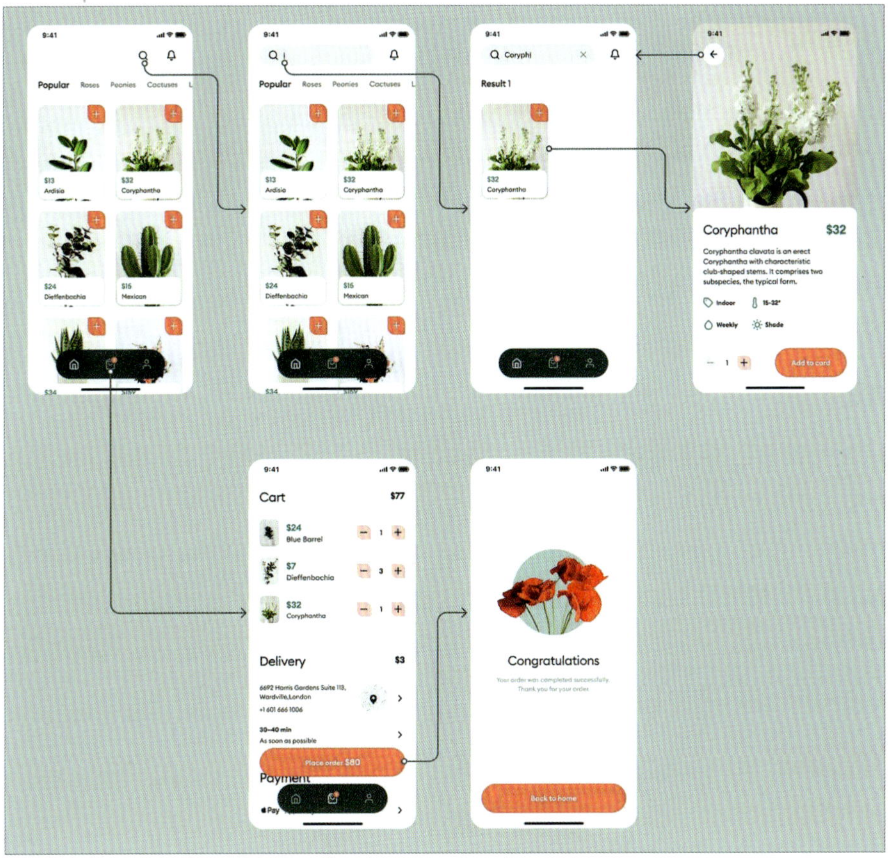

그림 11-1 유저 플로우의 예시

유즈 케이스

유저 플로우를 통해 화면의 전체 흐름을 파악했다면, 유즈 케이스Use Case에서는 사용자에게 발생할 수 있는 다양한 상황을 고민해 보아야 한다. 제품과 서비스의 의도된 동작과 디자인을 개발자가 완전히 이해하기 위해서는 콘텐츠의 다양한 양상을 보여주는 것이 중요하다. 사용자의 행동으로 고려하지 않은 예측 밖의 상황이 발생할 수 있기 때문이다.

예를 들어 사용자가 제품 구매 수를 '1억 개'로 작성하는 경우의 수도 고려해 보아야 한다. 사용자가 잘못된 데이터를 입력하거나 비활성화된 버튼과 상호작용하려고 할 수 있기 때문이다. 이렇듯 다양한 경우의 수를 고민하면 개발자는 여러 측면의 행동 결과를 제시하고 잠재적인 문제가 발생하기 전에 이를 예측하고 해결할 수 있으며 사용자 경험에 기반하여 애플리케이션의 전반적인 안정성을 향상시킬 수 있다.

사실 다양한 프로젝트 경험이 없다면 예측하지 못한 상황의 유즈 케이스를 모두 파악하여 제공하기는 쉽지 않다. 따라서 개발자와의 다양한 대화를 주고받으며 여러 가지 결과를 예측하여 작성하고 다음 프로젝트에 반영할 수 있도록 기억해 두는 것이 중요하다.

그림 11-2 유즈 케이스를 적용한 콘텐츠 요소 표시의 다양한 예시

상태에 따른 디자인

아토믹 디자인에 기반하여 모든 원자 상태를 고려한 디자인도 핸드오프 항목이 된다. UI 요소 또는 컴포넌트의 상태를 함께 제공하면 개발자는 요소의 상태를 빠르게 이해하고 그에 맞는 서비스를 구축할 수 있다. 특히 웹 인터페이스를 모바일 앱으로 구현했을 때 요소의 상태는 사용자와의 상호작용에 따라 버튼, 폼 필드, 문자와 같은 다양한 UI 요소로 시각적, 기능적으로 표현할 수 있다.

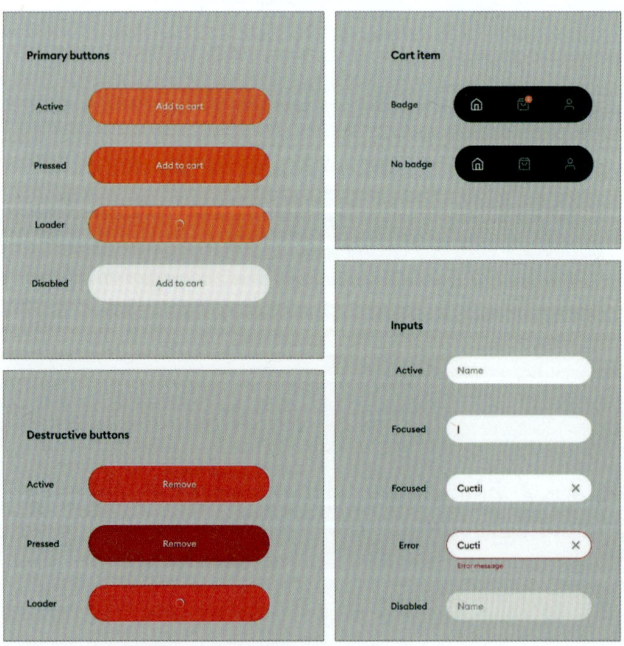

그림 11-3 버튼과 입력의 다양한 상태 예시

다양한 화면 크기

최근에는 '네이티브 앱'과 '반응형 웹'을 동시에 구현하기도 하지만 비용적인 측면으로 인해 하나의 방식만을 추구하기도 한다. 그러나 어떤 경우든 디바이스의 크기는 다양해질 수밖에 없다. '네이티브 앱'도 다양한 해상도를 가진 디바이스로 인해 여러 해상도로 구분하는 작업이 필요하며 '반응형 웹'도 어떤 크기에서 브레이크 포인트를 지정할 것인지 논의가 필요하다. 즉, 인터페이스의 실물을 다른 해상도로 보여주는 것은 개발자들이 다른 장치에서 사용될 애플리케이션의 설계와 동작을 이해하도록 도와준다. 그러므로 웹과 모바일 애플리케이션에서는 크기가 다른 디바이스에서 인터페이스가 어떻게 보이고 작동 방식은 무엇인지 함께 고려하는 것이 중요하다.

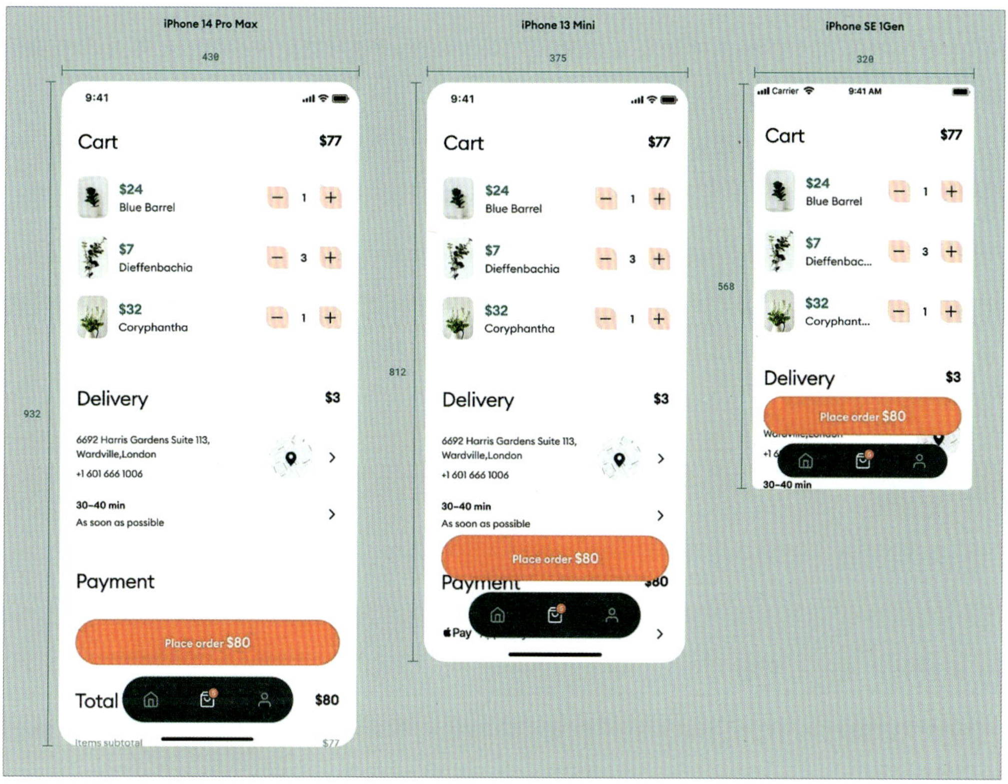

그림 11-4 화면 크기에 따른 디자인 예시

운영체제와 디자인

앱이 어떤 운영체제에서 구동하는지에 따라 그 디자인이 달라질 수 있다. 특히 '네이티브 앱'은 디바이스의 크기와 함께 운영체제도 고려해야 한다. 운영체제와 해상도 모두 인터페이스가 표시되는 방식과 관련이 있어 사용자 경험에 영향을 주기 때문이다. 다양한 해상도로 구성한 인터페이스 디자인은 모든 장치에서 일관되고 매끄러운 사용자 경험을 보장하기 때문에 웹과 모바일 애플리케이션 개발에 꼭 필요한 요소이다.

SECTION 02

공유 플랫폼의 사용

핵심 내용 피그마 토큰과 깃허브의 연동

깃과 깃허브의 이해

깃Git은 컴퓨터 파일의 변경사항을 추적하고, 여러 명의 사용자가 해당 파일의 작업을 조율할 수 있도록 하는 분산 버전 관리 시스템이다. 주로 소스 코드 관리와 파일의 변경사항을 지속적으로 추적하기 위해 사용한다. 피그마와 스케치 같은 프로토타입 툴에서 토큰을 지원하고 사용하게 되면서 토큰의 소스 코드를 관리하거나 토큰의 변경사항을 디자이너와 개발자가 지속적으로 관리하기 위한 핸드오프 툴로 사용하고 있다.

깃이 텍스트 명령어를 입력하는 CLI Command Line Interface 방식이라면 깃허브GitHub는 깃의 GUI Graphic User Interface 버전으로 명령어를 모르는 사람도 쉽게 접근 가능한 호스팅 서비스다. 깃허브를 사용하면 버전 관리가 용이하여 프로젝트의 협업 과정을 쉽게 진행할 수 있다.

깃허브의 사용

앞에서 구축한 디자인 시스템을 공유하기 위해 깃허브 사용법을 알아본다.

깃허브 시작하고 저장소 만들기

01 깃허브 시작하기 'https://github.com'을 입력해 깃허브 홈페이지로 이동한다. 우측 상단의 [Sign up]을 클릭한다.

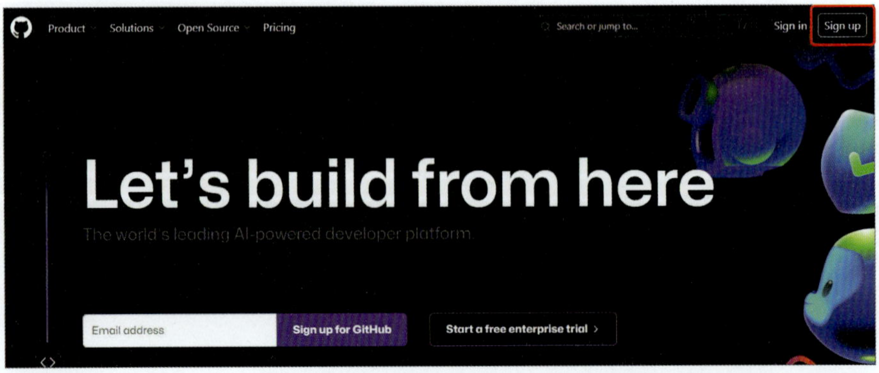

02 깃허브 시작하기 이메일, 패스워드, 이름을 설정한다.

03 저장 공간 만들기 회원가입 후 첫 페이지에서 좌측의 [Create repository]를 클릭하여 파일이나 폴더를 저장할 공간을 만든다.

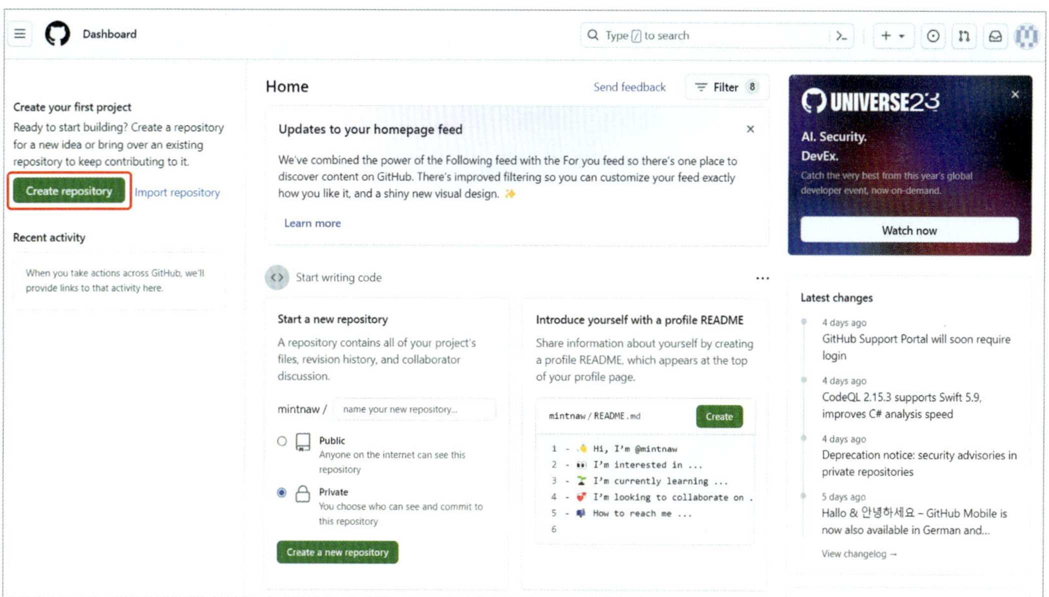

TIP 'repository'를 만드는 것은 컴퓨터에 폴더를 만드는 것과 같은 개념으로 생각하면 된다.

04 저장 공간 만들기 'repository'의 이름을 지정하고 [Create repository]를 눌러 저장소를 만든다. 'Description'은 필요에 따라 'Public'이나 'Private'로 변경해 사용할 수 있다. 생성된 'repository'는 'main Branch'에 배치된다.

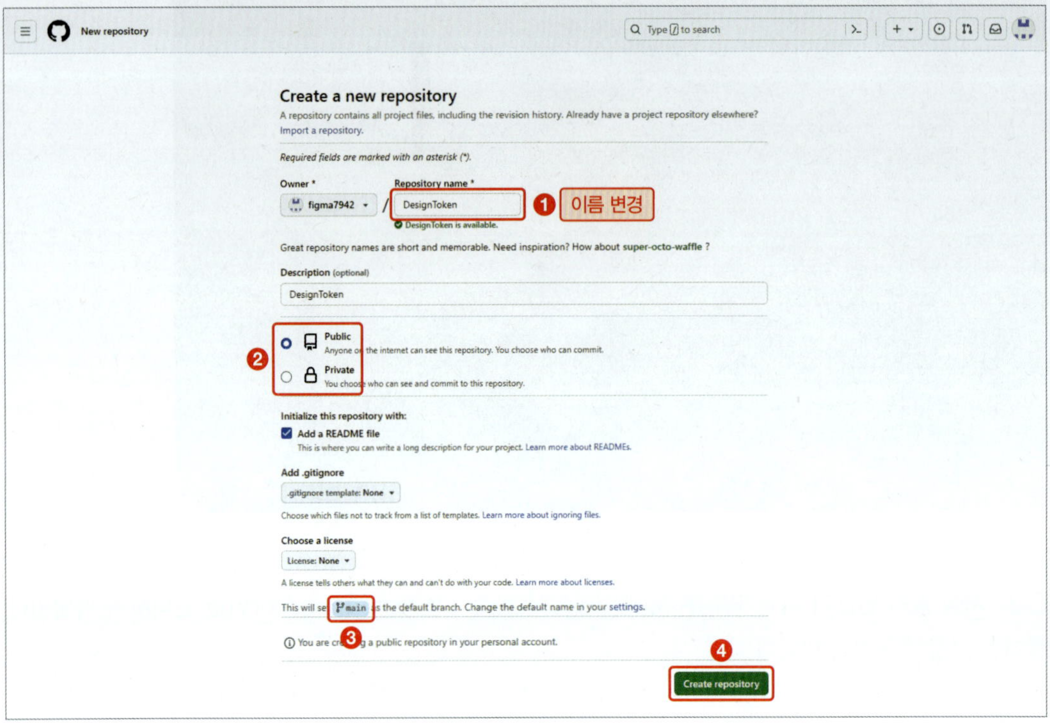

05 저장소 확인하기 깃허브에 'repository'가 생성되었다.

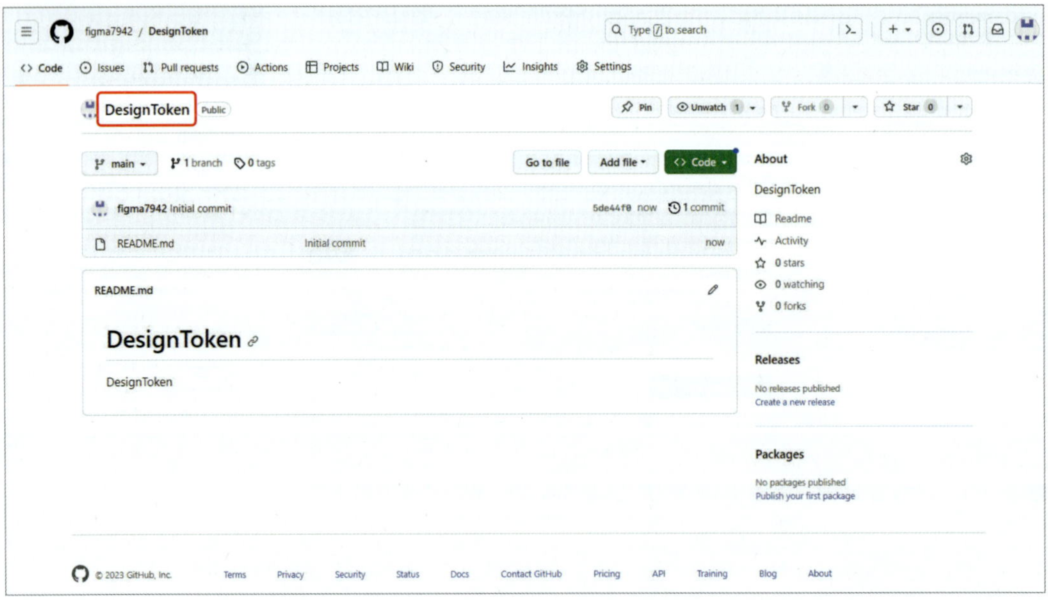

피그마 토큰과 깃허브 연동하기

01 토큰 실행하기 토큰을 실행하고 [Settings]를 선택한 후 [Add new]에서 [GitHub]을 선택한다.

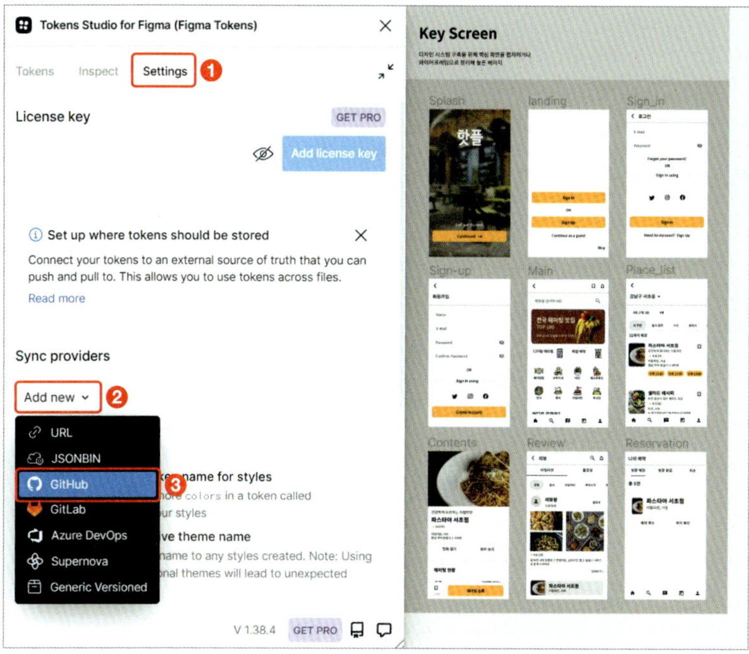

02 토큰과 깃허브 연동하기 [Name]에는 깃허브에 가입할 때 작성했던 이름을 작성하고 [Repository]를 작성한다. [File Path]에는 예시에 나와 있는 것처럼 'tokens.json'이라고 입력한다.

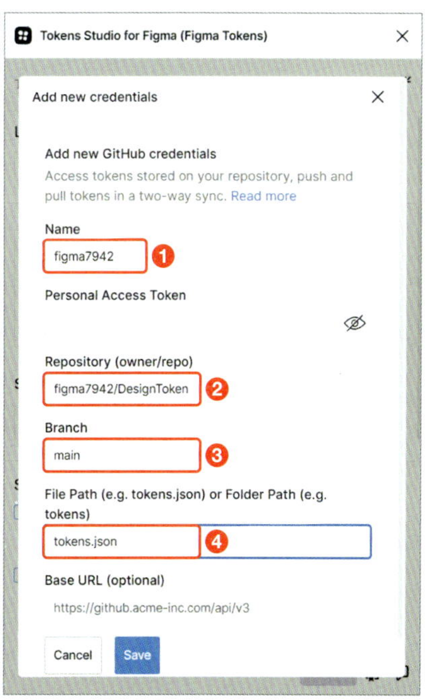

03 토큰과 깃허브 연동하기 [Personal Access Token]을 입력하기 위해 다시 깃허브에 로그인한다. 우측 상단의 아바타 아이콘을 클릭하여 [Settings]를 선택한다.

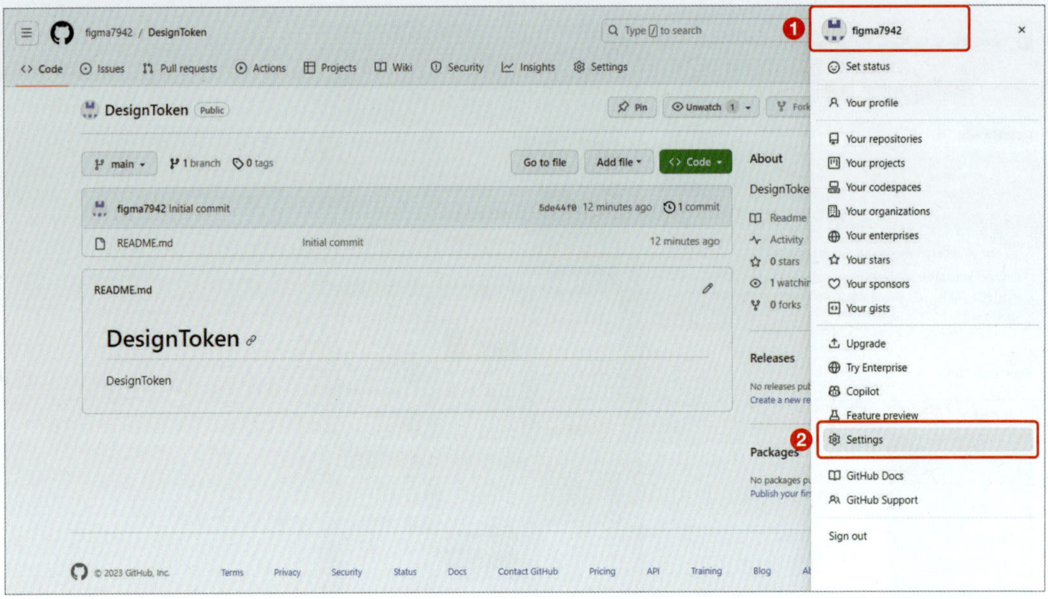

TIP 깃허브 화면에는 여러 개의 설정 아이콘이 있기 때문에 반드시 맨 우측 상단의 아바타 아이콘을 클릭해야 한다.

04 토큰과 깃허브 연동하기 스크롤을 끝까지 내려 좌측의 [〈〉 Developer settings]를 선택한다.

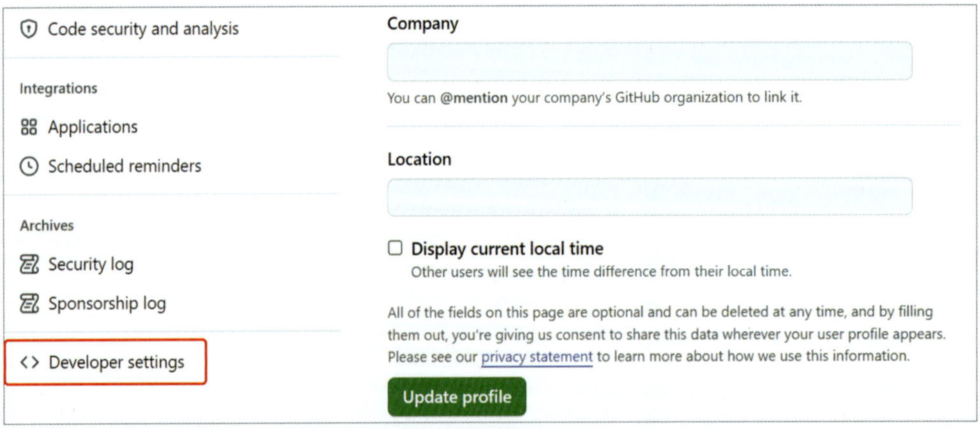

05 토큰과 깃허브 연동하기 [Personal access tokens]를 선택하고 [Generate new token]에서 (classic)을 선택한다.

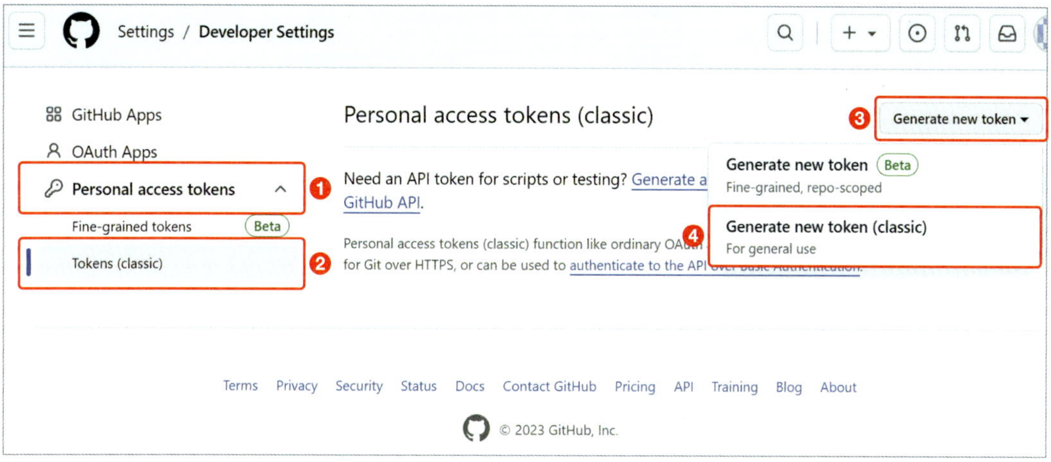

06 토큰과 깃허브 연동하기 [Note]에는 'design'이라고 입력하고 [Expiration]은 원하는 기간을 설정하면 된다. 기간을 설정하지 않는 'No expiration' 옵션은 깃허브 자체에서 권장하지 않는다고 안내하지만 크게 상관하지 않아도 된다.

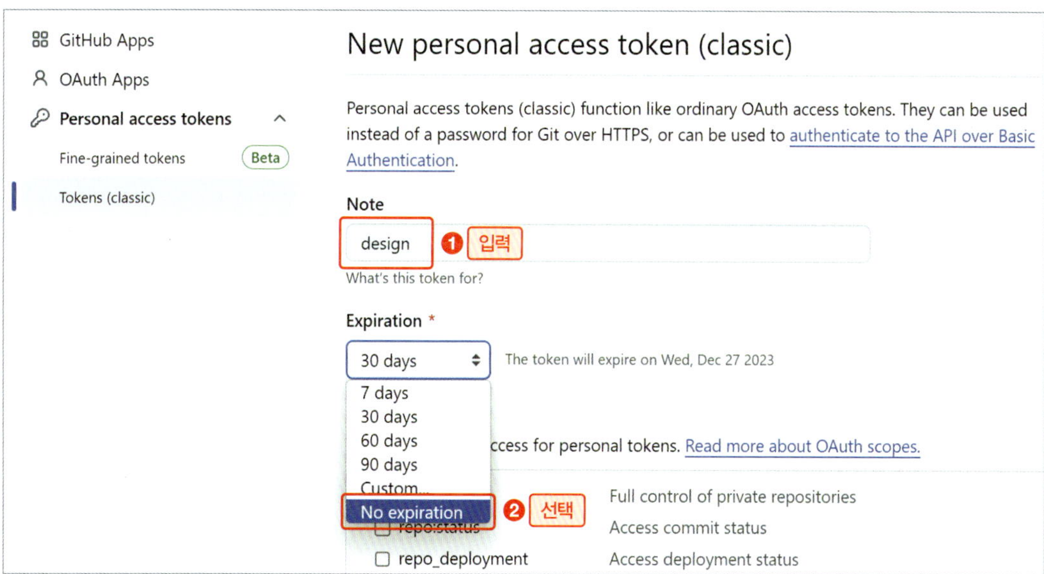

07 토큰과 깃허브 연동하기 모든 권한을 체크하고 맨 하단의 [Generate token]을 클릭한다.

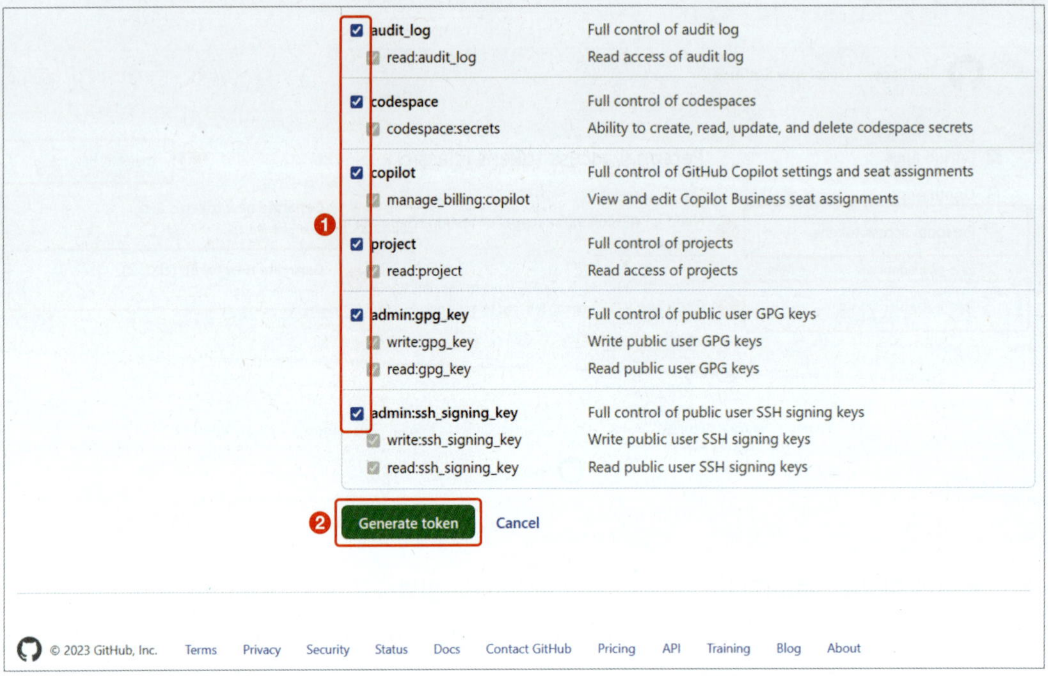

08 토큰과 깃허브 연동하기 생성된 토큰 코드 옆의 복사 버튼을 눌러 코드를 복사한다. 참고로 이 페이지는 창을 벗어나면 다시 볼 수 없기 때문에 반드시 여기서 코드를 복사해 두어야 한다.

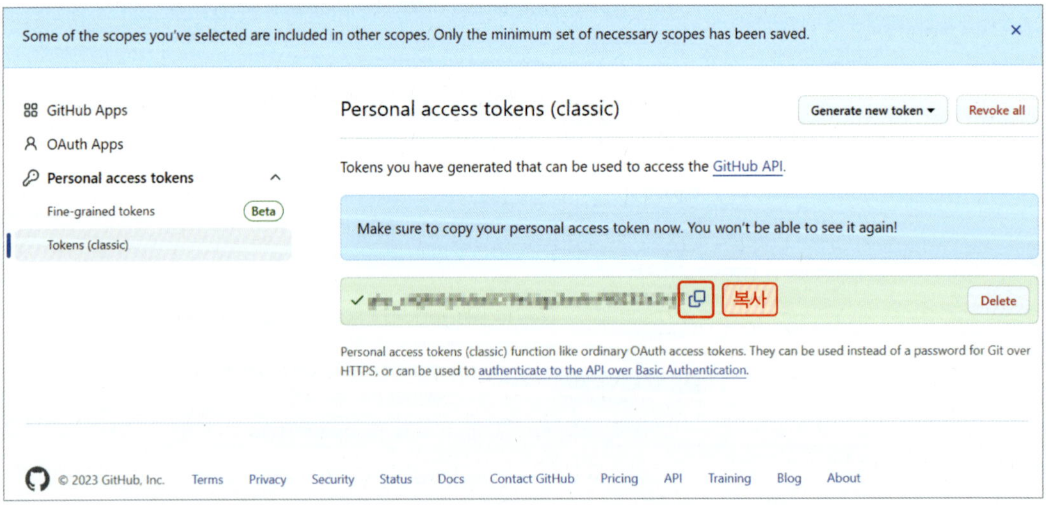

09 토큰과 깃허브 연동하기 피그마로 이동하여 [Personal Access Token]에 Ctrl+V를 눌러 깃허브에서 복사한 코드를 붙여넣기 하고 [Save]를 클릭한다. [Commit] 창이 뜨면 [Commit Message]를 작성하고 [Branch]에 'main'을 입력한 뒤 [Push Changes]를 클릭한다.

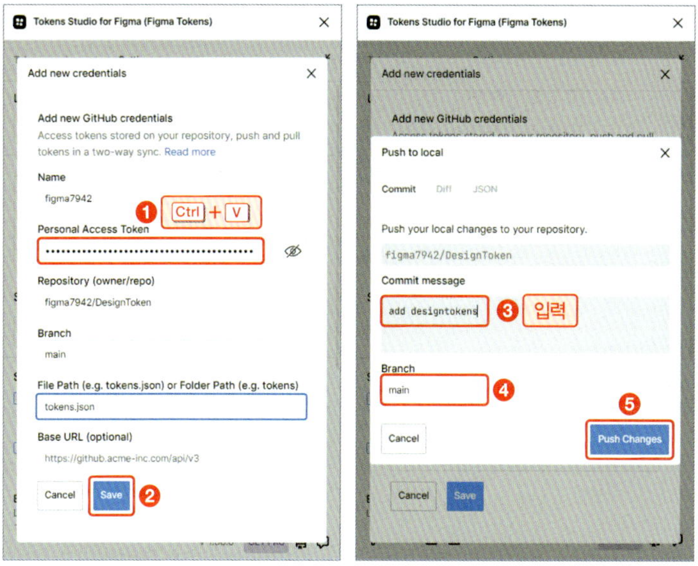

10 토큰과 깃허브 연동하기 깃허브로 연동 되는 동안 모래시계가 뜬 후 모두 끝났다는 알림이 나타난다. 이때 팀원들에게 알릴 중요한 내용이 있다면 [Create Pull Request]를 클릭한다. 하지만 보통은 간단한 알림이므로 알림창 바깥 부분을 클릭해 피그마와 깃허브를 연동한다. 피그마 토큰과 깃허브가 연동되면 깃허브가 [Active] 상태가 되며 토큰 하단에 깃허브의 'Main Branch'가 표시된다.

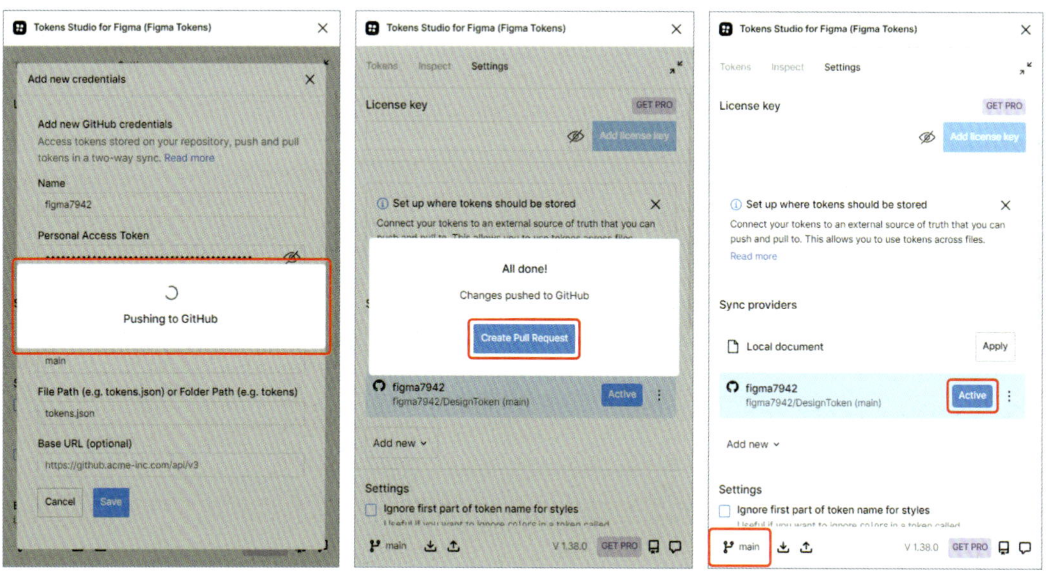

11 토큰과 깃허브 연동하기 깃허브로 돌아와 옵션에서 [Your repositories]를 클릭한다.

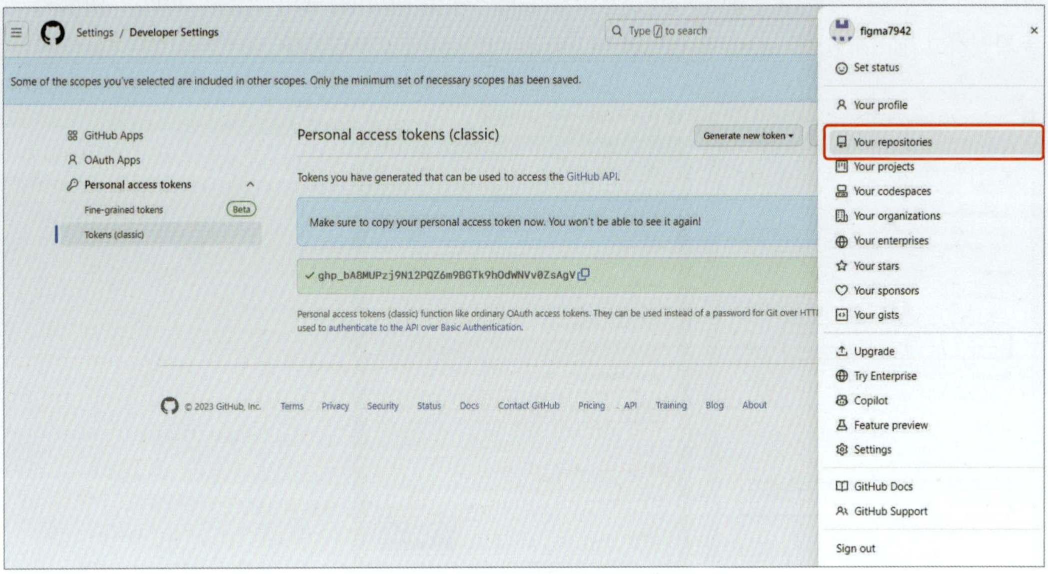

12 토큰과 깃허브 연동하기 [Repository]에 만들어둔 'DesignToken'이 보이면 클릭한다.

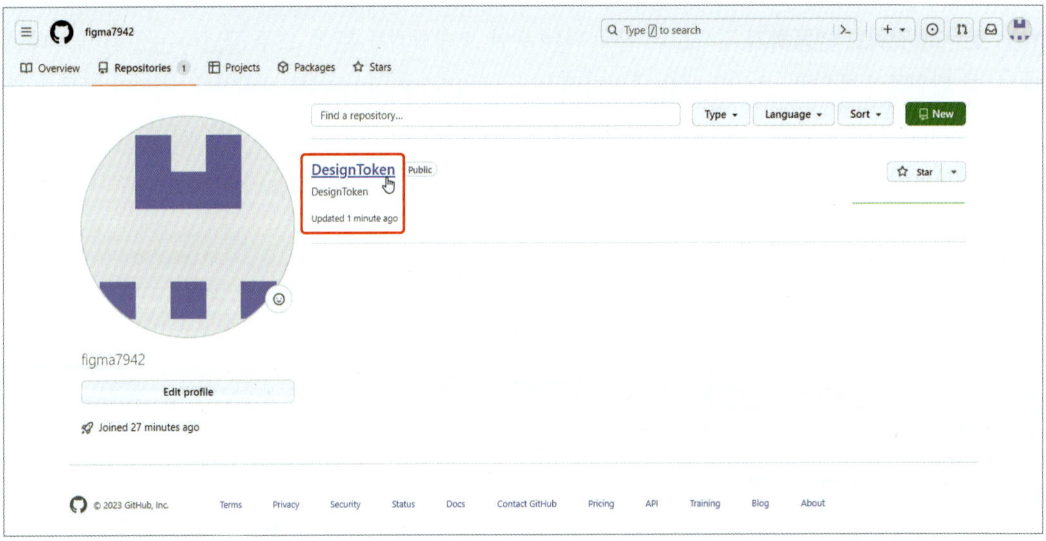

13 토큰과 깃허브 연동하기 'tokens.json'파일이 생성된 것을 볼 수 있으며 [Commit Message]에서 작성한 메시지도 확인할 수 있다.

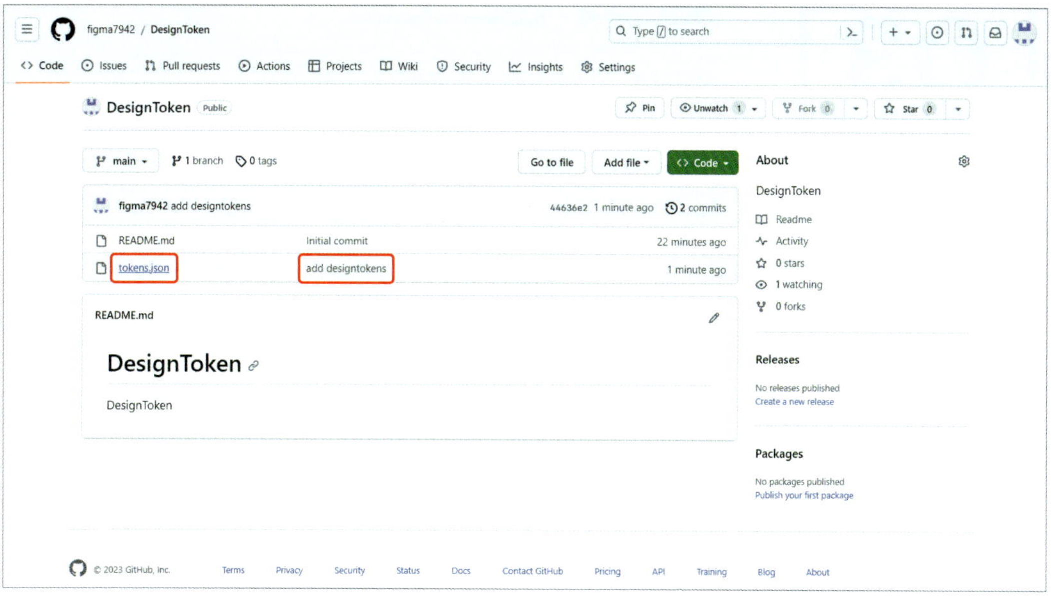

SECTION 03

토큰과 핸드오프

핵심 내용 깃허브와 JSON을 활용한 토큰 핸드오프

토큰의 다양한 핸드오프 방법

토큰이 피그마의 플러그인으로 활용되면서 피그마에서 지정한 스타일을 디자인 토큰으로 설정하거나 디자인 토큰에서 만든 스타일을 피그마로 내보내 쉽게 활용할 수 있다. 토큰으로 등록한 항목들은 JSON 파일로 코드화되기 때문에 개발자와의 핸드오프 과정이 편리하여 유지 보수에 용이하다. 작업 중인 프로젝트의 토큰을 깃허브와 연동하면 업데이트가 발생했을 때 업데이트된 내용을 바로 추적하고 공유할 수 있다. 하지만 토큰과 깃허브는 작업 중인 프로젝트에서만 사용되는 것은 아니다. 토큰을 핸드오프 하는 방법은 다양한데 토큰을 JSON 파일로 저장해 새로운 프로젝트에서 활용할 수 있고 JSON 코드를 그대로 복제해 사용하는 방법도 있다. 또 깃허브와 연동한 토큰을 다른 프로젝트에서 사용하는 것도 가능하다.

깃허브의 활용

깃허브를 활용하여 토큰을 내보내고, 깃허브 파일을 새 프로젝트에 등록해 본다.

업데이트한 토큰을 깃허브로 내보내기

01 토큰 업데이트하기 진행중인 프로젝트 토큰에 깃허브가 연결되어 있는지 확인하고 등록된 색상 하나를 변경한다.

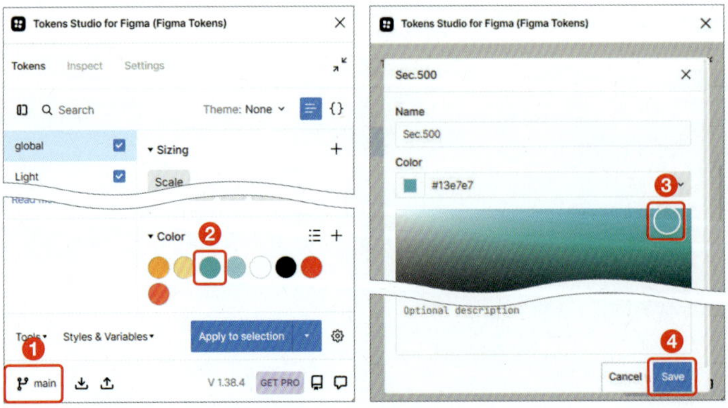

02 토큰을 깃허브로 내보내기 기존 토큰에 변화가 생기면 [Push to GitHub] 버튼에 파란 점이 생긴다. 이때 [Push to GitHub]을 클릭하면 메시지를 입력하는 옵션 창이 뜬다. 내용을 입력 후 [Push Changes]를 클릭하고 공유가 끝났음을 확인한다.

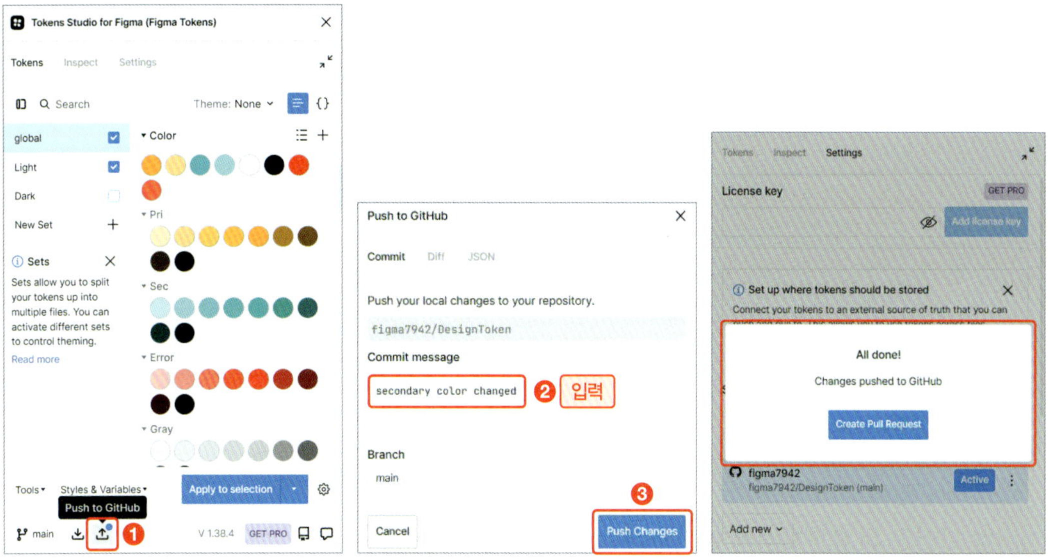

03 토큰을 깃허브로 내보내기 깃허브의 'Repository'를 확인하면 업데이트가 이루어진 것을 알 수 있다.

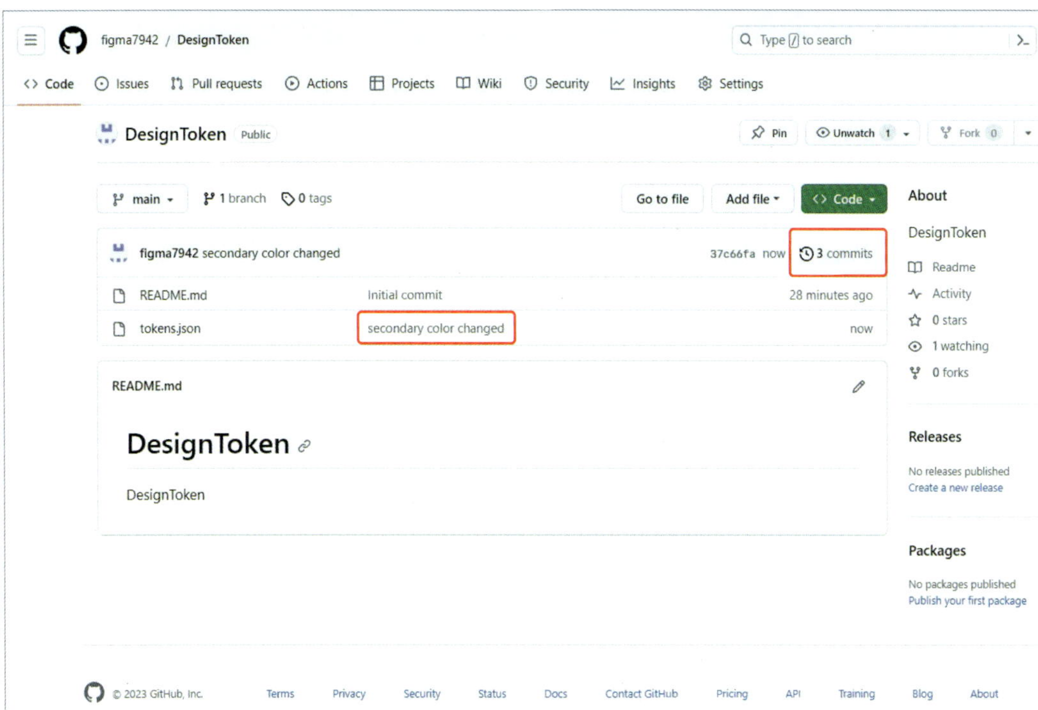

04 업데이트 내용 확인하기 [Commits]을 통해 업데이트 내용을 한눈에 확인할 수 있다.

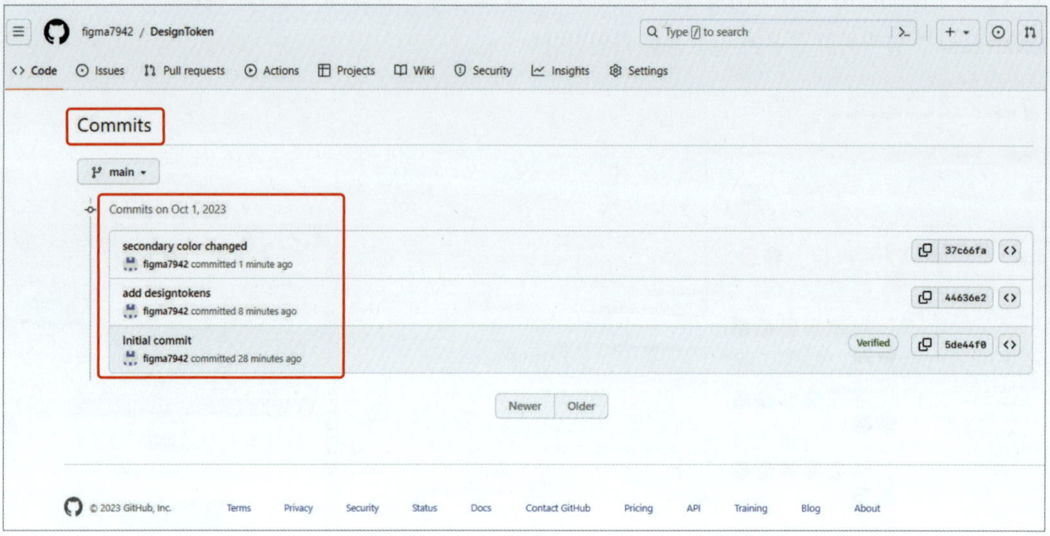

깃허브 파일을 새 프로젝트로 불러오기

01 새 프로젝트 준비하기 토큰과 로컬 스타일이 없는 파일을 연다.

새 프로젝트 링크 https://bit.ly/3RgcEM3

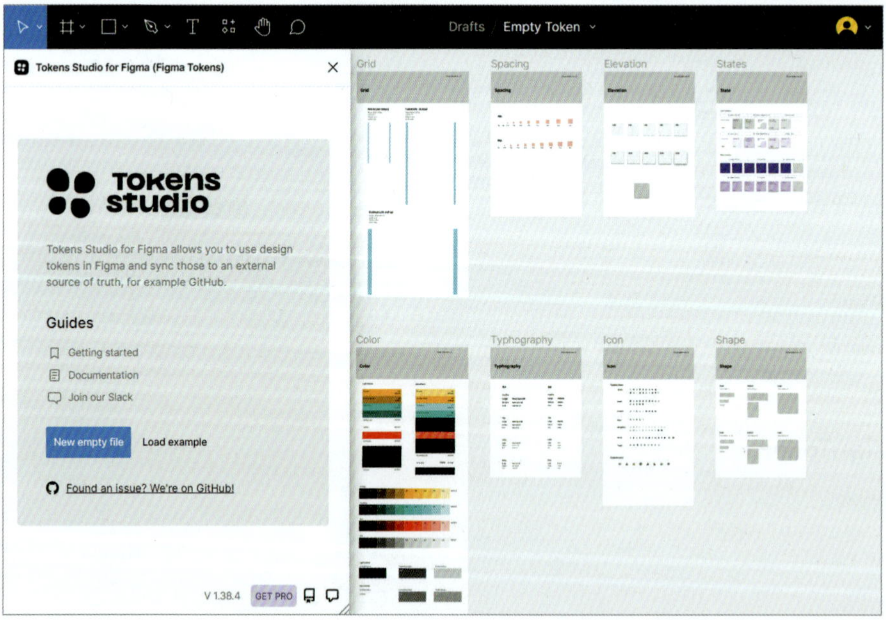

02 피그마에 깃허브 등록하기 깃허브를 피그마에 등록하는 과정을 반복하여 새 프로젝트에 깃허브를 등록하고 [Apply]를 클릭하여 [Active] 상태로 만든다.

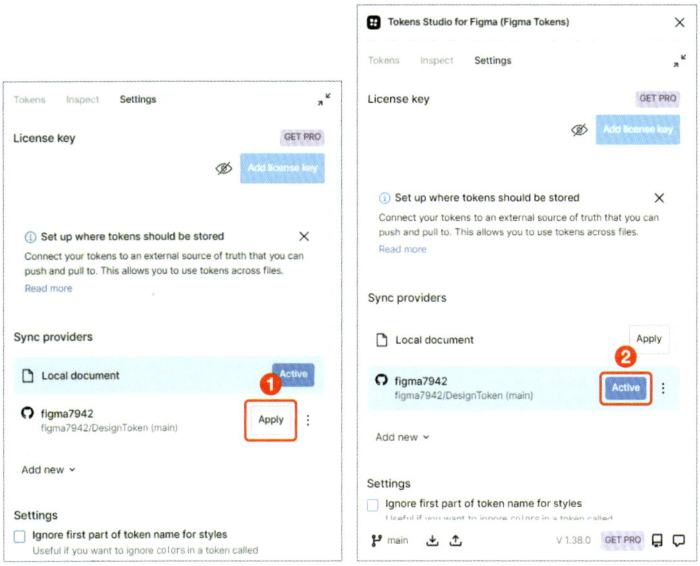

03 깃허브 파일 불러오기 토큰 하단의 [Pull from GitHub] 버튼을 클릭하여 옵션 창이 뜨면 [Pull Tokens]를 클릭한다. 이제 토큰 리스트 화면으로 돌아와 확인하면 모든 토큰 항목이 불러와진 것을 알 수 있다.

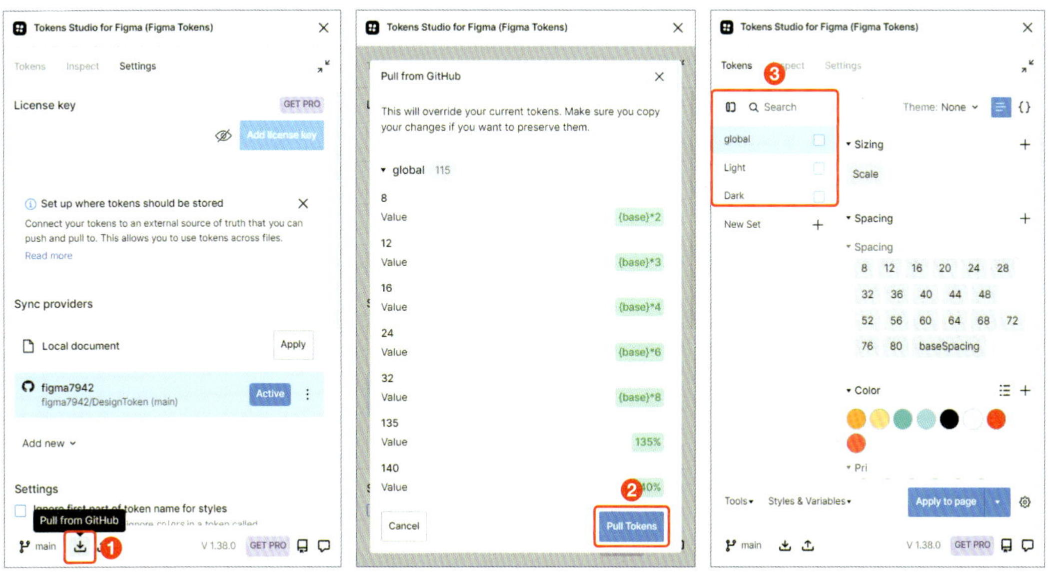

JSON 파일의 활용

01 JSON 파일 저장하기 토큰을 열고 하단의 [Tools]를 클릭하여 [Export to file/folder]를 선택한다.

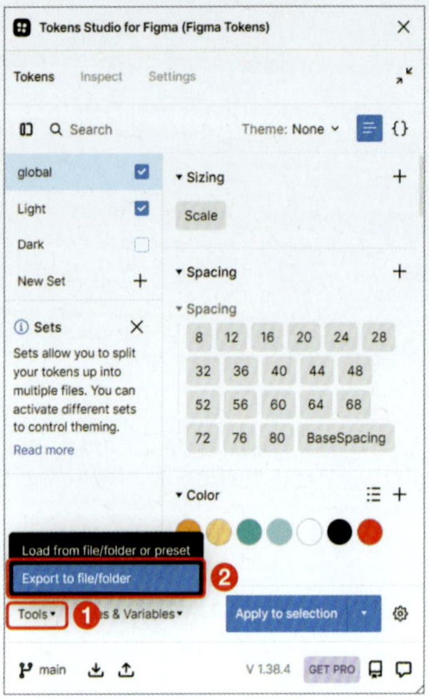

02 JSON 파일 저장하기 옵션 창이 열리면 'All token sets'를 선택하고 [Export]를 클릭하여 원하는 곳에 'tokens.json'파일을 저장한다.

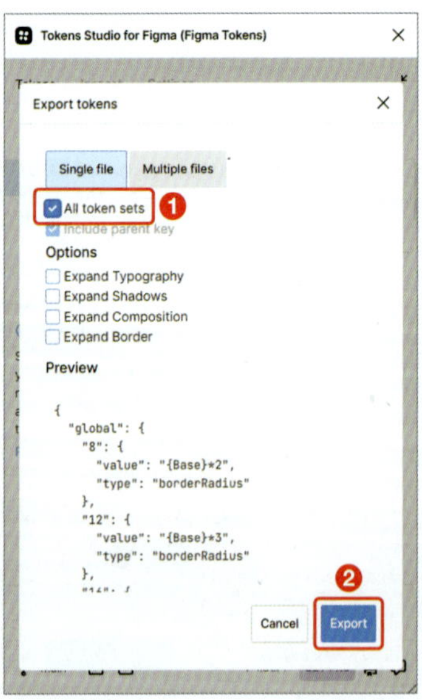

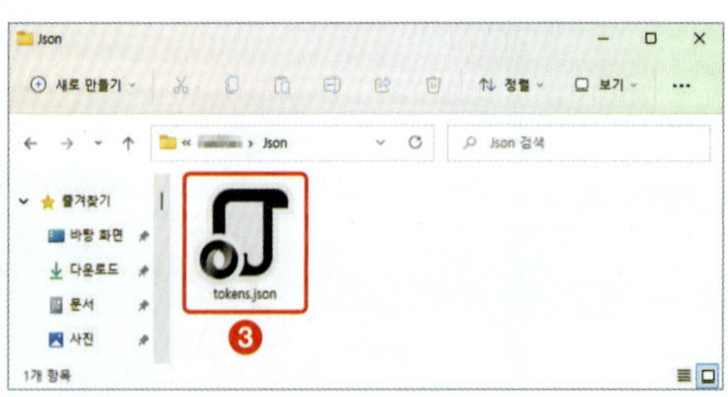

03 새 프로젝트 준비하기 토큰이나 로컬 스타일이 적용되지 않은 새 프로젝트를 준비한다.

새 프로젝트 링크 https://bit.ly/3SUzdr5

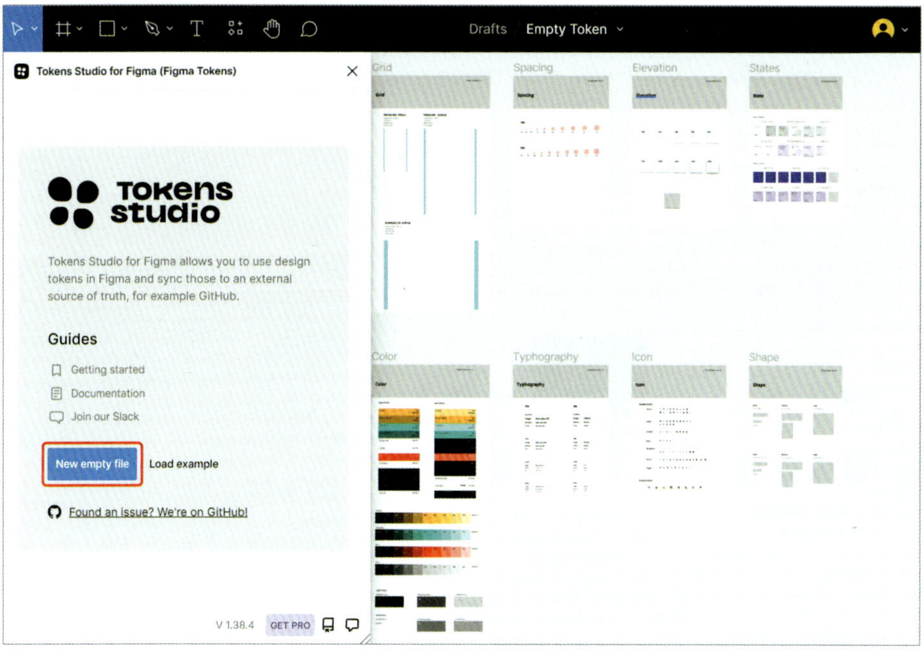

04 JSON 파일 열기 토큰 하단의 [Tools]를 클릭하여 [Load from file/folder or preset]을 선택하고 옵션 창이 열리면 [File]을 클릭하고 [Choose file]을 클릭하여 저장된 'tokens.json'파일을 연다.

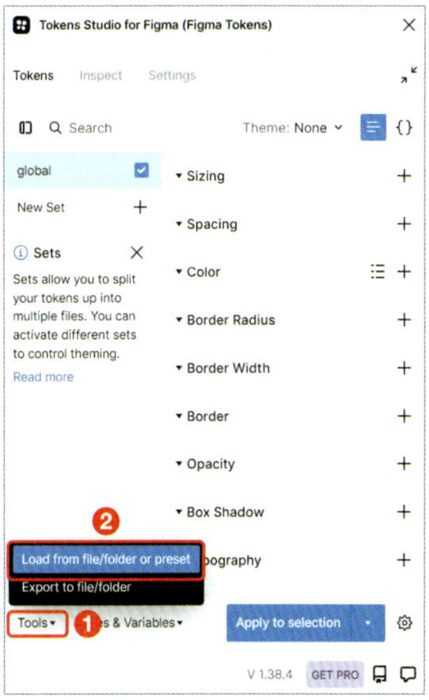

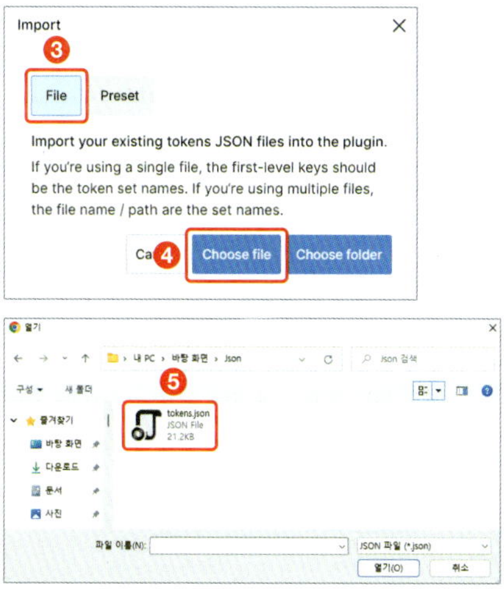

05 토큰 스타일을 로컬 스타일로 내보내기 저장된 파일이 토큰으로 불러와졌다면 [Styles & Variables]를 클릭하여 로컬 스타일로 내보내기 한 후 프로젝트를 진행하면 된다.

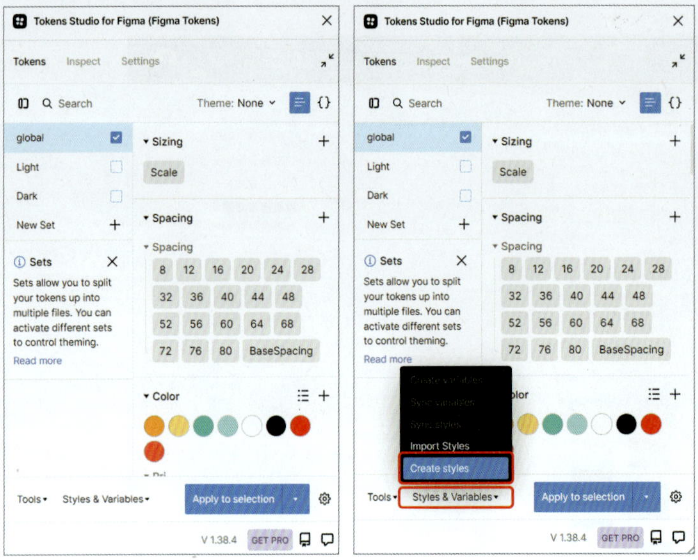

JSON 코드의 활용

01 새 프로젝트 준비하기 다시 토큰과 로컬 스타일이 없는 파일을 준비한다.

새 프로젝트 링크	https://bit.ly/3Re7K2a

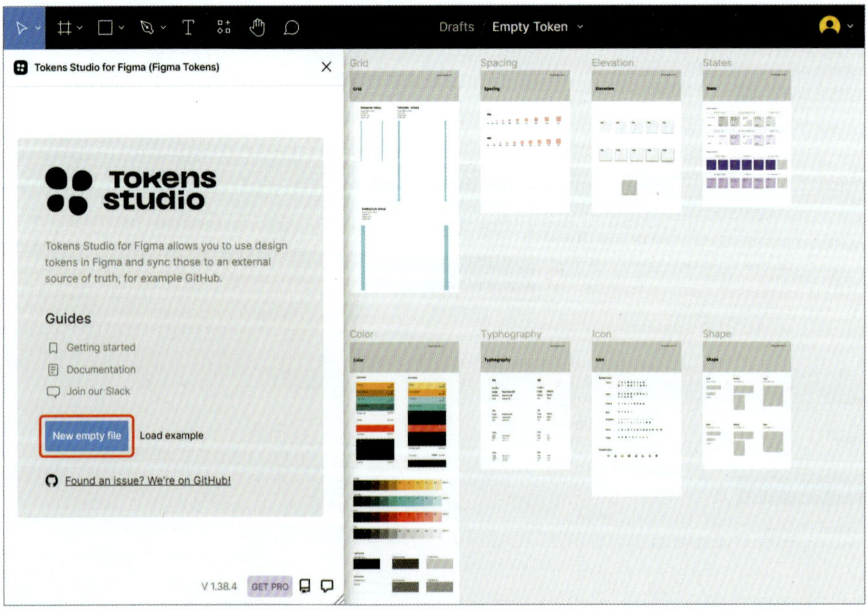

02 JSON 코드 복사하기 사용하려는 토큰을 실행하고 화면 우측의 JSON 아이콘({})을 클릭하여 JSON 코드를 모두 선택한 뒤 Ctrl+C를 눌러 복사한다.

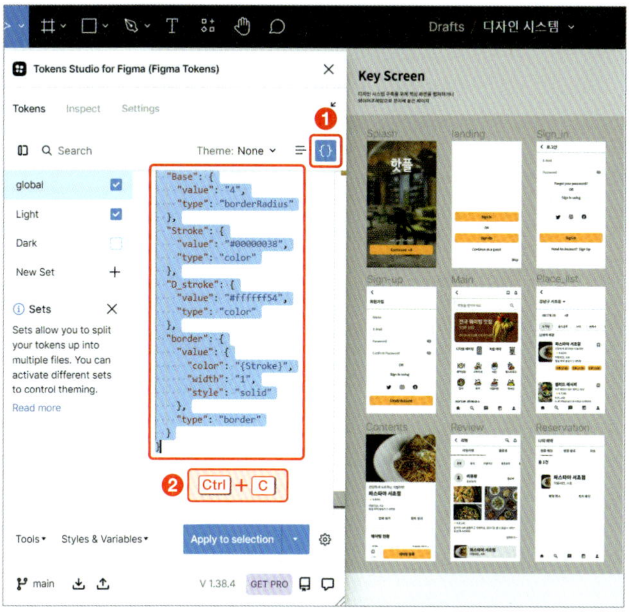

03 JSON 코드 붙여넣기 새 프로젝트의 토큰 화면으로 이동하여 JSON 아이콘({})을 클릭한다. 코드 화면이 나타나면 Ctrl+V를 눌러 복사한 코드를 붙여넣는다. Listing 아이콘(≡)을 클릭하면 [global] 모드의 코드만 복제된 것을 알 수 있다.

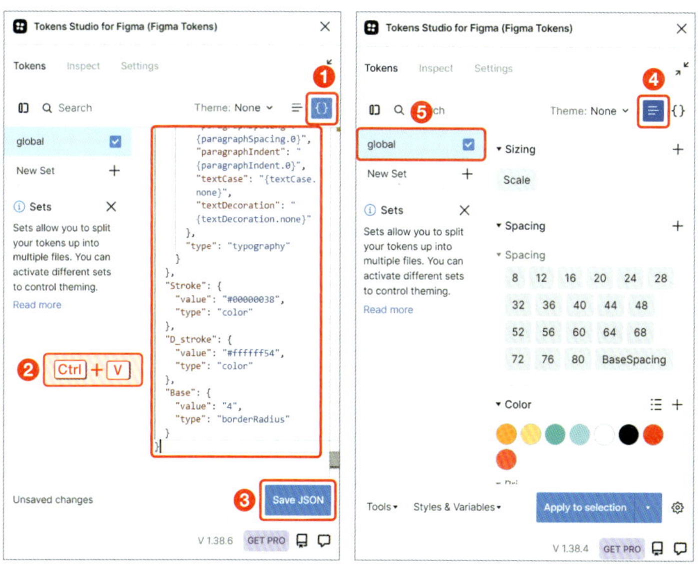

04 JSON 코드 복사하기 사용하려는 토큰에서 [Light] 모드를 선택하고 JSON 아이콘({})을 클릭한다. JSON 코드를 모두 선택하여 Ctrl+C를 눌러 복사한다.

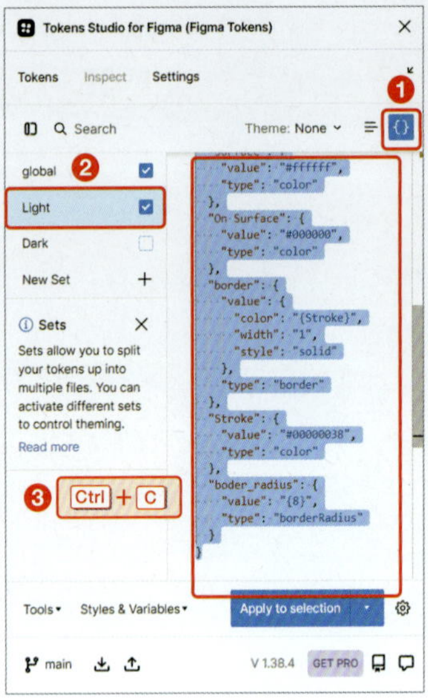

05 JSON 코드 붙여넣기 다시 새 프로젝트의 토큰에서 [New set]을 클릭하여 [Light] 모드를 추가한다. JSON 아이콘({})을 클릭하여 코드 화면이 나타나면 Ctrl+V를 눌러 복사한 코드를 붙여넣는다. Listing 아이콘(≡)을 클릭하면 [Light] 모드가 생성된다.

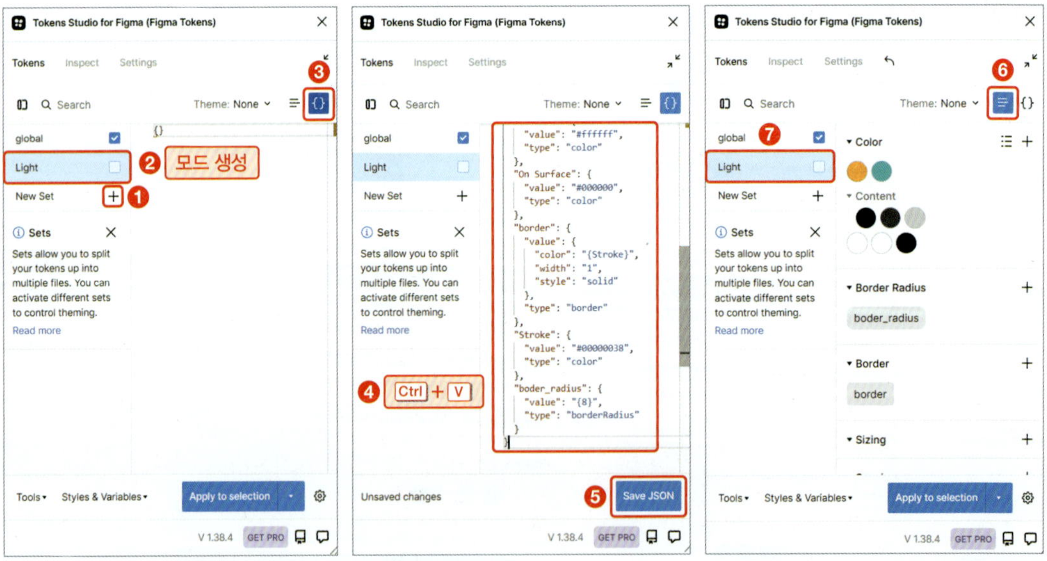

06 JSON 코드 복사하기 사용하려는 토큰에서 [Dark] 모드를 선택하고 JSON 아이콘({})을 클릭하여 JSON 코드를 모두 선택하고 Ctrl+C를 눌러 복사한다.

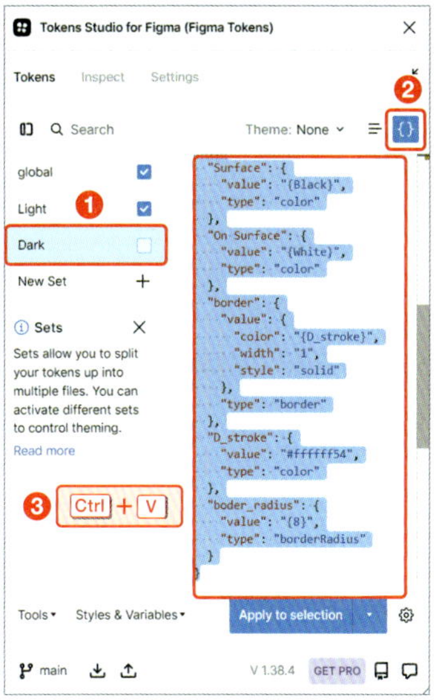

07 JSON 코드 붙여넣기 다시 새 프로젝트의 토큰에서 [New set]을 클릭하여 [Dark] 모드를 추가한다. JSON 아이콘({})을 클릭하고 코드 화면이 나타나면 Ctrl+V를 눌러 복사한 코드를 붙여넣기 한다. Listing 아이콘(≡)을 클릭하면 [Dark] 모드까지 모두 복제된 것을 알 수 있다.

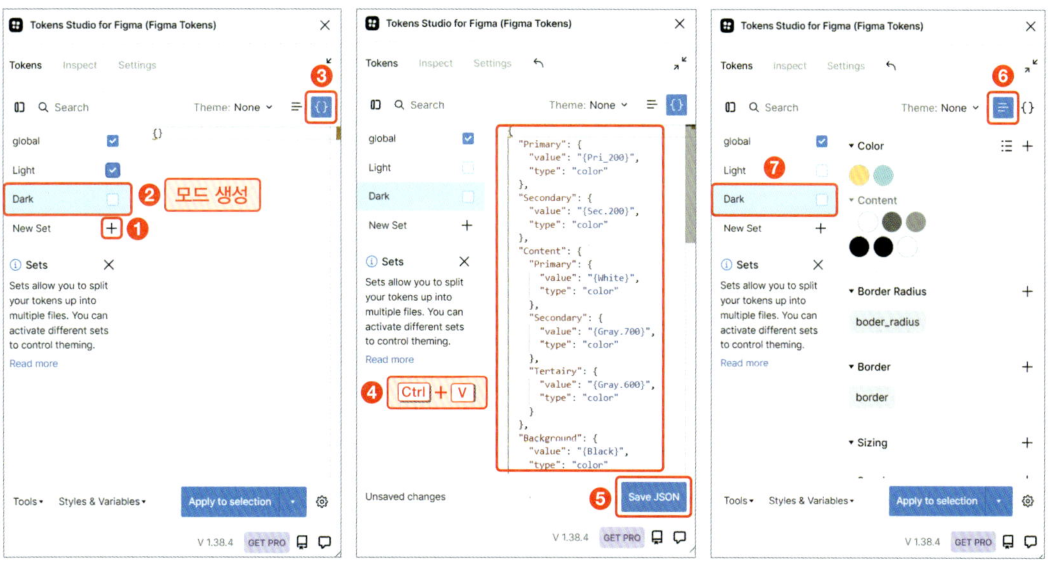

요약

1 핸드오프

- **정의** 디자이너가 구현한 레이아웃, 색상, 타이포그래피 등의 결과물을 개발자에게 전달하는 것을 말한다.
- **항목** 유저 플로우, 유즈 케이스, 상태에 따른 디자인, 다양한 화면 크기, 운영체제와 디자인 등이 있다.

2 깃과 깃허브

- **깃** 컴퓨터 파일의 변경사항을 추적하고, 여러 명의 사용자가 해당 파일의 작업을 조율할 수 있도록 하는 분산 버전 관리 시스템이다.
- **깃허브** 깃의 GUI 버전으로 명령어를 모르는 사람도 쉽게 접근 가능한 호스팅 서비스다. 깃허브를 사용하면 버전 관리가 용이하며 프로젝트의 협업 과정을 쉽게 진행할 수 있다.

3 토큰과 핸드오프

- 토큰이 피그마의 플러그인으로 활용되면서 피그마에서 지정한 스타일을 디자인 토큰으로 설정하거나 디자인 토큰에서 만든 스타일을 피그마로 내보내 쉽게 활용할 수 있다. 또한 깃허브와 피그마의 토큰을 연동하여 업데이트된 내용을 바로 공유할 수 있고, 다른 프로젝트에서 사용할 수 있다.
- **깃허브와 JSON을 활용한 핸드오프**
  1. 업데이트한 토큰을 깃허브로 내보내기
  2. 피그마에 깃허브를 등록하고, 새 프로젝트에 깃허브 파일을 불러오기
  3. 토큰의 JSON 아이콘({})을 클릭하여 JSON 코드를 복사한 뒤 새 프로젝트에 붙여넣기
  4. 토큰의 JSON 파일을 내보내고 저장한 뒤 새 프로젝트에 등록하기